대단히 실제적인 안내서인 이 책은 모든 말씀 사역자가 신약 성경을 이해하고 적용하는 데 실질적인 도움을 줄 것이다. 나셀리는 원리를 잘 설명하고 나서, 유용한 사례를 들어 그 원리를 분명히 밝히는 요령을 알고 있다. 나는 모든 목회자와 성경 교사가 이 책 내용을 소화하고 실천하기를 간절히 바란다. 이러한 사역자들의 견실한 설교를 통해 교회는 더욱 성장하며 번성할 것이다.

클린턴 E. 아놀드_ 바이올라 대학 탈봇 신학교 학장 및 신약학 교수, ESV 번역 감독 위원회 위원

성경 해석 과업은 때로 (그것이 무엇이든 간에) 특수 '해석학'에 속한 것으로 소개되며, 심지어는 어떤 이가 본문 해석에 착수할 때마다 이행해야 할 과업의 점검표로 간주되기도 한다. 그러나 사실 성경 전체나 그중 일부를 자세히 이해하려면 신학과 역사, 언어를 비롯한 온갖 분야에 숙달하기 위한 진지한 몰입과 노력이 필요하다. 그리고 이 일에는 주님과 그분의 사역을 향한 헌신도 요구된다(시 119:100). 이 책에서 앤드류 나셀리는 이 지극히 흥미롭고 풍성한 과업에 착수하는 학생들을 대상으로, 성경 주해자들이 다루게 되는 다양한 연구 영역을 소개하고 있다. 나셀리는 사적인 어조로 글을 쓰면서 초심자들이 이 미로를 잘 통과하도록 이끌어 간다. 이러한 표현 방식이 더욱 유용한 이유는 이 책 전반에 걸쳐 추가 연구 자료를 자세히 언급해서다. 이 책은 분명히 많은 성경 초급 학도들에게 도움을 줄 것이다.

S. M. 바_ 캘리포니아 주 웨스트민스터 신학교 신약학 교수

앤드류 나셀리의 이 책은 성경 해석 방법을 실질적으로 철저하게 다루고 있다. 이 책에서 그는 성경 해석의 기초 사항을 전부 포괄한다. 이 책은 학자나 교사, 목회자가 아닌 그리스도인들에게도 실제적인 도움이 된다. 더욱이 학자나 교사, 목회자는 이 책을 통해 뚜렷한 유익을 얻을 것이다. 성경을 해석하고 자신의 삶에 적용하는 방법을 배우고 싶다면, 나셀리의 이 책은 당신을 위한 것이다. 소그룹 성경공부와 교회 학교 수업을 잘 준비하기 원한다면, 이것은 당신을 위한 책이다. 당신이 목회자로서 설교를 잘 준비하기 바란다면, 이것은 당신을 위한 책이다. 성경을 암기하는 방법을 배우고 싶다면, 이것은 당신을 위한 책이다. 요컨대 성경을 더 깊이 이해하는 일에 진지한 관심이 있다면, 바로 이것이 당신을 위한 책이다. 이 책에는 어려운 전문 용어가 담겨 있지 않으며, 누구나 이해하기 쉬운 문체로 집필되었다. 그러나 그 내용은 결코 가볍지 않다. 나는 앤드류 나셀리의 이 책을 진심으로 추천한다.

G. K. 비일_ 웨스트민스터 신학교 J. 그레샴 메이첸 기념 신약학 교수

신약 주해 개론서는 세 가지 목표를 달성하기 위해 힘써야 한다. 곧 간결하고, 읽기 쉬워야 하며, 최신 논의가 반영되어 있어야 한다. 앤드류 나셀리의 이 책은 이 목표들을 충족할 뿐 아니라 초과 달성하고 있다. 이 책에서 그는 주해의 열두 단계를 주의 깊게 소개할 뿐 아니라 여러 사례를 통해 상세히 설명한다. 이에 더하여 학생들은 나셀리가 각 장 끝부분에 논평을 달아 소개한 '추가 연구 자료'의 진가를 인정하게 될 것이다. 성령께서는 지금도 성경을 통해 우리에게 능히 말씀하실 수 있으며, 이 탁월한 자료는 우리가 그분의 음성을 더욱 뚜렷하고 정확하게 듣는 데 확실히 도움을 줄 것이다. 앤드류의 이 책을 진심으로 열렬히 추천한다.

데이비드 앨런 블랙_ 사우스이스턴 뱁티스트 신학교 M. O. 오언스 Jr. 박사 기념 신약학 교수, ISV 신약 담당 편집자

놀라운 책이다. 이 책은 모든 기초 사항을 명쾌하게 다루는 한편, 해석학 입문서에서 찾아보기 힘든 여러 주제를 정교하게 다루고 있다. 저자는 학문의 최신 동향에 정통할 뿐 아니라, 철저하고 유용한 참고문헌 목록을 제시한다. 그러면서도 따스한 목회자의 자세를 드러내고 있다. 이 책은 해석 단계별로 풍성하고 실제적인 사례들을 제시하며, 그 사례들을 주요 성경 본문에 적용한다. 이제까지는 이만큼 폭넓은 책이 나오기 위해 두세 사람의 저자가 필요했는데, 나셀리는 혼자서 이 내용을 전부 숙달한 뒤 모든 요구를 한 번에 충족하는 자료를 만들어 냈다. 이 책은 놀라운 도구이며, 조만간 이 책을 대체할 만한 책은 나타나지 않을 것 같다.

크레이그 L. 블롬버그_ 덴버 신학교 신약학 석좌 교수, NIV 성경 번역 위원회 위원

직업적인 성경 번역가로서 나는 시대를 초월하는 하나님 말씀의 메시지를 이해하고 적용하는 법에 관한 앤드류 나셀리의 이 책을 진심으로 추천한다. 좋은 성경 번역은 좋은 주해와 함께 시작되어야만 한다. 철저한 접근 방식과 이해하기 쉬운 표현법 덕분에 이 책은 전 세계 성경 번역자에게 귀중한 자료가 될 것이다.

데이브 브런_ 국제 성경 번역 자문 위원, NTM 부족 선교회

나셀리는 진지한 평신도들을 염두에 두고 이 책을 썼으며, 논의 과정에서 그 점이 잘 드러난다. 우리는 그저 신약 성경을 읽기만 원하는 것이 아니다. 신약을 이해하고, 그 내용을 묵상하며, 그에 반응하여 살아가기를 원한다. 이 책에서 나셀리는 탁월한 교사의 자질을 보여 주면서, 독자들이 던질 질문을 예상하고 그 내용을 설명할 뿐 아니라 유용한 사례와 실제적인 해답을 제시한다. 당신의 주해를 향상시키고 당신이 신학자로 성장하는 것을 도와줄 안내자를 찾는다면, 그 논의가 철저하고 적절하며 독자에게 영감을 주는 이 책을 집어 들고 읽어 보기 바란다.

에이미 버드_ 〈편견 죽이기〉(Mortification of Spin) 팟캐스트 공동 진행자, 「가정주부 신학자」(*Housewife Theologian*), 「신학적인 체력 단련」(*Theological Fitness*), 「작은 여성들은 없다」(*No Little Women*) 저자

신약 주해 개론서가 많이 나와 있지만, 앤드류 나셀리의 이 책에 견줄 만한 것은 거의 없다. 이 책은 정보의 풍성함과 표현의 명료함, 사용의 편리성이 감탄할 정도로 결합되어 있다. 그중에서도 이 책의 가장 독특한 장점은 아마 신약 읽기의 학문과 예술에 경건한 태도로 다가가는 그의 포괄적인 접근법일 것이다. 이런 특성들이 결합하여 이 책은 강력한 유익을 주는 자료가 되었다. 이 책은 신약 성경을 공부하고 가르치는 일에 힘쓰는 모든 이에게 기술과 지식, 각오를 더욱 증진시켜 줄 것이다.

콘스탄틴 R. 캠벨_ 트리니티 복음주의 신학교 신약학 부교수

당신은 이 책을 추천한 다른 이들과 나 사이의 뚜렷한 차이를 알아차릴지도 모르겠다. 그들은 대부분 학문적 배경을 지닌 교수와 학자인 반면, 나는 한 블로그의 운영자일 뿐이기 때문이다. 물론 나는 독서와 배움을 사랑하는 사람이기도 하다. 나는 '스트레칭 독서'의 중요한 가치를 체험해 왔다. 이는 내가 지닌 이해력의 한계까지, 때로는 그 조금 너머까지 나 자신을 밀어붙이는 독서 습관이다. 이 책 역시 그

러한 '스트레칭 독서'가 요구되었지만, 이 책이 제기하는 도전을 받아들인 것은 기쁜 일이었다. 앤드류 나셀리는 내가 매우 선호하는 저자다. 그는 건전한 신학자인 동시에 재능 있는 교사이기 때문이다. 그는 이 책에서도 이 두 가지 자질을 뚜렷이 드러낸다. 이 책에서 그는 독자들이 귀한 하나님의 말씀을 깊이 헤아리고 파악하며, 해석하고 적용하며 가르칠 수 있도록 격려하고 준비시킨다. 이제 내 말을 당신에게 하는 개인적인 권면으로 받아들여 주길 바란다. 이 책을 읽는 것을 고려해 보라. 부디 이 책이 주는 도전을 받아들이고, 이 책을 통해 하나님 말씀을 깊이 있고 흥미진진하게, 신나게 살펴보기 바란다.

팀 챌리스_ challies.com 운영자, 토론토 그레이스 펠로우십 교회 목회자

나셀리가 펴낸 이 책에는 앞으로 오랫동안 성경학도들에게 도움이 될 풍성한 통찰이 담겨 있다. 성경을 이해하고 적용하는 그의 접근법을 꼼꼼히 살피면서, 나는 앞으로 주해 수업에 그의 여러 통찰을 접목해 볼 생각에 들떠 있다. 이 책에는 대단히 실제적이며 흥미로운 논의가 담겨 있다. 그리고 나셀리는 많은 사례를 들어 올바른 해석의 실례를 보여 준다.

데이비드 A. 크로토_ 컬럼비아 국제대학 신약학과 헬라어 담당 교수

앤드류 나셀리가 새로운 세대의 신약학도들을 위해 이 훌륭한 개론서를 써낸 것을 축하한다. 나셀리의 이 책은 사려 깊고 구체적이며 신뢰할 만하다. 이 책은 처음부터 끝까지 교육학적으로 건전하며 독자 친화적인 방식으로 논의를 펼쳐 가고 있다. 나는 이 책이 독자들에게 따뜻한 환대를 받으리라 확신한다. 이 책은 그들의 성경 해석에 탁월한 안내서가 되어 줄 것이다. 이 멋진 책을 추천하게 되어 진심으로 기쁘다.

데이비드 S. 도커리_ 트리니티 국제대학 총장

여기, 바른 질문들을 제기하고 그 질문들에 전부 답하는 책이 있다. 나셀리가 집필한 이 책은 포괄적이고 읽기 쉬우며 지혜로운 신약 주해 안내서다. 이 책은 주해와 신학의 학문적 측면과 예술적 측면, 그 방법론과 본질에 관해 균형 잡힌 관심을 드러낸다. 이 책은 신학교 학생들과 원숙한 목회자들 모두 사 보아야 할 책이다.

댄 도리아니_ 커버넌트 신학교 신학 교수 및 학문적 전략 계획 담당 부총장

텍스트와 해석에서 신학과 삶으로 충실히 나아가기 원하는 신약학도들에게 이 책은 생동감 있고 매력적인 자료다. 이 책에서 나셀리는 명확하게 잘 구성된 열두 장을 통해, 이 작업 과정의 다양한 단계를 개관한다. 그는 중요한 사안과 그 이유를 자세히 설명할 뿐 아니라, 이해를 돕는 사례를 적절히 배합하여 제시하고 있다. 나는 특히 성경 번역과 역사-문화적 맥락, 성경 신학과 실천 신학에 관한 장들을 추천한다. 각 장에는 추가 연구를 위한 풍성한 자료 목록이 수록되어 있다. 이 목록에는 인쇄물과 온라인 자료가 모두 포함되며, 그의 해설도 덧붙여져 있다. 이 책은 사려 깊고 매력적인 안내서로, 초급자뿐 아니라 경험이 많은 신약학도를 위한 것이기도 하다. 진심으로 추천한다!

뷰스트 M. 패닝_ 달라스 신학교 신약학과장 및 선임 교수, NASB와 NET 번역자

앤드류 나셀리의 「신약, 어떻게 해석할 것인가」는 장점이 아주 많은 책이다. 따라서 어디서부터 그 이야기를 꺼내야 할지 판단하기가 쉽지 않다. 우리는 이 책 모든 페이지에서 흔치 않은 분별력을 찾아볼 수 있다. 이 책은 이해하기 쉽고 교육적으로도 유익하지만, 가장 큰 장점은 그 구성 요소들에 있지 않다. 물론 구성 요소 자체도 아주 탁월하지만, 가장 큰 장점은 바로 그 요소들이 통합적으로 제시된다는 데 있다. 곧 이 책에서는 주해의 각 단계가 통합될 뿐 아니라, 주해 과정과 그 목적들도 통합을 이루고 있다. 그리고 이 책에는 명석하고 잘 훈련된 신약학자인 동시에 그리스도인의 삶과 사역에서 신약학의 역할을 깊이 성찰해 온 이의 필치가 담겨 있다. 이 책은 아무리 추천해도 지나치지 않다.

조지 H. 거스리_ 유니언 대학 벤저민 W. 페리 기념 성서학 교수, ESV와 CSB, NLT와 NCV 번역 자문 위원

앤드류 나셀리는 복음주의권에서 가장 탁월하고 총명한 학자 중 하나다. 그리고 이 책에는 많은 이들이 그의 작업을 소중히 여기게 만드는 특징이 담겨 있다. 곧 이 책에서는 그리스도인들이 성경을 더 잘 이해하고 자신이 믿는 하나님을 깊이 사랑하도록 도우려는 나셀리의 마음이 뚜렷이 드러난다. 신학자에게는 이보다 더 큰 목표가 있을 수 없다. 나셀리는 신약 성경의 생명력 있는 보화를 캐내는 데 온전히 준비될 수 있도록 우리에게 탁월한 참고서를 제공해 주었다.

매튜 J. 홀_ 보이스 칼리지 학장

여기, '독특하게 반짝이는 보석'이 있다. 이 책이 '보석'인 것은 모든 신약 해석자에게 매우 유용한 자료이기 때문이다. 그리고 이 책이 '독특한' 보석인 이유는 이 분야에 속한 다른 어떤 책도 이 책처럼 광범위하며 철저한 성격을 지니지는 않아서다. 끝으로 이 책이 '반짝이는' 보석인 이유는 이 책이 독자 친화적이어서다. 이 책에는 대단히 명쾌한 문체와 매력적인 표현 양식이 담겨 있다. 그리고 최상의 부록들도 놓치지 말기 바란다!

머리 J. 해리스_ 트리니티 복음주의 신학교 신약 주해와 신학 담당 명예 교수, NIV 성경 원본 번역 위원회 위원

나셀리가 쓴 이 책은 신약 주해 입문서의 모범과도 같다. 이 주제에 관한 다른 안내서들과 마찬가지로, 나셀리는 논리적 흐름에 따라 주해 과정의 '단계들'을 제시한다. 하지만 그는 정확한 순서가 존재한다고 주장하지는 않는다. 학생들에게는 다행스럽게도, 이 책은 내용이 철저하긴 하지만 배우는 이를 지치게 만드는 교과서가 아니다. 그리고 교수들에게 다행스럽게도, 이 책은 내용이 허술하긴 하지만 그럭저럭 참아줄 만한 개관서 역시 아니다. 이 책은 포괄적이면서도 이해하기 쉽고, 자상하면서도 대담한 입문서다. 이 책에서는 주해 과정을 소개할 뿐 아니라 주해와 다른 신학 분과들 사이의 관계도 설명한다. 그 과정에서 나셀리는 학생들과 평신도들에게 맞춘 단순한 서술 방식을 채택하지만, 그러면서도 학자들을 당혹스럽게 만들지 않는 표현법을 사용한다. 거꾸로 말하면, 나셀리는 많은 수고를 통해 신학적인 세부 내용을 불필요하게 단순화하지 않으면서도 이해하기 쉽게 소개하는 데 성공했다. 이 점 때문에, 많은 학자들은 자신의 강의실에서 이 교재를 사용하려 할 것이다. 이 책에는 여러 유익한 사례가 실려 있으며, 오늘날 논의되는 여러 해석상 논점을 직접 다루고 있다. 이 책은 독자의 마음을 사로잡는 힘이 있다. 나 역시 이 책을 읽어 가는 동안에 저자가 이 과정의 다음 단계를 어떻게 다룰

지를 계속 생각하면서 호기심을 품게 되었다. 그렇다. 나셀리가 쓴 이 책은 확실히 신약 주해에 관한 이상적인 개론서다.

더글러스 S. 허프먼_ 바이올라 대학 탈봇 신학대학원 성서학, 신학 교수 및 부학장

이 책은 성경 주해와 그 밖의 분야들을 다룬, 탁월하며 포괄적인 개론서다. 공정한 표현 방식과 잘 선정된 사례들, 논리적 구성과 매력적인 글 솜씨 덕분에, 이 책은 학생과 목회자, 그리고 성경을 더 잘 읽는 법에 관심 있는 모든 이에게 최상의 안내서다.

캐런 H. 좝스_ 휘튼 대학과 대학원 신약 헬라어와 주해 담당 제럴드 F. 호손 기념 명예 교수, NIV 성경 번역 위원회 위원

앤드류 나셀리의 「신약, 어떻게 해석할 것인가」는 이해하기 쉽고 철저한 성경 해석 분야의 개론서다. 이 책의 주목할 만한 장점으로는 풍성한 사례를 통해 원리들이 실제로 어떻게 구현되는지를 보여 준다는 점, 하나님의 무오한 말씀을 연구하는 일이 지닌 영적이며 목회적인 측면을 강조한다는 점 등이 있다. 건전하고 분별력 있는 성경 연구의 실천 방식은 가르침을 통해 배우는 것만큼이나 경험을 통해 습득된다. 그리고 이 책에서 우리는 숙련된 주해 '코치'가 성경의 다양한 지형을 탐사하는 모습을 어깨 너머로 살펴볼 기회를 얻을 수 있다.

데니스 E. 존슨_ 캘리포니아 주 웨스트민스터 신학교 실천 신학 교수

자신감이 없는 탓에 낯선 언어를 써서 자신의 한계를 숨기는 연구자들과 달리, 좋은 학자는 복잡한 사안을 좀 더 단순하게 표현할 수 있다. 나셀리가 이 책에서 수행한 것이 바로 그런 작업이다. 그는 헬라어 문법이나 헬라어 이해 방식처럼 많은 독자에게 그리 익숙하지 않은 주제들도 효과적으로 그 내용을 전달한다(그리고 이보다 덜 예외적인 일이지만, 나셀리는 대부분의 단순한 사안들 역시 단순하게 설명하고 있다). 저자는 현재의 번역 원리와 문법적 논의들을 잘 알고 있다. 또한 성경의 각 본문을 연구하는 일과 성경의 주제를 파악하는 일, 일관된 신학을 제시하는 일이 때로는 부적절하게 분리되는데, 나셀리는 이 일들을 적절히 연관 짓고 있다.

크레이그 S. 키너_ 애즈버리 신학교 F. M. 톰프슨과 에이다 톰프슨 기념 성서학 교수

여러 젊은 설교자가 현재의 '문화에 접속할' 필요를 느끼며, 그것은 옳은 일이다. 하지만 그들은 고된 노력을 통해 자신이 성경 본문을 철저히 이해했는지 확인하기 전에, 또는 아예 그런 노력도 없이 그리하는 경우가 많다. 그러나 본문을 주의 깊게 주해할 때, 설교자는 자신이 다룰 수 있는 것보다 더 풍성한 의미를 그 본문에서 찾아낼 것이다! 성경 본문 해석에 관해서는 이미 좋은 책이 많이 출간되었으며, 앤드류 나셀리는 그중 여러 책을 열거하고 있다. 하지만 그가 쓴 책 역시 내가 접한 어느 책 못지않게 강해 설교자들이 이해하기 쉽고 사용하기 쉬운 안내서다. 이 책을 적극 추천한다!

팀 켈러_ 뉴욕 리디머 장로교회 선임 목회자, 복음 연합 공동 창립자

에두아르트 할러는 이렇게 말했다. "게으르거나 부주의한 이가 아닌 한, 주해를 두려워할 필요는 없다." 두려워하지 말라! 나셀리는 우리에게 주해 작업에 착수할 동기를 부여하며, 그 작업이 헛수고에 그치지 않도록 적절한 방법론을 제시해 준다. 그의 조언은 지혜롭고, 그의 논평에는 재치가 있다. 그리고 그는 성경을 다루기에 합당한 신념을 보여 준다!

J. 에드 코모셰프스키_ 「예수의 재발견」(*Reinventing Jesus*)과
「예수의 원래 자리 찾기」(*Putting Jesus in His Place*)의 공저자

때로 사람들이 놓치는 점이지만, 기독교는 언제나 하나의 글에 초점을 둔 운동으로 이어져 왔다. 따라서 근본적인 질문은 언제나 이것이어야 한다. "성경은 그 문제에 관해 무엇이라고 말하는가?" 새로 출간된 앤드류 나셀리의 이 멋진 책은 그 질문에 답하는 데 도움을 준다. 이 책에는 정확성과 명료성, 실천적인 안목이 담겨 있다. 이 책은 교회가 하나님 말씀을 제대로 이해하는 데 꼭 필요한 지침서다.

마이클 J. 크루거_ 리폼드 신학교 샬럿 캠퍼스 총장 및 신약학 교수

나셀리의 이 책은 포괄적이면서도 놀라울 정도로 이해하기 쉽다. 그는 성경을 해석하고 주해할 때 다루어야 할 다양한 사안을 소개할 뿐 아니라, 자신이 가르치는 개념들의 실례를 보여 주는 유익한 사례를 여럿 제시하고 있다. 이 책에는 기초적이며 실제적인 내용이 가득하며, 그 내용들은 어떤 독자에게든 유익한 자료임이 입증될 것이다. 성경을 충실히 해석하는 법에 관한 안내서를 찾는다면, 이것이 바로 그 책이다.

벤자민 L. 머클_ 사우스이스턴 뱁티스트 신학교 신약학 및 헬라어 교수

앤드류 나셀리가 집필한 이 신약 해석 안내서는 이 문제에 관련된 방법론과 사안들을 포괄적으로 다루고 있다. 그는 오늘날 논의되고 있는 복잡한 사안들 속으로 독자를 인도하며, 그런 사안들에 관해 분별력 있는 접근법을 보여 준다. 이 책은 매우 읽기 쉬운 문체로 쓰였으며, 효과적인 사례도 자주 제시한다. 나는 초급 신약학도들뿐 아니라 재교육을 받기 원하는 숙련된 해석자들에게도 이 책을 추천한다.

더글러스 J. 무_ 휘튼 대학 웨스너 기념 성서학 교수, NIV 성경 번역 위원회 의장

앤드류 나셀리가 집필한 이 심오한 책의 마지막 페이지를 덮을 때, 독자들은 더 좋은 학생이자 효과적인 말씀 전달자가 되도록 돕기 위해 만들어진 자료를 죽 살펴본 셈이 될 것이다. 그의 관점에서 우리는 명료성과 간결성, 단순성과 심오함, 깊이와 따뜻함 사이의 보기 드문 균형을 찾아볼 수 있다. 나셀리 박사는 모든 이에게 도움이 될 독특한 책을 집필했다. 이 책에서 제시하는 해석적 결론에 전부 동의하든 그렇지 않든, 당신은 이 책을 읽는 동안 지적으로나 영적으로 성장할 것이다. 앤드류의 책은 모든 신학교 학생이 꼭 읽어야 한다.

스티브 페티트_ 밥 존스 대학 총장

앤드류 나셀리는 "주해가 존재하는 이유는 예배가 존재하지 않기 때문"이라고 주장한다. 이 말에는 두 가지 함의가 있다. 곧 우리 삶의 목표는 예배라는 것과, 예배에 이르는 길은 주해에 있다는 것이다. 이 두 가지 함의의 배후에는 모든 것을 아우르는 세계관이 있다. 이는 내가 온 존재를 다해 믿고 따르는 세계관이다. 이 세계관에 따르면, (예배와 같은) 최상의 영적 체험은 (독서와 같은) 가장 평범한 정신적 활동을 통해 일어난다. 이는 우리가 하나님 말씀을 읽고 이해하는 기술을 습득하여 그분의 영광을 맛보고 누릴 수 있게 된다는 것을 의미한다. 그러니 당신의 독서 안내자를 현명하게 선택하기 바란다. 앤드류 나셀리는 최상의 안내자가 될 것이다.

존 파이퍼_ 디자이어링 갓 설립자이자 교사, 베들레헴 신학교 총장 및 성경 주해 교수

나셀리의 새 책을 읽으면서 나는 계속 이렇게 생각했다. '그래! 이 표현이 딱 적절해!', '이 내용은 학생들에게 정말 도움이 되겠군!', '나는 왜 그 점을 생각하지 못했을까?' 하나님이 이 책을 사용하셔서 수많은 그리스도인을 그분이 주신 말씀에 더욱 충실한 독자와 교사, 제자로 빚어 가시기를 기대한다.

로버트 L. 플러머_ 서던 뱁티스트 신학교 신약 해석학 교수

신약 성경을 충실하고 확신 있게 해석하려면 다양한 기술을 숙달해야 한다. 나는 여러 해 동안 그 모든 기술을 적절히 다룬 교과서를 학생들에게 추천하는 일에 씨름해 왔다. 하지만 이제 그 씨름이 끝났다. 앤드류 나셀리의 이 귀중한 책은 다루는 범위가 포괄적이며, 명료하고 매력적인 동시에 실제적이다. 이 책은 신뢰할 만한 신약 주해의 학문적 측면과 예술적 측면을 다룬 탁월한 개론서다.

브라이언 S. 로즈너_ 오스트레일리아 멜버른 리들리 대학 학장

주해 방법에 관한 나셀리의 책은 탁월한 자료다. 이 책은 놀랍도록 명료하고 이해하기 쉬우며 읽기에도 흥미롭다. 이와 동시에, 이 책에는 독자들에게 해석 기술을 알려 주는 지식이 가득 담겨 있다. 성경 해석법에 관해서는 많은 책이 나와 있지만, 이 책은 분명히 그중에서 가장 탁월한 것에 속한다.

토마스 R. 슈라이너_ 서던 뱁티스트 신학교 제임스 뷰캐넌 해리슨 기념 신약 해석학 교수 및 부학장, CSB 번역 감독 위원회 공동 의장

나셀리는 놀라울 정도로 포괄적인 교과서를 집필했다. 그의 문체는 대단히 명쾌하며, 내 생각에 그가 이 책에서 다루지 못한 중요한 사안은 전혀 없는 듯하다. 더욱이 이 책에는 분별력 있는 논평과 유익한 제안이 가득 담겨 있다. 적극 추천한다.

모이세스 실바_ 웨스트몬트 칼리지(1972–81), 웨스트민스터 신학교(1981–96), 고든-콘웰 신학교(1996–2000) 신약학 은퇴 교수, 누에바 베르시온 인테르나시오날(Nueva Versión Internacional[NIV 스페인어 역본]) 성경 번역 위원회 위원, NASB와 ESV, NLT 번역 자문 위원

이 탁월한 교재는 주해 안내서들 가운데서 최상의 수준으로 인정되어야 마땅하다. 이 책은 명료하고 실제적이며, 단순하지만 그 단순함이 지나치지는 않다. 이 책에는 신선할 정도로 개인적이고 목회적

인 필치가 담겨 있으며, 나셀리는 자신의 사례와 일화들을 통해 종종 무미건조한 학문 활동으로 간주되는 이 작업을 생생히 소개하고 있다. 간단히 말해, 이 책은 두 측면 모두에서 최상의 자료를 제공한다. 곧 건전한 이론적 토대와 그 원리들의 알맞은 적용이다. 나셀리의 이 책은 정말 간직할 가치가 있다. 이 책을 열렬히 추천한다.

제이 E. 스미스_ 달라스 신학교 신약학 교수

나셀리는 성경 텍스트 해석을 위한 정보와 제안들의 인상적인 모음집을 편찬했다. 그가 다루는 영역에는 본문 비평과 번역, 헬라어 문법, 성경 논증 도해법, 역사적 맥락과 문학적 맥락을 이해하는 일의 중요성, 성경 신학과 역사 신학, 조직 신학과 실천 신학 등이 포함되어 있다. 내게는 성경 번역에 관한 장이 특히 유익했다.

로버트 H. 스타인_ 서던 뱁티스트 신학교 성경 해석학 선임 교수

나는 이런 책이 출간되기를 오랫동안 기다리고 기도해 왔다. 마침내 그 책을 집필할 사람이 앤드류 나셀리일 줄은 몰랐지만, 사실 그보다 이 일에 적합한 사람은 없다. 당신이 지역 교회에 출석하는 평균 수준의 평신도이고 성경을 읽고 해석하는 법을 알기 원한다면, 이 책은 당신을 위한 것이다. 당신이 신학교 교육을 받지 못한 채로 사역에 입문한 젊은 목회자라면, 이 책은 당신을 위한 것이다. 그리고 당신이 분주히 사역하다가 전에 배운 내용을 잊어버린 목회자라면, 이 책은 당신을 위한 것이다. 이 책은 도전적이면서도 사용자 친화적이고, 놀라울 정도로 철저하면서도 이해하기 쉽다. 무엇보다 이 책은 우리 삶을 변화시키는, 기록된 하나님 말씀의 능력에 깊이 헌신되어 있다. 성경이 잘못된 방식으로 읽히고 형편없이 설교되며 끔찍하게 잘못 적용되는 이 시대에, 우리가 옳은 방향을 되찾기 위해서는 슬기롭고 포괄적인 이 안내서가 필요하다. 그러니 하나님의 심오한 역사를 갈망하는 목회자와 교사, 그리고 다른 모든 그리스도인들이여, 이 책을 집어 들고 탐독해 보기 바란다!

샘 스톰스_ 브릿지웨이 교회 설교 및 비전 담당 지도 목사, 엔조잉갓 사역 대표

대단한 책이다! 이 책은 명료하고 정확하며, 균형이 잡혀 있고 잘 구성되어 있으며, 읽기 쉽고 실제적이며, 좋은 사례와 예시로 가득하다. 나셀리의 서술에 관해서는 흠 잡을 부분이나 불평거리가 전혀 없으며, 그의 책에는 성경 해석의 기본 원리들에 관한 통찰이 가득하다. 적극 추천한다.

마크 L. 스트라우스_ 샌디에이고 베델 신학교 신약학 석좌 교수, NIV 성경 번역 위원회 부의장

당신이 하나님 말씀을 연구하는 법과 실천하는 법, 가르치는 법을 배우기 원한다면(스 7:10), 좋은 해석의 본을 보일 뿐 아니라 그 해석을 실천하는 법도 아는, 숙련되고 경건한 교사에게 배우는 것이 가장 이상적일 것이다. 나아가 당신은 많은 사례를 들면서 그 원리들을 명확하게 전달할 줄 아는 교사에게 배우고 싶을 것이다. 그리고 끝으로 처음부터 끝까지, 곧 이해에서 적용에 이르기까지 포괄적인 접근 방식을 제시할 수 있는 교사에게 배우려 할 것이다. 앤드류 나셀리의 놀라운 책에서는 이 모든 특성을 찾아볼 수 있다. 나는 이 정도의 명료성과 포괄성이 결합된 다른 신약 주해 개론서를 떠올릴 수 없

다. 이 책의 모든 내용에는 복음의 빛 아래서 하나님의 영광을 위해 살도록 독자들을 도우려는 의도가 담겨 있다. 이 탁월한 책에 담긴 원리들을 이해하고 적용할 때, 하나님의 백성은 주님과 동행하는 길에서 더욱 힘을 얻을 것이다!

저스틴 테일러_ 크로스웨이 출판사 출판 담당 부사장,
「ESV 스터디 바이블」(*The ESV Study Bible*, 부흥과개혁사 역간) 편집장

S. 루이스 존슨 주니어는 성경을 다루는 학자들, 곧 주해학자와 신학자들이 그 두 분야 사이의 '거룩한 혼인의 끈'을 무시해 왔다고 불평한 바 있다. 이 이혼은 그리 유쾌한 것이 아니었으며, 그 결과 무미건조한 주해와 근거 없는 신학이 생겨났다. 그리고 40년 후, 나셀리는 한 권의 책을 통해 주해와 신학, 이 두 분야를 대담하게 결합했다. 신약과 신학을 가르치는 교수인 그는 이 일의 적임자다. 이 책은 포괄적이며 명료하고 설득력이 있으며, 우리 마음에 찔림을 준다. 이 평온하고 재치 있는 책은 그가 성경 텍스트에 지적으로 헌신하고, 왕이신 예수의 영광을 위해 살아가면서 만들어 낸 결과물이다.

대니얼 B. 월리스_ 달라스 신학교 신약학 선임 교수, 신약 사본 연구 센터 실행 위원장, NET 신약 선임 편집자

성경 연구에 관한 책들은 종종 통 곡물 시리얼이 담긴 그릇처럼 될 수 있다. 곧 영양가 있고 포만감도 주지만 맛은 전혀 없는 것이다. 하지만 앤드류 나셀리는 그 문제를 훌륭하게 바로잡았다. 그는 이 책 「신약, 어떻게 해석할 것인가」에서 여러 정보를 알려 줄 뿐 아니라, 우리의 호기심도 잡아 끈다. 나셀리는 독자들을 신약 연구 단계들에 관한 논의 가운데로 인도해 간다. 그의 세심한 논의에는 최신 지식이 반영되어 있으며, 참고 문헌에 관한 정보도 가득 담겨 있다. 그러니 어느 수준에 있는 독자든 이 과정에서 풍성한 사유의 자양분을 얻을 수 있을 것이다. 「신약, 어떻게 해석할 것인가」를 읽은 이들이 그 결론에 항상 동의하지는 않을지도 모른다. 하지만 그들은 신약의 메시지와 신약 연구 방법론을 더 명확히 파악하게 될 것이며, 하나님의 영광을 위해 신약을 읽고 적용하도록 뚜렷한 자극을 받으면서 이 책을 덮게 될 것이다.

가이 프렌티스 워터스_ 리폼드 신학교 잭슨 캠퍼스 제임스 M. 베어드 기념 신약학 교수

앤드류 나셀리는 이 책에서 놀라운 작업을 해냈다. 그는 주해에서 신학으로 나아가는 법에 관해 여러 권에 걸쳐 다룰 만한 내용을 한 권의 책으로 써 냈다. 그의 논의는 정확하고 명료하며, 성경적으로 충실하다. 내가 아는 책 중에는 독자들이 문학적 양식과 본문 비평, 번역 이론과 헬라어 문법을 비롯한 주해의 핵심 요점들을 이해하는 데 이같이 유익한 책이 없다. 나셀리는 정확하면서도 읽기 쉽고 매력적인 필체로 논의를 펼치면서, 독자들이 그 기본 원리들을 적절히 파악할 수 있도록 주의 깊게 인도해 간다. 하지만 그는 여기서 그치지 않는다. 나셀리는 이런 주해의 유용한 요점들을 서술할 뿐 아니라, 독자들이 주해를 직접 수행하도록 돕는다. 그는 구체적인 사례와 예시를 들면서 하나의 성경 본문에서 타당한 성경적, 신학적 결론으로 나아가는 법을 명확히 보여 준다. 우리 시대의 교회가 크고 영광스러운 삼위일체 하나님을 바르게 알기 위해서는 성경의 충실한 독자와 실천자가 되는 일이 절실히 요청된다. 사실, 교회의 생명과 건강은 우리가 하나님 말씀을 읽고 자신의 삶에 적용하는 일에 직접적으로

연관되어 있다. 이 책은 목회자와 신학생, 그리고 다른 모든 그리스도인이 하나님 말씀을 바르게 분별하고 자신의 삶에 그 내용을 적용하는 데 꼭 필요하다. 나는 이 책을 적극 추천하며, 이 책이 이 시대 교회 안에서 널리 쓰임 받기를 기도한다.

스티븐 J. 웰럼_ 서던 뱁티스트 신학교 조직 신학 교수,
〈서던 뱁티스트 신학 저널〉(*The Southern Baptist Journal of Theology*) 편집자

이 책의 저자나 도널드 카슨과 토마스 슈라이너를 비롯한 다른 추천자들과 달리, 나는 전문적인 학자도 아니고 해석학을 가르치는 이도 아니다. 물론 나는 이 책을 추천하게 되어 영광이며, 기꺼이 추천하기를 원한다. 다만 내게 이 책을 추천해 달라는 요청이 온 것은 내가 이 책 제목의 '적용' 부분(원제 *How to Understand and Apply the New Testament*)에 연관된 사람이어서일 것이라고 추측된다. 나는 여러 글을 출판하면서 그 부분에 좀 더 강조점을 두어 왔기 때문이다. 당신이 신약 성경의 헬라어를 어느 정도 알지 못할 경우, 이 책의 어떤 부분들이 지닌 가치는 충분히 파악하지 못할 수도 있다. 하지만 그렇다고 해서 이 책에 아무 유익이 없다고 결론짓지는 말기 바란다. '메 게노이토!'('하나님이 금하신다!', 8장을 보라.) 앤드류 나셀리의 이 책은 신약 성경을 잘 알기 원하는 모든 이에게 유익하고 흥미로운 내용이 될 것이다. 이는 그 사람이 성경을 영어로 읽든 헬라어로 읽든 마찬가지다. 나셀리는 신약의 여러 핵심 본문에 관해 귀중한 통찰을 제시할 뿐 아니라, 이후에 독자들이 직접 성경을 연구할 때 활용할 수 있는 도구들 역시 소개한다. 나아가 나셀리는 논의 과정에서 예상치 못한 추가 자료들도 풍성히 소개하는데, 이를테면 자신만의 신학 서재를 정리할 이유와 방법이라든지 신약의 한 책 전체를 암기할 이유와 방법 같은 것들이다. 당신이 이 책을 집어 들고 내 진심 어린 추천사가 담긴 이 부분까지 살필 정도로 충분한 관심을 느꼈다면, 이 책에는 당신이 즐겁게 읽고 유익을 얻을 내용이 많이 있을 것이라고 확신한다.

도널드 S. 휘트니_ 서던 뱁티스트 신학교 성경적 영성학 교수

여러 해 동안 성경을 가르쳐 오면서, 성경을 가르치거나 공부하기 원하는 이들에게서 가장 자주 들은 질문은 이것이다. "어디서부터 시작해야 하나요?" 이 책에서 앤드류 나셀리는 우리가 지도와 나침반을 들고 그 길 위에 설 수 있도록 열두 단계를 제시해 준다. 성경을 연구하기 위해서는 겸손과 확신이 주의 깊은 균형을 이루어야 한다. 앤드류는 우리가 이 즐거운 과업의 무게를 헤아릴 수 있게 도와주며, 여러 자료를 제공하면서 우리가 그 짐을 분별력 있게 감당하도록 격려한다. 이 책은 성경 본문을 다루는 법에 관해 포괄적인 시각을 얻는 데 유익하며, 앞으로도 내가 계속 참조할 도구가 될 것이다.

젠 윌킨_ 성경 교사, 「말씀에 속한 여성들」(*Women of the Word*),
「주 같은 분 없네」(*None like Him*, 예수전도단 역간) 저자

이 놀라운 책은 과거와 현재의 위대한 성경 해석자들이 얻은 지혜를 한데 모아 정리하고 종합한다. 더욱이 이 책에는 나셀리 자신의 다양한 독서와 탐구에서 나온 활력과 통찰이 담겨 있다. 그 결과물로 나온 것이 진지한 성경 해석자들을 위한 지침서로, 이 책은 과거에 기반을 두면서도 현재의 흐름을 뚜렷

이 반영하고 있다. 이 책에서는 헬라어의 어려운 문제들을 다루면서도 복잡한 세부 사항의 수렁에 빠지지 않는다. 그리고 이 책은 독자들을 신학의 영역으로 이끌어 가는데, 우리가 성경을 바르게 살필 경우에는 이 영역으로 나아가지 않을 수 없다. 또한 이 책은 책에서 살핀 각 주제를 더 자세히 다룬 책들의 여러 목록을 제공한다. 이 책은 우리가 성경을 이해하고 그 내용대로 살아가는 일에 적절히 기여하며, 그 과정에서 여러 함정을 피할 수 있게 도와준다. 이 책은 대학과 신학교 강의실에서 널리 읽힐 가치가 있다. 그리고 그리스도의 진지한 제자로서 성경에서 더 새롭고 깊은 배움을 얻으려는 이들, 선한 의도와 경건한 헌신으로 파악할 수 있는 것보다 더 많은 배움을 얻기 원하는 독자들에게도 이 책은 매력적으로 다가올 것이다.

로버트 W. 야브로_ 커버넌트 신학교 신약학 교수

주해학/해석학 안내서들의 수준이 동등하지 않다는 것은 비밀이 아니다. 그 안내서들에 담긴 지식이나 유용성, 재미의 수준은 결코 동일하지 않다. 물론 전체적으로 볼 때, 이런 책들은 교회에 꼭 필요하다. 결국 하나님 말씀을 바르게 이해하는 것보다 중요한 일이 어디 있겠는가? 그런데 지식이 담긴 동시에 유용하며, 읽기에도 즐거운 책을 찾는다면, 앤드류 나셀리의 책이 바로 그 책이다. 이 책을 읽고 그의 조언을 따르는 사역자들은 누구나 더욱 힘 있게 설교하게 될 것이 분명하다. 이 책은 놀랍도록 포괄적이면서도 유쾌할 정도로 간결하다. 이 책에는 많은 지식이 담겨 있지만, 동시에 누구나 쉽게 이해할 수 있다. 그리고 이 책은 읽는 이의 마음에 기쁨과 즐거움을 준다. 지식을 다시 습득하기 위한 과정으로 이 책을 죽 읽어 보라. 그러고는 여러 주에 걸쳐 주의 깊게 다시 읽어 보면서, 하나님 말씀을 전하는 사역을 더욱 충실히 감당할 수 있도록 배우고 준비하기 바란다.

프레드 G. 재스펠_ 개혁주의 침례교회 목사, '한눈에 보는 책들'(*Books at a Glance*) 책임 편집자, 서던 뱁티스트 신학교 조직 신학 부교수

신약, 어떻게 해석할 것인가

죠이선교회는 예수님을 첫째로(Jesus First)
이웃을 둘째로(Others Second)
나 자신을 마지막으로(You Third) 둘 때
참 기쁨(JOY)이 있다는 죠이 정신(JOY Spirit)을 토대로
하나님 나라의 확장을 위해 지역 교회와 협력, 보완하는
선교 단체로서 지상 명령을 성취한다는 사명으로 일합니다.

죠이선교회 출판부는 그리스도를 대신한 사신으로
문서를 통한 지상 명령 성취와 하나님 나라 확장을 위해 노력합니다.

How to Understand and Apply the New Testament
by Andrew David Naselli

죠이북스는 죠이선교회의 임프린트입니다.

신약, 어떻게 해석할 것인가

주해에서 신학에 이르는 12단계

앤드류 나셀리 지음
송동민 옮김

죠이북스

—

성경을 보도록 나를 고무시키고

계속 보게 만든

존 파이퍼에게

—

차례

도표와 그림 목록

분석적 개요

I. 서론

A. 주해란 무엇인가

B. 주해와 신학의 열두 단계

1. 단계들?

2. 주해는 과학인 동시에 예술이다

C. 주해와 신학은 서로 어떻게 연관되는가

1. 신학의 다섯 분과

2. 신학의 다섯 분과들 사이의 복잡한 상호 관계

D. 10분의 기도와 10시간의 연구 중 어느 쪽이 더 귀중한가

II. 장르_ 본문의 문학적 양식에 대한 해석 지침을 확정하기

A. 본문 비평 대신 장르 분석으로 시작하는 이유는 무엇인가

B. 성경을 해석하는 일반 원리에는 어떤 것들이 있는가

C. 비유 표현을 어떻게 해석할 것인가

D. 복음서와 사도행전은 어느 장르에 속하며, 이 책들은 서로 어떻게 연관되는가

1. 복음서는 어느 장르에 속하는가

2. 사도행전은 어느 장르에 속하는가

3. 복음서들과 사도행전은 서로 어떻게 연관되는가

E. 복음서와 사도행전을 어떻게 해석할 것인가

F. 예수의 비유들을 어떻게 해석할 것인가

G. 사례_ 탕자의 비유(누가복음 15장)

H. 서신서를 어떻게 해석할 것인가

1. 그리스-로마 세계의 맥락에서 살펴본 신약의 편지들

2. 서신서를 해석하는 원리에는 어떤 것들이 있는가

I. 요한계시록을 어떻게 해석할 것인가

1. 요한계시록은 어느 장르에 속하는가

2. 요한계시록을 해석하는 원리에는 어떤 것들이 있는가

III. 본문 비평_ 원래 어구를 확정하기

A. 본문 비평이란 무엇인가

1. 어떤 신약 사본들이 존재하는가

2. 다른 고대 문헌들과 비교할 때, 신약 사본의 양과 질은 어떠한가

3. 본문 비평은 주해와 신학 작업에서 얼마나 중요한가

B. 이문의 독법들을 어떻게 평가할 것인가

1. 이문의 독법으로는 어떤 종류가 있는지 파악하라

2. UBS[5]과 NA[28]의 본문 비평 장치 읽는 법을 파악하라

3. 내적 증거를 평가하라

4. 외적 증거를 평가하라

5. 본문 비평 전문가들의 논증을 숙고하라

C. 'KJV 유일주의'를 어떻게 볼 것인가

D. 사례_ "내가 자랑할 수 있도록 내 몸을 넘겨줄지라도" 대 "불에 타도록 내 몸을 넘겨줄지라도"(고전 13:3)

IV. 번역_ 역본들을 서로 비교하기

A. 한 역본을 탁월한 것으로 만드는 네 가지 특성

1. 정확성

2. 명료성

3. 자연스러움

4. 독자 적합성

B. 번역의 주요 접근 방식 세 가지

1. 형식적 일치를 추구하는 방식(좀 더 형식에 근거한 방식)

2. 기능적 일치를 추구하는 방식(좀 더 의미에 근거한 방식)

3. 절충 방식

C. 현대 성경 역본들은 서로 어떻게 비교되는가

D. NASB와 ESV는 늘 NIV보다 더 형식에 기반하는가

E. 성경 번역 철학에 관해 어떻게 의견을 달리할 것인가

3. 목적어-보어의 이중 대격
4. 부정사의 주어

G. 관사 분석하기
1. 단순 지목
2. 앞서 나온 어구를 가리킴_ 이전 단어를 지시
3. 탁월함을 나타냄
4. 단일성을 나타냄_ 유일한 것
5. 유명한 것을 나타냄
6. 추상적인 것을 나타냄
7. 총칭적인 것을 나타냄
8. 대명사로 쓰임
9. 특정 품사들과 함께 실명사로 쓰임
10. 여러 실명사가 Καί로 연결될 때_ 그랜빌 샤프 규칙

H. 분사 분석하기
1. 방편
2. 태도
3. 시간
4. 절대 속격
5. 원인
6. 양보
7. 조건
8. 결과
9. 목적
10. 수반되는 정황
11. 한정 용법(관형적 용법)
12. 서술 용법
13. 실명사적 용법

I. 부정사 분석하기
1. 보어적 용법
2. 목적
3. 결과
4. 시간
5. 원인
6. 명사나 형용사를 설명함
7. 주어
8. 간접 화법
9. 동격

J. 대명사의 선행사 분석하기
1. 마태복음 1장 16절
2. 요한복음 14장 26절, 15장 26절, 16장 13-14절

VI. 논증 도해_ 호 그리기와 괄호 묶기, 구문 분석을 통해 논리의 전개 과정을 추적하기

A. 논증을 추적할 수 있다는 점이 헬라어를 알기 때문에 얻는 최상의 유익인 이유

B. 명제들은 서로 어떻게 연관되는가_ 열일곱 가지 논리적 관계
1. 연속적
2. 점진적
3. 대안적
4. 상황-반응
5. 행동-방편
6. 비교
7. 대조적
8. 개념-설명
9. 질문-대답
10. 근거
11. 추론
12. 행동-결과
13. 행동-목적
14. 조건적(……라면 ……이 된다)
15. 시간적
16. 장소적
17. 양보적

C. 논증 추적을 위한 도해 방법_ 호 그리기와 괄호 묶기, 구문 분석
1. 호 그리기와 괄호 묶기, 구문 분석은 어떤 유사점을 지니는가
2. 호 그리기와 괄호 묶기, 구문 분석은 어떻게 다른가
3. 문장 도해란 무엇인가

D. 구문 분석의 여덟 단계
1. 다룰 본문의 범위를 확정하기
2. 본문을 명제와 구로 분할하기
3. 주절 파악하기
4. 종속절과 구를 들여 쓰기
5. 병행하는 단어들을 나란히 이어지는 행들로 쌓거나 배열하기
6. 명제와 구의 논리적 관계를 나타내는 명칭을 추가하기
7. 형식에 근거한 역본으로 헬라어 도해 따라 해 보기
8. 도해한 내용으로 임시 개요 작성하기
E. 논증 추적 방식으로 구문 분석을 선호하는 이유
1. 구문 분석은 단순하다
2. 구문 분석은 명확하다
3. 구문 분석은 유연하다
F. 사례_ 베드로전서 5장 6-7절 구문 분석
1. '맡기십시오'일까, '맡기면서'일까
2. '맡기면서'
3. '맡김으로써'
4. 우리의 염려를 어떻게 다룰 것인가
G. 사례_ 마태복음 28장 19-20a절 구문 분석
1. 가서 제자 삼으라
2. 세례를 베풀고 가르침으로써 제자 삼으라
3. 이 분석의 세 가지 함의
H. 사례_ 유다서 20-21절 구문 분석
I. 사례_ 로마서 11장 33-36절 구문 분석
J. 사례_ 골로새서 1장 9-14절 구문 분석
K. 사례_ 로마서 3장 21-26절 구문 분석

VII. 역사-문화적 맥락_ 저자가 그 문헌을 작성한 상황을 이해하고, 아울러 저자가 본문에서 언급하거나 전제했을 역사-문화적 세부 사항들을 헤아리기

A. 성경을 이해하는 데 배경 지식이 꼭 필요한가
1. "그렇다"라고 답할 경우, 네 가지 위험 요소
2. "아니다"라고 답할 경우, 두 가지 위험 요소
3. 실례_ "아니다"라고 답하는 웨인 그루뎀의 주장
4. 성경을 이해하는 데 성경 외적인 지식이 꼭 필요할 경우
B. 성경을 이해하는 데 배경 지식이 꼭 필요한 두 가지 사례
1. 머릿수건(고전 11:2-16)
2. 뜨거움과 차가움, 미지근함(계 3:15-16)
C. 성경을 이해하는 데 배경 지식이 필요하다면, 성경이 충분히 명료하지는 않다는 의미인가
D. 신약의 책 또는 본문의 역사-문화적 맥락을 분석하기 위한 일곱 가지 질문
1. 장르_ 이 글의 문학 양식은 무엇인가?
2. 저자_ 이 글을 쓴 사람은 누구인가?
3. 연대_ 저자는 언제 이 글을 썼는가?
4. 장소_ 저자는 어디서 이 글을 썼는가?
5. 독자_ 저자는 누구에게 이 글을 썼는가?
6. 목적_ 저자는 왜 이 글을 썼는가?
7. 배경_ 저자가 전제로 삼았을 역사-문화적 세부 사항으로는 어떤 것들이 있는가?
E. '거울 읽기'_ 유익하고 필요하지만 위험하기도 한 작업
1. '거울 읽기'는 유익하고 필요한 것이 될 수 있다
2. '거울 읽기'는 위험한 것이 될 수 있다
F. 역사-문화적 맥락을 파악하기 위한 일차 자료로는 어떤 것들이 있는가
1. 성경을 활용하라
2. (정경 외적인) 유대의 일차 문헌들을 활용하라
3. 그리스-로마의 일차 문헌들을 활용하라
G. 유대 문헌과 그리스-로마 문헌을 분별력 있게 활용하는 여섯 가지 방법
1. 문학적 감수성을 활용하라
2. 유대와 그리스-로마 세계에는 다양한 모습이 있었음을 인정하라
3. '유사점 찾기 중독증'에 빠지지 않도록 주의하라
4. 각 자료가 신약의 이해를 어떻게 돕는지 구체

적으로 정리하라
5. 실수를 인정할 줄 아는 사람이 되라
6. 일차 문헌을 직접 읽으라
H. 사례_ "낙타가 바늘귀로 들어가는 것이 부자가 하나님의 나라에 들어가는 것보다 쉬우니라"(마 19:24)
I. 사례_ 고린도전서 2장 1-5절에서 언급되는 수사학

VIII. 문학적 맥락_ 한 본문이 책 전체에서 수행하는 역할을 이해하기

A. 문학적 맥락의 단계로는 어떤 것들이 있는가
B. 신약 성경의 각 책이 지닌 신학적 메시지는 무엇인가
1. 사복음서
2. 사도행전
3. 바울이 쓴 열세 편의 서신
4. 히브리서와 일곱 편의 일반 서신
5. 요한계시록
6. 결론
C. 신약을 문학적 맥락에서 읽기 위한 네 가지 실천적 제안
1. 오디오 성경을 들으라
2. 성경의 책 한 권을 앉은자리에서 다 읽어 보라
3. 장이나 절 번호 없이 읽어 보라
4. 예수의 말씀을 붉은 글씨로 표시한 성경을 읽지 말라
D. 사례_ "판단을 받지 않으려거든 남을 판단하지 말아라"(마 7:1)
1. 다른 이들을 판단하는 일은 꼭 필요하다
2. 판단하지 말라 = 비판적인 태도를 취하지 말라
E. 사례_ "내게 능력 주시는 자 안에서 내가 모든 것을 할 수 있느니라"(빌 4:13)

IX. 단어 연구_ 핵심 단어와 구문, 개념을 해석하기

A. 단어 연구가 왜 중요한가
B. 단어 연구의 네 단계
1. 연구할 헬라어 단어를 선택하기
2. 신약에서 그 단어가 지닌 의미의 범위를 파악하기
3. 그 단어가 칠십인 역과 성경 외적인 동시대의 헬라어 문헌에서 어떻게 쓰였는지를 비교해서 살펴보기
4. 신약의 핵심 본문들에서 그 단어의 의미일 가능성이 가장 높은 것을 결정하기
C. 단어 연구에서 피해야 할 네 가지 일반적인 위험 요소
1. 어원에 근거해서 단어의 의미를 결정하는 오류
2. 시대착오적인 어원에 근거해서 단어의 의미를 결정하는 오류
3. 유의어들이 비슷한 의미로 쓰인 문맥에서 그 단어들의 뜻을 구분 짓는 오류
4. 한 단어의 알려지지 않았거나 가능성이 희박한 의미에 호소하는 오류
D. 어설픈 주석들에 관한 사고 실험
1. 1절
2. 2절
3. 3a절
4. 3b절
5. 4절
E. 사례_ συνείδησις('양심')
1. συνείδησις는 어떤 것이 될 수 있는가
2. συνείδησις는 무엇을 할 수 있는가
3. συνείδησις를 어떻게 정의할 것인가
F. 사례_ σάρξ('육신')와 πνεῦμα('영')
1. 물리적인 측면 대 영적인 측면
2. 물리적인 연약함 대 고귀한 열망
3. 물리적인 신체 대 비물리적인 인격
4. 물리적인 신체 대 성령
5. 소멸하게 될 신체 대 소멸하지 않는 신체
6. 물리적인 연합 대 영적인 연합
7. 영적인 죽음 대 영적인 생명
8. 인간의 무능력 대 성령의 능력
9. 어떤 이의 죄악 된 기질 대 그런 기질을 떠나서

본 그 사람 자신

10. 옛 자아와 비그리스도인들의 생활 영역 대 성령과 그리스도인들의 생활 영역

11. 그리스도인들 안에 있으면서 그들을 거스르는 죄악 된 기질 대 성령

G. 사례_ μὴ γένοιτο('하나님이 금하신다')

X. 성경 신학_ 성경 전체가 어떻게 진전하고 통합되어 그리스도 안에서 절정에 이르는지를 연구하기

A. 현재 위치_ 주해-신학적 지도에서 지금 우리가 어디에 있는지를 간단히 살피기

B. 성경 신학이란 무엇인가

1. 성경 신학은 유기적이며 구원-역사적인 연관성을 파악한다

2. 성경 신학은 정경 전체를 분석하고 종합한다

3. 성경 신학은 성경 자체의 방식을 좇아 정경 전체를 분석하고 종합한다

4. 성경 신학은 구약과 신약이 어떻게 하나로 통합되는지를 분석하고 종합한다

5. 성경 신학은 구약과 신약이 어떻게 그리스도 안에서 절정에 이르는지를 분석하고 종합한다

C. 예시_ 해리 포터 이야기(그리고 일부 다른 이야기들)

D. 사례_ 거룩함

1. 거룩함 그 자체이신 분_ 하나님

2. 거룩함을 잃어버린 이들_ 인간

3. 거룩한 존재로 세워지고 그에 맞게 실천해야 했던 이들_ 이스라엘

4. 거룩함을 몸소 드러내고 성취하신 분_ 예수

5. 거룩함을 적용받고 실천하게 된 이들_ 그리스도인

6. 거룩함이 완성될 때_ 영광

E. 사례_ 성전(고전 6:19-20)

1. 성전은 성경의 이야기 흐름 속에 어떻게 들어맞는가

2. 성전에 대한 성경 신학적 고찰은 어떻게 고린도전서 6장 19-20절의 성전에 대한 이해를 향상시키는가

F. 사례_ 비밀(엡 3:1-6)

1. 비밀이란 무엇인가

2. 이 비밀은 정확히 무엇을 가리키는가

3. 그것이 비밀인 이유는 무엇인가

G. 사례_ 일

1. 창조 시의 일

2. 저주 아래 놓인 일

3. 그리스도 안에서의 일

4. 완성 상태에서의 일

H. 성경 신학 작업을 수행할 동기를 얻기

1. 나는 성경 신학을 어떻게 수행하는가

2. 하나님의 백성은 이 작업을 다룰 수 있는가

XI. 역사 신학_ 주요 주해자와 신학자들이 성경과 신학을 어떻게 이해해 왔는지 조사하고 평가하기

A. 역사 신학이란 무엇이며, 주요 주해자와 신학자로는 어떤 이들이 있는가

1. 초대 교회(1세기-600년)

2. 중세(600-1500년)

3. 종교 개혁과 그 이후(1500-1750년)

4. 근현대(1750년-현재)

B. 역사 신학을 연구할 열 가지 이유

1. 역사 신학은 정통과 이단을 구분하는 데 도움을 준다

2. 역사 신학은 정통과 이단의 열매들을 보여 준다

3. 그리스도인들이 비본질적인 사안에 관해 서로 의견을 달리할 때, 역사 신학은 하나님을 영화롭게 하는 연합을 촉진할 수 있다

4. 역사 신학은 우리가 전 세계적인 전망을 품고 생각하도록 도와준다

5. 역사 신학은 우리의 신학적 맹점을 보여 줄 수 있다

6. 역사 신학은 외관상 새로워 보이는 견해들의 정체를 파악하는 데 도움을 준다

7. 역사 신학은 겸손을 함양한다

8. 역사 신학은 우리가 연대기적 속물근성에 빠지지 않도록 지켜 준다
9. 역사 신학은 우리에게 영감을 준다
10. 역사 신학은 하나님이 그분의 영광과 우리의 유익을 위해 모든 일을 주권적으로 통제하심을 일깨워 준다

C. 사례_ 케직 신학
1. 케직 신학이란 무엇인가
2. 케직 신학은 어디에서 유래했는가

XII. 조직 신학_ 본문이 성경 전체와 신학적으로 어떻게 조화되는지를 파악하기

A. 조직 신학이란 무엇인가

B. 서로 상응하는 조직 신학의 열 가지 장점과 위험성
1. 조직 신학은 특정 텍스트에 대한 주해를 풍성하게 만들 수 있지만, 동시에 그 주해를 왜곡시킬 수도 있다
2. 조직 신학은 우리에게 정확한 신학적 틀을 제공할 수 있지만, 동시에 성경을 대체하게 될 수도 있다
3. 조직 신학은 교리적 긴장을 정확히 식별할 수 있지만, 그 긴장을 그릇된 방식으로 해결하도록 이끌 수도 있다
4. 조직 신학은 특정 텍스트가 다른 텍스트들과 서로 연관되며 조화를 이루는 방식을 파악하는 데 도움을 줄 수 있지만, 우리 자신만의 '정경 속 정경'을 형성하도록 이끌 수도 있다
5. 조직 신학은 주해와 성경 신학이 할 수 없는 방식으로 현재의 문제들을 직접 다룰 수 있지만, 텍스트를 간과하기도 더 쉽다. 이는 조직 신학이 그 텍스트에서 좀 더 떨어져 있기 때문이다
6. 조직 신학은 텍스트에서 유익하고 필연적인 논리적 추론을 이끌어 낼 수 있지만, 텍스트에 매이지 않은 방식으로 무분별한 사색에 빠질 수도 있다
7. 조직 신학은 성경 전체의 가르침을 효과적으로 압축할 수 있지만, 성경을 무분별하게 '증거 본문'으로 활용할 수도 있다
8. 조직 신학은 오류를 논박하는 데 도움을 줄 수 있지만, 그 자체가 오류에 빠질 수도 있다
9. 조직 신학은 성경 본문들이 특정 주제에 관해 어떻게 하나로 연결되는지 파악하는 데 도움을 줄 수 있지만. 동시에 역사 신학과 신학 서론, 철학에만 치중한 나머지 성경의 가르침을 파악하는 데 실패할 수도 있다
10. 조직 신학은 신학적 선별을 수행하는 데 도움을 줄 수 있지만, 올바른 답을 저절로 쏟아 내는 것은 아니다

C. 사례_ 복음이란 무엇인가
1. '복음'이라는 단어는 무엇을 뜻하는가
2. 소식은 다양한 정도로 좋은 것이 될 수 있다
3. 나쁜 소식은 매우 불행한 소식이다
4. 좋은 소식은 매우 복된 소식이다
5. 우리는 좋은 소식과 나쁜 소식을 네 단어로 요약할 수 있다_ 하나님, 인간, 그리스도, 반응
6. 그렇다면 복음은 정확히 무엇인가

D. 사례_ 논리적인 악의 문제
1. 악이란 무엇인가
2. 논리적인 악과 정서적인 악의 문제들은 무엇인가
3. 논리적인 악의 문제에 관해 비성경적인/부적절한 해답으로는 어떤 것들이 있는가
4. 성경은 논리적인 악의 문제를 어떤 방식들로 접근하는가

XIII. 실천 신학_ 텍스트를 우리 자신과 교회, 세상에 적용하기

A. 실천 신학이란 무엇인가
1. 우리 삶의 방식에 성경을 적용해야 하는 이유는 무엇인가
2. 실천 신학에도 전통적인 범주들이 있는가
3. 주해는 언제나 적용보다 앞서는가

4. 적용은 복잡한 과업이다

B. 성경을 적용하는 여섯 가지 지침

1. 본문 적용은 주해와 신학에 통제받는다는 점을 인식하라
2. 본문에 담긴 진리를 보편 원리로 진술하라
3. 우리의 청중과 그들의 문화를 주해하라
4. 특정한 범주의 사람들을 겨냥하라
5. 보편적인 원리를 의무나 성품, 목표나 분별력, 또는 이 모두의 문제에 연관된 현재의 구체적인 상황에 적용하라
6. 적용에는 다양한 수준의 권위가 부여된다는 것을 인식하라

C. 사례_ 바울이 이사야서와 욥기를 사용하는 방식(롬 11:34-35)

1. 하나님은 우리가 다 헤아릴 수 없는 분이다_ 그분께는 깊은 지식이 있다(롬 11:34a)
2. 하나님은 조언자를 두지 않으신다_ 그분께는 깊은 지혜가 있다(롬 11:34b)
3. 하나님은 아무에게도 빚을 지지 않으신다_ 그분께는 깊은 풍성함이 있다(롬 11:35)
4. 결론

D. 사례_ 어떻게 일할 것인가

1. 다른 이들이 아닌 주님을 위해서 하듯이 마음을 쏟아 성실하게 일하라
2. 게으름을 피우지 말고 열심히 일하라
3. 열심히 일하되 과로하지는 말라
4. 영리하게 일하되 부정직하게 일하지는 말라
5. 야심차게 일하되 탐욕을 품지는 말라

XIV. 결론_ 성경을 보라!

A. 물고기를 보라!

B. 성경을 보아야 할 이유는 무엇인가

How to Understand and Apply the New Testament

| 머리말 |

많은 사람이 언급했듯이, 초급 헬라어를 20-30년 동안 가르쳐 온 신약학자들 가운데는 헬라어 문법 개론서를 직접 써 보겠노라고 결심하는 사람이 많다. 그들은 자신이 도입한 특정 관점이나 중점 덕분에, 수많은 헬라어 문법 개론서 가운데 자신의 교과서가 최상의 책이 되리라고 굳게 믿는다. 그리고 실제로 20-30년간 경험을 쌓은 그 학자가 자신의 책을 직접 활용하는 경우, 그 책은 매우 유익한 효과를 내는 경향이 있다. 그가 출간한 교재는 학자 자신의 성향과 교육적 우선순위에 잘 들어맞기 때문이다. 물론 그런 책들 가운데 일부는 매우 특이해서 대중의 관심을 얻지 못하는 경우도 있다. 하지만 탁월한 책은 다른 교사들에게 인정받고, 다양한 헬라어 문법 개론서 가운데서 점차 자신만의 자리를 찾게 된다.

학생들을 대상으로 한 신약 주해 개론서에 관해서도 비슷한 점을 언급할 수 있다. 이 분야에서도 지난 수십 년간 수많은 주해 교재와 개론서가 출간되었다. 그런데 이 분야는 헬라어 문법서의 경우보다 훨씬 복잡하다. 실제로 헬라어 문법은 주해의 광범위한 영역에 있는 한 가지 주제일 뿐이다. 그 결과, 주해 분야에서는 중점과 범위의 포괄성과 명료성을 비롯하여 여러 측면에서 훨씬 다양한 시도가 이루어질 수 있다.

앤드류 나셀리(Andrew Naselli)의 이 책도 바로 이 주해 분야에 속한다. 첫 단계의 개론서로는 이 책만 한 것이 없다. 이 책에서 다루는 주제의 범위는 놀랄 만하다. 문학적 장르와 본문 비평, 번역과 문법, 구문 도해와 역사-문화적 맥락, 문학적 맥락과 단어 연구, 성경 신학과 역사 신학, 조직 신학과 실천 신학이다. 그리고 두 편의 훌륭한 부록이 실려 있다(이 부록들에 관해서는 뒤에서 좀 더 언급하려 한다). 물론 어떤 교사들은 분명 이런 주제에 더 많은 분량을 할애하고, 저런 주제는 좀 덜 다루는 편을 선호할 것이다. 그러나 이 개론서에서 정말 인상적인 특징은 다음 다섯 가지 장점이 결합되어 있다는 점이다. (1) 나셀리가 소개하는 주제의 범위는 놀랄 만하다. (2) 그는 그 주제들을 다룰 때 대부분 독자가 그 분량에 질리지 않게 하면서도 방대한 양의 세부 사항을 제시하는데, 이 역시 깊은 인상을 준다. (3) 나셀리는 큰 그림을 살피면서도 작은 세부 사항에 관심을 쏟는 데 성공적이다. (4) 그는 자신이 다루는 내용을 체계적으로 정리해서 교육적으로 유익하게 제시하는 법을 알며, 이는 특히 공부를 시작하는 학생들에게 유익하다. 그리고 (5) 그는 지극히 명쾌하고 단순하게 글을 쓴다. 이 책을 읽는 것은 즐겁다.

그리고 우리는 부록들을 떠올리게 된다. 나셀리는 첫 번째 부록에서 (디지털화한) 자료 정리 체계의 중요성을 강조하고, 한 가지 유용한 방식을 얼마간 자세히 제시한다. 장기적으로 볼 때, 유익하고 충실하게 주해하려면 좋은 자료를 발견하고 활용할 수 있는 능력이 필요하다. 그리고 그러한 자료는 연구자 자신이 이미 읽은 것인 경우도 많다. 두 번째 부록에서는 '신약의 한 책 전체를 암기해야 할 이유와 그 방법'을 이야기한다. 사실 이것은 이 책에서 다루는 것과 별개의 주제가 아니다. 최상의 주해를 수행하는 학생은 본문에 몰입하게 되며, 본문을 암기하는 것은 그 과정에서 중요하기 때문이다. 그러나 두 번째 부록에는 더 넓은 함의가 담겨 있다. 그 글은 도구와 장르, 각종 학문 분과와 기술적인 역량, 시대적인 풍조에 초점을 맞춘 나머지 거룩한 성경 말씀에 깊이 잠기지 못하는 일은 없어야 한다는 것을 일깨워 준다. 늘 그렇듯이 우리의 목적은 성경 본문을 지배하는 것이 아니라, 그 본문에 지배받는 데 있기 때문이다.

D. A. 카슨
트리니티 복음주의 신학교 신약학 연구 교수
복음 연합 회장 겸 공동 창립자

| 서문 |

나는 하나님을 사랑하며, 그분의 말씀과 그분이 지으신 세상을 연구하는 일을 사랑한다. 내가 이 책을 쓴 이유는 독자들이 신약 성경을 연구하는 일, 특히 주해와 신학 작업을 수행하는 일을 돕기 위해서다.

이 책은 누구를 위한 것인가?

- **학생들_** 이 책은 성경 해석 관련 학부나 신학교의 수업 교재로 쓰일 수 있다(내가 속한 신학교에서는 학생들이 첫 학기에 듣는 수업 교재로 이 책을 활용하고 있다).
- **목회자와 신학 훈련을 받는 이들_** 이 책은 이런 독자들이 신약을 이해하고 적용하는 방법을 되새기고 발전시키는 데 도움을 줄 수 있다.
- **공식적인 신학 훈련을 받은 적은 거의 없지만 사려 깊은 독자들_** 이 책은 또한 사려 깊은 그리스도인 평신도들을 위한 것이기도 하다. 이 책 초고를 작성하면서, 나는 공식적인 신학 훈련을 받은 적이 없는 몇몇 사람에게 피드백을 요청했다. 그리고 그들의 여러 제안을 수용했다. 이 책이 성경을 이해하고 적용하기 원하는 모든 이에게 유용하게 쓰이기를 원했기 때문이다. 독자들이 적절한 신학 교육을 받지 않았다면 이 책의 몇몇 부분은 조금 어려울 수 있다. 그러나 그 내용을 파악하기 위해 수고할 가치가 있다고 확신한다면(실제로 그러하다!) 그 도전을 충분히 감당할 수 있을 것이다.

이 책의 구조는 단순하다. 이 책은 주해와 신학의 작업을 소개하면서 논의를 시작한다. 나는 그 작업 과정을 열두 단계로 구분했다. 그리고 이 열두 단계가 이 책의 열두 장을 이룬다.

이 책 초안을 작성한 것은 2015년 여름, 워싱턴 주 벨링햄(Bellingham)에 있는 페이스라이프(Faithlife) 사 본부의 스튜디오에서 로고스 모바일 교육을 위한 '신약 주해' 수업 녹화를 준비할 때였다. 그 과정이 끝나갈 무렵, P & R 출판사의 존 휴즈(John J. Hughes)가 내게 혹시 무언가 생각해 둔 집필거리가 있는지 물었다. 그리고 그때, 그 동영상 수업을 위해 작성한 노트들을 책으로 개정해서 출간한다면 교회를 섬길 수 있겠다는 생각이 들었다. 이 책에는 내가 그 수업을 진행할 때 쓴 일상적인 어조와 개인적인 일화들이 그대로 남아 있다.

이제부터는 신약 성경을 이해하고 적용하는 방법을 살피려 한다. 그 과정에서 요한 알브레히트 벵엘(Johann Albrecht Bengel)의 충고를 함께 따라가 보자. "본문에 온전히 몰두하고, 자신에게 본문을 온전히 적용하라"(Apply yourself wholly to the text; apply the text wholly to yourself).

앤드류 나셀리
베들레헴 신학교

| 감사의 글 |

이 책은 성경을 해석하고 적용하는 방법을 설명한다. 하나님은 내가 이 일을 감당할 수 있도록 많은 분을 통해 도움의 손길을 베푸셨다. 그 모든 분들께 어떻게 감사의 말을 드려야 할까? 여기서는 감사드려야 할 개인 또는 집단을 일곱 부류로 묶어 그 범위를 좁혀 보려 한다.

가장 먼저 트리니티 복음주의 신학교에서 박사 과정을 지도해 주신 D. A. 카슨 박사님께 감사한다. 나는 9년 동안 그분의 연구 조교로 근무했다. 이는 마치 젊은 변호사가 한 대법관의 서기로 일하는 것과 같은 경험이었다. 당신이 카슨 박사님의 글에 친숙하다면, 이 책 곳곳에서 그분의 흔적을 보게 될 것이다. 카슨 박사님은 모범적인 주해자이자 신학자이며, 그분이 이 책에 머리말을 써 주신 것은 영광스러운 일이다.

둘째, 나는 이 책을 존 파이퍼 목사님에게 헌정한다. 그분은 내가 성경을 계속 살피도록 격려했으며, 내게 깊은 영향을 끼치셨다. 그리하여 지금의 아내 제니와 교제를 시작했을 때, 나는 그동안 읽으면서 표시해 둔 그분의 책 「하나님의 기쁨」(*The Pleasures of God*, 두란노 역간)과 「하나님을 기뻐하라」(*Desiring God*, 생명의말씀사 역간), 「성경적인 남성성과 여성성 재발견하기」(*Rediscovering Biblical Manhood and Womanhood*)를 제니에게 빌려 주었다. 제니에게 그 책들을 한번 읽어 보길 권했는데, 이는 우리가 신학적으로 같은 뜻을 품고 있는지 확인하기 위해서였다(그리고 제니는 그 책들을 무척 좋아했다). 파이퍼 목사님은 성경을 살피고 그 내용을 기뻐하며 즐거워하는 법에 관해 귀감이 되는 분이다.

셋째, 대학 시절과 신학교 시절 초기에 마크 미닉 목사님과 레이턴 탤버트 교수님은 내게 성경 주해와 신학의 방법을 가르쳐 주셨다. 나는 카세트테이프에 녹음된 미닉 목사님의 설교를 수백 편 넘게 들었으며, 4년간 그분이 목회하는 교회를 다녔다. 그리고 신학교에서 그분에게 몇 과목의 수업을 듣기도 했다. 탤버트 교수님에게는 학부와 신학교에서 열 과목의 수업을 들었으며, 교수님은 또한 미닉 목사님이 주례한 내 결혼식에서 신랑 들러리 역할을 맡아 주셨다. 나는 이분들의 가르침에 관해 하나님께 감사드린다.

넷째, 내가 속한 베들레헴 신학교(Bethlehem College & Seminary)에서 내 연구와 저술 활동을 허락하고 격려해 준 것에 감사한다. 이런 활동의 목적은 모든 일에서 하나님의 으뜸 되심을 향한 열심을 전파하는 데 있으며, 이는 예수 그리스도를 통해 모든 민족이 기쁨을 얻게 하기 위함이다. 나는 이 학교의 신학과 운영진, 전략적 방침을 사랑한다.

다섯째, 베들레헴 신학교에서 제이슨 드루치(Jason DeRouchie) 박사와 함께 일하는 것은 즐거운 일이다. 그는 에스라 7장 10절 말씀을 자신의 삶에서 실제로 보여 주는 사람이다. 나는 신학교에서 함께 사역할 구약학 교수로 그보다 나은 이를 떠올릴 수가 없다. 현재 우리는 매주 학교로 통근하는 세 시간 정도를 함께 보내고 있다. 그리고 그를 알아갈수록 하나님께 더 깊이 감사하게 된다. 그와 공동으로 학부 4학년의 성경 신학 수업을 가르치는 일은 특히 즐겁다. 제이슨은 구약학자인 동시에 성경 신학자이며, 내가 구약에서 예수님을 더욱 선명히 바라볼 수 있도록 도와준다. 나는 이 책을, 그는 이 책의 자매편인 「구약, 어떻게 해석할 것인가: 주해에서 신학에 이르는 12단계」(*How to Understand and Apply the Old Testament: Twelve Steps from Exegesis to Theology*, 죠이북스 역간)를 준비하면서 서로 협력할 수 있었던 것은 영광스러운 일이었다.

여섯째, 일부 친구들이 이 책 초고를 읽고 통찰력 있는 조언을 제시해 주었다. 그 가운데는 돈 카슨과 팀 챌리스, 제이슨 드루치와 애비게일 닷즈, 더글러스 허프먼, 스콧 제이미슨, 제러미 킴블과 매트 클렘, 팸 라슨, 대니얼 클레븐, 롭 마르첼로, 제니 나셀리와 데인 오틀런드, 브라이언 탭과 대니얼 월리스가 있다. 그리고 특히 내 강의 조교로서 자세히 피드백해 준 매트 클렘과, 내가 바이블아크닷컴(Biblearc.com)에서 만든 도해들을 이 책의 형식에 맞게 수정하도록 도와준 앤디 허버트, 탁월한 솜씨로 원고를 교열한 캐런 매그너슨, 작업 전 과정을 총괄한 존 휴즈에게 감사한다.

끝으로 멋진 아내 제니에게 감사한다. 나는 온 마음으로 아내를 신뢰한다. 제니는 내가 하나님의 부르심을 좇아 감당하는 연구와 저술, 가르침과 목양의 사역을 열렬히 지지해 준다. 아내 덕분에 우리 가정인 '토끼굴'(The Burrow)은 내가 가장 좋아하는 장소가 되었다(나는 바로 이곳에서 이 책을 썼다).

| 약어 목록 |

ASV American Standard Version

BBR *Bulletin for Biblical Research*

BDAG Walter Bauer, Frederick William Danker, William F. Arndt, and F. Wilbur Gingrich, eds., *A Greek-English Lexicon of the New Testament and Other Early Christian Literature*, 3rd ed. (Chicago: University of Chicago Press, 2000)

BECNT Baker Exegetical Commentary on the New Testament

BSac *Bibliotheca Sacra*

CEB Common English Bible

CEV Contemporary English Version

CSB Christian Standard Bible

ESV English Standard Version

GNT Good News Translation

GW God's Word Translation

HALOT Ludwig Köhler, Walter Baumgartner, M. E. J. Richardson, Johann Jakob Stamm, and Benedikt Hartmann, eds., *The Hebrew and Aramaic Lexicon of the Old Testament*, 3 vols. (Leiden: Brill, 1994–2000)

IBC Interpretation: A Bible Commentary for Teaching and Preaching

JBL *Journal of Biblical Literature*

JETS *Journal of the Evangelical Theological Society*

JSNT *Journal for the Study of the New Testament*

KJV King James Version

LB Living Bible

LEC Library of Early Christianity

LXX Septuagint

NA^{28} Nestle-Aland, 28th edition(Barbara Aland, Kurt Aland, Johannes Karavidopoulos, Carlo M. Martini, and Bruce M. Metzger, eds., *Novum Testamentum Graece*, 28th ed. [Stuttgart: Deutsche Bibelgesellschaft, 2012])

NAB New American Bible

NAC New American Commentary Studies in Bible and Theology

NASB New American Standard Bible

NCV New Century Version

NET The NET Bible

NICNT New International Commentary on the New Testament

NIDNTT *New International Dictionary of New Testament Theology*

NIDOTTE	*New International Dictionary of Old Testament Theology and Exegesis*
NIGTC	New International Greek Testament Commentary
NIV	New International Version
NIVAC	NIV Application Commentary
NJB	New Jerusalem Bible
NKJV	New King James Version
NLT	New Living Translation
NRSV	New Revised Standard Version
RSV	Revised Standard Version
SNTSMS	Society for New Testament Studies Monograph Series
TDNT	Gerhard Kittel and Gerhard Friedrich, eds., *Theological Dictionary of the New Testament*, 10th ed. (Grand Rapids: Eerdmans, 1984)
TLG	*Thesaurus Linguae Graecae*
TNIV	Today's New International Version
TR	*Textus Receptus*
UBS^5	United Bible Societies, 5th edition (Barbara Aland, Kurt Aland, Johannes Karavidopoulos, Carlo M. Martini, and Bruce M. Metzger, eds., *The Greek New Testament*, 5th ed. [Stuttgart: Deutsche Bibelgesellschaft; United Bible Societies, 2014])
WTJ	*Westminster Theological Journal*
WUNT	Wissenschaftliche Untersuchungen zum Neuen Testament
ZECNT	Zondervan Exegetical Commentary on the New Testament

서론

주해란 무엇인가

학교의 내 연구실에는 에스라 7장 10절 말씀이 담긴 액자가 걸려 있다. "에스라가 여호와의 율법을 (1) 연구하여 (2) 준행하며 (3) 율례와 규례를 이스라엘에게 가르치기로 결심하였었더라." 이 유형은 세 단계로 이루어져 있다.

1. 말씀을 연구하기
2. 말씀을 행하거나 실천하기
3. 말씀을 가르치기

다른 이들에게 말씀을 가르치기 전에, 우리는 먼저 그 말씀을 실천해야 한다. 설교하며 가르치는 내용을 스스로 실천해야 하는 것이다. 그런데 말씀을 실천하며 가르치기 전에, 우리는 또한 그 내용을 먼저 알아야만 한다. 즉 그 말씀을 연구해야 하는 것이다. 이 책은 바로 그 일을 주제로 다룬다. 말씀을 실천하며 가르치기 위해, 우리는 말씀을 어떻게 연구해야 하는가? 좀 더 구체적으로, 신약 성경을 어떻게 이해하고 적용할 것인가?

신약 성경은 기독교 성경에 속한 두 번째 부분을 가리키며, 구약에 상응하는 스물일곱 권의 책으로 이루어져 있다. 신약 성경을 이해하기 위해 우리는 그 내용을 주해해야만 한다. 그런데 여기서 **주해**(exegesis)란 무엇을 뜻하는 것일까?

나는 그 단어를 처음 들은 때를 기억한다. 그때 내 표정은 당혹감으로 일그러졌고, 마음속으로는 이렇게 생각했다. 'Exe-Jesus라고?(exegesis와 발음이 비슷하다_ 편집자) 방금 저 사람이 예수님의 이름을 망령되이 일컬은 거야?' 하지만 나는 곧 **주해**(exegesis)가 **자의적 해석**(eisegesis)의 반대말이라는 것을 배웠다. 주해는 한 본문 **속에서** 그 의미를 이끌어 내는 일이고(이는 좋은 것이다!), 자의적 해석은 어떤 의미를 본문 **속으로** 집어넣어 읽는 일이다(이는 나쁘다!). 달리 말해, 주해는 저자가 전달하려는 내용을 분석해서 본문을 해석하는 일이다. 요약하자면 **주의 깊은 읽기**인 것이다. 한 예로, 사랑하는 약혼자의 편지를 받은 여성은 그 내용을 주의 깊게 읽고 살필 것이다. 약혼자가 전하려는 의미를 이해하고 싶기 때문이다.

신약 성경 주해에는 헬라어 단어들을 분해하는 일과 단어 연구, 다양한 수준의 구문 분석(곧 절과 문장, 강화와 장르)과 더불어 문학적 특징과 논증의 전개 과정을 민감히 살피는 일 등이 포함되지만, 여기에 국한되지는 않는다. **한 텍스트의 의미는 곧 그 저자가 의도한 내용이다.** 주해자들은 주로 그 텍스트의 해석, 곧 저자가 의도한 내용을 밝혀내는 일에 관심을 쏟는다. 그런데 그 텍스트가 성경일 경우에는 이렇게 주해에만 그쳐서는 안 된다. 우리는 또한 성경 신학과 역사 신학, 조직 신학과 실천 신학 등의 신학적 작업들을 수행해야 하며, 그 텍스트의 의미를 우리 자신의 정황에 **적용해야만** 한다.

이럴 경우, 몇 가지 질문을 불러일으킬 수 있다.

- **주해**와 **해석학**은 어떻게 다른가? 해석학은 해석 **원리들**을 다루는 학문이며(곧 해석 과정이 어떻게 이루어지는지를 살피는 작업이다), 주해는 이 원리들을 실제로 **적용하는** 작업이다. 해석학은 한 텍스트의 의미를 밝혀내기 위한 도구들을 공급하며, 실제 주해 과정에서는 이 도구들을 활용한다.
- 그러면 강해 설교는 이 과정에서 어디쯤 놓일까? 강해 설교는 텍스트의 의미를 전달할 뿐 아니라, 그 의미가 사람들 각자의 정황에 어떻게 적용되는지를 제시

한다. 강해 설교는 건전한 주해에 기반을 둔 설교다. 이는 곧 건전한 주해에 기초하여 성경 내용을 설명하고 적용하는 설교라는 뜻이다. 그리고 일반적으로 이는 곧 설교자가 택한 성경 텍스트의 요점 자체가 그 설교의 요점이 되어야 함을 의미한다.[1] 그러므로 설교학과 설교의 관계는 해석학과 주해의 관계와 동일하다. 설교학은 설교 **원리들**을 다루는 학문이며(곧 설교를 준비하고 구성하며 전달하는 방법을 다룬다), 강해는 이 원리들을 실제로 **적용하는** 작업이다(예를 들어 로마서 3장 21-26절에 관한 설교를 전하는 것).

예를 들어 우리는 피자 만드는 법을 공부할 수 있지만, 이는 그 지식으로 직접 피자를 만드는 일과는 다르다. 또 우리는 축구의 규칙과 전술을 공부할 수 있지만, 이는 그 지식을 활용해서 직접 축구 시합을 하는 것과는 다른 일이다. 이처럼 설교학에서는 설교 방법을 연구하지만, 이는 그 원리들을 활용하여 직접 설교를 전하는 것과는 다르다. 그리고 해석학 분야에서는 성경 해석 방법을 연구하지만, 이는 그 원리들을 활용하여 직접 성경을 해석하거나 주해하는 것과는 다른 일인 것이다(이 해석/주해는 곧 성경 텍스트를 주의 깊게 읽고 그 의미를 파악하며, 저자가 전달하려는 내용이 무엇인지 분석하는 일이다).

'주해'라는 용어는 복잡한 개념처럼 들릴 수 있지만, 실제로는 그렇지 않다. 우리는 어떤 글을 주해하는 방법을 이미 알고 있기 때문이다. 내가 이메일 수신함에서 어떤 이들과 주고받은 일련의 메일들을 열고 당신에게 그 내용을 주해해 보라고 요청한다면, 어떻게 하겠는가? (순서는 다를 수 있겠지만) 당신은 아마 다음 작업들을 수행할 것이다.

1. 그 글들이 이메일 형태를 띤다는 것을 파악하고, 곧 두 명 이상의 개인이 컴퓨터를 통해 서로에게 보낸 메시지임을 이해한다.
2. 제목 부분을 살피면서 대화 내용의 주제가 드러나는지를 파악한다.
3. 메일 목록에 포함된 발신자 이름을 살핀다.
4. 메일 발송 시간대를 살핀다.
5. 발신자가 누구인지 헤아려 본다.

---

1 Mark Dever and Greg Gilbert, *Preach: Theology Meets Practice*, 9 Marks (Nashville: Broadman & Holman, 2012), 36-38쪽.

6. 사람들이 서로에게 이메일을 보낸 순서대로 그 글들을 읽어 본다.

어떤 이들이 주고받은 메일들의 내용을 **자의적으로 해석할** 경우, 당신은 자신이 생각해 낸 의미를 그 내용 속에 집어넣어 읽을 것이다. 곧 눈에 띄는 메일을 하나 열어 그 속에서 단어나 구, 문장을 하나 골라 낸 후, 그 메일들을 주고받은 이들의 원래 의도와는 전혀 무관한 의미를 그 내용에 덮어씌우는 것이다. 또한 당신은 그 메일들의 역사적인 맥락이나 그 속에 담긴 언어를 충분히 이해하지 못한 탓에 의도치 않게 그 내용을 잘못 해석할 수도 있다.

성경을 해석할 때, 사람들은 저자가 원래 의도한 의미를 끌어내기보다는 종종 자신의 생각을 그 본문에 집어넣는다. 심지어 최선의 동기를 품은 이들도 이런 실수를 범할 수 있다. 이 책 전체에서 우리는 사람들이 바르게 주해하기보다는 자의적으로 해석하기도 하는 신약의 여러 본문을 구체적으로 살펴보려 한다. 이를 통해 우리는 신뢰할 만한 주해 방법을 배우게 될 것이다.

주해와 신학의 열두 단계

이 책은 주해와 신학의 작업 과정을 열두 단계로 나누었다. 그리고 이 열두 단계가 이 책의 열두 장을 구성한다.

1. **장르**_ 본문의 문학적 양식에 대한 해석 지침을 확정하기
2. **본문 비평**_ 원래 어구를 확정하기
3. **번역**_ 역본들을 서로 비교하기★
4. **헬라어 문법**_ 각 문장이 단어와 구, 절을 통해 어떻게 의미를 전달하는지 이해하기★
5. **논증 도해**_ 호 그리기와 괄호 묶기, 구문 분석을 통해 논리의 전개 과정을 추적하기★
6. **역사-문화적 맥락**_ 저자가 그 문헌을 작성한 상황을 이해하고, 아울러 저자가

본문에서 언급하거나 전제했을 역사-문화적 세부 사항들을 헤아리기

7. **문학적 맥락**_ 한 본문이 책 전체에서 수행하는 역할을 이해하기
8. **단어 연구**_ 핵심 단어와 구, 개념을 해석하기
9. **성경 신학**_ 성경 전체가 어떻게 진전하고 통합되어 그리스도 안에서 절정에 이르는지를 연구하기
10. **역사 신학**_ 주요 주해자와 신학자들이 성경과 신학을 어떻게 이해해 왔는지 조사하고 평가하기
11. **조직 신학**_ 본문이 성경 전체와 신학적으로 어떻게 조화되는지를 파악하기
12. **실천 신학**_ 텍스트를 우리 자신과 교회, 세상에 적용하기

★ 이 책 전체, 특히 3-5단계에서 나는 신약 성경의 헬라어를 다루려 한다. 당신이 헬라어를 전혀 모르더라도 이 책은 여전히 당신을 위한 것이다. 이 책은 당신이 중급 수준의 헬라어 문법과 구문을 알고 있으리라고 전제하지 않는다. 다만 헬라어를 조금이라도 안다면, 예를 들어 기본 형태와 단어들을 안다면 이 책을 읽는 데 분명 도움이 될 것이다. 그러나 헬라어를 전혀 모르더라도 이 책에 담긴 내용을 대부분 쉽게 이해할 수 있다.

단계들?

주해와 신학의 작업 과정을 열두 단계로 나누는 것은 조금 인위적인 방식이다. 실제로 내가 아는 신약학자들 중에는 '좋아! 첫 단계로는 이 일을 하자. 그리고 다음 단계로는 저 일을 하자'라는 식으로 생각하는 사람이 없기 때문이다.

이는 마치 리오넬 메시에게 축구하는 법을 물어보는 일과 비슷하다. 아마 그는 이렇게 생각하지는 않을 것이다. '음, 첫 단계에는 드리블을 하자. 그 다음 단계로는 달려가면서 드리블을 하는 거야.' 전문 축구 선수가 되는 데는 수많은 측면이 개입된다. 그렇기 때문에 축구 선수들은 드리블과 패스, 전력 질주, 돌파, 슈팅, 더 강한 체력을 얻기 위한 근력 운동과 시합에 이기기 위한 전술 연구 등 각 영역에 집중하여 전반적인 경기 능력을 향상시킬 수 있다. 하지만 실제로 경기가 치열하게 진행되는 동안, 선수들이 이런 식으로 생각하지는 않는다. '첫 단계로는 이것을 하고, 그 다음 단계로는 저것을 하자.' 경기 중에 선수들은 그저 본능적으로 움직이면서 그동안 연마해 온 기

술들을 최대한 활용할 뿐이다. 그들은 경기 흐름에 따라 움직이고 상대편 전술에 대응하면서, 공수 양면에서 유리한 고지에 오를 방법을 모색한다. 하지만 그들이 명확히 구분되는 열두 단계의 순서를 따르는 것은 아니다.

주해와 신학의 작업에서도 마찬가지다. 세계적인 수준의 학자가 어떤 본문을 주해할 때, 이런 식으로 생각하지는 않는다. '첫 단계에는 이 일을 하자. 그 다음 단계에는 저 일을 하자.' 수십 년간 성경을 주해해 온 그 학자에게 이제 주해 과정은 더 직관적이고 통합적인 것이 되었기 때문이다.

그러나 나는 당신이 학자일 것이라고 가정하지 않는다. 그러므로 신약 성경의 주해 방법을 배우면서, 우리는 논리적인 여러 단계로 그 과정을 나누어 볼 것이다. 이는 전체 과정의 각 요소를 하나씩 분석하면서 그 단계들이 어떻게 작동하는지 살피기 위해서다. 이렇게 각 단계에 차례로 초점을 맞추는 것은 마치 축구 선수가 드리블, 패스, 슈팅 등의 영역에 차례로 집중하는 것과 비슷하다.

따라서 이 열두 단계는 그저 이론상으로만 각 '단계'일 뿐이며, 실제로는 서로 밀접하게 연관되어 있다. 그렇기 때문에 당신이 어떤 본문을 주해할 때마다 각 단계를 수행하느라 일일이 시간을 쏟아야만 하는 것은 아니며, 목록에 열거된 항목들을 하나씩 지워 나가면서 한 단계에서 그다음 단계로 나아갈 필요도 없다. 그럼에도 주해 과정을 좀 더 이해하기 원한다면, 여기서처럼 열두 단계로 나누어 살피는 것이 주해 과정의 다양한 측면에 초점을 맞추는 데 유용할 것이다.

주해는 과학인 동시에 예술이다

이 말은 주해가 기계적으로 수행될 수 있는 과정이라는 뜻이 아니다. 곧 당신이 지시대로 따르기만 하면 올바른 해석을 생산해 내리라는 뜻이 아니라는 것이다. 그렇지 않다. 주해는 과학인 동시에 예술이다. 그저 여러 요소를 따져 볼 뿐만 아니라, 그 요소들이 지닌 의미를 헤아리는 작업 역시 그 과정에 포함되기 때문이다. 그것은 복잡한 작업이다. 바로 이 점 때문에, 주해를 시작하기 전에 올바른 마음자세를 품는 일이 중요하다. 우리는 기도하는 자세로 겸손히 주해 과정에 접근해야 한다. 하나님이 당신의 눈을 열어 주시기를 구하라. 우리 마음을 밝혀 주실 성령의 도우심이 필요하다.

베들레헴 신학교 총장인 존 파이퍼에 따르면, 교육은 학생들에게 마음과 지성의 습관을 심어 주어 그들로 하여금 남은 생애 동안 하나님의 영광과 세상의 유익을 위해 다음 여섯 가지 활동을 수행하도록 인도하며, 또 그리할 능력을 부여해 주는 과업이다.

1. 하나님 말씀과 세상을 주의 깊게 살피기
2. 자신이 살핀 내용을 뚜렷이 이해하기
3. 자신이 이해한 내용을 공정하게 평가하기
4. 자신이 내린 평가의 의미를 적절히 음미하기
5. 자신이 발견한 내용을 삶의 모든 영역에 지혜롭게 적용하기
6. 자신이 발견한 내용을 분명하고 정확하게, 창의적이며 매력적인 방식으로 표현하기[2]

이것은 결코 쉽지 않은 과업이며, 따라서 우리에게는 하나님의 도우심이 필요하다. 그러므로 하나님 말씀을 주해할 때 당신은 이렇게 기도하게 될 것이다. "아버지 하나님, 당신께서는 무릇 마음이 가난하고 심령에 통회하며 당신의 말을 듣고 떠는 자를 돌본다고 말씀하셨습니다(사 66:2). 저에게 은혜를 베푸셔서, 그처럼 가난하고 통회하며 당신의 말씀을 듣고 떠는 자가 되도록 인도해 주옵소서."

주해와 신학은 서로 어떻게 연관되는가[3]

신학의 다섯 분과

신학에는 다섯 분과가 있다.[4]

---

2 John Piper, *Think: The Life of the Mind and the Love of God* (Wheaton, IL: Crossway, 2010)(『존 파이퍼의 생각하라』, IVP), 181-98쪽을 보라.

3 이 단락의 내용은 Andrew David Naselli, "D. A. Carson's Theological Method," *Scottish Bulletin of Evangelical Theology* 29, 2 (2011): 245-74쪽을 요약한 것이다.

4 나는 서재의 책들을 정돈할 때 이 다섯 가지 주된 범주를 활용한다. 이 책의 '부록A 자신만의 신학 서재를 체계적으로 정리해야 할 이유와 그 방법'을 보라.

1. **주해**_ 주해는 저자가 전달하려는 내용을 분석하여 그 텍스트를 해석하는 작업이다. 이 분과에서는 성경 텍스트의 의미를 이끌어 낸다. 이 책의 첫 여덟 단계는 주해의 구성 요소로 이루어져 있다. 즉, 장르, 본문 비평, 번역, 헬라어 문법, 논증 도해, 역사-문화적 맥락, 문학적 맥락, 단어 연구다.

2. **성경 신학**_ 성경 신학은 성경 전체가 어떻게 진전하고 통합되어 그리스도 안에서 절정에 이르는지를 연구하는 분과다. 성경 신학은 정경 자체의 방식을 좇아, 전체적인 정경 속에서 유기적이며 구원-역사적인 연관성을 찾아낸다. 그리고 이때 그러한 연관성은 특히 구약과 신약이 어떻게 그리스도 안에서 하나로 통합되며 그 절정에 이르는지와 관련된다. 성경 신학은 성경의 이야기 흐름 속에서 전환을 이루는 시기들에 초점을 맞추며, 특히 구약이 신약에서 어떻게 사용되는지를 가장 중요한 관심사로 삼는다. 또한 구약 신학과 신약 신학은 성경 전체를 다루는 성경 신학의 하위 분과다. 우리는 구약을 포함한 성경 전체를 **기독교적** 시각에서 읽어야 한다.

3. **역사 신학**_ 역사 신학은 주요 주해자와 신학자들이 성경과 신학을 어떻게 이해해 왔는지를 조사하고 평가하는 분과다. 기독교 교리는 어떻게 발전되어 왔는가? 특히 그 교리는 거짓된 가르침에 어떻게 대응해 왔는가? 이 분과는 우리보다 앞선 시대의 일들에 초점을 맞춘다.

4. **조직 신학**_ 조직 신학은 본문이 성경 전체와 신학적으로 어떻게 조화되는지를 파악하는 분과다. 이 분과는 주해에 기반을 두면서도 그 범주를 넘어서는 영역으로 나아간다. 이 분과에서 답하려는 질문은 이러하다. "성경 전체는 ______________에 관해 무엇이라고 말하는가?" 조직 신학은 성경 전체가 조화를 이루며 서로 모순되지 않음을 전제로 삼는다.

5. **실천 신학**_ 실천 신학은 텍스트를 우리 자신과 교회, 세상에 적용하는 분과다. 이 분과에서 답하려는 질문은 이러하다. "그러면 우리는 어떻게 살 것인가?"[5]

그중 후반의 네 신학 분과를 각기 '성경적', '역사적', '조직적', '실천적'이라는 하나

---

5 이 질문은 잘 알려진 쉐퍼의 책 제목에서 따온 것이다. Francis A. Schaeffer, *How Should We Then Live?*(『그러면 우리는 어떻게 살 것인가?』, 생명의말씀사), in *The Complete Works of Francis A. Schaeffer: A Christian Worldview*, 5 vols. (Westchester, IL: Crossway, 1985), 5:79-277쪽.

의 형용사로 묘사하는 것은 조금 혼동을 줄 수 있다. 이 형용사들은 다른 분과들을 묘사하는 데에도 쓰일 수 있기 때문이다. 예를 들어 성경 신학은 몰역사적이지 않으며, 비조직적이거나 비실천적이지도 않다! 그리고 조직 신학 역시 성경적이어야 한다. 따라서 이 용어들은 그저 서로 밀접히 연관된 신학적 분과를 가리키는 전통적 명칭일 뿐이다.

신학의 다섯 분과들 사이의 복잡한 상호 관계

D. A. 카슨은 이렇게 설명한다.

> 우리가 다음 흐름대로만 작업을 진행해 나갈 수 있다면 매우 편리할 것이다.
>
> 주해 → 성경 신학 → [역사 신학] → 조직 신학
>
> (여기서 셋째 요소인 역사 신학을 괄호로 묶은 것은 이 분과가 성경 신학에서 조직 신학으로 나아가는 흐름에 직접 기여하지만, 그럼에도 그 흐름의 한 부분이 되지는 않는다는 점을 나타낸다.) 사실 이 형태는 깔끔하지만 매우 순진하다. 어떤 주해도 진공 상태에서 이루어지지는 않기 때문이다. 어떤 의미에서 모든 유신론자는 조직 신학자라면, 그는 주해를 시작하기 전부터 이미 그러한 존재다. 그렇다면 다음 도표가 보여 주듯이, 우리는 해석학적인 순환에 갇혀 있는 것일까?

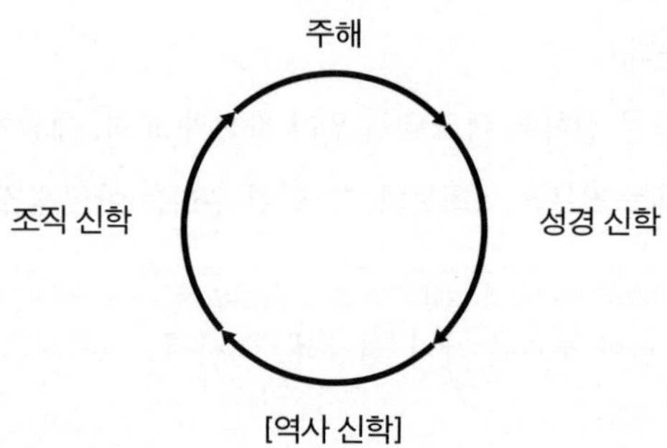

> 그렇지 않다. 더 좋은 표현 방식이 있기 때문이다. 다음 도표를 보라.

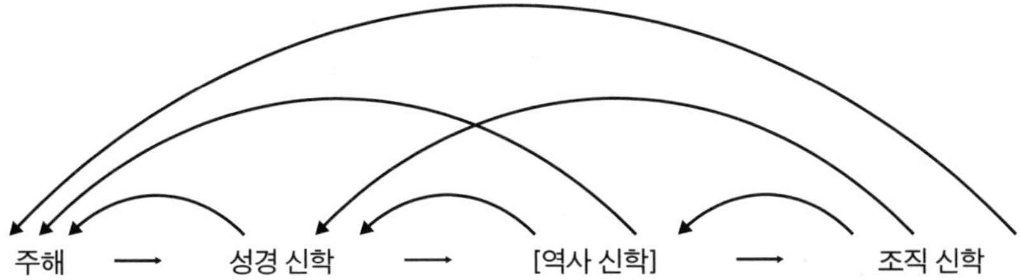

> 이 도표에는 앞선 요소로 돌아가는 선들이 있다(그리고 뒤로 갈수록 그 선들의 개수는 늘어난다). 어떤 이가 주해를 수행할 때, 자신이 지닌 조직 신학에 영향을 받는다는 사실을 부정하는 것은 어리석은 일이다. 다만 그럼에도 최종적으로 이 작업 과정을 통제하는 것은 바로 주해에서 시작하여 성경 신학과 역사 신학을 거쳐 조직 신학으로 곧게 이어지는 흐름이다. 최종 권위는 성경에 있으며, 오직 성경만이 그 권위를 지닌다. 바로 이 점 때문에 주해는 조직 신학에 영향을 받으면서도 그 아래 속박될 수 없다.[6]

이제 이 신학적 분과들이 서로 어떻게 연관되고 어떻게 영향을 주고받는지 간략히 살펴보자. 우리는 일곱 가지 관계를 생각해 볼 수 있다.

1. **주해와 성경 신학_** 이 두 신학 분과는 서로 가장 유사하다. 전반적으로 주해는 본문을 분석하고, 성경 신학은 그 내용을 종합한다. 주해는 성경의 이야기 흐름을 꼼꼼히 살피는 데 도움이 되며, 성경 신학은 우리가 어떤 본문을 주해할 때 성경의 이야기 흐름을 염두에 두도록 도와준다.

2. **주해와 역사 신학_** 궁극적인 권위는 신조나 신학자가 아니라 오직 성경에 있다. 다만 많은 성경 해석자가 주해를 마친 뒤 역사적인 신조나 주요 신학자들의 견해를 살피지 않고, 곧장 조직 신학으로 나아가기도 한다. 그러나 역사 신학은 정통적인 주해의 선택지로 어떤 것들이 있는지 보여 주며, 오늘날 유행하는 여러 관점이 겉보기와 달리 그리 새로운 것이 아님을 드러낸다.

6 D. A. Carson, "Unity and Diversity in the New Testament: The Possibility of Systematic Theology," in *Scripture and Truth*, D. A. Carson and John D. Woodbridge 편집 (Grand Rapids: Zondervan, 1983), 91-92쪽.

3. **주해와 조직 신학_** 우리는 마치 자신이 중립적이며 객관적인 시각에서 성경을 주해하고, 그 결과물 위에 조직 신학을 구축하는 것으로 여길지 모른다. 하지만 실제 작업 과정은 그렇게 진행되지 않는다. 이는 우리가 지닌 조직 신학이 우리 자신의 주해에 깊은 영향을 끼치기 때문이다. 여기서 한 가지 주의할 것은 우리가 자신만의 '정경 속 정경'을 만들어 낼 수도 있다는 사실이다. 이는 곧 자신이 선호하는 본문들 목록으로, 이때 그 본문들은 우리 생각에 가장 중요한 것으로서 해석을 통제하는 기준처럼 작용한다. 그리하여 우리가 지닌 조직 신학이 주해 과정을 통제하게 되는 것이다(그리고 때로 우리가 지닌 조직 신학은 그저 자신이 속한 교회 전통에서 유래한 것일 수도 있다). 이런 점은 예를 들어 일부 언약 신학자들과 세대주의자들이 같은 본문을 주해하면서도 어떻게 그처럼 다른 결론을 얻게 되는지를 설명하는 데 도움을 준다.[7] 때로는 성경의 한 진리를 지나치게 강조한 나머지, 또 다른 진리를 희생시키는 경우도 있다.

4. **역사 신학과 조직 신학_** 성경이 어떤 주제에 관해 가르치는 내용을 살필 때(즉 조직 신학 작업을 수행할 때), 우리는 그 내용을 역사 신학의 고찰과 연관시켜야 한다. 조직 신학은 역사 신학에서 가져온 범주들을 활용하면서도 가장 중요시되는 현재 사안들에 관심을 쏟는 경우가 많다.

5. **성경 신학과 역사 신학_** 우리는 유한한 존재이기 때문에, 역사 신학과 소통해야 최선의 성경 신학을 수행할 수 있다. 다른 주요 주해자와 신학자들은 성경 신학을 어떻게 수행해 왔는가?

6. **성경 신학과 조직 신학_** 성경 신학은 귀납적이고 역사적이며 유기적인 특성을 지닌다. 그러나 조직 신학은 상대적으로 연역적이며 몰역사적이고 보편적인 특성을 띤다. 성경 신학에서는 논의 주제가 성경 텍스트에 의해 설정된다. 그러나 조직 신학에서는 텍스트도 중요시하지만, 철학적 질문 등 다른 요소들에 의해 논의 주제가 설정되는 경우가 많다. 카슨은 이 점을 다음과 같이 설명한다.

> 성경 신학과 비교할 때, 조직 신학은 성경 텍스트와 좀 더 거리를 두면서 문화적인

---

7 Stephen J. Wellum, "Covenants in Biblical-Theological Systems: Dispensational and Covenant Theology," in Stephen J. Wellum and Peter J. Gentry, *Kingdom through Covenant: A Biblical-Theological Understanding of the Covenants* (Wheaton, IL: Crossway, 2012)(『언약과 하나님 나라』, 새물결플러스), 39-80쪽을 보라.

사안들에는 좀 더 관심을 보이는 경향이 있다. 성경 신학은 각 문학 장르가 지닌 합리성과 의미상의 특징을 알아내려 하는 반면, 조직 신학은 하나의 세계관을 이루는 포괄적인 종합을 추구하면서 다양한 합리성을 통합하려 한다. 이런 의미에서 조직 신학은 모든 것을 완성하는 분과가 되려는 성향을 보이며, 성경 신학은 그 자체로서 가치 있는 목표가 될 수 있는데도 중간에서 다리 역할을 수행하려는 성향을 지닌다.[8]

7. **실천 신학과 다른 신학 분과들**_ 실천 신학에서는 주해와 성경 신학, 역사 신학, 조직 신학의 결과물들을 적용한다(곧 그 내용을 현재 문화 상황에 결부시킨다). 이는 사람들로 하여금 성경적인 세계관을 품고 슬기롭게 살아가는 것으로 하나님께 영광을 돌릴 수 있도록 돕기 위해서다. 실천 신학에는 목회 신학과 설교, 상담, 복음 전도, 윤리, 교육, 문화, 예배를 비롯한 여러 영역이 포함된다. 이 분과에서는 다음 질문에 답하려 한다. "사람들은 하나님이 주신 계시에 어떻게 반응해야 하는가?" 주해와 성경 신학, 역사 신학과 조직 신학에 토대를 두지 않는 한, 신뢰할 만한 실천 신학적 작업을 수행하기가 어렵다.

'성경이 **나에게** 주는 의미'를 강조할 경우, 우리는 자신과 텍스트 사이의 거리를 완전히 무시하게 될 수 있다. 이에 반해 성경 본문을 좀 더 책임감 있게 대할 때, 우리는 각 본문을 그 자체의 관점에 따라 해석하게 될 것이다. 그리고 그 본문이 성경 전체 내용에 어떻게 기여하는지를 파악하고, 나아가 그 메시지가 우리 자신과 교회, 사회에 어떻게 적용되는지를 질문하게 될 것이다.

이처럼 주해와 신학 작업을 잘 수행하기 위해서는 많은 노력이 필요하다. 그러면 그 가운데서 기도는 어떤 위치를 지니는가?

---

8 D. A. Carson, "Systematic Theology and Biblical Theology," in *New Dictionary of Biblical Theology*, T. Desmond Alexander and Brian S. Rosner 편집 (Downers Grove, IL: InterVarsity Press, 2000)(『IVP 성경 신학 사전』, IVP), 103쪽.

10분의 기도와 10시간의 연구 중 어느 쪽이 더 귀중한가

하나님이 우리에게 그분의 말씀인 성경을 주신 이유는 그저 우리의 지적 호기심을 채워 주려는 데 있지 않다. 하나님이 그분 자신에 관해, 그리고 그분 자신이 역사하는 방식에 관해 계시해 주신 것은 우리 삶의 방식을 변화시키기 위해서다. 따라서 우리는 성경을 피상적으로 주해한 내용을 무책임하고 미숙하게 적용해서도 안 되지만, 다른 한편으로는 성경을 엄밀히 주해하는 데 그치는 것으로 만족해서도 안 된다.

어떤 이들은 (1) 텍스트의 엄밀한 주해와 (2) 기도와 경건의 훈련이 깊은 긴장 관계에 놓여 있다고 여긴다. 그렇다면 과연 우리는 학문적인 태도와 경건한 삶 사이에서 어느 한쪽을 선택해야만 하는 것일까?

이에 관해 B. B. 워필드(1851-1921)의 견해를 살펴보자. 탁월한 학자였던 그는 신학과 영성을 분리시키길 거부했다. 워필드는 자신의 「소논문 선집」(*Selected Shorter Writings*)에 수록된 다섯 편의 글에서 뛰어난 균형 감각을 보여 주고 있다.

연대순으로 살펴본 그 글들의 제목은 이러하다.[9]

1. "권위, 지성과 마음"(2:668-71)
2. "설교자에게 조직 신학이 지닌 필수 가치"(2:280-88)
3. "신학교의 영적인 문화"(2:468-96)
4. "신학생들의 경건 생활"(1:411-25)
5. "신학교의 목적"(1:374-78)

B. B. 워필드가 쓴 이 다섯 편의 글은 우리에게 큰 도움과 자극을 준다. 잠시 그의 글을 살펴보자.

워필드는 교리와 경건을 대립시키는 것은 그릇된 이분법이라고 주장한다. 하나님은 우리가 이 둘을 서로 조화시키기를 원하시기 때문이다. 교리와 경건은 서로 양립할 수 없는 개념이 아니며, 오히려 이 둘 중 하나라도 없다면 불완전해진다. 다음은 그

9 Benjamin B. Warfield, *Selected Shorter Writings*, John E. Meeter 편집, 2 vols. (Phillipsburg, NJ: Presbyterian and Reformed, 1970-1973).

의 글 “신학생들의 경건 생활”에서 가져온 것이다.

목회는 ‘지식을 요구하는’ 직업이기 때문에 학식이 없는 사람은 다른 어떤 은사를 지녔든 간에 그 직무를 수행하기에 적합하지 못합니다. 그런데 목회자에게 학식이 꼭 필요하긴 하지만, 그것이 가장 중요한 자격 요건은 아닙니다. “가르치기를 잘하며”(디모데후서 2장 24절 표현_ 옮긴이). 그렇습니다. 목회자는 “가르치기를 잘하[는]” 사람이어야 합니다. 여기서 내가 언급한 표현, 또는 바울이 쓴 표현이 바로 “가르치기를 잘하며”라는 사실에 주목하십시오. 곧 그저 권고하고 간청하며 호소하고 부탁하기를 잘하는 것에 그치지 않습니다. 또한 메시지를 증언하고 확증하는 일을 잘하는 것에 그치지도 않습니다. 거기에 더하여 가르치기를 잘해야 한다는 것입니다. 가르침에는 지식이 포함됩니다. 무언가를 가르치는 이는 자신이 가르치는 내용을 잘 알아야만 합니다. 이런 표현이 적절할지 모르지만, 이를테면 바울은 사람들의 마음을 ‘감동시킬’(inspirational) 뿐 아니라 ‘자세히 설명하는’(instructional) 사역을 수행할 것을 요구하는 것입니다. 하지만 가르치기를 잘한다고 전부 목회자가 될 수는 없으며, 그것이 목회자의 주된 자격 요건도 아닙니다. 그것은 다만 이 숭고한 직무를 감당하려는 이들이 갖출 요건으로 바울이 제시하는 긴 목록 중 하나일 뿐입니다. 나머지 항목은 모두 지적인 것이 아닌, 그들의 영적인 적합성과 관련되어 있습니다. 물론 목회자는 학식 있는 이여야 하며, 그렇지 않을 경우에는 자신의 직무를 감당하기가 어렵습니다. 하지만 학식을 갖추기에 앞서, 목회자는 무엇보다 경건한 사람이어야만 합니다. 그런데 이 둘을 서로 대립시키는 것만큼 치명적인 오류는 없습니다. 모병 장교들은 군인을 뽑을 때 그들에게 오른쪽 다리와 왼쪽 다리 중 어느 것이 있는 편이 좋은지를 두고 논쟁하지 않습니다. 군인에게는 두 다리가 모두 필요하기 때문입니다. 우리는 때로, 10시간 동안 책과 씨름하는 것보다 10분간 기도하는 것으로 하나님에 관해 더욱 참되고 심오하며 효력 있는 지식을 얻는다는 말을 듣습니다. 하지만 그럴 때 우리는 이런 반응을 보여야 마땅합니다. “뭐라고요! 기도하는 마음으로 10시간 동안 책을 읽는 것보다 그 편이 더 낫다는 말입니까?” 어째서 우리는 책을 펼칠 때에는 하나님께 등을 돌려야 한다고, 또는 하나님께 나아가려면 책을 덮어야만 한다고 여기는 것입니까? 학문과 경건이 그런 대립 관계라면, 지적인 삶 자체가 저주받은 일이 됩니다. 그리고 어떤 것을 배우는 학생이든, 심지어는 신학생들까지도 경건한 삶을 살아갈 수 없을 것입니다. …… 여러분은 신학생이므로, 사람들은 여러분이 경건한 사람일 것이라고 여깁니다. 곧 여러분은 각별한 의미에서 경건한 이들, 즉 무엇보다도 경건 훈련에 깊은 관심을 쏟는 이들로 간주되는 것입니다. 그러므로 여러분은 무엇보다 자신의 경건을 해칠지 모르는 위험 요소들을 경계해야 하며, 경건한 삶을 더 견고히 하고 그 삶의 영역을 넓혀 주는 방편들을 배워 가야 할 것입니다. 이때 여러분은 학생이 되든지, 하나님의 사람이 되든지 '둘 중 하나'를 택해야만 하는 것이 아닙니다. 여러분은 둘 다 되어야 마땅하기 때문입니다.[10]

워필드의 또 다른 글인 "신학교의 영적인 문화"를 잠시 읽어 보자.

신학교에서 이루어지는 모든 과업은 은혜의 방편이라는 범주에 포함시킬 만합니다. 우리가 그런 일들의 경건한 가치를 인식하여 올바른 정신으로 감당하기만 한다면, 이곳에서 진행되는 일상적인 수업들은 매우 강력한 은혜의 방편이 될 수 있기 때문입니다. ……

형제 여러분, 신학교에서 감당하는 모든 과제를 경건한 의무로 여기기 바랍니다. 여기서 나는 '경건한'이라는 형용사를 강조하려 합니다. 곧 내 말뜻은, 여러분의 모든 과업을 경건한 태도로 수행하라는 것입니다. 경건한 목적을 염두에 두고 경건한 정신으로, 그 과업들의 경건한 측면을 깊이 새기면서 진행해 나가라는 것이지요. 여러분의 경건을 더 깊고 견고하게 해주며, 더 환히 밝혀 줄 이 기회를 놓치지 마십시오. 어떤 과목도 그 달콤한 유익을 놓친 채로 지나치는 일이 없기를 바랍니다. 히브리어 단어 하나를 배울 때에도, 그저 언어적인 측면에만 관심을 쏟지는 마십시오. 그것이 하나님의 거룩한 말씀에 기록된 단어임을 기억하고, 그 단어가 쓰인 본문들을 한번 떠올려 보기 바랍니다. 사람들을 구원하기 위해 주신 기록의 일부로서, 얼마나 위대한 경건의 진리들이 그 단어들 속에 담겨 있는지를 되새겨 보아야 합니다. …… 수업을 들으면서 마주치는 모든 구절을 여러분 자신의 영혼에 적용해 보십시오. 그 구

---

10 같은 책, 1:411-12.

절을 머리로 이해할 뿐 아니라 마음으로도 느끼게 되기 전까지 만족해서는 안 됩니다. …… 신학교의 학업을 하나님에 관해 배울 수 있는 귀한 기회로 여기십시오. 그 의미를 최대한 살려서 말한다면, 지금이 곧 하나님을 알아 갈 수 있는 시기입니다. 그리고 영원한 생명은 바로 그분을 아는 데 있습니다. 이런 식으로 학업을 수행해 나갈 때, 여러분은 그 학업을 자신의 삶 속에서 주된 은혜의 방편으로 체험하게 될 것입니다. 나는 어떤 사람들이 하나님보다 신학에 더욱 애정을 쏟는다는 이야기를 들었습니다. 하지만 여러분에게는 그 말이 해당되지 않기를 바랍니다. 물론 우리는 신학에 애정을 쏟아야 합니다. 그러나 우리가 신학을 사랑하는 것은 바로 그것이 신학, 곧 하나님에 관한 지식이기 때문입니다. 그리고 우리가 먹고 마실 양식은 바로 그 하나님을 아는 일에 있기 때문이지요. 우리는 진정으로 하나님을 알아야 하며, 되도록 온전히 그분을 알아 가야 합니다.[11]

워필드는 학문 세계에 길들여지지 않았으며, 오히려 그가 학문 세계를 길들였다.[12]

---

11 같은 책, 2:478-80. Fred G. Zaspel, *The Theology of B. B. Warfield: A Systematic Summary* (Wheaton, IL: Crossway, 2010)(『한 권으로 읽는 워필드 신학』, 부흥과개혁사), 567-70쪽. 이 책 끝부분에는 “가슴의 신학자 워필드”(Warfield the Affectionate Theologian)라는 제목의 단락이 있는데, 이는 그에게 딱 들어맞는 표현이다. 재스펠은 워필드를 “마음의 신학자”(568)로 적절히 묘사하고 있다.

“그는 교리도, 체험도 포기하지 않았다. 진리를 떠나서는 참된 기독교적 체험이 생겨날 수 없기 때문이다. 워필드의 글 전체에서 드러나는 것은 바로 이 기독교적인 체험의 깊이였다. 그가 성경의 무오성을 주장하는 것은 성경 안에서 우리가 믿고 따를 하나님에 관한 진리들을 발견하기 위함이며, 그가 삼위일체의 신비를 탐구하는 것은 그분께 더욱 깊은 예배를 드리기 위함이었다. 칼뱅주의적인 예정 교리를 주장할 때, 그는 그 속에서 하나님을 찬양하며 위로와 확신을 누릴 이유를 찾아냈다. 또한 그가 그리스도의 두 본성을 명확히 이해할 것을 주장하는 것은 우리가 독특한 자격을 갖추신 구속주 안에서 안식을 누리고, 우리를 위해 자신을 낮추신 그 위대한 사랑을 알며 기뻐하기 위함이었다. 이는 성육신을 통해 나타난 구속의 은혜를 바르게 이해하며 숙고하는 사람만이 ‘더욱 간절한 신앙의 열심을 품을’ 수 있기 때문이다. 그리고 그가 펠라기우스주의와 아르미니우스주의에 반대하고 칼뱅주의적인 인간론과 구원론을 옹호하는 것은 우리가 오직 하나님의 은혜에 의존하고 있음을 강조하여 감사의 마음을 북돋우기 위함이었다. 이를 통해 그는 뚜렷하고 온전한 기독교적 경건을 함양하려 했다. 또 그가 이신칭의를 옹호할 경우, 이는 우리의 양심이 안식을 얻고 하나님과 화목을 누리면서 교제할 길을 다른 곳에서는 찾을 수 없기 때문이었다. 예수님의 재판에 관한 기사를 읽을 때, 그는 빌라도와 제사장들, 군중의 모습에서 드러난 인간의 악함만 강조하지 않았다. 그보다 그는 그들과 대조되는, 정죄받으신 그분의 온전한 모습을 찬미하고 있다. 워필드에게 성경을 학문적으로 연구하는 일은 다른 이들을 위한 사역의 방편일 뿐 아니라 바로 자기 자신을 위한 일이기도 했다. 곧 ‘이를 통해 날마다 우리 마음이 넓어지고 영혼이 고양되며, 창조주이며 구속주이신 분을 기쁨으로 찬미하는 경건의 훈련’인 것이다. …… 마음 깊은 곳에서, 그는 하나님의 은혜로 건짐 받은 죄인이었다. 그의 경건 생활과 변증적인 노력은 모두 이 점에 뿌리를 두고 있는 것으로 보인다”(569-70).

12 Andrew David Naselli, “Three Reflections on Evangelical Academic Publishing,” *Themelios* 39, 3 (2014): 428-54쪽을 보라.

그는 하나님이 결합한 일들을 서로 떼어 놓기를 거부했다. 진지한 신학 연구와 영성은 함께 가기 때문이다.

비행기의 왼쪽 날개와 오른쪽 날개 중 어느 것이 더 중요할까? 이것은 적절치 않은 물음이며, 이는 다음 질문 역시 마찬가지다. "10분의 기도와 10시간의 연구 중 어느 쪽이 더 귀중한가?" 이 질문에 대한 올바른 답은 이것이다. "기도하는 자세로 10시간 동안 연구하십시오."

핵심 단어와 개념

강해 설교

논증 도해

단어 연구

문학적 맥락

번역

본문 비평

설교학

성경 신학

실천 신학

역사 신학

역사-문화적 맥락

자의적 해석

장르

정경 속 정경

조직 신학

주해

해석학

헬라어 문법

더 생각해 보기 위한 질문

1. 어떤 설교자는 성경을 주해하는 대신 종종 자의적으로 해석하기도 한다. 당신은 본문의 저자가 의미한 내용을 설교자가 제대로 설명하고 있는지 어떻게 분간하는가?
2. 당신은 성경을 주해할 때보다 더 주의를 기울여 자신이 받은 메일 내용을 살핀 적이 있는가? 만약 그렇다면, 그 이유는 무엇인가?
3. 주해와 신학 작업의 열두 단계 가운데, 가장 관심을 쏟게 되는 단계와 가장 관심이 덜한 단계는 무엇인가? 그리고 그 이유는 무엇인가?
4. 주해와 신학이 지닌 상호 연관성을 살필 때, 당신은 다섯 가지 신학 분과 가운데 어떤 것들은 다른 것들보다 더 중요하다고 생각하는가? 그 이유는 무엇인가?
5. 당신은 성경을 주의 깊게 읽는 일과, 기도와 경건 생활을 함양하는 일 사이에서 긴장을 느낀 적이 있는가? 하나님이 결합한 일들을 서로 나누지 않기 위해, 당신은 실제로 어떤 조치들을 취할 수 있겠는가?

추가 연구 자료

Adler, Mortimer J., and Charles Van Doren. *How to Read a Book*. 2nd ed. New York: Simon and Schuster, 1972. (국내에는 「독서의 기술」[범우사], 「생각을 넓혀 주는 독서법」[멘토] 등으로 번역되어 있다._ 옮긴이) 세심한 독서법에 관한 고전. 저자들은 성경 주해를 염두에 두고 이 책을 쓰지 않았지만, 그들이 제시하는 원리는 성경의 책들을 비롯하여 어떤 책에든 적용될 수 있다.

Black, David Alan, and David S. Dockery, eds. *Interpreting the New Testament: Essays on Methods and Issues*. Nashville: Broadman & Holman, 2001. 참고 문헌까지 포함해서 550쪽 분량이다. 이 책에는 여기 내 책에서 다룬 열두 단계 중 대부분을 다룬 장들이 포함되어 있다.

Blomberg, Craig L., with Jennifer Foutz Markley. *A Handbook of New Testament Exegesis*. Grand Rapids: Baker Academic, 2010. 「신약 성경 석의 방법」, 도서출판대서. 신약의 주해에 관해 가장 도움이 되는 개론서 중 하나다. 이 책은 주해 과정을 열 단계로 제시하고 있다. (1) 본문 비평, (2) 번역과 역본들, (3) 역사-문화적 맥락, (4) 문학적 맥락, (5) 단어 연구, (6) 문법, (7) 해석상 문제들, (8) 개요 구성, (9) 신학, (10) 적용이다.

Bock, Darrell L., and Buist M. Fanning, eds. *Interpreting the New Testament Text: Introduction to the Art and Science of Exegesis*. Wheaton, IL: Crossway, 2006. 「신약 성서 해석학」, 성서침례대학원대학교출판부. 이 책은 내 책에서 다룬 열두 단계 중 대부분을 약 300쪽

에 걸쳐 개관하고, 이어 150쪽에 걸쳐 자세한 사례들을 언급한다.

Cameron, Andrew J. B., and Brian S. Rosner, eds. *The Trials of Theology: Becoming a "Proven Worker" in a Dangerous Business*. Fearn, Scotland: Christian Focus, 2010. 이 책 1부에는 과거에 활동한 해석자 여섯 사람의 글이 발췌되어 실려 있다. 아우구스티누스, 루터, 스펄전, 워필드, 본회퍼, C. S. 루이스가 그들이다. 그리고 2부에는 오늘날의 해석자들이 쓴 글들이 실려 있으며, 특히 D. A. 카슨이 쓴 "The Trials of Biblical Studies"라는 장의 내용이 중요하다(109-29). 카슨의 글은 성서학도들이 꼭 다루어야 할, 서로 연관된 다섯 영역을 논한다. (1) 네 가지 형태의 통합(이중에는 전문적인 성경 연구와 경건을 위한 연구를 분리시키지 않는 일도 포함된다), (2) 작업과 관련된 양극단의 유혹, (3) 교만의 다섯 가지 양상, (4) 성경의 의미를 조작하려는 압박, (5) 글쓰기와 관련된 세 가지 우선순위다. 이 모든 영역을 하나로 묶는 것은 겸손이다.

Carson, D. A. "Approaching the Bible." In *New Bible Commentary: 21st Century Edition*, edited by D. A. Carson et al., 1-19. 4th ed. Downers Grove, IL: InterVarsity Press, 1994. 「IVP 성경 주석」, IVP. 특히 "성경을 어떻게 대할 것인가"라는 표제 아래 있는 글의 후반부를 읽어 보라.

__________. *New Testament Commentary Survey*. 7th ed. Grand Rapids: Baker Academic, 2013. 카슨은 어떤 책들이 신약 성경 연구에 가장 유익한지를 통찰력 있게 조언한다.

Croteau, David A. *Urban Legends of the New Testament: 40 Common Misconceptions*. Nashville: Broadman & Holman, 2015. 이 책은 마흔 개에 달하는 '도시 전설'의 오류를 밝히고 있으며, 그중에는 이런 것들이 있다. (1) 요셉과 마리아가 머문 여관에는 방이 없었다. (2) 예수님은 서른세 살에 돌아가셨다. (3) '지옥'(hell)은 1세기 당시 예루살렘 부근에 있던 쓰레기 폐기장을 가리킨다. (4) 여성들은 장신구를 착용하지 않아야 한다. 크로토는 주해 도구들을 적절히 활용하여 각 전설을 능숙하게 파헤치고 있으며, 때로는 본문 비평이나 문법, 문학적 맥락과 역사-문화적인 맥락을 다루기도 한다. 이 책은 잘 수행된 연구의 결과물로, 재미있게 읽을 수 있다.

Duvall, J. Scott, and J. Daniel Hays. *Grasping God's Word: A Hands-On Approach to Reading, Interpreting, and Applying the Bible*. 3rd ed. Grand Rapids: Zondervan, 2012. 「성경해석」, 성서유니온선교회. 이 책은 학부 수준의 좋은 개론서로, 내 책에서 다룬 열두 단계의 대부분을 논하고 있다.

Dyer, John. *Best Commentaries: Reviews and Ratings of Biblical, Theological, and Practical Christian Works*. www.bestcommentaries.com/. 존 다이어는 달라스 신학교에서 신학 석사(Th.M.)를 마쳤으며, 2008년에 이 웹사이트를 열었다. 이 사이트는 특히 성경 각 책에 관해 참고할 최상의 주석들로는 어떤 것이 있는지 궁금할 때 도움이 된다. 그는 기술의 의미를 깊이 숙고해 온 웹 개발자다(한 예로, 그는 2011년에 *From the*

*Garden to the City: The Redeeming and Corrupting Power of Technology*라는 책을 썼다). 그리고 그는 자신의 기술을 잘 응용하여 이 웹사이트를 만들었다. 그는 D. A. 카슨과 같은 학자들의 평가를 반영하여 주석들에 점수를 매기는 연산 방식을 활용한다.

Fee, Gordon D. *New Testament Exegesis: A Handbook for Students and Pastors*. 3rd ed. Louisville: Westminster John Knox, 2002. 「신약 성경 해석 방법론」, 크리스챤출판사. 신약 주해에 관한 또 다른 탁월한 개론서다. 피는 주해의 열다섯 단계를 체계적으로 제시하며, 그 목적은 주로 학생들의 연구 논문 작성을 돕는 데 있다(블롬버그의 책이 좀 더 독자 친화적이고 최근 정보들을 반영하고 있다).

Guthrie, George H., and J. Scott Duvall. *Biblical Greek Exegesis: A Graded Approach to Learning Intermediate and Advanced Greek*. Grand Rapids: Zondervan, 1998. 이 책 후반부인 "주해 방법론"(97-165)에서는 주해의 열두 단계를 차례로 살피고 있으며, 그 단계들은 내 책에서 다룬 단계들과 대부분 겹친다.

Köstenberger, Andreas J., and Richard D. Patterson. *Invitation to Biblical Interpretation: Exploring the Hermeneutical Triad of History, Literature, and Theology*. Invitation to Theological Studies. Grand Rapids: Kregel, 2011. 「성경 해석학 개론」, 부흥과개혁사. 이 책은 거의 900쪽에 걸쳐 학생들에게 해석학을 완벽하게 소개한다. 2015년에 크레겔 출판사는 *For the Love of God's Word: An Introduction to Biblical Interpretation*이라는 이름으로 이 책의 좀 더 읽기 쉬운 판본을 내놓았으며, 그 분량은 절반 정도다.

Naselli, Andrew David. "D. A. Carson's Theological Method." *Scottish Bulletin of Evangelical Theology* 29, 2 (2011): 245-74. 내 책은 D. A. 카슨의 이 신학적 방법론을 따르고 있다.

Osborne, Grant R. *The Hermeneutical Spiral: A Comprehensive Introduction to Biblical Interpretation*. 2nd ed. Downers Grove, IL: InterVarsity Press, 2006. 「성경 해석학 총론」, 부흥과개혁사. 학생들에게 해석학을 광범위하게 소개하는 책이다.

Piper, John. *Reading the Bible Supernaturally: Seeing and Savoring the Glory of God in Scripture*. Wheaton, IL: Crossway, 2017. 「존 파이퍼의 초자연적 성경 읽기」, 두란노. 1부에서는 성경을 근거로 삼아, 성경 읽기의 궁극적인 목표는 무한히 존귀하고 아름다우신 하나님을 찬양하면서 그분께 예배하는 데 있음을 논한다. 그리고 2부와 3부에서는 성경 읽기가 어떻게 초자연적인 동시에 자연적인 행위가 되는지를 설명한다.

Plummer, Robert L. *40 Questions about Interpreting the Bible*. 40 Questions. Grand Rapids: Kregel, 2010. 「성경을 여는 40가지 질문」, 기독교문서선교회. 이 숙련된 교사는 이 책에서 해석학을 명쾌하고 알기 쉽게 소개한다.

Schreiner, Thomas R. *Interpreting the Pauline Epistles*. 2nd ed. Grand Rapids: Baker Academic, 2011. 「바울 서신 석의 방법론」, 기독교문서선교회. 이 책은 탁월한 신약 주해 입문서로, 바울 서신에 초점을 맞추고 있다.

1장
장르
본문의 문학적 양식에 대한 해석 지침을 확정하기

본문 비평 대신 장르 분석으로 시작하는 이유는 무엇인가

서론에서 설명했듯이, 나는 주해와 신학의 작업 과정을 열두 단계로 나누었다. 그 첫 단계가 바로 '장르_ 본문의 문학적 양식에 대한 해석 지침을 확정하기'다(장르는 곧 문학적 양식을 가리킨다).

나는 본문 비평 대신 먼저 장르를 다루려 한다. 대부분은 본문을 비평하면서 주해 과정을 시작한다. 이는 곧 텍스트의 원래 어구를 확정하는 작업이다. 대부분의 경우, 구약과 신약의 주해에 관한 안내서들 역시 본문 비평을 첫 단계로 삼는다.

물론 본문 비평은 논리적인 출발점이다. 우리는 어떤 텍스트를 분석하기 전에 그 텍스트가 정확한지 확인해야 한다. 하지만 나는 장르 분석으로 주해를 시작하는 편이 더 적절하다고 본다. 무언가를 읽을 때, 우리는 그 글이 어느 장르에 속했는지를 먼저 살피게 되기 때문이다.

예를 들어 집 앞 편지함에서 편지들을 꺼내 왔을 때, 우리는 내용을 읽기 전에 그 편지들을 장르별로 분류한다. 그 장르들의 종류로는 (아마도 곧장 휴지통에 들어갈) 광고물이나 고지서, 개인 편지 등이 있을 것이다. 또는 친구나 가족이 보낸 문자나 메일이 올 경우, 당신은 내용을 읽기도 전에 이미 그 메시지가 대법원의 판결문이나 신문 사설, 셰익스피어의 희곡, 낭만적인 시나 해리 포터에 관한 소설, 또는 학술지에 실린 논문과 다르다는 것을 안다.

이 점은 신약 성경의 각 부분을 살필 때에도 마찬가지다. (2장에서 다룰) 본문 비평 작업에 착수하기도 전에 우리는 이미 자기 앞에 놓인 글이 어떤 장르에 속하는지 파악하게 된다. 곧 그 글이 복음서인지, 이야기나 서신서인지, 또는 묵시 문학인지 식별하는 것이다.[1]

성경을 해석하는 일반 원리에는 어떤 것들이 있는가

신약 성경의 각 문학 양식을 해석하는 구체적인 지침을 확정하기 전에 우리는 먼저 모든 문학 양식에 적용되는 일반 원리들을 제시해야 한다. 이 일반적인 원리와 구체적인 원리를 우리는 각각 **일반 해석학**(general hermeneutics)과 **특수 해석학**(special hermeneutics)이라고 부른다. 특수 해석학은 다양한 각 장르들에 초점을 두며, 일반 해석학은 모든 장르에 연관된다.

로버트 플러머는 열 가지 일반 원리를 제시한다.[2]

1. **기도하는 자세로 성경을 대하라.** 우리는 모든 것을 알지 못하며, 오직 하나님만이 전지하시다. 또한 지성과 의지, 정서를 비롯한 우리의 존재 전 영역에 죄가 스며들어 있다. 따라서 우리의 유한한 능력과 죄에 결부된 해석의 장애물들을 제거하려면 우리에게 하나님의 도우심이 필요하다. 우리는 늘 성령께서 우리의 정신을 비추어 주시길 구하고, 본문을 읽어 나갈 때에도 하나님께 의존하면서 기도하는 자세를 유지해야 한다.

이 말은 성경 연구에 입문할 때 우리의 판단력을 전부 비워야 한다는 뜻이 아니다.

---

1 장르 분석으로 시작하는 편을 선호하는 또 다른 이유가 있다. 내가 보기에는 장르 분석이 본문 비평보다 훨씬 흥미롭기 때문이다! 주해의 여정을 나서면서 본문 비평부터 논하는 것은 마치 여행을 시작하기도 전에 자동차 타이어에서 바람이 빠져나가게 만드는 일처럼 느껴진다.

2 Robert L. Plummer, *40 Questions about Interpreting the Bible*, 40 Questions (Grand Rapids: Kregel, 2010)(『성경을 여는 40가지 질문』, 기독교문서선교회), 95-107쪽. 굵은 글씨로 표시된 항목들은 플러머의 표현을 그대로 인용한 것이다.

오히려 그 반대다. 바울이 디모데에게 쓴 구절을 살펴보자. "내가 말하는 것을 생각해 보라 주께서 범사에 네게 총명을 주시리라"(딤후 2:7). 이 말씀에는 탁월한 논리가 담겨 있다. 바울이 쓴 글을 디모데가 주의 깊게 생각해 봐야 할 이유는 무엇인가? 주께서 그에게 총명(understanding)을 주실 것이기 때문이다. 성경 연구는 바로 이렇게 이루어진다. 당신은 성경 연구에 온 마음을 쏟고, 본문을 제대로 이해하기 위해 힘써 노력해야 한다. 그리고 이 책에서 배우게 될 여러 주해 도구를 활용해야 한다. 또한 당신은 이 모든 과정에서 주님이 주시는 이해력에 의존해야 한다.

서론에서 나는 이렇게 질문했다. "10분의 기도와 10시간의 연구 중 어느 쪽이 더 귀중한가?" 그런데 이것은 그리 좋은 질문이 아니다. 기도하는 자세로 10시간 동안 연구하면 안 될 이유가 무엇인가? 교리와 경건을 서로 분리하지 않는 것은 매우 중요하다. 이 둘은 늘 함께 가기 때문이다.

2. **성경은 우리를 예수께 안내하는 책이라는 사실을 기억하면서 읽으라.** 우리는 성경 신학에 관한 장(9장)에서 이 점을 살필 것이다.

3. **성경이 성경을 해석하게 하라.** 다음 삼단 논법을 읽어 보라.

- 대전제_ 하나님은 온전히 참되신 분이다. 하나님께는 오류가 없으며, 또 오류를 범하실 수도 없다.
- 소전제_ 성경은 하나님이 영감하신 책이다.
- 결론_ 그러므로 성경은 온전히 참된 책이다. 성경에는 오류가 없으며, 또 오류를 범할 수도 없다.[3]

이는 성경에 내적인 모순이 없다는 뜻이다. 따라서 바람직한 원리는 의미가 좀 더 명확한 본문에 비추어 의미가 덜 명확한 본문을 해석하는 것이다. 성경 나머지 부분들을 무시한 채, 그저 한 본문에만 초점을 맞추어 해석하는 일은 없어야 한다. 그것은 바로 이단들이 행하는 방식이기 때문이다.

예를 들어, 나는 고린도전서 15장 29절에 언급된 "죽은 자들을 위하여 세례를 받

---

3 Andrew David Naselli, "Scripture: How the Bible Is a Book like No Other," in *Don't Call It a Comeback: The Same Faith for a New Day*, Kevin DeYoung 편집 (Wheaton, IL: Crossway, 2011), 59-69쪽을 보라.

는" 일의 의미를 정확히 알지 못한다. 그러나 성경의 다른 부분들에 근거해서 분명히 그 구절이 의미하지 않는 것은 제외할 수 있다. 우리는 의미가 더 분명한 본문들에 비추어 의미가 불분명한 본문들을 해석해야 한다.

4. **성경을 묵상하라**. 차분히 시간을 들여 당신이 읽은 내용을 숙고하라. 한 단어나 구문을 숙고할 수도 있고, 하나의 문장이나 단락, 시편이나 이야기, 성경의 책 한 권, 또는 한 본문의 주제가 다른 본문들에서 어떻게 이어지는지를 숙고할 수도 있다. 당신의 지성을 밥솥으로 삼고 성경 내용을 그 속에 앉힌 뒤, 뜸을 들이라. 이렇게 하는 가장 좋은 방법은 성경 구절을 암기하는 것이다.[4] 이는 그 내용이 적든 많든 모두 해당된다.

5. **믿음과 순종의 자세로 성경을 대하라**. 성경은 유일무이한 책이다. 누군가가 쓴 철학서처럼 우리가 비판할 수 있는 것이 아니다. 바로 **하나님이** 그 책을 쓰셨기 때문이다. 성경은 하나님의 영감을 받은 책이며, 그분 자신의 권위를 지니고 있다. 그리고 이 권위는 최종적이고 궁극적이며 지고한 성격을 띤다. 따라서 우리는 그에 걸맞은 태도로 성경에 다가가야 한다. 곧 하나님의 은혜로 그 말씀을 믿고 순종해야 하는 것이다. "너희는 말씀을 행하는 자가 되고 듣기만 하여 자신을 속이는 자가 되지 말라"(약 1:22).

6. **당신이 읽는 본문의 장르를 살피라**. 이 점은 이 장 나머지 부분에서 다룰 것이다.

7. **역사적 또는 문화적 배경을 파악하라**. 이 점은 역사-문화적 맥락에 관한 장(6장)에서 다룰 것이다.

8. **맥락에 주의를 기울이라**. 이 점은 문학적 맥락에 관한 장(7장)에서 다룰 것이다.

9. **성경을 공동체 안에서 읽으라**. 고독한 방랑자가 되지 말라. 그리스도인인 우리는 그리스도의 몸에 속한 지체다. 그리고 그 몸에 속한 다른 지체들은 우리가 갖지 못한 은사들을 지니고 있다. 하나님은 그 몸이 함께 조화를 이루면서 움직이도록 만드셨다. 그러니 다른 이들과 함께 성경을 연구하라. 설교가 특별한 의미를 지니는 이유도 여기에 있다. 설교 시에는 온 교회가 주님의 말씀을 들으려고 한데 모이기 때문이다.

여기서 한 가지 주의할 점이 있다. 당신이 성경을 이해하려 한 첫 사람은 아니라는 것이다. 우리보다 훨씬 탁월한, 수많은 그리스도인이 약 2,000년에 걸쳐 이 작업을 수행해 왔기 때문이다. 성령께서 그들 역시 도와주셨다. 그렇다면 주요 주해자와 신학

---

4 이 책의 '부록B 신약의 한 책 전체를 암기해야 할 이유와 그 방법'을 보라.

자가 쓴 글을 얼마간 살펴보는 편이 현명하지 않겠는가? 이 점은 역사 신학에 관한 장(10장)에서 좀 더 논의할 것이다.

10. **더욱 충실한 해석자가 되기 위한 여정을 시작하라**(그리고 그 여정을 충실히 이어가라). 성경 내용을 다 헤아리지 못한다고 해서 낙심하지 말라. 그 일은 불가능하다. 우리가 성경 내용을 다 파악하지는 못하더라도, 그 내용을 제대로 이해할 수는 있다. 그리고 그 지식 속에서 자라갈 수 있다. 곧 그 내용을 점점 깊이 이해하게 되는 것이다. 일에 필요한 기술을 배우거나 운동과 취미를 익힐 때처럼, 성경 읽는 법을 배우는 데에도 시간이 필요하다. 그러니 감당할 수 있는 목표를 세워서 작은 일부터 시작해 나가길 바란다. 그 일을 날마다 지속하면서 하나님이 어떤 일들을 이루어 가시는지 보라.

일반 해석학, 곧 모든 장르에 관련되는 해석학이 지닌 어려운 한 가지 측면은 비유 표현을 해석하는 문제다. 다음 단락에서는 이 문제를 직접 다루고, 이어지는 단락들에서는 특수 해석학, 곧 각 장르에 관련된 해석학을 논할 것이다.

비유 표현을 어떻게 해석할 것인가

간단한 대답은 이러하다. "문자적으로 해석하지 말고, 저자나 화자가 전달하려 한 의미대로 해석하라." 예를 들어 내가 작은 배낭을 메고 방 안에 들어와서 이렇게 말한다고 하자. "내 배낭은 무게가 1톤이나 됩니다." 이때 당신은 그 말을 문자적으로 해석해서는 안 된다. 그 배낭의 무게가 1,000킬로그램에 달하지 않는 것은 분명하기 때문이다. 오히려 내가 전달하려 한 의미대로 그 말을 받아들여야 한다. "배낭이 정말 무겁습니다." 이때 나는 비유법의 하나인 **과장법**을 쓴 것이다.

다음에 여덟 가지 유형의 비유법을 제시한다.

1. **중언법**(hendiadys)_ 한 단어가 다른 단어를 수식하는 대신, 두 개의 동등한 단어를 써서 하나의 개념을 나타내는 비유법. 예: "너희의 믿음에서 나오는 **제물과 섬김**"(빌 2:17, 옮긴이 번역. "*the sacrifice and service* coming from your faith"[NIV]) = "너희 믿음의 **희생 제물**"(옮긴이 번역. "*the sacrificial offering* of your faith"[ESV]).★

2. **과장법**(hyperbole)_ (문자적 의미를 전달하거나 속이려는 의도 없이) 어떤 사실을 강조하기 위해 과장하는 비유법. 예: "하루살이는 걸러 내고 **낙타는 삼키는도다**"(마 23:24).

3. **양단법**(merism)_ 서로 대조되는 두 부분을 써서 전체를 나타내는 비유법. 예: "**천지**는 없어질지언정"(마 24:35). "나는 **알파와 오메가**요 **처음과 마지막**이라"(계 21:6).

4. **환유법**(metonymy)_ 한 단어나 사물을 다른 단어나 사물로 대신해서 나타내는 비유법(보통 둘 사이에 밀접한 내적 연관성이 있을 때 쓰인다). 예: "**할례자**[즉, 유대인들]도 믿음으로 말미암아 또한 **무할례자**[즉, 이방인들]도 믿음으로 말미암아 의롭다 하실 하나님은 한 분이시니라"(롬 3:30). "너희가 이 떡을 먹으며 **이 잔**을 마실 때마다"(고전 11:26. 여기서 "이 잔"은 곧 그 잔에 든 액체를 가리킨다).

5. **의인법**(personification)_ 어떤 사물이나 특성, 개념을 하나의 인격으로 표현하는 비유법. 예: "**사망아** 너의 승리가 어디 있느냐 **사망아** 네가 쏘는 것이 어디 있느냐"(고전 15:55).

6. **제유법**(synecdoche)_ 어떤 것의 일부분으로 그 전체를, 또는 전체로 일부분을 나타내는 비유법. 예: "**온 세계**가 호적 등록을 하게 되었는데"(눅 2:1, 새번역) = "**로마 제국 전역**에 인구 조사를 하라는"(현대인의성경). "먼저는 유대인에게요 그리고 **헬라인**에게로다"(롬 1:16) = "그것은 처음에 유대인에게만 해당되었으나 이제는 **이방인**에게도 전파되어"(현대인의성경).

7. **직유법**(simile). '……같이', '……처럼' 등의 표현을 써서 두 대상을 직접 비교하는 비유법. 예: "모든 육체는 풀과 같고"(벧전 1:24).

8. **은유법**(metaphor). '……같이', '……처럼' 등의 표현을 쓰지 않고 두 대상을 암시적으로 비교하는 비유법. 예: "모든 육체는 풀이요"(사 40:6).

여기서 은유법을 맨 마지막에 언급한 것은 이 비유법을 설명하는 데 좀 더 지면을 할애하기 위해서다. 당신은 아마 늘 이 비유법을 활용할 것이다. 예를 들어 살펴보자. "르브론 제임스는 화물 열차였다." 이는 농구선수 르브론 제임스가 문자적으로 화물 열차였다는 말이 아니다. 키 203센티미터에 몸무게 113킬로그램인 그가 자유투 라인

★ 다른 표기가 없다면 본문에 나오는 성경 말씀은 한글 개역개정에서 인용한 것이며, 다른 역본에서 인용하거나 옮긴이가 직접 번역한 경우 따로 표기하였다._편집자

안쪽으로 돌진할 때면 그 기세가 몹시도 빠르고 강력해서, 그 앞을 막아서는 것은 마치 달려오는 화물 열차 앞에 서 있는 것과 **같다**는 뜻이다.

은유법은 세 가지 요소로 이루어져 있다. (1) 이미지를 통해 표현되는 주제나 항목, (2) 이미지, (3) 유사하거나 비교할 부분. 때로 이중 한두 가지는 분명하게 드러나지 않고 암시적으로 전달된다.

1. 르브론 제임스는 화물 열차였다.

- 주제_ 르브론 제임스
- 이미지_ 화물열차
- 유사점_ 이 둘 중 하나가 전속력으로 달려올 때, 당신은 그 앞에 서 있으려 하지 않을 것이다!

2. 헤롯은 여우다.

- 주제_ 헤롯
- 이미지_ 여우
- 유사점_ 네 개의 다리? 붉은색 피부? 온몸이 털로 덮여 있다는 점? 아니다. **교활하다**는 점이다.

경고_ 이런 식으로 유사점을 논하는 것은 오해를 낳을 수 있다. '헤롯은 여우다'와 '헤롯은 교활하다'는 결코 동일한 진술이 아니기 때문이다. 여기서 '여우'를 '교활하다'로 대체하고도 이전과 같은 함의를 지닌 동일한 의미를 유지할 수는 없다. 은유법은 독특한 방식으로 의미를 전달하기 때문이다. 다만 은유의 요소를 이렇게 구분지어 보는 것은 그것을 분석하는 데 유용한 방편이 된다.

좀 더 확대된 로마서 11장 16b-24절의 은유로 이 작업을 시도해 보자.

> 뿌리가 거룩한즉 가지도 그러하니라 또한 가지 얼마가 꺾이었는데 돌감람나무인 네가 그들 중에 접붙임이 되어 참감람나무 뿌리의 진액을 함께 받는 자가 되었은즉 그 가지들을 향하여 자랑하지 말라 자랑할지라도 네가 뿌리를 보전하는 것이 아니요

뿌리가 너를 보전하는 것이니라 그러면 네 말이 가지들이 꺾인 것은 나로 접붙임을 받게 하려 함이라 하리니 옳도다 그들은 믿지 아니하므로 꺾이고 너는 믿으므로 섰느니라 높은 마음을 품지 말고 도리어 두려워하라 하나님이 원 가지들도 아끼지 아니하셨은즉 너도 아끼지 아니하시리라 그러므로 하나님의 인자하심과 준엄하심을 보라 넘어지는 자들에게는 준엄하심이 있으니 너희가 만일 하나님의 인자하심에 머물러 있으면 그 인자가 너희에게 있으리라 그렇지 않으면 너도 찍히는 바 되리라 그들도 믿지 아니하는 데 머무르지 아니하면 접붙임을 받으리니 이는 그들을 접붙이실 능력이 하나님께 있음이라 네가 원 돌감람나무에서 찍힘을 받고 본성을 거슬러 좋은 감람나무에 접붙임을 받았으니 원 가지인 이 사람들이야 얼마나 더 자기 감람나무에 접붙이심을 받으랴.

이와 같이 확대된 은유를 분석하는 것은 "르브론 제임스는 화물 열차였다"처럼 단순한 진술을 분석하는 것보다 좀 더 어려운 작업이다. 후자의 경우는 그 주제와 이미지가 뚜렷이 언급된다. 하지만 로마서 11장 16b-24절에 담긴 확대된 은유의 경우에는 그 주제가 명확히 드러나지 않은 몇 가지 이미지가 포함되어 있다. 도표1.1을 통해 이 확대된 은유를 살펴보자.[5]

1. 이미지	2. 주제	3. 유사점
a. 좋은 감람나무	하나님의 백성	살아 있는 유기체
b. 수목 재배가	하나님	능숙한 솜씨로 재배함
c. 감람나무의 뿌리	하나님의 언약적 약속을 받고 후손에게 물려준 이스라엘의 선조들	유기체를 지탱하고 양육하는 기본적인 방편
d. 원 가지	이스라엘 백성	유기체의 자연적 확장
e. 꺾인 원 가지	그리스도를 믿지 않는 이스라엘 백성	유기체에서 단절됨
f. 돌감람나무에서 자라난 야생 가지	이방인들	유기체에 자연적으로 이어져 있지 않음
g. 좋은 감람나무에 접붙여진 돌감람나무 가지	이방인 그리스도인들	유기체의 부가적 확장

도표1.1. 로마서 11장 16b-24절에 언급된 감람나무의 은유

5 여기서는 은유의 작용 방식을 간단히 논했을 뿐이다. 로마서 11장 16b-24절의 은유를 더 자세히 살펴보려면, Andrew David Naselli, *From Typology to Doxology: Paul's Use of Isaiah and Job in Romans 11:34-35* (Eugene, OR: Pickwick, 2012), 20-21쪽을 보라(허락을 받고 사용함).

지금까지 살펴본 비유의 해석은 일반 해석학의 일부다. 이제 이 장 나머지 부분에서는 특수 해석학, 곧 개별 장르의 해석 지침들을 논하려 한다.

복음서와 사도행전은 어느 장르에 속하며, 이 책들은 서로 어떻게 연관되는가

복음서는 어느 장르에 속하는가[6]

신약 성경에는 네 복음서가 있다. 마태, 마가, 누가, 요한의 글이 그것이다. 그런데 신약 성경 자체에서는 '복음'이라는 단어를 그런 식으로 사용하지 않는다. 초대 교회에서 이 책들에 '복음'이라는 명칭을 덧붙였는데, 이는 복음이 오직 하나뿐임을 인정하게 되었기 때문이다. 신약 성경은 그 하나뿐인 복음에 관해 네 가지 관점을 보존하고 있다. 마태의 이야기에 **따른** 복음, 마가의 이야기에 **따른** 복음, 누가의 이야기에 **따른** 복음, 그리고 요한의 이야기에 **따른** 복음이 그것이다.

그렇다면 복음서들은 어느 문학 양식에 속하는가? 이 점을 분명히 규정하기는 쉽지 않다. 우리가 아는 한, 신약 성경의 네 복음서가 역사 속에서 '복음서'라는 명칭을 얻은 최초의 책들이기 때문이다. 복음서들은 **전기**에 가장 가깝다고 할 수 있다. 하지만 그 책들은 우리에게 익숙한 현대 전기, 이를테면 윈스턴 처칠이나 스티브 잡스의 전기와는 다르다. 복음서들은 예수께서 어떻게 어린 시절을 거쳐 어른으로 성장해 갔는지를 서술하지 않으며, 일어난 일들을 연대순으로 정확하게 언급하지도 않는다. 그런 점에서 이 책들은 고대 그리스-로마의 전기들과 비슷하다. 그러나 고대 그리스-로마의 전기들과 달리, 복음서 저자들은 자신의 이름을 밝히지 않는다. 그리고 복음서들은 예수의 가르침과 행적을 독특한 방식으로 결합시키고 있다.[7]

---

6 D. A. Carson and Douglas J. Moo, *Introducing the New Testament: A Short Guide to Its History and Message*, Andrew David Naselli 편집 (Grand Rapids: Zondervan, 2010)(『손에 잡히는 신약 개론』, IVP), 18쪽을 참조하라.

7 Richard A. Burridge, *What Are the Gospels? A Comparison with Graeco-Roman Biography*, 2판 (Grand Rapids: Eerdmans, 2004), Craig S. Keener, "Ancient Biography and the Gospels: Introduction," in *Biographies and Jesus: What Does It Mean for the Gospels to Be Biographies?*, Craig S. Keener and Edward T. Wright 편집 (Lexington, KY: Emeth, 2016), 1-45쪽을 참조하라.

복음서들이 지닌 인상적인 특징은 예수의 생애 가운데 단 한 주간의 일들에 초점을 맞춘다는 점이다. 바로 그분이 십자가에 달려 돌아가시기 직전 마지막 한 주다. 복음서들에 기록된 모든 일이 그 한 주를 가리키고 있으며, 각 복음서는 전체 분량 가운데서 3분의 1 정도를 그 마지막 주간에 할애하고 있다.

- 마태복음 21-28장 = 책 전체의 3분의 1
- 마가복음 11-16장 = 책 전체의 3분의 1
- 누가복음 19-24장 = 책 전체의 4분의 1
- 요한복음 12-20장 = 책 전체의 거의 2분의 1(요한복음 13-19장은 하루 동안의 일을 묘사하고 있다. = 책 전체의 3분의 1)

이처럼 복음서들은 전체 내용의 3분의 1(총 여든아홉 장 가운데 스물아홉 장)을 예수의 마지막 주간에 할애하고 있다. 그리고 나머지 3분의 2는 그 마지막 주간을 위해 독자들을 준비시킨다. 성경의 핵심에는 이 복음서들이 있으며, 복음서들의 핵심은 바로 그리스도의 희생적인 구속 사역이다. 본질적으로 복음서들은 확대된 서론을 지닌 수난의 내러티브들인 것이다.

사도행전은 어느 장르에 속하는가[8]

사도행전은 30년에 걸친 초대 교회의 역사를 개관한다. 그 이야기는 예루살렘에서 시작하여 유대와 사마리아, 시리아와 키프로스(구브로), 소아시아와 마케도니아(마게도냐), 그리고 그리스로 옮겨 간 뒤, 로마에서 끝이 난다. 그리고 두 사도가 그 이야기를 주도하고 있다. 1-12장의 주된 인물은 베드로이며, 13-28장의 주된 인물은 바울이다.

그러면 사도행전은 어느 문학 양식에 속하는가? 누가복음과 사도행전은 함께 기독교가 시작된 역사를 서술하고 있으며, 사도행전은 그 둘째 편에 해당한다. 여기서 '행전'(Acts)이라는 명칭은 어떤 사람들이나 도시들의 업적을 서술한 고대 세계의 문학 양식을 나타낸다. 그리고 사도들이 그 이야기에서 두드러진 역할을 감당하고 있

8 Carson and Moo, *Introducing the New Testament*(『손에 잡히는 신약 개론』), 53, 59쪽을 참조하라.

으므로, '사도행전'이라는 제목 자체가 틀린 것은 아니다. 다만 신학적으로 좀 더 정확한 제목은 '성령행전'(The Acts of the Holy Spirit)이나 '예수께서 계속 행하고 가르치신 일들'(What Jesus Continued to Do and Teach)이라고 할 수 있다(사도행전 1장 1절을 보라).[9]

복음서들과 사도행전은 서로 어떻게 연관되는가

그러면 이 신약 성경의 첫 다섯 권은 서로 어떻게 연관되는가? 우선 이 책들은 모두 하나님이 영감하신 것이며, 따라서 서로 모순되지 않는다. 곧 서로 보완하면서 조화를 이루는 것이다. 이 책들 중에서도 두 가지 관계가 특히 중요하다.

1. **마태복음, 마가복음, 누가복음**_ 학자들은 첫 세 복음서를 '공관복음서'(Synoptic Gospels)라고 부른다(이때 '공관'[共觀, synoptic]은 '같이 보다'라는 뜻이다). 이는 이 세 복음서가 구조와 내용, 어조의 측면에서 매우 유사하기 때문이다.

2. **누가복음과 사도행전**[10]_ 누가복음과 사도행전은 머리말을 통해 서로 연결된다. 각 머리말에 데오빌로가 언급되며, 사도행전 1장 1절은 누가복음을 "내가 먼저 쓴 글"이라고 지칭하고 있다. 또한 어떤 이들은 누가복음과 사도행전이 두 편으로 구성된 한 권의 책('누가-행전')을 이룬다고 주장한다. 이 책이 둘로 나뉜 이유는 그저 한 조각의 파피루스 두루마리에 누가복음과 사도행전의 내용을 다 담을 수 없어서라는 것이다. 오늘날 거의 모든 학자는 누가복음과 사도행전의 저자가 동일 인물이라고 인정하며, 대부분의 학자는 두 책의 주제들이 상당히 통일된다고 지적한다. 그러나 다른 한편으로, 누가복음은 전기인 반면 사도행전은 그렇지 않다. 그러므로 이 둘은 서로 구분되면서도 밀접히 연관되는 책들이다.

---

9 Alan J. Thompson, *The Acts of the Risen Lord Jesus: Luke's Account of God's Unfolding Plan*, New Studies in Biblical Theology 27 (Downers Grove, IL: InterVarsity Press, 2011), 48-49쪽을 참조하라.

10 Carson and Moo, *Introducing the New Testament*(『손에 잡히는 신약 개론』), 41-42쪽을 참조하라.

복음서와 사도행전을 어떻게 해석할 것인가

다음은 복음서와 사도행전을 해석하는 아홉 가지 원리다.

1. **복음서와 사도행전을 역사 기록으로 해석하라.** 우리는 그저 이 다섯 권의 문학적, 신학적 특징과 목적에만 초점을 맞춘 나머지 이 책들에서 서술되는 사건들이 실제로 일어난 것임을 과소평가하거나 간과할 수 있다. 하지만 그런 태도는 이 이야기들을 신화로 여기는 비정통적 견해와 크게 다르지 않다. 물론 복음서와 사도행전이 현대 역사서처럼 읽히지 않는 것은 사실이다. 그러나 우리가 그 내용에 공감할 줄 아는 독자라면, 그 점은 큰 문제가 되지 않는다. 이 책 저자들은 자신의 글이 실제로 일어난 일에 관한 기록으로 읽히기를 원했다. 물론 지금 통용되는 역사 서술의 기준은 그때와 다르다. 곧 지금은 더 높은 수준의 엄밀성이 요구된다(즉, 더 꼼꼼한 세부 진술이 요구된다는 뜻이다. 다만 어떤 글은 엄밀하지 않으면서도 온전히 정확할 수 있다). 그러나 복음서와 사도행전은 실제로 일어난 일들을 충실히 서술하고 있다. 그 책들을 쓴 이들은 역사가인 동시에 신학자였다. 역사와 신학은 서로 뗄 수 없이 연관되어 있으며, 기독교 신앙에서 역사적 사건들은 중요한 의미를 지닌다.[11]

2. **복음서와 사도행전이 왜 그런 방식으로 사건을 서술하는지 분별하라.** 모든 역사 서술은 선택적이다. 예를 들어 당신과 내가 미식축구 경기를 함께 관람한다고 하자. 그리고 그후에 경기 내용을 각자 페이스북에 300단어 정도로 충실히 요약해서 올린다고 하자. 과연 이때 우리가 전하는 이야기가 서로 같겠는가? 아마 그렇지 않을 것이다. 이는 역사를 서술할 때, 항상 자신만의 관점과 성향, 그리고 다른 이들에게 전해 주고 싶은 자신만의 이야기를 품게 되기 때문이다. 모든 것을 전하기는 어려우며, 따라서 어떤 세부 사항을 집어넣고 뺄지 선택해야만 한다. 그러니 복음서와 사도행전을 읽을 때, 저자들이 왜 그런 세부 사항들을 언급했을지 분별해 보기 바란다. 이를 통해 저자는 어떤 의미를 전달하려 한 것일까?

3. **복음서의 어떤 본문을 읽을 때 그에 대한 다른 복음서들의 병행 구절**(들)**이 있을**

11 James K. Hoffmeier and Dennis R. Magary 편집, *Do Historical Matters Matter to Faith? A Critical Appraisal of Modern and Postmodern Approaches to Scripture* (Wheaton, IL: Crossway, 2012)를 보라.

경우, 그 본문을 병행 구절(들)과 비교하면서 유사점과 차이점을 살펴보라. 때로 이 작업은 복음서의 저자가 지닌 강조점을 분별하는 데 도움이 된다.

4. **저자 자신의 편집자적 논평에 주목하라.** 이런 구절들은 중요하다. 이야기를 전할 때, 저자가 따로 언급하는 구절들은 깊은 의미를 지닌다. 한 예로, 마가는 마가복음 7장 19절에 이런 해설을 덧붙인다. "이러므로 모든 음식물을 깨끗하다 하시니라"(ESV는 이 구절을 괄호로 묶어 놓았다). 이것은 대단히 중요한 의미를 지닌 구절이다.

5. **과연 저자가 그 인물을 본보기로 여기는지 파악하라.** 이야기 서술자들은 자신이 묘사한 인물이 믿음직하고 본받을 만한지에 대해 직간접적으로 단서를 제시한다. 한 예로, 요한복음은 가룟 유다의 말을 인용하고 나서 직접 이렇게 언급한다. "이렇게 말함은 가난한 자들을 생각함이 아니요 그는 도둑이라 돈궤를 맡고 거기 넣는 것을 훔쳐 감이러라"(요 12:6). 또한 이야기 속 등장인물들이 하는 말에 특히 주의를 기울여야 한다.

6. **서술과 규범을 구별하라.** '……한 일이 일어났다'(상황을 묘사하거나 기술하는 표현)와 '지금 우리는 ……하게 행해야만 한다'(규범이나 규정을 나타내는 표현)는 많이 다르다. 복음서나 사도행전에서 어떤 일을 언급했다고 해서, 지금 우리도 그 일을 되풀이해야만 하는 것은 아니다. 복음서와 사도행전의 내용을 현재 상황에 적용하기 전에 먼저 그 본문에 기록된 일들이 구원사의 어느 시점에 해당하는지 살피면서 그 이야기의 본질과 목적을 깊이 헤아려야 한다.[12] D. A. 카슨은 복음서 읽기와 관련하여 이 점을 이렇게 표현한다.

> 복음서를 섬세히 다룬다는 것은, 무엇보다 첫 제자들이 온전한 기독교 신앙에 이르게 된 일을 지금 우리가 신앙에 이르게 되는 과정과 똑같이 여길 수 없다는 뜻이다. 첫 제자들의 경우, 그들이 온전한 기독교 신앙에 이르기 위해서는 그 다음의 주된 구속사적 사건인 주 예수의 십자가 죽으심과 부활이 있기까지 기다려야 했다. 따라서 그들이 겪은 신앙 단계는 지금 우리가 겪는 것과 같을 수 없다. 우리는 이미 일어난 사건들을 되돌아보는 반면, 그들은 아직 일어나지 않은 사건들이 일어나기를 기

---

12 Gordon D. Fee and Douglas Stuart, *How to Read the Bible for All Its Worth*, 4판 (Grand Rapids: Zondervan, 2014)(『성경을 어떻게 읽을 것인가』, 성서유니온선교회), 123-31쪽을 보라.

다려야만 했기 때문이다. 이는 우리가 복음서를 가르치고 설교할 때, 복음서를 그저 제자도의 심리적 개요를 제공하기 위해 쓰인 책이나 그리스도인의 삶에 관한 실용적 안내서 정도로 여겨서는 안 된다는 것을 의미한다(물론 복음서가 그러한 작업들의 재료를 풍성히 제공하는 것은 사실이다). 그보다 복음서는 우리가 어떻게 그곳에서 이곳에 이르게 되었는지를 알려 주는 책에 더 가깝다. 무엇보다도 복음서는 예수께서 어떤 분이며 왜 이 세상에 오셨는지, 그분이 어떤 식으로 그렇게 큰 오해를 받으셨으며 왜 그렇게 되셨는지, 그분의 삶과 가르침이 어떻게 십자가와 부활로 이어졌는지, 왜 그분을 온전히 신뢰해야 하며 그분이 수행하신 사역의 목적은 무엇인지를 비롯한 많은 일에 초점을 둔다. 그리고 이처럼 예수 그리스도께 초점을 맞추는 가운데 우리는 그분을 신뢰하고 충실히 따라가는 제자가 되도록 부르심을 받게 된다.[13]

7. **하나님 나라의 특성을 이해하라**. 그런 이해가 없다면, 당신은 길을 잃게 될 것이다. 하나님 나라는 곧 예수께서 가르치신 중심 주제이기 때문이다. 하나님 나라는 하나님이 그분 자신의 백성과 창조 질서 전체를 통치하는 나라다. 제2성전기의 유대 묵시 운동은 죄가 지배하는 현 세대와, 메시아가 와서 죄를 정복하고 근절할 때 임할 미래 세대를 날카롭게 구분했다.[14] 달리 말해, 유대인들이 하나님 나라를 이해한 대중적인 관점은 하나님이 왕이 되시고 그들의 원수를 정복하여 유대인들이 옳음을 입증해 주시리라는 데 있었다. 그러나 예수는 하나님 나라를 매우 다르게 말씀하셨다. 곧 예수 자신의 인격과 가르침을 통해 그 나라가 이미 이곳에 와 있지만, 자신의 통치가 완전해지지 않았으므로 아직 **충만히** 임하지는 않았다는 것이다. 그 나라는 이미 임했으나 아직 온전히 이루어지지 않았다. 예수의 오심으로 장차 임할 그 세대가 시작되었지만, 아직 죄가 근절되지는 않았다. 그 일은 예수께서 다시 오시는 미래에 이루어질 것이다.

그러므로 제2차 세계 대전에 관한 오스카 쿨만(Oscar Cullmann)의 비유를 들어 말하자면, 오늘날의 그리스도인들은 디데이(D-Day, 1944년 6월 6일)와 브이이데이(V-E Day,

---

13 D. A. Carson, "Approaching the Bible," in *New Bible Commentary: 21st Century Edition*, D. A. Carson 외 편집, 4판 (Downers Grove, IL: InterVarsity Press, 1994)(『IVP 성경 주석』, IVP), 17쪽.

14 제2성전기 유대교는 스룹바벨이 제2성전을 완공한 때(주전 516년경)부터 로마인들이 헤롯 성전을 무너뜨린 주후 70년까지의 유대 역사와 문헌을 가리킨다.

1945년 5월 8일) 사이의 시기를 살아가고 있는 것이다. 제2차 세계 대전 당시 이 디데이는 연합군이 적군을 결정적으로 패배시킨 날이다.[15] 그날 이후, 연합군은 결코 패전할 수 없음이 명백해졌다. 그러나 전쟁은 아직 끝나지 않았다. 그 전쟁 중에 치열한 몇몇 전투가 그 디데이 이후에 벌어진 것이다. 브이이데이(Victory in Europe Day, 유럽 전승 기념일)가 되기 전까지 그 전쟁은 공식적으로 끝나지 않았다. 그러므로 이 비유에서 디데이는 예수께서 자신의 삶과 십자가에서 행하신 일, 그리고 자신의 부활과 승천을 통해 사탄을 결정적으로 패배시키신 때를 상징하며, 브이이데이는 예수께서 이 세상에 다시 오셔서 그 승리를 완성하실 때를 상징한다. 지금 우리는 디데이와 브이이데이 사이를 살아가고 있다. 전쟁은 아직 끝나지 않았다. 예수께서 이미 승리를 거두셨지만, 그 승리는 아직 완성되지 않았다. 그러므로 그 나라는 이미 임했지만 아직 완전히 임하지는 않은 것이다.[16]

8. **개별 이야기들을 넘어 그 이야기들이 연속되는 흐름을 살피라.** 복음서와 사도행전의 저자들이 늘 엄격하게 시간 순서로 이야기를 서술한 것은 아니다. 때로 그들은 주제별로 이야기를 서술하기도 했다.

예를 들어 마태복음 8장 23절-9장 8절을 살펴보자. 이 구절은 예수께서 사역하실 때 일어난 세 가지 사건을 서술하고 있다. 예수께서 (1) 폭풍우를 잠잠하게 하신 일, (2) 귀신 들린 두 사람을 고치신 일, (3) 걷지 못하던 사람을 고치신 일이다. 여기서 마태는 한 가지 요점을 강조하기 위해 이 세 이야기를 한데 묶고 있다(더욱이 이 세 이야기는 시간 순서대로 서술되지도 않았다. 실제로는 세 번째 사건이 앞선 두 사건보다 먼저 일어났다).

우리는 이러한 의사소통 방식에 익숙하다. 당신이 어떤 소년들과 이야기를 나눈다고 가정해 보자. 그 소년들은 마이클 조던이 농구하는 모습을 한 번도 본 적이 없다. 하지만 당신은 조던이 농구 역사상 가장 위대한 전천후 득점왕이었음을 알려 주려 한다. 이때 당신은 이 사실을 어떤 식으로 보여 줄 수 있을까?

---

15 Oscar Cullmann, *Christ and Time: The Primitive Christian Conception of Time and History*, Floyd V. Filson 옮김, 2판 (Philadelphia: Westminster, 1964)(「그리스도와 시간」, 나단), 141-42, 145-46쪽.

16 하나님 나라에 관해 더 자세히 살피려면, Christopher W. Morgan and Robert A. Peterson 편집, *The Kingdom of God*, Theology in Community (Wheaton, IL: Crossway, 2012), T. D. Alexander, "The Kingdom of God," in *NIV Zondervan Study Bible*, D. A. Carson 편집 (Grand Rapids: Zondervan, 2015), 2662-63쪽을 보라.

- 당신은 nba.com에 실린 조던의 프로필 문구를 인용할 수 있다. "누구나 인정하듯이, 마이클 조던은 전 세대에 걸쳐 가장 위대한 농구선수였다."[17]
- 당신은 그가 이룬 업적의 통계를 늘어놓을 수도 있다. "신인상 수상, NBA MVP 다섯 차례 수상, NBA 여섯 차례 우승, NBA 파이널 MVP 여섯 차례 수상, All-NBA 퍼스트 팀 열 차례 선정, NBA 올-디펜시브 퍼스트 팀 아홉 차례 선정, 올해의 수비상 수상, NBA 올스타 팀 열네 차례 선정, NBA 올스타 게임 MVP 세 차례 수상, NBA 위대한 50인 선정, (NBA 기록인) 득점왕 열 차례 수상, (윌트 체임벌린과 타이를 이루는) 연속 득점왕 일곱 차례 수상. 그는 NBA 역사상 최고인 평균 30.1득점의 기록을 남기고 은퇴했다."[18] 여기에 더해, 그는 베이브 루스와 무하마드 알리를 누르고 20세기 가장 위대한 운동선수로 뽑혔다(그리고 당신은 이런 통계를 계속 읊을 수 있을 것이다).

하지만 이런 수치들이 조던의 진면목을 제대로 보여 준다고 여길 수 있을까? 이 통계들은 사실 마이클 조던이 실제로 시합을 뛸 때 보여 준 모습에 대해서는 그리 많은 것을 알려 주지 못한다. 오히려 우리는 몇몇 구체적인 이야기를 강조하여 그 모습을 생생히 그려 낼 수 있을 것이다(여기서 나는 각 내용을 자세히 서술하기보다 전반적인 특징만 언급하려 한다).

- 플레이오프 경기에서 결정적인 순간에 마지막 슛을 던져 놀라운 득점을 얻고 시합을 승리로 이끈 일들.
- 한 경기에서 69득점을 거둔 일.
- 장염으로 고생하는 와중에서도 플레이오프 경기에서 40득점과 50득점을 올린 일들.
- 몸을 비틀고 혀를 내밀면서 높이 솟아올라 묘기에 가까운 레이업슛과 덩크슛을 성공시킨 일들.

---

17 www.nba.com/history/players/jordan_bio.html.

18 같은 사이트.

이러한 구체적인 사례들을 제시할 때, 우리는 특정한 세부 사항들을 선택하여 강조하면서 다른 사항들은 배제한다. 하지만 이렇게 일련의 이야기들을 서술하는 목적은 바로 이 한 가지 요점을 강조하는 데 있다. "마이클 조던은 농구 역사상 가장 위대한 전천후 득점왕이었다." 우리는 그 이야기들을 통해 바로 이 요점을 생생히 전달하려는 것이다.

마태복음 8장 23절-9장 8절과 같은 본문들도 이와 같은 역할을 한다. 지금 마태는 사람들에게 예수에 관해 이야기하고 있다. 그들 중 많은 이들은 예수를 직접 본 적도 없다. 아마 마태는 그저 인상적인 사실들을 계속 늘어놓을 수도 있었을 것이다. 예수는 하나님이다. 예수는 세상의 창조자이시다. 예수는 세상을 심판하실 것이다. 예수는 전지전능하신 분이다. 예수는 기적들을 일으키셨다. 그는 이렇게 이야기를 이어갈 수 있었을 것이다. 하지만 마태는 그런 식으로 예수를 묘사하지 않았다. 그는 자신의 복음서 8-9장에서 구체적인 이유들에 근거한 일련의 이야기들을 서술해 나간다. 그리고 이 본문에서 그는 서로 연결되어 하나의 요점을 제시하는 세 가지 이야기를 들려주고 있다.

그러면 이 이야기들의 공통된 맥락은 무엇일까? 이 세 이야기는 어떻게 서로 같은 요점을 제시하는 것일까? 이 세 기적은 예수의 **권세**를 보여 준다.

- 8장 23-27절에서 마태는 예수께서 폭풍우를 잠잠케 하신 이야기를 들려주면서 예수께 **자연**을 다스리는 권세가 있음을 보여 준다.
- 8장 28-34절에서 마태는 예수께서 귀신 들린 두 사람을 고치신 이야기를 들려주면서 예수께 **귀신들**을 다스리는 권세가 있음을 보여 준다.
- 9장 1-8절에서 마태는 예수께서 걷지 못하던 사람을 고치신 이야기를 들려주면서 예수께 **죄와 질병**을 다스리는 권세가 있음을 보여 준다.

9. **비유들을 확대 해석하지 말라**. 이 점은 매우 중요하기 때문에 다음 단락에서 더 자세히 살펴보려 한다.

예수의 비유들을 어떻게 해석할 것인가

'비유'라는 단어는 놀라울 정도로 의미가 유연하다. 그 단어에는 격언과 수수께끼, 알레고리나 은유, 직유가 모두 포함될 수 있다. 여기서 나는 좀 더 구체적으로 예수께서 **이야기로** 나타내신 비유들을 언급하는 데 그 단어를 사용하려 한다. 이 이야기식 비유는 곧 이야기에 담긴 확대된 은유나 직유를 가리킨다. "천국은 **마치**……"(마 13:31). 마태복음과 마가복음, 누가복음에서 예수는 흔히 이런 식으로 가르치셨다.

예수의 비유를 해석할 때 한 가지 중요한 주의 사항이 있다. **그 비유들을 확대 해석해서는 안 된다**는 것이다. 좀 더 구체적인 여섯 가지 원칙은 다음과 같다.

1. **비유에 담긴 이야기를 역사적인 사실로 여기지 말라.** 그 이야기들이 실제로 일어난 일인지 묻는 것은 문제의 핵심을 벗어나는 질문이다. 역사에서 실제로 일어난 일은 예수께서 그 비유들을 말씀하셨다는 것이며, 그 이야기 자체는 아마도 그분이 만들어 내셨을 것이다.

2. **뚜렷하게 본문에 근거하지 않은 알레고리적 의미들을 제시하지 말라.** 해석상의 열쇠가 본문 밖에 있을 때, 알레고리는 그릇된 방향으로 나아가게 된다. 예를 들어 아우구스티누스는 선한 사마리아인의 비유(눅 10:25-37)를 다음과 같이 확대 해석했다.[19]

- 예루살렘에서 여리고로 내려가던 어떤 사람 = 아담
- 예루살렘 = 아담이 타락하여 떠나게 된 평화로운 천상의 도시
- 여리고 = 달(the moon). 죽을 수밖에 없는 아담의 운명을 상징함
- 강도들 = 마귀와 그 휘하의 천사들
- "벗기고" = 아담의 불멸성을 빼앗음
- "때려" = 죄를 짓도록 아담을 유혹함
- "거의 죽은 것을 버리고" = 아담은 신체적으로 살아 있었지만, 영적으로는 죽은 상태였음. 따라서 그는 반쯤 죽은 이였음

19 Fee and Stuart, *How to Read the Bible for All Its Worth*(『성경을 어떻게 읽을 것인가』), 155쪽.

- 제사장과 레위인 = 구약의 제사장과 사역자들
- 사마리아 사람 = 보호자를 뜻하며, 곧 그리스도를 나타냄
- "그 상처[를] …… 싸매고" = 죄의 세력을 억제함
- 기름 = 선한 소망이 주는 위로
- 포도주 = 열심을 품고 일하라는 권면
- 나귀("짐승") = 성육신하신 그리스도의 신체
- 주막 = 교회
- "그 이튿날" = 부활 이후
- 두 데나리온 = 이생과 내생에 관한 약속
- 주막 주인 = 바울

이런 시도는 창의적이긴 하지만, 분명 예수께서 뜻하신 바는 아니다.

3. **요점(들)을 분별하라.** 일부 복음주의 학자들은 하나의 비유가 한 가지 요점을 지니는지, 또는 두세 가지가 될 수 있는지를 두고 논쟁한다. 대부분의 학자들은 하나의 비유에는 한 가지 요점이 있을 뿐이라고 여기지만, 크레이그 블롬버그는 요점의 수가 비유에 등장하는 주된 인물이나 사물의 수에 따라 결정된다고 주장해 왔다.[20] 블롬버그의 이러한 견해는 시사하는 바가 크다. 그러나 나는 여전히 세 명의 인물이 등장하는 비유일지라도 핵심 개념이 담긴 한 문장으로 요약할 수 있다고 본다. 어떤 비유에는 한 가지 주된 요점 말고도 부차적 강조점들이 있을 수 있지만, 일반적으로 하나의 비유는 하나의 핵심 개념과 요점, 중심적인 가르침만 지닌다고 여기는 편이 유익하다.

성경 독자들과 교사들은 흔히 비유를 확대 해석하기도 한다. 그러나 서로 닮지 않은 두 대상을 견줄 경우, 그 비유는 결국 어느 지점에 이르면 무너져 버린다. 한 비유에 담긴 세부 사항들은 주된 요점과 연관되는 가운데 의미를 지닌다. 곧 그 세부 사항들은 이야기의 서술을 돕기 위해, 그 이야기에 생명력을 불어넣기 위해 제시되는 것

---

20 Craig L. Blomberg, *Preaching the Parables: From Responsible Interpretation to Powerful Proclamation* (Grand Rapids: Baker Academic, 2004)(『비유 설교』, 크리스챤출판사), Blomberg, *Interpreting the Parables*, 2판 (Downers Grove, IL: InterVarsity Press, 2012), Blomberg, "The Parable of the Good Samaritan: Redefining 'Israelite' or Redefining 'Neighbour'?," *Foundations: An International Journal of Evangelical Theology* 64 (2013): 24-37쪽.

이다. 예수의 비유들은 존 번연(John Bunyan)의 「천로역정」(*The Pilgrim's Progress*)과 같은 알레고리적 이야기가 아니다.

4. **비유의 역사적, 문학적 맥락에 특히 주의를 기울이라.** 원래 청중이 누구였는지를 비롯한 당시 정황은 예수께서 그 비유를 말씀하신 이유를 설명해 줄 수 있다. 자신에게 이런 질문을 던져 보라. "저자는 여기서 이 비유를 언급하여 어떤 요점을 전달하려는 것일까?"

5. **공통 상징들을 파악하라.** 예를 들어 예수의 비유에서 하나님을 상징하는 공통 이미지로는 아버지, 재판관, 왕, 주인, 목자 등이 있으며, 이스라엘을 상징하는 것으로는 무화과나무, 아들, 포도나무, 포도원 등이 있다.

6. **비유의 요점을 우리 자신의 맥락에서 재현해 보라.** 어떤 비유들은 우리와 역사적으로 매우 멀리 떨어져 있다. 그래서 우리는 그 이야기들이 원래 청중에게 불러 일으켰을 정서적 긴장감을 잘 느끼지 못한다. 그러나 〈오늘날의 비유들〉(*Modern Parables*)이라는 자료는 이런 작업에 도움을 줄 수 있다. 15-20분 분량의 이 영상물들은 여섯 가지 비유를 현대 정황에서 재현해 낸다. 이 영상물들은 깊은 생각을 자극하며, 예수의 비유를 창의적으로 반영한 평범한 일상 상황들에 토대를 두고 있다.[21]

사례_ 탕자의 비유(누가복음 15장)

누가복음 15장에 담긴 탕자의 비유는 비유의 해석법을 설명하는 데 도움을 줄 수 있다. 다음 네 가지 질문에 답해 보자.

1. **오늘날의 독자는 이 이야기에서 어떤 역사-문화적 측면을 알아차리지 못하는가?** 이에 관해 모이세스 실바(Moisés Silva)는 세 가지를 언급한다.[22]

---

21 http://andynaselli.com/modern-parables를 보라.

22 Walter C. Kaiser Jr. and Moisés Silva, *Introduction to Biblical Hermeneutics: The Search for Meaning*, 2판 (Grand Rapids: Zondervan, 2007)(「성경 해석학 개론」, 은성), 164-65쪽.

- "당시 청중에게 '재산 중에서 내게 돌아올 분깃을 내게 주소서'라고 청한 아들의 말은 자기 아버지가 죽기를 바라는 표현으로 받아들여졌을 것이다."
- "당시 청중은 그런 상황에서 맏아들이 동생을 아버지와 화해시키기 위해 최선을 다해야 한다고 여겼을 것이다. 하지만 맏아들은 그렇게 하지 않았으며, 오히려 자기 몫의 재산을 받아 챙기기까지 했다. 곧 맏아들은 처음부터 그릇된 인물로 묘사된 것이다. 그는 사실상 동생의 죄에 동참한 자다. 이 점을 헤아릴 때, 우리는 이야기 끝부분에서 맏아들이 독선적인 분노를 쏟아 내는 이유를 더 잘 파악할 수 있다."
- "아버지가 둘째 아들을 만나러 달려가는 모습을 우리는 그저 기쁨의 표현으로 간주한다. 그러나 중동 지역, 특히 농촌 지방에서 나이든 어른은 늘 품위 있게 천천히 걸어 다녀야만 했다. 아마도 이 비유 속 아버지는 둘째 아들에게 돌을 던지려 들지도 모르는 마을의 아이들에게서 자기 아들을 보호하기 위해 달려간 듯하다. 이때 그 아버지는 그러기 위해 자신을 스스로 낮춰야만 했으며, 이는 은혜의 하나님을 나타내는 강력한 이미지가 되었다."

그리고 실바는 이렇게 덧붙인다. "이런 문화적 세부 사항들 때문에 이 비유의 주된 의미가 달라지지는 않는다. 하지만 우리는 이 세부 사항들을 통해 이 이야기에 함축된 의미를 좀 더 깊이 통찰할 수 있으며, 이는 우리로 예수의 가르침을 더 깊이 이해하게 해준다."

2. **직접적인 문학적 맥락은 무엇인가?** 이 비유는 잃은 양, 잃어버린 동전, 잃어버린 아들에 관한 연속된 세 가지 비유 가운데 **세 번째** 것이며, 이때 이 세 비유는 서로 어우러져 한 단락을 이룬다. 따라서 앞선 두 비유는 이 세 번째 비유를 이해하는 데에도 중요한 역할을 한다.

3. **직접적인 역사적 맥락은 무엇인가?** 누가가 이 세 비유를 어떻게 시작하는지 살펴보자. "모든 세리와 죄인들이 말씀을 들으러 가까이 나아오니 바리새인과 서기관들이 수군거려 이르되 이 사람이 죄인을 영접하고 음식을 같이 먹는다 하더라 예수께서 그들에게 이 비유로 이르시되"(눅 15:1-3). 예수는 이 비유들을 어떤 이들에게 말씀하셨는가? 바로 그분이 세리와 죄인들과 함께 식사한다며 수군거리던 바리새인과 서기관

들이다. 따라서 이 이야기를 둘러싼 등장인물은 (1) 예수님, (2) 죄인들, 그리고 (3) 바리새인이다. 내 생각에 이 비유의 주된 요점은 바리새인들에게 적용된다.

4. 이 세 가지 비유에 드러난 이야기의 주된 흐름은 무엇인가?

- **잃은 양_** 한 목자가 잃었던 양을 되찾고 기뻐한다. 이처럼 길을 잃었던 죄인이 회개할 때, 하늘에서 크게 기뻐한다. 이때 바리새인들은 이 비유에 부정적으로 반응하지 않았다.
- **잃어버린 동전_** 한 여인이 잃어버렸던 동전을 되찾고 기뻐한다. 이처럼 길을 잃었던 죄인이 회개할 때, 하늘에서 크게 기뻐한다. 바리새인들은 여전히 이 비유에 부정적으로 반응하지 않았다.
- **잃어버린 아들_** 한 아버지가 잃어버렸던 아들을 되찾고 기뻐한다. 이처럼 길을 잃었던 죄인이 회개할 때, 하늘에서 크게 기뻐한다. 그런데 이제 바리새인들은 이 비유에 부정적으로 반응하기 시작했다. 그 비유에 한 가지 세부 사항이 추가되었기 때문이다. 바로 바리새인들을 상징하는 맏아들이다.[23]

맏아들이 보인 반응은 이 비유에서 예기치 않은 전환을 이룬다. 이 비유들의 주된 요점은 기뻐하는 일에 관한 것이 아니다. 세 번째 비유의 가장 중요한 초점은 집을 나간 둘째 아들이나 아버지가 아닌 맏아들에게 있다. 또한 그 비유의 주된 대상은 바리새인이었다. 예수는 회개하는 죄인들을 바라보는 바리새인들의 시각과 하늘의 시각을 서로 대조하신 것이다. 여기서 주된 요점은 집을 떠났다가 돌아온 이의 이야기에 있지 않다. 이 비유들의 주된 요점은 바리새인처럼 자신을 의롭게 여기지만 실제로는

23 이 이야기에서 아버지가 누구를 상징하느냐에 관해 흥미로운 논의가 있다. 물론 그 아버지는 하나님을 나타내는 것이 분명하다. 다만 어떤 이들은 좀 더 구체적으로 그 아버지가 나타내는 분이 성부 하나님인지, 성자 하나님인지를 두고 토론한다. 에드먼드 클라우니의 견해를 좇아, 팀 켈러는 이 이야기 자체에 언급되지는 않지만 암시적으로 전제된 한 요소에 결정적인 해답이 있다고 주장한다. 곧 당시 문화에서 맏아들은 자기 동생을 찾아 구해 낼 책임이 있었다는 것이다. 그러므로 예수는 '참된 맏아들'이며, 이야기 속 아버지는 성부 하나님을 상징한다고 여긴다. 하지만 이와 달리 존 맥아더는 아버지가 예수를 상징한다고 보며, 복음서들에서 이 이야기는 이후에 충격적인 결말을 맺는다고 언급한다. 곧 맏아들(바리새인들)이 일어나서 아버지(예수)를 살해한다는 것이다. Timothy Keller, *The Prodigal God: Recovering the Heart of the Christian Faith* (New York: Dutton, 2008)(『탕부 하나님』, 두란노), John MacArthur, *A Tale of Two Sons: The Inside Story of a Father, His Sons, and a Shocking Murder* (Nashville: Thomas Nelson, 2008)(『탕자 이야기』, 위즈덤로드)를 보라.

전혀 그렇지 않은 이들의 태도를 지적하려는 데 있었다. 하나님과 바른 관계를 맺은 이들은 맏아들 같은 모습으로 반응하지 않는다. 우리는 맏아들을 불량한 자로 여기지만, 우리 역시 때로는 그런 태도를 취할지 모른다. 우리는 한 바리새인이 그 비유를 듣고 이렇게 뇌까리는 모습을 그려 볼 수 있다. "그 맏아들은 정말 형편없는 자로군!" 그런데 곧 이런 생각이 그의 머릿속을 스쳐갔을 것이다. '이런! 지금 예수가 나를 두고 하는 말이잖아! 내가 그 맏아들과 같다는 뜻이로군.'

이 세 비유의 주된 요점은 "하나님은 잃어버린 것들을 되찾는 일을 기뻐하신다. 그러니 너희는 뉘우치고 그분께로 돌아와야 한다"는 데 있지 않다. 오히려 "하나님이 잃어버린 것들을 되찾는 일을 기뻐하시니, 너희도 마땅히 그 일을 기뻐해야 한다"는 데 있다. 곧 여기서 예수는 바리새인들을 전도하시는 것이 아니라 그들의 독선적인 태도를 일깨우시는 것이다.

하나의 비유에 과연 하나의 요점만 있을 뿐인지 여부에 관한 앞선 논의를 기억하는가? 크레이그 블롬버그는 이 비유의 주된 등장인물이 세 사람(탕자, 맏아들, 아버지)이므로, 그 요점 역시 세 가지라고 주장한다. 그에 따르면 그 요점들은 다음과 같다.

- 탕자에게 뉘우치고 집으로 돌아갈 여지가 늘 있었듯이, 아무리 사악한 죄인이라도 자기 죄를 고백하고 뉘우쳐 하나님께 돌이킬 수 있다.
- 아버지가 탕자와 화해하기 위해 수고를 아끼지 않았듯이, 하나님도 모든 이에게 관대한 죄 용서의 손길을 내미신다. 아무리 무가치한 자라도 그 손길을 받아들이기만 하면 은혜를 누릴 수 있다.
- 맏아들은 동생이 회복된 일을 못마땅해 할 것이 아니라 오히려 기뻐해야 마땅했다. 이처럼 자신을 하나님의 백성으로 여기는 이들은 하나님이 가장 무가치한 자에게 은혜의 손길을 뻗으시는 것을 볼 때 언짢아 할 것이 아니라 오히려 기뻐해야 한다.[24]

그의 이런 관점은 유익하다. 그러나 나는 여기서 블롬버그가 말한 내용을 모두 포

---

24 Blomberg, *Interpreting the Parables*, 200-201쪽.

함시키면서, 그 비유의 요점을 좀 더 간결하게 한 가지로 요약할 수 있다고 생각한다. 예를 들면 이러하다. **하나님이 그분의 은혜로 죄인들을 구원하실 때, 우리는 마땅히 기뻐해야 한다.**

서신서를 어떻게 해석할 것인가

서신서는 신약 성경에 포함된 스물한 편의 편지를 말한다. 이 편지들의 분량은 신약 전체의 약 35퍼센트를 차지한다. 그리스-로마 세계의 역사-문화적 맥락에서 볼 때 편지로 연락을 주고받는 것은 대중적이고 편리한 방편이었다. 신약 저자들은 편지를 활용해서 멀리 떨어진 회중을 돌보기도 했다.

그리스-로마 세계의 맥락에서 살펴본 신약의 편지들[25]

보통 편지는 다음 세 부분으로 되어 있다.

1. 서론_ 받는 이의 이름과 인사말이 짧게 언급된다. "앤디가 제이슨에게 인사를 전합니다." 신약 성경의 편지들은 대부분 '인사하다'라는 단어(χαίρειν[카이레인])를 '은혜'(χάρις[카리스])로 고쳐서 언급하고 있다. 그리스-로마의 편지들에는 또한 받는 이가 건강하길 기원하는 표현이 자주 쓰였다. 신약의 편지들 역시 받는 이를 두고 하나님께 감사하거나, 하나님이 그에게 복 주시길 빌면서 그와 비슷한 정서를 표현한 듯하다.

2. 본론_ 편지에서 가장 긴 단락인 본론은 정해진 형식이 없었다. 로마서와 에베소서 같은 신약의 일부 편지들은 비교적 개요를 파악하기가 쉽다(예를 들면 첫 부분은 좀 더 신학적이고, 둘째 부분은 좀 더 윤리적이다). 그러나 (요한일서 같은) 다른 편지들은 개요를 짜기가 불가능해 보인다. 때로 어떤 편지는 그저 받는 이의 상황에 대한 답장으로 쓰였다(예를 들면 고린도전서 같은 경우다).

---

25 Carson and Moo, *Introducing the New Testament*(『손에 잡히는 신약 개론』), 65-66쪽을 참조하라. 그리고 바울이 보낸 편지들의 형식과 의미를 이해하려면, Jeffrey A. D. Weima, *Paul the Ancient Letter Writer: An Introduction to Epistolary Analysis* (Grand Rapids: Baker Academic, 2016)(『고대의 편지 저술가, 바울』, 그리심)를 보라.

3. 결론_ 일반적인 편지들은 인사말로 끝을 맺었으며, 신약의 편지들은 대부분 그 인사말에 송영이나 축복의 말을 덧붙이고 있다.

그리스-로마의 편지들은 일상적인 것에서 격식을 갖춘 서신에 이르기까지 형태가 다양했다. 일상적인 편지는 가족이나 친구에게 돈을 부쳐 달라고 요청하는 전보처럼 읽을 수도 있고, 좀 더 격식을 갖춘 편지는 숙달된 솜씨로 쓰인 수사적 논문과 같았다. 그리고 신약의 편지들은 그 여러 형태의 중간쯤에 위치한다. 신약의 일부 편지들은 좀 더 일상적이며(예를 들면 빌레몬서나 요한삼서), 일부 편지들은 좀 더 격식을 갖추고 있다(로마서와 히브리서 같은 경우).

서신서를 해석하는 원리에는 어떤 것들이 있는가

여섯 가지를 들 수 있다.

1. **신약 서신서의 저자들은 특정한 상황에 놓인 1세기 당시의 구체적인 교회와 개인에게 그 편지를 썼음을 기억하라.** 따라서 그 편지들은 저자가 대상으로 하는 수신자들의 구체적인 질문과 상황에 직접 적용되는 내용을 담고 있다. 물론 그 편지들이 다루는 여러 사안은 지금 우리에게도 직접적으로 적용되지만, 이런 점을 늘 당연시할 수는 없다. 그러지 않는다면, "너희는 거룩하게 입맞춤으로 서로 문안하라"(고전 16:20b)나 (바울이 디모데에게 보낸) "너는 어서 속히 내게로 오라"(딤후 4:9)라는 명령은 어떻게 하겠는가? 우리는 오늘날 자신의 상황에 본문을 적용하기 전에, 먼저 본문 자체의 관점에서 그 내용을 해석해야 한다. 곧 "이 본문이 내게 무엇을 뜻하는가?"를 묻기 전에, "저자가 이 본문을 쓰면서 의미한 바는 무엇일까?"를 먼저 질문해야 하는 것이다.

2. **그 편지들이 조직 신학 책처럼 읽히길 기대하지 말라.** 이는 앞의 원리에서 이어지는 원리다. 과연 당신은 베드로가 쓴 두 편의 짧은 편지에 근거해서 그의 조직 신학 전체를 재구성하는 일이 타당하다고 생각하는가?

다음의 사고 실험이 이 점을 이해하도록 도와줄 것이다. 어느 신학자가 당신이 쓴 메일들에만 근거해서 당신이 지닌 조직 신학을 설명하는 책을 쓰려고 한다면 어떻게 되겠는가? 아마도 매우 난감하지 않겠는가? 당신이 사람들에게 보낸 메일에는 분명하고 자세하게 언급하지 않은 중요한 교리들, 또는 부분적인 측면이 많을 것이다. 과연 당신이 믿는 모든 내용이 그 메일들 속에 논리적으로 온전히 반영되어 있다고 말할 수 있겠는가?

그것이 바로 우리가 신약의 서신서들을 읽을 때 부딪히는 난관이다. 이는 그 편지들이 **특정한 때에** 기록된 문서이기 때문이다. 저자들은 특정한 상황에 처한 구체적인 사람들을 위해, 구체적인 목적을 품고 그 편지들을 기록했다. 따라서 그 편지들이 종합적으로 잘 정리된 한 권의 조직 신학서처럼 읽히기를 기대하는 것은 타당하지 않다. 물론 그 편지들에는 신학적인 내용이 풍성히 담겨 있지만, 그런 내용들은 늘 구체적이고 실제적인 목적을 지닌다.

이어지는 네 가지 원리는 5-8장에서 더 자세히 살펴볼 것이다. 이러한 조언들은 성경의 어느 부분에든 적용되지만, 신약의 편지들을 대할 때 특히 중요하다.

3. **논증을 추적하라**. 신약의 편지들은 다른 어느 장르보다 논리적으로 엄밀하게 논증을 전개하고 있다. 우리는 5장에서 논증의 추적 방법을 탐구할 것이다.

4. **역사-문화적 맥락을 이해하라**. 예를 들어, 신약의 일부 편지들은 특정한 거짓 가르침을 직접 반박하는 데 주된 목적이 있었다. 우리는 본문을 주해할 때 그런 정보들을 꼭 고려해야 한다. 다른 예를 들자면, 당시를 지배한 명예-수치의 문화는 신약 저자들의 저술 방식에 어떤 영향을 끼쳤을까? 우리는 숙련된 솜씨로 책임감 있게 본문의 속뜻을 읽어 내야 한다. 이 점에 관해서는 6장에서 좀 더 다루려 한다.

5. **문학적 맥락을 이해하라**. 신약의 편지들에는 자주 하나의 문학적 주제와 함께 그 주제를 논리적으로 뒷받침하는 논증들이 나타난다. 따라서 한 편지의 전반적인 구조와 목적, 주제를 이해하는 것은 그 편지의 일부분을 이해하는 데에도 중요한 역할을 한다. 친구들이 보낸 메일을 받았을 때, 당신은 그 내용을 여러 작은 부분으로 나누어 날마다 조금씩 읽어 나가는가? 대부분 그 자리에서 한 번에 다 읽지 않는가? 우리는 바로 그런 식으로 신약의 편지들을 읽어 내야 한다. 곧 앉은자리에서 한 번에 다 읽어 가야 하는 것이다. 편지는 문학적으로 완결된 한 편의 글이지, 유의어 사전이나 백과사전 같은 참고 도서가 아니다. 이 점에 관해서는 7장에서 좀 더 다루려 한다.

6. **중요한 단어들의 의미를 이해하라**. 신약의 편지들은 성경의 다른 어느 장르보다 명확하고 치밀하게 교리를 가르치고 있다. 따라서 그 안에 쓰인 중요한 단어들의 의미를 아는 일은 매우 중요하다. 우리는 8장에서 단어 연구 방법을 찬찬히 살펴볼 것이다.

요한계시록을 어떻게 해석할 것인가

요한계시록은 신약 성경에서 가장 해석하기 어려운 책이다. 주된 이유는 그 책을 펼치는 사람들 대부분이 마치 영어를 사용하는 미국 시민이 과거로 거슬러 올라가 주전 1500년경의 한 이집트 도시에 떨어진 것만 같은 감정을 느끼기 때문이다. 요한계시록을 읽는 것은 마치 다른 시대에 속한 낯선 나라를 방문하는 것만 같다. 우리 중 대부분은 그 문학 양식에 익숙하지 않기 때문이다.

요한계시록은 어느 장르에 속하는가[26]

요한계시록을 묵시 문학으로 분류하는 것은 환원주의적인 태도다. 요한계시록에는 **세 가지** 장르의 요소가 결합되어 있기 때문이다. 바로 편지(계 1:4), 예언(1:3), 묵시(1:1, 계시)다. 요한계시록과 같은 방식으로 이 세 장르가 결합된 문헌은 전혀 없다. 그리고 이중에서 우리에게 가장 친숙한 장르는 아마 첫 번째 요소인 편지일 것이다.

1. **편지**_ 요한계시록은 "아시아에 있는 일곱 교회"에 보내는 회람 서신이지만(1:4), 그 내용과 양식은 신약에 기록된 스물한 편의 서신들과 다르다.

2. **예언**_ 묵시 문학과 달리, 선지서(예언서)에서는 주님이 주신 메시지를 선지자들이 직접 선포한다. 그리고 선지서에서 하나님은 묵시적인 새 세상을 도입해서가 아니라 지금 이 세상에서 진행되는 움직임을 통해 자신의 백성을 구원하신다. 다른 성경 본문들(예를 들어 다니엘서와 이사야서, 스가랴서, 마태복음 24-25장)의 경우처럼 요한계시록에도 예언 문학과 묵시 문학의 요소가 모두 담겨 있다. 다만 그 요소들을 서로 엄격히 구

---

26 Carson and Moo, *Introducing the New Testament*(『손에 잡히는 신약 개론』), 159-60쪽을 참조하라.

분 지을 수는 없다.

3. **묵시**_ 묵시 문학에 나타나는 일반적인 여섯 가지 특징은 다음과 같다.

- 묵시 문학은 핍박에 대응하는 글이다.
- 묵시 문학은 그 속에 천사나 다른 영적 존재가 알려 준 하늘의 비밀을 담고 있다고 주장한다.
- 묵시 문학은 가명으로 기록되어(pseudonymous) 있다. 이는 곧 거짓된(*pseud-*) 이름이 붙은(*onoma*, '이름') 글을 뜻한다. 유대의 묵시 문학에 쓰인 가명에는 아담과 모세처럼 위대한 인물들의 이름이 포함되어 있다(예를 들어 위경 중 하나인 에녹 1서가 있다).
- 묵시 문학은 하나님 나라가 이 세상에 임하는 모습을 묘사하면서 절정에 도달하며, 저자는 그 일이 매우 가까운 미래에 일어날 것이라고 기대한다.
- 묵시 문학은 역사를 개관하면서 광범위한 상징주의를 활용한다.
- 묵시 문학은 현재의 죄 많은 세상을 장차 임할 세상과 예리하게 대조하는 이원론적 역사관을 지닌다. 학자들은 이 관점을 **묵시적 종말론**이라고 부른다.

요한계시록은 순수한 묵시 문학이 아니다. 이 책은 가명으로 기록되지 않았으며(서두에 저자가 요한임을 밝힌다), 그 저자는 예수께서 **과거**에 행하신 희생에 근거한 소망을 품고 있기 때문이다. 그러나 요한계시록은 여러 묵시 문학적 특징을 지니며, 따라서 많은 학자가 요한계시록을 묵시적인 책으로 언급한다.

그렇다면 요한계시록은 어느 장르에 속하는가? 회람 서신 형태로 주어진 묵시적 예언서라고 할 수 있다. 또는 예언-묵시적 서신이라고 부를 수도 있을 것이다.

요한계시록을 해석하는 원리에는 어떤 것들이 있는가

네 가지를 들 수 있다.

1. **요한계시록의 주요 해석법을 파악하라.**[27] 일반적으로 요한계시록 해석법은 다

27 같은 책, 160-61쪽을 참조하라.

섯 가지로 분류된다.

- **과거적 해석법**(Preterist)_ 요한이 본 환상들은 요한 자신의 시대에 일어난 일들을 묘사한 것이다. 따라서 그 환상들은 이제 **과거의** 것이 되었다('preterit'는 '과거의 행동 또는 상태를 표현하다'라는 뜻이다). 요한이 본 환상들 속 상징은 모두 요한 자신의 시대에 있던 사람과 사건을 가리킨다. 요한은 하나님이 건져 주실 때까지 참고 견디도록 그리스도인들을 권고하기 위해 이 글을 썼다.
- **역사적 해석법**(Historical)_ 요한계시록은 지금 우리 시대에 이르기까지의 교회사 전체를 개략적으로 묘사하고 있다. 종교개혁자들은 짐승을 교황과 동일시했다(역사적으로 볼 때, 이 해석법을 택한 사람들은 보통 자신이 속한 시대를 역사의 마지막 때로 여겼다).
- **이상적 해석법**(Idealist)_ 요한계시록은 미래에 일어날 사건들의 자세한 일정표를 제시하지 않는다. 다만 하나님이 어떤 분이며, 전반적으로 이 세상과 어떻게 소통하시는지를 이해하는 데 도움을 준다.
- **미래적 해석법**(Futurist)_ 인류 역사의 마지막 때에 하나님은 요한계시록 4-22장에 기록된 일들을 모두 성취하실 것이다. 좀 더 온건한 미래적 해석법에서는 4-22장에 기록된 일들 중 일부가 이미 일어났거나, 마지막 때가 임하기 전에 일어날 것이라고 주장한다. 요한은 자신이 처한 역사-문화적 맥락의 관점에서 그 일들을 묘사하고 있다.
- **절충적 해석법**(Eclectic)_ 이것은 앞선 네 해석법이 지닌 통찰을 모두 결합한 혼합적 해석법이다.

나는 먼저 언급된 네 가지 해석법 모두 어느 정도 일리가 있다고 여기며, 이에 따라 절충적 해석법을 택하고 있다. 다만 내가 보기에 그 네 가지 해석법 가운데 온건한 미래적 해석법이 가장 정확해 보인다.

2. **요한계시록의 문학적 구조를 파악하라**. 이것은 요한계시록의 주요 해석법들과 밀접하게 연관된 것으로, 커다란 논쟁거리다. 가장 보편적인 두 가지 구조는 다음과 같다(이 둘은 서로 배타적인 것이 아니며, 이 둘을 뒤섞을 수도 있다).

- **연대기_** 요한계시록은 연대순으로 다음 구절에 상응하는 세 개의 기본 부분으로 이루어져 있다. "그러므로 (1) 네가 본 것과 (2) 지금 있는 일과 (3) 장차 될 일을 기록하라"(계 1:19). 이 세 부분은 과거, 현재, 미래이며, 이 부분들은 각각 1장(과거), 2-3장(현재), 4-22장(미래)에 상응할 수 있다.
- **요점 반복_** 요한계시록은 연대순을 엄격하게 따르지 않고, 오히려 같은 요점을 반복해서 진술하고 있다. 달리 말해, 같은 기본 사건들을 각기 다른 각도에서 여러 차례 거듭 묘사하는 것이다.

3. **종말론에 관한 복음주의권의 논쟁들을 파악하되, 그 논쟁들을 요한계시록의 신학적 메시지 자체보다 중요시하지는 말라.** 예를 들어 복음주의 신학자들은 요한계시록 20장에 언급된 "천 년"이 무엇을 의미하는지, 또 그 개념은 천년 왕국에 관한 세 가지 주된 견해와 어떻게 연관되는지를 두고 논쟁을 벌이기도 한다. 그 세 견해는 곧 전천년설(예수께서 천년 왕국 시기 이전에 재림하신다는 주장), 후천년설(예수께서 천년 왕국 시기 이후에 재림하신다는 주장), 그리고 무천년설(천년 왕국은 예수의 승천과 재림 사이에 존재한다는 주장)이다. 이 사안은 논할 가치가 있지만, 다만 그 논쟁을 요한계시록의 신학적 메시지 자체보다 중요시해서는 안 된다. 요한계시록의 신학적 메시지는 곧 **어린양이 자기 백성을 구원하시고 그 대적들을 심판하셔서, 하나님의 영광을 위해 자신의 나라를 완성하시리라**는 것이다. 하나님이 승리하신다! 요한계시록의 기록 목적은 우리를 혼란에 빠뜨리려는 것도, 즐겁게 하거나 호기심을 자극하려는 것도 아니며, 미래에 벌어질 사건들의 일정표를 제시하려는 것도 아니다. 그보다 미래의 사건들을 드러냄과 동시에 지금 이 세상에 존재하는 고난에 대한 하늘의 관점을 제시하여 우리 그리스도인들을 위로하고 격려하며 권면하려는 것이다. 물론 종말론의 더 세부적인 사안들을 논의하는 것은 유익한 일이다. 그러나 우리는 어디에 주안점을 둘지 잘 생각해야 한다.

4. **문학적 감수성을 품고서 상징들을 해석하라.** 그랜트 오즈번(Grant Osborne)은 내가 좋아하는 요한계시록 주석가다. 나는 그가 가르치는 "요한계시록과 묵시 문학"이라는 제목의 박사 과정 수업을 기쁜 마음으로 들었다. 이 수업 전반기에는 제2성전기 유대교에서 나온 묵시 문헌을 살폈으며, 이를 통해 그 문헌의 서술 방식에 대한 감각을 익혔다(그때 읽은 자료로는 가장 잘 알려진 성경 외적 묵시서 중 하나인 에녹1서 등이 있었다). 그

런데 이 문헌들에 담긴 여러 상징이 요한계시록에서도 나타난다. 그뿐 아니라 요한계시록에 담긴 거의 모든 상징은 구약 내용을 암시하며, 특히 이사야 24-27장, 에스겔 38-39장, 다니엘 7-12장, 스가랴 1-6장 내용이 요한계시록의 상징들을 통해 암시되고 있다. 따라서 요한계시록의 상징들을 적절히 해석하려면 먼저 그 상징들을 구약 내용과 바르게 연관 짓는 작업이 필요하다. 상징들은 말 그대로 상징일 뿐이다. 무언가 다른 대상을 나타내는 것이다. 곧 상징들은 비유적인 방식으로 실재를 표현한다. 그러므로 상징들을 문자 그대로 받아들이는 것은 어리석은 일이다. 그렇게 한다면, 요한계시록에 담긴 여러 이미지(예를 들어 "그[예수]의 입에서 예리한 검이 나오니"라는 19장 15절 이미지)들은 기괴한 것이 되고 말 것이다. 좋은 주석들, 예를 들어 G. K. 비일(Beale)과 그랜트 오즈번이 쓴 주석들은 이 점에 관해 우리에게 도움을 줄 것이다.[28]

핵심 단어와 개념

과거적 해석법

과장법

묵시 문학

미래적 해석법

비유

서신서

양단법

역사적 해석법

예언

은유법

의인법

이상적 해석법

28 G. K. Beale, *The Book of Revelation: A Commentary on the Greek Text*, NIGTC (Grand Rapids: Eerdmans, 1999)(『NIGTC 요한계시록』, 새물결플러스), Beale, *The Book of Revelation: A Shorter Commentary* (Grand Rapids: Eerdmans, 2015)(『그레고리 빌 요한계시록 주석』, 복있는사람), Grant R. Osborne, *Revelation*, BECNT (Grand Rapids: Baker Academic, 2002)(『BECNT 요한계시록』, 부흥과개혁사).

일반 해석학

장르

절충적 해석법

제유법

중언법

직유법

특수 해석학

환유법

더 생각해 보기 위한 질문

1. 성경 해석의 열 가지 일반 원리 가운데 당신이 가장 소홀히 하기 쉬운 것은 무엇이며, 그 이유는 무엇인가?
2. 신약 성경의 장르들 가운데 당신이 가장 즐겨 읽는 장르는 무엇이며, 그 이유는 무엇인가?
3. 예수는 이렇게 선언하셨다. "나는 세상의 빛이니"(요 8:12). 이때 예수는 어떤 비유법을 사용하신 것인가? 또 그 말씀에 담긴 의미는 무엇인가?
4. 내가 좋아하는 전기는 로라 힐렌브랜드(Laura Hillenbrand)의 「언브로큰」(*Unbroken: A World War II Story of Survival, Resilience, and Redemption* [New York: Random House, 2010], 21세기북스 역간)이다. 당신이 좋아하는 전기는 무엇인가? 또한 그 전기의 형식은 복음서의 형식과 어떻게 비교되는가?
5. 예수께서 말씀하신 것들 가운데서 당신이 특히 좋아하는 비유는 무엇인가? 당신이 처한 구체적인 역사-문화적 맥락에 맞게 그 비유를 바꾸어 말하면서, 예수께서 제시하신 것과 동일한 요점을 전달하려 해보라.
6. 당신이 보기에는 요한계시록의 해석법들 가운데 어떤 것이 가장 설득력을 지니는가? 당신은 그 생각에 동의하지 않는 동료 그리스도인들, 특히 같은 교회의 지체들과 어떻게 의견을 소통해야겠는가?

추가 연구 자료

Carson, D. A., and Douglas J. Moo. *An Introduction to the New Testament*. 2nd ed. Grand Rapids: Zondervan, 2005. 「신약 개론」, 은성. 이 책은 표준적인 신약 개론서로, 신약 성경의 장르들을 신뢰할 만하게 설명하고 있다.

_________. *Introducing the New Testament: A Short Guide to Its History and Message*. Edited by Andrew David Naselli. Grand Rapids: Zondervan, 2010. 「손에 잡히는 신약 개론」, IVP. 이것은 카슨과 무가 쓴 신학교 수준의 교과서(앞의 책)를 내가 일반 신자들을 위해 축약한 책이다. 앞의 두꺼운 책은 355,000단어 정도 분량이며, 이 작은 책은 47,000단어 정도 분량이다(길이로는 13퍼센트 정도다). 이번 장의 몇몇 단락에서 나는 그 책을 축약한 본문 일부를 새롭게 수정해서 활용했다(그런 부분들은 각주로 표시했다).

Fee, Gordon D., and Douglas Stuart. *How to Read the Bible for All Its Worth*. 4th ed. Grand Rapids: Zondervan, 2014. 「성경을 어떻게 읽을 것인가」, 성서유니온선교회. 더그 스튜어트는 구약학 교수이며, 고든 피는 신약학 교수다. 두 사람은 서로 협력해서 잘 알려진 이 책을 집필했으며, 이 책은 명확하고 읽기 쉽게 쓰였다(다만 피는 가끔씩 평등주의와 같은 문제들에 불만을 드러내는 듯하다). 우리가 이 책을 읽고 나서 기억해야 할 주된 메시지는 단순하다. **한 텍스트는 그 텍스트가 이전에 지니지 않은 의미를 지닐 수 없다.** 또는 그 말을 긍정적인 형태로 표현하면, **한 텍스트는 그 텍스트의 저자가 의도한 내용을 의미한다.**

Kaiser, Walter C., Jr., and Moisés Silva. *Introduction to Biblical Hermeneutics: The Search for Meaning*. 2nd ed. Grand Rapids: Zondervan, 2007. 「성경 해석학 개론」, 은성. 특히 실바가 복음서와 서신서들에 관해 쓴 10-11장을 보라.

Stein, Robert H. *A Basic Guide to Interpreting the Bible: Playing by the Rules*. 2nd ed. Grand Rapids: Baker Academic, 2011. 「성경 해석학」, 기독교문서선교회. 실용적이고 이해하기 쉬운 해석학 개론서. 고등학생이나 대학생들이 쓰기에 좋은 교과서다.

Strauss, Mark L. "Finding the Heart of God in the Diverse Genres of the New Testament." In *How to Read the Bible in Changing Times: Understanding and Applying God's Word Today*, 157-205. Grand Rapids: Baker, 2011. 신뢰할 만한 기본 수준의 개관서다.

신약 성경에 관한 IVP의 사전들. 이 귀한 참고 도서들은 분량이 방대하며 포괄적인 성격을 지닌다. 그 안에는 수많은 글이 명쾌하게 정리되어 있으며, 이 글들은 신약 성경 연구의 좋은 출발점이 된다.

- Green, Joel B., Jeannine K. Brown, and Nicholas Perrin, eds. *Dictionary of Jesus and the Gospels*. 2nd ed. Downers Grove, IL: InterVarsity Press, 2013. 「예수 복음서 사전」, 요단출판사(초판에서 번역).

- Hawthorne, Gerald F., and Ralph P. Martin, eds. *Dictionary of Paul and His Letters*. Downers Grove, IL: InterVarsity Press, 1993.
- Martin, Ralph P., and Peter H. Davids, eds. *Dictionary of the Later New Testament and Its Developments*. Downers Grove, IL: InterVarsity Press, 1997.

또한 역사-문화적 맥락을 다룬 6장 끝 부분에 있는 '추가 연구 자료'를 보라.

2장
본문 비평
원래 어구를 확정하기

본문 비평이란 무엇인가

지금 우리에게는 신약 성경의 원본이 하나도 남아 있지 않다. 예를 들자면, 지금은 바울이 직접 서명한 실제 원고가 남아 있지 않은 것이다(전문 용어로는 이 원래 문서를 '오토그라프'[autograph, 자필 서명]라고 지칭한다). 대신 우리에게는 손으로 쓴 필사본들이 남아 있다. 그리고 그 사본들을 다시 베낀 사본들이 있다. 그 사본들 수는 매우 많으며, 그중 어느 것도 서로 정확히 일치하지는 않는다.

오늘날 어떤 이들에게는 이 사실이 충격적으로 다가올 것이다. 우리는 이미 출판사들이 컴퓨터를 이용해서 대량으로 인쇄하는 책들을 구입하는 데 익숙하기 때문이다. 하지만 1400년대에 인쇄기가 발명되기 전까지, 어떤 책의 사본을 얻는 유일한 방법은 누군가가 그 내용을 전부 손으로 베끼는 것밖에 없었다. 그 작업은 오랜 시간이 걸렸으며, 비용도 만만치 않았다. 예를 들어 신약 사본학 전문가인 마이클 홈즈(Michael Holmes)에 따르면 시내 사본(Codex Sinaiticus), "곧 원래는 헬라어 성경 전체가 담겨 있던 그 양피지 필사본을 만드는 데에는 대략 360마리의 양과 염소의 가죽이 필요했던 것으로 추정된다."[1]

---

1 Michael W. Holmes, "Textual Criticism," in *Interpreting the New Testament: Essays on Methods and Issues*, David Alan Black and David S. Dockery 편집 (Nashville: Broadman & Holman, 2001), 46쪽 각주1.

당시에는 복사기가 없는 대신, '필사자'(scribes, 서기관)로 불리는 전문 필경사들이 있었다. 그리고 그들은 수많은 신약 성경의 사본을 만들어 냈다. 그러면 우리는 이 모든 사본으로 어떤 작업을 수행하게 될까? 바로 본문 비평에 적용하는 것이다.

본문 비평에서는 원문의 정확한 어구를 결정하기 위해 이런 사본들의 증거를 연구한다. 그렇다면 그 연구는 어떻게 이루어질까? 이 분야에서는 자료들을 수집하고 정리하며, 이문의 독법들을 비교하고 평가하며, 사본 전승의 역사를 재구성한다. 가장 신뢰할 만한 본문의 어구를 결정하는 일은 과학인 동시에 예술이다.

이런 이야기를 처음 듣는 이들은 불안할 수도 있다. 그렇다면 과연 지금 우리에게 있는 신약 성경 텍스트를 정확한 것이라고 믿어도 될까? 그 대답은 매우 분명하게도 '그렇다'는 것이다. 먼저 자료들에 대한 감을 익히고, 다른 고대 문헌들의 경우와 비교할 때 신약 성경이 어떤 상황에 있는지를 살펴보기로 하자.

어떤 신약 사본들이 존재하는가

신약 성경 사본은 세 가지 범주로 나뉜다.

1. **헬라어 사본**_ 가장 중요한 범주다. 헬라어 사본에는 네 가지 유형이 있다. 파피루스 사본(재료 면에서 양피지가 아닌 파피루스로 만들어진 사본들), 대문자 사본(글씨가 모두 대문자로 기록된 사본들), 소문자 사본(소문자와 흘림체로 기록된 사본들), 성구집(특정한 날에 낭독하는 성경 구절들)이다. 이 사본들의 연대는 대략 2세기부터 16세기에 이른다.

그러면 남아 있는 헬라어 사본은 정확히 얼마나 될까? 현재 신약 사본 연구 센터(the Center for the Study of New Testament Manuscripts)를 이끌고 있는, 복음주의권의 주된 본문 비평학자 대니얼 B. 월리스(Daniel B. Wallace)에 따르면 2016년 7월 기준으로 그 사본들의 공식적인 수는 다음과 같다.[2]

- 파피루스 사본 131개
- 대문자 사본 323개

2 월리스가 2016년 7월 2일에 내게 메일로 알려 준 내용이다.

- 소문자 사본 2,932개
- 성구집 2,463개
- 총 5,849개

2. **고대 역본들_** 고대의 가장 중요한 세 가지 역본은 라틴어 역본, 콥트어 역본, 시리아어 역본이다(또는 판본[version]으로도 불린다). 지금 남아 있는 라틴어 사본은 헬라어 사본의 거의 두 배에 달한다. 그러면 고대 역본의 사본들은 모두 얼마나 남아 있을까? 수만 개에 이른다. 이 사본들의 공식 목록은 만들어지지 않았으며, 따라서 그 수를 정확히 아는 사람은 없다.

3. **교부들의 글에 인용된 신약 구절들_** 헬라어 사본이나 고대 역본이 전혀 남아 있지 않다 해도, 우리는 이 인용구들에만 근거해서 여전히 신약 본문을 재구성할 수 있다. 물론 좀 더 힘겨운 작업이 될 것이다. 교부들은 때로 설교할 때 기억에 의존해서 성경 구절을 인용하기도 하고, 그 구절을 다른 말로 바꾸어 표현하기도 했기 때문이다. 하지만 교부들은 백만 번 넘게 성경 구절을 인용하고 있다.

다른 고대 문헌들과 비교할 때, 신약 사본의 양과 질은 어떠한가

대부분의 사람들은 많은 고대 문헌들의 사본적 증거가 얼마나 빈약한지 미처 모르고 있다. 예를 들어 투키디데스를 살펴보자. 그는 주전 460년부터 400년경까지 살았던 인물이며, 「펠로폰네소스 전쟁사」(*History of the Peloponnesian*)를 쓴 역사가로 잘 알려져 있다. 그런데 지금 이 책에 관해서는 사본 8개와 파피루스 단편 몇 개가 남아 있다. 그 중 가장 오래된 단편들은 (그가 이 작품을 쓴 지 약 500년이 지난) 주후 1세기의 것이며, 8개 사본 가운데 가장 오래된 것은 (약 1,300년이 지난) 주후 900년경의 것이다. 하지만 대부분의 사람들은 지금 우리에게 있는 「펠로폰네소스 전쟁사」가 그가 실제로 쓴 책의 신뢰할 만한 판본임을 당연하게 여기고 있다.

그런데 이런 점에서는 신약 성경에 견줄 만한 것이 없다. 곧 다른 어떤 고대 문헌도 신약 성경에는 필적하지 못하는 것이다. 당시의 일반적인 저자가 헬라어로 남긴 글의 사본 수에 견줄 때, 헬라어로 기록된 신약 사본의 수는 천 배가 넘는다. 그리고 다른 저자들이 쓴 글의 사본 중 대부분은 거의 500년 넘게 지난 뒤에 만들어진 것들이다. 하지만 신약의 일부 사본은 원본이 기록된 지 겨우 수십 년이 지났을 때 만들어진 것도 있다. 그리고 주후 400년 이전에 만들어진 것으로 추정되는 사본이 100개가 넘는다. 이처럼 초기의 신뢰할 만한 필사본 문제를 논할 때, 신약 성경은 독보적인 위치를 차지하고 있다.

본문 비평은 주해와 신학 작업에서 얼마나 중요한가

이 질문에는 몇 가지로 답할 수 있다. 한편으로 본문 비평이 중요한 이유는 본문의 단어 하나하나가 중요하기 때문이다. 우리는 정확한 텍스트를 읽기 원한다! 이 장 뒷부분에서는 주해적으로 본문 비평의 의미가 중요한 몇 가지 사례를 다룰 것이다.

다른 한편으로 어떤 텍스트를 정확히 해석하는 데 본문 비평의 역할이 중요하긴 하지만, 우리의 신학이 그 결과에 좌우될 정도로 중요하지는 않다. 신약의 주된 가르침 가운데 그 어떤 것도 본문 비평에 의존하지 않는다. 그런 가르침은 단 하나도 없다. 본문상의 쟁점을 지닌 어느 구절도 주류 기독교의 특정 교리를 지지하는 유일한 구절이거나 주된 구절인 경우는 없다. 삼위일체나 그리스도의 신성, 이신칭의 같은 교리들은 본문상의 이문에 따라 그 옳고 그름이 결정되지 않는다.

이문의 독법들을 어떻게 평가할 것인가

여기에는 다섯 단계가 있다.

1. 이문의 독법으로는 어떤 종류가 있는지 파악하라

본문상의 이문(異文)은 두 사본의 어구가 서로 일치하지 않을 때 생겨난다. 헬라어 신약 성경에는 약 138,000단어가 쓰였으며, 각 단어마다 평균 3.6개 정도의 이문이 존재한다. 따라서 약 500,000개에 이르는 매우 많은 이문이 있다.[3]

---

3 Peter J. Gurry, "The Number of Variants in the Greek New Testament: A Proposed Estimate," *New Testament Studies* 62 (2016): 97-121쪽을 보라.

그리고 이문의 독법은 기본적으로 세 가지가 있다.[4]

1. **사소한 것_** 이런 독법들은 대부분 철자의 차이나 무의미한 실수들과 관련되어 있다. 번역에 영향을 끼치지 않거나 유의어에 관련된 사소한 차이들 역시 이 범주에 해당한다. 가장 흔한 이문은 모음으로 시작되는 단어 앞에 오는 한 단어의 끝에 과연 이동 가능한 '뉘'(헬라어 문자 ν[n])가 붙어 있는 것인지 여부에 관련된다. 당신은 이런 일들이 상당히 흥미로운 문제로 여겨지지 않는가?

2. **중요하지만 실제일 가능성은 없는 것_** 이런 차이들은 본문의 의미에 영향을 끼치지만, 그것이 옳을 가능성은 없다. 이런 문제들은 대체로 오직 한 개의 사본 또는 사본들의 집단에서만 나타난다. 예를 들어 어떤 필사자들은 공관복음서의 병행 본문들을 다룰 때, 어떤 단어들을 첨가하여 그 본문들을 더욱 온전히 조화시키려고 했다.

이런 이문 중 대부분은 많은 수의 단어가 포함되지 않지만, 몇몇 큰 규모의 이문들도 존재한다. 신약 성경에서 가장 규모가 크고 잘 알려진 본문상의 이문 세 가지가 이 범주에 속한다. (뱀을 다루게 될 것을 언급하는) 마가복음 16장 9-20절, (간음하다 잡혀 온 여인에 관한) 요한복음 7장 53절-8장 11절, 그리고 요한일서 5장 7b-8a절이다(요한일서 구절에는 어떤 이들이 삼위일체 교리를 옹호하기 위해 언급하는 진술이 포함되어 있다. "there are three that bear witness in heaven: the Father, the Word, and the Holy Spirit; and these three are one"[NKJV, "하늘에 증언하는 세 분이 계시니 곧 아버지와 말씀과 성령님이시라. 또 이 세 분은 하나이시니라"(킹제임스흠정역)]). 대부분의 본문 비평학자들은 이 세 단락을 원래의 것으로 여기지 않고, 필사자가 본문에 덧붙인 것이라고 생각한다. 나도 그 견해에 동의한다. 가장 이른 시기에 쓰인 최상의 사본들에는 이 단락들이 포함되어 있지 않기 때문이다. 자세한 논의를 살피려면, NET 역본에서 요한일서 5장 7절에 달린 본문 비평 주를 보라.

3. **중요하며 실제일 가능성도 있는 것_** 이런 차이들은 본문의 의미에 영향을 끼치며, 실제일 가능성도 있는 것들이다. 이런 차이를 보여 주는 가장 일반적인 사례는 로마서 5장 1절 뒷부분을 "우리가 …… 화평을 누리자(ἔχωμεν[에코멘])"와 "우리는 ……

---

4 Daniel B. Wallace, "Laying a Foundation: New Testament Textual Criticism," in *Interpreting the New Testament Text: Introduction to the Art and Science of Exegesis*, Darrell L. Bock and Buist M. Fanning 편집 (Wheaton, IL: Crossway, 2006)(『신약 성서 해석학』, 성서침례대학원대학교출판부), 34-37쪽을 참조하라.

화평을 누린다(ἔχομεν[에코멘])" 중 어느 것으로 해석할 것인가 하는 문제다. 이 둘은 한 글자만 다르며, 당시 사람들은 두 단어 모두 같은 식으로 발음했을 가능성이 있다. (문학적 맥락을 염두에 둘 때, 나는 ἔχομεν[에코멘] 쪽에 좀 더 무게가 실린다고 본다. 이 구절에 담긴 뜻은 하나님이 우리를 의롭다 하셨으므로, 우리는 지금 여기서 그분과 화평을 누리고 있다는 것이다. 이는 의롭다 하심을 받은 모든 이에게 해당되는 내용이다. 따라서 우리는 이 화평을 애써 추구해야만 하는 것이 아니라 이미 소유하고 있는 것이다.)

당신은 대부분의 이문이 어느 범주에 속하는지 알아맞힐 수 있겠는가? 99퍼센트 이상은 처음 두 범주에 해당하며, 의미상 중요할 뿐 아니라 실제일 가능성도 있는 것들은 1퍼센트 이하에 그친다. 대부분의 이문은 철자상의 문제나 필사자의 명백한 실수, 또는 그다지 중요하지 않은 어순에 연관된다.

2. UBS⁵와 NA²⁸의 본문 비평 장치 읽는 법을 파악하라

- UBS[5] = 세계성서공회 연합회(United Bible Societies)에서 펴낸 성경의 제5판(Barbara Aland, Kurt Aland, Johannes Karavidopoulos, Carlo M. Martini, and Bruce M. Metzger, eds., *The Greek New Testament*, 5th ed. [Stuttgart: Deutsche Bibelgesellschaft; United Bible Societies, 2014]).
- NA[28] = 네슬-알란트(Nestle-Aland)가 펴낸 성경의 제28판(Barbara Aland, Kurt Aland, Johannes Karavidopoulos, Carlo M. Martini, and Bruce M. Metzger, eds., *Novum Testamentum Graece*, 28th ed. [Stuttgart: Deutsche Bibelgesellschaft, 2012]).

UBS[5]는 학생들이 쓰기에 좀 더 편리하고, NA[28]은 주로 학자들이 사용한다(한 예로 NA[28]에는 UBS[5]보다 많은 이문이 열거되어 있다). 둘 다 탁월한 특성을 지닌다.

당신에게 UBS[5]와 NA[28]의 인쇄본이 있다면, 각 페이지 하단에 조금 희한해 보이는 각주가 달려 있음을 알 것이다. 그것이 바로 본문 비평 장치(textual apparatus)다. 그리고 대부분의 경우처럼 당신도 헬라어를 1-2년 남짓 배웠을 뿐이라면, 아마 그 장치들의 활용법에 관해 전혀 감이 오지 않을 것이다. 그러나 UBS[5]와 NA[28]에 담긴 것처럼 정교한 본문 비평 장치는 얼마나 귀중한지 모른다!

사실 그 장치들의 활용법은 그리 어렵지 않다. 기본 지침은 다음과 같다.

- UBS[5]의 경우, 기억해야 할 주된 규칙은 A-B-C-D로 이어지는 등급의 단계다. 이 성경의 편집 위원회에서 어느 이문에 A등급을 매겼다는 것은, 그것이 우월한 독법임이 매우 확실해 보인다는 뜻이다. 이 등급 단계는 D까지 내려갈 수 있으며, D등급은 확실성이 가장 낮음을 나타낸다.
- NA[28]의 경우에는 각 기호의 의미만 파악하면 모든 내용을 이해할 수 있다. 우리가 숙달해야 할 주된 기호들은 생략 또는 대치, 삽입된 단어들을 나타내는 '비평 기호들'(critical signs)이다.[5]

3. 내적 증거를 평가하라

내적 증거를 다룰 때에는 저자들의 습관, 저술 방식과 더불어 필사자들의 습관과 실수도 고려해야 한다.[6] 여기서 개략적인 규칙은 다른 독법들의 생성 원인이 되는 독법을 선호하는 것이다. 이 규칙의 두 가지 주된 적용 방식은 다음과 같다.

1. **더 난해한 독법을 선호할 것**_ 고든 피는 이렇게 설명한다. "모든 이문은 둘 중 하나다. 곧 (필사자가 잘못 보거나 잘못 들었거나 착각 때문에) 우연히 생겨난 것이거나, (필사자 자신이 옮겨 쓰던 텍스트를 의식적으로든 아니든 '개선하려' 했다는 의미에서) 의도적으로 변형된 것이다."[7] 일반적으로 좀 더 난해하거나 모호한 독법이 원래 것일 가능성이 높다.

---

5 이 성경의 55쪽부터 시작되는 비평 장치의 셋째 항목을 보라. 로고스 바이블 소프트웨어 안에 있는 NA[28]을 소장할 때의 한 가지 이점은 어떤 기호 위에 마우스를 가져다 대면 그 기호의 의미를 자세히 알려 주는 팝업창이 뜬다는 것이다. 그리고 또 다른 이점은 본문 비평 장치 항목을 읽기 쉽게 만들어진 별개의 작업창으로 열 수 있다는 것이다. 인쇄본의 경우에는 본문 비평 장치가 촘촘한 각주들 속에 들어차 있지만, 로고스 바이블 소프트웨어에서는 각 이문을 새로운 행에 배열하기 때문에 읽기가 훨씬 편하다.

6 필사자가 범한 오류의 종류에 관해서는 Bruce M. Metzger and Bart D. Ehrman, *The Text of the New Testament: Its Transmission, Corruption, and Restoration*, 4판 (New York: Oxford University Press, 2005)(『사본학』, 기독교문서선교회), 250-71쪽을 보라. 메츠거와 어만은 본문 전승 과정에서 생겨난 오류의 원인을 두 가지 범주로 분류한다. 의도적인 것과 그렇지 않은 것이다. 오류의 원인 네 가지는 의도적이지 않은 것이며(잘못 본 것, 잘못 들은 것, 마음속으로 착각한 것, 잘못 판단한 것), 일곱 가지는 의도적인 것이다(철자와 문법상의 수정, 내용의 조화, 자연스러운 보충 구절의 첨가, 역사적-지리적 난점의 해소, 독법들의 병합, 교리적인 수정, 잡다한 세부 사항 수정).

7 Gordon D. Fee, *New Testament Exegesis: A Handbook for Students and Pastors*, 3판 (Louisville: Westminster John

필사자들은 대체로 어떤 독법을 좀 더 쉬운 것으로 바꾸기 때문이다. 달리 말하면 필사자들은 (의도적으로든 우연히든) 텍스트를 변경할 경우, 대체로 그 텍스트를 매끄럽게 다듬고 모순점을 해결하려 했다. 오히려 그들 자신이 난점을 만들어 내는 경우는 많지 않았다.

2. **더 간결한 독법을 선호할 것_** 필사자들은 텍스트에 있는 단어들을 생략하기보다, 그곳에 없는 단어를 덧붙이는 경우가 훨씬 많았다.

4. 외적 증거를 평가하라

외적 증거를 다룰 때에는 텍스트의 어떤 사본이 그 독법을 지지하는지를 고려해야 한다. 여기서 개략적인 규칙은 단순히 그 사본의 수를 헤아리기보다는 각 사본의 가치를 평가하는 것이다. 헬라어 사본이나 고대 역본, 교부의 글에 인용된 구절들을 검토할 때 고려할 세 가지 기준은 다음과 같다.

1. **그 연대와 성격은 어떠한가_** 일반적으로 초기에 만들어졌으며 신뢰할 만한 평판을 지닌 사본일수록 좋다.

2. **그 사본은 어떤 본문 유형에 속하며, 그 본문 유형은 견실하고 순수한가_** 전통적으로 세 가지 주요 본문 유형이 있다. 알렉산드리아 본문 유형, 서방 본문 유형, 비잔틴 본문 유형이다. 알렉산드리아 본문은 이른 연대와 정확성으로 잘 알려져 있으며, 서방 본문은 이른 연대와 더불어 본문들을 서로 조화시키고 설명하기 위해 단어들을 덧붙인 것으로 알려져 있다. 그리고 비잔틴 본문은 늦은 연대와 더불어 난해한 독법들을 다듬기 위해 (서방 본문보다 많은) 단어들을 덧붙인 것, 그리고 양이 많은 것으로 알려져 있다(현존하는 사본의 80퍼센트에 이른다).[8]

3. **그 독법은 지리적으로 널리 퍼져 있는가_** 더 널리 퍼져 있던 독법일수록 좋다.

Knox, 2002)(『신약 성경 해석 방법론』, 크리스찬출판사), 60쪽.

8 Craig L. Blomberg with Jennifer Foutz Markley, *A Handbook of New Testament Exegesis* (Grand Rapids: Baker Academic, 2010)(『신약 성경 석의 방법』, 도서출판대서), 9-13쪽을 보라. 어떤 이들은 '본문 유형'(text-type)보다 '텍스트 집단'(textual clusters)이라는 명칭을 선호한다. Eldon Jay Epp, "Textual Clusters: Their Past and Future in New Testament Textual Criticism," in *The Text of the New Testament in Contemporary Research: Essays on the Status Quaestionis*, Bart D. Ehrman and Michael W. Holmes 편집, 2판, New Testament Tools, Studies and Documents 42 (Leiden: Brill, 2013), 519-77쪽을 참조하라.

예를 들어 이집트에서만 나타난 독법은 이집트와 예루살렘, 안디옥, 알렉산드리아, 가이사랴와 로마에서 나타난 독법만큼 강력하지 않다.

외적 증거를 평가할 때 던져야 할 질문은 이런 것들이다. 이 독법은 한 개의 사본, 또는 한 무리의 사본에서만 나타나는 것인가? 또는 오직 한 세기 동안에만 나타나는가? 연대나 지리적으로 더 다양한 사본들에서 나타난 독법일수록 더 좋은 것이다.

5. 본문 비평 전문가들의 논증을 숙고하라

외적 증거와 내적 증거는 거의 똑같이 중요하다(이런 견해를 '합리적 절충주의'[reasoned eclecticism]라고 부른다). 거의 대부분은 원래 독법이 명확하다. 그리고 다행히 본문 비평 역사의 현 단계에 이르러서는 대부분의 문제가 이미 해결되었다. 이는 수많은 학자가 외적 증거와 내적 증거를 신중히 평가해 왔기 때문이다.[9] 고든 피와 마크 스트라우스(Mark Strauss)는 오늘날의 상황을 이렇게 묘사한다.

> 결론적으로 성서학자들은 현대의 영어 역본들을 펴내는 데 쓰인 헬라어 텍스트가 신약 성경의 원문에 매우 가깝다는 점에 거의 만장일치로 동의한다. 불확실성이 남아 있는 소수 본문들 역시 우리는 원문이 본문에 수록되어 있거나 각주에서 그 대안을 찾을 수 있음을 확신할 수 있다.[10]

때로는 외적 증거와 내적 증거가 서로 반대되는 방향을 가리킬 수도 있다. 그럴 때는 그 확률이 마치 동전 던지기처럼 보일지도 모른다. 곧 이때는 원래 독법이 무엇인지 확신할 수 없다. 이런 경우에는 신약의 주요 가르침 중 어떤 것도 본문 비평에 의존하지 않음을 기억하는 것이 중요하다.

그리고 이 경우에는 본문 비평학자들의 논증을 살피는 것이 유익하다.[11] 우리는 전

---

9 그렇다고 해서 더 할 일이 남아 있지 않은 것은 아니다. Daniel B. Wallace, "Challenges in New Testament Textual Criticism for the Twenty-First Century," *JETS* 52, 1 (2009): 79-100쪽을 보라.

10 Gordon D. Fee and Mark L. Strauss, *How to Choose a Translation for All Its Worth: A Guide to Understanding and Using Bible Versions* (Grand Rapids: Zondervan, 2007), 113쪽.

11 예를 들어 Tommy Wasserman, "Criteria for Evaluating Readings in New Testament Textual Criticism," in *The*

문가들이 제각기 자신만의 분야를 파고드는 시대에 살고 있다. 그렇기에 아무도 모든 일에 전문가가 될 수는 없다. 성경 연구에는 수많은 분야가 연관되어 있으므로, 우리는 다른 이들의 전문 지식에서 도움을 얻어야만 한다. 그리고 그런 이들 가운데는 언어학자, 고고학자, 역사학자, 신학자, 본문 비평가가 포함된다. 나는 분명히 본문 비평의 전문가가 아니며, 그렇기에 브루스 메츠거와 고든 피, 대니얼 월리스 같은 전문가들의 논증을 살피면서 큰 유익을 얻을 수 있었다. 이 문제를 좀 더 살피려면, 이 장 끝부분에 수록된 '추가 연구 자료'를 보라.

'KJV 유일주의'를 어떻게 볼 것인가

나는 킹 제임스 역본(King James Version)으로 양육받았으며, 따라서 이중 언어 구사자다. 즉 나는 'KJV어'를 할 수 있다는 뜻이다(이 표현은 월터 카이저[Walter Kaiser]에게서 빌려왔다). 농담이 아니라, 나는 킹 제임스 역본을 읽고 암기하면서 자랐다. 그러나 고등학생 시절 후반 무렵, 나는 New American Standard Bible(NASB, 새 미국 표준 성경)을 읽기 시작했다. 사람들은 흔히 '딱딱하고 문자적인' 역본으로 NASB를 언급한다. 그러나 그때까지 줄곧 KJV를 읽어 온 내게 NASB는 마치 신문처럼 쉽게 읽혔다! 나는 그 역본을 사랑했다.

그리고 헬라어를 배우면서 KJV에 관한 내 생각이 달라지기 시작했다. KJV가 원래 만들어진 시대에 그 역본은 탁월한 것이었다. 하지만 지금은 그 역본이 처음 출판된 때(1611)부터 벌써 400년이 넘게 흘렀다. 나는 KJV를 박물관에 속한 유물로 여길 정도다(우리는 3장에서 성경 번역을 다룰 것이다). 한번은 내가 NASB를 읽는 것을 본 어떤 친구가 나를 나무란 적이 있다. 그는 현대의 성경 역본들은 변질된 헬라어 사본들에서 번역되었기 때문에 오류로 가득 차 있다고 여겼다. 그가 믿기로는 KJV만이 순수한 성경이었다. 그는 심지어 NASB를 성경으로 여기지도 않았으며, 그저 "성경에 대한 주석"이라고 불렀다.

Text of the New Testament in Contemporary Research: Essays on the Status Quaestionis, Bart D. Ehrman and Michael W. Holmes 편집, 2판, New Testament Tools, Studies and Documents 42 (Leiden: Brill, 2013), 579-612쪽.

불행히도 이처럼 어리석은 생각은 'KJV 유일주의'(KJV-only)를 따르는 사람들 사이에 여전히 남아 있다. 사실 'KJV 유일주의'라는 용어 자체는 그 의미가 명확하지 않다. 적어도 네 가지 기본 집단이 그 범주에 속해 있기 때문이다.[12]

1. **KJV를 선호하는 부류_** 그들은 KJV를 오늘날 사용할 수 있는 최상의 영어 역본으로 여긴다.

2. **공인 본문 또는 다수 본문을 선호하는 부류_** '공인 본문'(*Textus Receptus*, *TR*)은 KJV의 바탕이 된 헬라어 본문이다. '다수 본문'(Majority Text)은 다수의 헬라어 신약 사본이 포함된 텍스트 계열이며, 이 가운데는 *TR*도 포함된다. 이들은 NIV나 ESV 같은 대부분의 현대 영어 역본들의 바탕이 된 헬라어 본문보다 *TR*이나 다수 본문이 더 정확하다고 믿는다.

3. **공인 본문만 받아들이는 부류_** 이들은 하나님이 *TR*을 초자연적으로 보존하셨거나, 심지어 무오성을 지니도록 영감하셨다고 믿는다.

4. **KJV만 받아들이는 부류_** 'KJV 유일주의'를 따르는 이들 중 가장 널리 퍼진 부류다. 이들은 하나님이 KJV를 영감하셨으므로 그 역본은 무오하다고 믿는다. 그들은 그 역본에 어떤 오류가 있다거나, 우리가 그 번역문을 개선할 수 있다고 여기지 않는다. 이 집단에 속한 이들에게는 오직 KJV만이 하나님의 말씀이다. 따라서 어떤 식으로든 그 역본을 비판할 경우, 곧 하나님의 말씀을 비판하는 죄를 범하는 것이 된다.

내가 볼 때, 이중 첫 번째와 두 번째 견해는 어떤 것이 좋은 번역본 또는 텍스트 유형인지를 잘못 판단하고 있다. 다만 그들의 견해가 이단적이기까지 한 것은 아니다.[13] 하지만 세 번째와 네 번째 견해는 위험할 정도로 그릇된 것이다.

성경의 무오성은 곧 성경 원문의 사본이나 그 사본의 번역본에 오류가 없다는 뜻이 아니다. 성경의 사본과 번역본은 그 원문을 정확히 재현해 낼 경우에만 오류가 없

---

12 James R. White, *The King James Only Controversy: Can You Trust Modern Translations?*, 2판 (Minneapolis: Bethany House, 2009), 23-26쪽을 참조하라.

13 Daniel B. Wallace, "The Majority Text Theory: History, Methods, and Critique," in *The Text of the New Testament in Contemporary Research: Essays on the Status Quaestionis*, Bart D. Ehrman and Michael W. Holmes 편집, 2판, New Testament Tools, Studies and Documents 42 (Leiden: Brill, 2013), 711-44쪽을 참조하라.

다. 하나님이 성경의 원문을 영감하셨지만, 그 글을 전승하고 사본들을 번역하는 일은 사람들이 수행했기 때문이다. 이것은 쟁점이 되는 사안을 비켜 가기 위한 구실이 아니다. 이러한 구분은 정확할 뿐 아니라 반드시 필요하다. 곧 어떤 사본이나 번역본이 지닌 오류는 하나님이 실수하신 결과가 아니라, 오히려 원문을 필사하거나 번역한 사람들의 실수하기 쉬운 연약성을 드러내는 것이다.

이처럼 성경 원문만이 하나님의 영감을 받은 것이라면, 지금 우리에게는 그 원문 중 어느 것도 남아 있지 않은데 과연 어떤 유익이 있을까? 실제로는 많은 유익이 있다. 그런 견해는 마치 우리가 원문 내용을 전혀 파악하지 못하는 상태에 있는 듯이 여기게끔 실제 상황을 과장한다. 그러나 현존하는 신약 성경 사본들의 질은 매우 우수하며, 다른 어떤 고대 문서보다 훨씬 상태가 낫다. 그러므로 현존하는 사본들은 모두 본질적인 측면에서 성경의 원문을 충실하게 재현하고 있다.[14]

'KJV 유일주의'를 좀 더 살피고 싶다면, 이 장 끝에 실린 '추가 연구 자료' 부분에서 D. A. 카슨과 제임스 화이트(James White)가 쓴 책들을 읽어 보라.

사례_ "내가 자랑할 수 있도록 내 몸을 넘겨줄지라도" 대 "불에 타도록 내 몸을 넘겨줄지라도"(고전 13:3)

고린도전서 13장은 성경에서 가장 잘 알려진 동시에 가장 많이 사랑받는 본문이다. 어떤 이들은 그 장을 '사랑 장'이라고 부른다. 그런데 이 장의 셋째 문장에는 중요할 뿐 아니라 실제일 가능성도 있는 본문 비평적 문제가 하나 있다. 그러므로 여기서는 그 구절을 자세히 논하면서 본문 비평 방식을 살펴보기로 하자.

- NA[28]_ κἂν ψωμίσω πάντα τὰ ὑπάρχοντά μου καὶ ἐὰν παραδῶ τὸ

14 이 문단과 바로 앞 문단 내용은 Andrew David Naselli, "Scripture: How the Bible Is a Book like No Other," in *Don't Call It a Comeback: The Same Faith for a New Day*, Kevin DeYoung 편집 (Wheaton, IL: Crossway, 2011), 63-64쪽 내용을 새롭게 수정한 것이다. 영감이 성경의 원문에만 적용된다는 점을 해명한 도표를 살피려면, J. Scott Duvall and J. Daniel Hays, *Grasping God's Word: A Hands-On Approach to Reading, Interpreting, and Applying the Bible*, 3판 (Grand Rapids: Zondervan, 2012)(『성경 해석』, 성서유니온선교회), 24쪽을 보라.

σῶμά μου ἵνα καυχήσωμαι, ἀγάπην δὲ μὴ ἔχω, οὐδὲν ὠφελοῦμαι.

- 좀 더 형식에 근거한 번역_ 내가 내 모든 소유물을 내어 주고 내가 자랑할 수 있도록 내 몸을 넘겨줄지라도 내게 사랑이 없으면 아무 유익이 없습니다.
- NA^{28}의 본문 비평 장치

  3 καυθησομαι C D F G L 6. 81. 104. 630. 945. 1175. 1881* latt sy^{hmg}; Tert Ambst Hier^{mss}

  ¦ καυθησωμαι K Ψ 365. 1241. 1739^{c}. 1881^{c}. 2464 𝔪

  ¦ καυθη 1505 sy^{h}

  ¦ *txt* 𝔓^{46} ℵ A B 048. 33. 1739.* co; Hier^{mss}

여기서 주된 선택지는 두 가지다.

- ἵνα καυχήσωμαι(히나 카우케소마이, "내가 자랑할 수 있도록"[that I may boast])
  = NIV, NET, CSB, NRSV, NLT
- ἵνα καυθήσομαι(히나 카우테소마이, "내가 불에 타도록"[that I should be burned])
  = KJV, NKJV, NASB, RSV, ESV

이 두 선택지는 오직 두 글자만 다르다. καυχήσωμαι(카우케소마이) 또는 καυθήσομαι(카우테소마이)다. 이중 두 번째 선택지가 좀 더 적절해 보일 수 있으며, 또한 그 선택지는 상당히 많은 수의 사본에 나타나 있다. 하지만 실제로는 첫 번째 선택지가 훨씬 설득력이 있다.

1. 외적 증거가 더 강력하다. 첫 번째 선택지를 지지하는 사본들이 더 이른 시기에 기록되었으며 더 중요한 것들이기 때문이다.
2. 내적 증거도 더 강력하다. καυχήσωμαι(카우케소마이)가 더 난해한 독법이기 때문이다. 이후 필사자가 본문 단어를 καυχήσωμαι(카우케소마이)에서 καυθήσομαι(카우테소마이)로 바꾸었을 가능성이 반대 경우보다 훨씬 높다(이 점에 관해서는 곧 더

자세히 언급할 것이다).

3. 브루스 메츠거는 UBS 편집위원회가 καυχήσωμαι(카우케소마이)를 선호하는 이유에 관해 타당한 근거 네 가지를 제시한다.
   (a) 교회가 순교의 시기에 접어들고 나서는 화형당하는 일이 드물지 않았으며, 이때에 καυχήσωμαι(카우케소마이) 대신 καυθήσομαι(카우테소마이)라는 이문이 본문에 끼어들었다고 이해하는 것이 반대 경우보다 쉽다. ……
   (b) παραδῶ τὸ σῶμά μου ἵνα καυθήσομαι(파라도 토 소마 무 히나 카우테소마이)는 그 자체로 웬만하기는 하지만, 분명 까다로운 표현이다("내가 불에 타도록 나는 내 몸을 넘겨준다"). 아마 좀 더 자연스러운 표현은 ἵνα καυθῇ(히나 카우테)일 것이다("그것이 불에 타도록……"). 그러나 καυχήσωμαι(카우케소마이)에서는 이런 난점이 해소된다.
   (c) καυθήσωμαι(카우테소마이)라는 독법(이는 미래 가정법이다!)의 경우, 비잔틴 제국 시대에는 때때로 나타나지만 바울의 것으로 여기기는 힘든 기괴한 문법 형태다(Blass-Debrunner-Funk, §28, Moulton-Howard, 219쪽). 그러나 ἵνα(히나) 다음에 미래 직설법이 쓰인 경우는 때때로 찾아볼 수 있다(갈 2:4, 빌 2:10-11).
   (d) 바울에게 '자랑'이 언제나 비난받을 만한 일인 것은 아님을 고려할 때, "내가 자랑할 수 있도록"이라는 진술이 본문의 의미를 해친다는 주장은 상당히 힘을 잃는다. 때로 바울은 자신의 자랑을 정당한 것으로 간주하기 때문이다(고후 8:24, 빌 2:16, 살전 2:19, 살후 1:4).[15]

당신이 현대의 영어 역본을 사용하고 있다면, 그 역본의 각주들에 이미 이 본문상의 이문에 관한 정보가 담겨 있을 것이다. 다음 세 가지 역본에서 그 이문을 어떻게 다루는지 살펴보자(한글 번역은 옮긴이 번역이다._ 편집자).

- ESV_ "If I give away all I have, and if I deliver up my body *to be burned*,* but have not love, I gain nothing."

---

15 Bruce M. Metzger, *A Textual Commentary on the Greek New Testament*, 2판 (Stuttgart: Deutsche Bibelgesellschaft; United Bible Societies, 1994)(「신약 헬라어 본문 주석」, 대한성서공회), 498쪽.

내가 가진 모든 것을 나눠 주고 내 몸을 **불사르도록** 내어 줄지라도, 사랑이 없으면 내게 아무 유익이 없습니다.

* ESV **난외주_** 어떤 사본들에는 "deliver *up my body* [to death] *that I may boast*"(내가 자랑할 수 있도록 내 몸을 [죽음에] 내어 줄지라도)로 되어 있다.

- NIV_ "If I give all I possess to the poor and give over my body *to hardship that I may boast*,* but do not have love, I gain nothing"(여기서 NIV는 본문의 이해를 돕기 위해 "to hardship"[고난에]이라는 단어를 덧붙였다).

  내 모든 소유물을 가난한 이들에게 나눠 주고 **내가 자랑할 수 있도록** 내 몸을 **고난에** 넘길지라도, 사랑이 없으면 내게 아무 유익이 없습니다.

* NIV **난외주_** 어떤 사본들에는 "*body to the flames*"(몸을 불길에)로 되어 있다.

- NET_ "If I give away everything I own, and if I give over my body *in order to boast*,* but do not have love, I receive no benefit."

  내가 지닌 모든 것을 내어 주고 **자랑하기 위해** 내 몸을 넘겨줄지라도, 사랑이 없으면 나는 유익을 얻지 못합니다.

* NET **난외주_** (이 역본에는 약 350단어에 이르는 긴 난외주가 포함되어 있으며, 이 내용은 곧 본문 비평 장치와 메츠거의 논증을 요약하고 있다.)

안타깝게도 신자들이 불에 타서 순교하는 것은 이후의 초대 교회에서 자주 일어난 일이었다. 하지만 바울이 고린도전서를 썼을 무렵까지는 그 일이 그리스도인들에게 전혀 흔하지 않았던 것이다.

그러면 바울이 "내가 가진 모든 것을 나눠 주고 **내가 자랑할 수 있도록** 내 몸을 내어 줄지라도, 사랑이 없으면 내게 아무 유익이 없습니다"라고 썼다면, 그 말은 무슨 의미일까? 이 구절은 서로 대응하는 두 가지 행동을 언급하고 있다. (1) 자신의 모든 소유물을 내어 주는 일과 (2) 자신의 몸을 내어주는 일이다. 이때 자신의 몸을 내어 준다는 것은 무슨 의미일까? 아마도 다른 사람들을 부양하기 위해 자신을 노예로 팔거나, 어떤 죄수와 서로 신분을 바꾸는 것으로 그 일을 이룰 수 있었을 것이다. 여기서 바울의 요점은 이러하다. 곧 우리가 자신의 연약함을 자랑하기 위해 겉보기에 가장 이타적인 일을 행할지라도, 사랑 없이 그 일을 행한다면 아무 유익을 얻지 못한다는

것이다.[16]

핵심 단어와 개념

KJV 유일주의

고대 역본

공인 본문

내적 증거

다수 본문

본문 비평

본문 유형

비잔틴 본문

서방 본문

알렉산드리아 본문

외적 증거

합리적 절충주의

헬라어 신약 사본

더 생각해 보기 위한 질문

1. 성경 원본이 전혀 남아 있지 않다는 것 때문에 염려하는 그리스도인들에게 당신은 본문 비평을 어떻게 설명해 줄 수 있겠는가?
2. 비그리스도인인 이웃이나 동료가 신약 성경의 원문과 현대 역본들은 본질적으로

16 이 구절에서는 καυχήσωμαι(카우케소마이)와 καυθήσομαι(카우테소마이) 모두 이 요점을 제시한다. 곧 우리가 자신의 몸을 어떤 극심한 희생에 넘길지라도, 그 일을 사랑 없이 행한다면 아무 유익을 얻지 못한다는 것이다. 그러나 앞서 언급한 이유들 때문에, 나는 καυχήσωμαι(카우케소마이)가 좀 더 적절하다고 생각한다. 또한 Philip W. Comfort, *New Testament Text and Translation Commentary: Commentary on the Variant Readings of the Ancient New Testament Manuscripts and How They Relate to the Major English Translations* (Carol Stream, IL: Tyndale House, 2008), 515쪽, Gordon D. Fee, *The First Epistle to the Corinthians*, 2판, NICNT (Grand Rapids: Eerdmans, 2014)(『NICNT 고린도전서』, 부흥과개혁사), 702-3쪽을 보라.

다르기 때문에 기독교를 받아들일 수 없다고 주장한다면, 당신은 어떻게 대답하겠는가?

3. 당신이 KJV가 아닌 다른 현대 역본을 사용하는 것을 그리스도인인 친구나 가족이 나무란다면, 어떻게 대답할 것인가?
4. 당신은 데살로니가전서 2장 7절 본문을 '유순한 자'(gentle)와 '어린아이'(little children) 중 어느 쪽으로 해석해야 한다고 보는가? (제안_ '어린아이'에 관한 NET의 본문 비평 주를 살펴보라.) (이것은 "도리어 너희 가운데서 ______가 되어 유모가 자기 자녀를 기름과 같이 하였으니" 속에 어떤 단어가 들어가야 하는가에 관한 문제다._ 옮긴이)

추가 연구 자료

Black, David Alan. *New Testament Textual Criticism: A Concise Guide*. Grand Rapids: Baker, 1994. 내게 이 책은 본문 비평의 기초를 이해하는 데 어떤 자료보다 많은 도움을 주었다. 이 책은 읽기 쉽고, 분량도 79쪽밖에 되지 않는다.

Carson, D. A. *The King James Version Debate: A Plea for Realism*. Grand Rapids: Baker, 1978. 「킹 제임스 버전 성경의 오류」, 이레서원. 오래되었지만 여전히 유익한 책. 때로 사람들은 어떤 논쟁을 살피면서 가장 많은 것을 배우게 된다. 이 책에서 카슨은 'KJV 유일주의' 논쟁을 다루면서 본문 비평을 설명해 나간다.

Ciampa, Roy E. "Resources for Textual Criticism." *Resources for New Testament Exegesis*. www.viceregency.com/TextCrit.htm. 한 신학교 교수가 유용한 자료들의 링크를 모아 놓은 사이트. '신약 본문 비평을 위한 참고 도표'(Reference Charts for New Testament Textual Criticism)라는 자세한 참고 자료도 포함되어 있다. 이는 그가 자신의 학생들을 위해 만든 것으로, 각 사본이 어떤 본문 유형에 연관되는지를 정리한 자료다.

Comfort, Philip W. *Commentary on the Manuscripts and Text of the New Testament*. Grand Rapids: Kregel, 2015. 컴포트는 2008년에 출간한 *New Testament Text and Translation Commentary*(아래를 보라)에서 영어 역본들이 서로 다른 이유를 설명했다. 그 책은 성경 강해자를 위한 도구에 더 가깝다. 반면에 이 책은 영어 성경 역본들을 많이 언급하지 않으면서 사본들을 논평한 것으로, 성경 번역자를 위한 도구에 좀 더 가깝다.

________. *Encountering the Manuscripts: An Introduction to New Testament Paleography and Textual Criticism*. Nashville: Broadman & Holman, 2005. 413쪽 분량의 철저한 개론서.

________. *New Testament Text and Translation Commentary: Commentary on the Variant Readings of the Ancient New Testament Manuscripts and How They Relate to the Major English Translations*. Carol Stream, IL: Tyndale House, 2008. 이 책은 주요 영어 역본들이 주를 달아 언급하는 모든 본문상의 이문을 간략히 평가하고 있다(예를 들어 ESV의 경우에는 "어떤 사본들은……"이라는 표현으로 그런 난외주가 시작된다). 약 900쪽 분량이다.

Evangelical Textual Criticism(blog). www.EvangelicalTextualCriticism.blogspot.com/. 이 블로그는 2005년부터 운영되어 온 것으로, 원어 성경 지식을 지닌 이들에게 역사적인 복음주의 신학의 관점에서 성경의 사본과 텍스트의 역사를 토론할 공간을 제공한다. 그 토론은 심화된 수준에서 진행되며, 이 블로그에 글을 올리는 학자들은 본문 비평에 열정을 품고 있다.

Harris, W. Hall, III, and Michael H. Burer, eds. *The NET Bible*. Dallas: Biblical Studies Press, 2005. NET(New English Translation)는 netbible.com에서 무료로 이용할 수 있으며, 달라스 신학교와 연관이 있다. 이는 그 역본의 편집자들과 스물다섯 명의 번역자 중 대부분이 그 학교의 교수이거나 과거에 교수였기 때문이다. 그 주들을 보면 이 역본이 얼마나 탁월한지 알 수 있다. 이 역본에는 거의 61,000개에 달하는 역주가 달려 있다! 성경의 구절마다 주가 거의 두 개씩 달려 있는 셈이다. 하지만 주의 분량보다 더 중요하게 여길 것은 바로 그 주에 담긴 내용이다. 이 주들은 정말 귀중한 것으로, 세 가지 수준에서 역본의 내용을 해설하고 있다. (1) **본문 비평 주**(textual-critical notes, 'tc')들은 중요한 본문상의 이문을 다룬다. (2) **번역자 주**(translator's notes, 'tn')들에서는 역본의 본문을 설명하거나, 좀 더 형식에 근거한 번역문을 제시한다. (3) **연구를 위한 주**(study notes, 'sn')들은 이를테면 *ESV Study Bible*이나 *NIV Zondervan Study Bible*에서 찾아볼 수 있는 주들과 유사하지만, 전반적으로 좀 더 전문적인 내용이 담겨 있다. 대니얼 월리스는 NET의 실행 조정 위원회에서 신약 성경의 수석 편집자로 섬겼다. 이 역본의 모든 주에서 그의 흔적을 찾아볼 수 있으며, 특히 본문 비평 주들 속에서 그러하다. 그러므로 당신이 중요한 이문을 지닌 본문을 작업하고 있다면, NET의 주들을 꼭 참조하기 바란다.

Hoehner, Harold W. *Ephesians: An Exegetical Commentary*. Grand Rapids: Baker Academic, 2002. 이 책에서 호너는 NA[27]에 열거된 모든 본문상의 문제들을 논평한다. 본문 비평에 관한 이해를 넓히는 한 가지 좋은 방법은 에베소서 본문의 문제에 관한 그의 논평들을 체계적으로 살피면서 NA[28]에 실린 본문 비평 장치들과 비교해 보는 것이다. 우리는 그런 작업을 통해 본문 비평 장치에 익숙해지는 데 도움을 얻고, 다양한 독법을 평가하는 훈련도 쌓을 수 있다. 이런 작업에 도움을 주는 또 다른 주석으로는 Robert W. Yarbrough, *1-3 John*, BECNT (Grand Rapids: Baker Academic, 2008)가 있다.

Komoszewski, J. Ed, M. James Sawyer, and Daniel B. Wallace. *Reinventing Jesus: How Contemporary Skeptics Miss the Real Jesus and Mislead Popular Culture*. Grand Rapids: Kregel, 2006. 이 책의 "Part2: Politically Corrupt? The Tainting of Ancient New Testament Texts"(51-117, 272-95)를 읽어보기 바란다. 이해하기 쉽고 해박한 논의가 담겨 있다.

Köstenberger, Andreas J., Benjamin L. Merkle, and Robert L. Plummer. "Textual Criticism." In *Going Deeper with New Testament Greek: An Intermediate Study of the Grammar and Syntax of the New Testament*, 24-38. Nashville: Broadman & Holman, 2016. 이해하기 쉬운 최신의 개론적인 논의.

Metzger, Bruce M. *A Textual Commentary on the Greek New Testament*. 2판. Stuttgart: Deutsche Bibelgesellschaft; United Bible Societies, 1994. 「신약 헬라어 본문 주석」, 대한성서공회. 신약 성경 해석자들이 꼭 갖추어야 할 자료. 메츠거는 신약의 본문 비평 분야에서 20세기 최고의 학자다. 신약의 본문 비평을 간단히 개관한 뒤, 메츠거는 세계성서공회 연합회에서 펴낸 *The Greek New Testament*의 제4판(1993)에 실린 본문상의 이문들을 논평한다. UBS 성경은 본문상의 이문들에 A, B, C, D의 등급을 매겼으며, 메츠거는 이 책에서 편집 위원회가 그렇게 결정한 근거를 설명하고 있다.

Metzger, Bruce M., and Bart D. Ehrman. *The Text of the New Testament: Its Transmission, Corruption, and Restoration*. 4th ed. New York: Oxford University Press, 2005. 「사본학」, 기독교문서선교회(3판 번역). 표준적인 학술적 개론서.

Omanson, Roger L. *A Textual Guide to the Greek New Testament: An Adaptation of Bruce M. Metzger's* Textual Commentary *for the Needs of Translators*. Stuttgart: Deutsche Bibelgesellschaft, 2006. 정식으로 본문 비평 훈련을 받지 못한 성경 번역자들을 위해, 메츠거가 쓴 *Textual Commentary* 내용을 좀 더 단순화하고 확장시킨 책. 이 책의 단순한 문체는 영어가 모국어가 아닌 이들에게 유익을 준다.

Parker, D. C. *An Introduction to the New Testament Manuscripts and Their Texts*. Cambridge: Cambridge University Press, 2008. 대니얼 월리스에 따르면, 이 책은 "영국의 주도적인 신약 본문 비평학자가 쓴 것으로, 신약 사본 연구에 관한 직접적인 통찰과 2차 문헌이 탁월하게 정리되어 있다."[17] 특히 5장의 "Textual Criticism"(159-90)을 보라.

Porter, Stanley E., and Andrew W. Pitts. *Fundamentals of New Testament Textual Criticism*. Grand Rapids: Eerdmans, 2015. 대학원 수준의 학생들이 충분히 이해할 수 있게 자세히 쓰인 개론서. 이 책은 좀 더 심화된 개론서인 메츠거의 *The Text of the New Testament*와 기초 입문서인 블랙의 *New Testament Textual Criticism* 사이에서 적절한

17 Daniel B. Wallace, "Update from Athens: New Apostolos Manuscript," June 9, 2015, http://danielbwallace.com/.

타협점이 된다. 피터 J. 거리(Peter J. Gurry)는 자신의 논평에서 이 책에 담긴 몇 가지 오류를 지적했다(*Themelios* 41, 2 [2016]: 328-30).

Wallace, Daniel B. "Laying a Foundation: New Testament Textual Criticism." In *Interpreting the New Testament Text: Introduction to the Art and Science of Exegesis*, edited by Darrell L. Bock and Buist M. Fanning, 33-56. Wheaton, IL: Crossway, 2006. 『신약 성서 해석학』, 성서침례대학원대학교출판부. 탁월한 개론적 논의. 인터넷에서 무료로 살필 수 있는 더 기초적인 논의로는 Justin Taylor, "An Interview with Daniel B. Wallace on the New Testament Manuscripts," March 21, 2012, www.thegospelcoalition.org/를 보라.

_________. *Textual Criticism Chart Timesaver*. www.nttextualcriticism.com. 월리스가 여러 해에 걸쳐 작업해 온 사이트. 적은 돈을 내고 구독할 수 있다. 이 사이트는 NA[28]의 본문비평 장치에 담긴 데이터들을 쉽게 활용할 수 있는 본문 비평 도표로 변환해 준다. 그 도표에는 본문 유형과 연대별로 사본들이 열거되어 있다.

_________, ed. *Revisiting the Corruption of the New Testament: Manuscript, Patristic, and Apocryphal Evidence*. Grand Rapids: Kregel, 2011. 이 책은 바트 어만이 쓴 *The Orthodox Corruption of Scripture* (New York: Oxford University Press, 2011)의 내용을 논박한다.

Wallace, Daniel B., et al. *Center for the Study of New Testament Manuscripts*. www.csntm.org/. 이 센터의 이사회에는 마이클 홈즈와 토미 와서먼(Tommy Wasserman)처럼 본문 비평 전문가로 잘 알려진 일부 학자들이 포함되어 있다. 이 센터의 실행 위원장은 대니얼 월리스이며, 그는 현재 복음주의권의 주요 본문 비평학자 중 한 사람이다. 이 센터는 헬라어 사본들을 디지털 방식으로 촬영해서 고화질 이미지로 만든 뒤, 웹사이트에 무료로 공개하고 있다. 또한 아이튠즈를 통해 볼 수 있는 동영상 강의들을 무료로 제공한다(예를 들어 월리스의 "The Basics of New Testament Textual Criticism" 등이 있다).

Ward, Mark L., Jr. *Authorized: The Use and Misuse of the King James Bible*. Bellingham, WA: Lexham, 2017. 워드는 이 책에서 상식적인 분별력과 좋은 글 솜씨를 보여 주면서, 오늘날 영어권 독자들이 KJV의 진가를 인정하는 동시에 탁월한 현대어 역본들을 통해 유익을 얻어야 하는 이유를 잘 설명하고 있다.

Wegner, Paul D. *A Student's Guide to Textual Criticism of the Bible: Its History, Methods and Results*. Downers Grove, IL: InterVarsity Press, 2006. 331쪽 분량의 신뢰할 만한 초심자용 입문서. 구약과 신약의 본문 비평을 모두 소개하고 있다.

White, James R. *The King James Only Controversy: Can You Trust Modern Translations?* 2nd ed. Minneapolis: Bethany House, 2009. 안타까운 분열을 가져온 이 문제에 관해 가장 좋은 자료를 제공하는 한 권의 책.

3장

번역

역본들을 서로 비교하기

이상적으로 볼 때, 이 단계는 헬라어 원문을 직접 번역한 뒤 그 내용을 다른 역본들과 비교하는 것으로 시작된다. 하지만 이 장에서 나는 당신이 헬라어 원문을 번역할 수 있다고 전제하지 않으며, 헬라어 해석의 기본 사항들에 초점을 두지도 않는다. 오히려 이 장에서는 성경 번역이 어떻게 이루어지는지에 초점을 맞추려 한다.[1]

한 역본을 탁월한 것으로 만드는 네 가지 특성[2]

무엇이 한 성경 역본을 탁월한 것으로 만드는가? 네 가지 특성이 있다. 하지만 어떤 역본도 이 네 가지 특성을 모든 문맥에서 전부 온전히 나타내지는 못한다. 여기에는 양보와 타협의 긴장 관계가 내포되어 있기 때문이다. 그 네 가지 특성은 다음과 같다.

---

1 이 장에서 나는 전반적인 면에서 성경 번역에 관한 최상의 안내서로 여겨지는 다음 책에 많이 의존하고 있다. Gordon D. Fee and Mark L. Strauss, *How to Choose a Translation for All Its Worth: A Guide to Understanding and Using Bible Versions* (Grand Rapids: Zondervan, 2007). 이 책에 관해서는 이 장 끝에 있는 '추가 연구 자료'에서 더 자세히 언급할 것이다.

2 같은 책, 36-41쪽을 참조하라.

1. 정확성

성경이 어떻게 번역되는지 잘 이해하지 못하는 사람이 많다. 특히 다른 언어를 잘 모르는 영어 사용자들이 그렇다. 그들은 가장 '문자적'이거나 '축자적'인 번역이 정확하다고 여긴다. 하지만 당신이 두 가지 이상의 언어를 다룬다면, 그런 생각이 얼마나 비현실적인지 알 것이다.

중학교와 고등학교에서 스페인어 수업을 들을 때, 내가 처음에 배운 질문은 '당신의 이름은 무엇입니까?'(*¿Como se llama?*)였다. 이 *¿Como se llama?*를 문자적으로 번역하면 '당신 자신을 어떻게 부릅니까?'가 된다. 그러나 아무도 그런 식으로 번역하지 않는다. 그것은 지나치게 형식에 따른 표현이기 때문이다. 번역의 주된 목표는 의미를 정확히 재현하는 것이다.

그리고 성경 번역 역시 그런 식으로 이루어진다. 성경 번역의 주된 목표는 히브리어와 아람어, 헬라어로 쓰인 원문의 (형식이 아닌) **의미**를 정확히 재현하는 데 있다. 언어는 바로 그런 방식으로 작용하기 때문이다. 어떤 두 언어도 정확히 상응하는 어휘나 문법, 관용구를 지니고 있지 않다.

예를 들어, 요한복음 3장 16절은 헬라어로 다음과 같이 기록되어 있다.

> οὕτως γὰρ ἠγάπησεν ὁ θεὸς τὸν κόσμον, ὥστε τὸν υἱὸν τὸν μονογενῆ ἔδωκεν, ἵνα πᾶς ὁ πιστεύων εἰς αὐτόν μὴ ἀπόληται ἀλλ' ἔχῃ ζωήν αἰώνιον.

그리고 이 구절의 축자역은 이렇게 들린다.

> 사랑하셨으므로 하나님이 세상을, 아들을 하나뿐인 그가 주셨다, 하기 위해서, 모든 사람이 믿는 그분을 않고 멸망하지 오히려 얻도록 생명을 영원한.

이것은 형편없는 번역문이다. 원래 내용을 정확히 전달하지 못하기 때문이다. 곧 이 번역문은 의미를 적절히 재현하지 못하고 있다. 하지만 성경 번역은 주로 형식을 재현하는 일이 아니라 의미를 정확히 재현하는 일에 관련된다.

그리고 좋은 번역문은 각 장르와 양식에 맞게 의미를 정확히 재현해 낸다. 그러면 헬라어로 쓰인 서신은 어떻게 옮겨야 할까? 세련된 격식을 갖춘 편지는 영어로 옮겼을 때에도 세련된 격식을 갖춘 것이 되어야 하며, 반대로 좀 더 자유로운 구어체로 쓰인 편지는 영어로 옮겼을 때에도 자유로운 구어체로 쓰인 편지가 되어야 할 것이다.

2. 명료성

1세기의 원래 독자들이 헬라어 원문을 뚜렷이 이해했듯이, 탁월한 성경 역본도 현대의 독자들에게 뚜렷하게 이해되어야 한다. 저자가 일부러 모호하게 표현한 부분이 있다면, 우리의 역본 역시 그 부분을 모호하게 표현해야 한다. 그러나 그 저자가 분명히 드러낸 내용이 있다면, 탁월한 역본 역시 그 내용을 분명히 드러내야 한다.

이 점을 보여 주는 한 사례를 헬라어 속격에서 찾아볼 수 있다. 1학년 학생들에게 헬라어를 가르칠 때, 교사들은 자주 속격으로 쓰인 단어를 번역할 경우에는 영어 전치사 'of'(……의)를 써야 한다고 가르친다. 그러나 사실 이 문제는 훨씬 복잡한 성격을 지닌다(4장에서 문법을 다룰 때 이 점을 살펴볼 것이다). 여기서 내 요점은 어떤 헬라어를 번역할 때 전치사 'of'를 덧붙이면, 매우 **불분명한** 번역문이 될 수 있다는 것이다. 예를 들어 히브리서 1장 3절은 예수께서 만물을 τῷ ῥήματι τῆς δυνάμεως αὐτοῦ(토 레마티 테스 뒤나메오스 아우투), 곧 "그의 **능력의** 말씀으로"(by the word *of the power* of him) 붙드신다고 언급한다. 그리고 KJV, NASB, ESV는 이 구절을 "by the word *of his power*"(그분이 지닌 능력의 말씀으로)로 옮기고 있다. 그러나 이것은 과연 분명한 영어식 표현인가? 이에 반해 NIV, NET, CSB의 표현을 살펴보자. "by his *powerful* word"(그분의 힘 있는 말씀으로). 바로 이것이 분명한 표현이다.

3. 자연스러움

혹시 어떤 번역문을 읽다가 그 표현이 너무 부자연스러워서 웃음을 터뜨린 적이 있는가? 나는 어느 식품점에서 이런 메모가 붙어 있는 큰 냉동고 사진을 본 적이 있다. "이 냉동고는 통제 불능입니다"(This freezer is out of control. 글쓴이가 의도한 것은 '이 냉동고는 고장 났습니다'[This freezer is out of order]였다). 어떤 웹사이트에는 이런 우스꽝스러운 사례들이 열거되어 있다.[3]

그렇게 어설픈 번역문이 우습게 느껴지는 이유는 우리가 영어를 잘 알기 때문이다. 우리는 영어의 어감이 어떠한지 알고 있다. 그러므로 어떤 번역문이 자연스럽지 않을 때, 우리는 쉽게 알아차릴 수 있다. 그리고 앞서 소개한 문구는 그저 부자연스러운 정도가 아니다. 그 표현을 쓴 이는 자기도 모르게 그릇된 메시지를 전달하고 있으며, 그 표현이 우습게 다가오는 것은 바로 이 때문이다.

그러나 성경 역본들의 경우, 영어권 독자들은 전통적으로 더 높은 인내심을 보여왔다. 그들은 거의 그 역본들이 부자연스럽게 느껴지길 기대할 정도다. 그 이유는 무엇일까? 그 책이 바로 성경이기 때문이다. 성경 메시지는 마치 다른 세상에 속한 이야기처럼 들려야 하지 않겠는가?

하지만 그렇지 않다. 헬라어 신약 성경의 저자들은 당시의 평범한 언어로 그 내용을 기록했기 때문이다. 그 언어들은 '코이네 헬라어'(Koine Greek) 또는 '공통 헬라어'(common Greek)라고 불린다. 영어 역본의 경우도 마찬가지다. 곧 영어 역본에 쓰인 표현들 역시 평범하고 자연스러운 영어, 일상적인 영어처럼 느껴져야 마땅하다. 영어가 계속 변화해 가면서 성경 역본들 역시 계속 개정되어야 하는 이유는 여기에 있다.

- 이 표현은 자연스러운 현대 영어가 아니다.
  "Our Father which art in heaven, Hallowed be thy name"(마 6:9, KJV).
  "하늘에 거하시는 우리의 아버지시여, 당신의 이름이 신성히 여김을 받으시오며"(옮긴이 번역).
- 이 표현이 좀 더 자연스러운 영어다.
  "Our Father in heaven, may your name be honored as holy"(NET, CSB 참조).
  "하늘에 계신 우리 아버지, 당신의 이름이 거룩히 높임 받으시기를 원합니다"(옮긴이 번역).

---

3 그런 웹사이트 중 하나는 www.engrish.com이다. 그런 사이트들에 올라온 어처구니없는 영어 번역문들을 읽으면서 웃다 보면 시간이 금세 지나갈 것이다. 경고_ 내가 마지막으로 방문했을 때, 그 사이트에 올라온 번역 관련 유머들 가운데는 저속한 것도 있었다.

4. 독자 적합성

한 역본이 어린이나, 영어를 두 번째 언어로 사용하는 이들처럼 특정 독자층을 대상으로 삼는 것은 바람직한 일이다. 가장 널리 쓰이는 역본들은 대부분의 영어 사용자가 쉽게 이해할 수 있을 뿐 아니라, 교회가 함께 모일 때 공적으로 낭독하기에 적합한 어휘와 문체를 사용하는 것을 목표로 삼는다.

그러므로 한 역본을 탁월한 것으로 만드는 특성은 네 가지다. 바로 정확성, 명료성, 자연스러움, 독자 적합성이다. 이는 복잡한 성격을 지닌 문제이므로, 좀 더 많은 사례를 살피면서 계속 탐구해 보기로 하자.

번역의 주요 접근 방식 세 가지[4]

성경 번역에는 세 가지 주요 접근 방식이 있다. 첫 번째 방식은 헬라어의 **형식**을 영어로 재현하는 데 초점을 두며, 두 번째 방식은 **의미**를 재현하는 데 초점을 둔다. 세 번째는 이 두 방식의 장점을 조합하려고 시도한다. 첫 번째 것은 '형식적 일치'(formal equivalence)를 추구하는 방식으로 불리며, 두 번째 것은 '기능적 일치'(functional equivalence)를 추구하는 방식으로 불린다(후자는 '역동적 일치'[dynamic equivalence]로 불리기도 한다).

이 세 가지 접근 방식 모두 타당하며 유익하다. 우수한 영어 성경 역본들 가운데는 형식에 좀 더 근거한 것들뿐 아니라 의미에 좀 더 근거한 것들도 있다. 나는 이런 역본들 모두를 감사히 여긴다. 나는 그저 한 종류의 역본만 곁에 두고 활용하는 것이 아니라, 다양한 역본에서 유익을 얻기도 한다. 이 세 가지 주요 접근 방식에는 모두 정당한 번역 철학이 담겨 있으며, 이 방식들은 각기 고유한 강점과 약점을 지니고 있다.

1. 형식적 일치를 추구하는 방식(좀 더 형식에 근거한 방식)

사람들은 이 접근 방식을 종종 '축자역', '직역', '문자적 번역'으로 부른다. 이 방식은 헬

4 Fee and Strauss, *How to Choose a Translation*, 26-31쪽을 참조하라.

라어의 형식을 영어로 재현하는 데 우선순위를 두기 때문이다. 이 방식은 다음과 같은 몇 가지 장점이 있다.

- 영어권 독자들은 이 방식을 통해, 단어의 패턴을 좀 더 파악할 수 있다. 이 접근 방식은 되도록 같은 헬라어 단어(들)를 같은 영어 단어(들)로 번역하려고 시도하기 때문이다.
- 이 방식은 독자들이 서신서의 논증을 더 잘 따라갈 수 있게 도와주는데, 그 이유는 두 가지다. (1) 이 방식은 '그러므로'(therefore), '……이므로'(for), '그러나'(but) 등의 영어 단어를 써서, 논리적 연결사를 좀 더 일관되게 표현한다. (2) 이 방식에서는 분사를 비롯한 종속 단어들을 새로운 문장에 담아 표현하기보다는, 그 단어들을 구문론 상의 통제 동사(controlling verb, 주동사라고도 함)에 종속되는 것으로 좀 더 일관성 있게 번역한다.
- 이 방식은 좀 덜 해석적이며, 따라서 그릇된 의미를 전달할 가능성이 줄어들 수 있다.
- 이 방식은 헬라어를 조금만 아는 학생들에게 큰 도움을 준다. 형식에 근거한 역본들이 헬라어의 어순과 구문을 좀 더 밀접히 따라가기 때문이다.

2. 기능적 일치를 추구하는 방식(좀 더 의미에 근거한 방식)

이 접근 방식은 헬라어의 의미를 자연스러운 영어로 재현하는 데 우선순위를 둔다. 이 방식은 다음과 같은 몇 가지 장점이 있다.

- 이 방식은 의미의 재현에 초점을 맞추므로, 이 작업이 잘 수행될 경우에는 좀 더 정확한 번역문이 될 수 있다.
- 이 방식은 좀 더 명료한 결과를 낳는 경향이 있다. 헬라어의 형식이 영어 번역문에서도 그대로 유지될 경우, 헬라어 원문에는 존재하지 않던 모호성이 생겨날 수 있기 때문이다.
- 이 방식에서는 그저 **이해할 만한** 영어가 아니라 **자연스러운** 영어를 쓴다. 이 방식의 작업 철학은 되도록 원래 형식을 재현하려는 데 있지 않다. 그런 노력은 때

로 영어라기보다 '성경어'(Biblish)에 가까운 결과를 낳기 때문이다.

- 이 방식은 어린아이나 교육을 제대로 받지 못한 이들, 영어를 제2언어로 사용하는 이들처럼 문해력 수준이 높지 않은 이들에게 적합하다.

3. 절충 방식

절충 방식은 형식에 근거한 방식과 의미에 근거한 방식의 각 장점들을 결합하려는 시도다. 이 방식을 취한 역본들은 때로 형식에, 또 때로는 의미에 좀 더 기반을 둔다. 이것은 적절한 균형을 찾는 작업이다.

번역 과정에서는 늘 손실을 입기 마련이다. 영어의 각 어휘는 그에 상응하는 헬라어 어휘와는 의미 범위와 어감이 다르기 때문이다. 관용구는 정확히 옮겨지지 않으며, 구문도 상이하다. 언어유희와 두운법, 모음 압운법, 자음 압운법 역시 정확히 옮길 수 없다. 그러므로 번역자들은 원문의 의미를 제대로 전달하는 최선의 길이 무엇인지 결정해야 한다. 모든 번역자는 해석자며, 해석 없이는 번역할 수 없다. 그것은 불가능하다.

여기서 나는 피와 스트라우스의 말에 동의한다. "(종합적으로 볼 때) 최상의 역본은 원문의 의미를 충실히 담고 있으면서도, 현대 독자들이 명료하고 자연스럽게 이해할 수 있는 언어를 사용하는 역본이다. 이는 히브리어나 헬라어로 된 원문이 당시 독자들에게 그렇게 이해되던 것과 마찬가지다."[5]

현대 성경 역본들은 서로 어떻게 비교되는가[6]

형식에 근거한 방식에서 절충 방식, 의미에 근거한 방식을 거쳐 자유로운 방식에 이르는 스펙트럼에서 현대의 일부 역본들이 어디에 놓이는지 구체적으로 살펴보자(도표3.1을 보라).

---

5 같은 책, 29쪽.

6 같은 책, 28, 31-34, 119-21, 145-57쪽을 참조하라.

좀 더 형식에 근거한 방식	절충 방식	좀 더 의미에 근거한 방식	자유로운 방식
KJV RSV NRSV	NIV		LB
NKJV CSB		NLT	
NASB ESV NET			MESSAGE

도표3.1. 번역의 스펙트럼

우리는 도표3.1에 훨씬 많은 역본을 포함시킬 수 있다. 그러나 문제를 단순화하기 위해, 나는 두 가지 의역본을 포함하여 이 역본들로만 논의를 진행하려 한다. 그러면 각 역본을 간단히 설명해 보자.

1. **King James Version**(KJV, 킹 제임스 역본)과 **New King James Version**(NKJV, 새 킹 제임스 역본)_ KJV는 가장 유명한 영어 성경 역본이다. 출간된 지 400년이 지났지만 이 역본은 여전히 강력한 영향을 끼치고 있다. 다만 더는 다른 역본들을 초라해 보이게 만들 정도로 지배적인 역본은 아니며, 현대의 영어 역본들이 점점 널리 쓰이고 있다(나는 앞 장에서 이미 'KJV 유일주의'를 다루었으며, 여기서는 단지 그 견해가 KJV에 수록된 역자들의 서문 자체를 통해서도 철저히 논박된다는 것을 지적하려 한다). KJV의 신약 본문은 공인 본문을 영어로 옮긴 것인데, 이 공인 본문은 열등한 사본들에 기반하고 있다. 수가 매우 적고, 늦은 시기의 사본들이기 때문이다(대부분 다수 본문과 일치하는 것으로, 예닐곱 개 정도의 헬라어 신약 사본들이다). NKJV(1982) 역시 좀 더 이른 시기의 신뢰할 만한 본문들을 활용하지 않고 공인 본문을 채택했다. 다만 이 역본의 경우, 난외주에 비평 본문과 다수 본문에 나타난 중요한 이문들을 제시하고 있다. 따라서 이 역본이 KJV를 개선하려는 시도였다면, 그 시도는 두 가지 측면에서 실패한 셈이다. 곧 이 역본은 (1) 최상의 본문들을 채택하지 않았으며, (2) KJV의 표현을 현대식 영어로 바꾼 탓에 오히려 많은 독자가 KJV에서 느끼던 아름다운 문체를 잃어버린 것이다. 내 생각에는 개인적으로 연구할 때나 사람들에게 설교하고 가르칠 때, 굳이 KJV나 NKJV를 주된 역본으로 삼을 이유를 찾기 어렵다.

2. **New American Standard Bible**(NASB, 새 미국 표준 성경)_ NASB는 자주 '딱딱하고 문자적인' 역본으로 언급된다. 옳은 말이지만, KJV에 익숙한 사람들에게는 NASB가 소설처럼 읽힌다. 그리고 이 역본은 원래 구문을 매우 밀접하게 반영하고 있

으므로, 당신이 히브리어와 헬라어를 공부하는 중이라면 NASB는 최상의 친구가 될 수 있다. 나는 개인적으로 연구할 때 이 역본을 자주 활용하지만, 설교하고 가르칠 때에 주된 역본으로 선택하지는 않는다. 문체가 명료하거나 자연스럽지 않을 때가 많기 때문이다. 그럼에도 NASB는 매우 귀중한 역본이다.

3. **Revised Standard Version**(RSV, 개정 표준 역본), **New Revised Standard Version**(NRSV, 새 개정 표준 역본)**과 English Standard Version**(ESV, 영어 표준 역본)_ RSV(1952)는 영어 성경 번역에 혁명을 일으켰다. 그러나 보수 교계에서는 널리 쓰이지 않았다. 이 역본이 이사야 7장 14절의 한 단어를 '처녀'(the virgin) 대신에 '젊은 여인'(a young woman)으로, 로마서 3장 25절의 한 단어를 '화목'(propitiation) 대신에 '속죄'(expiation)로 옮겼기 때문이다. NRSV(1990)는 RSV를 개정한 역본으로, 개정 내용에는 성 포괄적 언어를 일관되게 사용하는 것도 포함되어 있다. 이것은 학자들이 널리 사용하는 역본이다. 그리고 ESV(2001)는 RSV를 개정한 역본으로서 신학적으로 좀 더 보수적인 견해를 취하고 있으며, NRSV처럼 성 포괄적 언어를 일관되게 본문에 덧붙이지도 않았다. 이 ESV는 탁월한 역본이다. 이것은 내가 속한 교회에서 주로 사용하는 역본이며, 나는 이 역본을 종종 암송한다.

4. **Christian Standard Bible**(CSB, 기독교 표준 성경)_ 이 역본이 2004년에 처음 출간되었을 때에는 'Holman Christian Standard Bible'(홀먼 기독교 표준 성경)로 불렸으나, 2017년에 개정되면서 'Christian Standard Bible'로 이름이 단축되었다. 이것은 탁월한 역본으로, ESV보다 좀 더 의미에 근거하고 있지만 NIV보다는 정도가 덜하다. CSB의 역자들은 이 원리를 '최적의 일치'(optimal equivalence)라고 부른다(내게는 그 용어가 '기능적 일치'와 매우 비슷하게 들린다).

5. **New English Translation**(NET, 새 영어 번역본)_ 이 역본의 번역 철학은 NIV의 것과 유사하다. 그러나 이 역본의 두드러진 특징은 바로 본문에 달린 주들에 있으며, 역자들은 이 주들을 통해 번역문 내용을 자세히 설명한다. 나는 다른 역본들에도 이처럼 자세한 주들이 달리기를 기대한다! (앞 장 끝부분의 '추가 연구 자료'에서 '*The NET Bible*' 항목을 보라.)

6. **New International Version**(NIV, 새 국제 역본)_ 이 역본의 완역본이 처음 출간된 것은 1984년이었다. 이 역본은 가장 많이 팔리는 현대어 역본이 되었으며, 그럴 만

한 이유도 충분했다. 이는 이 역본이 매우 잘 읽히기 때문이며, 특히 이야기 부분에서 그러하다. 이 역본의 번역 위원회는 2005년에 본문을 개정하고, 그 본문을 NIV가 아닌 TNIV라고 불렀다. 1997년에 성 포괄적 언어에 관한 논쟁이 벌어진 바 있기 때문이다(이 문제는 이 장 뒷부분에서 다루려 한다). 그리고 2011년에는 다시금 NIV의 주된 개정판이 출간되었다. 이때는 일류 학자들의 광범위한 연구에 근거해서 TNIV 본문을 다시 개정했다. 아마 이 역본은 전 세계 영어 사용자들에게 최적의 번역본일 것이다. (여기서 고백하자면, 나는 「NIV 존더반 스터디 바이블」[*NIV Zondervan Study Bible*] 부편집자로 섬겼다.)

7. **Living Bible**(LB, 살아 있는 성경)**과 New Living Translation**(NLT, 새 생명 번역본)_ 위 스펙트럼에서 LB 역본은 '자유로운 번역' 끝부분에 자리 잡고 있다. 이것은 번역본이라기보다는 의역본이기 때문이다. 의역본의 경우, 번역본 수준을 벗어나 본문의 역사-문화적 맥락을 오늘날의 것으로 수정한다. 케네스 테일러(Kenneth Taylor)는 열 자녀를 위해 형식에 근거한 American Standard Version(ASV, 미국 표준 역본)을 단순한 문체로 의역하였으며, 마침내 1971년에 틴데일 하우스에서 그 역본을 출간했다. 그리고 NLT(1996, 개정판 2004)는 LB의 수준을 또 다른 단계로 끌어올렸다. 헬라어와 히브리어를 처음 배울 때, 나는 NLT를 살피면서 그 본문이 원문에서 얼마나 '벗어났으며', 또 '자유로운지'에 관해 농담하곤 했다. 하지만 이제는 그러지 않는다. NLT가 지닌 의미를 인정하기 때문이다. 나는 그 본문 뒤에 숨겨진 광범위한 노력과 학문성을 존중한다. 크레이그 블롬버그에게 아흔 명에 가까운 복음주의권 학자들이 LB와 NLT 초판을 꼼꼼히 개정한 일을 듣고 난 뒤, 나는 비로소 그 역본의 학술적인 번역 과정을 이해하였다. NLT는 제대로 된 역본이다.

8. **The Message**(메시지 성경, 2002)_ 유진 피터슨(Eugene Peterson)은 성경 원문을 의역하여 그 어조를 제대로 포착하고 의미를 생동감 있게 전달하려 했다. 예를 들어 고린도전서 13장 1절을 "내가 사람의 방언과 천사의 말을 할지라도 사랑이 없으면 소리 나는 구리와 울리는 꽹과리가 되고"로 옮기는 대신 메시지 성경은 이렇게 표현한다. "내가 사람의 유창한 말과 천사의 황홀한 말을 해도, 사랑하지 않으면, 나는 녹슨 문에서 나는 삐걱거리는 소리에 지나지 않습니다"(「메시지」, 복있는사람). 나는 이 텍스트를 우리가 읽을 주된 역본으로 삼을 수 있다고 여기지 않으며, 설교와 가르침에도 그리 적합하지 않다고 본다. 하지만 이 역본은 여전히 읽을 가치가 있다.

피와 스트라우스의 책은 주요 영어 역본의 목표와 장단점을 알기 쉽게 보여 주는 도표를 소개하고 있다(도표3.2).[7]

	형식적 일치(직역)	절충 방식	기능적 일치(관용적)
목표	이해_ 본문을 이해할 수 있게 될 때까지 형식을 변경한다.	명료성_ 본문이 명료해질 때까지 형식을 변경한다.	자연스러움_ 본문이 자연스러워질 때까지 형식을 변경한다.
사례	KJV, NKJV, NASB, NRSV, RSV, ESV	NIV, TNIV, NAB, NJB, CSB, NET	NLT, NCV, GNT, GW, CEV
장점	원문의 은유와 언어적 암시, 모호성을 파악하는 데 도움이 된다.	정확성과 명료성을 모두 확보한다.	내용이 가장 잘 이해된다. 본문의 메시지를 분명하고 자연스럽게 전달한다.
단점	문체가 어색하며, 이해하기 어렵고 부정확하게 표현될 수 있다. 독해하기 어려운 경우가 자주 있다.	해석이 좀 더 가미되므로 해석상 오류가 생길 여지도 더 커진다. 때로는 자연스럽지 않은 영어 표현이 쓰인다.	해석이 더욱 많이 가미되므로 오류 여지도 더욱 커진다. 때로는 단순성과 명료성을 추구하다가 의미의 미묘한 차이를 놓치고 만다.

도표3.2. 주요 역본들에 대한 평가

그러면 우리가 성경을 연구할 때 가장 우선으로 활용할 역본들로는 어떤 것이 있을까? 답하기 어려운 질문이지만, 내가 개인적으로 성경을 연구할 때 가장 많이 참조하는 네 가지 역본을 언급하고자 한다(좀 더 형식에 근거한 것에서 좀 더 의미에 근거한 것 순으로 열거했다).

- ESV
- NET
- NIV
- NLT

ESV는 형식에 근거한 최상의 역본이며, NIV는 절충 방식을 취한 최상의 역본이

7 같은 책, 34쪽(허락을 받고 사용함).

다. 그리고 NLT는 의미에 근거한 최상의 역본이다. NET에는 최상의 각주들이 달려 있다. 성경을 연구할 때 강력한 조합은 이 네 역본을 함께 살피면서 읽는 것이다.

NASB와 ESV는 늘 NIV보다 더 형식에 기반하는가

이 질문에 간단히 대답하자면, "그렇지 않다." 증거가 필요한가? 그렇다면 데이브 브런(Dave Brunn)의 책을 소개한다.

피와 스트라우스의 책이 성경 번역에 관해 전반적으로 가장 선호하는 책이라면, 브런의 책은 내가 두 번째로 선호하는 책이다.[8]

이 책에서 브런은 따뜻하고 평온하며 논쟁적이지 않은 어조를 취한다. 그에 따르면, 영어권 독자는 좋은 성경 역본이 많음을 감사하면서 그 역본들에서 풍성한 유익을 누리는 것이 마땅하다. 이 역본들은 "서로 보완하는 관계에 놓일 때가 많으며, 심지어는 서로 의존하기까지 한다."[9]

브런은 수백 개의 분명한 사례를 들어, 좀 더 '문자적'이라는 평판을 지닌 (NASB와 ESV 같은) 역본들이 실은 전혀 문자적이지 않을 때가 자주 있다는 것을 입증한다. 그리고 때로는 절충 방식을 택하는 (NIV 같은) 역본들이 좀 더 문자적으로 번역된 경우도 있다.

여기에 몇 가지 사례를 소개한다(도표3.3을 보라).[10]

---

8 Dave Brunn, *One Bible, Many Versions: Are All Translations Created Equal?* (Downers Grove, IL: InterVarsity Press, 2013).

9 같은 책, 17쪽.

10 같은 책, 30-31쪽. 이 도표는 Dave Brunn, *One Bible, Many Versions: Are All Translations Created Equal?*에서 가져왔다. Copyright (c) 2013 by Dave Brunn. Used by permission of InterVarsity Press, P.O. Box 1400, Downers Grove, IL 60515, USA. www.ivpress.com/.

		본질적으로 직역				의미 중심 번역
원래 어구[a]		여러 역본				ESV
사무엘상 22장 19절	he struck *with the edge of the sword*[b] (그는 **칼끝으로** 쳤다.[b])	NASB	he struck …… *with the edge of the sword* (그는 …… **칼끝으로** 쳤다).	NKJV	he struck *with the edge of the sword* (그는 **칼끝으로** 쳤다).	he put *to the sword* (그는 **칼로** 베어 죽였다).
마태복음 16장 23절	You are a *stumbling block* to me (너는 나에게 **걸림돌**이 된다.)	NIV	You are a *stumbling block* to me (너는 나에게 **걸림돌**이 된다).	NASB	You are a *stumbling block* to me (너는 나에게 **걸림돌**이 된다).	You are a *hindrance* to me (너는 나에게 **장애물**이 된다).
마태복음 18장 16절	causes to *stumble* (**걸려 넘어지게** 하면)	NIV	causes …… to *stumble* (**걸려 넘어지게** …… 하면)	NASB	causes …… to *stumble* (**걸려 넘어지게** …… 하면)	causes …… to *sin*[c] (**죄를 짓게** …… 하면[c])
마가복음 9장 3절	no *cloth refiner* on earth (세상의 어떤 **빨래하는 자**도)	HCSB	no *launderer* on earth (세상의 어떤 **세탁하는 자**도)	NASB	no *launderer* on earth (세상의 어떤 **세탁하는 자**도)	no *one* on earth (세상의 어떤 **사람**도)
마가복음 12장 19절	*his brother* (**그의 형제**가)	HCSB	*his brother* (**그의 형제**가)	NKJV	*his brother* (**그의 형제**가)	*the man* (**그 사람**이)
누가복음 1장 34절	since I do not *know a man* (나는 **남자를 알지 못하**니)	NKJV	since I do not *know a man* (나는 **남자를 알지 못하**니)	KJV	seeing *I know not a man* (**나는 남자를 모르**니)	since *I am a virgin* (**나는 처녀이**니)
요한복음 9장 41절	you would have no *sin* (너희에게 **죄가** 없으려니와)	HCSB	you wouldn't have *sin* (너희에게 **죄가** 없으려니와)	VOICE	you would be without *sin* (너희에게 **죄가** 없었으려니와)	you would have no *guilt* (너희에게 **죄책이** 없으려니와)

사도행전 17장 24절	made by *hands* (**손으로** 지은)	HCSB	made by *hands* (**손으로** 지은)	NASB	made with *hands* (**손으로** 만든)	made by *man*[d] (**사람이** 만든[d])
로마서 3장 20절	no *flesh* will be justified (어떤 **육체도** 의롭게 여겨질 수 없나니)	NASB	no *flesh* will be justified (어떤 **육체도** 의롭게 여겨질 수 없나니)	NKJV	no *flesh* will be justified (어떤 **육체도** 의롭게 여겨질 수 없나니)	no *human being* will be justified (어떤 **사람도** 의롭게 여겨질 수 없나니)
고린도전서 1장 26절	according to the *flesh* (**육체를** 따라)	NASB	according to the *flesh* (**육체를** 따라)	NKJV	according to the *flesh* (**육체를** 따라)	according to *worldly standards* (**세상의 기준을** 따라)
고린도전서 11장 30절	and some have fallen *asleep* (어떤 이들은 **잠들었으며**)	NIV	and a number …… have fallen *asleep* (몇몇 사람들은 …… **잠들었으며**)	NASB	and a number *sleep* (몇몇 사람들은 **자고 있으며**)	and some have *died*[e] (어떤 이들은 **죽었으며**[e])
에베소서 4장 22절	put off …… *the old man* (옛 **사람을** …… 벗어버리고)	HCSB	took off …… the *old man* (**옛 사람을** …… 벗어버리고)	NKJV	put off …… *the old man* (옛 **사람을** …… 벗어버리고)	put off *your* old *self*[f] (**너희의** 옛 **자아를** 벗어버리고[f])

a 이 사례들에서 사용된 원래 어구는 ESV 본문의 난외주에 바탕한 것이다.

b 문자적으로는 '칼의 입'을 뜻한다.

c 또한 마태복음 15장 8-9절을 보라.

d Grudem, "Are Only Some Words of Scripture Breathed Out by God?", 35-37쪽에 있는, '사라진 손'(The Missing Hands)이라는 표제 아래 내용을 보라.

e '잠'이라는 표현을 써서 '죽음'을 비유적으로 나타낸 것에 관해서는 같은 글, 21-22쪽을 보라.

f 또한 골로새서 3장 9절을 보라.

도표3.3. 형식에 근거한 역본들에서 의미에 근거하여 번역한 예들

이는 브런이 ESV에서 찾은 일부 사례들일 뿐이며, NASB에서는 더 많은 사례를 언급하고 있다. 그는 다음 내용을 설득력 있게 입증한다. "모든 문자적 역본은 여러 문맥에서 역동적 일치라는 고전 원리들을 활용하고 있다."[11] 우리가 특정 역본들을 '형식에 근거한 역본'이나 '의미에 근거한 역본'으로 분류하는 것은 그 역본들이 전반적으로 그런 특성을 지니기 때문이다. 하지만 어떤 역본이든 전반적인 성향에서 벗어나는 수많은 경우가 있다. 그럼에도 (예를 들어) ESV와 NIV의 치명적인 차이에 관해 어떤 이들이 말하는 지나친 주장을 통해서는 이 점을 결코 헤아리지 못할 것이다. 그리고 이것은 한 가지 중요한 질문을 제기한다. 우리는 성경 번역 철학에 관해 서로 어떻게 의견을 달리해야 옳을까?

성경 번역 철학에 관해 어떻게 의견을 달리할 것인가

나는 (NASB와 ESV처럼) 좀 더 형식에 근거한 역본에서 (NLT처럼) 좀 더 의미에 근거한 역본에 이르기까지 다양한 성경 역본이 있는 것을 감사히 여긴다. NIV처럼 절충 방식을 취하는 역본이 전반적인 면에서는 최선일 수 있지만, 나는 또한 다른 번역 철학들을 존중하면서 그 역본들에서 풍성한 유익을 얻고 있다.

어떤 이들은 좀 더 형식에 근거한 철학을 옹호하여 전반적인 면에서 최선의 역본으로 ESV를 선호한다. 그리고 나는 그 견해를 존중한다(내가 앞서 속한 교회 네 곳에서는 주로 ESV를 사용했으며, 그 이전에 속한 교회는 NASB를 주로 사용했다).

나는 좀 더 형식에 근거한 번역 철학이 최상이라는 주장을 문제시하지 않는다. 다만 내가 그런 주장을 인정하는 것은 다음 네 가지 조건이 충족될 때다.

1. 자신과 반대되는 견해를 제대로 이해해야 한다. 이를 위해서는 그 견해를 위한 최상의 논증들을 파악해야 하며, 그 작업은 주로 세심한 독서와 듣기를 통해 이루어진다.

11 같은 책, 35쪽.

2. 반대 견해를 존중하면서 그 견해를 정확하게 묘사하고, 그 견해에 선 이들이 당신의 견해에 제기하는 반론을 제대로 진술할 수 있어야 한다. 팀 켈러는 이 일에 정통한 인물이다. 그의 충고에 따르면, 우리와 반대편에 선 이들과 대화할 때에는 "기독교 교리와 삶에 대한 그들의 반론을 그들보다 더 잘 제시해 보여야 한다."[12]
3. 사안을 과장하지 말라. 이것은 한 가지 사안에 몰두하는 일부 단체들을 향한 권고다. 나는 신학교 시절에 한 교수가 우리를 피아노가 놓인 교실로 데려간 일을 기억한다. 당시 그는 피아노 앞에 앉아 〈가운데 도 협주곡〉을 들려줬는데, 그저 건반 한가운데 도를 계속 두드리는 것이었다. 이때 그가 보여 준 요점은 잘못된 신학 작업 역시 그런 문제를 지닌다는 것이었다. **진리는 서로 균형을 이루면서 존재하기** 때문이다. 한 가지 사안에 몰두하는 단체들 역시 이 같은 위험성을 지니며, 이는 그들이 옹호하는 특정 견해가 예배에 관한 것이든, 창조나 성 역할, 부흥에 관한 것이든 마찬가지다. 그들은 자신들이 몰두하는 사안의 중요성을 지나치게 강조하는 경향이 있기 때문이다. 물론 내가 원칙적으로 한 가지 사안에 집중하는 단체들을 전부 반대하는 것은 아니다. 나는 그런 일부 단체들을 기꺼이 후원하고 있으며, 그들의 활동을 하나님께 감사한다. 나는 단지 일반적인 약점을 지적할 뿐이다.
4. 반대되는 견해나, 그 견해의 옹호자들을 멸시하거나 헐뜯어서는 안 된다.

불행하게도 어떤 이들은 1이나 2, 3의 조건들을 충분히 이행하지 않는다(이는 어느 특정한 번역 철학을 옹호하는 이들에게만 국한되는 것이 아니다). 이것은 (좋은 뜻을 품은) 다른 이들로 하여금 네 가지 조건을 모두 어기게 만드는 결과를 가져올 수 있다.

예를 들어 어떤 이들은 이 사안을 영감의 교리에 결부시킨다.[13] 그들의 주장은 이

12 Timothy Keller, *Center Church: Doing Balanced, Gospel-Centered Ministry in Your City* (Grand Rapids: Zondervan, 2012)(『센터 처치』, 두란노), 308쪽, 또한 120, 377-78쪽을 참조하라.

13 이런 주장에 대한 건전한 응답들로는 Fee and Strauss, *How to Choose a Translation*, 35-36쪽; Mark L. Strauss, "Do Literal Bible Versions Show Greater Respect for Plenary Inspiration? A Response to Wayne Grudem" (paper presented at the National Meeting of the Evangelical Theological Society, Valley Forge, PA, November 16, 2005); Rodney J. Decker, "Verbal-Plenary Inspiration and Translation," *Detroit Baptist Seminary Journal* 11 (2006): 25-61쪽을 보라.

려하다. "하나님이 특정한 개별 단어에 영감을 불어넣으셨으므로, NASB나 ESV처럼 좀 더 형식에 근거한 역본이 원문에 더 충실하다. 이 역본들은 축자역에 좀 더 가깝기 때문이다."

하지만 이 주장은 영감의 교리를 오해하는 것이다. 이 교리는 곧 하나님이 히브리어와 아람어, 헬라어 단어들에 영감을 불어넣으셔서, 인간 저자들로 하여금 그 단어들을 통해 **의미를 전달하게** 하신 일에 관한 것이기 때문이다. 따라서 피와 스트라우스는 다음과 같이 바르게 논한다.

> 영감의 교리에 훨씬 부합하는 것은 **형식**보다 **의미**를 우선시하는 역본이다. 중요한 것은 언제나 영감된 단어들의 '의미'이기 때문이다. 그 의미를 가장 잘 전달하는 역본이야말로 이 역사적인 교리를 가장 충실히 따르는 것이다. …… 성경의 축자적이고 완전한 영감 교리를 가장 엄밀히 준수하는 역본은 그저 성경 본문에 쓰인 단어들만이 아니라 그 텍스트의 **총체적 의미**를 재현해 내는 역본이다.[14]

어느 역본이 최고인지를 놓고 언쟁하는 대신에 할 일

성경 번역을 논할 때, 어떤 이들은 주로 어느 것이 최상의 역본이며 다른 역본들이 그에 못 미치는 이유는 무엇인지를 놓고 언쟁을 벌인다. 그것은 그다지 유익한 일이 아니기에, 내가 가장 좋은 길을 당신에게 보여 주려 한다.[15] 내 제안은 여섯 가지다.

1. 다양한 장점을 지닌 역본들에서 꾸준히 유익을 얻으라

피와 스튜어트는 다음과 같이 현명하게 조언한다.

> 하나의 주된 역본을 꾸준히 읽는 것은 아마 좋은 습관일 것이다. 다만 그 역본이 정

---

14 Fee and Strauss, *How to Choose a Translation*, 36쪽.

15 여기서 나는 농담 삼아 고린도전서 12장 31b절에서 바울이 쓴 어법을 빌려왔다(사실 이것은 신약 저자들이 구약을 어떻게 인용했는지와도 연관되며, 이에 관해서는 9장에서 다루려 한다).

말로 우수한 것일 경우에 그러하다. 그런 습관은 본문을 외우는 일뿐 아니라 일관되게 이해하는 데에도 도움이 된다. 아울러 당신이 더 나은 역본 중 하나를 사용하고 있다면, 해석상의 난점을 지닌 구절들에는 그에 관한 난외주가 달려 있을 것이다. 하지만 성경을 **연구하기** 위해서는, **몇 가지** 역본을 잘 선택해서 활용해야 한다. 이때 가장 좋은 방법은 **서로 성향이 다르다는** 것을 **인지하고** 그 역본들을 사용하는 것이다. 그 작업을 통해 해석상의 여러 난제가 어디에 놓여 있는지를 파악할 수 있기 때문이다.[16]

어떤 이들은 NIV를 몹시 싫어하고 배척하는데, 나는 그 견해를 존중하지만 동의하지는 않는다. 오히려 나는 NIV를 주신 것을 하나님께 감사한다. 하지만 그렇다고 해서 다른 역본들을 **반대하는** 것은 아니다. 예를 들어 나는 ESV 역시 아끼고 존중한다. 내가 속한 교회에서는 주로 이 역본을 사용하며, 나는 이 역본을 계속 외워 왔다. 그리고 나는 「ESV 스터디 바이블」(*ESV Study Bible*, 부흥과개혁사 역간)을 적극 추천한다.[17]

성경 역본들이 서로 경쟁 관계에 있다고 여기지 말라. 곧 그중 하나가 최상의 역본으로 선택되면, 나머지 역본들은 열등한 것으로 경시되어야 하는 것이 아니다. 양질의 성경 역본들은 놀랍도록 유익한 자산이며, 영어권 독자들은 둘 이상의 역본들에서 유익을 얻는 것이 마땅하다. 그것은 '이것이냐 저것이냐'(either-or)가 아니라 '이것과 저것 모두'(both-and)에 속한 문제다. 좀 더 형식에 근거한 역본에서 좀 더 의미에 근거한 역본에 이르기까지, 우리는 다양한 역본을 읽어 많은 유익을 얻을 수 있다.

2. 성경을 영어로 번역하는 일에 관해 자신의 역량을 과대평가하지 말라

언어학자이자 신약학자인 모이세스 실바의 일화가 이 원칙을 예시해 준다.[18] 스페인어를 모국어로 쓰는 그는 학생 시절 한 교수에게 스페인어로 된 신학 논문을 영어로

---

16 Gordon D. Fee and Douglas Stuart, *How to Read the Bible for All Its Worth*, 4판 (Grand Rapids: Zondervan, 2014)(「성경을 어떻게 읽을 것인가」, 성서유니온선교회), 37쪽.

17 *JETS* 52, 2 (2009): 357-59쪽.

18 여기서 나는 다음 글에 실린 내용을 풀어썼다. Moisés Silva, "Are Translators Traitors? Some Personal Reflections," in *The Challenge of Bible Translation: Communicating God's Word to the World; Understanding the Theory, History, and Practice: Essays in Honor of Ronald F. Youngblood*, Glen G. Scorgie, Mark L. Strauss, and Steven M. Voth 편집 (Grand Rapids: Zondervan, 2003), 37-38쪽.

번역해 달라는 부탁을 받았다. 이때 실바는 이 작업을 손쉽게 해낼 수 있으리라고 여겼지만, 결국 그 일은 악몽으로 끝나고 말았다. 스페인어로 된 자료를 영어로 번역해 본 적이 많지 않던 그는, 영어 번역문을 통해 스페인어 원문의 함의를 모두 전달할 수는 없다는 것을 곧 깨달은 것이다.

이 경험을 통해 실바는 생각했다. '히브리어나 헬라어를 영어로 옮길 때에는 그리 많은 수고가 필요하지 않았는데, 왜 스페인어를 영어로 옮길 때에는 그토록 힘겹게 씨름해야 했을까?' 어린 시절부터 스페인어를 써 왔지만, 히브리어와 헬라어를 배운 것은 몇 년밖에 되지 않았다. 그러나 그는 히브리어와 헬라어를 번역할 때 훨씬 자신 있었던 것이다. 대체 그 이유는 무엇일까? 실바는 두 가지 이유를 든다.

1. 스페인어는 모국어이기 때문에 실바는 그 언어가 지닌 미묘한 어감과 함의를 잘 이해하고 있었다. 하지만 헬라어나 히브리어에서는 그런 어감이나 함의를 전혀 알지 못한 것이다. 그러므로 자신의 스페인어-영어 번역문이 얼마나 빈약한지는 잘 알았지만, 헬라어-영어 번역문에서는 미처 그 사실을 깨닫지 못했다. 이 사실은 한 가지 원리를 보여 준다. 곧 아는 것이 적을수록 더 쉽게 의견을 형성하게 된다는 것이다. 이 말은 헬라어를 영어로 잘 옮길 수 없다는 뜻이 아니다. 하지만 그저 학부나 대학원에서 보낸 몇 년의 시간만으로는 곤란하다! 유능한 번역자가 되려면 평생에 걸친 노력이 요구된다.
2. 학부와 대학원에서는 헬라어를 영어로 옮길 때 극도로 형식에 기반을 두는 방식의 중요성을 강조하는 경향이 있다. 그것 자체는 나쁘지 않다. 그 일은 마치 보조 바퀴를 단 자전거로 자전거 타는 법을 배우는 것과 비슷하다. 다만 문제는 일부 학생들이 보조 바퀴를 단 자전거를 타는 것 자체를 목표로 삼게 된다는 데 있다. 그러나 헬라어를 딱딱하고 거의 알아듣기 어려운 영어로 옮기는 것은 우리의 목표가 아니다. 그런 영어는 자연스럽지 않으며, 결코 성공적인 번역이 아니다. 대부분은 어떤 스페인어-영어 번역문이 자연스럽지 못할 경우 곧 알아차린다. 이는 ("내 발이 차가워요" 대신에) "내 발에 차가움이 있어요"라든지, ("그 아이는 열 살이에요" 대신에) "그 아이는 십 년을 가졌어요"라고 표현하는 경우다. 좀 더 형식에 근거한 번역도 그 의미는 통할 수 있겠지만, 그런 문장들에 담긴 영어는 자연

스럽지 않다. 그런데도 성경 번역의 경우에는 많은 이가 이와 다른 잣대를 받아들이는 것으로 보인다. 부분적으로 그 이유는 사람들이 성경을 영어로 번역할 수 있는 자신의 역량을 과대평가하는 데 있다.

3. 좋은 성경 번역자와 역본들에 대해 하나님께 감사하라

특정한 영어 역본이 전 세계 영어 사용자들에게 전반적으로 최선의 역본으로 여겨지는 것은 좋은 일이다. 나는 NIV를 그런 역본으로 생각하고 있다(여러 국가에서 영어를 제2언어로 사용하는 수백만 명의 사람들을 고려할 때 특히 그러하다). 하지만 이와 더불어 우리는 다른 주요 번역 철학들도 존중하며, 그런 역본들에서도 풍성한 유익을 누려야 마땅하다. 당신이 지녀야 할 태도를 시험하는 한 가지 방법은 다음 질문에 있다. "당신은 좋은 성경 번역자와 역본들에 대해 하나님께 진심으로 감사할 수 있는가? 그리고 당신이 생각하기에 전반적으로 최적이 아닌 역본들에 대해서도 감사할 수 있는가?"

좋은 번역이 어떻게 이루어지는지를 좀 더 자세히 파악한다면, 우리는 좋은 성경 역본들에 대해 하나님께 더 깊이 감사하게 될 것이다. 모이세스 실바는 그 과정을 이렇게 묘사하고 있다.

> 좋은 번역문을 만들어 내는 작업은 매우 힘겹다. 성경 언어를 배우는 학생들은 그 작업에 필요한 일들을 잘 헤아리지 못하는 경우가 많다. 그들은 사전을 참조해서 '문자적' 번역(literal translation)을 하는 법을 배웠으며, 따라서 그들에게 그 과정은 상당히 손쉽게 진행되는 것처럼 보인다. 하지만 실제로 성공적인 번역에는 다음 사항이 요구된다. (1) 원천 언어(source language, 원문의 언어_ 옮긴이)에 숙달될 것. 네댓 해에 걸쳐 습득할 수 있는 것보다 훨씬 정교한 지식이 필요하다. (2) 원문의 뉘앙스를 놓치지 않을 정도로 폭넓은 지식과 뛰어난 해석 기술을 소유할 것. (3) 메시지의 인지적 요소와 정서적 요소를 모두 정확히 표현해 낼 정도로 목표 언어(target language, 번역문의 언어_ 옮긴이)를 통한 글쓰기에 높은 재능을 소유할 것.
>
> 이 모든 자질을 갖춘 번역자라도 언제든지 좌절을 겪을 수 있다. 우리는 어떤 진술의 명제적인 내용을 어느 정도 정확히 포착해 낼 경우, 대신에 전체적인 의미의 일부를 이루는 정서적 뉘앙스를 포기해야 할 수도 있다. 반대로 천재적인 솜씨를 발휘

> 해서 원문 메시지를 생생히 전달하는 표현법을 찾아냈을 경우, 원문의 인지적인 세부 사항이 우리의 번역문에서는 조금 모호해졌음을 깨달을 수도 있다. 그러므로 어떤 랍비들이 이렇게 불평하던 것도 놀랍지 않다. "어떤 구절을 직역했다는 사람은 거짓말쟁이며, 그 구절을 의역했다는 사람은 신성 모독자다!" 그리고 이탈리아 사람들은 이 점을 좀 더 간결하게 표현했다. "트라두토레 트라디토레"(*traduttore traditore*), 곧 "번역자는 반역자다."
> …… 어떤 번역문도 원문의 의미를 완전하고 명백하게 전달할 수는 없다. 따라서 다양한 번역자들, 심지어 서로 다른 번역 철학들은 원문의 다양한 특질을 표현하는 데 제각기 기여한다.[19]

성경 번역은 쉽지 않은 작업이며, 양질의 번역에는 엄청난 양의 훈련과 기술, 경험이 요구된다. 그러니 자신의 삶을 드려 그 일에 헌신하는 학자들을 주신 것에 관해 하나님께 감사하지 않을 이유가 어디 있겠는가?[20]

4. 어떤 역본을 비평할 때에는 주의를 기울이라

나는 그림3.4를 보면 킥킥 웃음을 터뜨리게 된다.[21]

이처럼 번역 과정을 살필 때, 우리는 이런 생각을 품게 된다. '흠, 내가 너무 성급하게 성경 역본들을 비판했나?'

성경 역본들에는 비평의 여지가 있으며, 이는 어떤 역본이든 마찬가지다. 완벽한 역본은 없기 때문이다. 하지만 여기서 내 요점은 다음 질문에 있다. "당신은 성경 역

---

19 Moisés Silva, "God, Language, and Scripture: Reading the Bible in the Light of General Linguistics," in *Foundations of Contemporary Interpretation*, Moisés Silva 편집 (Grand Rapids: Zondervan, 1996), 273, 275쪽.

20 성경 번역은 우리가 단번에 최종적으로 끝마칠 수 있는 과업이 아니다. 언어들이 변화하고(셰익스피어의 작품이나 KJV와 현대의 영어 문체를 비교해 보라), 새롭게 거둔 학문적 성과를 통해 특정 본문의 번역에 새로운 실마리를 찾을 수 있기 때문이다. 그렇기 때문에 C. S. 루이스는 다음과 같이 주장한다. "우리가 번역본을 소유하려면, 원문을 주기적으로 다시 번역해야 한다는 진실을 곧 마음에 새겨야 합니다. 어떤 책을 최종 형태로 번역해 내는 일은 결코 이루어질 수 없습니다. 언어는 끊임없이 변화하기 때문입니다. 당신의 어린 아들에게 옷을 사 입힐 때, 딱 한 번 사 주고 마는 것으로는 별 소용이 없습니다. 아이는 계속 자랄 것이며, 이에 따라 더 큰 옷을 계속 사 입혀야만 할 것입니다"(C. S. Lewis, "Modern Translations of the Bible," in *God in the Dock: Essays on Theology and Ethics*, Walter Hooper 편집 [Grand Rapids: Eerdmans, 1970][『피고석의 하나님』, 홍성사, 252쪽).

21 Luke Simpson, "Original Greek," October 20, 2010, www.stickworldcomics.com/(허락을 받고 사용함).

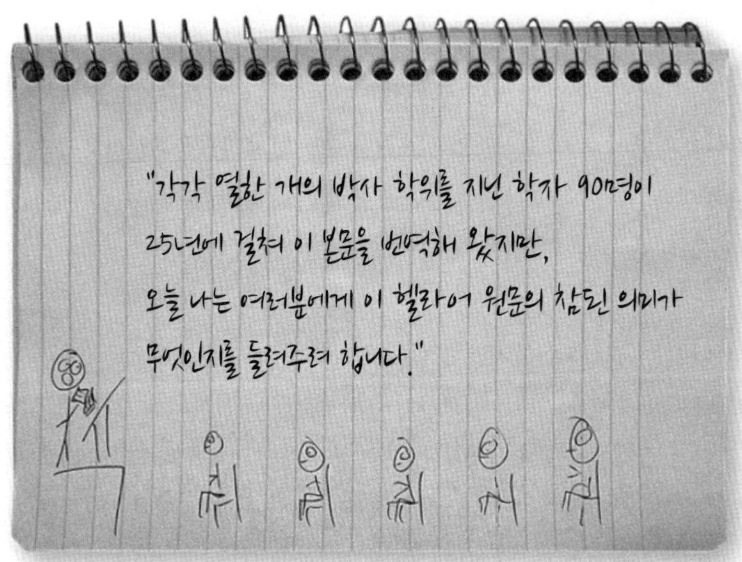

그림3.4. 역본들을 비판하기

본을 비평할 때 좀 더 신중하고 조심스러워야겠다고 생각하는가?" 성경 번역은 믿기 어려울 정도로 복잡한 과업이며, 지속적인 양보와 타협의 과정이다. 번역 위원회에 속한 학자들은 어떤 본문의 번역 방식을 두고 종종 의견을 달리하며, 이에 따라 벌어지는 표결에서 어떤 이들은 지게 된다. 이전에 나는 윌리엄 마운스(William Mounce)가 ESV 번역 과정 중 표결에서 자신이 진 일을 이야기하는 것과, 더글러스 무(Douglas Moo)가 NIV 번역 과정 중 표결에서 진 일을 이야기하는 것을 들은 적이 있다. 그런 일들은 번역 위원회에서 일상적으로 벌어진다. 번역상의 모든 결정이 명쾌하게 정리되지는 않는다. 때로는 가장 나은 두세 가지 선택지를 놓고 장단점을 저울질하면서 반반의 가능성에 의존해야 한다.

「NIV 존더반 스터디 바이블」(*NIV Zondervan Study Bible*) 부편집자로 섬길 때 나는 이 점을 좀 더 민감히 의식하게 되었다. 우리는 50명이 넘는 학자들을 선정해서 그 책에 넣을 주석과 글들을 의뢰했으며, 그러고는 그들이 NIV에 관해 제기한 일부 적절치 못한 비평들을 수정해야만 했다. 예를 들면 어떤 학자들은 한 단어나 구절을 설명하는 주석에 이렇게 언급했다. "NIV는 이 부분에서 원문을 잘못 번역하고 있다. 헬라어 원문의 내용은 문자적으로……." 하지만 나는 그런 언급을 접할 때마다 당혹스러웠다. 주로 그 '문자적'이라는 단어가 무척 애매하기 때문이다. 그 단어의 의미는 대부분의 사람들이 생각하는 그런 의미가 아니다.[22] 그리고 나는 그 학자들이 NIV의 오류를 매우 자신 있게 단언하는 것도 불쾌했다. 그들의 주장이 옳을지도 모르지만, 그런 생각을 다음과 같이 좀 더 조심스럽게 표현할 수도 있지 않았을까? "이 본문을 번역할 또 다른 방법은……", "내 생각에 이 본문을 옮길 더 나은 방법은……", "이 번역문에서 담아내지 못한 한 가지 어감은……." 이제 당신도 감을 잡았으리라 믿는다.

5. 단일 언어 사용자로서 자신이 지닌 편견을 인정하라(실제로 그런 것이 있을 경우)

데이브 브런은 파푸아 뉴기니의 라모가이 족 안에서 20년 넘게 교회 개척, 읽고 쓰는 훈련, 성경 번역, 상담을 수행한 사역자다. 그는 신약 성경 전체를 라모가이 어로 옮겼다. 그리고 그가 쓴 책 「한 성경, 여러 역본」(*One Bible, Many Versions*)이 영어 성경 논쟁에 가장 뚜렷이 기여한 부분은 바로 7장 '언어 혼란의 요소: 영어가 아닌 언어를 통해서도 말씀하시는 하나님'(133-46)에서 강조되는 내용이다. 가장 중요한 부분 중 일부를 옮겨본다.

> 영어에서 인도-유럽 어족에 속하지 않은 언어로 옮겨 갈 때, 축자역 시도가 지닌 어려움은 급격히 커진다. (특히 신약의 경우) 어떤 영어 역본들이 그처럼 문자적인 성격을 지닐 수 있는 한 가지 이유는 영어와 헬라어 모두 인도-유럽 어족에 속한 언어라는 데 있다.[23]
>
> 우리의 논의를 영어 역본들에 국한시키는 것은 문제가 있다. 영어 성경 역본에 관해 제시되어 온 기준 중 일부는 다른 여러 언어에 적용되지 않기 때문이다.[24]
>
> 영어는 신약 성경의 헬라어와 관련이 있다. 당신은 설교자나 성경 교사가 어떤 헬라어 단어를 언급하면서 이렇게 이야기하는 것을 자주 들어보지 않았는가? "이 단어는 바로 ______라는 영어 단어의 어원이 됩니다." 나도 영어로 성경을 가르칠 때 자주 그렇게 언급해 왔다. 그런데 내가 라모가이 어로 성경을 가르칠 때에는 과연 그

---

22 Douglas J. Moo, *We Still Don't Get It: Evangelicals and Bible Translation Fifty Years after James Barr* (Grand Rapids: Zondervan, 2014)를 보라.

23 Brunn, *One Bible, Many Versions*, 16쪽.

24 같은 책, 133쪽.

런 언급을 몇 번이나 했을까? 한 번도 없었으리라고 짐작했다면, 그것이 바로 정답 이다![25]

만일 NASB나 ESV, KJV처럼 주로 단어에 초점을 맞춘 것만이 충실한 역본이라면, 전 세계에 있는 대부분의 언어에서는 그런 역본이 출간될 수 없다.[26]

성경 역본들을 놓고 영어권 그리스도인들 사이에 자주 의견 차이가 생기는 이유에 관해, 나는 나만의 견해가 있다. 내 생각에 그 부분적인 이유는 우리 중 대부분이 단일 언어를 사용하는 사회에 속해 있어서다. 영어가 모국어인 대부분의 사람들은 다른 나라의 언어를 유창한 수준까지 배워 본 적이 없으며, 타국어를 습득한 이들도 인도-유럽 어족에 속한 타 언어를 배운 경우가 대부분이다. 물론 그런 언어들은 여러 면에서 영어와 관련이 있다. 많은 영어 사용자들은 신약 성경의 번역을 논할 때, 오직 헬라어를 인도-유럽 어족상의 친족어인 영어로 옮기는 일에만 근거해서 생각한다. 내 생각에 사람들이 영어 역본들에 관해 의견 차이를 보이는 주된 이유는 바로 이 협소한 관점에 있다.[27]

브런이 묘사한 단일 언어적 편견이 당신에게도 있다면, 그 사실을 솔직히 인정하기 바란다. 우리는 성경 번역의 철학을 숙고할 때 이 점을 감안해야 한다.

6. 영어 성경 역본들이 지닌 유사성을 인정하라

NASB나 ESV, NET, NIV, NLT 같은 역본들의 차이에 초점을 맞추기보다, 오히려 그 역본들이 서로 공통점이 많음을 인정하라. 물론 그 가운데는 다양한 범주의 차이가 있지만, 이 역본들은 우리가 흔히 생각하는 것보다 유사점이 더 많다. 데이브 브런은 이 역본들이 적어도 스물여섯 가지 측면에서 유사점을 지닌다고 언급한다.[28]

---

25 같은 책, 134쪽.

26 같은 책, 135쪽.

27 같은 책, 145-46쪽.

28 같은 책, 189-90쪽(번호는 내가 덧붙였다).

1. 모든 역본은 여러 문맥에서 축자역보다 의미 중심 번역을 택한다(1장).
2. 모든 역본은 형식보다 의미에 우선순위를 둔다(2장).
3. 모든 역본은 관용구와 비유 표현을 번역할 때 원문에 쓰인 실제 단어보다는 그 의미에 우선순위를 둔다(2장).
4. 모든 역본은 여러 문맥에서 의미의 역동성에 우선순위를 둔다(2장).
5. 모든 역본은 원래 단어의 개념적 범주에 속하지 않은 여러 표현을 활용한다(3장).
6. 모든 역본은 문맥에 맞게 여러 표현을 구사한다(4장).
7. 모든 역본은 영어 문법에 맞는 표현을 쓰기 위해 원래 형식에서 한 걸음 물러난다(5장).
8. 모든 역본은 그릇된 의미를 전달하거나 무의미한 말을 하지 않기 위해 원래 형식에서 한 걸음 물러난다(5장).
9. 모든 역본은 의미에 명료성을 더하기 위해 원래 형식에서 한 걸음 물러난다(5장).
10. 모든 역본은 자연스러운 영어로 표현하기 위해 원문에서 한 걸음 물러난다(5장).
11. 모든 역본은 어떤 히브리어나 헬라어 단어들을 여러 다른 방식으로 옮긴다(6장).
12. 모든 역본은 원문의 일부 단어들을 명사, 동사, 형용사, 부사 또는 여러 단어로 된 구로 변형시킨다(6장).
13. 모든 역본은 때때로 여러 종류의 히브리어나 헬라어 단어들을 영어로는 모두 같은 식으로 번역한다(6장).
14. 모든 역본은 일부 히브리어나 헬라어 단어들을 번역하지 않은 채로 남겨둔다(6장).
15. 모든 역본은 히브리어나 헬라어 원문의 어떤 단어에도 상응하지 않는 영어 단어를 덧붙인다(6장).
16. 모든 역본은 그럴 필요가 없을 경우에도 원문의 어떤 단어를 하나의 구로 변형시킨다(6장).
17. 모든 역본은 여러 문맥에서 원문에 쓰인 단어 대신에 그 개념을 번역한다(6장).
18. 모든 역본은 때로 원문을 투명하게 반영하기보다, 표현의 자연스러움과 적합성에 우선순위를 둔다(6장).
19. 모든 역본은 때로 문자적이고 명백한 표현이 있음에도 그 표현을 쓰지 않는 편

을 택한다(6장).

20. 모든 역본은 성경의 일부 표현을 현대식 표현으로 대체한다(6장).
21. 모든 역본은 일부 문맥에서 표현을 의역한다(6장).
22. 모든 역본은 모호한 구절을 번역할 때 해석을 수행한다(7장).
23. 모든 역본은 원문을 무수히 변경하는데, 이는 "일점"이나 "일획"을 빼는 것보다 훨씬 많은 수준이다(8장).
24. 모든 역본은 해석이 꼭 필요하지 않을 때에도 원문에 해석을 가미한다(9장).
25. 모든 역본은 일부 남성 형태의 표현을 성 중립적 표현으로 대체한다(9장).
26. 모든 역본은 영감된 원문의 자연스러움과 가독성을 살리기 위해, 영감된 단어 하나하나를 번역문에 전부 담아내지 않는 경우가 자주 있다(9장).

신약 성경 전체를 라모가이 족의 언어로 옮긴 브런은 이렇게 결론짓는다.

> 라모가이 어 성경 역본은 완벽하지 않다. 그러나 어떤 영어 역본도 완벽하지 않기는 마찬가지다. 이 둘의 차이는 바로 영어권 독자들의 경우, 수십 가지 역본을 나란히 두고 비교할 수 있는 거대한 이점을 누린다는 데 있다. 이런 의미에서 우리는 전 세계적으로 다른 언어를 쓰는 대부분의 사람들이 꿈꾸지 못할 놀라운 풍요를 누리고 있다. 하지만 내 생각에 때로 우리는 이 거대한 유익을 아깝게 허비해 버린다. 우리는 그 이점을 충분히 활용하지 못할 뿐 아니라, 오히려 그 일을 다툼의 원천으로 삼기 때문이다.[29]

아멘.

지금까지 우리는 어떤 역본이 최고인지 언쟁하는 것보다 좀 더 유익을 얻을 수 있는 여섯 가지 방법을 살펴보았다.

29 같은 책, 193쪽.

비유 언어와 문화적 주제를 번역하기[30]

비유 언어와 문화적 주제를 번역하는 것은 까다로운 작업이다. 좀 더 자세한 논의와 사례들을 살피려면, 피와 스트라우스의 책 「성경 역본을 어떻게 선택할 것인가」(*How to Choose a Translation*)의 4장과 6장을 보라. 여기서는 다섯 가지 주요 항목을 언급하려 한다.

1. 관용구

관용구는 개별 단어에서는 추론해 낼 수 없는, 관습적 의미를 전달하는 한 무리의 단어들을 가리킨다. 한번은 아내가 가족들 앞에서 일석이조에 관해 언급한 적이 있다. 딸아이들 가운데 당시 일곱 살이던 아이가 아내의 말을 듣고 큰 충격을 받았다. "엄마! 어떻게 새들을 죽일 수가 있어요?" 그래서 우리는 그 관용구에 "한 번의 노력으로 두 개의 목표를 달성한다"는 뜻이 있다고 설명해 주어야 했다.

영어를 제2언어, 또는 제3언어로 쓰는 학생들을 가르칠 때, 관용구를 쓰면 학생들이 가끔씩 어리둥절한 표정으로 나를 쳐다본다. 한번은 수업 시간에 이렇게 말한 적이 있다. "나는 이 대화 속에 멍키 스패너를 던지고(throw a monkey wrench into, 어떤 일을 방해한다는 뜻_ 옮긴이) 싶지는 않지만 ……." 이때 나는 콜롬비아 출신의 한 학생이 미간을 찌푸리면서 멍한 표정을 짓는 것을 알아차리고, 그 학생에게 내 말뜻을 이해했는지 물었다. 그러자 그 학생은 내가 왜 원숭이를 집어던지는 일을 이야기하는지 모르겠다고 대답했다! 아마 현대 영어에는 역사상 다른 어떤 언어보다 많은 관용구가 존재할 것이다. 그 일부 사례들은 다음과 같다.

- "Break a leg"(다리를 부러뜨려!) = "행운을 빌어!"(미신적인 표현)
- "Bend over backwards"(몸을 뒤로 굽히다) = "갖은 노력을 기울이다"
- "Cry over spilled milk"(엎지른 우유를 보며 울다) = "지나간 손실을 두고 한탄하다"
- "A piece of cake"(한 조각의 케이크) = "쉽게 해낼 수 있는 일"

---

30 Fee and Strauss, *How to Choose a Translation*, 61-75, 87-95쪽을 참조하라.

- "An arm and a leg"(팔과 다리) = "막대한 비용"
- "At the drop of a hat"(모자가 떨어질 때) = "곧바로"
- "Cock-and-bull story"(수탉과 황소의 이야기) = "터무니없는 이야기"
- "Hat trick"(모자 마술) = "운동경기에서 3점을 득점하기"(보통 하키나 축구 시합에서 세 골을 넣는 일을 가리킨다)
- "Going to hell in a handbasket"(손바구니에 담겨 지옥으로 간다) = "상황이 악화되어 완전한 재앙으로 치닫는다"
- "Hold your horses"(너희의 말들을 제지하라) = "인내심을 가지라"
- "In the bag"(자루 속에 있는) = "확보된"
- "Let the cat out of the bag"(고양이를 자루에서 꺼내다) = "성급히 비밀을 누설하다"
- "Off the hook"(낚싯바늘에서 벗어난) = "더는 힘겨운 상황과 씨름하지 않아도 되는"
- "On pins and needles"(핀과 바늘 위에 있는) = "불안하거나 초조한 마음으로 어떤 일을 기다리는"
- "Run out of steam"(증기가 바닥나다) = "기력이 다하다"
- "Tie the knot"(매듭을 묶다) = "결혼하다"
- "Tongue-in-cheek"(혀를 볼 속에 넣고) = "농담조로"

이 관용구들을 형식에 근거해서 다른 언어로 옮긴다면 어떻게 될까? 아마 그 의미를 정확히 전달하지 못할 것이다.

그러므로 헬라어를 영어로 옮길 때에도 같은 일이 생기는 것은 놀라운 일이 아니다(도표3.5를 보라).

2. 은유와 직유

우리는 1장에서 이미 은유를 논한 바 있다. 다만 여기서는 모든 번역자가 마주칠 수밖에 없는 한 가지 주제를 언급하려고 한다. 은유를 옮길 때, 우리는 좀 더 형식에 근거한 방식과 좀 더 의미에 근거한 방식 중 어느 쪽을 택해야 할까? 사실 이것은 각자의 재량에 달린 문제이며, 모든 주요 영어 역본은 두 가지 방식을 어느 정도 모두 활용하고 있다.

구절	헬라어 원문	형식에 근거한 번역	의미에 근거한 번역
마태복음 1장 18절	εὑρέθη ἐν γαστρὶ ἔχουσα	she was found in stomach having (그녀 배 속에 가진 것이 발견되었다.)	she was found to be with child (NASB, ESV) (그녀가 아이를 밴 것이 발견되었다.) she was found to be pregnant (NIV, NET) (그녀가 임신한 것이 발견되었다.)
마가복음 12장 20절	ὁ πρῶτος ἔλαβεν γυναῖκα	the first took a wife (KJV, NASB, ESV) (첫째가 아내를 취했다.)	the first one married (NIV, NET) (첫째가 결혼했다.)
베드로전서 1장 13절	ἀναζωσάμενοι τὰς ὀσφύας τῆς διανοίας ὑμῶν	girding up the loins of the mind of you (너희 마음의 허리를 동이고)	preparing your minds for action (ESV) (행동에 나설 마음의 준비를 하고)

도표3.5. 관용구 번역하기

역본들이 서로 일치하는 구절도 있다. 바로 "보라 세상 죄를 지고 가는 하나님의 어린양이로다"라고 세례 요한이 외친 구절이다(요 1:29). 여기서 "어린양"은 예수를 가리키며, 따라서 이것은 은유다. 그런데 어린양을 보거나 들어 본 적 없는 오지의 부족을 위해 성경을 번역할 경우에는 어떻게 해야 할까? 그들은 분명 그 은유를 전혀 이해하지 못할 것이다. 그렇지 않은가? 그리고 그들의 문화에서 이에 상응하는 동물이 '돼지'라고 가정해 보자. 그러면 우리는 요한복음 1장 29절을 "보라 …… 하나님의 돼지로다"라고 번역해야 할까? 아마 여기서 우리는 멈칫할 것이다. 왜일까? 그렇게 양과 돼지를 뒤섞으면 성경 나머지 부분, 특히 제사와 거룩 같은 중요한 주제들을 이해하기가 어려워진다는 것을 알기 때문이다. 그러므로 번역자는 때로 역사-문화적 간격을 그대로 유지하면서 사람들에게 그 내용을 알려 주는 방향으로 결정해야 한다. 그리고 이 점은 번역자가 다루어야 할 또 다른 문제와 결부되어 있다.

3. 역사-문화적 맥락

신약 성경은 우리를 위해 기록되었지만, 인간 저자들이 그 글을 우리에게 직접 보낸 것은 아니다. 그들이 쓴 글의 수신자는 바로 1세기 그리스-로마 세계에 속한 이들이다. 따라서 그 저자들은 그들 자신과 독자가 서로 역사-문화적 맥락을 많이 공유한다는 점을 전제하고 있다.

사실 서로 의사를 소통할 때에는 누구나 마찬가지다. 영어를 쓰는 동료 미국인과 대화를 나눌 때, 나는 이따금 이야기를 멈추고 '뉴욕 시'나 '그랜드캐니언', '백악관', '수프 키친'(soup kitchen, 무료 급식소_ 옮긴이), '복지', '월마트', '야구', '애플파이', '바이블 벨트'(Bible belt, 보수주의 개신교가 강세인 미국 남부 지역_ 옮긴이) 같은 용어들의 뜻을 설명하려 하지 않는다. 우리가 흔히 쓰는 일상 언어이기 때문이다.

그런데 여기서 번역자는 당시 헬라 사람들에게 일상적인 표현이었지만 오늘날 우리에게는 그렇지 않은 용어들을 어떻게 옮길 것인가 하는 문제에 부딪친다. 오늘날 대부분의 영어 사용자는 '제자'(disciple)나 '언약'(covenant), '서기관'(scribe), '산헤드린'(Sanhedrin)과 '화목(제)'(propitiation) 같은 용어들을 잘 쓰지 않는다. 일부 영어 역본들이 '제자' 대신 '따르는 자'(follower)로 옮기거나 '서기관' 대신 '율법 전문가'로 옮기는 것은 바로 그 때문이다.

하지만 앞선 은유에서 '어린양'이라는 단어를 번역할 때처럼 매우 중요하기 때문에 다른 표현으로 쉽게 대체할 수 없는 용어들이 있다. 예를 들어 ἱλαστήριον(힐라스테리온)의 경우, 내가 아는 표현 중에는 '화목(제)'(propitiation)보다 나은 번역어가 없다. 다만 이 표현을 쓸 경우, '화목'이라는 용어에는 (우리 죄가 깨끗이 씻긴다는) 속죄(expiation) 개념뿐 아니라 하나님의 진노를 만족시키거나 가라앉힌다는 개념도 담겨 있음을 난외주로 알리는 편이 좋을 것이다. 그런데 난외주를 읽는 사람이 얼마나 될까? 그리고 과연 얼마나 많은 사람이 '화목'의 의미를 살펴보려 하겠는가? 이제 이 일에 담긴 긴장이 느껴지는가? 성경 번역의 세계에 오신 것을 환영한다. 그것은 복잡한 작업이다.

4. 화폐, 무게, 도량형

우리가 지금 사용하는 화폐나 무게와 부피, 거리의 단위는 1세기 사람들이 쓰던 것과 다르다. 현재 미국에서는 페니, 니켈, 다임, 쿼터, 달러를 화폐 단위로 사용하지만, 당시 로마 제국에서는 데나리온과 므나를 사용하였다. 미국에서는 인치와 피트, 마일, 야드, 온스와 파운드, 컵(cup, 약 237밀리리터의 용량_ 옮긴이), 쿼트, 갤런을 채택하고 있지만, 세계 다른 나라들은 미터법을 사용한다(그리고 사실 후자가 더 이치에 맞는다!). 그러나 1세기 사람들은 이 모든 도량형에서 우리와 전혀 다른 용어들을 썼다. 그러면 성경 역본에서는 이 단위들을 어떻게 옮겨야 할까? 세 가지 선택지가 있다.

1. 용어를 음역한 뒤, 오늘날 기준으로 그것이 얼마나 되는지를 난외주에 표시한다. 한 예로 "열 므나"를 들 수 있다(눅 19:13. ESV, NIV). ESV와 NIV 모두 난외주에 "한 므나는 일꾼 한 명이 받는 석 달치 품삯에 해당한다"고 언급한다.
2. 그 단위를 오늘날 기준에 맞게 번역한 뒤, 가끔 난외주로 그 용어를 음역해서 표시한다. 예를 들어 누가복음 19장 13절을 번역할 때, 우리는 노동자의 석 달치 임금을 추정하여 '약 12,000달러'라고 표기할 수 있다. 일반적으로 이것은 물가 상승률과 국제 환율 등의 이유에서 가장 매력이 덜한 선택지다. 다만 그 단위가 마태복음 25장 15절의 "금 다섯 자루"(five bags of gold[NIV])처럼 보편적인 성격을 지닌다면 매력적인 선택지가 될 수도 있다(이와 달리 ESV는 그 용어를 "다섯 달란트"라고 음역하였다).
3. 상응하는 가치를 본문에 밝히고, 당시 실제 쓰인 용어를 난외주에 표시한다. 예를 들어 누가복음 19장 13절에서 "열 므나" 대신 "석 달치 품삯"으로 옮긴 뒤, 난외주에 "열 므나"로 표시할 수 있다.

5. 완곡어법

때로 문화적으로 가장 적절한 의사소통 방법은 내용을 간접적으로 전달하는 것이다. 그러지 않을 경우, 사람들은 우리의 태도를 불쾌할 뿐 아니라 모욕적인 것으로까지 받아들일지 모른다. 특히 화장실과 성(性)에 관련된 표현일 경우에 그렇다. 그래서 사람들은 불쾌감을 줄 정도로 직접적인 표현 대신 완곡어법을 쓴다. 곧 "소변을 봐야겠어요"나 "대변을 봐야겠어요" 대신, "화장실 다녀올게요"라고 표현하는 것이다. 완곡어법은 우리가 무언가 불쾌하거나 곤란한 일을 언급할 때, 사람들이 매우 거칠고 직설적인 것으로 여기는 표현 대신 쓰는 부드럽고 간접적인 단어와 표현이다.

그러면 헬라어의 완곡어법을 영어로 옮길 때에는 어떻게 해야 할까? 세 가지 선택지가 있다. (1) 형태에 근거한 방식, (2) 완곡어법을 배제하고 직접 표현하는 방식, (3) 그에 상응하는 영어의 완곡어법을 쓰는 방식이다.

몇 가지 사례를 살펴보자.

품위 있는 번역의 중요성

번역이 복잡한 작업인 이유는 그 속에 수많은 요소가 포함되어 있어서다. 앞서 탁월한 역본의 특성으로 독자 적합성을 언급한 바 있다. 그런 역본은 특히 어린아이를 포함한 모든 연령층이 참여하는 교회 모임에서 쓰기에 적합해야 한다. 그런데 성경의 완곡어법 중에는 품위 있게 옮기기가 특히 어려운 것들이 있다.

이제 몇몇 역본과 의역본을 살피면서, 성경을 품위 있게 번역하는 일이 왜 중요한지를 보여 주는 세 가지 사례를 다루어 보려 한다. 먼저 구약의 사례를 제시하려 한다. 신약 본문에서는 이러한 경우를 본 적이 없기 때문이다.[31]

1. 사무엘상 20장 30a절

- וַיִּחַר־אַף וַיִּחַר־אַף שָׁאוּל בִּיהוֹנָתָן וַיֹּאמֶר לוֹ בֶּן־נַעֲוַת הַמַּרְדּוּת
- NASB(KJV, NKJV, RSV, NRSV, ESV, CSB, NIV 참조)_ Then Saul's anger burned against Jonathan and he said to him, "*You son of a perverse, rebellious woman!*"
  그때 사울은 요나단에게 불같이 화를 내면서 이렇게 소리쳤다. "**이 패역하고 반항적인 계집에게서 난 자식아!**"(옮긴이 번역)
- NET_ Saul became angry with Jonathan and said to him, "*You stupid traitor!*"
  사울은 요나단에게 화가 나서 이렇게 소리쳤다. "**이 미련한 반역자야!**"(옮긴이 번역)
- NLT_ Saul boiled with rage at Jonathan. "*You stupid son of a whore!*" he swore at him.
  사울은 요나단을 향한 분노가 끓어올라 이렇게 욕설을 퍼부었다. "**이 미련한 창녀의 자식아!**"(옮긴이 번역)
- 메시지_ Saul exploded in anger at Jonathan: "*You son of a slut!*"
  사울은 요나단에게 불같이 화를 냈다. "**이 더러운 계집의 자식아!**"(메시지 성경)
- LB_ Saul boiled with rage. "*You son of a bitch!*" he yelled at him(이후 판본들에서는 이 표현을 옮긴이 주로 옮겼다).
  사울은 분노가 끓어올라, 요나단에게 이렇게 소리쳤다. "**이 개자식아!**"(옮긴이 번역)

31 더 많은 사례를 살피려면 에스겔 7장 17절, 16장 25-26절, 23장 20절을 보라(NET의 옮긴이 주를 참조하라).

NET 난외주는 이렇게 설명한다.

> 옮긴이 주_ 히브리어의 원뜻은 "반항에 빠진 패역한 여인의 아들"(son of a perverse woman of rebelliousness)이다. 하지만 그 히브리어 어구를 이처럼 지나치게 문자적이고 순화된 표현으로 옮기면, 사울의 거침없는 반응에 담긴 의미를 제대로 담아낼 수 없다. 아들 요나단이 다윗과 협력한 것에 격분한 사울은 요나단에게 매우 거친 어조로 감정이 담긴 말을 퍼붓고 있다. 쾰러(Koehler)와 바움가트너(Baumgartner)는 이 어구의 번역문으로 "고집 센 여인이 낳은 사생아"(bastard of a wayward woman)를 추천한다(*HALOT* 796 עוה를 보라). 하지만 이것은 영어에서 흔히 쓰이는 표현이 아니다. 이 히브리어 어구에 담긴 감정을 영어로 좀 더 생생히 전달하려면 "You stupid son of a bitch!"(이 미련한 개자식아!") 정도가 될 것이다. 하지만 성경이 큰 소리로 낭독되는 여러 공적인 상황을 고려하여, 이 역본에서는 사울이 한 말의 의미적 가치에 초점을 두고 좀 더 순화된 방식으로 표현했다(즉 사울 자신의 아들인 요나단이 취한 행동에 초점을 맞추었다. 사울은 그 행동을 개인적 배신이자 정치적 배반으로 해석했으며, 따라서 요나단은 '반역자'가 된 것이다). 하지만 이렇게 순화하여 표현할지라도, 여기서 사울이 쓰디쓴 좌절감과 원한에 가득 차 있다는 사실을 놓쳐서는 안 된다. 사울이 자기 아들 요나단에게 그런 표현을 쓴 것은 그가 다윗을 얼마나 깊이 시기하고 증오했는지를 보여 준다. 그리고 이 같은 시기와 증오는 요나단이 다윗을 향한 우정을 드러내자 자기 아들인 요나단까지 죽이려 든 일에서도 생생히 드러나고 있다(33절).

2. 사도행전 8장 20절

- NA[28]_ Πέτρος δὲ εἶπεν πρὸς αὐτόν· <u>τὸ ἀργύριόν σου σὺν σοὶ εἴη εἰς ἀπώλειαν</u> ὅτι τὴν δωρεὰν τοῦ θεοῦ ἐνόμισας διὰ χρημάτων κτᾶσθαι·
- NASB(RSV, NRSV, ESV, NET 참조)_ But Peter said to him, "May your silver perish with you, because you thought you could obtain the gift of God with money!" 그러나 베드로는 그에게 이렇게 말했다. "너의 은과 함께 망하기를 빈다. 이는 네가 하나님의 선물을 돈으로 얻을 수 있다고 생각했기 때문이다!"(옮긴이 번역)
- KJV(NKJV 참조)_ But Peter said unto him, Thy money perish with thee, because

thou hast thought that the gift of God may be purchased with money.
[그러나] 베드로는 그에게 이르되 네가 하나님의 선물을 돈으로 살 줄로 생각하였은즉 네 돈과 함께 망할지어다(흠정역).

- CSB_ But Peter told him, "May your silver be destroyed with you, because you thought you could obtain the gift of God with money!"
그러나 베드로는 그에게 이렇게 말했다. "너의 은이 너와 함께 없어지길 빈다. 이는 네가 하나님의 선물을 돈으로 얻을 수 있다고 여겼기 때문이다!"(옮긴이 번역)
- NIV_ Peter answered: "May your money perish with you, because you thought you could buy the gift of God with money!"
베드로는 이렇게 대답했다. "네 돈이 너와 함께 망하기를 빈다. 이는 네가 하나님의 선물을 돈으로 살 수 있다고 여겼기 때문이다!"(옮긴이 번역)
- NLT(GW 참조)_ But Peter replied, "May your money be destroyed with you for thinking God's gift can be bought!"
그러나 베드로는 이렇게 응답했다. "하나님의 선물을 값 주고 살 수 있다고 여기니, 너와 네 돈이 함께 없어지기를 빈다!"(옮긴이 번역)
- GNT_ But Peter answered him, "May you and your money go to hell, for thinking that you can buy God's gift with money!"
그러나 베드로는 그에게 이렇게 대답했다. "네가 하나님의 선물을 돈으로 살 수 있다고 여기니, 네 돈과 함께 지옥에나 떨어지기를 빈다!"(옮긴이 번역)
- 코튼 패치(Cotton Patch) 역본_ Rock said to him, "You and your money can go to hell! Do you think you can *buy* with money what God freely *gives*?"
반석이 그에게 말했다. "너는 네 돈과 함께 지옥에 떨어질 수도 있다! 너는 하나님이 값없이 주시는 것을 돈으로 살 수 있다고 여기느냐?"(옮긴이 번역)
- 메시지_ Peter said, "To hell with your money! And you along with it. Why, that's unthinkable - trying to buy God's gift!"
베드로가 이렇게 말했다. "네 돈이 지옥에나 가버리기를 빈다! 그리고 너도 함께 가버려라. 글쎄, 생각도 못할 일이 아닌가. 감히 하나님의 선물을 값 주고 사려 들다니!"(옮긴이 번역)

3. 로마서 3장 3-4a절

- NA[28]_ τί γάρ; εἰ ἠπίστησάν τινες, μὴ ἡ ἀπιστία αὐτῶν τὴν πίστιν τοῦ θεοῦ καταργήσει; μὴ γένοιτο·
- NASB_ What then? If some did not believe, their unbelief will not nullify the faithfulness of God, will it? May it never be!
  그러면 어떻습니까? 만일 어떤 이들이 믿지 않는다 해도, 그들의 불신앙은 하나님의 신실하심을 무효로 만들지 못할 것입니다. 안 그렇습니까? 결코 그런 일이 없기를 빕니다!(옮긴이 번역)
- KJV_ For what if some did not believe? shall their unbelief make the faith of God without effect? God forbid:
  어떤 자들이 믿지 아니하였으면 어찌하리요? 그들의 믿지 아니함이 하나님에 대한 믿음을 헛된 것으로 만들겠느냐? 하나님이 금하시느니라(옮긴이 번역).
- ESV(RSV, NRSV 참조)_ What if some were unfaithful? Does their faithlessness nullify the faithfulness of God? By no means!
  만약 어떤 이들이 신실하지 않다면 어떻게 될까요? 과연 그들의 믿음 없음이 하나님의 신실하심을 무효로 만들겠습니까? 결코 그렇지 않습니다!(옮긴이 번역)
- NET(CSB 참조)_ What then? If some did not believe, does their unbelief nullify the faithfulness of God? Absolutely not!
  그러면 어떻습니까? 어떤 이들이 믿지 않는다면, 그들의 불신앙이 하나님의 신실하심을 무효로 만듭니까? 절대 아닙니다!(옮긴이 번역)
- NIV(1984년 판)_ What if some did not have faith? Will their lack of faith nullify God's faithfulness? Not at all!
  어떤 이들에게 믿음이 없다면 어떻게 되겠습니까? 과연 그들의 믿음 없음이 하나님의 신실하심을 무효로 만들까요? 전혀 그렇지 않습니다!(옮긴이 번역)
- GW_ What if some of them were unfaithful? Can their unfaithfulness cancel God's faithfulness? That would be unthinkable!
  그들 중 어떤 이들이 신실하지 않다면 어떻게 됩니까? 그들의 그 신실치 못함이 하나님의 신실하심을 없애 버릴 수 있겠습니까? 그런 것은 생각할 수도 없는 일

입니다!(옮긴이 번역)

- NCV_ If some Jews were not faithful to him, will that stop God from doing what he promised? No!
  어떤 유대인들이 그분을 신실히 따르지 않을 경우, 하나님이 그 때문에 자신의 약속대로 행하기를 멈추시겠습니까? 아닙니다!(옮긴이 번역)
- NLT_ True, some of them were unfaithful; but just because they were unfaithful, does that mean God will be unfaithful? Of course not!
  옳습니다. 그들 중 일부는 신실하지 못했습니다. 하지만 그들이 그런 모습을 보였다고 해서, 하나님도 신실하지 않은 태도를 취하시겠습니까? 당연히 아닙니다!(옮긴이 번역)
- GNT_ But what if some of them were not faithful? Does this mean that God will not be faithful? Certainly not!
  하지만 그들 중 일부가 신실하지 못하다면 어떻게 되겠습니까? 그러면 하나님도 신실하지 않은 태도를 보이시겠습니까? 천만의 말씀입니다!(옮긴이 번역)
- 메시지_ So, what if, in the course of doing that, some of those Jews abandoned their post? God didn't abandon them. Do you think their faithlessness cancels out his faithfulness? Not on your life!
  그 과정에서, 일부 유대인들이 자기 임무를 저버렸다면 어떻게 되겠습니까? 하나님은 그들을 떠나지 않으셨습니다. 여러분은 그들의 믿음 없음이 그분의 신실하심을 무효로 만든다고 여깁니까? 어림도 없습니다!(옮긴이 번역)
- 코튼 패치 역본_ All right, so some of them are hypocrites; does their hypocrisy nullify God's sincerity? Hell no. (이 역본에는 이런 옮긴이 주가 달려 있다. "이는 원래 어구가 지닌 의미의 강도에 걸맞은 표현이다.")
  좋습니다. 그들 중 일부는 위선자입니다. 그러면 그들의 위선이 하나님의 진심을 무효로 만듭니까? 젠장, 그렇지 않습니다(옮긴이 번역).

여기까지 살펴본 세 가지 성경 본문은 품위 있는 번역, 문화적으로 적합한 번역의 중요성을 예시해 준다.

성적으로 정확한 어법을 써서 번역하기[32]

우리 부부는 딸이 셋이다. 이 문장을 쓰는 현재, 그 아이들의 나이는 각각 일곱 살, 네 살, 세 살이다. 내 기억에 우리 부부는 아이들에게 성 포괄적 어법(gender-inclusive language, 남성 중심 표현법을 벗어나 남성과 여성을 모두 포괄하는 어법_ 옮긴이)을 설명해 준 적이 없는데, 아이들은 이미 그 어법을 알고 있었다. 그리고 역사적으로 영어가 지금과 같은 단계에 이른 시기에 성장하면서, 우리 아이들은 이미 'men'(남자들)과 'he'(그), 'him'(그를) 같은 단어들이 남성을 지칭한다는 것을 파악하고 있다(내 딸들은 남자를 모두 'boys'[소년들]라고 부른다)(영어에서는 보통 '사람'을 가리킬 때 'man'이라는 단어를 사용한다. 한국어로 번역할 때도 문맥에 따라 '남자', '사람'으로 옮기는데, 여기서는 의도적으로 '남자'로 번역하였다._ 편집자). 그래서 아이들은 어떤 성경 역본에서 남성과 여성 그리스도인들을 모두 '형제들'이라고 부를 때면 소외감을 느꼈다.

영어 용법이 항상 이런 것은 아니다. 남성과 여성 모두를 포괄하여 지칭할 때 흔히 'men', 'he', 'him' 같은 단어들이 쓰였다. 하지만 오늘날 그런 용법은 점점 줄어들고 있으며, 이에 따라 대부분의 영어 성경 역본들은 자연스러운 영어로 내용을 전달할 수 있도록 어법을 개정하였다. 우리가 비그리스도인들에게 자극을 주어야 한다면, 번역 방식이 아니라 성경의 가르침으로 그리하는 것이 옳기 때문이다. 이것은 정치적으로 올바른 태도를 취하거나 급진적인 페미니즘 노선을 따르는 것과는 무관한 문제다. 오히려 이것은 성경 메시지를 정확하고 분명하게 전달하는 일에 연관되며, NIV나 NET, NLT 같은 역본이 성적으로 정확한 어법(gender-accurate language)을 채택하는 것도 바로 이 때문이다. 그리고 이런 추세에 저항하는 ESV 같은 역본까지도 이전 영어 역본들보다는 성 포괄적 어법을 훨씬 많이 채택하고 있다.

문법적인 성과 생물학적인 성은 다르다

이 어법 문제에 관한 기본 원칙은 문법적인 성이 생물학적인 성과 일치하지 않는다는 것이다. 헬라어에는 남성, 여성, 중성, 이렇게 세 가지 문법적인 성이 있다. 그런데 이

---

32 Fee and Strauss, *How to Choose a Translation*, 97-108쪽을 참조하라.

세 가지 성이 반드시 생물학적이거나 성적인 구별을 나타내는 것은 **아니다**. 그렇지 않다면 성부 하나님과 예수는 남성이, 성령은 중성이 되는데, 그런 구분은 말이 되지 않는다. 또한 헬라어에서 '아이'를 뜻하는 단어(τέκνον[테크논]) 역시 중성이다.

ἄνθρωπος(안트로포스)

문법적으로 남성형인 헬라어 단어가 실제로 남성과 여성 모두를 가리킬 경우, 이 문제는 좀 더 복잡해진다.

마태복음 12장 12a절에 대한 두 역본의 번역을 비교해 보자.

- Of how much more value is a *man* than a sheep!(ESV)
  한 **남자가** 양보다 얼마나 더 귀한가!(옮긴이 번역)
- How much more valuable is a *person* than a sheep!(NIV)
  한 **사람이** 양보다 얼마나 더 귀한가!(옮긴이 번역)

각각 'man'(남자)과 'person'(사람)으로 번역된 원래 단어는 ἄνθρωπος(안트로포스)인데, BDAG 사전은 이 단어의 첫째 정의를 이렇게 제시하고 있다. "두 성(性) 중 하나에 속한 사람. 인류에 속한다는 데 초점을 둔다. 곧 **인간 존재**를 가리킨다." 이것이 바로 이 단어의 일반적인 의미다. 물론 이 단어가 남성을 가리킬 때도 있지만, 대체로 두 성 중 하나에 속한 인간 존재를 가리킨다.

ἀδελφός(아델포스)

단어 ἀδελφός(아델포스)도 비슷한 경우다. 이 단어는 남자 형제를 가리킬 수 있지만, 두 성 중 하나에 속한 동료 지체를 가리킬 수도 있다. 특히 동료 그리스도인들 사이의 유대 관계를 나타낼 때 그러하다. 고린도전서 15장 58절에 대한 두 역본의 번역을 비교해 보자.

- Therefore, my beloved *brothers*, be steadfast, immovable, always abounding in the work of the Lord, knowing that in the Lord your labor is not in vain(ESV).

그러므로 내 사랑하는 형제들이여, 견실하며 흔들리지 말고, 항상 주의 일에 더욱 힘쓰는 자들이 되십시오. 자신의 수고가 주 안에서 헛되지 않은 줄을 아시기 바랍니다(옮긴이 번역).

- Therefore, my dear *brothers and sisters*, stand firm. Let nothing move you. Always give yourselves fully to the work of the Lord, because you know that your labor in the Lord is not in vain(NIV).

  그러므로 내 귀한 형제자매들이여, 굳건히 서서 어떤 일에도 흔들리지 마십시오. 그리고 여러분 자신을 주의 일에 온전히 드리기 바랍니다. 여러분은 주 안에서 자신의 수고가 헛되지 않음을 알고 있습니다(옮긴이 번역).

이 구절에서 바울이 남자들에게만 권면하고 있다고 주장할 사람은 아무도 없을 것이다. 여기서 그는 남자와 여자 그리스도인 모두에게 말을 건네고 있다. 다만 ESV를 변호하자면, 그 역본은 신약 각 책에서 ἀδελφοί(아델포이)가 이런 식으로 처음 쓰일 때마다 그 '형제들'이 사실 '형제자매들'을 뜻한다는 점을 난외주로 설명하고 있다.

> 또는 '형제자매들.' 복수형의 헬라어 단어 아델포이는 '형제들'로 번역되며, 한 가족에 속한 동기들을 가리킨다. 신약의 용법에서 아델포이는 문맥에 따라 남자들을 가리킬 수도 있고, 하나님의 가족, 곧 교회에 속한 동기(형제자매)로서 남자와 여자 모두를 가리킬 수도 있다.

그런데 이 점에서 나는 의문이 생긴다. 특정 본문에서 ἀδελφοί(아델포이)가 '형제자매들'을 뜻한다면, 어째서 그 단어를 아예 그렇게 번역하지 못하는 것일까?

남성 복귀 대명사

어느 교수가 교실을 가득 채운 학생들에게 이렇게 말한다면 당신은 어떤 느낌이 들겠는가? "Everyone must turn off their phone during class". 나는 지금 이 말이 현명하게 들리는지, 아니면 인색하게 들리는지를 묻는 것이 아니다. 당신이 보기에 이 말은 문법적으로 옳은 문장인가? 다시 읽어 보자. "수업 시간에는 모두 그들의 핸드폰을 꺼

놓아야 합니다"(한국어로는 "수업 시간에는 모두 자기 핸드폰을 꺼 놓아야 합니다"라고 번역되지만, 이 문맥에서는 단수형 'everyone'을 복수형 'their'로 언급할 수 있는지를 논하고 있으므로, 각각 '모두', '그들의'로 표기하였다._ 편집자). 여기서 '모두'(everyone)라는 단어는 단수형의 부정 대명사다. '그들의'(their)라는 단어는 복수형으로 보이지만, 앞의 '모두'를 다시 언급하는 표현이다. 여기서 내가 '복수형으로 보인다'고 쓴 이유는 곧 이것이 문법학자들이 '단수형 "그들"'(the singular they)이라고 부르는 용법이어서다. 사실 이것은 아주 오래전에 쓰이던 영어 용법이다. 그러면 이것이 과연 오늘날에도 적절한 문법일까?

의미는 용법에 따라 결정된다. 사람들은 긴 시간 동안 위와 같은 표현을 써 왔으며, 다시금 그 용법이 점점 널리 용인되고 있다. 요즈음에는 남녀 학생들로 가득 찬 교실에서 "Everyone must turn off his phone during class"(단수형 'everyone'을 언급하기 위해 'his'로 표현한 문장이지만, 남성만 지칭한다는 논란이 있다._ 편집자)라고 말한다면 무언가 거북하게 느껴질 것이다. 그 표현은 그저 남학생만 지칭하는 것으로 들리기 때문이다. 그러므로 우리는 번역할 때 영어 용법에 관한 우리 자신의 기대를 좇을 것이 아니라, 지금 사람들 사이에서 통용되는 용법을 따르는 편이 현명하다.

방금 내가 사례를 들어 설명한 문장 구조는 헬라어의 남성 복귀 대명사에 관련되어 있다. 이 구조는 어떤 부정 명사나 대명사 뒤에 문법적으로 남성형인 대명사가 따라오면서 앞 단어를 다시 지칭할 때 생겨난다. 그런데 영어에는 남자나 여자를 자연스럽게 가리키는 3인칭 단수 대명사가 없다는 것이 문제다('it'[그것]은 사람이 아닌 사물을 가리키며, 'one'[그이, 하나]은 거북하게 들릴 때가 많다).

번역자는 몇 가지 방식으로 이 남성 복귀 대명사를 처리할 수 있지만, 난점이 없는 해결책을 찾기가 어려울 때도 있다. 번역 과정의 다른 여러 측면에서 그렇듯이, 이 점에서도 종종 타협이 이루어진다. 곧 어떤 부분에서는 좀 더 정확성을 기하지만, 다른 부분에서는 원문의 한 가지 함의를 잃는 것이다.

영어로 말하고 글을 쓰는 이들이 문법적으로 늘 일관되고 완벽한 구문만 쓰는 것은 아니다. 따라서 영어 성경 역본에서도 어느 정도 다양한 구문을 활용하면서 자연스럽게 표현하는 편이 현명할 듯하다. 이런 점에서 TNIV는 실수를 범했다. 그 역본은 부자연스러울 정도로 일관되게 성 포괄적 어법을 채택하고 있기 때문이다. 2011년에 나온 NIV 개정판은 영어를 좀 더 자세히 연구한 뒤 더 자연스러운 표현들을 채택하여 이 문제를 시정했다. 한 예로 이 개정된 NIV는 '인류'를 나타내는 표현으로 'humankind' 대신에 'mankind'라는 단어를 다시 채택하였다(예를 들어 창 9:6).

단수형 대명사를 복수형으로 바꾸기

단수형의 헬라어 대명사를 복수형의 영어 대명사로 옮기는 것은 언제나 잘못된 일일까? 그런데 바울은 단수형의 히브리어 대명사를 복수형으로 옮긴 헬라어 구약 성경 본문을 몇 차례 인용하고 있다. 다음의 도표3.6에서 왼쪽 칸의 본문들은 히브리어 본문을 번역한 것이며, 오른쪽 칸의 본문들은 헬라어 구약 성경을 인용한 헬라어 신약 성경 본문을 번역한 것이다.[33]

구약 성경(개역개정)	바울이 신약 성경에 인용한 구절(개역개정)
시 32:1_ 허물의 사함을 받고 자신의 죄가 가려진 **자**는 복이 있도다.	롬 4:6-7_ 다윗이 말한 바 불법이 사함을 받고 죄가 가리어짐을 받는 **사람들**은 복이 있고
시 36:1b_ **그의** 눈에는 하나님을 두려워하는 빛이 없다 하니	롬 3:10a, 18_ 기록된 바 …… **그들의** 눈앞에 하나님을 두려워함이 없느니라 함과 같으니라.
사 52:7a_ 좋은 소식을 전하[는] **자**의 산을 넘는 발이 어찌 그리 아름다운가.	롬 10:15b_ 기록된 바 아름답도다 좋은 소식을 전하는 **자들**의 발이여 함과 같으니라.

도표3.6. 단수형 히브리어 대명사를 복수형 헬라어 대명사로 번역하기

특정 언어의 단수형 대명사를 다른 언어의 복수형 대명사로 옮길 때 텍스트가 왜곡될 수밖에 없다면, 바울은 헬라어 구약 성경을 인용하여 구약 성경을 왜곡한 셈이 된다. 하지만 바울은 텍스트를 왜곡하지 않았다. 그는 형태를 변형시켰지만, 그럼에도 그 의미는 정확히 번역했다. 이는 그 히브리어의 단수형 대명사가 보편적인 성격을 지니기 때문이다. 곧 그 단어들은 성-포괄적인 것이다.

이 논쟁에는 훨씬 많은 내용이 포함되어 있으며, 이 장 끝부분 '추가 연구 자료'에 유익한 참고 문헌 일부가 제시되어 있다.

---

33 도표3.6의 개념은 같은 책, 105쪽에서 빌려왔다.

성경 역본의 난외주[34]

더글러스 무는 NIV 번역 위원회 의장으로 섬기는데, 나는 그가 이런 농담을 하는 걸 들은 적이 있다. "아무도 난외주를 읽지 않죠. 하지만 번역자들은 난외주를 달고 나면 기분이 좀 나아집니다."

현대의 영어 역본들에 있는 난외주는 매우 귀중한 것이다. 그렇기 때문에 많은 독자가 그 난외주를 전혀 살피지 않는 것은 무척 안타깝다. 한편 이 난외주를 참조 구절이 표시된 다른 어깨글자들(관주_ 옮긴이)과 혼동해서는 안 된다.

신약 성경 역본에 있는 난외주는 보통 다섯 가지 기본 목적을 지닌다. 여기서는 ESV의 고린도전서에 나타난 사례를 통해 이 목적들을 예시해 보겠다.

1. 본문상의 이문을 지적하기
- 고린도전서 2장 1절_ "형제들아 내가 너희에게 나아가 하나님의 증거(testimony)를 전할 때에 말과 지혜의 아름다운 것으로 아니하였나니."
  ESV 난외주_ "어떤 사본에는 신비(mystery, 또는 비밀[secret])로 되어 있다."
2. 신약 성경 본문에서 인용한 구약 성경 본문이 무엇인지 밝히기
- ESV는 번호가 달린 난외주가 아닌, 어깨글자로 표시된 관주를 통해 이 작업을 수행한다. 예를 들어 고린도전서 1장 19절을 보자. "기록된 바 내가 지혜 있는 자들의 지혜를 멸하고 총명한 자들의 총명을 폐하리라 하였으니."
  그리고 ESV 관주에는 이렇게 언급되어 있다. "이사야 29장 14절을 인용한 구절 [욥 5:12, 13, 렘 8:9, 마 11:25]." 괄호 안의 세 본문은 주제 면에서 이 구절에 연관된다.
3. 대안적인 텍스트 번역 방식을 제시하기
- 고린도전서 2장 13절_ "우리가 이것을 말하거니와 사람의 지혜가 가르친 말로 아니하고 오직 성령께서 가르치신 것으로 하니 영적인 일은 영적인 것으로 분별하느니라."

---

34 같은 책, 128-29쪽을 참조하라.

ESV 난외주_ "또는 '영적인 진리들을 영적인 언어로 해석하느니라', '영적인 일들을 서로 비교하느니라.'"

4. 헬라어 본문을 설명하기

- 고린도전서 2장 5절_ "너희 믿음이 **사람**(men)의 지혜에 있지 아니하고 다만 하나님의 능력에 있게 하려 하였노라."

  ESV 난외주_ "여기 쓰인 헬라어 단어 안트로포이는 남자와 여자를 모두 가리킬 수 있다."

- 고린도전서 3장 16절_ "너희는 **너희가**(you) 하나님의 성전인 것과 하나님의 성령이 **너희**(you) 안에 계시는 것을 알지 못하느냐"

  ESV 난외주_ "16절과 17절에서 'you'로 번역된 헬라어 단어는 복수형이다."

5. 좀 더 의미에 근거한 번역문의 경우, 좀 더 형식에 근거한 대안을 제시하기

- 고린도전서 1장 26절_ "**세상의 기준을 따라**(according to worldly standards) 지혜로운 자가 많지 아니하며"(옮긴이 번역).

  ESV 난외주_ "헬라어로는 '육체를 따라.'"(한글 개역개정에도 '육체를 따라'로 번역되어 있다._ 옮긴이)

- 고린도전서 4장 15a절_ "그리스도 안에서 **셀 수 없이 많은**(you have countless) 스승이 있으되"(옮긴이 번역)

  ESV 난외주_ "헬라어로는 '일만.'" (한글 개역개정에도 '일만'으로 번역되어 있다._ 옮긴이)

성경 번역은 지극히 어려운 작업이며, 번역자들은 간결하고 유익한 난외주를 달기 위해 부지런히 노력하고 있다. 그러니 그 난외주들을 놓치지 않기 바란다.

세 가지 사례_ 마태복음 6장 34b절, 로마서 11장 33a절, 고린도전서 7장 1절

신약 성경에 있는 세 개의 이 짧은 문장들을 각 역본에서 어떻게 옮겼는지 간단히 비교해 보자.

1. 마태복음 6장 34b절

- NA28_ ἀρκετὸν τῇ ἡμέρᾳ ἡ κακία αὐτῆς.
- 엄격히 형식에 근거한 번역_ Sufficient for the day the evil/trouble its own.
  그날에 충분한 그 자체의 악/문제(옮긴이 번역)
- ESV_ Sufficient for the day is its own trouble.
  그날에 충분한 것은 그 자체의 문제다(옮긴이 번역).
- NET_ Today has enough trouble of its own.
  오늘은 그 자체의 충분한 문제가 있다(옮긴이 번역).
- NIV_ Each day has enough trouble of its own.
  날마다 그날로 충분한 문제가 있다(옮긴이 번역).
- NLT_ Today's trouble is enough for today.
  오늘의 문제는 오늘로 충분하다(옮긴이 번역).

두 가지 논평

1. ESV는 매우 형식에 근거한 방식으로 옮겼지만 그다지 자연스럽지는 않다. 과연 당신은 그런 표현을 쓰는가?
2. NET, NIV, NLT는 원문 형식을 변형시켜 그 의미를 분명하고 자연스럽게, 또 기억하기 쉽게 옮겼다. 이 역본들의 표현은 힘차고 간결하며, 격언의 성격을 잘 살려냈다.

2. 로마서 11장 33a절

- NA28_ ῏Ω βάθος πλούτου καὶ σοφίας καὶ γνώσεως θεοῦ
- 엄격히 형식에 근거한 번역_ O depth of riches and of wisdom and of knowledge of God.
  오 하나님의 풍성함과 지혜와 지식의 깊이여(옮긴이 번역).
- NASB_ Oh, the depth of the riches both of the wisdom and knowledge of God!
  오, 하나님의 지혜와 지식 둘 다가 지닌 풍성함의 깊이여!(옮긴이 번역)
- ESV_ Oh, the depth of the riches and wisdom and knowledge of God!

오, 하나님의 풍성함과 지혜, 지식의 깊이여!(옮긴이 번역)

- NET_ Oh, the depth of the riches and wisdom and knowledge of God!
  오, 하나님의 풍성함과 지혜, 지식의 깊이여!(옮긴이 번역)
- NIV_ Oh, the depth of the riches of the wisdom and knowledge of God!
  오, 하나님의 지혜와 지식이 지닌 풍성함의 깊이여!(옮긴이 번역)
- NLT_ Oh, how great are God's riches and wisdom and knowledge!
  오, 하나님의 풍성함과 지혜, 지식은 얼마나 위대한지!(옮긴이 번역)

두 가지 논평

1. βάθος(바토스) 뒤에 세 가지 속격 명사가 따라온다. 곧 πλούτου(플루투)와 σοφίας(소피아스), γνώσεως(그노세오스)다. 이 구문을 해석하는 방법은 기본적으로 두 가지다. (1) ESV, NET, NLT는 '풍성함', '지혜', '지식'을 나란히 열거하는데, 이는 이 세 가지 특성 모두 하나님의 심오한 속성이라는 것을 뜻한다. (2) NASB와 NIV는 σοφίας(소피아스)와 γνώσεως(그노세오스)가 πλούτου(플루투)를 수식하는 것으로 해석한다. 그런데 나는 ESV, NET, NLT가 이 세 특성을 동등하거나 유사한 것으로 열거한 것이 바르다고 본다. 이 점을 뒷받침하는 이유는 두 가지다. (1) 바울은 대체로 내용을 나타내는 속격을 써서 πλούτος(플루토스)를 수식한다. 하지만 바울이 이 구절 바로 앞에서 πλούτος(플루토스)를 쓴 두 가지 경우가 로마서 11장 12절에 나타나는데, 여기서는 그 뒤에 내용을 나타내는 속격을 덧붙이지 않고 그 표현을 독립적으로 활용한다. (2) 로마서 11장 33-36절의 장르는 찬송시에 가까우며, 이 11장 33-36절 본문에서는 세 가지가 한 단위를 이루는 조합이 거듭 나타나고 있다. 세 개의 감탄문, 세 개의 질문, 세 개의 전치사구로 구성된 세 개의 연이다. 따라서 구조적으로 볼 때, 서두 행에서 하나님의 심오한 속성 세 가지를 열거하는 것은 매우 적절한 것이 된다.[35]
2. NLT는 이 절의 '깊이'(depth)를 '위대한'(great)으로 번역했다. 그러나 여기 열거된 다른 역본들은 모두 βάθος(바토스)를 '깊이'로 옮겼다. 내 짐작에 NLT는 좀 더 자

35 이 단락은 Andrew David Naselli, *From Typology to Doxology: Paul's Use of Isaiah and Job in Romans 11:34-35* (Eugene, OR: Pickwick, 2012), 30-31쪽 내용을 수정하여 활용한 것이다.

연스러운 영어 표현을 쓰려 한 듯하다. 곧 어떤 이가 지혜와 지식이 깊다는 말은 자연스럽게 들린다. 하지만 과연 어떤 이의 풍성함이 깊다(deep)는 표현이 평소에 쓰이는가? 그보다는 어떤 이의 풍성함이 위대하다(great)고 말하는 편이 좀 더 일반적일 것이다. 하지만 이처럼 '깊이'를 '위대한'으로 바꿀 경우, 우리는 '깊이'에 담긴 은유를 잃게 된다. 이처럼 이 사례는 번역이 양보와 타협의 과정인 이유를 보여 준다.

3. 고린도전서 7장 1절

- NA[28]_ Περὶ δὲ ὧν ἐγράψατε, καλὸν ἀνθρώπῳ γυναικὸς μὴ ἅπτεσθαι·
- 엄격히 형식에 근거한 번역_ Now concerning of the things you wrote, good for a man a woman not to touch;
  이제 여러분이 쓴 것들에 관해, 남자 여자 손대지 않는 것이 좋다(옮긴이 번역).
- NASB_ Now concerning the things about which you wrote, it is good for a man not to touch a woman.
  이제 여러분이 쓴 일들에 관해서는, 남자가 여자에게 손대지 않는 것이 좋습니다(옮긴이 번역).
- ESV_ Now concerning the matters about which you wrote: 'It is good for a man not to have sexual relations with a woman.'
  이제는 여러분이 적어 보낸 문제, 곧 '남자가 여자와 성관계를 맺지 않는 것이 좋다'는 것에 관해 이야기해 보겠습니다(옮긴이 번역).
- NET_ Now with regard to the issues you wrote about: 'It is good for a man not to have sexual relations with a woman.'
  이제는 여러분이 적어 보낸 사안, 곧 '남자가 여자와 성관계를 맺지 않는 것이 좋다'는 것에 관해 살펴보겠습니다(옮긴이 번역).
- NIV 1984_ Now for the matters you wrote about: It is good for a man not to marry.
  이제 여러분이 적어 보낸 문제에 관해서는, 남자가 결혼하지 않는 것이 좋습니다(옮긴이 번역).

- NIV 2011_ Now for the matters you wrote about: 'It is good for a man not to have sexual relations with a woman.'

  이제 여러분이 적어 보낸 문제, 곧 '남자가 여자와 성관계를 맺지 않는 것이 좋다'는 것에 관해 이야기해 보겠습니다(옮긴이 번역).

- NLT_ Now regarding the questions you asked in your letter. Yes, it is good to abstain from sexual relations.

  이제는 여러분이 편지로 보낸 질문에 관해 이야기해 보겠습니다. 네, 성관계를 삼가는 것이 좋습니다(옮긴이 번역).

두 가지 논평

1. 이 역본들의 견해가 나뉘는 한 가지 지점은 (1) 문장 후반부에 담긴 내용을 바울이 직접 단언했는가, 아니면 (2) 고린도 사람들이 편지로 적어 보낸 내용을 인용한 것인가다. ESV, NET, NIV 2011년 판은 이 구절을 인용 부호 안에 넣어, 바울이 그들의 말을 인용하고 있다고 표시했다. 그러나 NASB, NIV 1984년 판, NLT는 인용 부호를 사용하지 않고 바울이 이 내용을 직접 썼다고 표시하고 있다. (여기서는 이 문제를 깊이 다루지 않을 것이다. 다만 나는 바울이 고린도 사람들이 적어 보낸 내용을 인용했으며, 그들의 말에 전적으로 동의하지는 않았다고 본다.)
2. 이 역본들의 견해가 나뉘는 또 다른 지점은 γυναικὸς μὴ ἅπτεσθαι(귀나이코스 메 합테스타이)라는 관용구를 어떻게 다룰 것인가다. 여자에게 손을 댄다는 것은 무엇을 뜻하는가? NIV 개정판(2011), ESV, NET는 그 의미를 이렇게 못 박고 있다. "여자와 성관계를 맺지 않는 것." 고든 피는 이렇게 설명한다. "고대의 헬라어 문헌에서 '여자에게 손을 대다'(to touch a woman)라는 관용구는 약 스물다섯 번 정도 나타난다. 그 문헌들의 연대는 여섯 세기에 걸쳐 있으며, 다양한 저자가 그 표현을 사용했다. 그리고 모든 경우에, 이 어구는 모호한 부분 없이 분명하게 성관계를 맺는 일을 가리킨다."[36] 그러나 γυναικὸς μὴ ἅπτεσθαι(귀나이코스 메 합

---

36 Gordon D. Fee, *The First Epistle to the Corinthians*, 2판, NICNT (Grand Rapids: Eerdmans, 2014)(『NICNT 고린도전서』, 부흥과개혁사), 305쪽. 고든 피는 그 문장에 다음과 같이 각주를 달았다.

Plato, *leg.* 8.840a; *Aristot.*, Pol. 7.14.12; Gen. 20:6 (LXX); Ruth 2:9 (LXX); Prov. 6:29 (LXX); Plutarch, *Alex.M.* 21.4; Jos., *Ant.* 1.163; Marc.Aur.Ant. 1.17.6을 보라. 이 문장들의 영역문은 Fee, "1 Corinthians 7:1," 308

테스타이)라는 관용구가 '결혼하지 않는 것'(NIV 1984)과 비슷한 의미로 쓰인 적은 단 한 번도 없다. 그리고 NASB처럼 좀 더 형식에 근거해서 옮긴 역본들은 이 구절을 관용구답게 표현하지 못하고 있다.

이 세 본문에 관해서는 훨씬 많은 내용을 언급할 수 있다. 다만 여기서는 영어 성경 역본들을 서로 비교하는 법을 간단히 예시하려 했다.

핵심 단어와 개념

관용구

기능적 일치

남성 복귀 대명사

번역 철학

성 포괄적 어법

영감

완곡어법

형식적 일치

더 생각해 보기 위한 질문

1. 당신은 어떤 성경 역본을 가장 선호하며, 그 이유는 무엇인가?
2. 당신은 보통 성경을 연구할 때 어떤 역본(들)을 사용하는가? 이 장을 읽은 뒤, 다른

쪽에 제시되어 있다. 그리고 좀 더 광범위한 목록으로는 R. E. 치암파, "Revisiting the Euphemism in 1 Corinthians 7.1," *JSNT* 31 (2009), 325-38쪽을 보라. 그는 이 자료들을 세심히 정리하면서, 이 어구가 기본적으로 "계속 창녀를 찾거나 가정의 노예들과 동침하는 등의 일을 행하는 남자들"에 관련된 것임을 입증하려 한다. 그의 이런 논의는 당시 상황에 연관 지어 좀 더 구체적으로 이 문제를 다루는 것이지만, 여하튼 바울의 전반적인 응답은 동일하다.

특히 헤아리기 어려운 것은 초기 NIV 번역자들이 "남자가 결혼하지 않는 것이 좋습니다"라고 옮긴 이유다. Godet, 321; Grosheide, 155; Morris, 105의 논의와 달리, 그런 견해를 지지하는 증거는 전혀 찾아볼 수 없기 때문이다. 그런 것은 사실 견유학파(Cynics)에서 취한 견해다. Stobaeus, *Ecl.* 4.22.28, "It is not good to marry"(οὐκ ἀγαθὸν τὸ γαμεῖν)를 참조하라.

역본들을 그 목록에 추가하기로 마음먹게 되었는가? 만약 그렇다면 어떤 역본들을 추가할 생각인가?

3. 특정 역본의 번역 철학을 이해하지 못한 채, 또는 번역자들이 그 번역 철학을 충실히 따랐는지 살피지 못한 채 그 역본을 비판한 적이 있는가? 만약 그렇다면 그 역본은 무엇이었으며, 그렇게 비판한 이유는 무엇이었는가?
4. 당신이 볼 때, 어떤 이들이 독단적으로 자신이 선호하는 영어 역본이 최상이며 다른 역본들은 열등하다고 주장하는 이유는 무엇이라고 생각되는가? 특히 가족이나 가까운 친구, 같은 교회에 속한 교인이 그런 태도를 취할 때, 그런 사람들과 지혜롭게 소통하려면 어떻게 해야 하는가?
5. 당신이 하나 이상의 언어를 능숙하게 다룬다면, 성경 번역에 관련된 사안들을 더 깊이 이해하는 데 도움이 된다. 그 이유는 무엇일까?
6. 복음을 전 세계로 확산하는 데 성경 번역이 무척 중요한 이유는 무엇인가? 당신은 이 과업을 돕기 위해 무엇을 할 수 있겠는가?

추가 연구 자료

Beekman, John, and John Callow. *Translating the Word of God*. Dallas: Summer Institute of Linguistics, 1974. 성경 번역에 관한 고전적인 글. 여전히 주의 깊게 읽을 가치가 있다.

Brunn, Dave. *One Bible, Many Versions: Are All Translations Created Equal?* Downers Grove, IL: InterVarsity Press, 2013. 전반적인 면에서, 이 책은 성경 번역에 관해 내가 두 번째로 좋아하는 책이다(첫 번째는 피와 스트라우스가 쓴 책이다). 나는 이 장에서 브런의 글을 몇 차례 인용했으므로, 당신도 이미 그의 통찰력이 얼마나 뛰어난지 파악했을 것이다.

Carson, D. A. *The Inclusive-Language Debate: A Plea for Realism*. Grand Rapids: Baker, 1998. 이 책에서 카슨은 안타깝게도 복음주의자들을 분열시켜 온 이 사안을 침착하고 설득력 있게 논하고 있다. 그가 이 책을 쓸 동기를 부여받은 것은 잡지 〈월드〉(WORLD) 1997년 3월 29일자가 발행되면서 빚어진 논란 때문이다. 그 잡지의 표지에는 이렇게 적혀 있다. "살며시 바뀌는 성경: 널리 보급된 NIV가 가만히 성 중립적인 방향으로 가고 있다." 그리고 그 잡지에 실린 수잔 올래스키(Susan Olasky)의 글 제목은 이러했다. "복음주의 교회를 향한 여성주의의 유혹: 팜므 파탈(Femme Fatale)." 이 책에서 카슨은 다시 한 번 "현실적인 태도를 취하자고 호소"한다. 여기서 그는 성적으로 정확한 어법에 연관된 언어학적 논의를 체계적으로 설명하며, 다수의 언어학자와 복음주의 학자들이 지지하는 견해를 옹호하고 있다.

________. "The Limits of Functional Equivalence in Bible Translation-and Other Limits, Too." In *The Challenge of Bible Translation: Communicating God's Word to the World; Understanding the Theory, History, and Practice: Essays in Honor of Ronald F. Youngblood*, edited by Glen G. Scorgie, Mark L. Strauss, and Steven M. Voth, 65-113. Grand Rapids: Zondervan, 2003. 이 글에서 카슨은 의미에 근거한 일치를 추구하는 번역 철학에 대한 비판들에 응답하고, 포괄적 어법에 관해 1998년의 책에서 펼친 논의를 이어간다. 그는 언어학적 지식에 근거해서 설득력 있는 논증을 제시하고 있다.

Combs, William W. "The History of the NIV Translation Controversy." *Detroit Baptist Seminary Journal* 17 (2012): 3-34. 이 논쟁의 역사를 균형 있게 서술한 글이다.

Decker, Rodney J. "An Evaluation of the 2011 Edition of the New International Version." *Themelios* 36, 3 (2011): 415-56. 아마도 NIV 개정판에 관한 논평 중에서 가장 뛰어난 글일 것이다.

Fee, Gordon D., and Mark L. Strauss. *How to Choose a Translation for All Its Worth: A Guide to Understanding and Using Bible Versions*. Grand Rapids: Zondervan, 2007. 전반적으로 나는 이 책이 성경 번역에 관한 책 가운데 가장 우수하다고 생각한다. 이 책은 적어도 다음 일곱 가지 장점을 지니고 있다. (1) 이 책의 논의는 정확하다. 그 논의는 미묘한 어감의 차이를 충분히 전달하며, 그 안에는 언어학적 지식도 담겨 있다. 저자들은 성경 번역에 관해 계속 글을 쓰고, 성경 번역 작업에도 참여해 왔다. 그들이 가장 최근에 참여한 작업으로는 NIV 개정판이 있다. (2) 이 책의 논의는 명쾌하며 이해하기 쉽다. (3) 이 책은 알기 쉽게 쓰였으며, 중학교 1학년생도 쉽게 그 내용을 파악할 수 있다. (4) 이 책은 간결하다. 표현이 장황하지 않고, 분량도 짧아서 170쪽에 불과하다. 그리고 여러 적절한 표제가 담겨 있다. (5) 이 책의 어조는 공정하다. 이 책은 성경 번역에 관한 여러 견해를 존중하는 태도로 설명하며, 각 견해나 그 견해의 반대자들을 조롱하지 않는다. (6) 이 책은 사려 깊다. 이 책은 불필요한 우려를 조장하지 않고 적절히 침착한 어조를 취한다. (7) 이 책은 실제적이다. 이 책에는 분별 있는 관찰과 적용이 가득 담겨 있다.

Köstenberger, Andreas J., and David A. Croteau, eds. *Which Bible Translation Should I Use? A Comparison of 4 Major Recent Versions*. Nashville: Broadman&Holman, 2012. 이 책에는 각기 다음 네 역본 가운데 하나가 더 우월하다고 주장하는 네 편의 글이 담겨 있다. (1) 웨인 그루뎀(Wayne Grudem)은 ESV를 옹호하고, (2) 더글러스 무는 NIV를, (3) 레이 클렌드넨(Ray Clendenen)은 CSB를, (4) 필립 컴포트(Philip Comfort)

는 NLT를 옹호한다. 이 책은 번역 이론의 여러 범주에 걸친 주요 주장들을 알기 쉽게 전달하며, 논의 과정에서 독자에게 구체적인 사례들을 제시한다. 편집자들은 이렇게 설명한다. “이어지는 장들은 열여섯 개의 본문에 초점을 맞추면서 이 네 역본의 견해를 나란히 제시한다. 따라서 독자는 이 네 가지 주요 역본이 각자의 번역 철학을 어떻게 적용하고 있는지 비교해 볼 수 있다. 각 역본의 대표자는 그 번역 위원회에 참여한 학자들이다”(22). 그리고 내 생각은 다음과 같다. (1) 이 책의 어조는 정중하다. 그런데 사람들이 성경 역본들에 관해 의견을 달리 할 때에도 늘 그런 것은 아니다! (2) 나는 이 네 역본 모두 감사히 여기면서 꾸준히 사용하고 있다. (3) 앞서 실린 세 편의 글이 NLT를 옹호하는 필립 컴포트의 글보다 견고하고 면밀한 것으로 여겨진다. (4) 내게는 더글러스 무의 글이 가장 설득력 있게 다가온다(다만 NIV의 디모데전서 2장 12절 번역 방식에 관해서는 의견이 다르다). (5) 이것은 전문적인 책이 아니며, 따라서 그 내용을 이해하기 위해 히브리어나 헬라어, 전문 신학 용어를 알아야 하는 것은 아니다. 이 책은 성경 번역에 관한 토론에 참여하는 좋은 시작점이 된다.

Metzger, Bruce M. *The Bible in Translation: Ancient and English Versions*. Grand Rapids: Baker Academic, 2001. 고대 역본들과 영어 역본들의 특징을 학술적으로 요약한 책이다.

Moo, Douglas J. *We Still Don't Get It: Evangelicals and Bible Translation Fifty Years after James Barr*. Grand Rapids: Zondervan, 2014. 열네 쪽짜리 이 소책자에는 2014년 11월 19일 샌디에이고에서 열린 복음주의 신학회(Evangelical Theological Society)의 연례 회합에서 무가 발표한 내용이 담겨 있다. 이 글에서 NIV 번역 위원회 의장인 무는 성경 번역자들이 자주 무시하는 언어학의 세 가지 기본 원리를 숙고한다. (1) 언어학은 규범적 학문이 아니라 서술적 학문이다. (2) 의미는 각 단어 속에 담긴 것이 아니라, 한데 모인 단어들 속에 담겨 있다. (3) 개별 단어의 의미는 하나의 간단한 정의를 통해서가 아니라, 의미론적인 장(semantic field, 의미상 관련 있는 단어들의 집합_ 옮긴이)을 통해 표현된다. 따라서 우리는 어떤 단어의 ‘문자적’ 의미를 언급할 수 없다.

__________, ed. “Updating the New International Version of the Bible: Notes from the Committee on Bible Translation.” August 2010. 열한 쪽 분량의 이 글은 NIV 개정판의 새로운 특징을 명확히 설명한다. NIV의 가장 논쟁적인 측면은 성 포괄적 어법에 관련되며, 무는 NIV가 자연스러운 영어를 반영해서 성적으로 정확한 어법을 채택했다고 설명한다. “번역 위원회는 콜린스 사전 측과 협약을 맺고, 세계적으로 가장 중요한 영어 연구 방편 중 하나인 콜린스 영어 저장소(Collins Bank of English)를 활용할 수 있었다. 이는 성에 관련된 어법 변화에 대해 대규모 연구를 새로 수행하기 위해서였다. 이 영어 저장소는 44억 개가 넘는 단어가 담긴 자료 창고이며, 그 단어들은 전 세계 출판물과 녹음 기록에서 추출한 것이다. 세계적인 컴퓨터 언어학 전문가들과 협력하여 이 프로젝트를 위해 개발된 최신 기술을 활용하면서, 본 위원회는 현재

성에 관련된 어법의 쓰임새에 대해 신뢰할 만하며 지금까지 얻을 수 없던 관점을 파악하게 되었다." 콜린스 측 보고서는 56쪽 분량의 PDF 파일로 살펴볼 수 있다("The Development and Use of Gender Language in Contemporary English: A Corpus Linguistic Analysis; Prepared for the Committee on Bible Translation by Collins Dictionaries," September 2010).

Naselli, Andrew David. "ESV Bible Translators Debate the Word 'Slave' at Tyndale House, Cambridge." http://andynaselli.com/is-slave-a-good-english-translation. 나는 수업 시간에 학생들에게 4분 정도 길이의 이 영상을 늘 보여 준다. 이 영상은 영어 성경 번역이 얼마나 복잡한 작업인지 잘 보여 주기 때문이다. ESV 번역 감독 위원회가 2010년 여름에 모였을 때, BBC는 히브리어 단어 עֶבֶד(에베드)와 헬라어 단어 δοῦλος(둘로스)의 번역 방식을 두고 벌어진 논의의 일부를 촬영했다. 그리고 이 영상은 여러 시간에 걸친 논의를 압축한 것이다. 이 영상에서 토론하는 위원들 중에는 잭 콜린스(Jack Collins), 피터 윌리엄스(Peter Williams), 고든 웬함(Gordon Wenham), 폴 하우스(Paul House), 웨인 그루뎀, 레인 데니스(Lane Dennis)가 포함되어 있다.

Poythress, Vern S., and Wayne A. Grudem. *The TNIV and the Gender-Neutral Bible Controversy*. Nashville: Broadman&Holman, 2004. 포이트레스(Poythress)와 그루뎀은 스트라우스가 '성적으로 정확한' 것들로 언급하는 역본들의 번역 방침에 반대한다. 이 책은 그 반대 이유를 가장 포괄적으로 설명한 자료다.

Strauss, Mark L. "Why the English Standard Version(ESV) Should Not Become the Standard English Version: How to Make a Good Translation Much Better." Paper presented at the National Meeting of the Evangelical Theological Society, Providence, RI, November 21, 2008. 스트라우스의 이 글에는 도발적인 제목이 붙어 있다. 한편 내가 이 책을 추천하는 데에는 ESV가 빈약한 역본임을 암시하려는 의도가 깔려 있지 않다(그것은 탁월한 역본이다). 그 내용에 동의하든 그렇지 않든, 이 글은 읽어 볼 가치가 있다. 그의 주장에는 유익한 통찰이 담겨 있기 때문이다.

4장

헬라어 문법

각 문장이 단어와 구, 절을 통해 어떻게 의미를 전달하는지 이해하기

아마 당신은 이번 장에서 다룰 내용이 지루하거나 상대적으로 덜 중요하다고 여기고, 이 장을 건너뛰려는 유혹을 받을지도 모르겠다. 하지만 문법이 꼭 지루한 것만은 아니다(나는 문법을 사랑한다!). 그리고 더 중요한 점은, 하나님이 문법을 통해 그분 자신을 우리에게 계시하기로 선택하셨다는 것이다. 그렇기 때문에 문법은 중요하다. 그러므로 문법에 관심을 쏟는 것은 하나님께 관심을 쏟는 한 방편이기도 하다. 문법을 정확히 이해할수록, 하나님을 더 바르게 이해할 수 있다.

친절하게 미리 알려 주자면, 이 장에는 이 책에서 가장 어렵고 전문적인 내용이 담겨 있다. 당신이 헬라어를 전혀 모르더라도, 이 책은 여전히 당신은 위한 것이다. 다만 이 장 내용을 천천히 살피기보다는 얼른 훑어보는 편이 좀 더 도움이 될지도 모른다. 한편 이미 초급과 중급 헬라어를 공부한 독자는 이 기본 개관을 잘 따라올 수 있을 것이다. 아무튼 이 장 내용을 읽으면서, 당신은 적어도 해석자들이 씨름하는 문법적인 사항들을 헤아리는 데 도움을 얻을 수 있다.

헬라어 문법의 기초는 무엇인가

우선 신약 헬라어 문법의 기초를 살펴보자. 이것은 마치 어떤 도시를 직접 걸어서 여행하지 않고, 헬리콥터를 타고 그 위를 날아가면서 창밖 풍경을 내려다보는 것과 비슷하다.[1] 이제 우리는 헬라어의 아홉 가지 품사를 개관하고, 요한복음 3장 16절을 실례로 삼아 그중 앞선 여덟 가지 품사를 살펴볼 것이다.

1. 명사

명사는 사람, 장소, 사물, 개념을 나타내는 품사다. 헬라어는 굴절어(inflected language, 어형과 어미의 변화를 통해 문장 속에서 단어가 갖는 여러 관계를 나타내는 언어_ 옮긴이)다. 따라서 어떤 동사나 명사를 문법적으로 기술할 때(문법학자들은 이 작업을 '동사 분해'[parsing a verb], '명사 격변화'[declining a noun]라고 부른다), 우리는 그 단어가 문장 속에서 기능하는 방식에 관해 많은 것을 파악할 수 있다.

명사는 세 가지 요소를 지닌다.

1. 성_ 남성, 여성, 중성(영어의 명사는 문법적인 성이 없다.)
2. 수_ 단수, 복수
3. 격_주격, 속격, 여격, 대격, 호격(영어의 명사에는 이에 해당하는 격어미가 없다.)

- 요한복음 3장 16절의 예_ οὕτως γὰρ ἠγάπησεν ὁ θεὸς τὸν κόσμον, ὥστε τὸν υἱὸν τὸν μονογενῆ ἔδωκεν, ἵνα πᾶς ὁ πιστεύων εἰς αὐτὸν μὴ ἀπόληται ἀλλ' ἔχῃ ζωὴν αἰώνιον.

여기서 κόσμον(코스몬)을 분해해 보자.

- 성_ 남성
- 수_ 단수

1 당신은 이 장 끝부분에 나오는 '추가 연구 자료'를 살핌으로써 직접 걸어서 여행할 수 있다.

- 격_ 대격
- 사전형(lexical form, 사전에 실린 단어의 형태)_ κόσμος(코스모스)
- 여기서 이 단어는 ἠγάπησεν(에가페센)의 직접 목적어로 기능한다. 하나님이 이 세상을 사랑하셨다. 곧 이 세상은 하나님이 사랑하시는 대상이다.

2. 형용사

형용사는 실명사(substantive)를 수식하거나 그 특성을 묘사하는 품사다(여기서 '실명사'는 명사처럼 기능하는 단어를 가리킨다). "그는 열심 있는 교수다"(He is an intense professor)라는 문장을 생각해 보자. 여기서 '교수'(professor)는 명사이며, '열심 있는'(intense)은 형용사다. 그리고 '열심 있는'은 '교수'를 수식하거나 그 특성을 묘사하고 있다.

명사의 경우처럼, 형용사도 성과 수, 격을 지닌다. 형용사는 대체로 명사를 수식하며, 이때 형용사는 자신이 수식하는 명사와 동일한 성, 수, 격을 지니게 된다.

- 요한복음 3장 16절에 나타난 두 가지 예_ οὕτως γὰρ ἠγάπησεν ὁ θεὸς τὸν κόσμον, ὥστε τὸν υἱὸν τὸν <u>μονογενῆ</u> ἔδωκεν, ἵνα πᾶς ὁ πιστεύων εἰς αὐτὸν μὴ ἀπόληται ἀλλ' ἔχῃ ζωὴν <u>αἰώνιον</u>.

μονογενῆ(모노게네)를 분해해 보자.

- 성_ 남성
- 수_ 단수
- 격_ 대격
- 사전형_ μονογενής(모노게네스)
- 여기서 이 단어는 υἱόν(휘온)을 수식한다.
  '아들 유일한 분'(the Son the unique one) = '유일한 아들'(the unique Son) 또는 '그분의 외아들'(his only Son[ESV]), '그분의 하나뿐인 아들'(his one and only Son[NIV])

또 αἰώνιον(아이오니온)을 분해해 보자.

- 성_ 여성
- 수_ 단수
- 격_ 대격
- 사전형_ αἰώνιος(아이오니오스)
- 여기서 이 단어는 ζωὴν(조엔)을 수식한다.

  '생명 **영원한**'(life eternal) = '**영원한** 생명'(eternal life)

3. 부사

부사는 일반적으로 동사를 수식하는 품사다. 영어에서는 대체로 형용사 끝에 '-ly'를 덧붙여 부사를 만든다. '그는 빠르게 뛰었다'(He ran quickly). 여기서 '빠르게'(quickly)는 동사 '뛰었다'(ran)을 수식한다.

- 요한복음 3장 16절의 예_ οὕτως γὰρ ἠγάπησεν ὁ θεὸς τὸν κόσμον, ὥστε τὸν υἱὸν τὸν μονογενῆ ἔδωκεν, ἵνα πᾶς ὁ πιστεύων εἰς αὐτὸν μὴ ἀπόληται ἀλλ' ἔχῃ ζωὴν αἰώνιον.

여기서 οὕτως(후토스)는 ἠγάπησεν(에가페센)을 수식하는 부사다. 하나님은 어떻게 사랑하셨는가? 하나님은 οὕτως(후토스)하게 사랑하셨다. 곧 **이처럼** 사랑하신 것이다. 이 단어는 문장 나머지 부분을 지시하며, 그 나머지 부분은 하나님의 사랑이 얼마나 열렬했는지를 강조하고 있다.

4. 관사

명사와 형용사의 경우처럼, 관사도 성과 수, 격을 지닌다. 영어에는 부정관사(a)와 정관사(the)가 있다. 하지만 헬라어에는 부정관사에 해당하는 단어가 없고, 정관사에 해당하는 단어만 하나 있다. 그러나 이 단어 역시 영어의 정관사와 같은 방식으로 기능하지는 않는다. 헬라어의 관사는 항상 그것이 수식하는 단어와 동일한 성, 수, 격을 지닌다.

- 요한복음 3장 16절의 예_ οὕτως γὰρ ἠγάπησεν <u>ὁ</u> θεὸς <u>τὸν</u> κόσμον, ὥστε <u>τὸν</u> υἱὸν <u>τὸν</u> μονογενῆ ἔδωκεν, ἵνα πᾶς <u>ὁ</u> πιστεύων εἰς αὐτὸν μὴ ἀπόληται ἀλλ' ἔχῃ ζωὴν αἰώνιον.
  이 문장에는 다섯 개의 관사가 있으며, 이 관사들은 각기 자신이 수식하는 단어를 한정한다(구체화한다).

5. **대명사**

대명사는 명사를 대신하는 품사다. 대명사는 선행사와 동일한 성과 수를 지니지만(그리고 해당하는 경우에는 동일한 인칭도 지닌다), 격은 그 대명사가 문장에서 수행하는 기능에 따라 결정된다. 헬라어에는 아홉 종류의 대명사가 있다.

1. 관계 대명사_ ……하는 사람/것(who, that, which, what)
2. 강조 대명사_ 그 자신, 바로 그 사람/것(himself, the same)
3. 지시 대명사_ 이것, 저것, 이것들, 저것들(this, that, these, those)
4. 인칭 대명사_ 나, 너, 그/그녀/그것(I, you, he/she/it)
5. 의문 대명사_ 누가? 어떤 것? 무엇? 왜?(Who? Which? What? Why?)
6. 부정 대명사_ 아무, 아무것, 누구, 무언가(anyone, anything, someone, something)
7. 부정 관계 대명사_ ……하는 누구든, ……하는 무엇이든(whoever, whatever)
8. 재귀 대명사_ 나 자신, 너 자신, 그 자신(myself, yourself, himself)
9. 상호 대명사_ 각자, 서로(each other, one another)

- 요한복음 3장 16절의 예_ οὕτως γὰρ ἠγάπησεν ὁ θεὸς τὸν κόσμον, ὥστε τὸν υἱὸν τὸν μονογενῆ ἔδωκεν, ἵνα πᾶς ὁ πιστεύων εἰς <u>αὐτὸν</u> μὴ ἀπόληται ἀλλ' ἔχῃ ζωὴν αἰώνιον.

αὐτὸν(아우톤)을 분해해 보자.

- 성_ 남성
- 수_ 단수

- 격_ 대격
- αὐτός(아우토스)에서 변형된 인칭 대명사
- 이 문장에서 이 단어는 전치사 εἰς(에이스)의 목적어다_ '그를 믿는 자마다'(that whoever believes in him). 그리고 선행사(즉, 대명사가 가리키는 단어)는 τὸν υἱὸν(톤 휘온, '그 아들')이다.

6. 전치사

전치사는 전치사구를 지배하는 품사로, 하나의 실명사가 다른 단어(동사나 형용사, 또는 다른 실명사)와 어떤 연관을 맺는지 나타낸다. 그림4.1은 공간적인 연관성을 나타내는 전치사들의 특성을 보여 준다.[2]

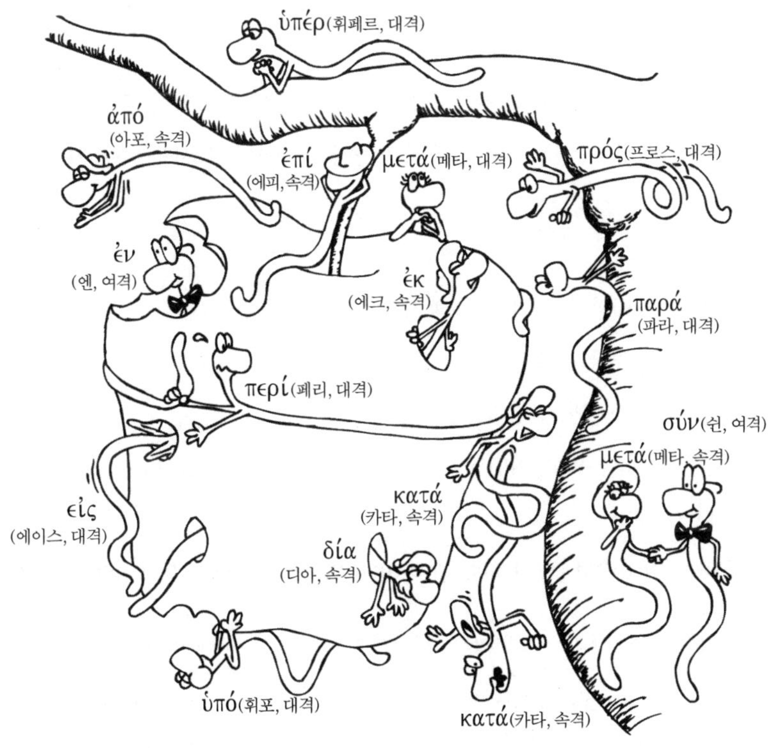

그림4.1. 벌레들이 보여 주는 헬라어 전치사들의 특성

2 Rodney J. Decker, *Reading Koine Greek: An Introduction and Integrated Workbook* (Grand Rapids: Baker Academic, 2014), 158쪽. 이 그림은 베이커 출판 그룹의 한 사업부인 베이커 아카데믹(Baker Academic) 측의 허락을 받고 실었다.

• 요한복음 3장 16절의 예_ οὕτως γὰρ ἠγάπησεν ὁ θεὸς τὸν κόσμον, ὥστε τὸν υἱὸν τὸν μονογενῆ ἔδωκεν, ἵνα πᾶς ὁ πιστεύων <u>εἰς</u> αὐτὸν μὴ ἀπόληται ἀλλ' ἔχῃ ζωὴν αἰώνιον.

요한복음에서 εἰς(에이스)는 πιστεύω(피스튜오) 뒤에 자주 오는 전치사다. 이때 이 전치사는 신뢰하는 대상이 누구인지 나타낸다. 신앙에는 늘 대상이 있으며, 어떤 신앙이 얼마나 유익한지는 그 대상의 성격에 달려 있다. 오늘날에는 우리 자신을 신뢰해야 한다는 세계관이 널리 퍼져 있다(또는 더 모호하게 그 대상을 구체적으로 밝히지 않고 그저 '믿음을 가지라'[have faith]고 말하기도 한다!). 그러나 여기서 신앙의 대상은 바로 '그', 곧 하나님의 유일한 아들이신 분이다.

7. 동사

동사는 어떤 행동이나 존재 상태를 서술하는 품사다. 말을 하거나 글을 쓰는 사람은 동사를 써서 자신이 그 행동을 어떻게 보았는지 묘사한다. 동사는 다섯 가지 요소를 지닌다.

1. 시제_ 현재, 미완료, 미래, 부정과거, 완료, 과거완료[3]
2. 태_ 능동태, 중간태, 수동태
3. 법_ 직설법, 가정법, 명령법, 기원법
4. 인칭_ 일인칭(나, 우리), 이인칭(너, 너희), 삼인칭(그/그녀/그것/그[것]들)
5. 수_ 단수, 복수

• 요한복음 3장 16절의 예_ οὕτως γὰρ <u>ἠγάπησεν</u> ὁ θεὸς τὸν κόσμον, ὥστε

3 헬라어 문법학자들 사이에서는 직설법 동사의 시제 형태가 과연 절대 시간(absolute time)을 문법적으로 표현한 것인지를 두고 저마다 의견이 다르다. 1990년대 초반부터, 시제 형태는 한 저자나 화자가 어떤 행동을 주관적으로 묘사한 방식만 문법적으로 나타낼 뿐이라고 주장하는 문법학자가 늘고 있다. 곧 그 행동의 객관적인 특성이나 실제 시간에 관해, 시제 형태는 문법적으로 아무것도 제시하지 않는다는 것이다. 이런 견해를 기본적으로 소개하는 글로는 Andrew David Naselli, "A Brief Introduction to Verbal Aspect Theory in New Testament Greek," *Detroit Baptist Seminary Journal* 12 (2007): 17-28쪽; Constantine R. Campbell, *Basics of Verbal Aspect in Biblical Greek* (Grand Rapids: Zondervan, 2008)(『성경 헬라어 동사 상의 기초』, 그리심)을 보라. 그리고 이런 견해에 전문적으로 반론한 것으로는 Steven E. Runge and Christopher J. Fresch, eds., *The Greek Verb Revisited: A Fresh Approach for Biblical Exegesis* (Bellingham, WA: Lexham, 2016)를 보라.

τὸν υἱὸν τὸν μονογενῆ ἔδωκεν, ἵνα πᾶς ὁ πιστεύων εἰς αὐτὸν μὴ ἀπόληται ἀλλ' ἔχῃ ζωὴν αἰώνιον.

이 문장에는 네 개의 동사가 있다.

1. ἠγάπησεν(에가페센)_ ἀγαπάω(아가파오)의 부정과거 능동태 직설법 삼인칭 단수
2. ἔδωκεν(에도켄)_ δίδωμι(디도미)의 부정과거 능동태 직설법 삼인칭 단수
3. ἀπόληται(아폴레타이)_ ἀπόλλυμι(아폴뤼미)의 부정과거 중간태 가정법 삼인칭 단수
4. ἔχῃ(에케)_ ἔχω(에코)의 현재 능동태 가정법 삼인칭 단수

8. 분사

분사는 동사적인 형용사다. 분사에는 동사와 형용사의 특성이 모두 있으며, 따라서 다음 다섯 가지 요소를 지닌다.

1. 시제_ 현재, 미래, 부정과거, 완료
2. 태_ 능동태, 중간태, 수동태
3. 성_ 남성, 여성, 중성
4. 수_ 단수, 복수
5. 격_ 주격, 속격, 여격, 대격

- 요한복음 3장 16절의 예_ οὕτως γὰρ ἠγάπησεν ὁ θεὸς τὸν κόσμον, ὥστε τὸν υἱὸν τὸν μονογενῆ ἔδωκεν, ἵνα πᾶς ὁ πιστεύων εἰς αὐτὸν μὴ ἀπόληται ἀλλ' ἔχῃ ζωὴν αἰώνιον.

분사 πιστεύων(피스튜온)을 분해해 보자.

- 시제_ 현재
- 태_ 능동태
- 성_ 남성

- 수_ 단수
- 격_ 주격
- πιστεύω(피스튜오)에서 변형된 분사
- 여기서 이 단어는 명사 역할을 한다(즉, 실명사적 분사다). 그리고 좀 더 형식에 근거한 번역 표현은 '믿는 모두가 ……하도록'(in order that everyone who believes)이다. 이 단어는 동사 ἀπόληται(아폴레타이)와 ἔχῃ(에케)의 주어로 기능한다. 곧 믿는 이는 멸망하지 않으며, 오히려 영원한 생명을 얻는다는 것이다.

9. 부정사

부정사는 동사적인 명사다. 영어의 경우, 부정사에는 대체로 전치사 'to'가 포함되어 있다(예를 들어 to repent, to believe, to love). 부정사에는 동사와 명사의 특성이 모두 있으며, 다음 두 가지 요소를 지닌다.

1. 시제_ 현재, 미래, 부정과거, 완료
2. 태_ 능동태, 중간태, 수동태
3. 예_ 요한복음 3장 16절에는 부정사가 없지만, 그 앞 문장(요 3:14)에 하나가 있다. Καὶ καθὼς Μωϋσῆς ὕψωσεν τὸν ὄφιν ἐν τῇ ἐρήμῳ, οὕτως <u>ὑψωθῆναι</u> δεῖ τὸν υἱὸν τοῦ ἀνθρώπου("모세가 광야에서 뱀을 든 것같이 인자도 들려야 하리니").

부정사 ὑψωθῆναι(휩소테나이)를 분해해 보자.

- 시제_ 부정과거
- 태_ 수동태
- ὑψόω(휩소오)에서 변형된 부정사
- 여기서 이 단어는 δεῖ(데이)라는 단어를 완전하게 만든다_ '들리는 일이 …… 꼭 필요하다'(it is necessary …… to be lifted up).

여기까지 헬라어 문법의 기초를 약간 살펴보았다.

주해적으로 중요한 단어와 구, 절을 파악하고 분석하기

헬라어 문법 공부의 목표는 신약 성경을 정확하게 주해하는 데 있으며, 이는 그 메시지를 우리 자신과 교회, 오늘날의 세상에 제대로 적용하기 위함이다. 때로 헬라어 문법의 어떤 측면은 주해적으로나 신학적으로 다른 측면보다 중요하며, 어떤 측면이 지니는 성격은 문장에 따라 달라진다. 따라서 좋은 주해자가 되기 위해서는 주해적으로 중요한 단어와 구, 절을 파악하고 분석하는 방법을 익히는 것도 배워야 한다. '속격의 단어와 관사, 분사, 부정사를 늘 분석하라'와 같은 경험 법칙을 제시하기는 매우 힘들다. 예외적인 경우가 아주 많기 때문이다. 속격의 단어와 관사, 분사, 부정사가 주해적으로 중요한 의미를 지닐 경우가 자주 있지만, 늘 그런 것은 아니다. 따라서 살면서 익히게 되는 대부분의 기술과 마찬가지로 우리는 수백, 수천 시간에 이르는 오랜 연습을 통해 이 기술을 연마해야 한다. 그렇게 꾸준히 훈련하는 동안, 우리는 주해적으로나 신학적으로 중요한 단어와 구, 절을 파악하고 분석하는 일에서 신뢰할 만한 통찰력을 조금씩 키워갈 수 있다.

고든 피는 자신이 쓴 핸드북 「신약 성경 해석 방법론」(*New Testament Exegesis*, 크리스챤출판사 역간)에서 몇 가지 일반 지침을 제안한다. "두 가지 이상의 선택지 가운데 문법적으로 결정해야 하는 단어와 절을 따로 떼어 놓으라." 여기서 그는 다섯 단계를 제시한다.[4]

1. 명사와 대명사의 '격과 그 이유'를 결정하라(특히 속격과 여격의 경우).
2. 동사의 시제(동작류[*Aktionsart*])와 태, 법을 결정하라.
3. 접속 기호(접속사와 분사)의 어감 또는 의미를 결정하라.
4. 전치사의 어감 또는 뉘앙스를 결정하라.
5. 상황적(부사적)인 분사, 부정사와 그 단어들이 쓰인 문장 사이의 관계를 결정하라.

그러고 나서 피는 그 다음에 수행할 작업을 파악하기 위한 네 단계를 제시한다.

---

4 Gordon D. Fee, *New Testament Exegesis: A Handbook for Students and Pastors*, 3판 (Louisville: Westminster John Knox, 2002)(「신약 성경 해석 방법론」, 크리스챤출판사), 75-78쪽.

1. (문법적) 선택지를 파악하라.
2. 문법서들을 참조하라.
3. 다른 구절들을 통해 저자의 용례를 살피라.
4. 현재 문맥에서 최종으로 어떤 선택지가 가장 이치에 맞는지 결정하라.

이와 같이 단순한 단계들로 표현하면, 이 작업이 매우 쉬운 것처럼 여겨진다. 그리고 실제로 쉽게 끝날 수도 있지만, 믿기 어려울 정도로 힘든 작업이 될 때도 많다. 그러므로 이제 이어지는 여덟 단원에서는 다음 각 항목에서 주해적으로 중요한 구문들에 초점을 맞추어 살펴보려 한다.

1. 주격
2. 속격
3. 여격
4. 대격
5. 관사
6. 분사
7. 부정사
8. 대명사의 선행사

이어지는 여덟 단원에서 나는 월리스가 쓴 책처럼[5] 철저한 문법서들과 어깨를 나란히 하려고 애쓰지 않았다. 대신 월리스가 쓴 여러 명칭을 활용하여 주해적으로 많이 중요한 구문들에 초점을 맞추었다.

---

5 Daniel B. Wallace, *Greek Grammar beyond the Basics: An Exegetical Syntax of the New Testament* (Grand Rapids: Zondervan, 1996).

주격 분석하기

헬라어의 모든 명사와 대명사, 형용사, 분사에는 격이 있다. 이 단어들은 각기 주격이나 속격, 여격, 대격, 호격 중 하나를 갖게 된다. 한 단어의 격은 글쓴이가 그 단어를 어떻게 사용하느냐에 따라 바뀌며, 이에 따라 어떤 단어가 지닌 격은 곧 그 단어의 구문론적인 기능을 나타내 준다.

주격은 구체적인 개체를 지시하며, 사람과 사물의 이름을 언급한다. 이 격이 가장 일반적으로 쓰이는 두 가지 경우는 주해적으로 중요할 수 있다.

1. 주어

통상적으로 실명사의 주격은 (명시적으로든 암묵적으로든) 정형 동사(finite verb, 주어의 수, 인칭, 시제, 법에 의해 한정되는 동사 형태_ 옮긴이)의 주어가 된다. 일반적으로 동사가 능동태라면 주어가 그 동작을 행하는 것이며, 동사가 수동태일 경우에는 주어가 그 동작을 받는 것이다. 그리고 그 동사가 등위 동사(equative verb, 한 실재가 다른 실재와 동일시됨을 나타내는 동사_ 옮긴이)라면 주어는 특정한 존재 상태에 있게 된다.

- 요한복음 3장 16절_ οὕτως γὰρ ἠγάπησεν ὁ θεὸς τὸν κόσμον, ὥστε τὸν υἱὸν τὸν μονογενῆ ἔδωκεν, ἵνα πᾶς ὁ πιστεύων εἰς αὐτὸν μὴ ἀπόληται ἀλλ' ἔχῃ ζωὴν αἰώνιον.

이 문장에서 밑줄 친 ὁ θεός(호 테오스)는 주격이며, 여기서 θεός(테오스)는 ἠγάπησεν(에가페센)의 주어로 기능한다. 누가 사랑하셨는가? **하나님이** 사랑하셨다. 여기서 하나님은 사랑을 행하는 주체이시다.

이 요한복음 3장 16절의 예는 간단명료하다. 이처럼 주격이 주어로 기능할 때, 대부분 매우 쉽게 파악할 수 있다. 하지만 때로는 영어 번역문에서 원래 주격을 찾아보기가 어려운 경우도 있다. 다음 본문을 살펴보자.

- 고린도전서 8장 10절_ ἐὰν γάρ τις ἴδῃ σὲ τὸν ἔχοντα γνῶσιν ἐν εἰδωλείῳ κατακείμενον, οὐχὶ ἡ συνείδησις αὐτοῦ ἀσθενοῦς ὄντος οἰκοδομηθήσεται εἰς τὸ τὰ εἰδωλόθυτα ἐσθίειν;

"For if anyone sees you who have knowledge eating in an idol's temple, will *he* not *be encouraged*, if his conscience is weak, to eat food offered to idols?"(ESV)

"만일 지식이 있는 네가 우상의 신전에서 음식을 먹는 모습을 누가 본다면, 그의 양심이 약할 경우에 그는 우상에게 바쳐진 음식을 먹도록 **격려받지** 않겠느냐?"(옮긴이 번역)

이 구절에서 ESV는 '그'(he)를 동사 οἰκοδομηθήσεται(오이코도메테스타이, '격려받다', '힘을 얻다', '담력을 얻다')의 주어로 번역하였다. 하지만 헬라어 본문에서 이 동사의 주어는 '그'가 아니다. 그렇지 않은가? 좀 더 형식에 근거한 번역은 다음과 같다.

"For if someone sees you, the one who has knowledge, eating in an idol's temple, will not his *conscience*, being weak, *be encouraged* to eat food offered to idols?"(NASB, NET, CSB 참조)

"만일 너, 곧 지식이 있는 이가 우상의 신전에서 음식을 먹는 모습을 누가 본다면, 연약한 그의 **양심**은 우상에게 바쳐진 음식을 먹도록 **격려받지** 않겠느냐?"(옮긴이 번역)

실제 헬라어 본문에서 동사 οἰκοδομηθήσεται(오이코도메테스타이, '격려받다')의 문법적인 주어는 바로 ἡ συνείδησις(헤 쉰에이데시스, '양심')다. 그리고 이 구절에 담긴 뜻은 다음과 같다. "이 문제에 관해 도덕적 의식이 올바른 네가(곧 너는 참된 신이 오직 한 분뿐임을 알고 있다) 우상의 신전에서 음식을 먹는 모습을 누군가가 본다면, 그 사람의 그릇된 도덕적 의식이 힘을 얻어 우상에게 바쳐진 음식을 먹음으로 자신의 양심을 거스르는 죄를 짓게 되지 않겠느냐?"

2. 서술 주격

영어와 마찬가지로 헬라어에는 두 종류의 서술 주격이 있다.

1. 서술 명사_ '나는 남편이다'(I am a husband). 여기서 '나'는 '……이다'라는 동사의 주어이며, '남편'은 '나'에 관해 무언가를 서술하는 단어다. 이때 '남편'은 명사이므로, 이 단어는 좀 더 구체적으로 '서술 명사'로 부를 수 있는 서술 주격이 된다.
2. 서술 형용사_ '나는 악하다'(I am sinful). 여기서 '나'는 '……이다'라는 동사의 주어이며, '악한'(sinful)은 '나'에 관해 무언가를 서술하는 단어다. 이때 '악한'은 형용사이므로, 이 단어는 좀 더 구체적으로 '서술 형용사'로 부를 수 있는 서술 주격이 된다.

헬라어에서 서술 주격은 연결 동사(linking verb, 특히 εἰμί[에이미]나 γίνομαι[기노마이], ὑπάρχω[휘파르코])를 완전하게 만드는 실명사나 형용사로, 그 동사의 주어가 지닌 성격을 밝히거나 묘사한다. 이때 주어는 대체로 서술 주격에 속한 하위 집합이 된다(예를 들면, '리오넬 메시는 축구선수다' ≠ '축구선수는 리오넬 메시다'). 다만 때로는 이 두 단어를 서로 바꾸어 말할 수 있다(예를 들어, '제니 나셀리는 내 아내다' = '내 아내는 제니 나셀리다').

때로 주어와 서술 주격을 구분하는 것은 주해적으로 매우 중요하다. 그러나 두 단어 모두 주격 형태를 지니므로, 구분하기가 쉽지 않을 수도 있다.

- 요한일서 4장 8절_ ὁ θεὸς ἀγάπη ἐστίν
  = '하나님은 사랑이시다'인가, '사랑은 하나님이다'인가?
- 요한복음 1장 1절_ θεὸς ἦν ὁ λόγος
  = '하나님은 그 말씀이셨다'인가, '그 말씀은 하나님이셨다'인가?

문법학자들은 주어를 식별하는 순서를 다음과 같이 파악해 왔다.

1. 대명사 = 주어
   예를 들어 마태복음 3장 17절_ <u>οὗτός</u> ἐστιν ὁ υἱός μου ὁ ἀγαπητός
   = '**이 사람**은 내 사랑하는 아들이다'('내 사랑하는 아들은 이 사람이다'가 아니다).
2. 관사가 붙은 주격 = 주어
   예를 들어 요한복음 4장 24절_ πνεῦμα <u>ὁ θεός</u>
   = '**하나님**[은] 영이시다'('영은 하나님이다'가 아니다).

3. 고유 명사 = 주어

예를 들어 야고보서 5장 17절_ <u>'Ηλίας</u> ἄνθρωπος ἦν

= '엘리야는 사람이었다'('사람은 엘리야였다'가 아니다).

그런데 대명사는 나머지 둘보다 앞선다. 예를 들어 마태복음 11장 14절을 보자. <u>αὐτός</u> ἐστιν 'Ηλίας = '그는 엘리야다'('엘리야는 그다'가 아니다). 그리고 나머지 둘, 즉 관사가 붙은 주격의 실명사와 주격의 고유 명사가 모두 나타날 경우에는 어순에 따라 해석하면 된다. 예를 들어 요한복음 8장 39절을 보자. <u>ὁ πατὴρ</u> ἡμῶν 'Αβραάμ ἐστιν = '우리 아버지는 아브라함이다.'

속격 분석하기

헬라어로 '요한은 하나님의 사람이다'를 말할 때, '하나님의'는 아마 속격 형태로 쓰일 것이다. 이 단어는 요한이 어떤 종류의 사람인지를 묘사하거나 구체화한다. 곧 그는 **하나님의** 사람인 것이다. 속격 단어는 실명사와 형용사, 동사의 종류나 성질을 한정한다('한정하다'[limit]. 어떤 대상의 성질이나 한계를 분명히 정하여 그 개념을 명확히 밝히는 일. '수식'과 동일한 기능이다._ 옮긴이). 달리 말해, 속격 단어는 실명사나 형용사, 동사의 특성을 묘사하거나 그 성질을 밝혀서 그 단어를 한정하는 것이다.

속격은 단연 주해적으로 가장 중요한 형태다. 속격을 통해 매우 광범위한 의미가 표현될 수 있기 때문이다. 이 격은 종종 영어에서 'love of Greek'과 같은 'x of y' 구문에 대응한다. 여기서 'x'는 머리명사(head noun, 명사구에 속한 다른 단어의 수식을 받는 명사_ 옮긴이) 또는 속격 앞에 나온 단어(pre-genitive)를 가리키며('love'), 'of y'는 속격을 가리킨다('of Greek'). 이때 의미론적 분석을 위해서는 속격 앞에 나온 단어와 속격 단어를 다음 세 가지 의미론적 요소, 즉 사물, 사건, 추상 관념 중 하나로 여기는 것이 유익하다.

1. 사물(things)에는 물건과 (사람처럼) 생명력 있는 존재가 포함된다. 사물은 곧 '하나님', '사람', '책'과 같은 명사다.

2. 사건(events)에는 행동과 진행 과정이 포함된다. 사건은 '공부', '하품', '잠'과 같이 동사 개념을 지닌 명사다.
3. 추상 개념(abstracts)에는 특성이나 수량이 포함된다. 추상 관념은 '지혜'(지혜롭다), '딱딱함'(딱딱하다), '능숙함'(능숙하다)과 같이 형용사 개념을 지닌 명사다.

때로 한 단어에 의미론적 요소가 여럿일 수 있다. 곧 어떤 단어는 사물인 동시에 사건이 될 수 있다. 예를 들어 '설교자'(preacher)는 설교를 하는(사건) 사람(사물)을 뜻한다. 그리고 어떤 단어는 사건 또는 추상 개념이 될 수 있다. 예를 들어 '사랑'은 행위일 수 있지만(사건), 특성이 될 수도 있다(추상 개념). 이때 정확하게 주해하려면 문맥을 잘 살펴야 한다.

속격의 종류는 매우 다양하며, 각 범주에 대한 명칭을 자칫 혼동할 수도 있다. 그러나 여기서 중요한 점은 각 문법책에서 서로 다른 속격의 범주들에 붙인 수많은 **명칭**을 기억하는 것이 아니다. 그보다는 그 범주들의 기본 개념을 이해하는 것이 중요하다.

다음의 경험 법칙을 되새긴다면, 그 명칭들을 더 잘 이해할 수 있다. 곧 이 명칭은 속격 앞에 나온 단어(x)가 아닌, 속격(of y)의 관점에 근거해서 붙여진다는 것이다. 흔히 쓰이는 속격의 아홉 가지 형태는 다음과 같다.

1. 소유를 나타내는 속격_ x(사물) of y(사물/사람)

y가 x를 소유한다. x는 y에(게) 속한다.

- People of God = God's people(하나님의 백성)
- Sword of him = his sword(그의 검)
- 마가복음 12장 17절_ τὰ <u>Καίσαρος</u> ἀπόδοτε Καίσαρι καὶ τὰ <u>τοῦ θεοῦ</u> τῷ θεῷ.
  "**가이사의** 것들은 가이사에게 돌려주고, **하나님의** 것들은 하나님께 드려라"(옮긴이 번역. The things *of Caesar* give back to Caesar, and the things *of God* to God).
  여기서 '**가이사의** 것들' = 가이사에게 속한 것들(곧 가이사가 소유한 것들)이며, '**하나님의** 것들' = 하나님께 속한 것들(곧 하나님이 소유하신 것들)이다.

2. 내용을 나타내는 속격_ x(사물) of y(사물)

y는 x의 내용이다. x는 y를 담고 있다.

- Cup of water(물이 든 컵) = 물은 컵에 담긴 내용물이다.
- Net of fish(물고기가 담긴 그물) = 물고기는 그물에 담긴 내용물이다.
- Gospel of Christ(그리스도의 복음) = 그리스도는 복음의 내용이 되신다.
- 사도행전 2장 4절_ ἐπλήσθησαν πάντες <u>πνεύματος</u> ἁγίου.
  "그들이 다 성령의 충만함을 받고"(All were filled *of the* Holy *Spirit*).
  여기서 성령은 그 충만함의 내용이 되신다. 곧 그들은 성령으로 충만해지는 것이다(뒤에서 여격을 다룰 때 이 구절을 에베소서 5장 18절과 대조해 볼 것이다).

3. 한정하거나 묘사하는 속격_ x(사물) of y(추상 개념)

y는 x에게 어떤 특성을 부여한다(x를 묘사한다).

- Heart of hardness = hard heart(굳어진 마음)
- Body of sin = sinful body("죄의 몸", 롬 6:6)
- 히브리서 1장 3절_ φέρων τε τὰ πάντα τῷ ῥήματι <u>τῆς δυνάμεως</u> αὐτοῦ.
  "그의 능력의 말씀으로 만물을 붙드시며"(Upholding all things by the word *of the power* of him).
  "그분이 지닌 능력의 말씀으로"(옮긴이 번역. by the word of *his power*[KJV, NASB, ESV]).
  "그분의 힘 있는 말씀으로"(옮긴이 번역. by his *powerful* word[NIV, NET, CSB]).
  한정하는 속격과 한정되는 속격은 의미론적으로 상반된다.

4. 한정되거나 묘사되는 속격_ x(추상 개념) of y(사물)

y는 x로부터 어떤 특성을 부여 받는다(x에 의해 묘사된다). x는 y에게 어떤 특성을 부여한다(y를 묘사한다).

- Hardness of heart = hard heart(굳어진 마음, 엡 4:18)
- Newness of life = new life("새 생명", 롬 6:4)

5. 동격을 나타내는 속격_ x(사물) of y(사물)

y는 x이다. y는 x의 특성을 추가로 규정하며, x와 동격 관계다.

- Land of Judah(범주-사례)("유대 땅", 마 2:6)
- Sign of circumcision(모호성-명료화)("할례의 표", 롬 4:11)
- Shield of faith(은유-의미)("믿음의 방패", 엡 6:16)
- Temple of his body(은유-의미)("성전 된 자기 육체", 요 2:21)
- 에베소서 4장 9절_ κατέβη εἰς τὰ κατώτερα [μέρη] <u>τῆς γῆς</u>.

  "그는 **땅의** 낮은 곳으로 내려오셨다"(옮긴이 번역. He descended into the lower parts *of the earth*).

  "낮은 곳, 곧 **땅**"(옮긴이 번역. the lower regions, *namely*, *the earth*[NET]).

6. 생산을 나타내는 속격_ x(사물/사건/추상 개념) of y(사물)

y가 x를 만들어 낸다. x는 y에 의해 만들어진다.

- Unity of the Spirit(성령의 하나 됨, 엡 4:3) = 성령이 하나 됨을 이끌어 내신다.
- Peace of God("하나님의 평강", 빌 4:7) = 하나님이 평강을 이끌어 내신다.
- 데살로니가전서 1장 3절_ ὑμῶν τοῦ ἔργου <u>τῆς πίστεως</u> καὶ τοῦ κόπου <u>τῆς ἀγάπης</u> καὶ τῆς ὑπομονῆς <u>τῆς ἐλπίδος</u>.

  "너희 **믿음의** 노력과 **사랑의** 수고와 **소망의** 견고함"(옮긴이 번역. your work *of faith* and labor *of love* and steadfastness *of hope*[ESV]).

  이 문장은 형식에 근거한 좋은 번역문이다. 다만 이 문장이 자연스러운 것일까? 현대 영어 사용자들 가운데 과연 "너희 소망의 견고함"(your steadfastness of hope)이나 "너희 소망의 인내"(your patience of hope)라는 표현을 쓰는 경우가 있는가? 이 문장을 NIV 번역문과 대조해 보자. "your work *produced by faith*, your labor *prompted by love*, and your endurance *inspired by hope*"(너희의 믿음에서 나온 노력과 사랑에서 싹튼 수고, 소망으로 고무된 인내).

7. 생산됨을 나타내는 속격_ x(사물) of y(추상 개념/사건)

y는 x가 만들어 낸 산물이다. x는 y를 만들어 낸다.

- God of hope("소망의 하나님", 롬 15:13) = 소망은 하나님이 만들어 내신 산물이다.
- God of peace("평강의 하나님", 롬 15:33) = 평강은 하나님이 만들어 내신 산물이다.

8. 주어를 나타내는 속격_ x(사건) of y(사물)

y는 x의 주어다(x의 동작을 행한다).

- Coming of the Son("인자의 임함", 마 24:27) = 인자가 임하신다.
- Will of God("하나님의 뜻", 살전 4:3) = 하나님이 뜻하신다.
- 로마서 8장 35절_ τίς ἡμᾶς χωρίσει ἀπὸ τῆς ἀγάπης <u>τοῦ Χριστοῦ.</u>
  "누가 우리를 **그리스도의** 사랑에서 끊으리요"(Who shall separate us from the love *of Christ?*). 이 문맥에서 '그리스도의 사랑'(the love of Christ)은 곧 그리스도를 향한 우리의 사랑이 아닌, 우리를 향한 그분의 사랑을 가리킨다.
- 고린도후서 5장 14절_ ἡ γὰρ ἀγάπη <u>τοῦ Χριστοῦ</u> συνέχει ἡμᾶς.
  "이는 **그리스도의** 사랑이 우리를 지배하기 때문이다"(옮긴이 번역. For the love *of Christ* controls us).
  이 구절의 경우, 로마서 8장 35절만큼 그 뜻이 명확하지는 않다. 여기서 '그리스도의 사랑'은 그리스도를 향한 우리의 사랑을 가리킬 수도 있고, 우리를 향한 그분의 사랑을 가리킬 수도 있다. 문법적인 분석으로는 이 문제를 해결할 수 없으며, 다만 우리가 고를 수 있는 선택 사항의 폭을 좁혀 줄 뿐이다. 따라서 우리는 주로 문맥을 비롯한 다른 요소에 근거해서 그 의미를 선택해야 한다. NIV, CSB는 이렇게 옮긴다. "For *Christ's* love compels us"(이는 그리스도의 사랑이 우리를 강권하시기 때문이다[NLT 참조]).

9. 목적어를 나타내는 속격_ x(사건) of y(사물)

y는 x의 목적어다(x의 동작을 받는다).

- Fear of God("하나님을 두려워함", 롬 3:18) = 하나님은 두려움의 대상이 되신다.
- Blasphemy of the Spirit("성령을 모독하는 것", 마 12:31) = 성령께서 모독의 대상이 되신다.
- 로마서 3장 22절_ δικαιοσύνη δὲ θεοῦ διὰ πίστεως Ἰησοῦ Χριστοῦ.

  "예수 그리스도의 믿음을 통한 하나님의 의"(옮긴이 번역. Even the righteousness of God through faith *of Jesus Christ*).

  어떤 이들은 이 어구를 '주어를 나타내는 속격'으로 여기고, '예수 그리스도의 신실하심'(the faithfulness of Jesus Christ)으로 번역한다. 곧 예수 그리스도께서 신실하시다는 것이다. 이는 신학적으로 분명히 옳은 말이지만, 내가 보기에 바울이 여기서 의도한 것은 그런 의미 같지 않다. 그리고 대부분의 역본들도 내 생각과 같은 견해를 취한다.

  "예수 그리스도에 대한 믿음"(옮긴이 번역. faith *in* Jesus Christ[NASB, ESV, NIV, CSB, NLT]).[6]

여격 분석하기

'나는 아이스크림을 먹는다'(I eat ice cream)라는 세 어절에 삽입되는 여격의 다양한 쓰임새를 일부 살펴보면 다음과 같다.

1. 나는 나 자신을 위해 아이스크림을 먹는다(I eat ice cream for myself). (개인적 유익: 이익)
2. 나는 주방에서 아이스크림을 먹는다(I eat ice cream in my kitchen). (장소)
3. 나는 천국의 맛을 지닌 아이스크림을 먹는다(I eat ice cream in heavenly bliss). (영역)
4. 나는 밤에 아이스크림을 먹는다(I eat ice cream at night). (시간)
5. 나는 숟가락으로 아이스크림을 먹는다(I eat ice cream with a spoon). (방편/수단)

6 D. A. Carson, "Atonement in Romans 3:21-26," in *The Glory of the Atonement: Biblical, Historical, and Practical Perspectives: Essays in Honor of Roger R. Nicole*, Charles E. Hill and Frank A. James III 편집 (Downers Grove, IL: InterVarsity Press, 2004), 119-39쪽; Kukwah Philemon Yong, "The Faith of Jesus Christ: An Analysis of Paul's Use of ΠΙΣΤΙΣ ΧΡΙΣΤΟΥ" (Ph.D. diss., The Southern Baptist Theological Seminary, 2003)를 참조하라.

6. 나는 천천히 아이스크림을 먹는다(I eat ice cream slowly). (태도)

7. 나는 사과 파이와 함께 아이스크림을 먹는다(I eat ice cream with apple pie). (연관)

8. 나는 아내와 딸들과 더불어 아이스크림을 먹는다(I eat ice cream with my wife and daughters). (연관)

9. 나는 생일이면 아이스크림을 훨씬 많이 먹는다(I eat ice cream much more on birthdays). (정도)

10. 나는 아이스크림이 내게 주는 즐거움 때문에 아이스크림을 먹는다(I eat ice cream because of the pleasure it gives me). (원인)

11. 나는 아이스크림, 즉 바닐라 아이스크림을 먹는다(I eat ice cream, namely, vanilla). (동격)

12. 나는 주님께 아이스크림을 드린다(I eat ice cream to the Lord). (간접 목적어)

기본적으로 여격은 부사의 의미를 지닌다. 여기서 앞서 언급한 모든 사례를 분석하지는 않을 것이다. 그 대신 일반적인 여덟 가지 쓰임새에 초점을 맞추려 한다.

1. 간접 목적어

여격은 간접 목적어로 쓰이는 경우가 가장 일반적이다. 타동사는 실명사의 여격에 간접적인 영향을 끼친다. 즉, 대부분의 경우 실명사의 여격은 타동사가 행한 동작의 **간접적인** 대상이 된다는 것이다. 이에 반해, 직접 목적어는 그 동작의 **직접적인** 대상이 된다. 예를 들어 '나는 공을 던졌다'(I threw the ball)라는 문장에서 '공'(the ball)은 '던졌다'(threw)라는 동사의 직접 목적어다. 그리고 '나는 **너에게** 공을 던졌다'(I threw you the ball)라는 문장에서 '너'(you)는 간접 목적어다. 여기서 '던졌다'라는 동사는 능동태이며, 간접 목적어는 그 직접 목적어를 받게 된다. 곧 '너'(간접 목적어)가 '공'(직접 목적어)을 받게 되는 것이다. 하지만 동사가 수동태로 쓰이면 양상이 조금 달라진다. '공이 나에게 던져졌다'(The ball was thrown to me). 여기서 '던져졌다'(was thrown)는 능동태가 아닌 수동태다. 따라서 이제는 간접 목적어('나'[me])가 주어('공'[the ball])를 받게 된다.

- 고린도전서 15장 3절_ παρέδωκα γὰρ ὑμῖν ἐν πρώτοις, ὃ καὶ παρέλαβον, ὅτι Χριστὸς ἀπέθανεν ὑπὲρ τῶν ἁμαρτιῶν ἡμῶν κατὰ τὰς γραφάς.

"이는 내가 받은 내용을 가장 중요한 것으로 **너희에게** 전했기 때문이다. 곧 성경대로 그리스도께서 우리 죄를 위해 죽으셨다는 것이다……"(옮긴이 번역. For I delivered *to you* as of first importance what I also received: that Christ died for our sins according to the Scriptures……).

여기서 본동사는 παρέδωκα(파레도카, '내가 전했다')이며, 직접 목적어는 바울이 전한 내용, 곧 복음이다. 그리고 ὑμῖν(휘민, '너희에게')은 그 복음을 받아들인 간접 목적어다.

2. 개인적 유익을 나타내는 여격_ 이익과 불이익

이때 실명사의 여격은 그를 위해 동사의 동작이 일어난 바로 그 사람을 가리킨다. 예를 들면, '선생님은 **나를 위해** 그 책을 사 주셨다'(The teacher bought the book *for me*)와 같은 문장이다. 이 여격에는 이익과 불이익, 두 종류가 있다.

1. **이익의 여격**은 개인의 유익에 긍정적으로 작용함을 나타낸다(……의 유익/이익을 위해, ……을 위해).

- 요한계시록 21장 2절_ Ἰερουσαλὴμ καινὴν εἶδον . . . ὡς νύμφην κεκοσμημένην τῷ ἀνδρὶ αὐτῆς.

  "나는 **남편을 향해** 단장한 신부와 같은 …… 새 예루살렘을 보았다"(옮긴이 번역. I saw the new Jerusalem …… adorned as a bride *to her husband*). = "남편을 **위하여**"(*for* her husband)

2. **불이익의 여격**은 개인의 유익에 부정적으로 작용함을 나타낸다(……의 불이익을 위해, ……을 거슬러).

- 고린도전서 11장 29절_ ὁ γὰρ ἐσθίων καὶ πίνων κρίμα ἑαυτῷ ἐσθίει καὶ πίνει.

  "먹고 마시는 자는 **자신을 향한** 심판을 먹고 마시는 것이기 때문이다"(옮긴이 번역. For the one who eats and drinks eats and drinks judgment *to himself*).

  "자신 위에 놓인"(on himself[ESV, CSB])

  "자신에게 불리한"(against himself[NET])

3. 지시를 나타내는 여격

이때 실명사의 여격은 어떤 진술의 적용 범위를 특정한 일에 국한시킨다. 이 여격은 '……에 관해', '……에 관련해서' 등의 표현을 써서 번역할 수 있다.

- 로마서 6장 2절_ οἵτινες ἀπεθάνομεν τῇ ἁμαρτίᾳ, πῶς ἔτι ζήσομεν ἐν αὐτῇ;
"죄에 대하여 죽은 우리가 어찌 그 가운데 더 살리요"(How shall we who died *to sin* still live in it?) = "죄에 관해 죽은"(died *with reference to sin*)

4. 영역을 나타내는 여격

이때 실명사의 여격은 어떤 동작이 생겨난 은유적인 영역이나 세계를 나타낸다. 이 여격에 담긴 개념은 '……의 영역에서', '……의 세계에서'이다. 그리고 전치사구 ἐν Χριστῷ(엔 크리스토)의 주된 의미도 바로 여기에 있는 것으로 보인다. 바울은 그의 서신에서 일흔세 번에 걸쳐 이 어구를 사용하고 있다.[7]

5. 시간을 나타내는 여격

이때 실명사의 여격은 어떤 동작이 생겨난 시점을 나타낸다.

- 고린도전서 15장 4절_ ἐγήγερται τῇ ἡμέρᾳ τῇ τρίτῃ κατὰ τὰς γραφάς.
"그분은 성경대로 셋째 날에 일으키심을 받았다"(옮긴이 번역. He was raised *on the third day* according to the Scriptures).
이 셋째 날은 곧 그리스도께서 죽은 자들 가운데서 살아나신 바로 그 시점이다.

한편 시간을 나타내는 여격은 시간을 나타내는 속격, 대격과는 성격이 다르다.

- 시간을 나타내는 속격 = 시간의 **종류**
- 시간을 나타내는 여격 = 시간의 **순간**(시점)

---

7 Constantine R. Campbell, *Paul and Union with Christ: An Exegetical and Theological Study* (Grand Rapids: Zondervan, 2012)(『바울이 본 그리스도와의 연합』, 새물결플러스), 67-199쪽을 보라.

- 시간을 나타내는 대격 = 시간의 길이

6. **연관을 나타내는 여격**

이때 실명사의 여격은 어떤 사람이나 사물과 함께 어울리거나 동반하게 되는 사람 또는 사물을 나타낸다. 이 여격은 '……와 더불어'라는 표현을 써서 번역할 수 있으며, 접두사 σύν(쉰)이 붙은 동사들 뒤에 자주 따라온다.

- 고린도전서 5장 9절_ Ἔγραψα ὑμῖν ἐν τῇ ἐπιστολῇ μὴ συναναμίγνυσθαι πόρνοις.
  "나는 너희에게 쓴 편지에서 **음행하는 자들과 더불어** 사귀지 말라고 했다"(옮긴이 번역. I wrote to you in my letter not to associate *with sexually immoral people*).
  이때 여격인 πόρνοις(포르노이스)와 함께 쓰인 동사의 뜻이 '사귀다'이므로, 이 사례는 이 같은 쓰임새를 명확히 보여 준다.
- 로마서 8장 16절_ αὐτὸ τὸ πνεῦμα συμμαρτυρεῖ τῷ πνεύματι ἡμῶν ὅτι ἐσμὲν τέκνα θεοῦ.
  "성령이 친히 우리의 **영과 더불어/영에** 우리가 하나님의 자녀인 것을 증언하시나니"(The Spirit himself bears witness *to/with* our *spirit* that we are children of God).
  여기서 주된 선택 사항은 두 가지다. (1) 성령이 우리의 **영과 더불어**(즉, 함께) 증언하신다. (2) 성령이 우리의 **영에** 증언하신다. 월리스는 여기서 이 어구가 연관을 나타내는 여격이 아니라 간접 목적어임을 설득력 있게 주장한다. 곧 성령이 우리의 내면에 지속적으로 증언하신다는 것이다.[8]

7. **방편/수단**

이때 실명사의 여격은 어떤 행동을 수행하는 데 쓰인 방편이나 수단을 나타낸다. 이 여격은 '……을 통해'나 '……을 가지고', '……로' 등의 표현을 써서 번역할 수 있다. 이

8 Wallace, *Greek Grammar beyond the Basics*, 160-61쪽; Wallace, "The Witness of the Spirit in Romans 8:16: Interpretation and Implications," in *Who's Afraid of the Holy Spirit? An Investigation into the Ministry of the Spirit of God Today*, Daniel B. Wallace and M. James Sawyer 편집 (Dallas: Biblical Studies Press, 2005), 33-53쪽.

여격은 동사의 동작을 규정하여 '어떻게?'라는 질문에 답한다. 예를 들어, 우리는 잠긴 문을 어떻게 여는가? 열쇠로 연다. 열쇠를 가지고 연다.

- 로마서 3장 28절_ λογιζόμεθα γὰρ δικαιοῦσθαι πίστει ἄνθρωπον.
  "우리는 사람이 믿음으로 의롭다 함을 얻는 것을 인정하기 때문이다"(옮긴이 번역. For we hold that a person is justified *by faith*).
  곧 믿음이라는 방편을 통해 의롭다 함을 얻는 것이다. 믿음은 한 사람이 의롭다 하심을 얻는 수단이다.

'ἐν(엔) + 여격'으로 시작되는 전치사구도 자주 같은 기능을 수행한다. 논쟁거리가 되는 한 구절을 살펴보자.

- 에베소서 5장 18절_ πληροῦσθε ἐν πνεύματι.
  "성령으로/성령을 통해 충만함을 받으라"(Be filled *with*/*by* the Spirit).

이때 이 여격의 구문은 내용과 방편 중 어느 쪽을 나타낼까? 그리고 그 차이는 어디에 있을까?(도표4.2를 보라.)

내용	방편
풀장에 물을 채우라. (Fill a pool with water.)	호스로 풀장을 채우라. (Fill a pool with a hose.)
타이어에 공기를 채우라. (Fill a tire with air.)	공기 압축기로 타이어를 채우라. (Fill a tire with an air-compressor.)
성령으로 충만함을 받으라. (Be filled with the Spirit.)	성령을 통해 충만함을 받으라. (Be filled by the Spirit.)

도표4.2. 내용 대 방편

많은 해석자가 ἐν πνεύματι(엔 프뉴마티)는 '성령을 통해'(즉, 방편)가 아니라 '성령으로'(즉, 내용)를 뜻한다고 여긴다. 그런데 여기서 바울이 의도한 바가 내용이 아닌 방편을 나타내는 것이었다고 가정한다면, 우리는 '충만하다'라는 동사가 쓰인 에베소서의 다른 구절들을 살펴 그 일을 행하시는 분이 누구이며(즉, 그리스도[1:23, 4:10]), 그 내용은 무엇인지(즉, "하나님의 충만하신 것" 또는 하나님의 도덕적 탁월하심[3:19])를 파악할 수 있다. 그리하여 월리스는 이렇게 결론짓는다. "신자들은 그리스도에 **의해**(by), 성령을 **통해**(by means of) 하나님의 충만하신 것들로(with) 충만함을 받아야 한다."[9]

이전에 나는 이 구절에서 바울이 내용이 아닌 방편을 의미한 것으로 좀 더 확신했다.[10] 하지만 이제는 그렇게 분명한 견해를 취하지 않는다. 바울이 내용을 의미했다는 점에서도 설득력 있는 주장을 제시할 수 있기 때문이다.[11] 나는 어쩌면 이 구절이 내용과 방편을 모두 의미할 수도 있다고 본다. 이는 포도주가 술 취함의 내용인 동시에 방편인 것과 마찬가지다. "술 취하지 말라 …… 오직 성령으로 충만함을 받으라"(엡 5:18).

8. 원인을 나타내는 여격

이때 실명사의 여격은 동사가 행한 동작의 원인이나 근거를 나타낸다. 이 여격은 '…… 때문에'나 '……에 근거해서'라는 표현을 써서 번역할 수 있으며, '무엇에 근거해서?'라는 질문에 답하는 것이 된다.

- 에베소서 2장 8절_ <u>Τῇ</u> γὰρ <u>χάριτί</u> ἐστε σεσῳσμένοι διὰ πίστεως.
  "너희는 그 **은혜에 의하여** 믿음으로 말미암아 구원을 받았으니"(For *by grace* you have been saved through faith).
  '은혜에 의하여' = '은혜에 근거해서'

---

9 Wallace, *Greek Grammar beyond the Basics*, 375쪽.

10 Andrew David Naselli, *Let Go and Let God? A Survey and Analysis of Keswick Theology* (Bellingham, WA: Lexham, 2010), 251-55쪽. 또한 Wallace, *Greek Grammar beyond the Basics*, 375쪽; Peter T. O'Brien, *The Letter to the Ephesians*, Pillar New Testament Commentary (Grand Rapids: Eerdmans, 1999), 391-92쪽; Harold W. Hoehner, *Ephesians: An Exegetical Commentary* (Grand Rapids: Baker Academic, 2002), 703-4쪽을 참조하라.

11 Clinton E. Arnold, *Ephesians*, ZECNT 10 (Grand Rapids: Zondervan, 2010)(『강해로 푸는 에베소서: 존더반 신약 주석』, 디모데), 349-51쪽; William W. Combs, "Spirit-Filling in Ephesians 5:18," *Detroit Baptist Seminary Journal* 19 (2014): 36-40쪽을 참조하라.

대격 분석하기

대격은 대체로 동사의 범위나 수량을 한정한다. 실명사의 대격은 동사가 행한 동작의 범위나 방향, 목표를 나타내어 그 동작을 한정한다. 따라서 대격은 종종 '어느 정도나?'(How far?)라는 질문에 답하는 것이 된다. 그리고 여격과 마찬가지로, 이 격은 기본적으로 부사적인 의미를 지닌다. 일반적으로 다음 네 가지로 쓰인다.

1. 직접 목적어

가장 일반적인 용법으로, 이때 실명사의 대격은 타동사가 행한 동작을 직접 받는다.

- 요한복음 3장 16절_ οὕτως γὰρ ἠγάπησεν ὁ θεὸς <u>τὸν κόσμον</u>, ὥστε <u>τὸν υἱὸν</u> τὸν μονογενῆ ἔδωκεν, ἵνα πᾶς ὁ πιστεύων εἰς αὐτὸν μὴ ἀπόληται ἀλλ᾽ ἔχῃ <u>ζωὴν</u> αἰώνιον.
  이 문장에는 대격으로 쓰인 직접 목적어가 세 개 있다. (1) 하나님은 τὸν κόσμον(톤 코스몬)을 사랑하셨다. (2) 하나님은 τὸν υἱόν(톤 휘온)을 주셨다. (3) 그 아들을 믿는 사람은 ζωήν(조엔)을 얻었다.

2. 사람-사물의 이중 대격

어떤 동사들, 특히 질문과 가르침에 관련된 동사들은 직접 목적어를 두 개 취할 수 있다. 그중 하나는 사람, 다른 하나는 사물이며, 이때 사람은 여격의 간접 목적어처럼 기능한다.

- 고린도전서 3장 2절_ <u>γάλα</u> <u>ὑμᾶς</u> ἐπότισα.
  "나는 **너희에게**[사람] 마실 **젖을**[사물] 주었다"(옮긴이 번역. I gave *you*[person] *milk*[thing] to drink).
- 마태복음 21장 24절_ ἐρωτήσω <u>ὑμᾶς</u> κἀγὼ <u>λόγον</u> ἕνα.
  "나도 한 **말을**[사물] **너희에게**[사람] 물으리니"(I will ask *you*[person] one *thing*[thing]).
- 요한복음 14장 26절_ ἐκεῖνος <u>ὑμᾶς</u> διδάξει <u>πάντα</u>.

"그가 너희에게[사람] 모든 것을[사물] 가르치고"(He will teach *you*[person] *all things* [thing]).

3. 목적어-보어의 이중 대격

어떤 동사들은 직접 목적어를 두 개 취하며, 그중 하나는 직접 목적어, 다른 하나는 서술 대격이 된다(후자의 대격은 목적어에 관해 무언가를 서술하여 내용을 보완하는 명사나 형용사, 분사, 부정사를 가리킨다).

- 마태복음 4장 19절_ ποιήσω ὑμᾶς ἁλιεῖς ἀνθρώπων.
  "내가 너희를[목적어] 사람을 낚는 어부가[보어] 되게 하리라"(I will make *you*[object] *fishers*[complement] of men).
- 마태복음 22장 43절_ Δαυὶδ ἐν πνεύματι καλεῖ αὐτὸν κύριον.
  "다윗이 성령 안에서 그를[목적어] 주님으로[보어] 부른다"(옮긴이 번역. David in the Spirit calls *him*[object] *Lord*[complement]).
- 로마서 6장 11절_ λογίζεσθε ἑαυτοὺς εἶναι νεκροὺς τῇ ἁμαρτίᾳ.
  "너희 자신을[목적어] 죄에 대하여는 죽은[보어] …… 자로 여길지어다"(Consider *yourselves*[object] to be *dead*[complement] to sin).

4. 부정사의 주어

어떤 부정사의 주어가 본동사의 주어와 다를 때, 실명사의 대격은 그 부정사의 주어로 기능한다. 어떤 문법책에서는 이 대격을 '일반 지시의 대격'으로 부르지만, '부정사의 주어'가 더 뚜렷이 와 닿는다. 이 구문은 매우 흔히 쓰인다.

- 고린도전서 10장 13절_ πιστὸς ὁ θεός, ὃς οὐκ ἐάσει ὑμᾶς πειρασθῆναι ὑπὲρ ὃ δύνασθε.
  "오직 하나님은 미쁘사 너희가 감당하지 못할 시험 당함을 허락하지 아니하시고"(God is faithful, who will not allow *you* to be tempted beyond what you are able).
  여기서 대격인 ὑμᾶς(휘마스, '너희')는 부정사 πειρασθῆναι(페이라스테나이, '시험 당함')의 주어다.

- 마태복음 26장 32절_μετὰ δὲ τὸ ἐγερθῆναί με προάξω ὑμᾶς εἰς τὴν Γαλιλαίαν. "그러나 내가 살아난 후에 너희보다 먼저 갈릴리로 가리라"(But after the to be raised *me*, I will go ahead of you into Galilee).

  여기서 대격인 με(메)는 부정사 ἐγερθῆναί(에게르테나이)의 주어다. '내가 일으킴 받은 후에' 또는 '내가 살아난 후에'.

관사 분석하기

영어에는 부정관사(a)와 정관사(the)가 있다. 하지만 헬라어에는 부정관사에 상응하는 어휘가 없고, 오직 정관사에 상응하는 어휘만 있다. 더욱이 그 어휘는 영어의 정관사와 동일한 방식으로 기능하지 않는다. 헬라어 관사의 주된 목적은 어떤 대상을 한정하는 데 있지 않다(다만 이처럼 어떤 대상을 지목하는 것은 헬라어 관사가 가장 자주 수행하는 기능이기는 하다). 오히려 그 주된 목적은 어떤 것을 개념화하는 데 있으며, 이 일은 거의 모든 품사뿐 아니라 하나의 구 전체에 대해서도 수행될 수 있다.

여기서 반드시 유의할 점이 두 가지 있다.

1. 헬라어 본문에 관사가 쓰였다고 해서 영어 번역문에도 반드시 정관사를 써야 한다고 여기지 말라(또는 헬라어 본문에 관사가 없으니 영어 번역문에도 정관사를 써서는 안 된다고 여기지 말라). 영어와 헬라어는 서로 다른 언어이며, 이 두 언어가 관사를 활용하는 방식은 같지 않다.
2. 헬라어 본문에 관사가 쓰였는지 여부가 지닌 주해적인 중요성을 성급히 판단하지 않도록 주의하라.[12]

헬라어 관사의 중요한 열 가지 쓰임새는 다음과 같다(이는 곧 본문에 관사가 쓰인 경우다).

---

12 D. A. Carson, *Exegetical Fallacies*, 2판 (Grand Rapids: Baker, 1996), 79-80쪽을 보라. 이 책의 도표4와 도표5는 어떤 어휘가 관사를 지니거나 그렇지 않을 때, 그 의미상의 유사성이 얼마나 폭넓게 나타나는지를 보여 준다.

1. 단순 지목

이것은 관사가 가장 일반적으로 기능하는 방식이다. 이때 관사는 단순히 특정 명사를 지목한다.

- 요한복음 3장 16절_ οὕτως γὰρ ἠγάπησεν ὁ θεὸς τὸν κὸσμον.
  "하나님이 [그] 세상을 이처럼 사랑하사"(For God so loved *the* world).

2. 앞서 나온 어구를 가리킴_ 이전 단어를 지시

이때 관사는 앞서 언급된 무관사 명사, 즉 관사 없이 쓰인 명사를 다시 가리킨다. 거의 모든 문법책은 이런 쓰임새의 실례로 야고보서 2장 14절을 든다.

- 야고보서 2장 14절_ Τί τὸ ὄφελος, ἀδελφοί μου, ἐὰν πίστιν λέγῃ τις ἔχειν ἔργα δὲ μὴ ἔχῃ; μὴ δύναται ἡ πίστις σῶσαι αὐτόν;
  "내 형제들아 만일 사람이 믿음이 있노라 하고 행함이 없으면 무슨 유익이 있으리요 그 믿음이 능히 자기를 구원하겠느냐"(What good is it, my brothers, if someone says he has *faith* but he has no works? *The faith* cannot save him, can it?) = "그런 믿음은 그를 구원할 수 없지 않겠습니까?"(*That faith* cannot save him, can it?)
  여기서 관사는 야고보가 앞서 언급한 믿음을 다시 가리킨다.

3. 탁월함을 나타냄

이때 관사는 한 명사를 그 부류에 속한 최상의 사례로 부각시킨다.

- 요한복음 1장 21절_ ὁ προφήτης εἶ σύ;
  "네가 그 선지자냐?"(Are you *the* Prophet?) = 신명기 18장 15절에 언급된 **바로 그** 선지자

4. 단일성을 나타냄_ 유일한 것

이때 관사는 유일한 성격을 지닌 명사를 가리킨다.

- 에베소서 4장 26절_ <u>ὁ</u> ἥλιος μὴ ἐπιδυέτω ἐπὶ [τῷ] παροργισμῷ ὑμῶν.
  "[그] 해가 지도록 분을 품지 말고"(Don't let *the* sun go down on your anger)
  태양은 하나뿐이다(적어도 지구에 있는 우리 관점에서는 그렇다!).

5. 유명한 것을 나타냄

이때 관사는 유명하지만 탁월하거나 유일한 것은 아닌 명사를 가리킨다.

- 마태복음 13장 55절_ οὐχ οὗτός ἐστιν <u>ὁ</u> τοῦ τέκτονος υἱός;
  "이는 그 목수의 아들이 아니냐"(This is *the* carpenter's son, isn't it?).

6. 추상적인 것을 나타냄

영어에서는 추상 명사 앞에 관사를 붙이지 않지만, 헬라어에서는 보통 그렇게 한다.

- 고린도전서 13장 4절_ <u>Ἡ</u> ἀγάπη μακροθυμεῖ, χρηστεύεται <u>ἡ</u> ἀγάπη.
  "그 사랑[은] 오래 참습니다. 그 사랑[은] 온유합니다"(옮긴이 번역. *The* love [is] patient. *The* love [is] kind). = "사랑은 오래 참고 사랑은 온유하며"
- 고린도전서 15장 56절_ τὸ δὲ κέντρον τοῦ θανάτου <u>ἡ</u> ἁμαρτία.
  "사망의 쏘는 것[은] 그 죄입니다"(옮긴이 번역. The sting of death [is] *the* sin). = "사망의 쏘는 것은 죄요."

7. 총칭적인 것을 나타냄

이때 관사는 한 집단을 다른 집단과 구분 짓는다.

- 에베소서 5장 25절_ <u>οἱ ἄνδρες</u>, ἀγαπᾶτε τὰς γυναῖκας.
  "**그 남편들이여**, 여러분의 아내를 사랑하십시오"(옮긴이 번역. ***The husbands***, love your wives). = "**남편들아**, 아내 사랑하기를."
  여기서 관사는 한 집단(남편들)을 다른 집단(아내들, 자녀들)과 구분 짓는다. 그런데 이 문장에 쓰인 다른 관사, 곧 <u>τὰς</u> γυναῖκας(타스 귀나이카스)의 경우는 어떨까?

이 경우는 (바로 이어서 살필) 또 다른 쓰임새를 예시하는 실례가 된다.

8. 대명사로 쓰임

관사는 세 가지 유형의 대명사처럼 기능할 수 있다.

1. 소유 대명사

- 에베소서 5장 25절_ Οἱ ἄνδρες, ἀγαπᾶτε <u>τὰς</u> γυναῖκας.

  "남편들이여, 그 아내를 사랑하십시오"(옮긴이 번역. Husbands, love *the* wives).

  = "여러분의 아내를 사랑하십시오"(옮긴이 번역. love *your* wives).

2. 인칭 대명사의 삼인칭

- 요한복음 7장 41절_ ἄλλοι ἔλεγον· οὗτός ἐστιν ὁ χριστός, <u>οἱ</u> δὲ ἔλεγον . . .

  "다른 이들은 '이 사람이 그리스도다'라고 말했다. 하지만 그들은 ……라고 말했다"(옮긴이 번역. Others were saying, 'This is the Christ.' But *they* were saying……).

  여기서 관사 οἱ(호이)는 '그들'이 된다.

3. 관계 대명사

- 마태복음 6장 9절_ Πάτερ ἡμῶν <u>ὁ</u> ἐν τοῖς οὐρανοῖς.

  "그 하늘의 우리 아버지"(옮긴이 번역. Our Father, *the* in the heavens).

  = "하늘에 계신 우리 아버지여"(Our Father, *who is* in heaven).

9. 특정 품사들과 함께 실명사로 쓰임

관사는 거의 어떤 품사든 명사처럼 기능하도록 만들 수 있다. 이에 관한 여섯 가지 예를 살펴보자.

1. 부사

- 고린도전서 5장 12절_ τί γάρ μοι <u>τοὺς</u> ἔξω κρίνειν; οὐχὶ <u>τοὺς</u> ἔσω ὑμεῖς κρίνετε;

  "그 밖에 있는 사람들을 판단하는 일이 나에게 무엇이겠습니까?(즉, 그 일이 나와 무슨 상관이 있습니까?) 여러분은 그 안에 있는 사람들을 판단하지 않습니까?"(옮긴이 번역. For what to me to be judging[i.e., what have I to do with judging] *the* outside? Do you not judge *the* inside?)

여기서 "그 밖에 있는 사람들"(the outside)은 외부인, 곧 교회 밖에 있는 사람들을, "그 안에 있는 사람들"(the inside)은 내부인, 곧 교회 안에 있는 사람들을 나타낸다.

2. 형용사

- 고린도전서 3장 20절_ κύριος γινώσκει τοὺς διαλογισμοὺς <u>τῶν σοφῶν</u> ὅτι εἰσὶν μάταιοι.
  "주께서 **지혜 있는 자들의** 생각을 헛것으로 아신다"(The Lord knows the thoughts *of the wise* that they are futile).

3. 분사

- 요한일서 2장 10절_ <u>ὁ</u> ἀγαπῶν τὸν ἀδελφὸν αὐτοῦ ἐν τῷ φωτὶ μένει.
  "자신의 형제를 사랑하는 **그 사람**은 빛 가운데 거합니다"(옮긴이 번역. *The one who* loves his brother remains in the light).

4. 부정사

- 빌립보서 1장 21절_ Ἐμοὶ γὰρ <u>τὸ</u> ζῆν Χριστὸς καὶ <u>τὸ</u> ἀποθανεῖν κέρδος.
  "이는 나에게 그 사는 것은 그리스도이며, 그 죽는 것은 유익이기 때문입니다"(옮긴이 번역. For to me *the* to live is Christ, and *the* to die is gain).
  여기서 관사는 두 부정사가 명사처럼, 특히 주어로 기능하도록 만든다. "사는 것이 그리스도니, 죽는 것도 유익함이라."

5. 전치사구

- 히브리서 13장 24절_ Ἀσπάζονται ὑμᾶς <u>οἱ</u> ἀπὸ τῆς Ἰταλίας.
  "그 이탈리아에서 온 [이]들이 여러분에게 안부를 전합니다"(옮긴이 번역. *The* from Italy greet you). = "이달리야에서 온 자들도 너희에게 문안하느니라."

6. 절

- 로마서 8장 26절_ <u>τὸ</u> γὰρ τί προσευξώμεθα καθὸ δεῖ οὐκ οἴδαμεν.
  "이는 **그** 기도해야 할 바를 우리가 마땅히 알지 못하기 때문이다"(옮긴이 번역. For *the* what we should pray for we do not know as we should).
  여기서 본동사는 οἴδαμεν(오이다멘)이며, 이때 쓰인 관사는 τί(티)로 시작하는 어구 전체를 οἴδαμεν(오이다멘)의 직접 목적어로 기능하는 명사로 바꾸어 준다. "이는 우리가 **기도해야 할 바**를 마땅히 알지 못하기 때문이다." 이것은 매우 흔히 쓰이는 구문이다.

10. 여러 실명사가 Καί로 연결될 때_ 그랜빌 샤프 규칙(The Granville Sharp Rule)

인격적인 단수 실명사(명사나 형용사, 분사) 두 개가 격이 같고 καί(카이)로 연결되어 있는 경우, 그중 전자에는 관사가 붙고 후자에는 관사가 붙지 않았을 경우에 이 두 실명사는 늘 **동일 인물을 가리킨다.**[13] 다만 이 규칙은 비인격적이거나 복수인 고유 명사나 실명사에는 적용되지 않는다.

- 에베소서 6장 21절_ Τυχικὸς ὁ ἀγαπητὸς ἀδελφὸς καὶ πιστὸς διάκονος.
  "두기고, 그 사랑받는 **형제이며** 신실한 종"(옮긴이 번역. Tychicus, *the* beloved *brother and* faithful *servant*).
  여기서 어순은 '관사-실명사-καί(카이)-실명사'이며, 따라서 '형제'와 '종'은 동일 인물을 가리킨다.
- 이 규칙이 특히 중요한 것은 바로 예수께서 하나님임을 뚜렷이 언급하는 두 문장에 적용되기 때문이다.

(1) 디도서 2장 13절_ προσδεχόμενοι τὴν μακαρίαν ἐλπίδα καὶ ἐπιφάνειαν τῆς δόξης τοῦ μεγάλου θεοῦ καὶ σωτῆρος ἡμῶν Ἰησοῦ Χριστοῦ.
"복된 소망과 그 크신 **하나님이며** 우리의 **구주이신 분**, 곧 예수 그리스도의 영광이 나타나기를 기다리나니"(옮긴이 번역. Waiting for the blessed hope and the appearing of the glory of *the* great *God and Savior* of us, Jesus Christ).
즉 '우리의 크신 하나님이며 구주이신 분, 예수 그리스도'다. 따라서 '하나님 = 구주'가 된다. 그러면 여기서 구주는 누구인가? 바로 예수 그리스도시다. 그러므로 '하나님 = 예수 그리스도'이신 것이 된다.

(2) 베드로후서 1장 11절_ οὕτως γὰρ πλουσίως ἐπιχορηγηθήσεται ὑμῖν ἡ

---

13 Wallace, *Greek Grammar beyond the Basics*, 270-90쪽; Wallace, *Granville Sharp's Canon and Its Kin: Semantics and Significance*, Studies in Biblical Greek 14 (New York: Lang, 2009).

εἴσοδος εἰς τὴν αἰώνιον βασιλείαν <u>τοῦ κυρίου ἡμῶν καὶ σωτῆρος</u> Ἰησοῦ Χριστοῦ.

"이같이 하면 그 우리의 **주님**이며 **구주**이신 예수 그리스도의 영원한 나라로 들어가는 길이 너희 앞에 풍성히 주어질 것이기 때문이다"(옮긴이 번역. For in this way there will be richly provided for you an entrance into the eternal kingdom of *the Lord* of us and *Savior* Jesus Christ).

즉 '우리의 주님이며 구주이신 예수 그리스도'이다. 따라서 '주님 = 구주'가 된다. 그러면 여기서 구주는 누구인가? 예수 그리스도시다. 그러므로 '주님 = 예수 그리스도'이신 것이 된다.

분사 분석하기

분사는 동사적인 형용사로, 동사와 형용사의 특성을 모두 지닌다. 도표4.3은 이 점을 보여 주는 것으로, 다음 두 부분으로 나뉜다. (1) 동사의 기능 방식과 (2) 형용사의 기능 방식이다. 다음 논의에서는 이 모든 쓰임새를 설명하거나 예시하지 않고, 다만 흔히 쓰이는 열세 가지 용법에 초점을 맞출 것이다.

1. 방편

이때 분사는 그 동사의 동작이 이루어진 방편을 나타내어 동사를 수식한다. 이 경우에는 '……함으로'(by means of)라는 표현을 써서 번역할 수 있다.

- 빌립보서 2장 7절_ ἑαυτὸν ἐκένωσεν μορφὴν δούλου <u>λαβών</u>.

  "그분은 종의 형체를 **취하면서** 자신을 비우셨다"(옮긴이 번역. He emptied himself *taking* the form of a servant).

  여기서 본동사는 ἐκένωσεν(에케노센, '그분은 자신을 비우셨다')이며, 우리가 살펴야 할 관계는 다음과 같다. "그분은 자신을 비우셨다, ……을 취하면서." 여기에 '……함으로'나 '……를 통해'를 덧붙여 보자. "그분은 종의 형체를 취함으로 자신

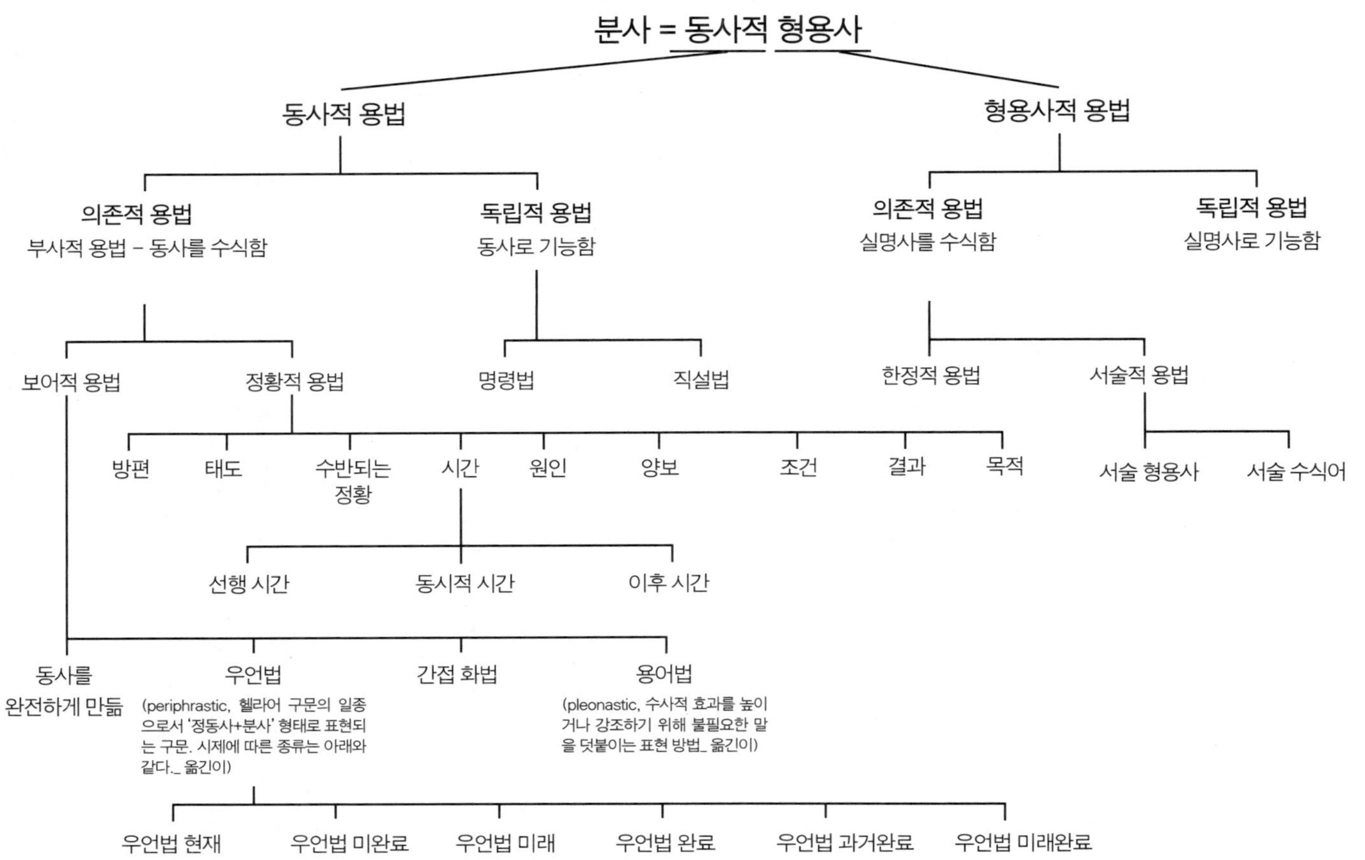

도표4.3. 분사의 기능 방식

을 비우셨다." 바로 그것이다.

경험 법칙_ 분사가 포함된 문장을 분석할 때에는 먼저 본동사를 파악하고, 그 분사에 관사가 붙어 있는지 살피라. 관사가 붙어 있다면 그 분사는 형용사적인 것일 가능성이 높고, 그렇지 않으면 부사적인 것일 가능성이 높다(그리고 아마도 정황적인 분사일 것이다). 물론 예외인 경우도 있다.

그리고 부사적 분사를 해석하는 전략은 다음과 같다. 먼저 본동사를 진술하고, 그 다음에는 ('……하면서'라는 표현을 써서) 분사를 서술하라. 그러고는 이 둘이 서로 어떤 관계인지 생각해 보라. 이는 앞서 우리가 빌립보서 2장 7절을 다루며 살핀 것과 동일하다. "그분은 자신을 비우셨다, ……을 취하면서."

2. 태도

이때 분사는 그 동사의 동작이 이루어진 태도를 나타내어 동사를 수식한다. 이 경우에는 '……하는 태도로'(in a ……ing manner)라는 표현을 써서 번역할 수 있다.

- 마가복음 5장 33절_ ἡ δὲ γυνὴ <u>φοβηθεῖσα</u> καὶ <u>τρέμουσα</u> . . . ἦλθεν καὶ προσέπεσεν αὐτῷ.
  "그런데 그 여인은 **두려움과 떨림에 사로잡혀** …… 그분 앞에 와서 엎드렸다"(옮긴이 번역. But the woman, *having become frightened* and *trembling* ……, came and fell down before him).
  이 문장에는 두 개의 분사 φοβηθεῖσα(포베테이사), τρέμουσα(트레무사)와 함께, 두 개의 대등한 통제 동사 ἦλθεν(엘텐), προσέπεσεν(프로세페센)이 쓰였다. "그 여인은 와서 엎드렸다. …… 두려움과 떨림에 사로잡혀." 이는 곧 "그 여인은 두려움과 떨림의 **태도로** …… 와서 엎드렸다"가 된다.

3. 시간

이때 분사는 그 동사의 동작이 언제 이루어졌는지를 나타내어 동사를 수식한다. 분사는 선행 시간이나 동시적 시간, 이후 시간을 나타낼 수 있다.

- **선행 시간_** 이때 통제 동사의 동작은 분사의 동작이 일어난 **후에** 이루어진다. 이 경우에는 '……한 후에'(after)라는 표현을 써서 분사의 동작을 번역한다.
- **동시적 시간_** 이때 통제 동사의 동작은 분사의 동작이 일어날 **때**, 또는 그 **동안**에 이루어진다. 이 경우에는 '……할 때'(when)나 '……하는 동안에'(while)라는 표현을 써서 분사의 동작을 번역한다.
- **이후 시간_** 이때 통제 동사의 동작은 분사의 동작이 일어나기 **전에** 이루어진다. 이 경우에는 '……하기 전에'(before)라는 표현을 써서 분사의 동작을 번역한다.

어떤 정황적인 분사가 통제 동사의 동작이 일어난 시점을 나타낼 경우, 우리는 그 분사의 시제 형태를 통해 그 시간이 (통제 동사의 동작보다) 선행된 것인지, 동시적인 것인지, 이후의 것인지에 관한 실마리를 얻을 수 있다.

- 부정과거와 완료 분사들은 대체로 선행 시간을 나타낸다. 다만 그 통제 동사가 부정과거로 쓰인 경우, 부정과거 분사는 대체로 동시적 시간을 나타낸다.
- 현재 분사는 대체로 동시적 시간을 나타낸다.

다음 두 사례를 살펴보자.

1. 누가복음 11장 33절_ Οὐδεὶς λύχνον ἅψας εἰς κρύπτην τίθησιν.
   "누구도 등불을 **켜서** [그것을] 지하실에 두지는 않는다"(옮긴이 번역. No one a lamp *having lit* puts [it] in a cellar).
   여기서 분사 ἅψας(합사스, '켜서')는 부정과거형이며, 그것의 통제 동사인 τίθησιν(티테신, '둔다')은 현재형이다. 따라서 이 문장은 "누구도 등불을 **켠 후에** 그것을 지하실에 두지는 않는다"가 된다.
2. 고린도전서 2장 1절_ Κἀγὼ ἐλθὼν πρὸς ὑμᾶς, ἀδελφοί, ἦλθον οὐ καθ' ὑπεροχὴν λόγου ἢ σοφίας καταγγέλλων ὑμῖν τὸ μυστήριον τοῦ θεοῦ.
   "그리고 나는 여러분에게 **왔는데**, 나는 여러분에게 하나님의 증언을 **선포하면**

서 말이나 지혜의 탁월함을 좇지 않았습니다"(옮긴이 번역. And I *having come* to you, brothers, I did not come according to superiority of word or wisdom *proclaiming* to you the testimony of God).

여기서 본동사는 부정과거형인 ἦλθον(엘톤, '나는 왔다')이다. 그리고 이 문장에는 두 개의 분사가 있는데 그중 ἐλθών(엘톤, '왔는데')은 부정과거형이며, καταγγέλλων(카탕겔론, '선포하면서')은 현재형이다. 이에 따라 둘 다 동시적 시간을 나타낸다. 그러므로 이 문장은 이렇게 된다. "형제들이여, 내가 여러분에게 **왔을 때**, 나는 하나님의 증언을 **선포하는 동안에** 말이나 지혜의 탁월함에 의존하지 않았습니다"(And *when I came* to you, brothers, I did not come according to superiority of word or wisdom *while proclaiming* the testimony of God).

4. 절대 속격

이 쓰임새는 여기에 열거된 다른 용법들과 동등하지 않다. 이 명칭에는 분사의 쓰임새뿐 아니라 그 구조도 반영되어 있기 때문이다. 용법에 따라 분류한다면, 이 항목은 아마 부사적인 분사 중에서도 정황적인 것에 속할 것이다(더 구체적으로는 대체로 시간을 나타내는 분사에 속할 것이다). 여기서 이 항목을 독립된 범주로 언급하는 이유는 그것이 흔히 쓰이는 구문으로, 따로 살펴볼 가치가 있어서다.

이 구문을 구조적으로 살펴보면, 문장 앞부분에 관사가 없는 속격의 분사와, 속격의 명사 또는 대명사가 놓이게 된다.

그리고 의미론적으로 살펴보면, 이 구문은 문장 나머지 부분과 단절되어 있으며 항상 부사적으로 쓰이고, 대체로 시간적인 의미를 나타낸다.

- 영어로 표현할 경우, 이런 식의 문장 구조를 지닌다. "*While I*[속격 대명사] *am writing*[속격 분사] *this, you are sleeping*"(내가[속격 대명사] 이 글을 쓰는 동안[속격 분사], 너는 자고 있다). 여기서 속격 분사의 주어는 본동사의 주어와 같지 않다. 이 문장의 주절은 "너는 자고 있다"이며, 그 주어는 "너"이다. 하지만 이 "너"는 속격 분사의 주어가 아니다. 이런 의미에서 절대 속격 어구는 문장 나머지 부분과 단절되어 있다.
- 사도행전 10장 44절_ "Ἔτι <u>λαλοῦντος</u> <u>τοῦ Πέτρου</u> τὰ ῥήματα ταῦτα

ἐπέπεσεν τὸ πνεῦμα τὸ ἅγιον ἐπὶ πάντας τοὺς ἀκούοντας τὸν λόγον. "**베드로가** 아직 이 일들을 **말하는** 동안에, 성령님이 그 말을 듣는 모든 이에게 내려오셨다"(옮긴이 번역. While *Peter* still *speaking* these things, the Holy Spirit fell on all the ones who heard the word).

이 문장의 주절은 ἐπέπεσεν τὸ πνεῦμα(에페페신 토 프뉴마, '성령님이 내려오셨다')이며, 그 앞에는 절대 속격 구문이 있다. 여기서 속격인 τοῦ Πέτρου(투 페트루, '베드로')는 속격 분사 λαλοῦντος(랄룬토스, '말하는')의 주어다. 그러므로 "**베드로가** 아직 이 일들을 **말하고 있는** 동안에, 성령님이 그 말을 듣는 모든 이에게 내려오셨다"가 된다.

5. 원인

이때 분사는 동사의 동작에 대한 원인이나 근거를 나타내어 그 동사를 수식한다. 이 경우에는 '…… 때문에'(because)라는 표현을 써서 번역할 수 있다.

- 고린도전서 15장 58절_ Ὥστε, ἀδελφοί μου ἀγαπητοί, ἑδραῖοι γίνεσθε, ἀμετακίνητοι, περισσεύοντες ἐν τῷ ἔργῳ τοῦ κυρίου πάντοτε, <u>εἰδότες</u> ὅτι ὁ κόπος ὑμῶν οὐκ ἔστιν κενὸς ἐν κυρίῳ.

  "내 사랑하는 형제들이여, 그러므로 견고하고 흔들리지 말며, 늘 주님의 일을 풍성히 감당하는 이들이 되십시오. 여러분의 수고가 주님 안에서 헛되지 않음을 **알기** 바랍니다"(옮긴이 번역. Therefore, my beloved brothers, be steadfast, immovable, abounding in the work of the Lord always, *knowing* that your labor is not in vain in the Lord).

  이 문장의 본동사는 명령형인 γίνεσθε(기네스테, '되십시오')이며, 여기서 이 동사는 세 가지 특성에 결부된다. 견고함, 흔들리지 않음, 풍성함이다. 우리는 왜 이 특성들을 소유해야 하는가? 이는 주님 안에서 우리의 수고가 헛되지 않음을 알기 때문이다.

6. 양보

이때 분사는 동사의 동작에 대한 양보를 나타내어 그 동사를 수식한다. 이는 곧 그 분사가 취한 어떤 동작에도 불구하고 통제 동사의 동작이 참되다는 것이다. 이 경우에는 '……이긴 하지만'(although)이라는 표현을 써서 번역할 수 있다.

- 요한복음 9장 25절_ ἓν οἶδα ὅτι τυφλὸς <u>ὢν</u> ἄρτι βλέπω.

  "내가 아는 한 가지는 눈이 멀어 있는데 이제는 본다는 것입니다"(옮긴이 번역. One thing I know: *being* blind, now I see).

  여기서 통제 동사는 βλέπω(블레포, '나는 본다')이다. "나는 본다. …… 눈이 멀어 있는데." 그러므로 "내가 눈 먼 자였지만 이제는 봅니다"가 된다.

7. 조건

이때 분사는 동사의 동작이 이루어지기 위한 조건을 나타내어 동사를 수식한다. 이 경우에는 '……한다면'(if)이라는 표현을 써서 번역할 수 있으며, 또한 통제 동사 뒤에 '그러면'(then)을 논리적으로 덧붙이게 된다.

- 갈라디아서 6장 9절_ τὸ δὲ καλὸν ποιοῦντες μὴ ἐγκακῶμεν, καιρῷ γὰρ ἰδίῳ θερίσομεν μὴ ἐκλυόμενοι.

  "선을 행하는 일에 지치지 맙시다. 포기하지 않은 우리는 합당한 때에 그 결실을 거둘 것이기 때문입니다"(옮긴이 번역. And in doing good let us not grow weary, for at the proper time we will reap not *giving up*).

  이 문장에서 통제 동사는 θερίσομεν(테리소멘, '우리는 거둘 것이다')이다. "우리는 거둘 것이다. …… 포기하지 않은." 따라서 "포기하지 않으면, 그 결실을 거두게 될 것이다"가 된다.

8. 결과

이때 분사는 그 동사가 취한 동작의 결과를 나타내어 동사를 수식한다. 이 경우에는 '그 결과로……'(with the result that)라는 표현을 써서 번역할 수 있다.

- 에베소서 5장 18-21절_ καὶ μὴ μεθύσκεσθε οἴνῳ, ἐν ᾧ ἐστιν ἀσωτία, ἀλλὰ πληροῦσθε ἐν πνεύματι, λαλοῦντες ἑαυτοῖς [ἐν] ψαλμοῖς καὶ ὕμνοις καὶ ᾠδαῖς πνευματικαῖς, ᾄδοντες καὶ ψάλλοντες τῇ καρδίᾳ ὑμῶν τῷ κυρίῳ, εὐχαριστοῦντες πάντοτε ὑπὲρ πάντων ἐν ὀνόματι τοῦ κυρίου ἡμῶν Ἰησοῦ Χριστοῦ τῷ θεῷ καὶ πατρί. Ὑποτασσόμενοι ἀλλήλοις ἐν φόβῳ Χριστοῦ.

이 문장에서 다섯 개의 분사를 모두 통제하는 동사는 πληροῦσθε(플레루스테, '채움을 받으라')이다. 따라서 주된 명령은 "성령으로 채움을 받으라"가 된다. 이제 그 뒤에 따라오는 다섯 개의 분사가 이 동사를 어떻게 수식하는지 잘 살펴보자(도표4.4).[14]

에베소서 5장 18-21절	형식에 근거한 번역	결과
λαλοῦντες ἑαυτοῖς [ἐν] ψαλμοῖς καὶ ὕμνοις καὶ ᾠδαῖς πνευματικαῖς,	시와 찬송, 영적인 노래를 서로 **말하면서**,	교제_ 서로 간에
ᾄδοντες καὶ ψάλλοντες τῇ καρδίᾳ ὑμῶν τῷ κυρίῳ,	너희 마음으로 주님께 **노래하고 음악을 만들면서**,	경배_ 주님께
εὐχαριστοῦντες πάντοτε ὑπὲρ πάντων ἐν ὀνόματι τοῦ κυρίου ἡμῶν Ἰησοῦ Χριστοῦ τῷ θεῷ καὶ πατρί.	우리 주 예수 그리스도의 이름으로 모든 일에 항상 아버지 하나님께 **감사를 드리면서**,	감사_ 하나님께
Ὑποτασσόμενοι ἀλλήλοις ἐν φόβῳ Χριστοῦ	그리스도를 경외하는 마음으로 서로에게 **복종하면서**	복종_ 서로 간에

도표4.4. 결과를 나타내는 분사들_ 에베소서 5장 18-21절(옮긴이 번역)

그러면 과연 우리가 성령으로 충만하게 되었는지 어떻게 알 수 있을까? 우리 자신의 삶을 살펴보자. 당신은 자신의 삶에서 이런 결과들을 보는가? 곧 이런 결과들이 우리 삶에서 뚜렷이 나타나는 정도만큼, 성령께서 우리에게 영향을 끼치고 계신 것이 된다. 그리고 이어지는 단락들(엡 5:22-6:9)에서 바울은 가정 안의 세 가지 관계에서 서로 복종하는 것이 어떤 모습인지를 서술해 나간다. 이는 곧 남편과 아내, 부모와 자녀, 주인과 종의 관계다.

---

14 Wallace, *Greek Grammar beyond the Basics*, 255-56쪽을 보라.

9. 목적

이때 분사는 그 동사가 취한 동작의 목적을 나타내어 동사를 수식한다. 이 경우에는 '……하기 위해'(in order to)나 '……하려는 목적으로'(for the purpose of)라는 표현을 써서 번역할 수 있다.

- 사도행전 8장 27절_ ὃς ἐληλύθει <u>προσκυνήσων</u> εἰς Ἰερουσαλήμ.

  "**예배하면서** 예루살렘으로 갔었던 이"(옮긴이 번역. Who had gone *worshiping* to Jerusalem).

  여기서 통제 동사는 과거완료형인 ἐληλύθει(엘레뤼테이)다. "그는 갔었다. …… 예배하면서." 이는 곧 "그는 **예배하려는 목적으로** 예루살렘에 갔었다" 또는 "그는 **예배하기 위해** 예루살렘에 갔었다"가 된다.

10. 수반되는 정황

이때 분사는 정형 동사와 대등한 위치에 놓이며, 분사가 취한 동작은 그것을 통제하는 정형 동사의 동작과 함께 일어난다. 이 경우에는 그 분사를 정형 동사로 바꾸어 '그리고'(and)라는 표현을 추가한 뒤, 본동사에 덧붙이는 식으로 번역할 수 있다.

- 마태복음 11장 4절_ <u>πορευθέντες</u> ἀπαγγείλατε Ἰωάννῃ ἃ ἀκούετε καὶ βλέπετε.

  "**가게 된** 너희는 보고 들은 것을 요한에게 전하라"(옮긴이 번역. *Having gone* report to John what you hear and see).

  이 문장은 이렇게 번역될 수 있다. "**가서** 요한에게 너희가 보고 들은 것을 전하라"(*Go and* report to John what you hear and see).

11. 한정 용법(관형적 용법)

이때 분사는 한정 형용사처럼 기능한다. 이 분사는 실명사를 수식하며, 그 실명사와 일치하는 성, 수, 격을 지닌다. 이 분사는 형용사와 같은 역할을 수행한다.

- 요한계시록 20장 10절_ ὁ διάβολος ὁ πλανῶν αὐτοὺς ἐβλήθη εἰς τὴν λίμνην τοῦ πυρὸς καὶ θείου.

  "그 마귀, 그들을 **미혹하던 자**는 불과 유황의 연못으로 던져졌다"(옮긴이 번역. The devil *the one deceiving* them was thrown into the lake of fire and sulfur).

  이것은 기초 헬라어를 공부하는 학생들이 형용사를 배울 때 접하는 것과 동일한 구문이다. "그 남자, 좋은 사람 = 그 좋은 남자"(*the man the good = the good man*). 여기서도 "그 마귀, 미혹하던 자"(the devil the one deceiving) = "그 미혹하던 마귀"(the-one-deceiving devil)가 된다. 그리고 이를 좀 더 자연스럽게 표현하면, "**미혹하던** 그 마귀"(the devil *who deceived*)가 된다.

12. 서술 용법

이때 분사는 서술 형용사처럼 기능한다. 이 분사는 실명사에 관해 무언가를 진술하며, 그 실명사와 일치하는 성, 수, 격을 지닌다.

- 누가복음 24장 32절_ οὐχὶ ἡ καρδία ἡμῶν καιομένη ἦν [ἐν ἡμῖν] ὡς ἐλάλει ἡμῖν ἐν τῇ ὁδῷ, ὡς διήνοιγεν ἡμῖν τὰς γραφάς;

  "그분이 길에서 우리에게 말씀하실 때, 우리에게 성경을 풀어 주실 때 우리 속에서 마음이 **뜨겁지** 아니했던가?"(옮긴이 번역. Was not our heart *burning* within us as he was talking to us on the road, as he was opening to us the Scriptures?)

  이 문장을 질문에서 진술로 바꾸어 보자. "우리의 마음이 **뜨거웠다**"(our heart was *burning*). 여기서 분사 καιομένη(카이오메네, '뜨거운')는 여성 단수 주격이며, 이는 그 분사가 묘사하는 단어 καρδία(카르디아, '마음')의 성, 수, 격과 일치한다.

13. 실명사적 용법

이때 분사는 실명사적 형용사처럼 기능한다. 곧 이 분사는 다른 명사를 수식하는 것이 아니라, 스스로 하나의 명사처럼 기능하는 것이다.

- 요한일서 2장 17절_ ὁ δὲ ποιῶν τὸ θέλημα τοῦ θεοῦ μένει εἰς τὸν αἰῶνα.

"그러나 하나님의 뜻을 행하는 이[또는 행하고 있는 이]는 영원히 머무릅니다"(옮긴이 번역. But *the one doing*[or *the one who is doing*] the will of God remains forever).

여기서 분사 ποιῶν(포이온, '행하는')은 동사 μένει(메네이, '머무르다')의 주어다.

- 고린도전서 13장 3절_ κἂν ψωμίσω πάντα τὰ ὑπάρχοντά μου ... ἀγάπην δὲ μὴ ἔχω, οὐδεν ὠφελοῦμαι.

  "내가 지닌 것들을 전부 내어 줄지라도 …… 사랑이 없으면 내게 아무 유익이 없습니다"(옮긴이 번역. And if I give away all *the things that are at the disposal* of me …… but have not love, I gain nothing).

  여기서 분사 ὑπάρχοντα(휘파르콘타, '지닌 것들')는 동사 ψωμίσω(프소미소, '내어 주다')의 직접 목적어다.

부정사 분석하기

부정사는 동사적 명사로서, 동사와 명사의 특성을 모두 지닌다. 도표4.5는 이 점을 보여 준다.

따라서 도표4.5는 두 부분으로 나뉜다. (1) 동사의 기능 방식과 (2) 명사의 기능 방식이다. 여기서는 이 모든 쓰임새를 전부 설명하거나 예시하지 않고, 좀 더 흔히 쓰이는 아홉 가지 용법에 초점을 맞출 것이다.

1. 보어적 용법

이때 부정사는 δύναμαι(뒤나마이), βούλομαι(불로마이), μέλλω(멜로), ὀφείλω(오페일로) 등의 조동사가 지닌 개념을 완전하게 만든다. 이 구문은 영어의 부정사 구문과 성격이 유사하다. 곧 일부 동사의 경우, 그 의미가 제대로 통하게 하려면 부정사를 써서 완전하게 만들어 주어야만 한다.

- 고린도전서 10장 21절_ οὐ δύνασθε ποτήριον κυρίου πίνειν καὶ ποτήριον δαιμονίων, οὐ δύνασθε τραπέζης κυρίου μετέχειν καὶ τραπέζης δαιμονίων.

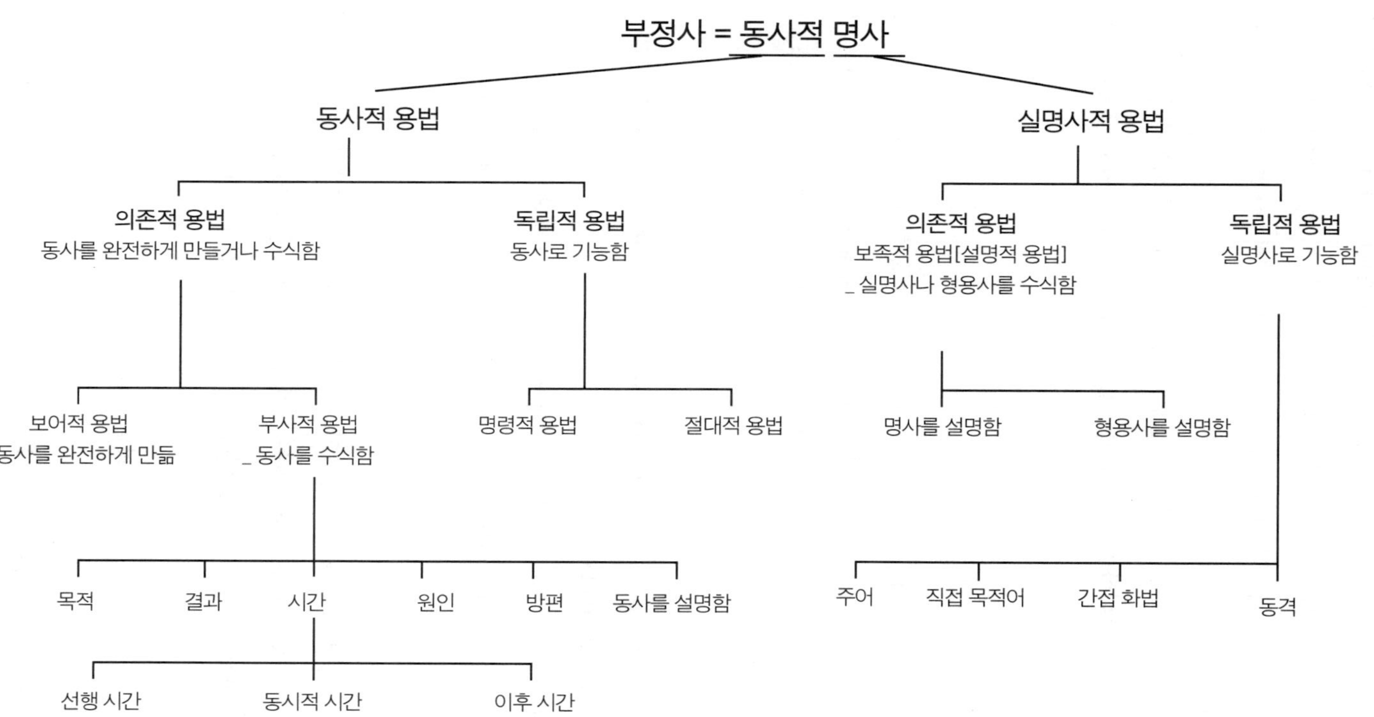

도표4.5. 부정사의 기능 방식

"여러분은 주님의 잔과 마귀들의 잔을 **마실 수 없습니다**. 여러분은 주님의 식탁과 마귀들의 식탁에 **참여할 수 없습니다**"(옮긴이 번역. You *are* not *able to drink* the cup of the Lord and the cup of demons. You *are* not *able to partake* of the table of the Lord and the table of demons).

여기서 조동사 '……할 수 없다'(not able)의 의미가 제대로 통하게 하려면 그 동사를 완전하게 만들어야만 한다. 무엇을 할 수 없다는 것일까? 곧 마시거나 참여할 수 없다는 것이다.

2. 목적

이때 부정사는 통제 동사가 취한 동작의 목적 또는 목표를 나타낸다. 이 경우에는 '……하기 위해'(in order to)나 '……하려는 목적으로'(for the purpose of)라는 표현을 써서 번역할 수 있다. 이 구문에서는 부정사 앞에 εἰς τό(에이스 토)나 πρὸς τό(프로스 토)가 자주 쓰인다.

- 고린도전서 11장 33절_ Ὥστε, ἀδελφοί μου, συνερχόμενοι εἰς τὸ φαγεῖν ἀλλήλους ἐκδέχεσθε.

  "그러니 내 형제들이여, 여러분이 **먹기 위해** 함께 모일 때에는 서로 나누십시오"(옮긴이 번역. So then, my brothers, when you come together *in order to eat*, share with one another).

3. 결과

이때 부정사는 통제 동사가 취한 동작의 결과를 나타낸다. 이 경우에는 '그리하여'(so that)나 '그 결과로'(with the result that)라는 표현을 써서 번역할 수 있다. 이 구문에서는 부정사 앞에 ὥστε(호스테)가 자주 쓰인다. 그러면 목적과 결과의 차이는 무엇일까?

목적 : 의도 = 결과 : 영향

하나님의 모든 목적이 곧 결과가 되는 이유는 여기에 있다. 그분은 언제나 자신의 목적을 성취하시기 때문이다.

- 고린도전서 1장 7절_ ὥστε ὑμᾶς μὴ ὑστερεῖσθαι ἐν μηδενὶ χαρίσματι. "[여러분은 그분 안에서 풍성하게 되어] 그 결과로 어떤 은사에도 부족함이 없습니다"(옮긴이 번역. [You were enriched in him] *with the result that* you are not *lacking* in any gift). 참고로 여기서 ὑμᾶς(휘마스)는 부정사 ὑστερεῖσθαι(휘스테레이스타이)의 대격 주어다.

4. 시간

이때 부정사는 통제 동사의 동작이 언제 이루어졌는지를 나타낸다. 부정사는 선행 시간이나 동시적 시간, 이후 시간을 나타낼 수 있다.

- **선행 시간_** 이때 통제 동사의 동작은 부정사의 동작이 이루어진 후에 이루어진다. 이 경우에는 '……한 후에'(after)라는 표현을 써서 부정사의 동작을 번역한다. 곧 부정사의 동작이 통제 동사의 동작보다 앞서는 것이다. 이 구문에서는 부정사 앞에 μετὰ τό(메타 토)가 쓰인다.
  누가복음 22장 20절_ καὶ τὸ ποτήριον ὡσαύτως μετὰ τὸ δειπνῆσαι.
  "그리고 [그분은] 먹기 후에 같은 방식으로 잔을 [들어 올리셨다]"(옮긴이 번역. And [he took] the cup in the same way *after to eat*). = "음식을 먹고 난 후에."
- **동시적 시간_** 이때 통제 동사의 동작은 부정사의 동작이 일어날 때, 또는 그 동안에 이루어진다. 이 경우에는 '……할 때'(when)나 '……하는 동안'(while)이라는 표현을 써서 부정사의 동작을 번역한다. 이 구문에서는 부정사 앞에 ἐν τῷ(엔 토)가 쓰인다.
  고린도전서 11장 21절_ ἕκαστος γὰρ τὸ ἴδιον δεῖπνον προλαμβάνει ἐν τῷ φαγεῖν.
  "이는 각 사람이 그 먹기에서 자신의 저녁 식사를 먹어 치우기 때문이다"(옮긴이 번역. For each one his own supper devours *in the to eat*). = "이는 여러분이 음식을 먹을 때, 각자 자신의 저녁 식사를 먹어 치우기 때문이다."
- **이후 시간_** 이때 통제 동사의 동작은 부정사의 동작이 일어나기 전에 이루어진다. 이 경우에는 '……하기 전에'(before)라는 표현을 써서 부정사의 동작을 번역한

다. 곧 부정사의 동작이 통제 동사의 동작 **이후**에 일어나는 것이다. 이 구문에서는 부정사 앞에 πρὸ τοῦ(프로 투)나 πρίν(프린), πρὶν ἤ(프린 에)가 쓰인다.

갈라디아서 3장 23절_ <u>Πρὸ τοῦ</u> δὲ <u>ἐλθεῖν</u> τὴν πίστιν ὑπὸ νόμον ἐφρουρούμεθα.

"이제 믿음이 **오기 전에는** 우리가 율법 아래 갇혀 있었습니다"(옮긴이 번역. Now *before* faith *came* under the law we were confined).

5. 원인

이때 부정사는 통제 동사가 취한 동작의 이유나 근거, 원인을 나타낸다. 이 경우에는 '……때문에'(because)라는 표현을 써서 번역할 수 있으며, 이 구문에서는 부정사 앞에 διὰ τό(디아 토)가 자주 쓰인다.

- 야고보서 4장 2절_ οὐκ ἔχετε <u>διὰ τὸ</u> μὴ <u>αἰτεῖσθαι</u> ὑμᾶς.

  "여러분이 얻지 못하는 것은 **구하지 않기 때문입니다**"(옮긴이 번역. You do not have *because* you *do* not *ask*).

6. 명사나 형용사를 설명함

이때 부정사는 명사나 형용사를 설명하거나 그 성질을 밝힌다.

- 고린도전서 7장 39절_ ἐὰν δὲ κοιμηθῇ ὁ ἀνήρ, <u>λευθέρα</u> ἐστὶν ᾧ θέλει <u>γαμηθῆναι</u>.

  "만일 자신의 남편이 죽으면, 그녀는 **자유로이** 자기가 원하는 사람과 **혼인할 수 있습니다**"(옮긴이 번역. If her husband dies, she is *free to be married* to whom she wishes).

  여기서 부정사는 '자유로이'의 의미를 설명해 준다. 곧 그녀는 자유로이 혼인할 수 있다는 것이다.

7. 주어

이때 부정사는 동사의 주어로 기능한다. 이 경우에 자주 쓰이는 동사는 δεῖ(데이)나

ἔξεστιν(엑세스틴)이다.

- 마태복음 14장 4절_ ἔλεγεν γὰρ ὁ Ἰωάννης αὐτῷ· οὐκ ἔξεστίν σοι ἔχειν αὐτήν.

  "이는 요한이 그에게 이렇게 말해 왔기 때문이다. '당신이 그녀를 취하는 것이 옳지 않습니다'"(옮긴이 번역. For John had been saying to him, '*It is* not *lawful* for you *to have* her).

  여기서 부정사 ἔχειν(에케인, '취하는 것')은 ἔξεστίν(엑세스틴, '……이 옳다')의 주어다. "그녀를 취하는 것은 옳지 않다."
- 빌립보서 1장 21절_ Ἐμοὶ γὰρ τὸ ζῆν Χριστὸς καὶ τὸ ἀποθανεῖν κέρδος.

  "이는 나에게 사는 것은 그리스도이며, 죽는 것은 유익이기 때문입니다"(옮긴이 번역. For to me *to live* is Christ, and *to die* is gain).

  여기서 관사는 이 두 부정사를 명사처럼, 특히 주어로 기능하게 만든다. "사는 것이 그리스도이며, 죽는 것이 유익입니다."

8. 간접 화법

이때 부정사는 인식이나 소통을 나타내는 동사의 직접 목적어로 기능한다. 나는 이 동사들을 '보는 일이나 말하는 일, 가정하는 일'로 기억한다.

- 요한일서 2장 9절_ Ὁ λέγων ἐν τῷ φωτὶ εἶναι καὶ τὸν ἀδελφὸν αὐτοῦ μισῶν ἐν τῇ σκοτίᾳ ἐστὶν ἕως ἄρτι.

  "누구든지 자신이 빛 가운데 있다고 말하면서 그 형제를 미워하는 이는 여전히 어둠 속에 있습니다"(옮긴이 번역. Whoever says *he is* in the light and hates his brother is still in darkness).

  이때 그 사람이 무엇이라고 말한다는 것인가? 곧 자신이 빛 가운데 있다고 말한다는 것이다. 여기서 이 어구는 동사 '말하다'의 직접 목적어다.

9. 동격

이때 부정사는 어떤 실명사를 다시 언급한다. 이 경우에는 '즉'(namely)이라는 표현을 써서 번역할 수 있다.

- 고린도전서 7장 37절_ τοῦτο κέκρικεν ἐν τῇ ἰδίᾳ καρδίᾳ, τηρεῖν τὴν ἑαυτοῦ παρθένον, καλῶς ποιήσει.
  "[누구든지] 마음속으로 이 일을 결정한 이, 즉 그녀를 자신의 약혼자로 남겨 두기로 한 이는 온당히 행하게 될 것입니다"(옮긴이 번역. [Whoever] has determined this in his heart, *namely*, to keep her as his betrothed, he will do well).

대명사의 선행사 분석하기

영어와 달리, 헬라어의 모든 명사와 대명사는 문법적인 성을 지닌다. 그리고 때로 이 점은 우리가 영어 역본만 살필 때보다 대명사의 선행사를 더 정확히 파악하는 데 도움을 준다. 이는 헬라어 대명사가 자신의 선행사와 일치하는 성과 수를 갖기 때문이다. 다음 내용은 이 점이 주해적인 중요성을 지니는 두 가지 사례다.

1. 마태복음 1장 16절

ESV와 NIV가 마태복음 1장 16절을 각각 어떤 식으로 옮겼는지 살펴보자.

- NA[28]_ Ἰακὼβ δὲ ἐγέννησεν τὸν Ἰωσὴφ τὸν ἄνδρα Μαρίας, ἐξ ἧς ἐγεννήθη Ἰησοῦς ὁ λεγόμενος χριστός.
- ESV_ and Jacob the father of Joseph the husband of Mary, of *whom* Jesus was born, who is called Christ
  그리고 야곱은 요셉의 아버지이며, 요셉은 마리아의 남편이다. 그리고 그에게서 그리스도라 불리는 예수가 나셨다(옮긴이 번역).
- NIV_ and Jacob the father of Joseph, the husband of Mary, and *Mary* was the mother of Jesus who is called the Messiah
  그리고 야곱은 요셉의 아버지이며, 요셉은 마리아의 남편이다. 그리고 마리아는 메시아라 불리는 예수의 어머니였다(옮긴이 번역).

여기서 ἧς(헤스)의 선행사는 무엇일까? 먼저 분해해 보면, 이 단어는 관계 대명사 ὅς(호스)의 여성 단수 속격이다. 앞서 말했듯이 대명사는 자신의 선행사와 일치하는 성과 수를 지니며, 단지 격만 그 대명사가 문장 속에서 수행하는 기능에 따라 결정된다. 따라서 ἧς(헤스)가 여성이라면 선행사 역시 여성이어야 한다. 그렇다면 누가 선행사가 될 수 있는가? 그 선행사는 Μαρίας(마리아스)여야만 한다. 이는 상당히 놀라운 일이다. 마태복음 1장의 계보 전체에서 모든 자손은 남자를 통해 이어지기 때문이다. 곧 남자가 자신의 자손을 낳은 것이다. 하지만 유일하게 이 경우만 예외다. 예수를 낳은 사람은 요셉이 아니기 때문이다. 예수께서는 성령으로 잉태되어 처녀에게서 나셨다. 여기서 헬라어 문법은 특별히 예수의 동정녀 탄생을 지지하고 있다. 그리고 마태는 바로 다음 단락에서 그 탄생 이야기를 서술한다(마 1:18-25).

다시 ESV와 NIV의 번역문으로 돌아가 보자. ESV 본문은 형식에 근거한 좋은 번역문이지만, 그 본문은 이 관계 대명사 ἧς(헤스)를 통해 예수의 탄생이 어떻게 요셉이 아닌 마리아에게 뚜렷이 결부되는지를 독자들에게 제대로 알려 주지 않는다. "the husband of Mary, of *whom* Jesus was born." 반면 NIV는 이 구절의 의미를 더 잘 전달하고 있지만, 이를 위해 원문 형태를 좀 더 변형시켜야만 했다. "the husband of Mary, *and Mary was the mother of* Jesus." 그러나 NJB는 적절한 타협점을 찾았다. "and Jacob fathered Joseph the husband of Mary; of *her* was born Jesus who is called Christ"(그리고 야곱은 마리아의 남편인 요셉을 낳았다. 그리고 그녀에게서 그리스도라 불리는 예수가 나셨다).

이제 또 다른 사례를 살펴보자.

2. 요한복음 14장 26절, 15장 26절, 16장 13-14절[15]

때로는 좋은 의도를 지닌 이들이 옳은 내용을 그릇된 방식으로 주장하기도 한다. 성령의 인격성에 관해 널리 알려진 주해적이며 신학적인 한 가지 논증의 경우도 그러하

15 이 부분의 논의는 Andrew David Naselli and Philip R. Gons, "Prooftexting the Personality of the Holy Spirit: An Analysis of the Masculine Demonstrative Pronouns in John 14:26, 15:26, and 16:13-14," *Detroit Baptist Seminary Journal* 16 (2011): 65-89쪽 내용을 요약한 것이다(허락을 받고 사용함).

다. 여기서 옳은 견해는 성령이 한 분의 인격체시라는 것이며, 그릇된 논증은 곧 요한복음 14, 15, 16장에 쓰인 남성 지시 대명사 ἐκεῖνος(에케이노스)를 통해 이 점이 입증된다는 것이다(도표4.6을 보라).

	NA28	개역개정
요한복음 14장 26절	ὁ δὲ παράκλητος, τὸ πνεῦμα τὸ ἅγιον, ὃ πέμψει ὁ πατὴρ ἐν τῷ ὀνόματί μου, ἐκεῖνος ὑμᾶς διδάξει πάντα καὶ ὑπομνήσει ὑμᾶς πάντα ἃ εἶπον ὑμῖν [ἐγώ].	보혜사 곧 아버지께서 내 이름으로 보내실 성령 그가 너희에게 모든 것을 가르치고 내가 너희에게 말한 모든 것을 생각나게 하리라.
요한복음 15장 26절	Ὅταν ἔλθῃ ὁ παράκλητος ὃν ἐγὼ πέμψω ὑμῖν παρὰ τοῦ πατρός, τὸ πνεῦμα τῆς ἀληθείας ὃ παρὰ τοῦ πατρὸς ἐκπορεύεται, ἐκεῖνος μαρτυρήσει περὶ ἐμοῦ.	내가 아버지께로부터 너희에게 보낼 보혜사 곧 아버지께로부터 나오시는 진리의 성령이 오실 때에 그가 나를 증언하실 것이요.
요한복음 16장 13-14절	ὅταν δὲ ἔλθῃ ἐκεῖνος, τὸ πνεῦμα τῆς ἀληθείας, ὁδηγήσει ὑμᾶς ἐν τῇ ἀληθείᾳ πάσῃ· οὐ γὰρ λαλήσει ἀφ᾽ ἑαυτοῦ, ἀλλ᾽ ὅσα ἀκούσει λαλήσει καὶ τὰ ἐρχόμενα ἀναγγελεῖ ὑμῖν. 14 ἐκεῖνος ἐμὲ δοξάσει, ὅτι ἐκ τοῦ ἐμοῦ λήμψεται καὶ ἀναγγελεῖ ὑμῖν.	그러나 진리의 성령이 오시면 그가 너희를 모든 진리 가운데로 인도하시리니 그가 스스로 말하지 않고 오직 들은 것을 말하며 장래 일을 너희에게 알리시리라 그가 내 영광을 나타내리니 내 것을 가지고 너희에게 알리시겠음이라.

도표4.6. 과연 남성형 ἐκεῖνος는 중성형 πνεῦμα를 가리키는가

논증은 이런 식으로 전개된다. "이 본문들은 성령이 한 분의 인격체이심을 입증한다(또는 적어도 암시한다). 이는 중성인 πνεῦμα(프뉴마)가 남성인 ἐκεῖνος(에케이노스)의 선행사로 쓰였기 때문이다. 여기서 남성형인 ἐκεῖνος(에케이노스)가 쓰인 데는 중요한 의미가 있다. 우리 생각대로라면, 여기서는 이 단어 대신에 중성인 ἐκεῖνο(에케이노)가 쓰였어야 한다. 이는 그 단어가 중성인 πνεῦμα(프뉴마)와 문법적으로 일치하기 때문이다. 하지만 이 세 본문은 (또는 적어도 그중 하나는) 성령께서 하나의 사물이 아니라 한 분의 인격체이심을 강조하기 위해 그 문법 규칙을 어기고 있다."

여기서 사람들이 πνεῦμα(프뉴마)를 ἐκεῖνος(에케이노스)의 선행사로 주장하는 가장 흔한 이유는 그 근접성 때문이다. 즉 πνεῦμα(프뉴마)는 선행사로 여길 법한 다른 어떤 단어들보다 ἐκεῖνος(에케이노스)에 가깝게 붙어 있다는 것이다. 어떤 이들은 대담하게

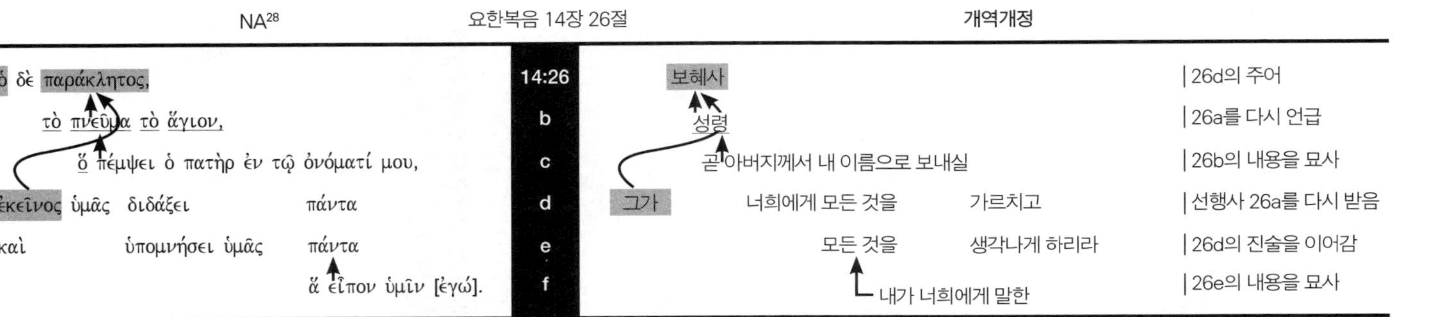

도표4.7. Ἐκεῖνος의 선행사_ 요한복음 14장 26절

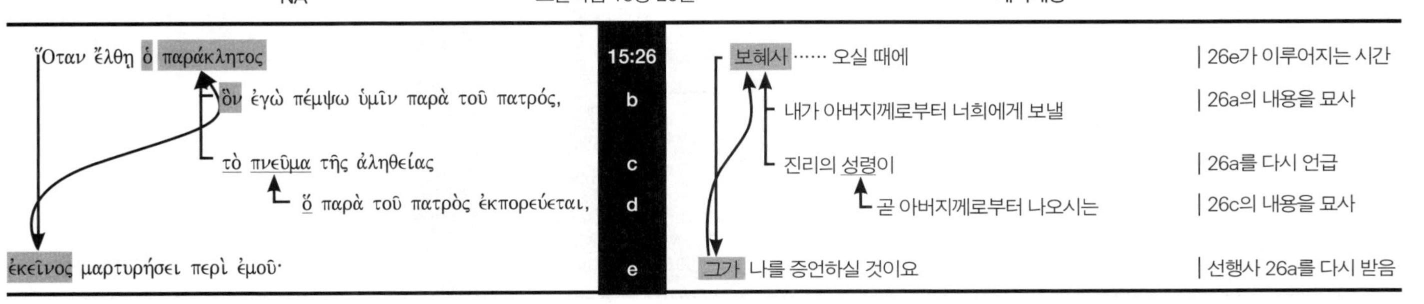

도표4.8. Ἐκεῖνος의 선행사_ 요한복음 15장 26절

NA[28]	요한복음 16장 7-14절	개역개정	
ἀλλ᾽ ἐγὼ τὴν ἀλήθειαν λέγω ὑμῖν,	16:7	그러나 내가 너희에게 실상을 말하노니	주장: 예수께서 높이 올리우신 이후에 사는 것이 더 유익하다.
συμφέρει ὑμῖν ἵνα ἐγὼ ἀπέλθω.	b	내가 떠나가는 것이 너희에게 유익이라	
ἐὰν γὰρ μὴ ἀπέλθω,	c	내가 떠나지 아니하면	7d의 조건
ὁ παράκλητος οὐκ ἐλεύσεται πρὸς ὑμᾶς·	d	보혜사가 너희에게로 오시지 아니할 것이요	7b의 이유
ἐὰν δὲ πορευθῶ,	e	가면	7f의 조건
πέμψω αὐτὸν πρὸς ὑμᾶς.	f	내가 그를 너희에게 보내리니	7d와 대조됨
καὶ ἐλθὼν ἐκεῖνος	16:8	그가 와서	8b가 이루어지는 시간
ἐλέγξει τὸν κόσμον	b	세상을 책망하시리라	7f의 진술을 이어감
περὶ ἁμαρτίας	c	죄에 대하여	8b의 내용을 구체적으로 밝힘
καὶ περὶ δικαιοσύνης	d	의에 대하여	
καὶ περὶ κρίσεως·	e	심판에 대하여	
περὶ ἁμαρτίας μέν,	16:9	죄에 대하여라 함은	8c의 근거
ὅτι οὐ πιστεύουσιν εἰς ἐμέ·	b	그들이 나를 믿지 아니함이요	
περὶ δικαιοσύνης δέ,	16:10	의에 대하여라 함은	8d의 근거
ὅτι πρὸς τὸν πατέρα ὑπάγω	b	내가 아버지께로 가니	
καὶ οὐκέτι θεωρεῖτέ με·	c	너희가 다시 나를 보지 못함이요	
περὶ δὲ κρίσεως,	16:11	심판에 대하여라 함은	8e의 근거
ὅτι ὁ ἄρχων τοῦ κόσμου τούτου κέκριται.	b	이 세상 임금이 심판을 받았음이라	

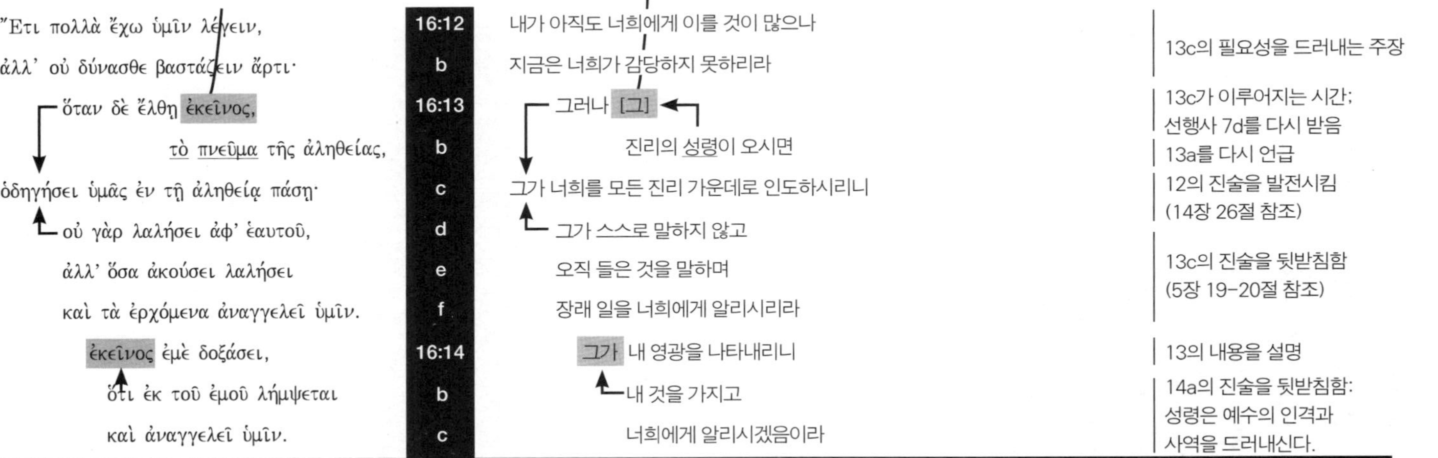

도표4.9. Ἐκεῖνος의 선행사_ 요한복음 16장 7-14절

도 자신들의 이 논증이 유일하고 명백한 해답이라고 주장하기도 한다.[16]

그러나 우리는 이 주장을 간단히 반박할 수 있다. 앞선 논증이 그릇된 이유는 곧 이 문장들에서 남성형 ἐκεῖνος(에케이노스)의 선행사가 중성형인 πνεῦμα(프뉴마)가 아니라, 역시 남성형인 παράκλητος(파라클레토스)이기 때문이다.

도표4.7-4.9는 각 본문에 관해 이 점을 입증해 준다.

성경은 성령이 한 분의 인격체이심을 일관되게 증언한다. 그러나 요한복음 14, 15, 16장에서 ἐκεῖνος(에케이노스)가 사용된 방식은 이 문제와 아무런 관련이 없다. 이 본문들에서 ἐκεῖνος(에케이노스)의 선행사는 바로 남성형인 παράκλητος(파라클레토스)이기 때문이다.

핵심 단어와 개념

간접 목적어

격

관사

대명사

동사

명사

문법적 성

부사

부정사

분사

서술 주격

선행사

실명사

전치사

주어

16 필 곤스(Phil Gons)와 나는 이 견해를 주창한 110명가량의 주목할 만한 저자를 열거했다(같은 글, 66-79쪽).

직접 목적어

헬라어 문법

형용사

더 생각해 보기 위한 질문

1. 당신은 문법 공부를 즐기는가? 그 이유는 무엇인가?
2. 우리는 의사로 훈련받는 이들이 여러 해 동안 의과 대학에 다니면서 탁월한 의사가 되는 데 필요한 지식과 경험을 습득하기를 기대한다. 그러면 당신은 성경을 설명하고 적용하기 위해 훈련받는 사람들(예를 들면 목회자와 성경 교사)도 헬라어 문법을 꼭 배워야 한다고 생각하는가? 그 이유는 무엇인가?
3. 하나님이 모든 그리스도인에게 헬라어 문법을 배우도록 요구하시는 것은 아니다. 그러나 당신이 정식으로 헬라어를 배운 적이 없다면, 그 언어를 좀 더 알아가는 데 관심이 있는가? 만약 그렇다면, 어떤 식으로 첫걸음을 내디딜 수 있을까? (내 제안_다음 '추가 연구 자료'에 있는 마운스의 *Greek for the Rest of Us*를 읽으면서 시작해 보라.)
4. 당신이 정식으로 헬라어를 어느 정도 배웠다면, 헬라어 신약 성경의 주해 능력을 좀 더 키우기 위해 어떤 방편을 택할 수 있을까?

추가 연구 자료

Bauer, Walter, Frederick William Danker, William F. Arndt, and F. Wilbur Gingrich, eds. *A Greek-English Lexicon of the New Testament and Other Early Christian Literature*. 3rd ed. Chicago: University of Chicago Press, 2000. 이 사전은 (*Bauer-Danker-Arndt-Gingrich*를 줄인) BDAG라는 약칭으로 불리며, 매우 필수적인 자료다. 한번은 어떤 친구가 내게 이렇게 물은 적이 있다. "무인도에 갇힌다면, 성경과 찬송가, 배 조립 안내서 말고 또 어떤 책이 있으면 좋겠나?" 이때 나는 네 글자로 대답했다. "BDAG." 농담이 아니다. 성경을 제외하면, 이 사전은 내 서재에 있는 책들 가운데 가장 중요한 책일 것이다. 확실히 이 책은 신약 성경의 헬라어 사전 가운데 으뜸이기 때문이다.[17]

17 로고스 바이블 소프트웨어에는 유용한 BDAG의 '개요 형식'(outline formatting) 기능이 있으며, 이 기능은 사

BibleMesh. http://biblemesh.com/. 바이블메시는 신약 성경 헬라어에 관해 양질의 온라인 강좌를 제공하며, 그 성경 언어 교수팀 중에는 스탠리 포터와 뷰스트 패닝(Buist Fanning), 콘스탄틴 캠벨(Constantine Campbell), 스티브 런지(Steve Runge)와 조너선 페닝턴(Jonathan Pennington), 대니얼 월리스가 포함되어 있다. 그리고 주된 교육 스태프는 닉 엘리스(Nick Ellis)와 마크 두비스(Mark Dubis)다. 또한 바이블메시는 빌 마운스와 협약을 맺고, 그의 책 「마운스 헬라어 문법」(*Basics of Biblical Greek*, 복있는사람 역간) 내용을 강의로 전달해 왔다. 이 책은 현재 출판계에서 가장 영향력 있는 초급 헬라어 문법서다.

Black, David Alan. *Using New Testament Greek in Ministry: A Practical Guide for Students and Pastors*. Grand Rapids: Baker, 1993. 작고 유용한 안내서다. 헬라어 공부의 동기를 부여해 준다.

________. *It's Still Greek to Me: An Easy-to-Understand Guide to Intermediate Greek*. Grand Rapids: Baker, 1998. 유쾌하고 재미있는 문법서다. 중급 헬라어를 가볍게 다루고 있다.

Campbell, Constantine R. *Keep Your Greek: Strategies for Busy People*. Grand Rapids: Zondervan, 2010. 이 책은 우리가 헬라어에 관해 익힌 내용을 잊어버리지 않게 해줄 실제적인 방편들을 제안한다.

________. *Advances in the Study of Greek: New Insights for Reading the New Testament*. Grand Rapids: Zondervan, 2015. 현대의 여러 문법서는 내용상 1800년대 후반이나 1900년대 초반에 갇혀 있는 것처럼 보인다. 그러나 캠벨은 지난 100여 년 동안 헬라어 문법이 어떻게 진전해 왔는지를 능숙하게 설명한다. 이 책에서 그가 다루는 주제들로는 언어 이론과 어휘 의미론, 사전학, 이태 동사와 중간태, 동사의 상과 동작류(*Aktionsart*), 강화 분석 등이 있다. 이 책에는 좀 더 심화된 내용이 담겨 있지만, 적어도 세 학기 이상 헬라어 수업을 들은 사람이라면 대부분의 내용을 이해할 수 있을 것이다.

Carson, D. A. "Grammatical Fallacies." In *Exegetical Fallacies*, 65-86. 2nd ed. Grand Rapids: Baker, 1996. 이 글에서 카슨은 사람들이 시제와 태, 법, 조건문과 관사를 해석할 때 흔히 범하는 오류들을 다루고 있다.

Decker, Rodney J. *Koine Greek Reader: Selections from the New Testament, Septuagint, and Early Christian Writers*. Grand Rapids: Kregel, 2007. 이 책은 가장 탁월한 중급 수준의 연습서 중 하나다.

________. *Reading Koine Greek: An Introduction and Integrated Workbook*. Grand Rapids: Baker Academic, 2014. 데커는 2014년 5월, 예순한 살의 나이로 주님의 품에 안겼다. 하지

전의 본문을 훨씬 읽기 편하게 만들어 준다.

만 그가 말기 암에 걸렸음에도 하나님은 그에게 이 책을 끝마칠 힘을 주셨으며, 출판사는 그가 죽은 지 여섯 달 후에 이 책을 출간했다. 언어학적인 지식에 근거한 이 헬라어 문법서는 그가 남긴 필생의 역작이며, 그 속에는 수십 년에 걸친 강의의 결실이 담겨 있다. 이 책은 신약 성경의 헬라어에 관한 672쪽 분량의 포괄적인 개론서다.

DeMoss, Matthew S. *Pocket Dictionary for the Study of New Testament Greek*. Downers Grove, IL: InterVarsity Press, 2001. 간편한 참고 자료다.

DeRouchie, Jason S. "The Profit of Employing the Biblical Languages: Scriptural and Historical Reflections." *Themelios* 37, 1 (2012): 32-50. 이 글은 특히 지금 히브리어, 헬라어를 배우는 이들과, 그동안 배운 내용을 복습하고 기억하려는 이들에게 의욕을 북돋아 준다.

Duvall, J. Scott, and Verlyn D. Verbrugge, eds. *Devotions on the Greek New Testament: 52 Reflections to Inspire and Instruct*. Grand Rapids: Zondervan, 2012. 이 책의 목표는 헬라어를 배우는 학생들이 끈기 있게 공부하도록 격려하려는 데 있다. 기본적으로 이 책은 헬라어에 관한 지식이 실제로 어떻게 적용되는지를 얼마간 보여 준다.

Harris, Murray J. *Prepositions and Theology in the Greek New Testament: An Essential Reference Resource for Exegesis*. Grand Rapids: Zondervan, 2012. 이 책은 나무랄 데 없는 연구서다. 해리스는 자신이 *New International Dictionary of New Testament Theology*(1978)의 부록으로 쓴, 전치사에 관한 45쪽 분량의 고전적인 글을 발전시켜 이 책을 썼다. 이 책은 우리가 헬라어 전치사를 다룰 때 꼭 살펴야 할 자료다.

Huffman, Douglas S. *The Handy Guide to New Testament Greek: Grammar, Syntax, and Diagramming*. Grand Rapids: Kregel, 2012. 책 제목이 이 책의 성격을 압축적으로 보여 준다. 이 책은 112쪽 분량에 불과하다. 당신이 이미 (마운스의 책과 월리스의 책 같은) 포괄적인 분량의 초급과 중급 헬라어 문법서를 공부했다면, 이 책은 배운 내용을 되새기는 데 많은 도움을 줄 수 있다.

Köstenberger, Andreas J., Benjamin L. Merkle, and Robert L. Plummer. *Going Deeper with New Testament Greek: An Intermediate Study of the Grammar and Syntax of the New Testament*. Nashville: Broadman & Holman, 2016. 이 책에 담긴 세부 설명의 수준은 대니얼 월리스의 두꺼운 문법책(1996)과 그 요약판(2000) 사이 중간쯤에 위치한다. 이런 수준은 중급 헬라어를 한 학기 만에 가르쳐야 하는 교수들에게 적합하다. 이 책은 학생들이 사용하기 쉽게 만들어졌으며, 헬라어 동사 상과 논증의 다이어그램에 관해 최신 지식을 반영하고 있다.

Lamerson, Samuel. *English Grammar to Ace New Testament Greek*. Grand Rapids: Zondervan, 2004. 첫 헬라어 수업을 들으면서 영어와 헬라어의 기초 문법을 동시에 배우기 전까지 나는 영어 문법을 잘 이해하지 못했다! 영어와 헬라어 문법이 둘 다 위협적으로 여겨진다면, 이 109쪽 분량의 책을 한번 읽어보라. 이 책은 초심자들에게 이상적이다.

Mounce, William D. *Basics of Biblical Greek Grammar*. 3rd ed. Grand Rapids: Zondervan, 2009. 「마운스 헬라어 문법」, 복있는사람. 이 책은 아마도 대부분의 복음주의 신학교에서 사용하는 표준적인 초급 헬라어 문법책이며, 전반적으로 탁월하다. 존더반 출판사는 마운스가 쓴 *Basics of Biblical Greek Workbook*을 비롯하여 이 책에 연관된 일련의 학습 자료를 내놓았다(이 문법책의 제4판이 곧 출간될 것이며, 마운스는 이 최신판에서 동사 상에 대한 접근 방식을 개정하기로 계획하고 있다).

———. *Greek for the Rest of Us: The Essentials of Biblical Greek*. 2nd ed. Grand Rapids: Zondervan, 2013. 당신이 최소한 두 해 이상을 헬라어 학습에 쏟을 수 없다면, 그래도 헬라어를 전혀 모르는 것보다는 이 책을 읽는 편이 훨씬 낫다. 이 책에서 마운스는 헬라어를 모르는 이들을 위해 신약 성경의 헬라어를 명쾌하게 소개한다. 그러나 이 책의 목표는 그가 쓴 문법책의 목표와 많이 다르다. 이 책에서 마운스의 목표는 독자들에게 헬라어 읽는 법을 훈련시키는 데 있지 않다. 그의 목표는 그저 헬라어의 기본 요소와 더불어 일부 헬라어 도구들의 사용법을 알려 주는 데 있다.

Plummer, Robert L. "Daily Dose of Greek." dailydoseofgreek.com. 로버트 플러머는 숙련된 교사다. 그는 앞서 헬라어를 배운 학생들이 날마다 헬라어 본문을 읽으면서 실력을 키우도록 돕기 위해 이 웹사이트를 만들었다. 그는 이 사이트에서 헬라어 문법의 기초를 개관하는 영상을 제공할 뿐 아니라, 날마다 구독자들에게 2분 정도의 영상이 담긴 메일을 보낸다. 이 메일에 담긴 영상에서 그는 화면에 표시된 헬라어 구절에 밑줄을 치면서 그 내용을 자세히 설명해 준다.

Plummer, Robert L., and Benjamin L. Merkle. *Greek for Life: Strategies for Learning, Retaining, and Using New Testament Greek in Ministry*. Grand Rapids: Baker Academic, 2017. 헬라어를 처음 배우거나 오랜 세월이 흐른 뒤에 다시 배우고 있는 사람에게 이 책은 의욕을 북돋아 주는 동시에 실제적인 도움을 줄 것이다.

Porter, Stanley E. *Idioms of the Greek New Testament*. 2nd ed. Biblical Languages: Greek 2. Sheffield, UK: JSOT Press, 1994. 중급의 문법과 구문론을 다루는 유익한 책.

Porter, Stanley E., Jeffrey T. Reed, and Matthew Brook O'Donnell. *Fundamentals of New Testament Greek*. Grand Rapids: Eerdmans, 2010. 유익한 초급 문법책. 이 책에 연관된 워크북도 있다.

Wallace, Daniel B. *Greek Grammar beyond the Basics: An Exegetical Syntax of the New Testament*. Grand Rapids: Zondervan, 1996.

———. *The Basics of New Testament Syntax: An Intermediate Greek Grammar; The Abridgment of* Greek Grammar beyond the Basics. Grand Rapids: Zondervan, 2000. 「월리스 중급 헬라어 문법」, IVP. 월리스가 쓴 이 두 중급 문법책은 내가 매우 아끼는 것들이다. 나는 이 책들의 명확한 문체와 그 문법적인 범주들을 사랑한다. 그리고 이 책들에 연

관된 워크북도 출간되어 있다(2007). 이 두 문법책 중 한 권만 소장하려 한다면, 꼭 더 두꺼운 책을 사기 바란다(860쪽 분량). 이 두꺼운 책에는 더 철저한 (1) 문법적, 구문론적 설명과 (2) 주해적인 통찰이 담겨 있다. 다만 당신이 두 학기가 아닌 한 학기 만에 중급 헬라어 문법을 수강한다면, (336쪽밖에 안 되는) 요약판이 더 나을 수도 있다. 1990년대 말 이후에 출간된 복음주의권의 많은 신약 주석은 월리스가 만든 구문론적 명칭들을 사용하고 있다.

5장

논증 도해

호 그리기와 괄호 묶기, 구문 분석을 통해 논리의 전개 과정을 추적하기

논증을 추적할 수 있다는 점이 헬라어를 알기 때문에 얻는 최상의 유익인 이유

이 책은 주해를 실제보다 복잡한 작업으로 보이게 만들지도 모른다. 물론 주해는 복잡하며 온갖 기술을 요구하는 작업인 것이 사실이다. 그러나 그 핵심은 바로 주해에 좋은 독서가 요구된다는 데 있다. 곧 그저 좋은 독자가 되면 그것으로 족한 것이다. D. A. 카슨은 이 점을 다음과 같이 표현했다.

> 꼭 필요한 일은 문학적 감수성을 키우는 것이다. 달리 말해, 좋은 독자가 되는 일이 반드시 필요하다. …… 좋은 독서는 무엇보다 흐름을 좇아가는 독서다. 개별 단어와 구문을 숙고하는 일은 늘 유익하지만(이는 특히 이야기의 경우에 그러하다), 그렇지라도 이 단어들의 의미는 그 문맥에 의해 형성된다. **좋은 독자는 논증의 흐름을 이해하려고 부지런히 노력할 것이다.**[1]

1 D. A. Carson, "Approaching the Bible," in *New Bible Commentary: 21st Century Edition*, D. A. Carson 외 편집, 4판 (Downers Grove, IL: InterVarsity Press, 1994)(『IVP 성경 주석』, IVP), 13-14쪽(강조는 저자 추가).

마지막 문장을 놓치지 말기 바란다. 이 장에서 우리가 하려는 일이 바로 그것이다. "논증의 흐름을 이해하려고 노력하는 일." 이 일을 잘 수행하려면, 헬라어 문법과 논리적 관계를 모두 이해해야 한다.

한번은 어떤 이가 신약학자 스코트 해프먼(Scott Hafemann)에게 이렇게 질문했다. "설교할 때 꼭 성경 원어를 활용할 필요가 있습니까? 지금은 탁월한 주석이 많이 나와 있는 데다가, 목회자들은 아무리 애써도 전문 학자 수준에는 미치지 못할 텐데요."[2] 나는 이때 해프먼이 대답한 말을 좋아한다.

> 성경 본문과 씨름하며 보낸 한 시간은 이차 문헌을 뒤지면서 보낸 열 시간만큼의 값어치가 있습니다. ……
>
> 성경 원어를 알 때, 우리는 주석이 거의 다루지 않는 작업을 수행할 수 있게 됩니다. 바로 본문에서 전개되는 논증의 흐름을 좇아가는 일입니다.
>
> 주석은 우리가 바빠서 스스로 찾아낼 수 없는 역사적, 언어적, 문화적, 정경적, 문학적인 통찰을 제공하여 시간을 절약해 줍니다. 겨우 35달러만 내면, 우리는 한 학자가 십 년에 걸쳐 수고한 결실을 누릴 수 있습니다!
>
> 하지만 결국 우리가 설교하는 내용은 어떤 성경 본문의 요점과 그 속에 담긴 논증입니다. 우리는 주석에 담긴 배경 지식을 통해 본문을 좀 더 이해하게 되지만, 설교 내용 자체는 바뀌지 않는 것입니다.
>
> 주석과 성경 역본들은 논증의 흐름을 추적하는 일이나 본문에 담긴 선율과 그 신학적인 고동 소리를 펼쳐 보이는 일에는 그다지 뛰어나지 않습니다. 그 성격상 대부분의 주석은 모든 내용을 일일이 쪼개어 개별적으로 논의하며, 성경 역본들은 종종 본문 내용을 목표 언어로 잘 표현하기 위해 원문의 밀도나 복잡성, 모호성을 희생하기도 합니다.
>
> 그러므로 모든 것을 감안할 때, 우리가 헬라어를 배우는 이유는
>
> 단어를 연구하기 위해서가 아니라,

2 Scott J. Hafemann, "The SBJT Forum: Is It Genuinely Important to Use the Biblical Languages in Preaching, Especially Since There Are Many Excellent Commentaries and Pastors Will Never Attain the Expertise of Scholars?," *The Southern Baptist Journal of Theology* 3, 2 (1999): 86-89쪽.

접속사가 있는 구절과 없는 구절은 어디인지,

분사의 의미를 해석해야 할 부분은 어디인지,

각 절이 시작하고 끝나는 지점은 어디이며,

동사의 시제 때문에 의미가 달라지는 부분과 그렇지 않은 부분은 어디인지,

그리고 결국에는 한 본문의 주된 요점이 무엇인지를 파악하기 위해서입니다.

내가 만나본 이들 가운데는 헬라어를 제대로 배우고 난 뒤 그 일이 시간 낭비였다거나 쓸데없는 일이었다고 말하는 사람이 아무도 없었습니다. 그러니 다음에 누군가 여러분에게 성경 원어는 중요하지 않다고 말한다면, 과연 그가 이 언어들을 실제로 익힌 후에 그런 판단을 내렸는지 한번 물어보기 바랍니다.[3]

그렇다. 당신이 신약의 헬라어를 모른다면 성경 역본과 주석을 살펴야만 하며, 따라서 본문을 해석할 때 어느 정도는 다른 이들의 손에 의존하게 될 것이다. 물론 좋은 역본과 주석은 우리가 꼭 활용해야 할 도구다. 그러나 해프먼의 이 말은 옳다. "성경 본문과 씨름하며 보낸 한 시간은 이차 문헌을 뒤지면서 보낸 열 시간만큼의 값어치가 있습니다. …… 성경 원어를 알 때, 우리는 주석이 거의 다루지 않는 작업을 수행할 수 있게 됩니다. 바로 **본문에서 전개되는 논증의 흐름을 좇아가는** 일입니다." 곧 헬라어를 알 때, 우리는 남의 손에 의존하지 않고 직접 그 본문을 파고들 수 있다는 것이다.

내 생각에 헬라어를 알 때 가장 좋은 점은 논증의 흐름을 좇아가게 된다는 데 있다. 물론 다른 멋진 유익들도 있지만, 내가 볼 때 이것을 능가하는 유익은 없다. 결국 주해에서 가장 중요한 일은 논증의 흐름을 따라가는 것이며, 이는 특히 신약의 서신서를 주해할 때 그러하다.[4]

신약 성경은 서로 무관한 주요 항목들의 목록도, 낱낱의 진주를 실로 꿴 목걸이 같은 것도 아니다. 오히려 신약의 저자들은 **논증을 전개하고** 있다. 그 저자들은 여러 진

---

3 같은 글, 88-89쪽(강조와 형식은 저자 추가).

4 복음서와 사도행전, 요한계시록에서는 논증의 흐름을 좇아가는 일이 서신서와는 조금 다르게 이루어지지만, 적용되는 원리는 동일하다. 대체로 서신서의 논증은 좀 더 치밀한 경향을 띠며, 내러티브에 담긴 포괄적 논증을 추적할 때에는 강화 분석이 더 중요시된다. 강화 분석에 관해 가장 유익한 개론서 중 하나로 Steven E. Runge, *Discourse Grammar of the Greek New Testament: A Practical Introduction for Teaching and Exegesis* (Peabody, MA: Hendrickson, 2010)가 있다. 이 장 끝부분에 나오는 '추가 연구 자료'에 실린 런지의 책에 대한 논평을 보라.

리를 확언하고 이유와 증거를 들어 그 진리들을 옹호하며, 다른 이들도 자신들의 관점을 공유하도록 설득하려 한다. 그들의 논증은 늘 심오하며, 때로는 복잡하기도 하다. '그러나', '그러므로', '……때문에' 같은 연결사는 어떤 저자의 논증 내용을 이해하는 데 대단히 중요한 요소가 될 수 있다.

이같이 논증의 흐름을 살피는 것은 지루한 일이 아니다. 그 일은 우리 마음을 노래하게 만든다. C. S. 루이스는 기독교로 회심한 후 2년 반쯤 지났을 무렵 한 친구에게 보낸 편지에서, 이 점을 다음과 같이 표현했다.

> 자네의 헬라어 수업을 들어보고 싶군. 신약의 헬라어가 쉽다는 평판을 얻게 된 것이 내게는 늘 수수께끼 같은 일이니 말일세. 내 경우에는 성 누가의 글이 특히 어렵게 다가온다네. 신약에 쓰인 언어의 문제는 제쳐두고 그 내용에 관해 말하자면, 내가 마침내 성 바울이 쓴 글의 내용을 조금이나마 이해하게 되었다는 말을 들으면 자네는 기뻐할 걸세. 이제까지 바울은 내게 몹시 어려운 저자였지. 물론 지금 내가 하는 말은 그가 쓴 서신서들의 전반적인 흐름에 관한 거야. 짧은 단락들을 경건한 방식으로 다루는 일은 또 다른 문제지. 다만 그런 식의 구분이 내게는 그다지 즐거운 것이 아니라네. **경건은 우리가 무언가 다른 일을 목표로 삼을 때 가장 잘 함양되는 법이거든.** 적어도 내 경험에는 그랬네. 자리에 앉아 한 구절을 경건히 묵상하려 하면 아무 일도 일어나지 않지. 하지만 **일반 저자의 글을 대할 때처럼 본문에서 이어지는 논증을 끈기 있게 살펴 나가다 보면, 때로는 내 마음속에서 노래가 울려 나오게 된다네.**[5]

내 경우 헬라어를 알아서 가장 흥분되는 점은 헬라어 본문을 붙들고 그 절과 구를 분석해 나가면서 이렇게 질문할 수 있다는 것이다. "이 단락의 주된 논증은 무엇인가? 또 그 논증을 뒷받침하는 논증들은 어떤 것인가? 이 구는 저 구와 어떻게 연관되는가?" 각 단락을 꼼꼼하고 엄밀하게 살펴 나가면서, 나는 그 텍스트를 직접 파악하고 그 의미를 확신하게 된다. 이런 앎과 확신은 다른 식으로는 얻을 수 없는 것이다. 그리

---

5 C. S. Lewis, *The Collected Letters of C. S. Lewis*, Walter Hooper 편집, 3 vols. (San Francisco: HarperSanFrancisco, 2004-7), 2:136(강조는 저자 추가).

고 이렇게 해서 나는 하나님의 백성이 모여서 드리는 예배 때 히브리서 12장 1-2절 내용을 다음과 같이 설명할 수 있게 된다.

> 이 본문의 주된 권면은 "인내로써 우리 앞에 당한 경주를 하[자]"는 것입니다. 그리고 우리가 힘을 얻어 인내로 경주해야 할 한 가지 이유는 "구름같이 둘러싼 허다한 증인들이 있[기]" 때문입니다. 이들은 곧 11장에서 강조된 사람들이지요. 이 1-2절 나머지 부분에서는 인내로 경주를 감당할 두 가지 방법을 열거하고 있습니다. 우리는 (1) 모든 무거운 것과 얽매이기 쉬운 죄를 벗어 버리고 (2) 예수를 바라봄으로 그 경주를 감당할 수 있다는 것이지요.

이 메시지에는 권위가 담겨 있다. 이는 하나님의 말씀을 정확하게 설명하고 있기 때문이다. 이런 설교 방식에는 우리에게 흥미롭거나 중요하게 다가오는 단어나 구절을 골라잡아 이야기하는 것보다 훨씬 강력한 힘이 있다. 그리고 이 방식은 우리 생각에 가장 의미 있어 보이는 몇 가지 요점을 대강 떠올리는 것보다 더욱 확실한 권위를 지닌다. 논증의 흐름을 살피는 것은 곧 하나님이 품으신 생각의 흐름을 따라가는 일이며, 내가 알기로 이것은 하나님의 말씀을 가장 진지하고 겸손하게 받아들이는 방식이다.

그리고 이 사실은 내 마음을 놀랍도록 홀가분하게 해준다. 나는 천부적인 카리스마나 넘치는 활력을 지닌 인물이 아니다. 또한 사람들의 기분을 좋게 하고 동기를 부여해 주는 연설자도 아니고, 무대에 서서 사람들을 웃기는 희극인도 아니다. 그러니 내가 성경을 설교하고 가르칠 때 사람들을 즐겁게 하고 그들의 호기심을 자극하거나 그들에게 유익을 주는 이야기를 직접 꾸며내야 한다면, 이는 (나뿐 아니라 청중에게도!) 끔찍한 일이 될 것이다. 나는 그런 부담을 감당할 수 없다. 그렇기에 그것이 설교자의 직무가 아님을 감사히 여긴다. 오히려 설교자는 본문 자체의 메시지를 선포하고 설명하며 적용해야만 한다. 설교자는 곧 **전령**이기 때문이다.

그러므로 본문을 대할 때, 나는 나 자신을 창작자나 연예인으로 여기지 않는다. 이때 나는 한 사람의 탐험가이며 연구자다.

예전에 나를 가르치고 양육한 목회자이자 교수였던 마크 미닉(Mark Minnick)은 어떤 본문을 대할 때 우리는 다음 두 질문 중 하나를 염두에 두게 된다는 점을 늘 일깨워 주었다.

1. 나는 이 텍스트에 관해 무엇을 말할 수 있는가?
2. 이 텍스트는 무엇을 말하는가?

"나는 이 텍스트에 관해 무엇을 말할 수 있는가?"라는 질문을 품고 텍스트에 다가간다고 하자. 이때 그 질문은 전반적으로 내가 텍스트를 읽는 방식에 영향을 줄 것이며, 그 텍스트에 관해 무언가 말할 내용을 찾기 위한 도구들을 선택하는 데도 영향을 끼칠 것이다.

이 점은 "이 텍스트는 무엇을 말하는가?"라는 질문을 품고 텍스트에 다가갈 경우에도 마찬가지다. 이 질문은 전반적으로 내가 텍스트를 읽는 방식에 영향을 줄 것이며, 그 텍스트를 이해하기 위한 도구들을 선택하는 데도 영향을 끼칠 것이다.

우리가 어떤 텍스트를 대할 때 주로 던질 질문은 "이 텍스트에 관해 나는 무엇을 말할 수 있는가?" 또는 "이 텍스트는 내게 무엇을 의미하는가?"가 아니다. 오히려 "이 텍스트는 무엇을 말하는가?"라고 질문해야 한다. 내가 알기로 이 질문에 답하는 최상의 방식은 논증의 흐름을 좇아가는 것이며, 이는 특히 신약 서신서의 경우에 그러하다.[6] 물론 NASB나 ESV처럼 형식에 근거한 역본을 가지고 논증의 흐름을 좇아갈 수도 있지만, 헬라어를 알면 그 작업을 좀 더 제대로 행하는 데 도움이 된다. 논증의 흐름을 좇아간다는 것이 헬라어를 알기 때문에 얻는 가장 큰 유익인 이유는 바로 여기에 있다.

논증을 정확히 좇아가려면, 우리는 명제들이 서로 어떻게 연관되는지를 이해해야 한다.

---

6 Thomas R. Schreiner, *Interpreting the Pauline Epistles*, 2판 (Grand Rapids: Baker Academic, 2011)(『바울 서신 석의 방법론』, 기독교문서선교회), 97쪽 참조. "바울 서신에 담긴 논증의 구조를 추적하는 것은 주해 과정에서 가장 중요한 단계다."

명제들은 서로 어떻게 연관되는가
_ 열일곱 가지 논리적 관계

명제(proposition)란 무엇인가? 명제는 무언가를 주장하거나 진술하는 문장이다. 하나의 명제에는 (명시적으로든 암묵적으로든) 적어도 하나의 주어와 술어가 포함되어 있다. 하나의 명제는 독립절일 수도 있고('미네소타의 겨울은 춥다'와 같이), 의존절일 수도 있다('썰매 타기는 재미있지만'과 같이).

명제는 적어도 열일곱 가지 방식으로 서로 연관된다. 이제 서술할 범주와 정의, 사례는 내가 직접 찾아낸 것이 아니다. 다만 나 자신의 말로 풀어서 그 내용을 정의하고 서술했다. 이 내용은 대부분 Biblearc.com에서 직접 가져왔으며, Biblearc.com의 내용은 토마스 슈라이너에게 많은 빚을 지고 있다. 또 토마스 슈라이너는 톰 스텔러(Tom Steller)에게서 이 내용을 배웠으며, 톰 스텔러는 존 파이퍼에게 이 내용을 배웠다. 그리고 존 파이퍼는 대니얼 풀러(Daniel Fuller)에게 이 내용을 배운 것이다. (이 모든 말이 이해되는가?)

이제 명제들이 서로 연관을 맺는 열일곱 가지 방식을 살펴보자.

1. 연속적(Series)

여기서 각 명제는 전체 흐름에 독자적으로 기여하며, 서로 병렬 관계를 이룬다. 이 명제들은 연속으로 제시되며, 이때 명제들이 제시되는 순서는 그리 중요하지 않다(이는 두 번째 관계인 '점진적'과 다른 점이다).

- 연결사_ καί(카이), δέ(데), τέ(테), οὔτε(우테), οὐδέ(우데), μήτε(메테), μηδέ(메데) → 그리고 / 나아가 / 마찬가지로 / ……도 ……도 아닌(neither …… nor)
- 예시_ "해가 어두워지며(καί[카이]) 달이 빛을 내지 아니하며(καί[카이]) 별들이 하늘에서 떨어지며(καί[카이]) 하늘의 권능들이 흔들리리라"(마 24:29).

2. 점진적(Progression)

이때 명제들은 절정을 향해 한 단계씩 나아간다.

- 연결사_ καί(카이), δέ(데), τέ(테), οὔτε(우테), οὐδέ(우데), μήτε(메테), μηδέ(메데) → 다음에는 / 그러고는 / 나아가 / 그뿐 아니라 / ……도 ……도 아닌
- 예시_ "땅이 스스로 열매를 맺되 처음에는(πρῶτον[프로톤]) 싹이요 **다음에는**(εἶτα[에이타]) 이삭이요 그 **다음에는**(εἶτα[에이타]) 이삭에 충실한 곡식이라"(막 4:28).

3. 대안적(Alternative)

이때 명제들은 특정 상황에서 생겨나는 대안적 가능성을 표현한다.

- 연결사_ ἤ(에), ἀλλά(알라), δέ(데), μέν … δέ(멘 …… 데) → 또는 / 그러나 / ……인 반면 / 한편으로는 …… 다른 한편으로는 ……
- 예시_ "오실 그이가 당신이오니이까 (또는[ἤ, 에]) 우리가 다른 이를 기다리오리이까"(마 11:3).

4. 상황-반응(Situation-Response)

이때 한 명제는 어떤 상황을 진술하고, 다른 명제는 그에 대한 반응을 진술한다. 여기서 반응은 우리가 기대한 것일 수도 있고, 그렇지 않은 것일 수도 있다.

- 연결사_ καί(카이) → 그리고
- 예시_ "그러므로 나나 그들이나 이같이 전파하매 (그리고[καί, 카이]) 너희도 이같이 믿었느니라"(고전 15:11).

5. 행동-방편(Action-Means)

이때 한 명제는 어떤 행동을 진술하며, 다른 명제는 그 행동의 방편을 나타낸다(슈라이너나 Biblearc.com은 이 관계를 '행동-방식'[action-manner]으로 부르지만, 내 생각에는 '행동-방편'이라는 명칭이 좀 더 정확한 것 같다).

- 연결사_ 부사적 분사와 부정사
- 예시_ "자기를 비워 종의 형체를 가지사(가지심으로[λαβών, 라본])"(빌 2:7). (저자가 인

용한 ESV 본문에는 "[He] emptied himself, by taking[λαβών, 라본] the form of a servant", 곧 "종의 형체를 가지심으로 자신을 비우셨다"로 되어 있다._ 옮긴이)

6. 비교(Comparison)

이때 한 명제는 어떤 행동을 진술하며, 다른 명제는 그 행동이 무엇과 같은지를 보여주어 그것의 성격을 분명히 드러낸다.

- 연결사_ ὡς(호스), καθώς(카토스), οὕτως(후토스), ὥσπερ(호스페르) → ……하듯 / 바로 ……인 것처럼 / 그와 똑같이 / ……처럼 / ……이듯 ……이다
- 예시_ "내가 그리스도를 본받는 자가 된 것같이(καθώς[카토스]) 너희는 나를 본받는 자가 되라"(고전 11:1).

7. 대조적(Contrast)

여기서 한 명제는 부정적인 성격을 띠고, 다른 명제는 긍정적인 성격을 띠는 식의 대조를 이룬다. 이때 각 명제가 진술하는 내용은 본질상 같을 수도 있으며('악한 자가 되지 말고 선한 자가 되라'), 서로 정반대될 수도 있다('사탄은 악하지만 하나님은 선하시다'). 슈라이너와 Biblearc.com은 이 범주에 '부정-긍정'이라는 명칭을 붙였다(다만 그 순서는 '긍정-부정'이 될 수도 있다).

- 연결사_ ἀλλά(알라), δέ(데), οὐ(우), μή(메) → 그러나 / ……가 아닌
- 예시_ "그러므로 어리석은 자가 되지 말고 (그러나[ἀλλά, 알라]) 오직 주의 뜻이 무엇인가 이해하라"(엡 5:17). "우리는 그리스도 때문에 어리석으나[δέ, 데] 너희는 그리스도 안에서 지혜롭고"(고전 4:10).
- 다음 예시에는 점진과 대조의 개념이 모두 담겨 있다. "그런즉 심는 이나(οὔτε[우테]) 물 주는 이는(οὔτε[우테]) 아무것도 아니로되 (그러나[ἀλλά, 알라]) 오직 자라게 하시는 이는 하나님뿐이니라"(고전 3:7).

8. 개념-설명(Idea-Explanation)

이때 한 명제는 어떤 개념을 진술하고, 다른 명제는 그 개념을 설명한다. 여기서 둘째 명제는 첫째 명제 전체를 설명할 수도 있고, 그 명제에 담긴 한 단어만 설명할 수도 있다(G. K. 비일[Beale]은 이 범주를 '사실-해석'과 '일반적-구체적'의 두 유형으로 구분한다).[7]

- 연결사_ τοῦτ' ἔστιν(투트 에스틴), γάρ(가르), ὅτι(호티), ἵνα(히나) → 곧 / 달리 말해
- 예시_ "내 속 곧(τοῦτ' ἔστιν[투트 에스틴]) 내 육신에 선한 것이 거하지 아니하는 줄을 아노니"(롬 7:18).

9. 질문-대답(Question-Answer)

이때 첫째 명제에서는 질문을 던지며, 둘째 명제는 그 질문에 답한다.

- 연결사_ 없음(의문부호)
- 예시_ "하나님께는 불의가 없지요. 그렇지 않습니까? 그런 일은 결코 없을 것입니다!"(롬 9:14, 저자 번역)

10. 근거(Ground)

이때 한 명제는 어떤 내용을 진술하고, 다른 명제는 그 내용을 뒷받침하는 이유나 논증을 제시하여 그 내용에 근거를 부여한다.

- 연결사_ γάρ(가르), ὅτι(호티), ἐπεί(에페이), ἐπειδή(에페이데), διότι(디오티) → 왜냐하면 / ……하기 때문에 / ……하므로 / 부사적인 분사와 부정사들
- 예시_ "그러나 하나님의 말씀이 폐하여진 것 같지 않도다 (이는[γάρ, 가르]) 이스라엘에게서 난 그들이 다 이스라엘이 아니[기 때문이다]"(롬 9:6).

---

7 G. K. Beale, Daniel J. Brendsel, and William A. Ross, *An Interpretive Lexicon of New Testament Greek: Analysis of Prepositions, Adverbs, Particles, Relative Pronouns, and Conjunctions* (Grand Rapids: Zondervan, 2014), 10쪽.

11. 추론(Inference)

이때 한 명제는 어떤 내용을 진술하며, 다른 명제는 그로부터 추론을 이끌어 낸다(추론은 증거와 논리적 사유에 근거해서 얻게 되는 결론을 가리킨다).

- 연결사_ οὖν(운), διό(디오), ὥστε(호스테) → 그러므로 / 그렇기 때문에 / 결과적으로 / 따라서
- 예시_ "만물의 마지막이 가까이 왔으니 그러므로(οὖν[운]) 너희는 정신을 차리고 근신하여 기도하라"(벧전 4:7).

12. 행동-결과(Action-Result)

이때 한 명제는 어떤 행동을 진술하고, 다른 명제는 그 결과를 나타낸다. 이 범주는 원인과 결과의 관계로 여길 수도 있다(G. K. 비일은 이 범주에 '원인-결과'라는 명칭을 붙였다).[8]

- 연결사_ ὥστε(호스테), ἵνα(히나) → 그리하여 / 그래서 / 그 결과로 / 부사적 분사와 부정사
- 예시_ "한 마디도 대답하지 아니하시니 (그리하여[ὥστε, 호스테]) 총독이 크게 놀라워하더라"(마 27:14).

13. 행동-목적(Action-Purpose)

이때 한 명제는 어떤 행동을 진술하고, 다른 명제는 그 목적을 나타낸다.

- 연결사_ ἵνα(히나), ὅπως(호포스), ἵνα ... μή(히나 …… 메) → ……하기 위해 / ……하도록 / ……하게끔 / ……하지 않도록 / 부사적 분사와 부정사
- 예시_ "남은 조각을 거두고 버리는 것이 없게(→없도록[ἵνα, 히나]) 하라"(요 6:12).

'행동-결과'와 '행동-목적'은 어떻게 다를까? 이 둘은 의도성이 있는지 없는지에 따

---

8 같은 책, 8쪽.

라 다르다. **결과**는 실제로 일어난 일을 가리키며, **목적**은 어떤 이가 이루려고 의도하는 결과를 가리킨다(후자의 경우, 그 일은 일어날 수도 있고 그러지 않을 수도 있다). 때로는 저자의 강조점이 목적과 결과 중 어느 쪽에 가까운지를 직접 판단해야 한다. 그러나 하나님이 행동의 주체이실 경우에는 이 점을 판단하기가 어려워진다. 하나님은 자신이 의도하신 일들을 모두 주권적으로 이루시므로, 그분의 모든 목적은 또한 결과가 되기 때문이다. 한 예로 이 구절을 살펴보자. "예수께서 고쳐 주시매 (그리하여[ὥστε, 호스테]) 그 말 못하는 사람이 말하며 보게 된지라"(마 12:22). 논리적으로 이 문장은 목적과 결과를 모두 보여 주지만, 여기서 마태는 결과를 강조하는 것으로 보인다.

14. 조건적(Condition, ……라면 ……이 된다)

이때 한 명제는 어떤 조건을 진술하고, 다른 명제는 그 조건의 결과를 진술한다. 여기서 조건을 나타내는 명제는 '……라면'(if)으로 끝나는 조건절이며, 결과를 나타내는 명제는 '……이 된다'(then)로 끝나는 귀결절이 된다.

- 연결사_ εἰ(에이), ἐάν(에안), εἴτε(에이테), ἆρα(아라) → ……라면 ……이 된다 / ……하다면 / ……이 아니라면 / ……하지 않고는 / 부사적 분사
- 예시_ "(만일[εἰ, 에이]) 누구든지 생명책에 기록되지 못한 **자[라면 그]**는 불못에 던져지더라"(계 20:15).

15. 시간적(Time)

이때 한 명제는 다른 명제에서 서술하는 사건의 발생 시점을 나타낸다.

- 연결사_ ὅταν(호탄), ὅτε(호테) → ……할 때 / ……할 때마다 / ……한 후에 / ……하기 전에 / 부사적 분사와 부정사
- 예시_ "장성한 사람이 되[었을 **때**](ὅτε[호테]) 어린아이의 일을 버렸노라"(고전 13:11).

16. 장소적(Location)

이때 한 명제는 다른 명제에서 서술하는 사건의 발생 위치를 나타낸다. 여기서 이 위치는 공간적인 것일 수도 있고('내 차에서'), 관계적인 것일 수도 있다('너의 원수에 맞서서').

- 연결사_ ὅπου(호푸), οὗ(후) → ……한 곳에는 / ……한 곳마다
- 예시_ "주의 영이 계신 **곳에는**(οὗ[후]) 자유가 있느니라"(고후 3:17).

17. 양보적(Concession)

이때 한 명제는 다른 명제에 대한 양보의 뜻을 나타낸다. 양보는 곧 상반되는 진술을 가리키며, 여기서 둘째 명제는 첫째 명제가 상반됨에도 불구하고 참된 것으로 남게 된다.

- 연결사_ καίπερ(카이페르), εἰ(에이), καί(카이), ἐάν καί(에안 카이), δέ(데), πλήν(플렌) → ……이긴 하지만 / ……일지라도 / 그런데도 / 그럼에도 불구하고 / 그러나 / 하지만 / 부사적 분사
- 예시_ "눈물을 흘리며 구하[**였지만**](καίπερ[카이페르]) 버린 바가 되어 회개할 기회를 얻지 못하였느니라"(히 12:17).

앞서 살펴본 열일곱 가지 논리적 관계는 전반적으로 이렇게 논평할 수 있다.

1. 1-4번의 관계는 대등하지만, 나머지 관계들은 대체로 종속적이다. 예를 들어 다음 두 명제는 대등한 관계에 있다. '(1) 리오넬 메시가 득점했고, (2) 나는 감탄했다.' 그러나 다음 두 명제는 종속 관계다. '(1) 리오넬 메시가 득점했고, (2) 그 결과 나는 감탄했다.' 여기서 둘째 절은 종속절 또는 의존절이다(원문은 'Lionel Messi scored, with the result that I marveled'로, 여기서 'Lionel Messi scored'는 주절이 되고 'with the result that……'은 그 절에 의존하는 종속절이 된다._ 옮긴이). 이 절은 스스로 존재할 수 없으며, 독립절에 의존해야만 한다. 종속절은 어떻게든 주된 명제를 뒷받침하게 된다.
2. 5-9번의 경우, 주절 내용을 종속절에서 다시 진술하여 주절을 뒷받침한다. 이때 종속절은 주된 명제를 추가로 정의하거나 설명하게 된다.

3. 10-16번에서는 주절의 것과 구별되는 내용을 종속절에서 진술하여 주절을 뒷받침한다. 이때 종속절은 주된 명제를 추가로 발전시킨다.
4. 17번에서는 주절의 것과 상반되는 내용을 종속절에서 진술하여 주절을 뒷받침한다. 이때 종속절은 주된 명제와 대조를 이룬다.

논증 추적을 위한 도해 방법_ 호 그리기와 괄호 묶기, 구문 분석

헬라어를 알 때 가장 유익한 점이 논증을 추적할 수 있다는 것이라면, 자연스레 다음 질문이 생겨난다. "그러면 논증의 흐름은 어떻게 좇아갈 수 있습니까?" 그 대답은 논증 도해를 통해 그리할 수 있다는 것이다.

나는 주해에서 이 단계를 '논증 도해'(argument diagram)라고 부르는데, 그것이 가장 좋은 명칭이라고 여겨지기 때문이다. '강화 분석'(discourse analysis)이라는 명칭도 쓸 수 있지만, 그 용어는 정의하기가 상당히 어렵다. 매우 다양한 의미로 활용되기 때문이다. 통상 강화 분석은 문장 수준보다 상위 단계의 말과 글의 단위에 대한 연구를 가리킨다. 이는 특히 강화 단위들이 서로 어떤 관계를 맺는지에 관한 연구로, 여기서 소개하는 논증 도해 방법들은 강화 분석의 한 유형이다.

논증 추적을 위한 도해 방법에는 기본적으로 세 가지가 있다. 호 그리기, 괄호 묶기, 구문 분석이다.[9]

호 그리기와 괄호 묶기, 구문 분석은 어떤 유사점을 지니는가

이 세 방식은 모두 본문에 담긴 사유의 논리적인 흐름을 도표로 파악하고 제시한다. 이것은 그 텍스트를 여러 명제와 구로 분할하고, 그 명제/구들 사이의 논리 관계를 밝

---

9 이중 '구문 분석'(phrasing)은 적어도 열 가지가 넘는 다른 이름을 지닌다. '묶음 도해'(block diagramming), '인과적 배치도'(causal layout), '문법적 도해'(grammatical diagramming), '문단 흐름도'(paragraph flow), '어구 도해'(phrase diagramming), '명제 전개도'(propositional display), '명제 개요'(propositional outline), '문장 흐름도'(sentence flow), '문장 지도'(sentence mapping), '본문의 위계도'(text hierarchy), '본문 표기도'(textual transcription), '사유의 흐름 도해'(thought-flow diagramming) 등이다.

혀 이루어진다.

호 그리기와 괄호 묶기, 구문 분석은 어떻게 다른가

이 세 가지 방식의 중요한 차이는 텍스트에 담긴 사유의 논리적 흐름을 각기 다른 모양의 도표로 나타내는 데 있다. 다음에 예시된 것은 마태복음 5장 13-16절을 살핀 도표들이다. 내 동료인 브라이언 탭(Brian Tabb)은 Biblearc.com에서 논리 관계를 나타내는 약호들을 써서 이 텍스트에 관해 다음과 같이 호 그리기와 괄호 묶기를 수행했다(예를 들면 'Id = 개념[idea]', 'Exp = 설명[explanation]'을 뜻한다). (도표5.1, 5.2를 보라.)

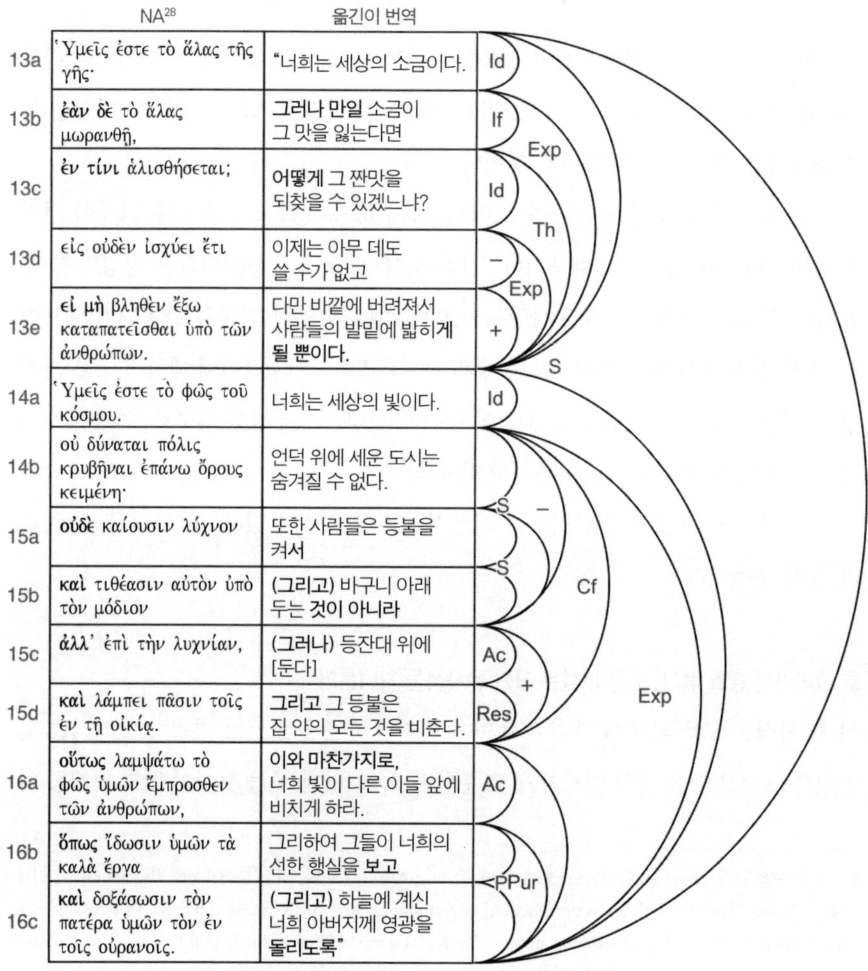

	NA^{28}	옮긴이 번역
13a	Ὑμεῖς ἐστε τὸ ἅλας τῆς γῆς·	"너희는 세상의 소금이다.
13b	ἐὰν δὲ τὸ ἅλας μωρανθῇ,	**그러나 만일** 소금이 그 맛을 잃는다면
13c	ἐν τίνι ἁλισθήσεται;	**어떻게** 그 짠맛을 되찾을 수 있겠느냐?
13d	εἰς οὐδὲν ἰσχύει ἔτι	이제는 아무 데도 쓸 수가 없고
13e	εἰ μὴ βληθὲν ἔξω καταπατεῖσθαι ὑπὸ τῶν ἀνθρώπων.	다만 바깥에 버려져서 사람들의 발밑에 밟히게 **될 뿐이다.**
14a	Ὑμεῖς ἐστε τὸ φῶς τοῦ κόσμου.	너희는 세상의 빛이다.
14b	οὐ δύναται πόλις κρυβῆναι ἐπάνω ὄρους κειμένη·	언덕 위에 세운 도시는 숨겨질 수 없다.
15a	οὐδὲ καίουσιν λύχνον	또한 사람들은 등불을 켜서
15b	καὶ τιθέασιν αὐτὸν ὑπὸ τὸν μόδιον	**(그리고)** 바구니 아래 두는 **것이 아니라**
15c	ἀλλ᾽ ἐπὶ τὴν λυχνίαν,	**(그러나)** 등잔대 위에 [둔다]
15d	καὶ λάμπει πᾶσιν τοῖς ἐν τῇ οἰκίᾳ.	**그리고** 그 등불은 집 안의 모든 것을 비춘다.
16a	οὕτως λαμψάτω τὸ φῶς ὑμῶν ἔμπροσθεν τῶν ἀνθρώπων,	**이와 마찬가지로,** 너희 빛이 다른 이들 앞에 비치게 하라.
16b	ὅπως ἴδωσιν ὑμῶν τὰ καλὰ ἔργα	그리하여 그들이 너희의 선한 행실을 **보고**
16c	καὶ δοξάσωσιν τὸν πατέρα ὑμῶν τὸν ἐν τοῖς οὐρανοῖς.	**(그리고)** 하늘에 계신 너희 아버지께 영광을 **돌리도록**"

도표5.1. 호 그리기_ 마태복음 5장 13-16절

도표5.1과 5.2에 쓰인 약호들					
Id	개념(Idea)	If	……라면(If)	Exp	설명(Explanation)
Th	……이 된다(Then)	+	긍정(Positive)	–	부정(Negative)
S	연속(Series)	Cf	비교(Comparison)	Ac	행동(Action)
Res	결과(Result)	Pur	목적(Purpose)	P	진행(Progression)

마태복음 5장 13-16절

예수님의 제자들은 세상의 빛과 소금이다.

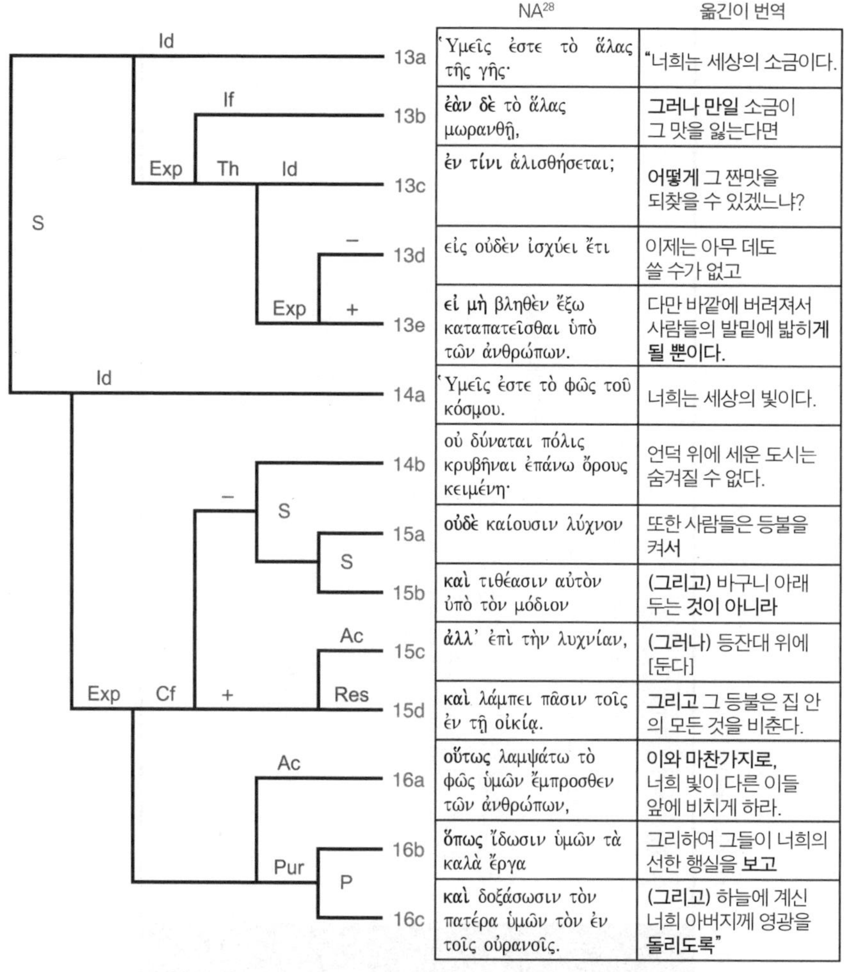

	NA[28]	옮긴이 번역
13a	Ὑμεῖς ἐστε τὸ ἅλας τῆς γῆς·	"너희는 세상의 소금이다.
13b	ἐὰν δὲ τὸ ἅλας μωρανθῇ,	**그러나 만일** 소금이 그 맛을 잃는다면
13c	ἐν τίνι ἁλισθήσεται;	**어떻게** 그 짠맛을 되찾을 수 있겠느냐?
13d	εἰς οὐδὲν ἰσχύει ἔτι	이제는 아무 데도 쓸 수가 없고
13e	εἰ μὴ βληθὲν ἔξω καταπατεῖσθαι ὑπὸ τῶν ἀνθρώπων.	다만 바깥에 버려져서 사람들의 발밑에 밟히**게 될 뿐이다.**
14a	Ὑμεῖς ἐστε τὸ φῶς τοῦ κόσμου.	너희는 세상의 빛이다.
14b	οὐ δύναται πόλις κρυβῆναι ἐπάνω ὄρους κειμένη·	언덕 위에 세운 도시는 숨겨질 수 없다.
15a	οὐδὲ καίουσιν λύχνον	또한 사람들은 등불을 켜서
15b	καὶ τιθέασιν αὐτὸν ὑπὸ τὸν μόδιον	**(그리고)** 바구니 아래 두는 **것이 아니라**
15c	ἀλλ' ἐπὶ τὴν λυχνίαν,	**(그러나)** 등잔대 위에 [둔다]
15d	καὶ λάμπει πᾶσιν τοῖς ἐν τῇ οἰκίᾳ.	**그리고** 그 등불은 집 안의 모든 것을 비춘다.
16a	οὕτως λαμψάτω τὸ φῶς ὑμῶν ἔμπροσθεν τῶν ἀνθρώπων,	**이와 마찬가지로,** 너희 빛이 다른 이들 앞에 비치게 하라.
16b	ὅπως ἴδωσιν ὑμῶν τὰ καλὰ ἔργα	그리하여 그들이 너희의 선한 행실을 **보고**
16c	καὶ δοξάσωσιν τὸν πατέρα ὑμῶν τὸν ἐν τοῖς οὐρανοῖς.	**(그리고)** 하늘에 계신 너희 아버지께 영광을 **돌리도록**"

도표5.2. 괄호 묶기_ 마태복음 5장 13-16절

마태복음 5장 13-16절 **옮긴이 번역**

절	본문	분석
5:13	"너희는 세상의 소금이다.	주장(주절1)
b	그러나 만일 소금이 그 맛을 잃는다면, 어떻게 그 짠맛을 되찾을 수 있겠느냐?	13a와 대조됨
c	이제는 아무 데도 쓸 수가 없고 다만 바깥에 버려져서	13b의 결과
d	사람들의 발밑에 밟히게 될 뿐이다.	
5:14	너희는 세상의 빛이다.	주장(주절2)
b	언덕 위에 세운 도시는 숨겨질 수 없다.	14a를 설명함: 예시 #1
5:15	또한 사람들은 등불을 켜서 (그리고) 바구니 아래 두는 것이 아니라	14a를 설명함: 예시 #2
b	(그러나) 등잔대 위에 [둔다]	15a와 대조됨
c	그리고 그 등불은 집 안의 모든 것을 비춘다.	15b의 결과
5:16	이와 마찬가지로, 너희 빛이 다른 이들 앞에 비치게 하라.	15절과 비교됨
b	그리하여 그들이 너희의 선한 행실을 보고	16a의 목적
c	(그리고) 하늘에 계신 너희 아버지께 영광을 돌리도록"	16b의 결과이자 16a-b의 궁극적인 목적

도표5.3. 구문 분석_ 마태복음 5장 13-16절

도표5.3에서 나는 마태복음 5장 13-16절에 관해 구문 분석을 수행했다.

한편 호 그리기와 괄호 묶기의 차이는 주로 호 그리기의 경우에는 호(弧) 모양의 곡선을, 괄호 묶기의 경우에는 꺾쇠 모양의 직선을 활용한다는 데 있다. 이 둘은 본질상 동일하다.

하지만 이 둘과 구문 분석은 상당히 다르다. 호 그리기와 괄호 묶기에서는 각 행에 관해 다층적인 논리 관계를 표시하는 경우가 많지만, 구문 분석에서는 그러기가 쉽지 않기 때문이다.

다음에서 구문 분석을 더 자세히 설명하려 한다. 호 그리기, 괄호 묶기를 활용한 논증 도해를 좀 더 익히려면 Biblearc.com을 참조하라.

문장 도해란 무엇인가

문장 도해(Sentence Diagramming)는 한 문장의 구문론적 구조를 나타내 준다. 도표5.4는 요한복음 3장 16절에 대한 문장 도해가 어떻게 이루어지는지 보여 준다.

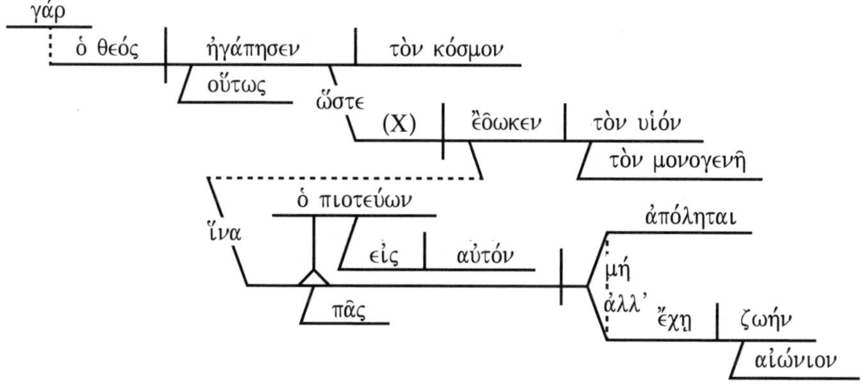

도표5.4. 문장 도해_요한복음 3장 16절[10]

문장 도해는 호 그리기나 구문 분석과 같은 범주에 속하지 않는다. 문장 도해는 한 문장 안의 모든 단어를 꼼꼼히 살피고 각 단어의 문법 기능을 헤아리는 데는 유용하지만, 논증의 흐름을 좇는 데에는 그리 유익하지 않다. 우리가 한 문단을 전체적으로

10 이 그림은 바이블웍스(BibleWorks)의 허락을 받아 사용하였다. 이 문장 도해는 랜디 리디(Randy Leedy)가 수행한 것으로, 그는 바이블웍스를 위해 헬라어 신약 본문의 모든 문장을 꼼꼼히 도해했다.

조망하면서 그 논증의 흐름을 좇아가려 할 때, 길게 이어지는 문장 도해 구조는 부서진 차의 잔해처럼 어수선해 보일 것이다.

분명히 말하자면 문장 도해는 무익하지 않다. 문장 도해만의 고유한 위치가 있으며, 때로는 그 일을 수행할 가치가 있다. 이는 특히 각 단어의 문법 기능을 설명하려 할 때 그러하다. 하지만 우리의 목표가 논증의 흐름을 좇는 데 있다면, 주로 사용할 도구는 문장 도해가 아니다.

내 경우, 이제는 문장 도해를 직접 작성하는 경우가 거의 없다. 대체로 머릿속으로 문법 관계를 쉽게 그려 볼 수 있기 때문이다. 내게 훨씬 중요한 것은 논증의 흐름을 좇는 일이다. 이때에는 이런 문법 관계들에 대한 이해를 기반 삼아 논증의 흐름을 따라가게 되는데, 그 흐름을 머릿속으로 그려 보기란 쉽지 않다. 그러므로 그 흐름을 도표로 그려 놓고 숙고하면서 수정해 나가는 일은 도움이 된다. 이때 나는 대부분 구문 분석을 활용한다.

구문 분석의 여덟 단계[11]

1. 다룰 본문의 범위를 확정하기

우리는 한 문장이나 문단, 각 책의 일부분, 심지어는 한 권의 책 전체에 관해 구문 분석을 수행할 수 있다. 하지만 대체로는 한 문단씩 분석해 나갈 때 가장 효과가 좋다. 전반적으로 문단의 범위를 신뢰할 만하게 파악하는 방법은 NA[28]이나 ESV, NIV 같은 역본에 표기된 문단을 확인하는 것이다. 이를 통해 우리는 논리적 단위로서 문단이 지닌 성격을 적절히 이해할 수 있다.

2. 본문을 명제와 구로 분할하기

명제는 무언가를 주장하거나 진술하는 문장이다. 하나의 명제에는 (명시적으로든 암묵적으로든) 적어도 하나의 주어와 술어가 포함되어 있다. 하나의 명제는 독립절일 수도 있

---

11 이 단락에서 나는 Douglas S. Huffman, *The Handy Guide to New Testament Greek: Grammar, Syntax, and Diagramming* (Grand Rapids: Kregel, 2012), 87-99쪽에 제시된 단계들을 수정하여 활용했다.

고('치파틀레는 내가 무척 좋아하는 레스토랑이다'와 같이), 의존절일 수도 있다('그곳에서 파는 부리토는 맛있고 저렴하기 때문에'와 같이).

구(phrase)는 한 문장이나 절 안에 있는 단어들의 묶음이며, 이 구에는 대체로 문장과 절에서 주로 나타나는 주어-술어나 주어-동사-목적어의 구조가 빠져 있다. 그리고 구에는 정형 동사가 포함되지 않는다(예를 들면 '계산대에서'[at the cash register] 같은 것이 구다).

성경의 한 본문을 분석할 때, 모든 명제나 구를 일일이 하나의 행에 배치할 필요는 없다. 그것은 각자 재량에 달린 문제다. 한 예로, 슈라이너는 자신의 방식을 이렇게 소개한다. "대체로 나는 어떤 관계절이 주해적으로 중요한 의미를 지닌다고 보지 않는 한, 그 절을 하나의 새로운 명제로 삼지 않는다."[12] 나도 그 말에 동의한다. 때로 나는 전치사구를 하나의 행에 배치하고, 때로는 더 큰 범위의 절에 포함시킨다. 또 때로는 '……라면 ……이 된다'(if-then)는 식의 진술을 두 행으로 분리하지만, 때로는 한 행에 나열하기도 한다. 이 모두는 그 구가 주해적으로 얼마나 중요한지, 또는 여러 구가 병행될 경우 과연 그 구들을 나란히 이어지는 행들로 배치하는 것이 유용한지 여부에 달려 있다. 여기서 중요한 것은 오직 구문 분석을 통해 본문에 담긴 사유의 흐름을 잘 표현해 내는 일이다.

예를 들어 처음으로 고린도전서 9장 15-18절을 분석했을 당시, 내가 만들어 낸 도해는 엉망이었다. 그 본문에 담긴 논리를 파악해 낼 수 없었기 때문이다. 그러나 여러 시간에 걸쳐 기도하고 생각하며 묵상한 뒤 마침내 본문의 의미를 파악하게 되었다. 그런데 이때 사유의 흐름을 명쾌하게 제시하기 위해, 나는 다른 경우라면 서로 분리했을 몇몇 행을 한데 모아야만 했다. 도표5.5는 내가 헬라어 텍스트와 ESV 본문(한글은 개역개정 사용_ 편집자)을 어떻게 분석했는지 보여 준다.

한 본문을 분석할 때는 그 본문을 여러 행으로 나누는 일부터 수행하라. 아직 어떤 행을 들여 쓰거나 각 행의 명칭을 붙이는 일에 관해서는 신경 쓰지 않아도 된다. 그저 다른 행들과 연관 지어 분석하고 싶은 행들을 구분 짓는 데 최선을 다하라. 염려할 필요는 전혀 없다. 지금의 이 도해를 끝까지 보존해야 하는 것은 아니기 때문이다. 우리는 이 도해를 계속 수정해 나갈 수 있다. 이후에 한 행을 두 개로 나눌지, 또는 두 행을

---

12 Schreiner, *Interpreting the Pauline Epistles*(『바울 서신 석의 방법론』), 111쪽.

고린도전서 9장 15-18절 **개역개정**

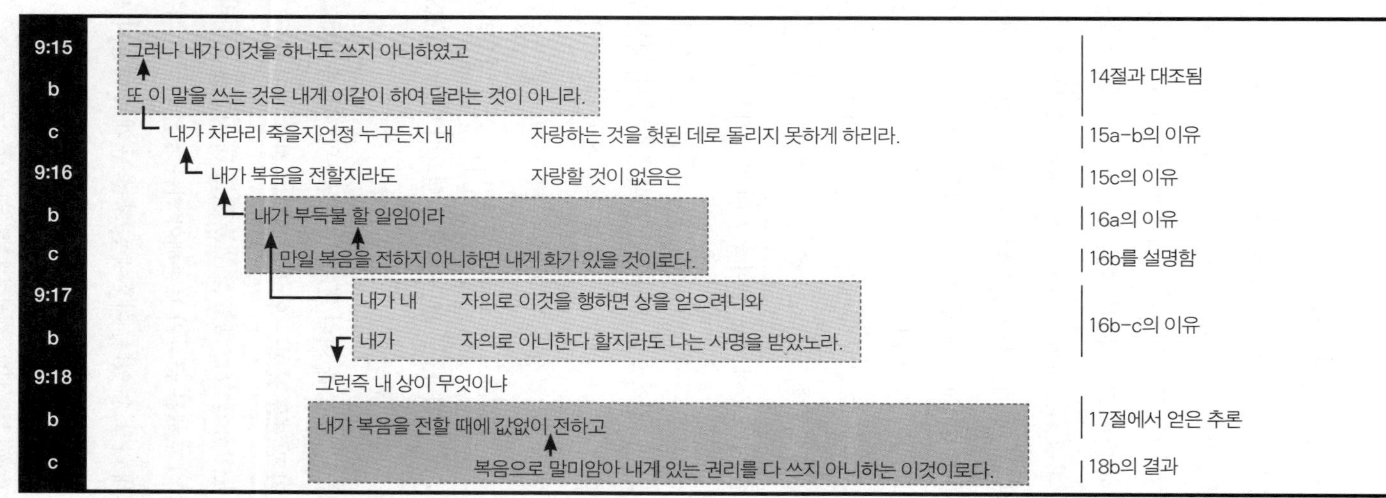

도표5.5. 구문 분석_ 고린도전서 9장 15-18절

고린도전서 9장 15-18절 NA28

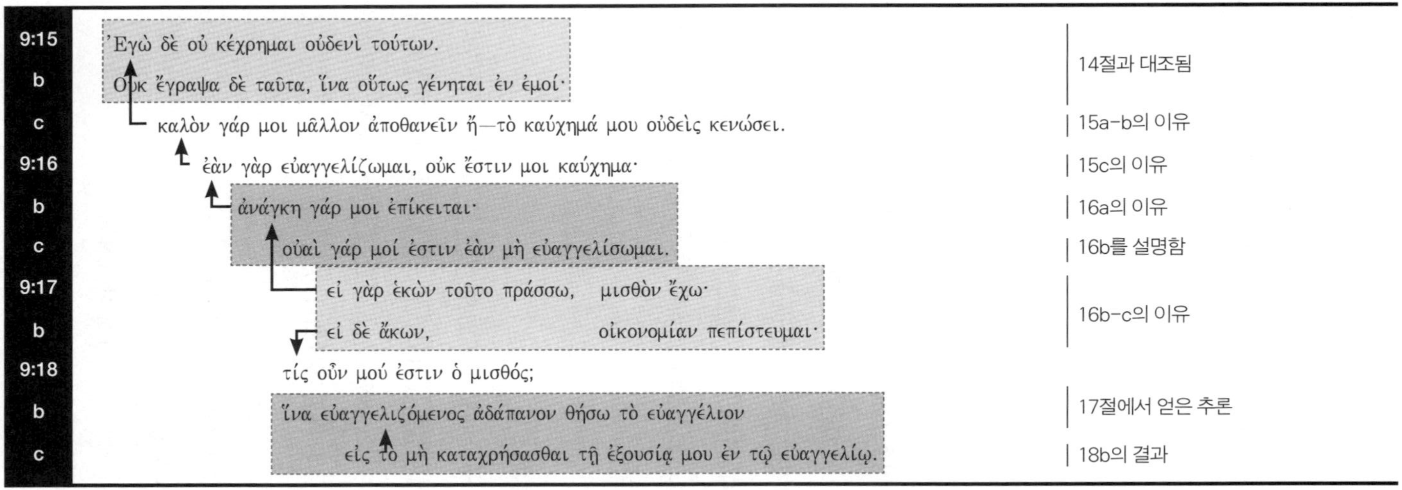

9:15	Ἐγὼ δὲ οὐ κέχρημαι οὐδενὶ τούτων.	14절과 대조됨
b	Οὐκ ἔγραψα δὲ ταῦτα, ἵνα οὕτως γένηται ἐν ἐμοί·	
c	καλὸν γάρ μοι μᾶλλον ἀποθανεῖν ἤ—τὸ καύχημά μου οὐδεὶς κενώσει.	15a-b의 이유
9:16	ἐὰν γὰρ εὐαγγελίζωμαι, οὐκ ἔστιν μοι καύχημα·	15c의 이유
b	ἀνάγκη γάρ μοι ἐπίκειται·	16a의 이유
c	οὐαὶ γάρ μοί ἐστιν ἐὰν μὴ εὐαγγελίσωμαι.	16b를 설명함
9:17	εἰ γὰρ ἑκὼν τοῦτο πράσσω, μισθὸν ἔχω·	16b-c의 이유
b	εἰ δὲ ἄκων, οἰκονομίαν πεπίστευμαι·	
9:18	τίς οὖν μού ἐστιν ὁ μισθός;	
b	ἵνα εὐαγγελιζόμενος ἀδάπανον θήσω τὸ εὐαγγέλιον	17절에서 얻은 추론
c	εἰς τὸ μὴ καταχρήσασθαι τῇ ἐξουσίᾳ μου ἐν τῷ εὐαγγελίῳ.	18b의 결과

도표5.5. 구문 분석_ 고린도전서 9장 15-18절

하나로 합칠지 등을 결정하게 될 것이다.

이제 요한복음 3장 16절을 본보기 삼아 이 단계와 그 이후 단계들을 수행해 보자.

> οὕτως γὰρ ἠγάπησεν ὁ θεὸς τὸν κόσμον, ὥστε τὸν υἱὸν τὸν μονογενῆ ἔδωκεν, ἵνα πᾶς ὁ πιστεύων εἰς αὐτὸν μὴ ἀπόληται ἀλλ' ἔχῃ ζωὴν αἰώνιον.

우리는 이 구절을 다섯 행으로 나눌 수 있다(도표5.6을 보라).

3. 주절 파악하기

이것은 문법적인 기초 사항이다. 구문상의 관계를 결정하려면 각 문장의 기본 구조를 이해해야 하며, 이 일은 주절(들)을 파악하는 것으로 시작된다. 주절에는 대부분 정형 동사가 포함되지만 모든 정형 동사가 본동사인 것은 아니다. 종속절도 정형 동사를 지닐 수 있기 때문이다. 요한복음 3장 16절에서는 주절이 하나뿐이다. ἠγάπησεν ὁ θεὸς τὸν κόσμον(에가페센 호 테오스 톤 코스몬, '하나님이 세상을 사랑하셨다'). 나머지 절들은 모두 종속절이다.

4. 종속절과 구를 들여 쓰기

이 단계에서는 각 종속절과 구를 들여 써서, 그 절이나 구가 수식하는 단어의 바로 위나 아래에 놓이게끔 만든다. 요한복음 3장 16절을 나눈 행들로 이 작업을 해보자(도표5.7을 보라). 여기서 나는 종속절을 표시한 행들이 그 절의 뒷받침을 받는 동사 바로 위나 아래에 놓이게끔 도해를 배열했다.

1. 하나님이 사랑하셨다. …… 이처럼
2. 하나님이 사랑하셨다. …… 그리하여
3. 그분이 주셨다. …… ……하게 하시려고
4. 멸망하지 않고 …… 얻게

NA[28]	요한복음 3장 16절	옮긴이 번역
οὕτως	3:16	이처럼
γὰρ ἠγάπησεν ὁ θεὸς τὸν κόσμον,	b	하나님이 세상을 사랑하셨다.
ὥστε τὸν υἱὸν τὸν μονογενῆ ἔδωκεν,	c	그리하여 그분의 외아들을 주셨다.
ἵνα πᾶς ὁ πιστεύων εἰς αὐτὸν μὴ ἀπόληται	d	이는 누구든지 그 아들을 믿는 이는 멸망하지 않고
ἀλλ' ἔχῃ ζωὴν αἰώνιον.	e	영생을 얻게 하시려는 것이다.

도표5.6. 본문을 명제와 구로 나누기

οὕτως	3:16	이처럼
γὰρ ἠγάπησεν ὁ θεὸς τὸν κόσμον,	b	하나님이 세상을 사랑하셨다.
ὥστε τὸν υἱὸν τὸν μονογενῆ ἔδωκεν,	c	그리하여 그분의 외아들을 주셨다.
ἵνα πᾶς ὁ πιστεύων εἰς αὐτὸν μὴ ἀπόληται	d	이는 누구든지 그 아들을 믿는 이는 멸망하지 않고
ἀλλ' ἔχῃ ζωὴν αἰώνιον.	e	영생을 얻게 하시려는 것이다.

도표5.7. 종속절과 구를 들여 쓰기

οὕτως	3:16	이처럼
γὰρ ἠγάπησεν ὁ θεὸς τὸν κόσμον,	b	하나님이 세상을 사랑하셨다.
ὥστε τὸν υἱὸν τὸν μονογενῆ ἔδωκεν,	c	그리하여 그분의 외아들을 주셨다.
ἵνα πᾶς ὁ πιστεύων εἰς αὐτὸν μὴ ἀπόληται	d	이는 누구든지 그 아들을 믿는 이는 멸망하지 않고
ἀλλ' ἔχῃ ζωὴν αἰώνιον.	e	영생을 얻게 하시려는 것이다.

도표5.8. 화살표 추가하기

하지만 이렇게 도해하다가는 용지의 좌우 공간이 금세 바닥날 수도 있다. 그래서 나는 문서 프로그램에서 이 작업을 할 때 용지 방향을 세로에서 가로로 바꾼다(그리고 탭 간격을 0.25센티미터로 변경한다).

또 다른 선택지는 종속 구조를 나타내는 화살표를 추가하는 것이다. 종속절이나 구를 화살표의 출발점으로 삼고, 그 절이나 구가 수식하는 단어를 마침점으로 삼으라. 이는 도표5.8 같은 모습이 된다.

5. 병행하는 단어들을 나란히 이어지는 행들로 쌓거나 배열하기

내가 보기에, 구문 분석의 가장 큰 유익은 그 도해를 살펴서 주된 개념과 그것을 뒷받침하는 논증을 명확히 파악할 수 있다는 것이다. 그리고 그 분석의 또 다른 유익은 병행되는 절과 구, 단어를 도표로 나타낼 수 있다는 것이다. 때로는 어떤 행 전체뿐 아니라 그 행 안에 있는 각 단어도 들여 쓸 경우가 있는데, 이는 그 단어들을 나란히 정렬하기 위해서다. 요한복음 3장 16절은 이런 경우를 적절히 예시하지 못하므로, 여기서는 고린도전서 6장 9-11절을 본보기로 삼아 살펴보자(도표5.9를 보라). 이 본문에는 세 종류의 병행 항목이 있다. (1) 불의한 자들의 열 가지 사례, (2) 불의한 자들을 하나님이 어떻게 구원하셨는지를 묘사하는 세 가지 방식, 그리고 (3) '씻겼다, 거룩하게 되었다, 의롭다 함을 받았다'라는 동사들을 수식하는 두 개의 전치사구다.

6. 명제와 구의 논리적 관계를 나타내는 명칭을 추가하기

우리는 앞서 '명제들은 서로 어떻게 연관되는가_ 열일곱 가지 논리적 관계'라는 단락에서 여러 명칭을 논한 바 있다. 하지만 우리는 다른 명칭들도 사용할 수 있다. 문법학자들은 온갖 종류의 명칭을 권장하며, 그중 어떤 유형을 따르든 상관없다. 다만 중요한 점은 우리가 이해할 수 있으며 그 의미가 정확하고 뚜렷하게 전달되는 명칭을 사용하는 것이다.

도표5.10은 더글러스 허프만(Douglas Huffman)이 권장하는 일부 명칭을 보여 준다.[13]

---

13 Huffman, *The Handy Guide to New Testament Greek*, 96쪽(허락을 받고 사용함). 허프만은 George H. Guthrie and J. Scott Duvall, *Biblical Greek Exegesis: A Graded Approach to Learning Intermediate and Advanced Greek* (Grand

NA[28]	고린도전서 6장 9-11절	옮긴이 번역	
Ἢ οὐκ οἴδατε ὅτι ἄδικοι θεοῦ βασιλείαν οὐ κληρονομήσουσιν;	6:9	아니면 여러분은 **불의한 자들**이 하나님 나라를 물려받지 못할 것을 알지 못합니까?	경고_ 1, 4절을 뒷받침함 (1-8절 모두)
μὴ πλανᾶσθε·	b	속지 마십시오.	9a를 뒷받침함
οὔτε [1] πόρνοι	c	neither [1] 성적으로 문란한 이들도,	
οὔτε [2] εἰδωλολάτραι	d	nor [2] 우상 숭배자들도,	
οὔτε [3] μοιχοὶ	e	nor [3] 간음하는 자들도,	
οὔτε [4-5] μαλακοὶ οὔτε ἀρσενοκοῖται	f	nor [4-5] 동성애를 하는 남자들도,	
οὔτε [6] κλέπται	6:10	nor [6] 도둑질하는 자들도,	
οὔτε [7] πλεονέκται,	b	nor [7] 탐욕스러운 자들도,	
οὐ [8] μέθυσοι,	c	nor [8] 술주정뱅이들도,	
οὐ [9] λοίδοροι,	d	nor [9] 욕을 퍼붓는 자들도,	
οὐχ [10] ἅρπαγες	e	nor [10] 사기꾼들도	
βασιλείαν θεοῦ κληρονομήσουσιν.	f	하나님 나라를 물려받지는 못할 것입니다.	
καὶ ταῦτά τινες ἦτε·	6:11	그리고 여러분 중 일부도 그런 자들**이었습니다**.	사실을 일깨움_ 9-10절을 뒷받침함
ἀλλ᾽ ἀπελούσασθε,	b	하지만 여러분은 **씻겼고**	11a와 대조됨. 함축된 권고: 여러분의 존재에 합당한 이들이 되십시오!
ἀλλ᾽ ἡγιάσθητε,	c	**거룩하게 되었으며**	
ἀλλ᾽ ἐδικαιώθητε	d	**의롭다 함을 받았습니다.**	
ἐν τῷ ὀνόματι τοῦ κυρίου Ἰησοῦ Χριστοῦ	e	주 예수 그리스도의 이름 **안에서**	11b-d의 방편
καὶ ἐν τῷ πνεύματι τοῦ θεοῦ ἡμῶν.	f	우리 하나님의 영을 **통해**	

도표5.9. 구문 분석_ 고린도전서 6장 9-11절

도해를 위한 의미론적 명칭들		
기본 표현	**사건/행동**	**논증/토의**
주장 사건 또는 행동 수사적 질문 갈망(기대나 희망) 감탄 권면(명령이나 격려) 경고 약속 문제/해결 부탁	시간적 명칭: 시간 동시 순서 진행 위치적 명칭: 장소 영역 출처 분리 다른 명칭: 척도 상황 목적어(직접/간접) 원인 결과 목적 방편 방식 작용 참조 이익 또는 불이익 결합 관계 소유	논리적 명칭: 근거 추론 조건 양보 비교 또는 대조 일반적 또는 구체적 해명 방식을 나타내는 명칭: 재진술 묘사 파악 예시/사례 동격 설명 확장 대안 질문 또는 대답 내용 확증 형식을 나타내는 명칭: 서론 결론 또는 요약 열거 연속 병행

도표5.10. 명제와 구의 논리적 관계에 대한 명칭들

이제 요한복음 3장 16절을 나눈 행들로 이 작업을 해보자(도표5.11을 보라).

7. 형식에 근거한 역본으로 헬라어 도해 따라 해보기

일반적으로 NASB나 ESV처럼 형식에 근거한 역본을 사용할 경우 헬라어 도해를 따라 하기가 더 쉽다. NIV처럼 절충적인 역본을 써서 이 작업을 수행할 수도 있긴 하지만 좀 더 어려운 과제가 된다. 그리고 NLT처럼 의미에 근거한 역본으로 이 작업을 수

Rapids: Zondervan, 1998), 43-52쪽 내용을 수정하여 이 명칭들의 목록을 작성했다.

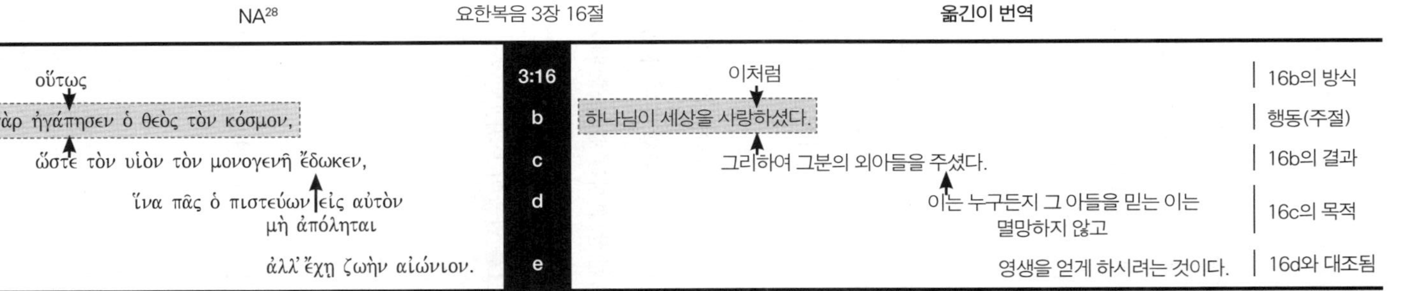

도표5.11. 명제와 구의 논리적 관계를 나타내는 명칭 추가하기

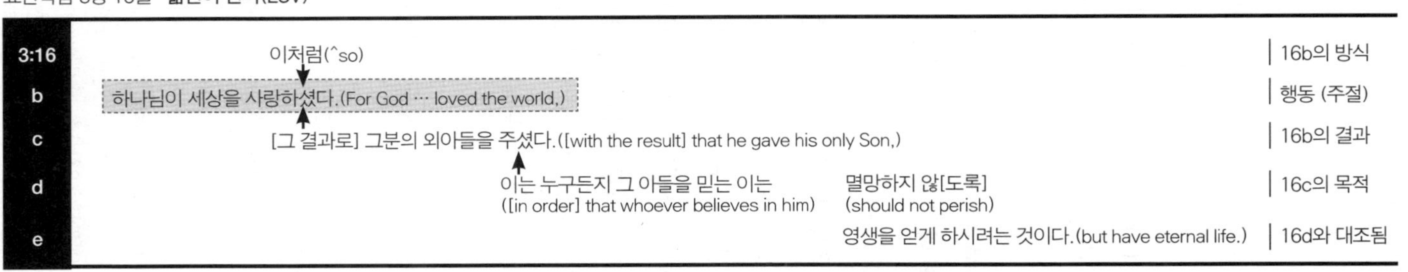

도표5.12. 형식에 근거한 역본으로 헬라어 도해 따라 해보기

행하기는 더욱 힘들다.

요한복음 3장 16절의 ESV 본문(한글은 옮긴이 번역_ 편집자)으로 이 작업을 수행해 보자(도표5.12를 보라).

ESV 본문에는 'that'이라는 단어가 두 번 언급된다. 따라서 이 역본의 독자들은 이 두 단어가 구문론적으로 동일한 기능을 지닌다고 여길 수 있다. 하지만 그 둘은 서로 다른 헬라어 단어를 번역한 것으로, 논리적으로 명제들 사이의 상이한 관계를 나타낸다. 그래서 나는 괄호 안의 단어들을 본문에 추가해 보았다.

8. 도해한 내용으로 임시 개요 작성하기

이제는 도해에 근거한 개요를 작성한다. 아직은 이것을 자신의 설교나 가르침을 위한 정확한 개요로 여기지 말라. 지나치게 앞서가지 말고, 본문의 논리가 충실하게 반영된 임시 개요를 만들면 된다. 당신은 곧 이 개요 형태가 설교나 강의를 위한 것과 얼마나 유사한지를 발견하고 놀랄 것이다.

여기서 한 가지 주의사항은, 반드시 주절에 가장 중요한 내용이 담겨 있는 것은 아니라는 점이다. 이 문장을 생각해 보자. '**집에 불이 나서 나는 바깥에 나와 있다.**' 여기서 주절은 '나는 바깥에 나와 있다'이다. 그러나 이 문장 전체를 놓고 볼 때 가장 중요한 메시지는 바로 그의 집에 불이 났다는 것이다!

요한복음 3장 16절을 분석한 내용으로 임시 개요를 만들어 보자.[14]

주요 개념_ 하나님이 세상을 사랑하셨다.

- 두 가지 도입 질문

  1. 이 문장은 앞선 문장(요 3:14-15)과 어떻게 연결되는가? 영어 역본에서 요한복

---

14 요한복음 3장 16절의 더 자세한 주해로는 Murray J. Harris, *John 3:16: What's It All About?* (Eugene, OR: Cascade, 2015); D. A. Carson, *The Gospel according to John*, Pillar New Testament Commentary (Grand Rapids: Eerdmans, 1991)(『PNTC 요한복음』, 솔로몬), 203-6쪽; Andreas J. Köstenberger, "Lifting Up the Son of Man and God's Love for the World: John 3:16 in Its Historical, Literary, and Theological Contexts," in *Understanding the Times: New Testament Studies in the 21st Century; Essays in Honor of D. A. Carson at the Occasion of His 65th Birthday*, Andreas J. Köstenberger and Robert W. Yarbrough 편집 (Wheaton, IL: Crossway, 2011), 141-59쪽을 보라.

음 3장 16절은 'for'(γάρ[가르], '왜냐하면')라는 단어로 시작된다. 즉 이 문장은 어떻게 예수를 믿는 모든 이(14-15절)가 거듭나게 되는지(3-8절)를 설명하고 있다.

2. 여기서 '사랑'은 무엇을 의미하며, '세상'은 무엇을 가리키는가? 바로 이 지점에서 단어 연구가 필요하다(8장을 보라).[15]

- 뒷받침하는 두 개의 논증
  1. 하나님은 어떤 방식으로 세상을 사랑하셨는가? 여기서 οὕτως(후토스)는 ἠγάπησεν(에가페센)을 수식하는 부사다. 하나님은 어떻게 사랑하셨는가? 하나님은 οὕτως(후토스)하게 사랑하셨다. 곧 이처럼 사랑하신 것이다. 이 단어는 문장 나머지 부분을 가리키며, 그 나머지 부분은 하나님의 사랑이 얼마나 열렬했는지를 강조하고 있다.
  2. 하나님이 세상을 사랑하신 결과는 무엇이었는가? 그 사랑의 결과로, 하나님은 자신의 하나뿐인 아들을 주셨다. 따라서 그것은 무의미하거나 값싼 사랑이 아니었다. 하나님이 베푸실 수 있는 가장 깊고도 값진 사랑이었다.

- 뒷받침하는 두 개의 논증: 하나님은 어떤 목적을 이루기 위해 자신의 아들을 주셨는가?
  1. 하나님이 그 아들을 주신 것은 그를 믿는 이는 아무도 멸망하지 않게 하기 위해서였다.
  2. 하나님이 그 아들을 주신 것은 오히려 그를 믿는 이는 누구든지 영원한 생명을 얻게 하기 위해서였다.

논증 추적 방식으로 구문 분석을 선호하는 이유

호 그리기나 괄호 묶기로 논증의 흐름을 좇는 것도 유용하지만, 나는 구문 분석을 가

15 D. A. Carson, *The Difficult Doctrine of the Love of God* (Wheaton, IL: Crossway, 2000)(『D. A. 카슨의 하나님의 사랑』, 죠이북스), 특히 16-21, 35, 72, 79-80쪽을 참조하라.

장 좋아한다. 그 이유로는 다음 세 가지를 들 수 있다.

1. 구문 분석은 단순하다

이 작업을 할 때는 종속 구조를 나타내도록 들여 쓰기만 하면 된다. 그것뿐이다. 먼저 한 텍스트를 여러 행으로 나누어 배열하고, 각 절과 구가 종속되는 단어의 위나 아래에 그 절이나 구를 들여 써서 종속 구조를 표시한다. 그러고는 각 행에 다른 행들과의 관계를 나타내는 명칭을 부여하면 된다. 나는 스무 살 무렵 헬라어 텍스트의 구문 분석법을 배웠으며, 이후 그 방법을 꾸준히 실천해 왔다. 아직까지 이것만큼 단순하게 논증을 추적할 수 있는 방법을 보지 못했다. 이 방법은 배우기도 쉽고 쓰기도 쉽다. 구문 분석은 문서 프로그램에서 탭 키를 누르는 것만으로도 실행할 수 있는 간단한 방법이다.

2. 구문 분석은 명확하다

구문 분석은 각각의 독립절과 의존절을 뚜렷이 구분해 준다. 호나 괄호로 구성된 도식을 살필 때는 그 곡선 또는 꺾인 선들의 의미를 파악해 내기까지 한참 그 도식을 들여다보아야 한다. 그러나 적절히 수행된 구문 분석을 살필 경우에는 주된 개념(들)이 무엇인지 곧바로 파악할 수 있다. 그 개념들이 (대체로) 도표 왼쪽 끝부분에 위치해 있기 때문이다. 물론 그 이유는 내가 구문 분석을 먼저 배웠으며, 호 그리기를 배우기 전부터 여러 해 동안 활용해서일 수도 있다. 그러니 당신이 호 그리기를 먼저 배운다면, 그 방법이 더욱 명확하다고 여기게 될지 모른다. 다만 내게는 이 구문 분석이 가장 명확한 논증 도해 방법이다.

3. 구문 분석은 유연하다

구문 분석 방식은 한 가지만 있는 것이 아니다. 사실 구문 분석에는 최소한의 규칙이 있을 뿐이며, 우리는 어느 정도 즉흥적인 방식으로 그 작업을 수행해야 한다. 기본적으로 당신은 자신에게 가장 잘 맞는 방법을 직접 설계할 수 있다. 어떤 이들은 세 개의 단을 가지고 본문을 분석하는 쪽을 선호한다. 첫째 단에 장절을 쓰고, 둘째 단에는 본문을, 셋째 단에는 관계를 나타내는 명칭을 기록하는 것이다. 또한 괄호나 화살표 같은 기호를 도식에 덧붙일 수도 있고, 주제와 어휘의 패턴을 여러 색으로 표시할 수도 있다. 그리고 더욱 심화된 구문 분석법으로 '의미론적 도해'(semantic diagramming)도 있다.[16]

그런데 명확히 해둘 점이 있다. 여기서 내 목표는 구문 분석이 호 그리기나 괄호 묶기보다 낫다는 점을 납득시키려는 것이 아니다. 내 목표는 논증 추적 방법을 가르치고, 실제로 활용할 수 있는 자신만의 체계를 만들어 나가도록 격려하는 데 있다. 내게 많은 유익을 주는 특징들이 당신에게는 그리 유익하지 않을 수도 있다. 분명한 점은 논증 도해 방법이 해석자들을 위해 만들어진 것이지, 해석자들이 그 방법을 위해 만들어진 것은 아니라는 사실이다. 그러므로 호 그리기나 괄호 묶기, 구문 분석 가운데 어떤 것을 활용하든 상관없다. 중요한 것은 논증의 흐름을 주의 깊게 따라가는 일이다.

다음 단락들에서는 여러 텍스트를 분석한 도식들을 좀 더 살펴볼 것이다.

사례_ 베드로전서 5장 6-7절 구문 분석

도표5.13은 베드로전서 5장 6-7절을 분석한 도식이다. 먼저는 헬라어로, 그러고는 ESV 본문(한글은 옮긴이 번역_ 편집자)으로 작업을 수행했다.

여기서 분사 ἐπιρίψαντες(에피립산테스, '맡김')에 초점을 맞추어 살펴보자. 구체적으로 이 분사는 본동사 Ταπεινώθητε(타페이노테테, '여러분 자신을 낮추십시오')와 어떻게 연관될까? 다음의 해석적 통찰이 내게 큰 유익을 주었으며, 나는 그 내용을 다른 이들에게 여러 번 나누었다.

베드로전서 5장 6-7절은 소망과 위로로 충만하며, 나는 근심에 눌릴 때면 이 구절을 종종 묵상한다. 그런데 이 본문에 소망과 위로가 가득한 이유를 헤아리기 위해서는 간단한 문법 수업이 필요하다. '겸손과 근심은 어떤 관계가 있는가?'

16 Guthrie and Duvall, *Biblical Greek Exegesis*, 39-53쪽을 보라.

'맡기십시오'일까, '맡기면서'일까

이 본문에서 베드로는 이렇게 명령한다. "그러므로 하나님이 정하신 때에 여러분을 높이시도록, 그분의 능하신 손 아래 **여러분 자신을 낮추십시오**. 여러분의 모든 근심을 그분께 **맡기십시오**. 이는 그분이 여러분을 돌보시기 때문입니다"(옮긴이 번역, *Humble yourselves*, therefore, under God's mighty hand, that he may lift you up in due time. *Cast* all your anxiety on him because he cares for you[NIV]).

NIV에서 이 구절은 두 개의 대등한 명령이 담긴 두 문장으로 구성된다.

1. 여러분 자신을 낮추십시오.
2. 여러분의 모든 근심을 그분께 맡기십시오.

하지만 헬라어 텍스트에서 이 구절은 한 개의 명령과 분사로 이루어진 하나의 문장이다. "그러므로 하나님이 여러분을 돌보시므로 여러분의 모든 근심을 그분께 **맡기면서**, 합당한 때에 그분이 여러분을 높이시도록 하나님의 능하신 손 아래 **여러분 자신을 낮추십시오**"(옮긴이 번역, *Humble yourselves*, therefore, under the mighty hand of God so that at the proper time he may exalt you, *casting* all your anxieties on him, because he cares for you[ESV]).

같은 단어를 NIV에서는 '맡기십시오'(cast)로, ESV는 '맡기면서'(casting)로 옮기고 있다. 왜 이런 차이가 생겨났을까?

NIV에서 '맡기십시오'로 옮긴 이유는 문법학자들이 '**수반되는 정황**에 속한 **명령법의 분사**'로 부르는 용법이 베드로전서에 자주 쓰였기 때문일 것이다. 이런 용법의 분사들은 명령의 의미를 지니면서도 명령문보다는 좀 더 부드러운 어조를 띤다. 일종의 호소인 것이다.

이에 반해 ESV가 '맡기면서'를 택한 이유는 이 역본이 형식에 근거하기 때문일 것이다. 이 역본은 헬라어 분사를 영어 분사로 옮겼다.

'맡기면서'

'맡기십시오'와 '맡기면서' 모두 정당한 번역어지만, 내 생각에는 '맡기면서'가 더 나아 보인다. 후자에서는 이 단어가 주된 명령인 '여러분 자신을 낮추십시오'에 종속된다는 점이 선명히 드러나기 때문이다. 이때 독자는 이렇게 질문할 수 있다. 하나님의 능하신 손 아래 우리 자신을 낮추는 것과 우리의 근심을 그분께 맡기는 것 사이에는 어떤 관계가 있을까? '…… 맡기면서 여러분 자신을 낮추십시오.'

이 관계에 관해서는 일곱 가지 선택지가 있다.

1. 방식_ '…… **맡기는 방식으로** 여러분 자신을 낮추십시오.'
2. 시간_ '…… **맡길 때** 여러분 자신을 낮추십시오.'
3. 양보_ '…… **맡길지라도** 여러분 자신을 낮추십시오.'
4. 조건_ '…… **맡긴다면** 여러분 자신을 낮추십시오.'
5. 결과_ '…… **맡기는 결과로** 여러분 자신을 낮추십시오.'
6. 목적_ '…… **맡기려는 목적으로** 여러분 자신을 낮추십시오.'
7. 방편_ '…… **맡김으로써** 여러분 자신을 낮추십시오.'

'맡김으로써'

이 문맥에서는 **방편**으로 해석하는 편이 가장 적합하다. 베드로의 문장에서 '맡기면서'를 '맡김으로써'로 바꾸어 주면, 우리 삶에 적용할 수 있는 함의가 풍성히 드러난다. "그러므로 합당한 때에 그분이 여러분을 높이시도록, 하나님의 능하신 손 아래 여러분 자신을 낮추십시오. 여러분의 모든 근심을 그분께 **맡김으로써**(by casting) 그렇게 행하시기 바랍니다. 이는 그분이 여러분을 돌보시기 때문입니다."

이제 그 논증을 따라가 보자.

- 하나님의 능하신 손 아래 여러분 자신을 낮추십시오.
- 어떤 목적을 위해 그분의 능하신 손 아래 여러분 자신을 낮추어야 할까요? 이는 합당한 때에 하나님이 여러분을 높여 주시게끔 하기 위함입니다.
- 그러면 어떤 식으로 그분의 능하신 손 아래 여러분 자신을 낮추어야 할까요? 여러분의 모든 근심을 하나님께 **맡김으로써** 그리해야 합니다.
- 왜 모든 근심을 그분께 맡겨야 할까요? 이는 하나님이 여러분을 돌보시기 때문입니다.

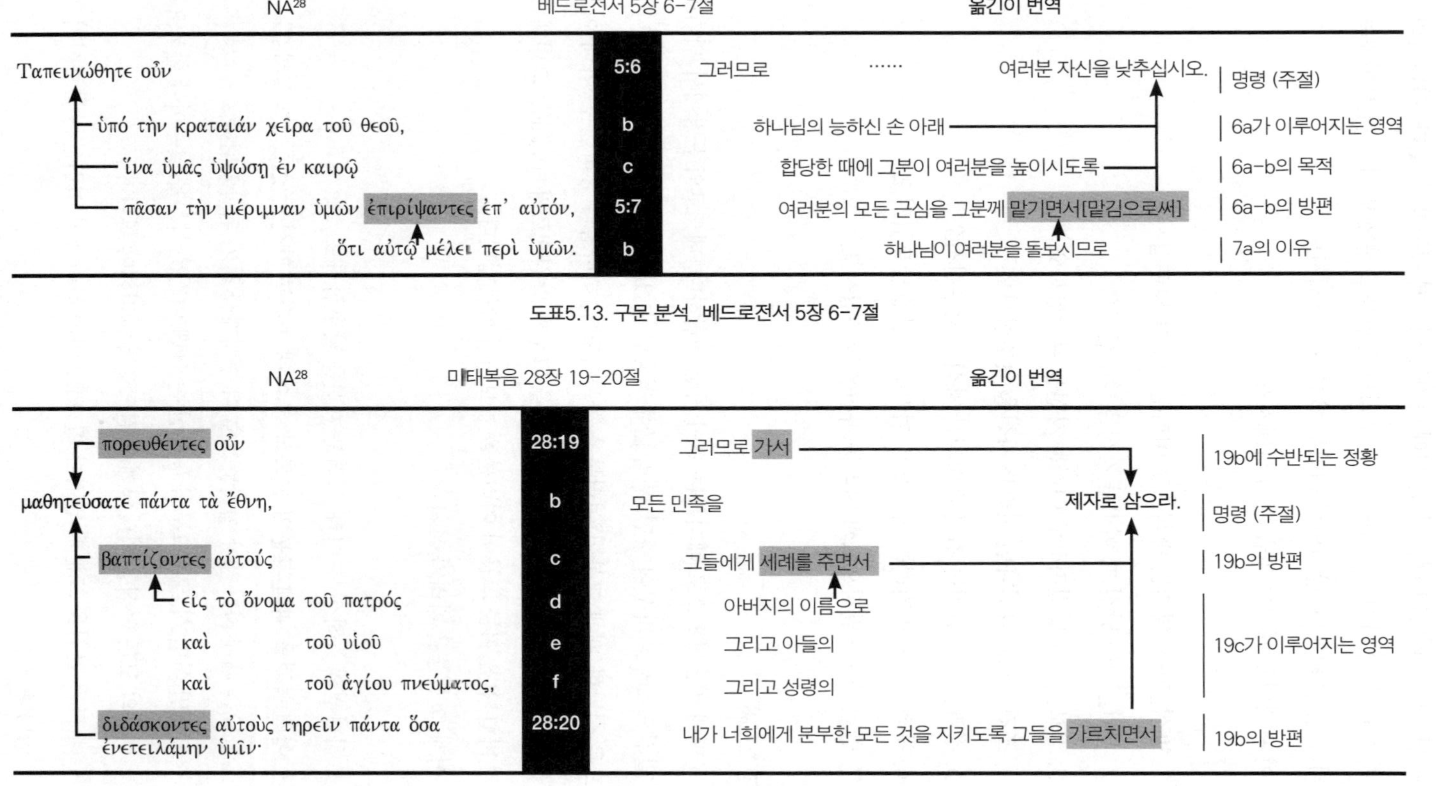

NA[28]	베드로전서 5장 6-7절	옮긴이 번역	
Ταπεινώθητε οὖν	5:6	그러므로 …… 여러분 자신을 낮추십시오.	명령 (주절)
ὑπό τὴν κραταιάν χεῖρα τοῦ θεοῦ,	b	하나님의 능하신 손 아래	6a가 이루어지는 영역
ἵνα ὑμᾶς ὑψώσῃ ἐν καιρῷ	c	합당한 때에 그분이 여러분을 높이시도록	6a-b의 목적
πᾶσαν τὴν μέριμναν ὑμῶν ἐπιρίψαντες ἐπ᾽ αὐτόν,	5:7	여러분의 모든 근심을 그분께 맡기면서[맡김으로써]	6a-b의 방편
ὅτι αὐτῷ μέλει περὶ ὑμῶν.	b	하나님이 여러분을 돌보시므로	7a의 이유

도표5.13. 구문 분석_ 베드로전서 5장 6-7절

NA[28]	마태복음 28장 19-20절	옮긴이 번역	
πορευθέντες οὖν	28:19	그러므로 가서	19b에 수반되는 정황
μαθητεύσατε πάντα τὰ ἔθνη,	b	모든 민족을 제자로 삼으라.	명령 (주절)
βαπτίζοντες αὐτούς	c	그들에게 세례를 주면서	19b의 방편
εἰς τὸ ὄνομα τοῦ πατρός	d	아버지의 이름으로	19c가 이루어지는 영역
καὶ τοῦ υἱοῦ	e	그리고 아들의	
καὶ τοῦ ἁγίου πνεύματος,	f	그리고 성령의	
διδάσκοντες αὐτοὺς τηρεῖν πάντα ὅσα ἐνετειλάμην ὑμῖν·	28:20	내가 너희에게 분부한 모든 것을 지키도록 그들을 가르치면서	19b의 방편

도표5.14. 구문 분석_ 마태복음 28장 19-20a절

우리의 염려를 어떻게 다룰 것인가

아마 당신은 하나님이 매우 높으신 분이므로 우리의 삶과 사소한 근심거리에는 그다지 신경 쓰지 않으실 것이라고 여길지도 모른다. 그런데 이 구절은 하나님이 우리를 친히 돌아보신다고 말씀한다.

우리의 근심거리를 혼자만의 것으로 고집하면서 모든 근심과 염려를 그분께 내어드리지 않는 것은 교만한 태도다. 교만한 사람은 모든 문제를 자기 힘으로 처리하려 하지만, 겸손한 사람은 하나님을 신뢰하며 그분께 의존한다.

이처럼 우리는 모든 근심을 하나님께 **맡김으로써** 자신을 낮추게 된다. 이때에는 그중 일부만 그분께 맡기는 것도 아니고, 좀 더 큰 것들만 맡기는 것도 아니다. 우리는 모든 근심을 하나님께 맡겨 드려야 한다.

바로 그것이 겸손과 근심의 관계다. 겸손한 이는 자신의 모든 근심을 하나님께 내어드리지만, 교만한 자는 그리하지 않는다. 대신에 교만한 자는 스스로 근심한다.

당신은 어떤 근심을 겪고 있는가? 이 타락한 세상에서 근심을 겪는 것은 정상이다. 우리 가운데 어떤 이들은 좀 더 무거운 근심에 시달리지만, 근심이 없는 사람은 없다.

그러므로 중요한 질문은 이것이다. 이런 근심을 어떻게 해결할 것인가? 우리는 아버지 하나님이 원하시는 뜻대로 행하는 것이 마땅하다. 하나님은 그분의 능하신 손 아래 우리 자신을 낮출 것을 자비롭게 명령하시며, 이 일은 우리의 근심을 그분께 온전히 **맡김으로써** 이루어진다. 이는 그분이 우리를 돌보시기 때문이다.

사례_ 마태복음 28장 19-20a절 구문 분석

도표5.14는 마태복음 28장 19-20a절을 분석한 도식이다.

여기서 본동사 μαθητεύσατε(마테튜사테, '제자 삼으라')가 분사들과 맺는 두 가지 관계를 살펴보자.

1. 분사 πορευθέντες(포류텐테스, '가서')와의 관계
2. 분사 βαπτίζοντες(밥티존테스, '세례를 주면서'), διδάσκοντες(디다스콘테스, '가르치면

서')와의 관계

가서 제자 삼으라

이 문장에서 본동사는 하나뿐이다. μαθητεύσατε(마테튜사테). 그리고 분사 πορευθέντες(포류텐테스)는 본동사 앞에서 그 동사의 동작에 수반되는 정황을 서술한다. 이 구절과 비교해서, 마태복음에 나타난 이 구문의 다섯 가지 다른 사례들을 한번 살펴보자.

1. πορευθέντες ἐξετάσατε ἀκριβῶς περὶ τοῦ παιδίου. "가서 아기에 대하여 자세히 알아보고"(마 2:8).
2. πορευθέντες δὲ μάθετε τί ἐστιν. "가서 ……하신 뜻이 무엇인지 배우라"(마 9:13).
3. πορευθέντες ἀπαγγείλατε Ἰωάννῃ ἃ ἀκούετε καὶ βλέπετε. "가서 듣고 보는 것을 요한에게 알리되"(마 11:4).
4. πορευθεὶς εἰς θάλασσαν βάλε ἄγκιστρον. "바다에 가서 낚시를 던져"(마 17:27).
5. καὶ ταχὺ πορευθεῖσαι εἴπατε τοῖς μαθηταῖς αὐτοῦ. "또 빨리 가서 그의 제자들에게 이르되"(마 28:7).

이 다섯 사례에서 이 분사는 모두 함축적인 명령을 나타내고 있다. "가라." 이처럼 마태복음 28장 19절에서도 분사 πορευθέντες(포류텐테스)는 명령법으로 옮기는 것이 적합하다. "가서 제자 삼으라." 이 본문의 초점은 물론 '제자 삼는' 일에 있다. 하지만 그렇다고 해서 '가는' 일이 우리의 마음먹기에 달린 것은 아니다. 결국 이 본문은 주님이 주신 지상 명령(the Great Commission)이지, 지상 권유(the Great Suggestion)는 아닌 것이다.[17]

17 Daniel B. Wallace, *Greek Grammar beyond the Basics: An Exegetical Syntax of the New Testament* (Grand Rapids: Zondervan, 1996), 645쪽을 참조하라.

세례를 베풀고 '가르침으로써' 제자 삼으라

이제 두 번째와 세 번째 분사는 제자 삼으라는 주된 명령의 수행 방법을 설명하여 그 명령을 뒷받침하는 듯하다. 사람들을 어떻게 제자로 삼을 것인가? 여기에는 두 가지 구체적인 방법이 있다. (1) 세례를 베푸는 일과 (2) 가르치는 일이다.

어떤 해석자들은 이 분사들에 '방편'이라는 명칭만 붙이기를 원하지 않는다. 그들의 주장에 따르면 이 분사들은 좀 더 복잡한 성격을 지닌다. 이 분사들에는 명령의 의미도 어느 정도 담겨 있으며, 세례를 베풀고 가르치는 것 자체가 제자 삼는 일의 일부라는 것이다.[18] 물론 그 말도 옳지만, 나는 이 분사들에 관한 최상의 구문론적 명칭은 '방편'이라는 월리스의 견해에 동의한다.[19]

이 분석의 세 가지 함의

1. 다음 주장은 그릇되다. "예수께서는 제자들에게 가라고 명령하지 않으셨다. 이 문장에서 '가서'로 번역된 원래 단어는 분사이기 때문이다. 따라서 제자 삼는 일은 필수지만, 가는 일은 그렇지 않다." 이런 주장은 문법적으로나 신학적으로 옳지 않다.
2. 선교 대회장에 "가서……"(마 28:19)라고만 쓰인 현수막을 걸어놓는 것은 적절치 않은 듯하다(나는 그런 현수막이 걸린 대회에 실제로 참석한 적이 있다!). 그런 표현은 '가는 일'이 이 문장의 주된 명령임을 암시하기 때문이다. 물론 "가서……"라는 단어에는 명령법의 의미가 담겨 있으며, 그것은 중요한 명령이다. 그러나 이 문장의 주된 요점이 그 단어에 있는 것은 아니다.
3. 예수께서는 그저 회심자를 얻는 것 이상의 일들을 수행하도록 명령하신다. 많은 이들은 이 지상 명령을 해외 선교에 관한 것, 또는 해외 선교와 국내 복음 전도에 관한 것으로 이해한다. 그러나 이 말씀의 의미는 거기에 국한되지 않는다. 물론 예수께서 주신 명령에는 선교와 전도도 포함되지만, 그 명령의 주된 내용

---

18 D. A. Carson, "Matthew," in *Matthew-Mark*, 2판, Expositor's Bible Commentary 9 (Grand Rapids: Zondervan, 2010), 667-68쪽.

19 Wallace, *Greek Grammar beyond the Basics*, 645쪽. 또한 대니얼 월리스가 http://danielbwallace.com에 올린 3회 분량의 강의 영상을 보라. "The Great Commission or the Great Suggestion?," 2014년 2월 17일; "The Great Commission, Part 2: Historical Setting," 2014년 2월 22일; "The Great Commission, Part 3: Application," 2014년 2월 26일.

은 '제자 삼으라'는 것이다. 우리가 그 명령을 받들기 위해서는 '가야만' 하며, 또 회심자에게 세례를 베풀어야 한다. 그리고 사람들이 제자로 자라가게 하는 지속적인 방법은 예수께서 명령하신 "모든 것을 가르쳐 지키게" 하는 데 있다. 이때 그 함의를 살펴보면, 이 '모든 것'에는 성경 전체가 포함된다. 이 일은 결코 사소한 과업이 아니다.

사례_ 유다서 20-21절 구문 분석

도표5.15는 유다서 20-21절을 분석한 도식이다.

우리가 그리스도인이라면, 하나님은 우리를 '지켜' 주신다(유다서 1, 24절을 보라). 하나님은 그분의 사랑으로 우리를 보존하시며, 아무것도 우리를 그분 자신에게서 갈라놓지 못하게 하신다(요한복음 6장 37-40절, 17장 11-12절, 로마서 8장 28-39절, 데살로니가전서 5장 23절, 베드로전서 1장 3-5절, 요한일서 5장 18절 참조).

그리고 우리에게는 계속 믿음 안에서 살아갈 책임이 있다. 곧 하나님은 우리를 친히 지키실 뿐 아니라, 또한 우리에게 (교회 안에 있는 다른 신자들과 함께) "하나님의 사랑 안에서 자신을 지키라"고 명령하시는 것이다(요한복음 15장 9-10절 참조). 이 문장은 하나님의 사랑 안에서 우리 자신을 지킬 세 가지 방법을 설명하고 있다.

1. "지극히 거룩한 믿음 위에 자신을 세움"을 통해 하나님의 사랑 안에서 우리 자신을 지켜야 한다. 이 '믿음'은 무엇일까? 이는 3절에서 우리가 그것을 위해 "힘써 싸워야" 한다고 언급한 그 "믿음"이다. 이 믿음은 그리스도와 그분의 사도들이 전수해 준 기독교 신앙의 내용이며, 그중에는 죄인을 위한 그리스도의 대속적 죽음과 그분의 부활, 오직 그리스도께 대한 믿음을 통해 은혜로 얻게 되는 구원, 그분의 재림, 그리고 (특히 유다서의 상황에서 중요한 것인) 그리스도 안에 있는 하나님의 은혜에서 흘러나오는 거룩한 생활 방식 등의 근본적인 가르침이 포함된다. 우리는 이같이 교리적으로 굳건히 성장하면서 그 믿음의 토대 위에 자신을 세우게 된다. 그리고 믿음을 더 깊이 이해해 나감에 따라, 우리를 향한 하나님의

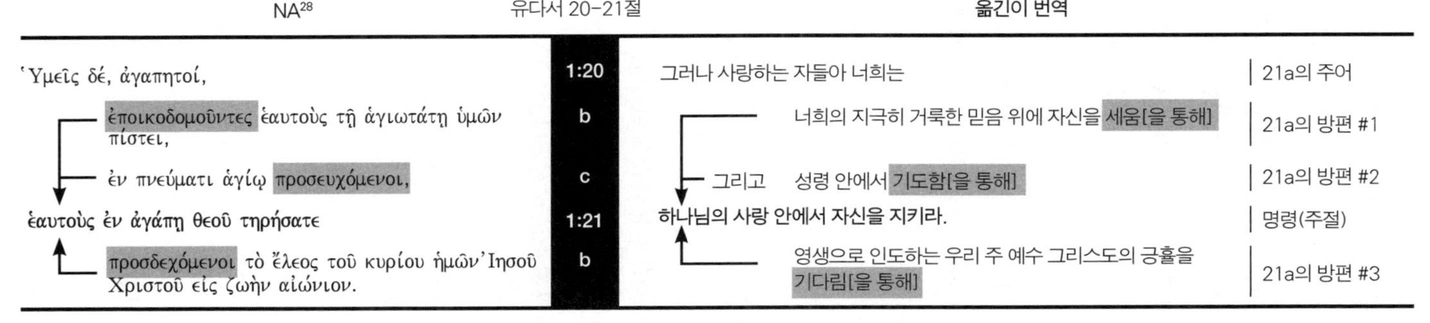

NA[28]	유다서 20-21절	옮긴이 번역	
῾Υμεῖς δέ, ἀγαπητοί,	1:20	그러나 사랑하는 자들아 너희는	21a의 주어
ἐποικοδομοῦντες ἑαυτοὺς τῇ ἁγιωτάτῃ ὑμῶν πίστει,	b	너희의 지극히 거룩한 믿음 위에 자신을 세움[을 통해]	21a의 방편 #1
ἐν πνεύματι ἁγίῳ προσευχόμενοι,	c	그리고 성령 안에서 기도함[을 통해]	21a의 방편 #2
ἑαυτοὺς ἐν ἀγάπῃ θεοῦ τηρήσατε	1:21	하나님의 사랑 안에서 자신을 지키라.	명령(주절)
προσδεχόμενοι τὸ ἔλεος τοῦ κυρίου ἡμῶν Ἰησοῦ Χριστοῦ εἰς ζωὴν αἰώνιον.	b	영생으로 인도하는 우리 주 예수 그리스도의 긍휼을 기다림[을 통해]	21a의 방편 #3

도표5.15. 구문 분석_ 유다서 20-21절

사랑 역시 더욱 생생히 느끼게 될 것이다.

2. "성령 안에서 기도함"을 통해 하나님의 사랑 안에서 우리 자신을 지켜야 한다. 성령께서 자극하시고 이끄시며 감동을 주시는 대로 기도하라(로마서 8장 26-27절, 에베소서 6장 18절 참조). 하나님이 친히 우리를 기도의 자리로 인도하시며, 그분의 뜻대로 기도하게 이끄시고 또 그렇게 기도할 힘을 부여해 주신다. 이 같은 방식으로 꾸준히 기도할 때 우리는 하나님의 사랑 안에서 보호받을 수 있다.
3. "영생으로 인도하는 우리 주 예수 그리스도의 긍휼을 기다림"을 통해 하나님의 사랑 안에서 우리 자신을 지켜야 한다. 곧 우리는 장차 예수께서 다시 오실 때 하나님의 구원이 온전히 이루어질 것을 기대하고 사모하면서 그 빛에서 살아가야 한다(베드로후서 3장 11-14절 참조). 현재의 악한 세대를 사랑하지 않으면서 이같이 살아갈 때, 우리는 하나님의 사랑 안에서 자신을 지킬 수 있을 것이다.

사례_ 로마서 11장 33-36절 구문 분석[20]

도표5.16은 로마서 11장 33-36절을 분석한 도식이다.

로마서 11장 33-36절의 구조는 세 부분으로 이루어져 있다. 이 본문에는 세 개의 연이 있으며, 각 연은 세 개의 요소로 구성된다.

1. 세 개의 감탄문(11:33). 이중 첫째 문장에는 βάθος(바토스)를 수식하는 것으로 보이는 세 개의 명사가 포함되어 있다.
2. τίς(티스)로 시작하는 세 개의 수사적 질문(11:34-35).
3. 서로 병행하는 세 개의 전치사구(11:36).

11장 34절 앞부분에 쓰인 γάρ(가르)는 2연(11:34-35)이 1연(11:33)을 뒷받침하고 있음을 나타낸다. 그리고 이 뒷받침은 하나님의 풍성함과 지혜, 지식이 참으로 깊은 이유

---

20 다음 논의는 Andrew David Naselli, *From Typology to Doxology: Paul's Use of Isaiah and Job in Romans 11:34-35* (Eugene, OR: Pickwick, 2012), 29-37쪽 내용을 요약한 것이다(허락을 받고 사용함).

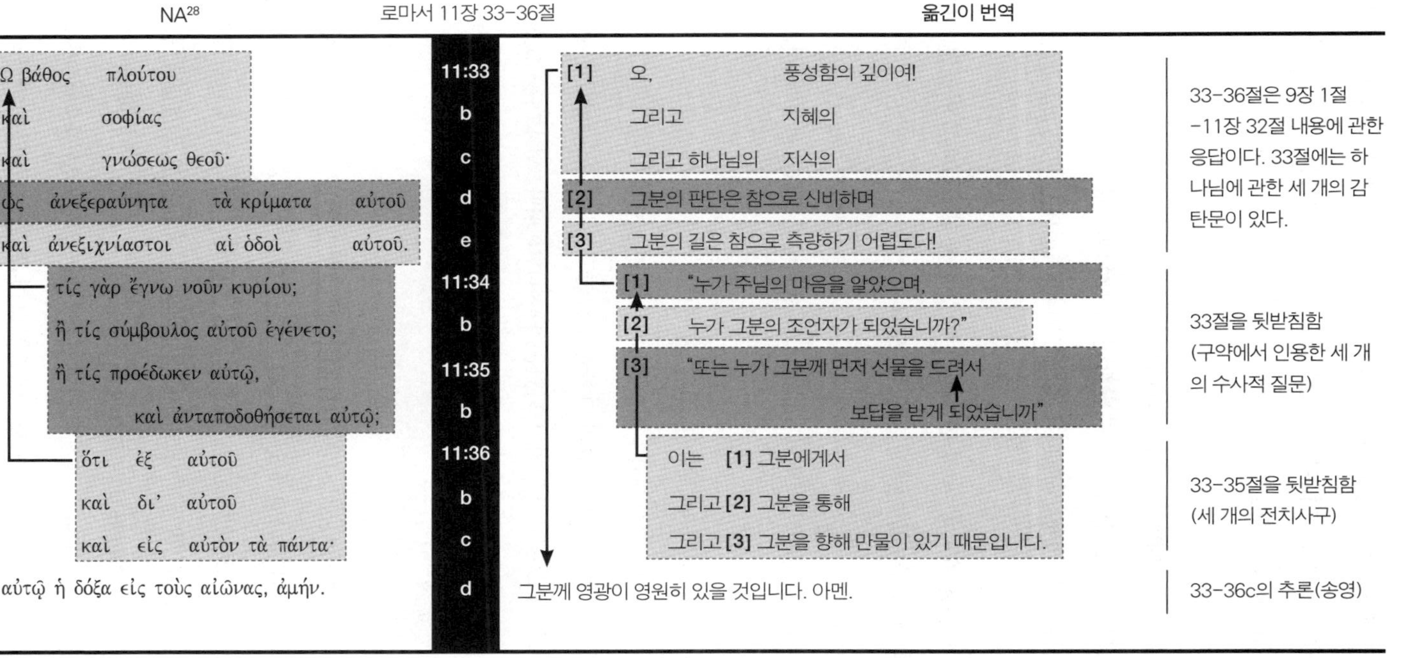

도표5.16. 구문 분석_로마서 11장 33-36절

세 가지를 구체적으로 제시함으로 이루어진다. 여기서 바울은 구약에서 인용한 세 가지 수사적 질문을 언급하며, 이 질문들에서는 무한하신 하나님이 행하시는 길과 유한한 인간의 길이 뚜렷이 대조된다.

1. 하나님은 불가해한 분이다(사 40:13a).
2. 하나님은 어떤 조언자도 두지 않으신다(사 40:13b).
3. 하나님은 아무에게도 빚을 지지 않으신다(욥 41:11).

11장 34-35절에 제시된 이 세 질문은 33절 첫 번째 감탄문에서 언급된 하나님의 세 가지 속성과 교차 구조를 이루는 것으로 보인다.

A: 풍성함(구원사 속에서, 아무 자격 없는 이스라엘 백성과 이방인들에게 베푸시는 하나님의 깊은 자비와 긍휼)
　B: 지혜(구원사 속에 담긴 하나님의 깊은 지혜)
　　C: 지식(구원사 속에 담긴 하나님의 깊은 지식)
　　C′: 누가 주님의 마음을 알았는가?(하나님은 불가해한 분이다.)
　B′: 누가 그분의 조언자가 되었는가?(하나님은 어떤 조언자도 두지 않으신다.)
A′: 누가 그분께 먼저 선물을 드려서 보답을 받게 되었는가?(하나님은 아무에게도 빚을 지지 않으신다.)

11장 36절은 ὅτι(호티)로 시작하며, 34-35절을 뒷받침하는 근거를 제시한다. 여기서는 만물의 중심이 하나님께 있음을 세 개의 전치사구로 요약하며, 이 요약은 이 본문의 절정인 송영으로 이어진다. 성부 하나님은 만물의 근원(ἐκ[에크])이자 방편(διά[디아])이며, 목표(εἰς[에이스])가 되시는 분이다. 그분은 시작과 중간, 끝을 모두 품고 계신다.

11장 33-36절은 하나님만이 영원히 영광을 받기에 합당하심을 외치는 승리의 송영으로 그 절정에 이른다(36d). 이처럼 하나님께 "영광"을 돌리는 가운데, 바울은 그분의 유일한 탁월성을 찬양하며 또한 하나님이 무한히 존귀하신 분임을 역설하고 있다. 이 본문에서는 하나님이 그 무엇보다 높으신 분이라는 메시지가 울려 퍼진다.

사례_ 골로새서 1장 9-14절 구문 분석

도표5.17은 골로새서 1장 9-14절을 분석한 도식이다. 먼저는 헬라어로, 그러고는 형식에 근거해서 내가 직접 옮긴 번역문으로 작업을 수행하였다.

사실 골로새서 1장 9-14절은 20절까지 계속 이어지는 긴 문장의 첫 부분이다. 오늘날의 기준에서 이것은 지나치게 복잡한 문장이다. 그러므로 현대의 헬라어 신약 성경들은 대부분 이 문장을 여러 개로 나누어 표시한다. 오늘날의 출판 편집자가 현대 영어로 이처럼 길고 복잡하게 쓰인 문장을 본다면, 그대로 두지 않을 것이다. 따라서 이 긴 문장을 좀 더 이해하기 쉽게 만들려면, 여러 문장으로 나누어야 한다. 그래야 이 문장을 처음 접하는 이들도 큰 어려움 없이 내용을 파악할 수 있다. 모든 현대어 역본에서 9-14절을 여러 문장으로 나눈 것은 바로 이 때문이다. 하지만 나는 이 도식에서 그것을 (투박하고 어색할 정도로 긴) 하나의 문장으로 옮겼는데, 이는 헬라어 문장의 구조를 더 뚜렷이 담아내기 위해서다.

이 도식(도표5.17)을 만든 뒤, 나는 그 도식에 근거한 임시 개요를 작성하고 다시 그것을 수정해서 설교의 개요로 삼았다. 이때 내가 작성한 설교 제목에는 주절의 내용이 함축되어 있다. "다른 그리스도인들을 위해 늘 기도합시다." 그리고 이 개요의 세부 항목과 그 하위 항목들에는 도표5.17의 내용이 반영되어 있다.

1. 권면: 여러분은 다른 그리스도인들이 하나님의 뜻(will)을 아는 지식으로 충만해지도록 그들을 위해 늘 기도해야 합니다(1:9).
   1.1. "하나님의 뜻"은 무엇인가?
      - 하나님의 주권적(작정된, 은밀한/숨겨진) 의지(will)는 그분이 작정하신 내용이다.
      - 하나님의 도덕적(교훈적, 계시된) 의지(will)는 그분이 우리에게 명령하신 내용이다.
      - 하나님의 주권적 의지와 도덕적 의지는 겹치는 부분이 있다.
      - 골로새서 1장 9절에서 "하나님의 뜻"은 그분의 도덕적 의지를 가리킨다.
   1.2. "영적인 지혜와 분별력"이란 무엇인가?

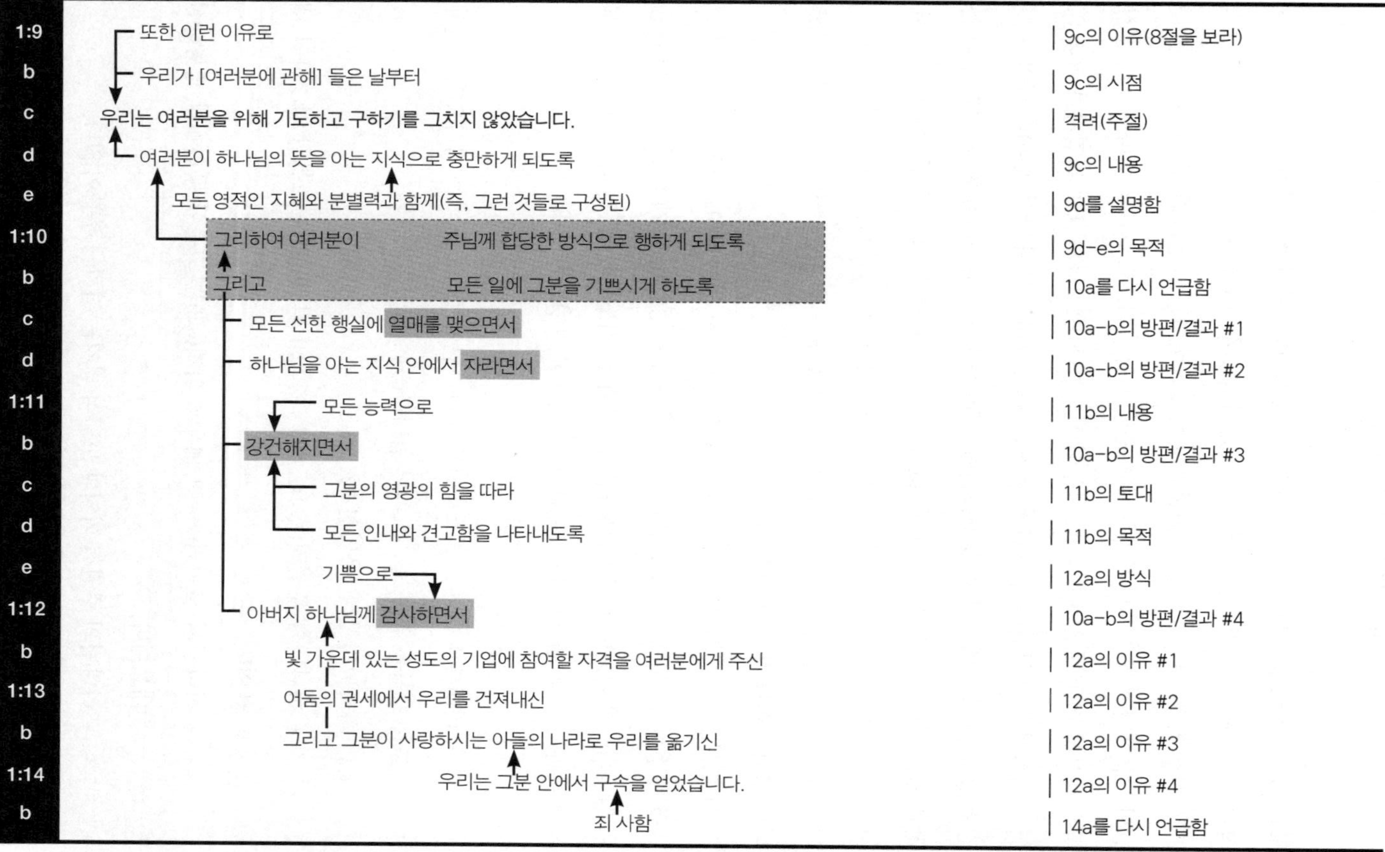

도표5.17. 구문 분석_ 골로새서 1장 9-14절

골로새서 1장 9-14절 NA[28]

절	본문	설명
1:9	Διὰ τοῦτο καὶ ἡμεῖς,	9c의 이유(8절을 보라)
b	ἀφ᾽ ἧς ἡμέρας ἠκούσαμεν,	9c의 시점
c	**οὐ παυόμεθα ὑπὲρ ὑμῶν προσευχόμενοι καὶ αἰτούμενοι,**	격려(주절)
d	ἵνα πληρωθῆτε τὴν ἐπίγνωσιν τοῦ θελήματος αὐτοῦ	9c의 내용
e	ἐν πάσῃ σοφίᾳ καὶ συνέσει πνευματικῇ,	9d를 설명함
1:10	περιπατῆσαι ἀξίως τοῦ κυρίου	9d-e의 목적
b	εἰς πᾶσαν ἀρεσκείαν,	10a를 다시 언급함
c	ἐν παντὶ ἔργῳ ἀγαθῷ καρποφοροῦντες	10a-b의 방편/결과 #1
d	καὶ αὐξανόμενοι τῇ ἐπιγνώσει τοῦ θεοῦ,	10a-b의 방편/결과 #2
1:11	ἐν πάσῃ δυνάμει	11b의 내용
b	δυναμούμενοι	10a-b의 방편/결과 #3
c	κατὰ τὸ κράτος τῆς δόξης αὐτοῦ	11b의 토대
d	εἰς πᾶσαν ὑπομονὴν καὶ μακροθυμίαν.	11b의 목적
e	Μετὰ χαρᾶς	12a의 방식
1:12	εὐχαριστοῦντες τῷ πατρί	10a-b의 방편/결과 #4
b	τῷ ἱκανώσαντι ὑμᾶς εἰς τὴν μερίδα τοῦ κλήρου τῶν ἁγίων ἐν τῷ φωτί·	12a의 이유 #1
1:13	ὃς ἐρρύσατο ἡμᾶς ἐκ τῆς ἐξουσίας τοῦ σκότους	12a의 이유 #2
b	καὶ μετέστησεν εἰς τὴν βασιλείαν τοῦ υἱοῦ τῆς ἀγάπης αὐτοῦ,	12a의 이유 #3
1:14	ἐν ᾧ ἔχομεν τὴν ἀπολύτρωσιν,	12a의 이유 #4
b	τὴν ἄφεσιν τῶν ἁμαρτιῶν·	14a를 다시 언급함

도표5.17. 구문 분석_ 골로새서 1장 9-14절

2. 권면의 목적: 여러분은 다른 그리스도인들이 하나님의 뜻을 아는 지식으로 충만해지도록 그들을 위해 늘 기도해야 합니다. 이는 그들이 주님께 합당한 방식으로 행하며, 모든 일에 그분을 기쁘시게 하는 이들이 되게끔 하려는 것입니다(1:10-14).

주의사항_ 바울은 이 목적을 언급한 뒤, 네 개의 분사를 써서 그 목적을 수식하고 있다. 앞선 도식에서 나는 이 분사들에 '방편/결과'라는 명칭을 붙였다. 이 분사들의 기능을 정확히 식별하기는 어렵지만, 이 네 가지 특성이 주님을 기쁘시게 하는 삶의 실제 모습을 (철저히는 아니더라도) 어느 정도 구체적으로 보여 주는 것은 분명하다. 그러므로 이 분사들은 주님을 기쁘시게 하는 그리스도인들이 지닌 네 가지 특성을 알려 준다.

2.1. 그런 그리스도인들은 모든 선한 일에 열매를 맺는다(1:10c).
2.2. 그런 그리스도인들은 하나님을 아는 지식 안에서 자라간다(1:10d).
2.3. 그런 그리스도인들은 오래 참고 인내할 힘을 얻는다(1:11).
- 그 힘의 내용은 "모든 능력"이다.
- 그 힘의 토대는 "그분의 영광의 힘"에 있다.
- 그 힘의 목적은 "모든 인내와 견고함을 나타내게" 되는 데 있다.

2.4. 그런 그리스도인들은 기쁨으로 아버지 하나님께 감사를 드린다(1:12-14). 그 이유는 무엇일까? 네 가지 이유가 있다.
- 우리에게 빛 가운데 있는 성도의 기업에 참여할 자격을 주셨기 때문이다(1:12b).
- 우리를 어둠의 지배에서 구출해 주셨기 때문이다(1:13a).
- 사랑하시는 아들의 나라로 우리를 옮겨 주셨기 때문이다(1:13b).
- 예수 안에서 우리가 구속, 곧 죄 사함을 얻었기 때문이다(1:14).

사례_ 로마서 3장 21-26절 구문 분석[21]

도표5.18은 로마서 3장 21-26절의 헬라어와 ESV 본문(한글은 옮긴이 번역_ 편집자)을 분석한 도식이다.[22]

마르틴 루터는 로마서 3장 21-26절을 "이 서신[로마서], 그리고 성경 전체의 주된 요점이자 중심점"이 되는 본문이라고 불렀다.[23] 그리고 레온 모리스(Leon Morris)는 이 본문을 "아마도 지금껏 사람이 쓴 글 가운데서 가장 중요한 문단"이라고 부른다.[24] 나도 이 단락을 성경에서 가장 중요한 문단으로 본다. 이 단락에는 복음의 핵심이 담겨 있다.

이 단락은 네 개의 주요 부분으로 나뉘며, 도표5.18에서는 각 부분을 색깔별로 표시했다. 다음 개요는 도표5.18(274-275쪽을 보라)에 상응하는 내용이다.

1. 하나님의 의가 계시되었으며, 그 의는 구약과 연관되어 있다(3:21).
    1.1. "그러나 이제는." 구원사의 이 시점에 이르러 하나님의 의가 계시되었다.
    1.2. "율법과 상관없이 …… 율법과 선지자들이 증언하는." 이제는 폐기된 율법-언약과 상관없이, 하나님의 의가 드러난 것이다. 구약 성경(곧 율법과 선지자들)은 구원사의 이 전환점을 미리 내다보면서 증언했다.
2. 하나님의 의는 민족 차별 없이 보편적으로 적용된다(3:22-23).

---

21 D. A. Carson, "Atonement in Romans 3:21-26," in *The Glory of the Atonement: Biblical, Historical, and Practical Perspectives: Essays in Honor of Roger R. Nicole*, Charles E. Hill and Frank A. James III 편집 (Downers Grove, IL: InterVarsity Press, 2004), 119-39쪽; Douglas J. Moo, *The Epistle to the Romans*, NICNT (Grand Rapids: Eerdmans, 1996)(『NICNT 로마서』, 솔로몬), 218-43쪽; Thomas R. Schreiner, *Romans*, BECNT (Grand Rapids: Baker Academic, 1998)(『BECNT 로마서』, 부흥과개혁사), 176-99쪽을 참조하라.

22 여기서 ESV는 로마서 3장 21b-c절과 25b-c절의 헬라어 어순을 바꿔서 표기했으며, NA[28]은 25f를 26절 첫 부분에 포함시켰다. 한편 나는 ESV 본문에서 두 가지를 수정했다. (1) 21d에서는 NIV 본문을 따랐다(ESV에는 "although the Law and the Prophets bear witness to it"[율법과 선지자들이 그 의에 관해 증언했지만]으로, NASB에는 "being witnessed by the Law and the Prophets"[율법과 선지자들에 의해 증언된]로 번역되어 있다). 이 어구는 21c("apart from the law")와 대조를 이루므로, 번역문에 "although"를 덧붙이는 것은 그릇된 일이 아니다. 다만 나는 NIV의 표현이 이 어구의 긍정적인 논증을 더 잘 전달한다고 본다. (2) 24a-c절에서는 좀 더 형식에 근거하여, NIV, NET, CSB, KJV처럼 헬라어 어순에 따라 번역했다(ESV: "and are justified by his grace as a gift").

23 Moo, *Epistle to the Romans*(『NICNT 로마서』) 218쪽에 인용된 문구.

24 Leon Morris, *The Epistle to the Romans*, Pillar New Testament Commentary (Grand Rapids: Eerdmans, 1988), 173쪽.

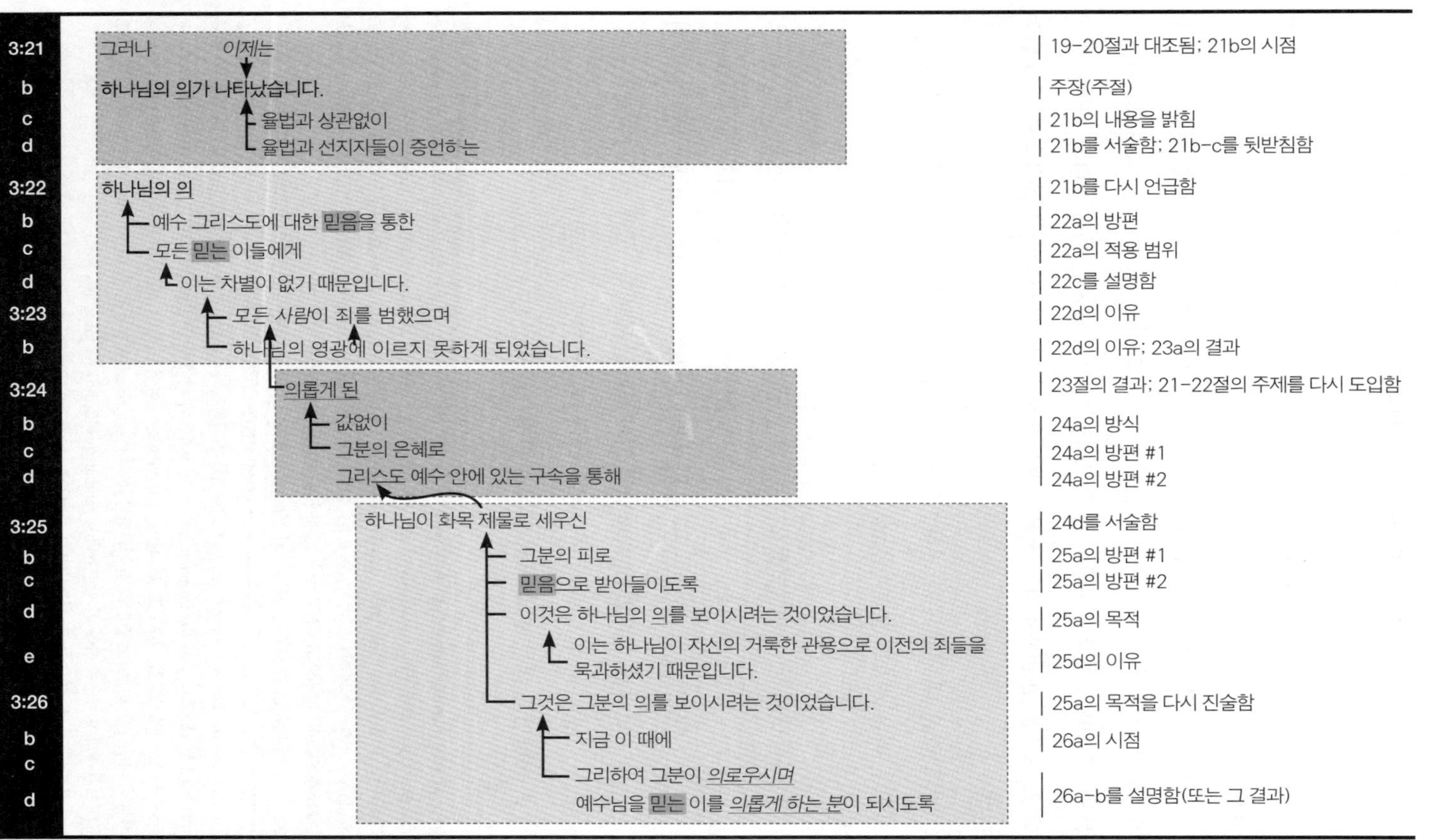

도표5.18. 구문 분석_ 로마서 3장 21-26절

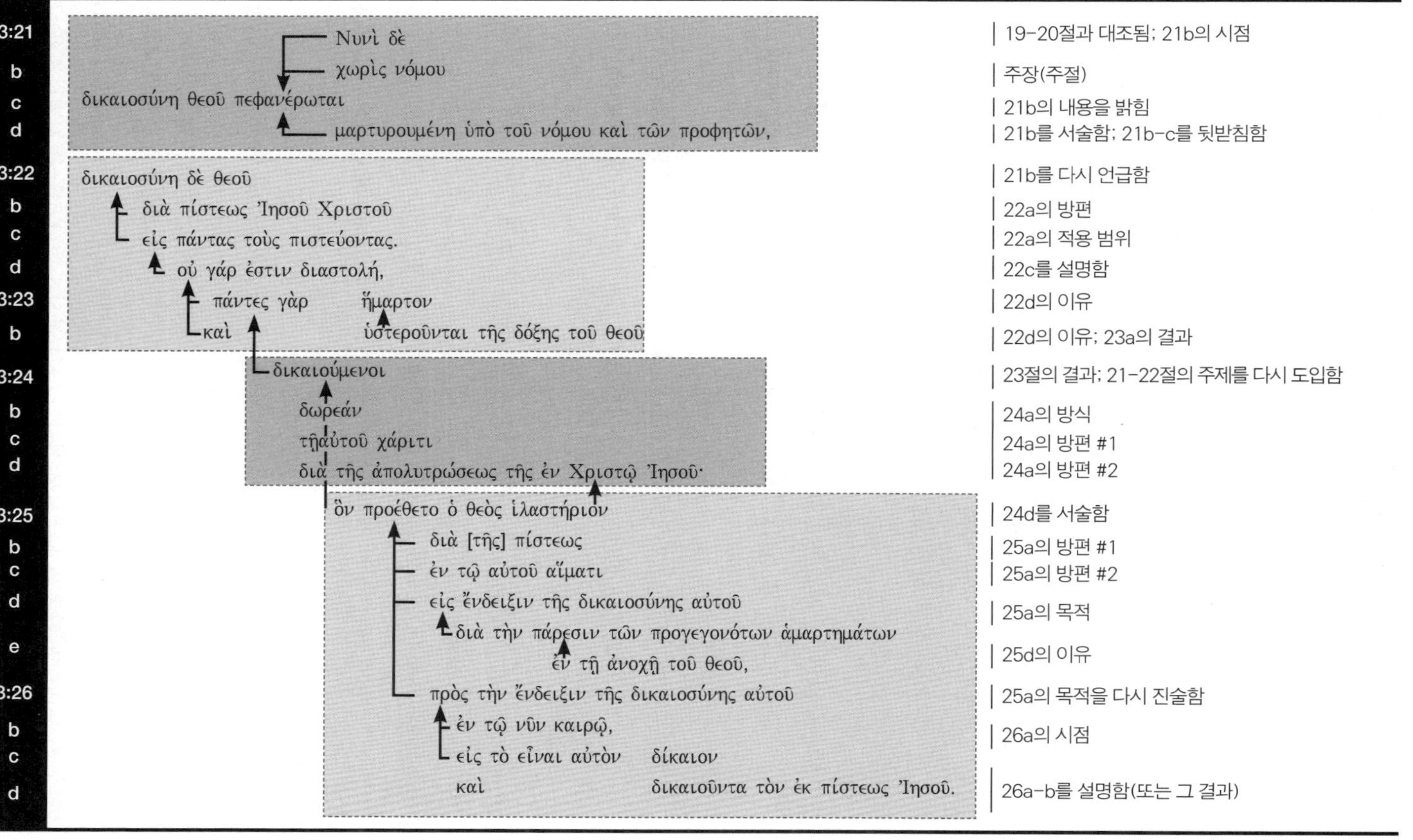

도표5.18. 구문 분석_ 로마서 3장 21-26절

2.1. "예수 그리스도에 대한 신뢰[곧, 믿음]을 통해." 하나님의 의는 오직 예수를 신뢰함으로만 얻을 수 있다.

2.2. "모든 신뢰하는[곧, 믿는] 이에게." 하나님의 의는 예수를 신뢰하는 모든 이에게 주어진다.

2.3. "이는 차별이 없습니다." 하나님의 의는 어떠한 민족 차별 없이 모든 사람에게 주어질 수 있다. 유대인과 이방인 모두 이 의를 누릴 수 있다(1장 18절-3장 20절 참조).

2.4. "이는 모든 **사람**이 죄를 범했으며 하나님의 영광에 이르지 못하게 되었기 때문입니다." 하나님의 의는 아무 차별 없이 모든 사람에게 주어질 수 있다. 이는 모든 이가 예외 없이 죄인이기 때문이다.

3. 하나님의 의는 값없이 주어지는 동시에 매우 값비싼 것이다(3:24).

3.1. "값없이." 신자들은 값없이 의롭다고 선언된다. 곧 이 지위는 선물로 그들에게 주어진 것이다(이 지위는 그들 자신의 노력으로 얻어 낸 것도, 값을 치르고 산 것도 아니다).

3.2. "그분의 은혜로." 신자들은 하나님의 은혜로 의롭다고 선언된다. 이 지위는 그분의 과분한 호의를 통해 주어진 것이다(곧 신자들에게 다른 이들보다 무언가 나은 점이 있어서가 아니다).

3.3. "그리스도 예수 안에 있는 구속을 통해." 신자들은 예수께서 이루신 구속을 통해 의롭다고 선언된다.

4. 의로우신 하나님은 예수를 화목 제물로 세우셨다(3:25-26).

4.1. "믿음을 통해 [얻을 수 있는]." 우리는 믿음을 통해 예수께서 이루신 화목을 누릴 수 있다.

4.2. "그분의 피로." 예수의 희생적인 죽음은 하나님의 진노를 만족시키기 위한 방편이었다.

4.3. "하나님이 그분의 관용 가운데서 이전에 우리가 범한 죄들을 묵과하심으로 자신의 의를 드러내시기 위해." 하나님이 예수를 화목 제물로 세우신 것은, 우리에게 관용을 베푸셔서 십자가 사건 이전에 범한 죄들을 처벌하지 않고 넘어감으로 자신의 의로움을 드러내시기 위함이었다.

4.4. "지금 이때에 자신의 의를 드러내심으로 그분 자신도 의롭게 되며, 또한 예수를 신뢰하는[곧, 믿는] 이도 의롭다고 선포하시기 위해." 하나님이 예수를 화목 제물로 세우신 것은, 죄 많은 신자들을 의롭다고 선포함으로 자신의 행위가 의로움을 드러내시기 위함이었다.

이 개요 작업을 수행하면서, 나는 로마서 3장 21-26절을 더 깊이 설명하며 예시하고 적용하고 싶다는 바람을 품게 되었다. 이처럼 한 본문을 주의 깊게 살필 때, 그 속에 담긴 논리가 점점 뚜렷이 드러난다. 그리고 일단 그 논리를 헤아리고 나면, 그 속에 담긴 메시지도 파악하게 된다. 그리고 이같이 메시지를 파악하고 나면, 우리는 그 메시지를 다른 이들과 함께 나누고 싶다는 바람을 품게 되는 것이다.

핵심 단어와 개념

괄호 묶기

구

구문 분석

논증 도해

명제

문장 도해

호 그리기

더 생각해 보기 위한 질문

1. (호 그리기나 괄호 묶기, 구문 분석을 통해) 어떤 본문의 논증을 추적하는 일은 그 본문을 주해하는 데 어떤 도움이 될까?
2. (헬라어를 아는 이들에게 질문하자면) 당신은 헬라어를 아는 일의 가장 큰 유익이 논증의 흐름을 좇는 데 있다는 말에 동의하는가? 그 이유는 무엇인가?
3. 당신이 특정 본문들을 살필 때, 앞서 살핀 열일곱 가지 관계 중에서 주해적으로 중

요하게 여겨지는 것들이 있는가? 만약 그렇다면 어떤 것들인가?

4. 당신은 호 그리기와 괄호 묶기, 구문 분석 가운데 어떤 것을 선호하는가? 그 이유는 무엇인가?
5. 당신은 로마서 8장 37절과 8장 38-39절 사이에 어떤 논리적 관계가 있다고 생각하는가?

추가 연구 자료

Beale, G. K., Daniel J. Brendsel, and William A. Ross. *An Interpretive Lexicon of New Testament Greek: Analysis of Prepositions, Adverbs, Particles, Relative Pronouns, and Conjunctions*. Grand Rapids: Zondervan, 2014. 이 책은 절들 사이의 논리적 관계를 나타내는 연결어를 범주별로 분류하고 있다. 이 책에 실린 내용은 대부분 BDAG와 대니얼 월리스의 중급 문법서, 그리고 전치사에 관한 머리 해리스의 책에 담긴 정보를 한데 모아 분석한 것이다. 이 책은 작고 간결하다(96쪽 분량).

Biblearc. www.biblearc.com/. 이 사이트는 내가 속한 베들레헴 신학교에서 논증의 흐름을 추적할 때 주로 사용하는 도구다. 처음에 바이블아크의 초점은 호 그리기를 통해 논증을 추적하는 데 있었다. 이것은 존 파이퍼와 톰 스텔러가 대니얼 풀러에게 배운 뒤 좀 더 발전시킨 방법이다. 그러다가 2014년에는 이 사이트에 괄호 묶기가 추가되었고, 2015년에는 구문 분석이 추가되었다. 구문 분석은 매우 단순하기 때문에 워드 프로그램에서도 쉽게 수행할 수 있다. 다만 이 사이트의 구문 분석 창에는 화살표와 장식선, 주석 넣기 등의 도구가 추가되어 있다.

Fee, Gordon D. "The Structural Analysis." In *New Testament Exegesis: A Handbook for Students and Pastors*, 41-58. 3rd ed. Louisville: Westminster John Knox, 2002. 「신약 성경 해석 방법론」, 크리스챤출판사. 나는 피의 방법론을 그대로 따르지는 않는다. 그러나 그의 논의는 논증 도식 작성법을 익히는 데 도움이 되었다.

Guthrie, George H., and J. Scott Duvall. "How to Do Grammatical Diagramming" and "How to Do Semantic Diagramming." In *Biblical Greek Exegesis: A Graded Approach to Learning Intermediate and Advanced Greek*, 27-53. Grand Rapids: Zondervan, 1998. 이 글들은 논증 도해에 관해 또 다른 접근법을 제시한다. 상당히 전문적인 내용이다.

Huffman, Douglas S. "Phrase Diagramming." In *The Handy Guide to New Testament Greek: Grammar, Syntax, and Diagramming*, 83-106. Grand Rapids: Kregel, 2012. 아마도 구문 분석 방법을 가장 간결하면서도 명확하게 제시한 글이다. 탁월하다.

Mounce, William D. *Greek for the Rest of Us: The Essentials of Biblical Greek*. 2nd ed. Grand Rapids: Zondervan, 2013. 14, 21, 26, 30장을 보라. 마운스는 또한 자신의 웹사이트(www.billmounce.com/phrasing)와 자신의 책 *A Graded Reader of Biblical Greek* (Grand Rapids: Zondervan, 1996)에서도 구문 분석을 설명하고 있다. "Track Two: Phrasing"과 "Phrasing"(pp. xii-xiii, xv-xxiii)을 보라.

Piper, John. *Reading the Bible Supernaturally: Seeing and Savoring the Glory of God in Scripture*. Wheaton, IL: Crossway, 2017. 「존 파이퍼의 초자연적 성경 읽기」, 두란노. 이 책 26장은 논증을 추적하는 일이 왜 중요한지를 설명하며, 부록에서는 그 방법을 자세히 소개하고 있다.

Runge, Steven E. *Discourse Grammar of the Greek New Testament: A Practical Introduction for Teaching and Exegesis*. Peabody, MA: Hendrickson, 2010. 런지는 로고스 바이블 소프트웨어 사의 전임 연구원이다. 그는 이 책을 통해 전통적인 신약 헬라어 문법서들을 대체하려는 것이 아니라, 그런 문법서들과 언어학적 논의 사이의 간격을 적절히 메우려고 시도한다. 문법의 경우 어떤 언어의 체계와 구조를 연구할 때 어형론과 구문론에 초점을 맞추는 데 비해, **강화** 문법에서는 언어학적 구조에 초점을 둔다. 달리 말해, 강화 문법은 나무보다 숲 자체에 관심을 쏟는다. 문법에서는 단어와 문장을 분석하지만, 강화 문법에서는 문장보다 더 긴 언어적 단위들을 분석한다. 런지의 이 책은 예를 들어 언어학에 관한 스탠리 포터의 글들보다 훨씬 이해하기 쉽다. 이 책은 전문 용어의 언급을 줄였을 뿐 아니라 신약을 주해할 때 강화 문법이 갖는 실용적 가치에 초점을 맞추기 때문이다. 언어학적 배경이 거의 없더라도 신약의 헬라어를 어느 정도 배운 사람(예를 들면 신약 헬라어를 수강 중인 학부 2학년생)이라면 유익하게 읽을 수 있다.

Schreiner, Thomas R. "Diagramming and Conducting a Grammatical Analysis" and "Tracing the Argument." In *Interpreting the Pauline Epistles*, 69-124. 2nd ed. Grand Rapids: Baker Academic, 2011. 「바울 서신 석의 방법론」, 기독교문서선교회. 논증 추적 방법을 익힐 때, 이 글들은 내게 어떤 자료보다 큰 영향을 주었다. 당신이 논증 추적 방법에 관해 한 가지 자료만 읽으려 한다면, 꼭 이 글들을 읽기 바란다.

Smith, Jay E. "Sentence Diagramming, Clausal Layouts, and Exegetical Outlining." In *Interpreting the New Testament Text: Introduction to the Art and Science of Exegesis*, edited by Darrell L. Bock and Buist M. Fanning, 73-134. Wheaton, IL: Crossway, 2006. 이 글 첫 부분은 문장 도해에 관한 것으로, 유익한 점도 있겠지만 논증 추적 방법을 배우는 데는 그리 도움이 되지 않는다. 그러나 이 글 나머지 부분에서는 구문 분석을 통한 논증 추적 방법을 자세히 다루고 있다.

Whitacre, Rodney A. *Using and Enjoying Biblical Greek: Reading the New Testament with Fluency and Devotion*. Grand Rapids: Baker Academic, 2015. 휘태커(Whitacre)는 98-105, 165-220쪽에서 자신이 "문장 지도 그리기"(sentence mapping)라고 이름 붙인 방법을 설명하고 있다.

Young, Richard A. "Diagraming." In *Intermediate New Testament Greek: A Linguistic and Exegetical Approach*, 267-77. Nashville: Broadman & Holman, 1994. 여기서 영(Young)은 "사유의 흐름 도해하기"(thought-flow diagraming)라는 방법을 설명한다.

이와 아울러 두 개의 주석 시리즈를 보라. (1) 베이커 신약 주석(BECNT, Baker Exegetical Commentary on the New Testament) 시리즈와 (2) 존더반 신약 주석(ZECNT, Zondervan Exegetical Commentary on the New Testament) 시리즈다. 이 주석들에는 구문 분석을 통해 논증 흐름을 살피는 단락들이 포함되어 있다. 이 점에서 ZECNT는 좀 더 뚜렷한 특징을 보인다. 그 시리즈는 어떤 텍스트를 해설하기 전에 항상 그 텍스트에 대한 구문 분석을 수행하기 때문이다. BECNT의 경우에는 각 텍스트에 관한 해설 맨 처음에 색칠된 상자가 있다. 이 글상자에서는 텍스트의 논리적 흐름을 논하지만, 텍스트 전체에 대해 구문 분석을 수행하지는 않는 경우가 많다.

How to Understand and Apply the New Testament

6장

역사-문화적 맥락

저자가 그 문헌을 작성한 상황을 이해하고, 아울러 저자가 본문에서 언급하거나 전제했을 역사-문화적 세부 사항들을 헤아리기

성경을 이해하는 데 배경 지식이 꼭 필요한가

나는 이 질문에 조심스럽게 "그렇다"고 답한다. 성경을 정확히 이해하려면 때로는 배경 지식이 꼭 필요하다.

이때 조심스럽게 "그렇다"라고 답하는 것은 이 질문에 "그렇다"로 답하든, "아니다"로 답하든 위험 요소가 있기 때문이다.

"그렇다"라고 답할 경우, 네 가지 위험 요소

1. 어떤 이들은 배경 지식을 매우 중시한 나머지, 거의 모든 본문을 주해할 때 그 지식을 해석의 으뜸 열쇠로 삼기도 한다. 물론 이런 도구를 제대로 활용할 수 있는 이들은 고대 근동과 제2성전기 유대교,[1] 그리스-로마 세계의 역사-문화적 맥락을 연구해 온 전문가들뿐이다. 곧 엘리트들만이 성경을 제대로 이해할 수 있다는 것이다.
2. 어떤 이들은 본문의 배경 지식에 치중한 나머지, 배경에 있는 내용을 전면에 내

1 제2성전기 유대교는 스룹바벨이 제2성전을 완공한 시기(주전 516년경)부터 로마인들이 헤롯 성전을 무너뜨린 주후 70년까지의 유대 역사와 문헌을 가리킨다.

세우고 막상 그 전면에 있는 것은 배경으로 돌리는 결과를 내고 만다(이는 더글러스 무가 톰 라이트[Tom Wright]의 '바울에 관한 새 관점'을 비판하면서 쓴 표현을 빌려온 것이다). 롭 플러머의 말처럼, "어떤 이들은 성경 외적인 역사적, 문화적, 정치적 또는 고고학적 주제들에 매료된 나머지, 성경을 그 외부의 사소한 내용을 다루기 위한 디딤돌 정도로 삼는다."[2] 이를테면 정경 외의 유대 문헌 같은 자료들은 신약 연구에서 중요하긴 하지만, 그런 자료를 활용한 연구들은 종종 수확 체감의 법칙을 입증하기도 한다(경제학에서 '수확 체감의 법칙'은 일정한 시점이 지나면 생산 요소를 늘려 나가도 수확 증가량은 감소하는 것을 가리킨다. 여기서 저자는 성경 본문 대신 배경 지식에만 치중하는 연구들이 계속 늘어나더라도 실제로 우리가 성경을 더 깊이 알게 되는 효과는 점점 줄어든다는 것을 지적하고 있다_ 옮긴이).

3. 어떤 이들은 배경 지식을 지나치게 사변적으로 활용한 나머지, 때로는 텍스트를 왜곡해서 그 텍스트에서 명백히 언급하는 내용과 상반되는 해석을 내놓는다. 하지만 역사적 맥락은 본문 내용을 **제거하는** 것이 아니라, 오히려 그 텍스트를 알기 쉽게 **밝혀 주는** 것이 되어야 한다. 토마스 슈라이너는 이렇게 경고한다. "신약학에서는 이른바 배경 자료라는 것으로 다양한 해석을 '입증하려' 드는 경우가 매우 많다. 그러나 신약학도라면 그런 재구성이 얼마나 사변적인 것일 수 있는지를 잘 안다. 그렇게 재구성한 글들을 읽을 때, 나는 조직 신학자들이 사변적인 태도를 취한다고 불평할 이유가 무엇인지 종종 의아했다!"[3]
4. 어떤 이들은 자신이 성경 외적 자료들을 실제보다 정확히 이해하는 것처럼 여기기도 한다. 이 점에 관해 존 파이퍼의 세 가지 경고를 기억하는 것이 중요하다.[4] (1) 우리는 그 자료들을 오해할 수 있다. (2) 우리는 신약의 내용이 어떤 자료에 담긴 것과 일치한다고 여기지만 실제로는 그렇지 않은 경우도 있다. (3) 우리는 어떤 자료의 의미를 잘못 적용할 수 있다.

---

2 Robert L. Plummer, *40 Questions about Interpreting the Bible*, 40 Questions (Grand Rapids: Kregel, 2010)(『성경을 여는 40가지 질문』, 기독교문서선교회), 102쪽.

3 Thomas R. Schreiner, "Who's Explaining Away Blue Parakeets? A Review of Scot McKnight, *The Blue Parakeet: Rethinking How You Read the Bible*(『파란 앵무새』, 성서유니온선교회)" *Journal for Biblical Manhood and Womanhood* 14, 1 (2009): 66쪽.

4 John Piper, *The Future of Justification: A Response to N. T. Wright* (Wheaton, IL: Crossway, 2007)(『칭의 논쟁: 존 파이퍼 vs 톰 라이트』, 부흥과개혁사), 34-36쪽.

"아니다"라고 답할 경우, 두 가지 위험 요소

어떤 이들은 성경을 이해하는 데 배경 지식이 꼭 **필요한** 것은 아니라고 주장한다. 고고학을 비롯한 역사 지식은 우리의 성경 이해가 옳음을 **확증하고** 그 이해를 더욱 **풍성하게** 해줄 수 있지만, 필수 요소는 아니라는 것이다. 하지만 이들은 평소 자신이 성경을 이해하는 데 기본 배경 지식을 얼마나 많이 활용하는지를 미처 깨닫지 못하는 것일 수도 있다.

이런 견해에는 두 가지 위험성이 있다.

1. 어떤 이들은 배경 지식을 비교적 **하찮은** 것, 연구할 가치가 없는 것으로 여기고 멀리할 수 있다.
2. 심지어 어떤 이들은 배경 지식을 성경의 명료성과 충족성을 **위협하는 요소**로 간주하기도 한다.

실례_ "아니다"라고 답하는 웨인 그루뎀의 주장

웨인 그루뎀은 "성경을 이해하는 데 배경 지식이 꼭 필요한가?"라는 질문에 "아니다"라고 답하는 사람이다. 다만 그는 앞서 언급한 두 가지 위험성을 보이지는 않는다. 그는 "성경의 명료성"이라는 자신의 글에서 이렇게 언급한다.

> 역사적 배경 지식은 분명히 성경 본문을 더욱 풍성하게 이해하도록 해줄 수 있다. 그런 지식을 통해 우리는 본문을 더욱 정확하고 생생하게 이해하게 된다. 하지만 나는 배경 지식으로 텍스트 내용을 무효로 만들거나 뒤엎을 수 있다는 주장은 거부한다. **더불어 나는 텍스트의 바른 의미를 파악하는 데 추가적인 배경 지식이 꼭 필요하다는 주장도 받아들이고 싶지 않다.**
>
> 물론 성경에 쓰인 히브리어와 아람어, 헬라어 단어들의 의미에 관한 정보는 성경 외적인 문헌들에 담긴 방대한 언어학적 자료 가운데서 파악해 내야만 한다. 이 자료들은 성경을 더 정확히 이해할 수 있도록 하나님이 교회에 주신 선물로 여겨진다.
>
> 그렇다면 이 둘의 차이는 어디에 있을까? (확실한 것은 아니지만) 내 생각에는 이렇게 구분 지어 볼 수 있을 듯하다. (1) 고대 문헌과 비문들 속에 담긴 사전학적 자료

들. 이런 자료들은 성경 내용을 이해하는 데 꼭 필요하다고 생각된다. (2) (고고학적 증거나 고대 문헌에 담긴 역사적 증거와 같이) 배경 지식을 제공하는 자료들. 내 생각에 이런 자료들은 우리의 이해를 넓히는 데 도움을 주지만, 한 텍스트의 의미를 제대로 이해하는 데 필수 요소는 아니다. (이렇게 주장할 수 있다면) 이 둘의 차이는 번역에 필요한 요소와 풍성한 이해를 돕는 요소의 차이로 볼 수 있다. 예를 들면 우리는 성경 역본들에서 에스라가 바벨론을 떠나 예루살렘으로 여행했다는 구절을 읽게 된다(에스라 7장 9절을 보라). 그리고 배경 지식은 우리에게 바벨론에서 예루살렘에 이르는 지역의 지형이 어떠했는지를 알려 주며, 그의 여행 거리가 약 1,500킬로미터에 달했음을 보여 준다. 하지만 그런 지식 때문에 우리의 본문 이해가 바뀌는 것은 아니다(이 본문은 여전히 에스라가 예루살렘으로 여행했다는 의미를 담고 있다). 다만 그 지식은 에스라의 여정을 더욱 생생히 파악하도록 도와줄 뿐이다.[5]

나는 첫 문단 끝부분에 있는 문장을 읽으면 마음이 불편해진다. "나는 텍스트의 바른 의미를 파악하는 데 추가적인 배경 지식이 꼭 필요하다는 주장도 받아들이고 싶지 않다." 그리고 이 글 마지막 문단에서 사전학과 역사적 배경을 구분 짓는 것도 마음에 걸린다.

물론 나는 이 그루뎀의 글을 적극 추천하며, 그의 논증에 대체로 공감한다. 하지만 그럼에도 다음 단락에서 조심스럽게 몇 가지 반론을 제기하려 한다.[6]

성경을 이해하는 데 성경 외적인 지식이 꼭 필요할 경우

그루뎀은 이렇게 주장한다.

- "사전학적인 자료들" = "꼭 필요하다"

---

5 Wayne Grudem, "The Perspicuity of Scripture," *Themelios* 34, 3 (2009): 297쪽(강조는 저자 추가).

6 여기서 내가 조심스러운 태도를 취하는 것은 적어도 다음 두 가지 때문이다. (1) 그루뎀이 언급하는 "텍스트의 바른 의미"(a proper sense of a text)가 무엇을 뜻하는지 확실치 않다. 그것이 '성경의 전반적인 메시지'를 가리킨다면, 나는 그의 말에 동의한다. 그러나 그 표현에는 좀 더 많은 뜻이 담긴 듯하다. (2) 그루뎀은 상당히 정제된 표현을 쓰고 있다. 그는 "……는 주장도 받아들이고 싶지 않다"라고 언급하며, 이후에는 "(확실한 것은 아니지만) 내 생각에는 (자료들을) 이렇게 구분 지어 볼 수 있을 듯하다. …… (이렇게 주장할 수 있다면) ……"이라고 표현한다.

• "역사적인 배경 지식" = "도움이 될" 뿐이다(꼭 필요한 것은 아니다)

내 반론은 이러하다. 논리적으로 볼 때, 우리는 과연 역사-문화적 맥락에서 언어에 이런 정도의 독립성을 부여할 수 있는가? 내게는 그것이 가능해 보이지 않는다. 저자들은 텍스트 바깥에 있는 일을 가리키는 단어들, 곧 텍스트 외적인 지시 대상을 지닌 어휘들을 일부 사용하고 있기 때문이다. 원래의 독자들은 즉시 그 어휘들의 뜻을 파악했겠지만 우리는 그러지 못할 수 있다. 과연 역사-문화적 정황을 벗어나서도 그 어휘들의 의미를 결정할 수 있을까? 하나님이 히브리어와 아람어, 헬라어로 자신을 계시하셨으므로, 우리는 그 언어들을 공부해야 할 것이다. 이처럼 하나님이 고대 근동 지역과 제2성전기 유대교, 그리스-로마 세계의 역사-문화적 맥락에서 자신을 계시하셨다면, 우리는 이런 맥락들 역시 살펴야 마땅한 것이다. (한편 나는 '배경 지식' 대신 '역사-문화적 맥락'이라는 용어를 선호한다. 이 용어는 우리가 성경 바깥에서 얻은 지식으로서 본문 이해에 도움을 주는 맥락을 가리키며, 그 가운데는 언어들도 포함된다.)

그렇다면 역사-문화적 맥락에 관한 지식은 성경을 이해하는 데 꼭 필요한가? 과연 어떤 텍스트의 역사-문화적 맥락을 알지 못하면 그 의미를 오해하기 쉬운 경우가 있을까? 나는 그렇다고 본다. 다만 일반적인 언어 장벽을 제외하면 이런 경우는 흔치 않으며, 이 때문에 성경의 명료성이 손상되는 것도 아니다. (다음 내용을 계속 살펴보라.)

성경을 이해하는 데 배경 지식이 꼭 필요한 두 가지 사례

다음 두 사례는 성경 본문을 이해하는 데 배경 지식, 곧 역사-문화적 맥락에 관한 이해가 꼭 필요한 경우다.

1. 머릿수건(고전 11:2-16)

고린도전서 11장 2-16절의 경우, 당시의 역사-문화적 맥락을 이해하지 않고는 그 의미를 이해할 길이 없다.

> 너희가 모든 일에 나를 기억하고 또 내가 너희에게 전하여 준 대로 그 전통을 너희가 지키므로 너희를 칭찬하노라 그러나 나는 너희가 알기를 원하노니 각 남자의 머리는 그리스도요 여자의 머리는 남자요 그리스도의 머리는 하나님이시라 무릇 남자로서 머리에 무엇을 쓰고 기도나 예언을 하는 자는 그 머리를 욕되게 하는 것이요 무릇 여자로서 머리에 쓴 것을 벗고 기도나 예언을 하는 자는 그 머리를 욕되게 하는 것이니 이는 머리를 민 것과 다름이 없음이라 만일 여자가 머리를 가리지 않거든 깎을 것이요 만일 깎거나 미는 것이 여자에게 부끄러움이 되거든 가릴지니라 남자는 하나님의 형상과 영광이니 그 머리를 마땅히 가리지 않거니와 여자는 남자의 영광이니라 남자가 여자에게서 난 것이 아니요 여자가 남자에게서 났으며 또 남자가 여자를 위하여 지음을 받지 아니하고 여자가 남자를 위하여 지음을 받은 것이니 그러므로 여자는 천사들로 말미암아 권세 아래에 있는 표를 그 머리 위에 둘지니라 그러나 주 안에는 남자 없이 여자만 있지 않고 여자 없이 남자만 있지 아니하니라 이는 여자가 남자에게서 난 것같이 남자도 여자로 말미암아 났음이라 그리고 모든 것은 하나님에게서 났느니라 너희는 스스로 판단하라 여자가 머리를 가리지 않고 하나님께 기도하는 것이 마땅하냐 만일 남자에게 긴 머리가 있으면 자기에게 부끄러움이 되는 것을 본성이 너희에게 가르치지 아니하느냐 만일 여자가 긴 머리가 있으면 자기에게 영광이 되나니 긴 머리는 가리는 것을 대신하여 주셨기 때문이니라 논쟁하려는 생각을 가진 자가 있을지라도 우리에게나 하나님의 모든 교회에는 이런 관례가 없느니라(고전 11:2-16).

당시 그리스-로마 문화에서 머리를 덮어서 가리는 것은 무엇을 의미했을까? 이 질문에 답하지 못하면, 이 본문을 제대로 이해하기 어렵다.

이 텍스트는 여러 면에서 논쟁이 된다. 이 문제에 관해 내가 읽은 글 가운데 가장 유익한 통찰이 담긴 것은 브루스 윈터(Bruce Winter)의 글이었다. 그는 역사가이자 신약학자로, 1세기 당시의 기독교가 처한 그리스-로마 세계의 역사-문화적 맥락에 관한 전문가다. 그는 약 30년간 고린도전서를 집중하여 연구해 왔으며, 나는 이 서신의 역사-문화적 맥락을 그처럼 통찰력 있게 파고드는 학자를 본 적이 없다.[7] 윈터의 기본

---

7 Bruce W. Winter, "Veiled Men and Wives and Christian Contentiousness(1 Corinthians 11:2-16)," in *After Paul Left Corinth: The Influence of Secular Ethics and Social Change* (Grand Rapids: Eerdmans, 2001), 121-41쪽; Winter,

주장은 이러하다.

1. 종교 예식이 진행되는 동안, 지위가 높은 이교도 로마인들은 사람들 앞에서 기도하거나 제물을 드릴 때 종종 토가(toga, 고대 로마의 남성 시민이 입던 헐렁하고 긴 겉옷_ 편집자)를 머리 위까지 뒤집어썼다. 그래서 바울은 남자 그리스도인들에게 함께 모여 예배할 때 그런 이교도들처럼 머리를 가리지 말라고 명한 것이다.
2. 당시 여인이 자기 머리를 가리는 것은 결혼한 여성임을 나타내는 사회적 표지였다. 여인들이 머리에 쓴 얇은 수건이나 덮개는 겸손과 정숙, 남편을 향한 복종을 상징했다. 그것은 아내가 남편에게 경의를 표하는 한 방식이었다. 헬라어 단어 '귀네'는 문맥에 따라 '여성'이나 '아내'를 뜻할 수 있으며, 이 본문의 3, 5, 6, 10, 13절에서는 구체적으로 아내를 가리킨다(이 구절들에서 이 단어를 '여성'[woman]으로 옮긴 NIV와 달리, ESV는 '아내'[wife]로 번역하였다[한글 개역개정은 '여자'로 번역하였다._ 편집자]).
3. 당시 로마 세계에서는 새로운 유형의 아내가 등장하고 있었다. 이들은 남편에게 성적 문란을 허용하면서도 아내에게는 금지하는 당시의 문화 분위기에 반발하는 사람들이었다. 그리고 이런 아내들이 자신의 성적 자유를 과시하는 한 가지 방법은 머리에 수건을 두르지 않는 것이었다. 그러므로 예배 시에 기도하거나 예언할 때, 그리스도인 아내들은 머릿수건을 벗지 않도록 주의해야 했다. 그러지 않을 경우 다른 문란한 여인들과 동일시될 소지가 있었기 때문이다.

이 점에 관해, 모든 사람이 윈터의 견해에 동의하는 것은 아니다. 하지만 나는 그가 역사-문화적 맥락에 근거해서 가장 설득력 있는 주장을 제시했다고 본다. 여기서 윈터의 견해에 동의하든 그러지 않든, 내 요점은 이 본문을 제대로 해석하고 적용하려면 그런 역사-문화적 맥락과 씨름해야만 한다는 것이다.[8]

"The Appearance of Unveiled Wives in 1 Corinthians 11:2-16," in *Roman Wives, Roman Widows: The Appearance of New Women and the Pauline Communities* (Grand Rapids: Eerdmans, 2003), 77-96쪽. 또한 Wayne Grudem, "Egalitarian Claim 9.2: Head Coverings," in *Evangelical Feminism and Biblical Truth: An Analysis of More than One Hundred Disputed Questions* (Wheaton, IL: Crossway, 2012), 332-39쪽을 보라. 그런데 여기서 그루뎀이 언급하는 내용은 그가 자신의 글 "성경의 명료성"에서 제시한 주장, 곧 '역사적 배경 지식'은 '텍스트의 바른 의미를 파악하는 데' 꼭 필요한 것이 아니라는 주장을 약화시키는 것으로 보인다(앞선 단락의 내용을 보라).

8 고린도전서 11장 2-16절을 해석하려면 그 내용을 바울의 다른 서신들, 또한 신약의 나머지 부분 전체의 내용과 조

2. 뜨거움과 차가움, 미지근함(계 3:15-16)[9]

높임 받으신 예수께서는 요한계시록 3장 15-16절에서 라오디게아 교회를 향해 이렇게 말씀하신다. "내가 네 행위를 아노니 네가 차지도 아니하고 뜨겁지도 아니하도다 네가 차든지 뜨겁든지 하기를 원하노라 네가 이같이 미지근하여 뜨겁지도 아니하고 차지도 아니하니 내 입에서 너를 토하여 버리리라." 이 말씀은 무슨 의미일까? 많은 이가 좋은 의도에서 이렇게 주장한다. "하나님을 향해 영적 열정을 품는 것이 가장 바람직하지만, 미지근한 데 머무느니 차라리 영적으로 냉담한 태도를 취하는 편이 낫다." 예수의 말씀은 정말 그런 의미였을까? 당시 라오디게아 교인들은 과연 이 말씀을 그런 식으로 이해했을까? 그렇지 않다. 이 본문을 제대로 이해하려면 약간의 성경 외적인 지식, 곧 지리학과 고고학의 기초 지식이 꼭 필요하다.

인근의 세 도시와 달리, 라오디게아에는 자연적인 물 공급원이 없었다. (1) 라오디게아에서 남쪽으로 10킬로미터쯤 떨어진 오늘날의 데니즐리(Denizli, 터키 남서부에 위치한 도시_ 편집자)에 온천이 있었으며, 수로를 통해 그곳의 뜨거운 물이 라오디게아로 공급되었다. (2) 라오디게아에서 북쪽으로 10킬로미터쯤 떨어진 히에라폴리스(Hierapolis)에도 온천이 있었다. (3) 그리고 동쪽으로 19킬로미터쯤 떨어진 골로새(Colossae)에는 신선한 차가운 물이 있었다. 데니즐리와 히에라폴리스의 뜨거운 물은 치료를 위한 목욕에 유용했으며, 골로새의 찬 물은 식수로 쓰기에 좋았다. 그러나 원래는 뜨거웠던 물이 수로를 통해 라오디게아에 이르면 미지근해져 버렸다. 그리고 라오디게아의 식수는 맛이 역겹기로 유명했다. 곧 그곳의 물에는 뜨거움이 주는 유익도, 차가움이 주는 유익도 없었던 것이다. 그 물은 그저 미지근하며 쓸모없는 것이었다.

화시켜야 한다. 예를 들어, 오늘날 대부분의 상보주의자(complementarian, 남녀가 여러 영역에서 서로 다르면서도 상호 보완적인 역할과 책임을 지닌다는 견해를 지지하는 부류_ 옮긴이)들은 모든 문화권에 속한 여성들이 반드시 머릿수건을 써야 한다고 여기지 않는다. 하지만 그럼에도 그들은 여성이 남성을 가르치거나 권위를 행사해서는 안 된다고 주장한다. 그런데 고린도전서 11장 8-10절과 디모데전서 2장 13-14절 모두에서, 바울은 창조 질서에 근거해서 자신의 주장을 제시한다. 그렇다면 상보주의자들은 과연 고린도전서 11장 8-10절과 디모데전서 2장 13-14절에서 바울이 창조에 근거하여 펼친 주장을 일관성 있게 적용하는 것일까? 나는 그렇다고 본다. Benjamin L. Merkle, "Paul's Arguments from Creation in 1 Corinthians 11:8-9 and 1 Timothy 2:13-14: An Apparent Inconsistency Answered," *JETS* 49, 3 (2006): 527-48쪽을 보라.

9 D. A. Carson, "Approaching the Bible," in *New Bible Commentary: 21st Century Edition*, D. A. Carson 외 편집, 4판 (Downers Grove, IL: InterVarsity Press, 1994)(『IVP 성경 주석』, IVP), 15-16쪽; David A. Croteau, *Urban Legends of the New Testament: 40 Common Misconceptions* (Nashville: Broadman & Holman, 2015), 227-32쪽을 참조하라.

이제 이러한 역사-문화적 맥락을 염두에 두면서 요한계시록 3장 15-16절을 다시 읽어 보자. "내가 네 행위를 아노니 네가 차지도 아니하고 뜨겁지도 아니하도다 네가 차든지 뜨겁든지 하기를 원하노라 네가 이같이 미지근하여 뜨겁지도 아니하고 차지도 아니하니 내 입에서 너를 토하여 버리리라." 실질적으로 예수께서는 라오디게아 교회를 향해 이렇게 말씀하시는 것이다. "나는 네 행실을 안다. 너에게는 (골로새의 물처럼) 차가움이 주는 유익도 없고, (데니즐리와 히에라폴리스의 물처럼) 뜨거움이 주는 유익도 없다. 이렇듯 네가 (그곳의 역겨운 물처럼) 미지근하고 무익하니, 내 입에서 너를 토해 버릴 것이다." 당시 사람들이 요한계시록의 언어인 헬라어를 알았던 것처럼, 당시 라오디게아 사람이라면 누구나 이 말씀의 의미를 알아들었을 것이다. 그러나 2,000년이 흐른 지금, 그와 다른 문화권에서 살아가는 우리는 이런 역사-문화적 맥락을 이해하기 위해 추가로 노력을 기울여야 한다. 이는 요한계시록의 헬라어를 이해할 수 있게 노력해야 하는 것과 마찬가지다.

성경을 이해하는 데 배경 지식이 필요하다면, 성경이 충분히 명료하지는 않다는 의미인가[10]

그렇지 않다. 성경은 전체적으로 충분히 명료하기 때문이다. 다만 성경의 모든 내용이 같은 정도로 명료한 것은 아니다. 성경의 중심 가르침, 특히 하나님이 역사 속에서 행하시는 구원 사역에 관한 메시지는 오해할 여지가 없을 정도로 분명하며, 믿음으로 성경을 대하는 이는 누구든지 쉽게 이해할 수 있다.[11] 그 기본 줄거리, 곧 창조와 타락, 구속과 완성은 매우 단순해서 어린아이도 쉽게 그 내용을 파악할 수 있다. 전체적으로 볼 때 하나님이 성경을 통해 주신 메시지는 우리가 이해할 수 있는 것들이다.

---

10 이 부분은 Andrew David Naselli, "Scripture: How the Bible Is a Book like No Other," in *Don't Call It a Comeback: The Same Faith for a New Day*, Kevin DeYoung 편집 (Wheaton, IL: Crossway, 2011), 66쪽 내용을 수정한 것이다(허락을 받고 사용함).

11 Mark D. Thompson, *A Clear and Present Word: The Clarity of Scripture*, New Studies in Biblical Theology 21 (Downers Grove, IL: InterVarsity Press, 2006)을 보라. 톰슨(Thompson)은 이러한 정의로 자신의 책을 끝맺는다. "성경의 명료성은 다음과 같은 성경 텍스트의 특성을 가리킨다. 곧 성경 텍스트에는 하나님의 의사소통 행위가 담겨 있으며, 믿음으로 텍스트를 대하는 이는 누구든지 그 의미를 이해하게 된다는 것이다"(169-70쪽[강조는 원래의 것]).

이런 견해는 논쟁 대상이 되어 온 두 가지 명제를 전제한다. (1) 성경은 하나님과 인간 저자들이 의도한 의미를 지닌다. (2) 우리는 그 의미를 이해할 수 있다. 물론 우리가 성경의 모든 내용을 완벽한 정도로 이해할 수 있다는 뜻은 아니다. 예를 들어 보자. 창세기 1장 1절인 "태초에 하나님이 천지를 창조하시니라"라는 말씀을 어린아이도 이해할 수 있을까? 물론이다. 어린아이에게도 그 말씀은 어려운 것이 아니다. 그러나 그 아이가 하나님이 지으신 이 세상과 성경 말씀을 점점 더 알아감에 따라, 이 구절에 대한 이해 역시 자랄 것이다. 우리는 어떤 것도 하나님이 아시듯이 절대적으로(완전하거나 전지하게) 알 수 없다. 하지만 그럼에도 어떤 것들을 참되게(실제적이거나 실질적으로) 알 수는 있다.

우리가 성경을 참되게 이해할 수 있다면, 성경의 가르침에 관해 모든 사람의 의견이 온전히 일치하지 못하는 이유는 무엇일까? 여기서 문제는 성경이 아니라 우리 자신의 유한함과 죄성에 있다. 우리가 성경을 저마다 다르게 해석하는 이유는 타락이 우리의 지성과 마음에 영향을 끼쳤기 때문이다. 그러나 여기서 강조할 점은 성경의 중심 메시지 자체는 매우 명료하다는 것이다.

한편 나는 웨인 그루뎀이 일곱 가지 측면에서 다음 진술에 단서를 다는 것에 동의한다. "성경은 우리가 그 내용을 이해할 수 있음을 분명히 한다."[12] 이 진술은 옳다. 하지만……

1. 그 내용을 한꺼번에 다 파악할 수 있는 것은 아니다.
2. 아무 노력 없이 그 내용을 파악할 수 있는 것은 아니다.
3. 일반적인 방편 없이도 그 내용을 파악할 수 있는 것은 아니다.
4. 그 말씀에 순종하려는 마음 없이도 그 내용을 파악할 수 있는 것은 아니다.
5. 성령의 도우심 없이도 그 내용을 파악할 수 있는 것은 아니다.
6. 인간적인 오해가 전혀 없이 그 내용을 파악할 수 있는 것은 아니다.
7. 그 내용을 완벽히 파악할 수 있는 것은 아니다.

그러므로 성경을 이해하기 위해서는 때로 '배경 지식'이 필요하다. 우리는 하나님

12 Grudem, "The Perspicuity of Scripture," 288-309쪽.

의 말씀과 그분이 지으신 세상을 더욱 부지런히 살피고 알아 가야겠다는 마음을 품어야 할 것이다. 오늘날 우리가 그 일을 잘 감당할 수 있도록, 하나님이 풍성한 자료를 주신 것에 감사하자(이 장 끝부분의 '추가 연구 자료'를 보라).

신약의 책 또는 본문의 역사-문화적 맥락을 분석하기 위한 일곱 가지 질문

다음에 제시된 것은 신약의 각 책이나 본문이 지닌 역사-문화적 맥락을 분석하기 위한 일곱 가지 질문이다. 고린도전서를 실례로 들어 하나씩 살펴보자.

1. 장르_ 이 글의 문학 양식은 무엇인가?

고린도전서는 편지이며, 고대 그리스-로마 세계의 다른 편지들과 매우 유사하다(앞선 1장에서 장르를 다루었다).

2. 저자_ 이 글을 쓴 사람은 누구인가?

고린도전서의 저자는 사도 바울이다. 바울은 이 편지 서두에서 자신이 저자임을 밝혔으며, 이제껏 그 주장에 이의를 제기한 이는 거의 없었다.

3. 연대_ 저자는 언제 이 글을 썼는가?

아마 주후 55년 초일 것이다.[13]

4. 장소_ 저자는 어디서 이 글을 썼는가?

바울은 에베소에서 이 글을 기록했다.[14]

---

13 어떻게 이런 연대가 나오는지를 살피려면, D. A. Carson and Douglas J. Moo, *Introducing the New Testament: A Short Guide to Its History and Message*, Andrew David Naselli 편집 (Grand Rapids: Zondervan, 2010)(『손에 잡히는 신약 개론』, IVP), 90쪽을 보라.

14 역시 같은 글을 보라.

5. 독자_ 저자는 누구에게 이 글을 썼는가?

"고린도에 있는 하나님의 교회[에]"(고전 1:2).

6. 목적_ 저자는 왜 이 글을 썼는가?

고린도전서에서 바울은 글로에의 집 사람들이 전한 소식(고린도전서 1장 11절을 보라)과 고린도 교회로부터 받은 편지(고린도전서 7장 1a절을 보라)에 응답하고 있다. 그가 이 서신을 쓴 데에는 여러 구체적인 목적이 있었으며, 가장 기본적인 목적은 고린도 교회가 하나님의 거룩한 백성답게 살도록 권면하려는 것이었다(1:2). 다음에 제시한 것은 바울이 이 편지에서 다룬 열 가지 주요 사안을 보여 주는 기본 개요다.

1. 서론(1:1-9)
2. 고린도 교인들에 관한 소식과 그들의 편지에 근거해서 바울이 응답한 사안들(1:10-15:58)
   2.1. 교회의 교사들을 둘러싼 분열 문제(1:10-4:21)
   2.2. 근친상간을 묵인한 문제(5:1-13)
   2.3. 교인끼리 서로 고소하는 문제(6:1-11)
   2.4. 성적 문란을 용납한 문제(6:12-20)
   2.5. 부부의 성관계, 독신 생활, 이혼과 결혼 문제(7:1-40)
   2.6. 우상에게 바친 음식을 먹는 문제(8:1-11:1)
   2.7. 머릿수건을 쓰는 문제(11:2-16)
   2.8. 성찬을 오용하는 문제 (11:17-34)
   2.9. 영적 은사를 사모하고 활용하는 문제(12:1-14:40)
   2.10. 신자의 부활을 부정하는 문제(15:1-58)
3. 결론(16:1-24)

여기까지 언급한 여섯 가지 질문의 중요성은 누구나 인정한다. 이는 주류 복음주의권에서 출간한 스터디 바이블들에 실린 성경 각 권에 관한 서론만 읽어 보아도 알 수 있다. 그러나 이제 언급할 일곱째 질문에 관해서는 논란이 있다.

7. 배경_ 저자가 전제로 삼았을 역사-문화적 세부 사항으로는 어떤 것들이 있는가?

고든 피는 이렇게 설명한다. "사람들은 대부분 서로 공유하는 전제들에 근거해서 의사를 소통하며, 그 전제들 자체는 언급되는 일이 거의 없다. 이런 전제들은 공동의 역사(가족/집단의 이야기), 사회학(일상생활을 결정하는 관계와 사회 구조들), 그리고 문화(한 집단이 기능하기 위해 공유하는 가치관으로, 뚜렷이 드러나지 않는 경우가 많다)와 연관된다."[15]

예를 들어, 바울은 자신의 편지들에서 수많은 역사-문화적 세부 사항을 언급한다. 그런데 그가 본문에서 분명히 언급하지는 않지만 주해적으로 중요한 의미를 지니는 역사-문화적 세부 사항들도 있다는 것이다. 이는 바울 자신과 독자들이 이미 그 지식을 공유하고 있다고 여겼기 때문일 경우가 많다. 물론 성경을 제대로 이해하려면 이런 역사-문화적 세부 사항을 늘 파악해야만 하는 것은 아니다. 그러나 역사-문화적 맥락을 이해한다면, 특정 본문을 좀 더 깊이 이해할 수 있다. 다음에 제시한 것은 고려할 만한 여섯 가지 특징이다.[16]

1. **세계관_** (1) 저자와 (2) 수신자, (3) 본문에서 언급되는 다른 이들, 그리고/또는 (4) 더 넓은 범위의 사회가 지닌 가치관과 사고방식
2. **사회 구조와 경제 구조_** 결혼과 가족 체제, 성 역할, 민족, 노예 제도, 후원을 통해 얻는 사회적 지위, 생계유지의 방편, 부와 가난의 문제
3. **물리적 특징_** 기후, 지형, 건축물, 도구, 운송 수단
4. **정치 풍조_** 정치 구조와 충성도, 구성원들
5. **행동 방식_** 의복과 관습
6. **종교적 관습_** 종교적 신념과 예식, 소속감, 종교적 중심지

이 여섯 가지 특징은 고린도전서의 여러 부분을 해석하는 데 모두 중요한 의미를 지닌다.[17]

---

15 Gordon D. Fee, *New Testament Exegesis: A Handbook for Students and Pastors*, 3판 (Louisville: Westminster John Knox, 2002)(『신약 성경 해석 방법론』, 크리스찬출판사), 96쪽.

16 이 목록은 Craig L. Blomberg with Jennifer Foutz Markley, *A Handbook of New Testament Exegesis* (Grand Rapids: Baker Academic, 2010)(『신약 성경 석의 방법』, 도서출판대서), 84-90쪽 내용을 수정한 것이다.

17 특히 고린도전서의 역사-문화적 맥락에 관한 브루스 윈터의 글들을 살펴보라. 예를 들어 Bruce W. Winter,

여기까지 우리는 신약의 책 또는 본문이 지닌 역사-문화적 맥락을 분석하기 위한 일곱 가지 질문을 살펴보았다. 그런데 이런 질문들에 답하기 위해서는, '거울 읽기'(mirror-reading)로 불리는 작업이 요구된다.

'거울 읽기' _ 유익하고 필요하지만 위험하기도 한 작업

'거울 읽기'는 신약 본문을 해석하는 방식 중 하나로, 저자가 쓴 내용에 원래의 독자들이 처한 문제나 상황이 반영되어 있다고 가정하는 것이다. 이것은 각각의 역사-문화적 정황들을 서로 연결하면서 행간의 의미를 파악하기 위한 한 가지 방식이다.[18] 물론 우리는 신약의 모든 텍스트에 어느 정도 이런 작업을 수행한다. 그러나 거울 읽기에서는 적어도 신약의 일부 본문에 당시 교회가 직면한 문제나 상황이 반영되어 있다고 가정하며, 가설에 의존해서 이런 문제나 상황들을 재구성하게 된다.

이는 마치 우리가 누군가의 곁에 앉아서 그 사람이 통화하는 소리를 듣지만, 상대방 말은 들을 수 없는 경우와 비슷하다. 곧 양측 대화 가운데 한쪽 편의 말소리밖에 듣지 못하는 것이다. 하지만 그런 경우에도 우리는 때로 그 두 사람 사이의 정황을 상당히 정확하게 헤아릴 수 있다.

이처럼 한편으로 '거울 읽기'는 유익하고 필요한 것이지만, 다른 한편으로는 위험한 것이 될 수도 있다.

'거울 읽기'는 유익하고 필요한 것이 될 수 있다

당신이라면 신약의 어떤 책에 관한 다음 질문들에 어떻게 대답하겠는가? "저자가 이 글을 쓴 이유는 무엇인가? 그는 어떤 목적에서 이 글을 썼는가?"

때로는 이 질문에 쉽게 답할 수 있다. 저자가 이런 식으로 언급하는 경우다. "내가

After Paul Left Corinth; Winter, *Philo and Paul among the Sophists: Alexandrian and Corinthian Responses to a Julio-Claudian Movement*, 2판 (Grand Rapids: Eerdmans, 2002); Winter, *Roman Wives, Roman Widows* 등이 있다.

18 '거울 읽기'라는 용어의 보급에 주로 영향을 준 글로는 John M. G. Barclay, "Mirror-Reading a Polemical Letter: Galatians as a Test Case," *JSNT* 31 (1987): 73-93쪽을 보라.

이 책을 쓴 이유는 이러이러합니다." 요한은 자신의 복음서에서 그렇게 진술한다. "이것을 기록함은 너희로 예수께서 하나님의 아들 그리스도이심을 믿게 하려 함이요 또 너희로 믿고 그 이름을 힘입어 생명을 얻게 하려 함이니라"(요 20:31). 이처럼 요한은 자신의 기록 목적을 뚜렷이 밝히고 있다. 하지만 모든 책에서 그렇게 언급하는 것은 아니다.

때로 저자는 거짓 교사들이 그리스도인들 가운데서 퍼뜨리고 있는 오류를 경고하려고 글을 쓴다. 이때 우리가 할 일은 텍스트를 거듭 주의 깊게 읽으면서, 그 오류의 성격이 어떠하며 그 해결책은 무엇인지를 살피는 것이다. 이 같은 유형의 '거울 읽기'는 유익할 뿐 아니라 꼭 필요하기까지 하다. 이 경우 다른 식으로는 그 본문을 제대로 이해할 수 없기 때문이다. 이런 읽기 방식은 고린도전후서나 갈라디아서, 골로새서, 요한일서 같은 책들을 살필 때 특히 중요하다. 그리고 저자가 그 교회 안의 문제들을 구체적으로 언급할 경우, 당신은 자신이 신뢰할 만한 방식으로 '거울 읽기'를 수행하고 있음을 더욱 확신할 수 있다. 고린도전서의 경우, 바울은 1장 10-17절을 비롯한 책의 본문 전체에 걸쳐 이런 문제들을 언급하고 있다. 물론 여기서 그는 이 문제들의 성격을 자세히 설명할 필요가 없었다. 고린도 교인들은 이미 자신들의 상황을 잘 알고 있었기 때문이다. 하지만 우리는 고린도 교인들이 아니다. 그러므로 우리는 그들이 처한 상황을 이해하는 실마리를 찾기 위해, 고린도전서를 분별력 있게 읽고 또 읽어야 한다.

바로 그것이 '거울 읽기'를 잘 수행하는 방법이다. 신약의 한 책을 주의 깊게 읽고 또 읽는 것. 텍스트에서 당시 상황을 알려 줄 실마리를 찾아보라. 그것은 신약 성경을 읽는 데 유익하고도 꼭 필요한 방식이다.

하지만 여기서 한 가지 주의할 점이 있다.

'거울 읽기'는 위험한 것이 될 수 있다[19]

'거울 읽기'는 적어도 두 가지 이유에서 위험할 수 있다.

---

19 Robert H. Stein, *A Basic Guide to Interpreting the Bible: Playing by the Rules*, 2판 (Grand Rapids: Baker Academic, 2011)(『성경 해석학』, 기독교문서선교회), 205-6쪽을 참조하라.

1. **우리는 지나친 '거울 읽기'에 빠질 수 있다.** 어떤 이들은 신약의 거의 모든 내용에 관해 '거울 읽기'를 시도하려 든다. 그것은 과도한 읽기이며, 따라서 주해가 아니라 자의적 해석이 된다.

대학원 시절, 나는 어느 제2성전기 유대교 전문가에게 강의를 들은 적이 있다. 그는 첫 시간에 이렇게 주장했다. "성경 텍스트는 언제나 특정 종류의 가정이나 신념, 전제에 반대하는 성격을 띱니다. 그러니 **어떤** 텍스트를 해석하든, 여러분은 늘 이렇게 질문해야 합니다. '이 본문의 맥락에서, 이 언급은 무엇에 반대하는 내용인가?'" 나는 그때 손을 들고 그의 주장을 제대로 이해한 것인지 확인하기 위해 몇 가지 질문을 던졌다. 하지만 나는 당시 그의 주장에 설득되지 않았으며, 지금도 마찬가지다.

이런 식의 '거울 읽기'는 대부분의 신약 본문이 당시의 교회가 직면한 문제나 상황을 반영한다고 그릇되게 가정한다. 에베소서 4장 끝부분에서 바울은 일련의 명령을 제시하는데, 그 가운데는 이런 언급도 포함되어 있다. "도둑질하는 자는 다시 도둑질하지 말고 돌이켜 가난한 자에게 구제할 수 있도록 자기 손으로 수고하여 선한 일을 하라"(엡 4:28). 그렇다면 이런 언급은 반드시 그곳 그리스도인들 사이에 심각한 도둑질의 문제가 있다는 것을 바울이 알고 있었으며, 구체적으로 이 문제에 대응하고 있음을 의미하는 것인가? 아니면 바울이 도둑질을 언급한 것은 그저 그것이 타락한 우리 인간들 속에 있는 보편적인 문제임을 알았기 때문일까?

달리 말하면, 때로 신약 저자들은 지금 존재하는 문제에 **대처하기**보다 이후에 문제가 발생하는 것을 **예방하기** 위해 어떤 명령을 기록하기도 한다. 그러므로 한 텍스트에서 어떤 명령이나 금령을 접할 때, 우리는 기계적으로 그 명령이나 금령이 저자가 서신을 보낸 교회 안에 있던 문제를 반영한다고 가정해서는 안 된다.

우리는 이 점을 직관적으로 알고 있다. 당신이 휴가 중에 집을 떠나 낯선 교회에서 주일 예배를 드리게 되었다고 해보자. 그런데 그곳 목회자가 간음에 관해 설교한다면, 당신은 그 설교를 어떤 식으로 이해하겠는가? 과연 그 목회자가 지금 그 교회 안에 있는 여러 간음 행위에 대처하기 위해 그런 주제를 선택했다고 여기겠는가? 아니면 현재 있는 문제에 **대처하기**보다는 이후에 생겨날 수 있는 문제를 **예방하기** 위해 그런 메시지를 전했다고 여기겠는가?

이처럼 우리는 지나친 '거울 읽기'에 빠질 수 있다. 그런데 이 '거울 읽기'는 좀 더 심각한 또 한 가지 이유에서 위험한 것이 될 수 있다.

2. **우리는 그릇된 방식으로 '거울 읽기'를 행할 수 있다.** 때로 학자들은 텍스트에 분명히 언급되는 내용을 사실상 얼버무리는 방식으로 '거울 읽기'를 수행한다. 물론 나는 신약의 역사-문화적 맥락에 관해 탁월한 작업을 수행하는 학자들에게 감사한다. 그리고 신약의 일부 본문에서 우리와의 문화적 간격이 뚜렷이 느껴질 때, 그 간격을 해소하도록 돕는 이론을 제시하는 것은 바람직하다. 고린도전서 11장 2-16절의 머릿수건 같은 경우가 그런 예다. 하지만 적어도 지난 수십 년간, 신약학의 전반적인 흐름은 이 점에서 우려스러운 모습을 보여 왔다. 더글러스 무는 다음 글에서 이런 문제를 잘 지적하면서 비판한다.

> 일부 학자들은 빈약하고 불확실한 증거 위에 정교한 이론을 구축하는 경향을 보인다. 그러고는 그 이론을 뒷받침하는 데이터가 거의 없거나 심지어는 서로 충돌하는 데이터들이 있는데도, 그런 이론을 성경의 각 텍스트를 해석하고 적용하는 토대로 삼기도 한다. 그리고 최근 어떤 해석자들은 이런 과정을 '거울 읽기'라고 부른다. 여기서 '거울'은 특정한 배경 이론이며, 한 텍스트가 그 배경 이론의 거울에 비추일 때 그 이론은 텍스트의 의미를 결정짓는 요인이 된다.
>
> 이런 과정을 잘 보여 주는 사례로는 최근에 쏟아져 나온 디모데전서 2장 11-15절의 해석들을 들 수 있을 것이다. 이 본문에서 바울은 디모데에게 여자가 "가르치는 것과 남자를 주관하는 것"을 원하지 않는다고 언급한다. 많은 해석자는 1세기 당시 맥락에서 이 금지령을 해석해야 한다고 옳게 지적한다. 하지만 그런 다음에 그들은 한 걸음 더 나아가 특정한 배경 시나리오를 제안하는데, 그런 시나리오들은 대체로 디모데전서 텍스트에서 근거를 찾아볼 수 없으며, 때로는 1세기 당시의 세계에 관해 우리가 아는 내용에서도 근거를 찾기가 어려운 것들이다. 그럼에도 이런 식의 '거울 읽기'를 따르는 학자들은 **이처럼 이론적인 배경 시나리오들 때문에**, 바울의 이 조언이 오늘날의 교회에는 직접 연관되지 않는다고 결론짓는다.
>
> 여기서 내 말뜻을 오해하지 않기 바란다. 배경 연구 자체는 꼭 필요하며, 성경을 이해하는 데 기본적으로 중요한 경우가 많다. 하지만 앞서 언급한 경향이 지닌 문제는 명백하다. 우리는 특정한 배경 상황을 해석의 결정적 요인으로 삼기 전에, 그 상황

이 본문에 끼친 영향을 먼저 확신할 수 있어야 한다. 그렇지 않으면 우리는 텍스트의 의미를 자신의 생각대로 바꾸어 버리거나, 대부분의 성경 본문을 우리에게는 적용되지 않는다며 묵살해 버릴 수도 있다.[20]

그러면 우리는 당시 상황을 재구성하는 '거울 읽기'의 타당성을 어떻게 평가해야 할까? 이에 관해 모이세스 실바는 유익한 경험 법칙을 제시한다.

> 우리는 **과연** 행간을 읽어야 할지가 아니라 행간을 **어떻게** 읽어야 할지를 생각해야 한다. 분명한 점은 어떤 해석이 (텍스트에서 분명히 언급된 내용이 아닌) 추론에 의존할수록 그 설득력은 약해진다는 것이다. 어떤 역사적 재구성이 본문의 명백한 의미를 (더욱 강화하기보다는) 혼란스럽게 만드는 경우, 우리는 그런 이론이 타당한지를 의심하는 편이 마땅하다. 이에 반해 어떤 학자가 텍스트 자체에서 생겨난 재구성을 제시할 경우, 그리고 그 재구성이 텍스트의 어려운 진술을 이해하는 데 도움을 줄 경우, 우리는 하나의 이론이라는 이유로 그것을 거부할 필요가 없다.[21]

그러니 주의하기 바란다. 역사-문화적 맥락은 텍스트 자체를 **제거해** 버리는 것이 아니라, 그 텍스트의 의미를 **비추어** 주는 것이 되어야 한다. 전반적인 맥락을 깊이 이해하는 것은 텍스트를 정확하게 해석하는 데 도움을 준다. 당신은 텍스트를 자신의 생각대로 길들이거나 뒤엎으려 하지 말고, 분별력 있게 '거울 읽기'를 수행하기 바란다.[22]

---

20 Douglas J. Moo, *2 Peter, Jude*, NIVAC (Grand Rapids: Zondervan, 1996), 129-30쪽(강조는 원래의 것). 디모데전서 2장 12절을 명확히 분석한 책으로는 Andreas J. Köstenberger and Thomas R. Schreiner 편집, *Women in the Church: An Interpretation and Application of 1 Timothy 2:9-15*, 3판 (Wheaton, IL: Crossway, 2016)을 보라.

21 Walter C. Kaiser Jr. and Moisés Silva, *Introduction to Biblical Hermeneutics: The Search for Meaning*, 2판 (Grand Rapids: Zondervan, 2007), 179쪽.

22 D. A. Carson, "Mirror-Reading with Paul and against Paul: Galatians 2:11-14 as a Test Case," in *Studies in the Pauline Epistles: Essays in Honor of Douglas J. Moo*, Matthew S. Harmon and Jay E. Smith 편집 (Grand Rapids: Zondervan, 2014), 99, 112쪽을 참조하라. "물론 '거울 읽기'는 필수적인 해석 방법이다. 하지만 '거울 읽기'를 통해 텍스트가 길들여지거나 심지어 그 의미가 뒤집힐 때에는 의심의 여지가 있다. 어떤 지점에서 '거울 읽기'는 의심의 해석학을 위한 도구가 되며, 텍스트를 해체하는 방편으로 쓰인다. …… 간단히 말해 '거울 읽기'는 때로 주의 깊은 해석에 꼭 필요한 요소이며, 이는 특히 한쪽의 이야기만 '듣게' 되는 서신들의 경우에 그러하다. 하지만 모든 '거울 읽기'가 똑같이 귀한 것은 아니다. 우리는 아주 많은 텍스트에 귀 기울이고 공감하며, 그 텍스트들에 되도록 타당성 있고 긴밀하

역사-문화적 맥락을 파악하기 위한 일차 자료로는 어떤 것들이 있는가

성경의 어떤 책이나 본문, 주제를 이해하려 할 때, 우리는 그 역사-문화적 맥락을 파악해야 한다. 그러면 이때 어떤 일차 자료들을 활용해야 할까? 세 가지 범주의 자료가 있다.

1. 성경을 활용하라

역사-문화적 맥락을 파악하기 위해서는 저자가 그 글을 기록한 상황을 이해해야 하며, 또한 그 저자가 본문에 언급하거나 전제로 삼았을 법한 역사-문화적 세부 사항들을 파악해야 한다. 많은 사람이 이 일을 이른바 배경 지식, 곧 성경 바깥에서만 얻을 수 있는 정보에 우선순위를 두는 것으로 여긴다. 그러나 성경에도 역사-문화적 세부 사항이 가득 담겨 있으므로, 성경은 역사-문화적 맥락을 파악할 때 으뜸가는 자료가 된다. 물론 성경이 역사-문화적 맥락에 관한 모든 질문에 답하는 것은 아니다. 때로 성경은 원래의 독자들은 알고 있었지만 우리는 알지 못하는 지식을 전제한다. 하지만 그럼에도 성경은 생각보다 훨씬 많은 질문에 답할 수 있다. 예를 들어 사도행전을 주의 깊게 살피면, 바울 서신에서 언급하는 교회들에 관한 세부 지식을 얻을 수 있다.

그러니 역사-문화적 맥락을 파악할 때에는 다른 자료들보다 먼저 성경을 살펴보라. 문학적인 맥락을 염두에 두면서 신약 성경을 주의 깊게 읽어 보기 바란다(8장을 보라). 그러고는 신약이 구약을 어떻게 활용하는지를 헤아려 보라. 이는 신약에서 구약 본문을 직접 인용하거나 그 내용을 암시하고 있는지, 또는 어떤 주제의 흐름을 이어 가고 있는지를 살피는 일이다(9장을 보라).

이것은 막중한 과업이며, 이 일의 중요성은 아무리 강조해도 지나치지 않다. 그저 성경 텍스트만 주의 깊게 읽어도 역사-문화적 맥락에 관해 많은 내용을 찾아낼 수 있기 때문이다. 결코 성경을 떠나지 말라. 이에 비하면 다른 자료는 모두 부차적인 것들이다. 그러므로 역사-문화적 맥락을 파악하는 데 열심을 쏟을 때, 가장 중요한 텍스트

게 '부합하는' 형태의 '거울 읽기'를 추구해야 한다. 그리고 주어진 텍스트의 내용을 묵살해야 그 의미가 성립하는 시나리오들에는 불편한 마음을 갖는 것이 마땅하다."

인 성경을 경시해서는 안 된다. 성경을 가장 우선시하라. 다른 어떤 자료보다 이 책을 자주 읽고 또 으뜸가는 자료로 삼아야 한다.

이제는 이 권면을 기억하면서, 역사-문화적 맥락을 파악하기 위한 다른 두 범주의 자료를 살펴보자.

2. (정경 외적인) 유대의 일차 문헌들을 활용하라

역사-문화적 맥락을 파악하는 데 도움을 주는 유대의 일차 문헌으로는 어떤 것들이 있을까? 신약 연구를 위해서는 여섯 가지 유대 문헌이 가장 중요하다.

1. **구약의 외경**(Apocrypha)_ 주전 3세기부터 주후 1세기 사이에 기록된 약 열다섯 권의 문헌 모음집. 에스드라1, 2서와 토빗기, 에스더서의 추가 부분, 솔로몬의 지혜서, 집회서(시라크서), 바룩서, 예레미야의 편지, 아사랴의 기도서와 세 아이의 노래, 수산나의 이야기, 벨과 용의 이야기, 므낫세의 기도서, 마카비1, 2서 등이 여기 속한다. 로마 가톨릭교회와 동방 정교회는 이 책들을 정경으로 간주하지만, 유대교와 개신교에서는 그렇지 않다.[23]

2. **구약의 위경**(Pseudepigrapha)_ 고대의 유대교와 헬레니즘 문헌 모음집. 내용이 광범위하고 다양하며, 연대는 주로 신구약 중간기에 속한다. 그중 많은 책이 가명으로 기록되었으며, 저자들은 자신이 에녹이나 에스라, 아브라함 또는 이삭, 야곱과 같이 잘 알려진 성경의 인물이라고 주장한다.

3. **사해 문서**_ 약 850개 정도의 유대교 사본 모음집(그중 대부분은 문서의 조각들이다). 1947년에 양치기들이 사해 부근에 있는 쿰란 지역의 동굴들에서 발견했다. 이 문서들 가운데는 (에스더서를 제외한) 구약 성경 각 권의 일부 본문뿐 아니라, 구약 각 책의 주석에 해당하는 문헌도 있다. 이 문서들을 만들어 낸 집단의 성격을 살피는 것은 신약 시대 유대교의 흐름을 이해하는 데 특히 중요하다(아마 이들은 에세네파일 것이다. 요세푸스는 신약 시대 이스라엘에 이 분파가 존재했다고 언급한다).

4. **필로**(Philo)_ 헬레니즘적인 유대교 철학자이자 구약 해석자. 알렉산드리아 출신

23 신약의 외경은 구약의 외경과 매우 다르다. 신약의 외경에는 주후 2-6세기 사이에 기록된 출처 미상의 복음서와 서신들, 묵시 문학이 포함되어 있다.

으로, 주전 20년경부터 주후 50년경까지 생존했다. 성서학적 측면에서 그의 가장 중요한 저작으로는 창세기와 출애굽기 주석이 있으며, 이 주석들에는 알레고리가 가득 담겨 있다. 그의 알레고리적 해석학은 매우 창의적이어서 때로는 (슬프게도) 우스운 것으로 다가오기도 한다.

5. **요세푸스**(Josephus)_ 주후 37년경부터 110년경까지 생존한 유대 역사가. 성경을 제외하면, 요세푸스가 쓴 네 권의 책은 1세기 당시의 유대 세계를 이해하는 데 가장 중요한 자료다. 그 네 권의 책은 (1) 그의 자서전인「생애」, (2) 유대교 변증문인「아피온 반박문」, (3) 세상의 창조부터 유대와 로마의 전쟁이 벌어지기까지의 유대 역사를 서술한「유대 고대사」, (4) 유대와 로마의 전쟁을 기록한「유대 전쟁사」다. (늘 그런 것은 아니지만) 그는 전반적으로 신뢰할 만한 역사가다.

6. **탈굼과 랍비 문헌**_ 이 문헌들은 초기 유대교 공동체가 구약 성경을 어떻게 해석했는지를 보여 주는 창과 같다. (1) 탈굼은 구약 성경을 아람어로 번역하고 해석한 문헌으로, 주후 3세기경부터 기록되기 시작했다. (2) 미쉬나와 탈무드, 미드라쉬는 유대의 랍비나 현자들이 가르친 내용을 수집한 문헌이다. 미쉬나는 구전 율법을 모은 것이며, 팔레스타인과 바빌로니아 탈무드는 이 미쉬나를 주석한 문헌이다. 그리고 미드라쉬에는 구약 주석이 많이 담겨 있다. 그런데 이 방대한 문헌들의 연대를 정확히 파악하기는 매우 어렵다. 예를 들어 이 문헌들에서 언급되는 유대교의 신앙과 관습들이 신약 시대로 거슬러 올라가는 것인지, 아니면 그 이후에 생겨난 것인지는 명확하지 않다.

그러면 정경 외적인 유대 문헌이 신약 연구에 중요한 의미를 갖는 이유는 무엇일까? 이에 관해서는 여러 이유가 있지만, 가장 중요한 이유는 이 문헌들이 신약의 구약 활용 방식을 이해하는 데 도움을 준다는 것이다. G. K. 비일과 D. A. 카슨은 이 점에 관해 다섯 가지 이유를 든다.[24]

---

24 G. K. Beale and D. A. Carson, "Introduction," in *Commentary on the New Testament Use of the Old Testament*, G. K. Beale and D. A. Carson 편집 (Grand Rapids: Baker Academic, 2007)("신약의 구약 사용 주석" 시리즈, 기독교문서선교회), xxiv(아래 인용문 형식은 저자 추가).

1. 이 문헌들을 통해, 우리는 신약 성경과 비슷한 시기에 기록된 자료들이 구약 텍스트를 어떻게 이해했는지를 살펴볼 수 있다. 몇몇 경우에는 그 문헌들 가운데서 연속적인 이해의 흐름을 추적해 볼 수도 있다(다만 신약의 문서들은 그 흐름에 속하지 않을 수도 있다).
2. 때로 이 문헌들은 유대교의 권위자들 사이에서도 특정한 구약 본문 해석에 관해 서로 의견이 나뉘었음을 보여 준다. 부분적으로는 이러한 차이가 문학적 장르에 의해 결정되기도 했다. 예를 들어 유대교의 지혜 문헌들은 어떤 주제를 다룰 때 묵시 문헌과 다른 방식으로 접근한다. 그 문헌들 속에 담긴 추론을 파악해 낼 수 있다면, 우리는 당시의 성경 해석에 관해 중요한 통찰을 얻을 수 있다.
3. 어떤 경우에는 초기 기독교의 해석이 지닌 독특성이 초기 유대교의 해석과 대비를 이루면서 더욱 부각되기도 한다. 그리고 이러한 차이가 나타날 경우에는 해석학적, 주해적인 설명이 요구된다. 예를 들어 두 집단이 동일한 텍스트를 매우 상이한 방식으로 해석할 때, 그 차이를 무엇으로 설명할 수 있을까? 해석 기술의 차이일까? 해석학적 전제들 때문일까? 문학 장르의 차이일까? 그들의 반대자들이 각각 다르기 때문일까? 목회 활동의 성격이 다르기 때문일까?
4. 문학적으로 직접적인 의존 관계가 없는 곳에서도, 신약 저자들의 언어는 초기 유대교의 언어와 밀접한 유사성을 지닐 경우가 있다. 이는 단순히 연대적으로나 문화적으로 서로 가깝기 때문이다.
5. 몇몇 경우에, 신약 저자들은 초기 유대교 자료들과 그 자료의 구약 활용 방식에 직접적으로 의존하는 모습을 보인다(예를 들어 유다서의 경우가 그러하다). 우리는 그런 의존 관계에서 무엇을 추론해 내야 할까?[25]

---

25 Douglas J. Moo and Andrew David Naselli, "Jude," in *NIV Zondervan Study Bible*, D. A. Carson 편집 (Grand Rapids: Zondervan, 2015), 2576쪽. "몇 가지 암시적인 표현 외에도, 유다는 성경에 기록되지 않은 두 가지 이야기를 언급하고 있다. (구약의 위경 「모세 승천기」에서 온 것으로 보이는) 미가엘이 모세의 시체를 두고 마귀와 논쟁한 9절 이야기와, (구약의 위경에 포함된 유대 문헌인 에녹1서 1:9에서 온) 14-15절에 언급된 에녹의 예언이 그것이다. 이 점에 근거해서, 어떤 이들은 유다의 시대에는 구약 책들의 표준 목록, 곧 구약의 '정경'이 아직 확정되지 않은 상태였다고 그릇된 결론을 내린다. 그러나 유다는 이 책들 중 어떤 것도 '성경'으로 인용하지 않으며, 그 내용을 소개할 때 전통적인 문구("기록된 바", "성경에 기록되었으되"와 같이 구약 인용을 나타내는 문구_ 옮긴이)를 사용하지도 않는다. 그리고 그는 이 책들에 관한 견해를 전혀 드러내지 않는다. 유다가 이 글들을 인용한 이유는 그저 그 이야기들이 당시 독자들에게 잘 알려져 있었기 때문일지도 모른다." 유다서 14절에서 에녹1서 1:9을 인용하는 것은 "하나님이 유다서의 독자들 사이에 몰래 들어온 거짓 교사들을 심판하시리라는 점을 강조하기 위함이다"(2578).

3. 그리스-로마의 일차 문헌들을 활용하라

그리스-로마의 어떤 일차 문헌들이 역사-문화적 맥락을 파악하는 데 가장 도움이 될까? 신약 연구를 위해서는 두 종류의 그리스-로마 문헌이 가장 중요하다.

1. 그리스-로마의 저자들이 쓴 글_ 크레이그 에반스(Craig Evans)는 신약 성경과 어느 정도 관련된 글을 쓴 106명의 그리스-로마 저자를 열거한다.[26] 이중 가장 중요한 이들로는 호메로스, 플라톤, 아리스토텔레스와 소(小) 세네카(루키우스 안나이우스 세네카), 타키투스, 소(小) 플리니우스(가이우스 플리니우스 카이킬리우스 세쿤두스) 등이 있다. 그리고 대여섯 명 남짓의 저자가 예수나 초기 기독교, 또는 그 둘 모두에 관해 언급한다. 나에게 가장 유익하던 자료는 주후 70년부터 130년경까지 생존한 수에토니우스의 책 「열두 명의 카이사르」(*The Twelve Caesars*, 다른세상 역간)다.[27] 이 책은 잡담풍의 연대기로, 로마의 첫 열두 황제가 살던 생애를 흥미롭게 묘사한다. 그리고 이 연대는 제2성전기 유대교의 진행 시기, 기독교가 생겨나고 확산된 시기와 상당히 겹친다(주전 49년부터 주후 96년경). 예를 들어 수에토니우스의 글은 로마 황제들의 여성 비하적인 태도가 여성을 존중하고 경의를 표한 기독교의 태도와 극명히 대조됨을 보여 준다. 정치 측면에서 로마 제국의 기독교인들은 부패하고 부도덕한 폭군들의 통치 아래 있었다. 특히 가이우스 칼리굴라와 네로, 도미티아누스는 무자비한 괴물 같은 자들이었다. 여러 황제가 성(性)과 돈, 권력의 면에서 매우 부도덕했다. 그들은 근친상간과 남색을 범했으며, 많은 사람을 학살하고 자기 친족까지 암살했다. 그들은 위선적인 동시에 잔인한 짓을 저지를 수 있었다. 예를 들어 성적으로 문란하던 황제 도미티아누스는 죄를 범한 베스타 여신의 신녀를 "산 채로 파묻고 그녀의 연인들은 코미티움(Comitium, 로마 시대의 집회 장소_ 옮긴이)에서 몽둥이로 때려죽이게끔" 명령해서 그 신녀의 '부정'을 징벌한 일이 있었다(*Domitian* 8). 이처럼 수에토니우스 같은 그리스-로마 저자들의 글을 통해, 우리는 신약 당시의 세계를 더 자세히 이해할 수 있다.

---

26 Craig A. Evans, *Ancient Texts for New Testament Studies: A Guide to the Background Literature*, 2판 (Peabody, MA: Hendrickson, 2005)(「신약 성경 연구를 위한 고대 문헌 개론」, 솔로몬), 287-300쪽, and Appendix 2: "Quotations, Allusions, and Parallels to the New Testament," 342-409쪽.

27 Suetonius, *The Twelve Caesars*, J. B. Rives 편집, Robert Graves 옮김, Penguin Classics (New York: Penguin, 2007)(「열두 명의 카이사르」, 다른세상).

2. **문학 작품이 아닌 파피루스 문서와 비문, 동전, 도자기 조각들**[28]_ 문학적 글이 아닌 이 자료들은 신약 당시의 세계에 상당한 빛을 비추어 줄 뿐 아니라, 신약 본문에 언급된 이름과 장소, 관습이 사실임을 확증해 줄 수 있다. 한 예로 1961년에 발굴된 한 비석은 본디오 빌라도가 총독의 직책에 있었음을 언급하고 있다. 그리스 왕과 로마 황제의 모습을 새긴 동전들은 그들을 자주 '신들', '신들의 아들들'이라고 묘사한다. 다음 글은 한 남편이 이집트의 알렉산드리아에 있는 아내에게 파피루스 문서로 지시한 내용이다. "어린 우리 아이를 잘 돌봐 주기 바라오. 급료를 받는 대로 당신에게 보내리다. 그리고 혹시 아이를 낳을 경우, 아들이면 살려 두고 딸이면 내다 버리도록 하시오."[29] 원치 않게 태어난 아기를 내다 버리는 것은 오늘날의 낙태에 비견되는 고대 관습이었다. 그런 아기들은 대부분 굶어 죽거나 야생 동물에게 잡아먹혔다.

유대 문헌과 그리스-로마 문헌을 분별력 있게 활용하는 여섯 가지 방법

앞선 단락에서는 역사-문화적 맥락을 파악하기 위한 세 가지 일차 문헌을 추천했다. 바로 (1) 성경, (2) 정경 외적인 유대 문헌, (3) 그리스-로마 문헌이다. 이제는 이중 두 번째와 세 번째 문헌에 집중해서 논의하려 하는데, 이는 신약의 해석자들이 자칫 이런 문헌들을 분별력 없이 다룰 수 있기 때문이다. 그러면 이런 문헌들을 분별력 있게 활용하려면 어떻게 해야 할까? 이에 관해 여섯 가지를 언급할 수 있다.

1. 문학적 감수성을 활용하라

해석자들은 성경을 해석할 때 문학적 감수성을 활용하는 일이 중요하다고 인정한다. 이 글의 장르는 무엇인가? 누가 이 글을 썼는가? 언제 썼는가? 누구에게 썼는가? 이 문학 작품의 메시지는 무엇인가? 지금 이 단락에 담긴 논증은 무엇인가? 지금 이 본문의

---

28 Evans, *Ancient Texts for New Testament Studies*(『신약 성경 연구를 위한 고대 문헌 개론』), 306-28쪽을 보라.

29 P. Oxy. 744, Everett Ferguson, *Backgrounds of Early Christianity*, 3판 (Grand Rapids: Eerdmans, 2003)(『초대 교회 배경사』, 은성), 81쪽에 인용됨.

내용은 다른 단락에서 전개된 논증에 어떻게 들어맞는가? 분별력 있는 해석자는 기본적으로 이런 질문들을 던지게 된다.

그러나 어떤 이가 이런 질문들에 답하지 못하면서도 정경 외적인 유대 문헌이나 그리스-로마 문헌에서 한두 줄을 인용하는 경우는 얼마나 많은가? 이 경우, 당신은 그 본문을 원래 문맥에서 분별없이 떼어 내는 셈이 된다. 성경을 해석할 때와 이른바 배경 지식을 다룰 때의 기준이 서로 달라서는 안 된다. 성경 외적인 문헌을 멋대로 언급하지 말라. 우리는 문학적 감수성을 적절히 활용하여 분별력 있는 해석자가 되어야 한다. 모든 본문을 원래의 문맥에서 파악하도록 노력하기 바란다.

또한 어떤 자료들은 신약 성경이 기록된 **이후**에 생겨난 것임을 유념해야 한다. 이는 특히 일부 위경과 랍비 문헌의 경우에 그러하다. 연대가 신약보다 늦다고 해서 그 글이 의미 없는 것은 아니지만, 이런 사실은 우리의 작업과 관련하여 그 글이 지닌 의미에 상당한 영향을 끼칠 수 있다. 어떤 자료의 연대를 파악하는 것이 중요한 이유는 바로 이 때문이다.

2. 유대와 그리스-로마 세계에는 다양한 모습이 있었음을 인정하라

이런 말을 들어본 적 있는가? "바울 시대의 유대인들은 모두 이렇게 믿었습니다." "예수님 당시의 로마인들은 모두 이렇게 믿었습니다." 이런 문장들을 책임감 있게 끝맺는 것이 불가능한 일은 아니지만, 이런 식으로 말하는 이들은 대체로 지나친 일반화를 시도하게 된다. 우리도 겪어서 알듯이 사람이나 이념의 모습은 다양한 성격을 띠기 때문이다. 예를 들어 당신이 미국인 침례교 복음주의자라고 하자. 사람들이 이 명칭에 근거해서 당신을 얼마나 다양한 방식으로 오해할지 한번 헤아려 볼 수 있겠는가? 미국인은 저마다 모습이 다르며, 침례교인 가운데는 온갖 종류의 사람이 있다. 그리고 복음주의 안에도 광범위한 유형이 존재한다.

그러니 1세기 유대교가 복잡한 양상을 지녔으며, 그 속에는 다양한 문제에 관해 상이한 견해를 지닌 이념과 전통들이 포함되어 있었다는 점을 이상히 여겨서는 안 된다. 이는 어떤 문화적 관습의 경우, 그리스-로마 세계의 보편적 관례이기보다는 어느 한 도시나 지역에 국한된 것이었다는 점에 관해서도 마찬가지다. 한마디로 유대와 그리스-로마 세계의 모습은 다양했음을 잊지 말라.

3. '유사점 찾기 중독증'에 빠지지 않도록 주의하라

'유사점 찾기 중독증'(parallelomania)에 이르는 세 단계는 이러하다.[30] (1) 어떤 유대 문헌이나 그리스-로마 문헌이 신약의 한 본문과 유사하다고 판단한다. (2) 그 유사점은 직접적이며 유기적인 문학적 연관성 때문에 생겨났다고 추정한다. (3) 그 연관성의 흐름이 특정한 방향으로 전개되었다고 결론짓는다. 곧 그 유대 문헌이나 그리스-로마 문헌이 바울의 생각에 직접 영향을 주었으며, 그 반대는 아니라고 단정 짓는 것이다.[31]

"베드로는 다음 문헌에서 이 개념을 가져다 썼다"와 "여기서 베드로가 언급한 내용은 다음 문헌에서도 나타나는 특정 개념을 반영한 것일 수도 있다"는 큰 차이가 있다. "베드로는 다음 문헌에서 이 개념을 가져다 썼다"라고 언급한다면, 당신은 베드로가 그 자료에 직접 의존했음을 분명히 안다고 주장하는 셈이 된다. 근거 없는 소수의 유사점에 근거해서 광범위한 결론을 내리는 일이 없도록 주의하라.

4. 각 자료가 신약의 이해를 어떻게 돕는지 구체적으로 정리하라

다음에 제시한 것은 가장 흔한 것에서 가장 드문 것 순으로 정리한 네 가지 유형이다. 유대 문헌과 그리스-로마 문헌은 다음 방식으로 신약을 이해하는 데 도움이 될 수 있다.

1. 그 문헌에는 신약의 한 본문을 깊이 이해하도록 돕는 문화적 분위기가 반영되어 있다.
2. 그 문헌에는 신약의 한 본문에 쓰인 것과 유사한 어법이 담겨 있다.
3. 그 문헌은 신약의 한 본문에 간접적인 영향을 끼쳤다.
4. 그 문헌은 신약의 한 본문에 직접적인 영향을 끼쳤다.

5. 실수를 인정할 줄 아는 사람이 되라

우리는 자신의 잘못을 인정할 줄 알아야 한다. 이런 태도로 유대 문헌과 그리스-로마

---

30 '유사점 찾기 중독증'(parallelomania)은 새뮤얼 샌드멜(Samuel Sandmel)이 널리 알린 용어다. Samuel Sandmel, "Parallelomania," *JBL* 81, 1 (1962): 1-13쪽을 보라.

31 샌드멜은 '유사점 찾기 중독증'을 이렇게 정의한다. "본문들 가운데서 가상의 유사점을 애써 찾아낸 뒤, 마치 그 본문들의 문학적 연관성이 필연적이거나 미리 정해진 방향으로 흘러가는 것처럼 그 유사점의 원천과 결과물을 서술하는 학자들의 무리한 습관"(같은 글, 1쪽).

문헌을 읽는 것은 곧 자신의 잘못된 견해를 기꺼이 바로잡고 수정하려 함을 의미한다. 우리는 독단적인 태도를 취해서는 안 된다. 겸허한 자세로 노력하는 한편, 자신의 관점이 제한되어 있으며 무언가 중요한 점을 놓쳤을지도 모른다는 것을 인정해야만 한다. 이런 자세는 적어도 네 가지 이유에서 중요하다.

1. **자료가 불완전하다.** 지금 우리의 작업에 활용되는 자료들은 당시 세계의 모습 가운데 지극히 일부를 보여 줄 뿐이다. 우리가 알지 못하는 부분이 매우 많다. 그리고 우리에게 남은 자료들 역시 문헌의 일부분, 깨진 도자기 조각, 부서진 바위에 새겨진 비문의 일부처럼 불완전한 것들이다. 학자들은 최선을 다해 이 단편적인 조각들을 짜 맞추면서 우리가 지닌 자료들의 의미를 헤아리려 하지만, 결국 우리는 1세기 당시에 존재한 역사와 문화의 지극히 작은 일부만 살필 수 있을 뿐이다. 이는 마치 완성된 퍼즐의 모습을 정확히 모르는 채, 적은 수의 조각만 가지고서 5,000조각짜리 퍼즐을 맞추려 하는 것과 비슷하다.

2. **자료에 접근하고 그것을 해석하려면 다른 이들에게 의존해야만 한다.** 우리는 모든 일에 전문가가 될 수 없다. 아마 당신은 신약의 역사-문화적 맥락을 다루는 전문가가 아닐 것이다. 하지만 정경 외적인 유대 문헌 연구에 자신의 삶을 바치는 이들도 있다. 그리고 어떤 이들은 그리스-로마 문헌 연구에 일생을 바친다. 그들은 수십 년간 그 일에 전념해 온 이들이다. 그러므로 어떤 자료가 활용 가능하며 어떤 자료들이 중요한지 파악하려면 그런 이들의 수고에 의존해야 한다. 그리고 각 자료를 일반인도 활용할 수 있게 만들면서 그 전문가들은 자신의 해석을 어느 정도 덧붙이기도 한다.

3. **우리는 자신의 역사-문화적 가정을 고대 텍스트에 잘못 투영해서 읽게 될지도 모른다.** 우리 자신의 세계관을 벗어나 다른 이의 세계관을 이해해 보는 것은 쉽지 않은 일이다. 우리가 직접 만나 대화할 수 있는 사람들의 경우에도 그들의 세계관을 헤아려 보는 일은 상당히 어렵다. 하물며 2,000년 전 다른 문화권에 존재한 세계관을 이해하려 할 경우에는 문제가 더욱 복잡하다.

4. **우리는 아마 성경을 이해하는 것만큼 유대 문헌과 그리스-로마 문헌을 잘 이해하지는 못할 것이다.** 나는 로마서 11장 34-35절의 구약 활용 방식에 관해 박사 논문을 쓰다가 이 점을 깨달았다. 그때 나는 논문의 한 장을 할애해서 이 주제에 관련된 성경

외적인 유대 문헌들을 살펴야 했는데, 이 짧은 장을 쓰는 데는 오랜 시간이 걸렸다. 당시 나는 15년 동안 꾸준히 로마서를 읽어 온 상태였다. 하지만 바룩2서나 에녹1서, 요세푸스가 쓴 글들의 경우에는 과연 몇 번이나 읽어 본 상태였을까? 그 글들은 겨우 두 번씩 읽어 보았을 뿐이었다. 당신은 어떤 이가 바울의 로마서를 딱 두 번 읽고는 그 서신을 자세히 논하려 하는 모습을 상상할 수 있는가? 아마 그런 사람은 매우 협소한 견해를 보일 것이다. 유대 문헌과 그리스-로마 문헌을 살피는 일에 관해 우리 중 대부분이 처한 상황이 이와 같다.

6. 일차 문헌을 직접 읽으라

물론 우리는 역사-문화적 맥락을 다룬 우수한 이차 문헌들을 꼭 활용해야 한다. 이 장 끝부분에 있는 '추가 연구 자료'를 살펴보라. 이러한 이차 문헌들은 대단히 유익하며, 이를 통해 우리는 많은 시간을 절약할 수 있다. 신약 본문을 해석할 때마다 유대와 그리스-로마의 일차 문헌을 전부 훑어볼 수 있는 사람이 어디 있겠는가?

그러나 주의할 점이 있다. 이차 문헌에만 의존하지는 말라. 어떤 주제를 논할 때 먼저 이차 문헌을 살피고, 이를 통해 그 주제에 연관되는 일차 문헌을 파악하는 것은 현명하고 효율적인 방법이다. 다만 이때 이차 문헌은 우리가 직접 찾아서 읽어 볼 일차 문헌으로 안내하는 통로가 되어야만 한다.

그러니 최상의 이차 문헌들을 꼭 활용하기 바란다. 지금은 우수한 이차 문헌이 매우 많다. 다만 여기서 부탁할 점은 일차 문헌들을 소홀히 여기지 말라는 것이다. 성경의 경우는 말할 것도 없으며, 외경과 위경, 요세푸스나 수에토니우스의 글 같은 일차 문헌 역시 활용이 불가능한 것은 아니다. 이에 관해 C. S. 루이스의 글 "오래된 책 읽기에 관하여"의 도입 문단을 살펴보자.

> 지금은 어떤 분야든 전문가만이 고대의 책들을 살필 수 있고, 일반인은 요즈음 나온 책들을 읽는 것으로 만족해야 한다는 이상한 생각이 널리 퍼져 있다. 나는 교수로서 영문학을 가르치면서 이런 현상을 발견하였다. 곧 평범한 학생이 플라톤주의에 관해 무언가를 배우려 할 때, 그 학생은 도서관의 서가에서 플라톤의 「향연」 번역본을 집어 들고 읽어 보는 일을 전혀 생각지도 못한다는 것이다. 오히려 그 학생은 「향연」

> 보다 열 배는 길고 따분한 현대의 책들을 집어 든다. 하지만 그런 책들은 온통 '……주의'와 그가 남긴 영향에 관한 내용으로 가득 차 있으며, 고작해야 열두 쪽에 한 번씩 플라톤이 실제로 말한 내용을 잠깐 들려줄 뿐이다. 물론 이는 겸손에 뿌리를 둔 것이므로, 귀여운 실수로 여길 수 있다. 그런 학생들은 위대한 철학자를 직접 대면하기가 조금 두려운 것이다. 그들은 자신이 미숙하므로 플라톤의 말을 이해하지 못할 것이라고 여긴다. 하지만 그들이 미처 모르는 점이 있다. 곧 그 위대한 철학자가 남긴 글은 바로 그 위대함 때문에 현대의 주석가들이 쓴 글보다 훨씬 이해하기 쉽다는 것이다. 가장 단순한 학생일지라도, 플라톤이 한 말 전부는 아니더라도 매우 많은 부분을 이해할 수 있다. 그러나 플라톤주의에 관한 현대의 일부 책에는 누구도 이해하기 힘든 내용이 담겨 있다. 그러므로 나는 학생들을 지도할 때, 직접 얻은 지식은 누군가를 통해 얻은 지식보다 값질 뿐 아니라 대체로 훨씬 얻기 쉽고 그 과정도 즐겁다는 점을 납득시키려 한다.
>
> 이처럼 현대의 책들을 선호하고 오래된 책들을 멀리하는 오류는 다른 어느 분야보다 신학에 널리 퍼져 있다.[32]

그러니 일차 문헌들을 직접 읽어 보기 바란다.

사례_ "낙타가 바늘귀로 들어가는 것이 부자가 하나님의 나라에 들어가는 것보다 쉬우니라"(마 19:24)

우리는 이 장에서 역사-문화적 맥락을 파악하는 것이 신약을 더 깊이 이해하는 데 어떤 도움을 주는지 논의해 왔다. 그 일은 때로 어떤 본문을 더 깊이 이해하는 데 도움을 주지만, 또 때로는 본문의 '배경'에 근거한 통념이 틀렸음을 밝히는 데 도움을 준다. 마태복음 19장 24절에 있는 예수의 말씀이 그런 경우다. "낙타가 바늘귀로 들어가는 것이 부자가 하나님의 나라에 들어가는 것보다 쉬우니라." 당신은 누군가가 다음과 같

32 C. S. Lewis, "On the Reading of Old Books," in *God in the Dock: Essays on Theology and Ethics*, Walter Hooper 편집 (Grand Rapids: Eerdmans, 1970)(『피고석의 하나님』, 홍성사), 217-25쪽.

이 논하는 것을 들어본 적이 있는가?

> 사람들은 흔히 이 구절의 '바늘귀'가 바느질할 때 실을 꿰는 바늘의 구멍을 가리킨다고 여긴다. 그러나 여기서 '바늘귀'가 실제로 의미하는 것은 고대 근동 도시의 성문에 있던 작은 출입구다. 당시 이런 출입구들을 '바늘귀'라고 불렀다. 이 출입구들은 낙타가 걸어서 통과하기에는 매우 작았으며, 낙타의 등에 사람이나 짐을 태웠다면 더욱 그러했다. 다만 낙타의 등에 아무것도 싣지 않은 경우, 낙타가 무릎을 꿇고 지나간다면 간신히 그 출입구를 통과할 수는 있었다.

피와 스튜어트는 이렇게 설명한다.

> 이런 '주해'의 문제는 단순히 그것이 사실이 아니라는 데 있다. 역사상 어느 시점에도 예루살렘에 그런 출입구가 있던 적은 없다. 이런 개념을 지지하는 가장 초기의 '증거'는 11세기(!)에 그리스 성직자 테오필락투스(Theophylact)가 쓴 주석에 가서야 발견되는데, 당시 그는 이 본문에 관해 이후 독자들과 같은 해석상의 어려움을 겪고 있었다. 결국 낙타가 바늘귀로 통과하는 것은 **불가능하며**, 예수의 요점도 바로 여기에 있다. 부자가 하나님 나라에 들어가는 것은 불가능하다. 부자가 구원받기 위해서는 기적이 요구되며, 그것이 바로 이어지는 말씀의 요점이다. "하나님으로서는 다 하실 수 있느니라."[33]

예수는 이 말씀에서 '과장법'이라고 불리는 비유 표현을 활용하셨다. 과장법은 어떤 내용을 강조하기 위해 과장하는 표현법을 가리킨다. 이때 화자는 문자적인 의미로 그런 표현을 쓴 것이 아니며, 듣는 이를 속이려는 것도 아니다. 여기서 예수는 한 가지 요점을 전달하기 위해 이 표현을 쓰셨다. 당시 팔레스타인 지역에서 낙타는 가장 큰 육지 동물이었으며, 바늘귀는 구멍 중에서 가장 작은 것이었다. 유대인들이 약 450년 후에 기록한 바빌로니아 탈무드에서도 코끼리가 바늘귀로 통과하는 것에 관해 비슷

---

33 Gordon D. Fee and Douglas Stuart, *How to Read the Bible for All Its Worth*, 4판 (Grand Rapids: Zondervan, 2014)(『성경을 어떻게 읽을 것인가』, 성서유니온선교회), 29쪽.

한 이야기를 언급하는데, 이는 바빌론 지역의 경우 코끼리가 가장 큰 육지 동물이었기 때문이다.[34] 이 두 경우 모두 과장법을 사용하고 있다.

그러면 예수의 요점은 무엇일까? 부자가 하나님 나라에 들어가는 일은 아예 불가능하다는 것일까? 하지만 그렇다면, 아브라함과 이삭, 야곱과 다윗, 솔로몬과 욥을 비롯한 여러 경건한 인물은 어떻게 그 나라에 들어갔겠는가? 그러니 그렇게 해석할 수는 없다. 오히려 이 말씀에서 예수께서는 부가 하나님의 축복을 상징한다는 그릇된 통념을 공격하고 계신다. 그런 생각은 전혀 사실이 아니기 때문이다. 여기서 예수께서는 재물이 하나님의 축복을 나타내지 않음을 지적하면서 사람들을 당혹감에 빠뜨리신다. 오히려 재물은 어떤 사람이 구원받는 것을 더욱 어렵게 만들 뿐이라는 것이다. 그렇다면 이 과장된 말씀의 의미는 무엇일까? 그 요점은 어디에 있을까? 그것은 곧 부자가 하나님 나라에 들어가기는 매우 어려우며, 하나님의 능력을 떠나서는 불가능한 일이라는 데 있다. 이 진리를 설명하기 위해 '바늘귀'로 불리는 성문의 작은 출입구를 억지로 꾸며 낼 필요는 없다.

사례_ 고린도전서 2장 1-5절에서 언급되는 수사학

당신은 바울이 다음 단락에서 언급하는 내용을 어떻게 보는가?

> 형제들아 내가 너희에게 나아가 하나님의 증거를 전할 때에 말과 지혜의 아름다운 것으로 아니하였나니 내가 너희 중에서 예수 그리스도와 그가 십자가에 못 박히신 것 외에는 아무것도 알지 아니하기로 작정하였음이라 내가 너희 가운데 거할 때에 약하고 두려워하고 심히 떨었노라 내 말과 내 전도함이 설득력 있는 지혜의 말로 하지 아니하고 다만 성령의 나타나심과 능력으로 하여 너희 믿음이 사람의 지혜에 있지 아니하고 다만 하나님의 능력에 있게 하려 하였노라(고전 2:1-5).

---

34 *b. Ber.* 55b.

성경 외적인 자료를 살피기 전에, 당신은 먼저 이 텍스트 자체에서 역사-문화적 맥락에 관한 실마리를 찾을 수 있겠는가? 이 텍스트를 살필 때 우리가 던질 질문은 이러하다.

1. 고린도인들은 왜 바울이 "말과 지혜의 아름다운 것으로", "설득력 있는 지혜의 말로" 인상 깊게 말하기를 기대했을까?
2. 바울이 "말과 지혜의 아름다운 것으로", "설득력 있는 지혜의 말로" 인상 깊게 말한다면 어떤 모습이었을까?
3. 바울은 왜 "말과 지혜의 아름다운 것으로", "설득력 있는 지혜의 말로" 인상 깊게 말하지 않았을까? 이같이 말할 경우, 그는 "예수 그리스도와 그가 십자가에 못 박히신 것"을 전파하지 못하게 되었을까?
4. "성령의 나타나심과 능력으로" 말한다는 것은 어떤 의미일까?
5. 바울이 "설득력 있는 지혜의 말로" 말할 경우, 고린도인들이 "하나님의 능력"이 아닌 "사람의 지혜"에 믿음의 기초를 두게 되는 이유는 무엇일까?
6. 이것은 설득력 있는 방식으로 힘 있게 설교하려는 시도가 옳지 않음을 암시하는가? 설교자들은 반드시 "약하고 두려워하고 심히 떨[면서]" 말씀을 전해야만 할까?

이런 질문들은 유익한 것이며, 우리는 고린도전서 전체를 주의 깊게 읽는 것, 특히 가까운 1장 18절-2장 5절의 단락을 자세히 살피는 것만으로도 이 질문들에 상당히 적절한 답을 제시할 수 있다. 하지만 이와 동시에, 우리가 당시 그리스-로마 세계의 문화적 분위기를 파악한다면 이 본문을 더 깊이 이해할 수 있다.

내가 속한 미국의 경우, 수사학에 능한 사람들은 영화배우나 성공한 음악가, 유명한 미식축구 선수나 농구 선수처럼 인기가 있지는 않다. 그러나 바울이 속한 그리스-로마 세계의 경우, 수사학과 철학에 뛰어난 사람들은 그런 인기를 누렸다. 그런 이들을 '소피스트'(sophists)라고 불렀다. 당시 능란한 말솜씨로 연설하면서 논쟁하는 것은 학문인 동시에 예술이었다. 그것은 날카로운 재치와 지식, 흠 잡을 데 없는 논리와 어법, 격렬한 열정이 요구되는 세련된 기술이었다. 이는 그 주제가 정치든, 법률이든, 종교나 사업이든 마찬가지였다. 가장 유력한 달변가들에게는 헌신적인 추종자들이 있었는데, 이들은 그들의 제자가 되려고 상당한 액수를 바친 학생들이었다. 설득력 있고 감동적인 수사법을 쓰는 달변가일수록 더 많은 학생을 모을 수 있었다. 달변가들이 사용하는 표현 **방식**은 그들이 실제로 표현하는 **내용**만큼이나 중요했다. 내용과 형식 모두 대단히 중요했던 것이다.

일반적으로 이 소피스트들은 두루 돌아다니면서 자신의 추종자들을 모았다. 그리고 한 소피스트가 어떤 도시를 방문할 경우, 그는 대체로 사회적 평판을 얻고 학생들을 끌기 위해 자신의 수사학적 능력을 드러내 보였다. 그러므로 고린도에 온 바울은, 그곳 사람들이 자신에게도 그런 일을 기대한다는 것을 알고 있었다. 그러나 당시의 능란하고 설득력 있는 수사법을 본뜰 경우, 바울은 복음 메시지가 힘 있게 전달되기보다는 사람들이 자신의 어법에만 관심을 쏟을지도 모른다고 여긴 것이다.[35]

바울은 분명히 사람들을 **설득하는** 것 자체에 반대하지 않았다. 사실 그의 사역은 전부 사람들을 설득하는 일에 관련된 것이었다. 그러나 여기서 그는 수사학적 표현법에 의지하기를 거부하고, 오직 복음을 통해 사람들의 삶을 변화시키시는 성령의 능력에 의존하는 쪽을 선택했다.

핵심 단어와 개념

'거울 읽기'

구약의 외경

구약의 위경

랍비 문헌

사해 문서

성경의 명료성

역사-문화적 맥락

요세푸스

---

35 Winter, *Philo and Paul among the Sophists*; Duane Litfin, *Paul's Theology of Preaching: The Apostle's Challenge to the Art of Persuasion in Ancient Corinth* (Downers Grove, IL: InterVarsity Press, 2015)를 보라.

제2성전기 유대교

탈굼

필로

더 생각해 보기 위한 질문

1. 당신은 성경을 이해하는 데 배경 지식이 꼭 필요하다고 생각하는가? 그 이유는 무엇인가?
2. 신약의 한 책이나 본문의 역사-문화적 맥락을 분석하기 위한 일곱 가지 질문 가운데, 당신이 신약 성경을 읽을 때 가장 던지지 않게 되는 질문은 어떤 것인가? 그 이유는 무엇인가?
3. 당신은 신약 성경을 읽을 때 '거울 읽기'가 꼭 필요하다고 생각하는가? 그 이유는 무엇인가?
4. 고대의 유대 문헌과 그리스-로마 문헌들은 우리가 신약 성경을 더 잘 이해하는 데 어떤 도움이 될까?
5. 바리새인들에 관한 역사-문화적 맥락을 파악하면, 마태복음 5장 17-20절을 더 잘 이해하는 데 어떤 도움이 될까?

추가 연구 자료

Arnold, Clinton E., ed. *Zondervan Illustrated Bible Backgrounds Commentary: New Testament*. 4 vols. Grand Rapids: Zondervan, 2002. 서른 명의 신약학 전문가가 집필한 1,924쪽 분량의 책. 2,000개 이상의 사진과 그림, 지도, 도식과 그래프가 포함되어 있다.

Aune, David Edward. *The New Testament in Its Literary Environment*. LEC 8. Philadelphia: Westminster, 1987. 이 책에서는 (1) 신약의 문학 장르들을 (2) 고대 지중해 세계의 문학적 분위기, 특히 헬레니즘과 비교한다.

Barnett, Paul. *Jesus and the Rise of Early Christianity: A History of New Testament Times*. Downers Grove, IL: InterVarsity Press, 1999. 주석가이며 역사가인 저자는 이 책에서 신약 시대의 이야기를 들려준다.

Barrett, C. K., ed. *The New Testament Background: Writings from Ancient Greece and the Roman*

Empire That Illuminate Christian Origins. San Francisco: HarperSanFrancisco, 1987. 이 책에는 중요한 일차 자료들이 주석과 함께 수록되어 있다.

Beale, G. K. "The Relevance of Jewish Backgrounds for the Study of the Old Testament in the New." In *Handbook on the New Testament Use of the Old Testament: Exegesis and Interpretation*, 103-32. Grand Rapids: Baker Academic, 2012. 「신약의 구약 사용 핸드북」, 부흥과개혁사. 이 글에서는 이 주제에 연관된 일차 문헌과 이차 문헌들을 알기 쉽게 개관하고 있다.

Blomberg, Craig L. *Jesus and the Gospels: An Introduction and Survey*. 2nd ed. Nashville: Broadman & Holman, 2009. 「예수와 복음서」, 기독교문서선교회(초판에서 번역). (다음 항목을 보라.)

________. *From Pentecost to Patmos: An Introduction to Acts through Revelation*. Nashville: Broadman & Holman, 2006. 「오순절 성령 강림에서 밧모 섬까지: '사도행전-계시록' 개론」, 기독교문서선교회. 블롬버그는 두 책 모두에서 명쾌한 필치로 내용을 전달한다. 나는 이 책들을 (카슨과 무의 개론서와 함께) '신약의 배경과 메시지'라는 수업의 교재로 활용하고 있다.

Burge, Gary M. *A Week in the Life of a Roman Centurion*. Downers Grove, IL: InterVarsity Press, 2015. 신약학자가 쓴 역사 소설. 이 책은 복음서의 세계에 관한 1세기 당시의 관점을 보여 준다. 교육 자료와 이미지들이 포함되어 있다.

Burge, Gary M., Lynn H. Cohick, and Gene L. Green. *The New Testament in Antiquity: A Survey of the New Testament within Its Cultural Contexts*. Grand Rapids: Zondervan, 2009. 이 책은 역사-문화적 맥락에 초점을 두어 신약 성경을 소개한다. 많은 사진이 포함되어 있다.

Carson, D. A., and Douglas J. Moo. *An Introduction to the New Testament*. 2nd ed. Grand Rapids: Zondervan, 2005. 「신약 개론」, 은성. 표준적인 신약 개론서. 블롬버그의 책들보다 전문적인 내용이다. 블롬버그가 신약의 각 책을 개관하는 데 초점을 둔 반면, 이 책은 역사-문화적 배경에 더 초점을 맞춘다.

________. *Introducing the New Testament: A Short Guide to Its History and Message*. Edited by Andrew David Naselli. Grand Rapids: Zondervan, 2010. 「손에 잡히는 신약 개론」, IVP. 신약의 내용을 평신도도 알기 쉽게 소개한 책. 위 책의 13퍼센트 정도 분량이다.

Collins, John J., and Daniel C. Harlow, eds. *The Eerdmans Dictionary of Early Judaism*. Grand Rapids: Eerdmans, 2010. 제2성전기 유대교에 관한 표준적인 참고서.

DeRouchie, Jason S., ed. *What the Old Testament Authors Really Cared About: A Survey of Jesus' Bible*. Grand Rapids: Kregel, 2013. 당신은 왜 구약에 관한 책이 이 목록에 포함되어 있는지 의아해할지도 모른다. 그 이유는 곧 구약이 신약의 가장 중요한 역사-문화적

맥락이라는 데 있다. (내 책과 짝을 이루는 드루치의 책도 보라. *How to Understand and Apply the Old Testament: Twelve Steps from Exegesis to Theology* [Phillipsburg, NJ: P&R Publishing, 2017]. 「구약, 어떻게 해석할 것인가」, 죠이북스.)

Dyer, John. *Best Commentaries: Reviews and Ratings of Biblical, Theological, and Practical Christian Works*. www.bestcommentaries.com/. 최상의 신약 주석들은 역사-문화적 맥락이 어떤 본문의 해석에 특별히 연관되는 경우, 그런 맥락을 언급한다. 이 웹사이트는 그런 특징을 지닌 여러 주석을 다루고 있다.

Elwell, Walter A., and Robert W. Yarbrough. *Encountering the New Testament: A Historical and Theological Survey*. 3rd ed. Grand Rapids: Baker Academic, 2013. 「신약의 역사적 신학적 개론」, 크리스찬출판사. 학부 수준의 개관서.

———, eds. *Readings from the First-Century World: Primary Sources for New Testament Study*. Encountering Biblical Studies. Grand Rapids: Baker, 1998. 이 책은 학생들에게 중요한 일차 문헌들을 효과적으로 소개한다.

Evans, Craig A. *Ancient Texts for New Testament Studies: A Guide to the Background Literature*. 2nd ed. Peabody, MA: Hendrickson, 2005. 「신약 성경 연구를 위한 고대 문헌 개론」, 솔로몬. 이 책에서 에반스는 신약의 역사-문화적 맥락을 광범위하게 소개한다. 엄청나게 유용한 자료다. 나는 그가 이 책에서 제시한 범주들에 따라 내 서재의 책들을 분류하고 있다.[36]

Evans, Craig A., and Stanley E. Porter, eds. *Dictionary of New Testament Background*. Downers Grove, IL: InterVarsity Press, 2000. 신약의 역사-문화적 맥락이 지닌 측면들을 살필 때 가장 먼저 들여다 볼 자료 중 하나다.

Fantin, Joseph D. "Background Studies: Grounding the Text in Reality." In *Interpreting the New Testament Text: Introduction to the Art and Science of Exegesis*, edited by Darrell L. Bock and Buist M. Fanning, 167-96. Wheaton, IL: Crossway, 2006. 「신약 성서 해석학」, 성서침례대학원대학교출판부. 이 주제에 대한 탁월한 소개 글.

Ferguson, Everett. *Backgrounds of Early Christianity*. 3rd ed. Grand Rapids: Eerdmans, 2003. 「초대 교회 배경사」, 은성(초판에서 번역). 이 책에는 역사-문화적 정보가 가득 담겨 있다.

Freedman, David Noel, ed. *The Anchor Bible Dictionary*. 6 vols. New York: Doubleday, 1992. 각기 1,200쪽 정도 분량의 책 여섯 권에 걸쳐 6,000개가 넘는 항목이 이 사전에 수록되어 있다. 이 사전은 주류 학계의 참고서다(즉 그다지 복음주의적인 특징을 보이지 않는다).

Green, Joel B., and Lee Martin McDonald, eds. *The World of the New Testament: Cultural, Social, and Historical Contexts*. Grand Rapids: Baker Academic, 2013. 이 책은 탁월한 최신

36 '부록A 자신만의 신학 서재를 체계적으로 정리해야 할 이유와 그 방법'을 보라.

개론서다. 616쪽 분량.

Hanson, K. C., and Douglas E. Oakman. *Palestine in the Time of Jesus: Social Structures and Social Conflicts*. Minneapolis: Fortress, 1998. 당시에 있던 명예-수치의 문화와 후원, 정치 제도에 관한 이해를 돕는 사회학적 연구서.

Helyer, Larry R. *Exploring Jewish Literature of the Second Temple Period: A Guide for New Testament Students*. Downers Grove, IL: InterVarsity Press, 2002. 이 주제에 관한 좋은 개론서.

Keener, Craig S. *The IVP Bible Background Commentary: New Testament*. 2nd ed. Downers Grove, IL: InterVarsity Press, 2014. 「성경 배경 주석: 신약」, IVP(초판에서 번역). 키너의 이 책은 학술서가 아닌 대중적인 주석이다. 그는 자신이 소개하는 '배경' 맥락에 각주를 달지 않기 때문이다. 키너는 신약 본문들을 전체적으로 주석하면서 역사-문화적 맥락을 파악하는 것이 더 깊은 본문 이해에 어떻게 도움이 되는지를 보여 준다.

Köstenberger, Andreas J., L. Scott Kellum, and Charles L. Quarles. *The Cradle, the Cross, and the Crown: An Introduction to the New Testament*. 2nd ed. Nashville: Broadman & Holman, 2016. 「신약 개론: 요람 · 십자가 · 왕관」, 기독교문서선교회(초판에서 번역). 대학원 수준의 철저한 개론서. 954쪽 분량이다.

Maier, Paul L. *In the Fullness of Time: A Historian Looks at Christmas, Easter, and the Early Church*. Grand Rapids: Kregel, 1991. 이 책은 역사와 고고학이 어떻게 신약 성경의 이해에 도움을 주는지를 보여 준다.

_________. *Pontius Pilate: A Novel*. 3rd ed. Grand Rapids: Kregel, 2014. 「빌라도」, 아가페문화사(초판에서 번역). (다음 항목을 보라.)

_________. *The Flames of Rome: A Novel*. 3rd ed. Grand Rapids: Kregel, 2014. 「화염」, 달란트(2판에서 번역). 이 두 '다큐멘터리 소설'은 다소 흥미로운 방식으로 신약의 세계를 묘사한다. 이런 장르의 책들은 우리 뇌의 또 다른 부분을 자극하며, 이를 통해 신약의 세계를 더욱 생생히 그려 볼 수 있다.

_________, ed. and trans. *Josephus: The Essential Works; A Condensation of Jewish Antiquities and the Jewish War*. 2nd ed. Grand Rapids: Kregel, 1994. 아직 요세푸스의 글을 읽어 보지 못했다면, 이 책으로 시작하기 바란다. 마이어는 요세푸스의 글을 능숙한 솜씨로 요약했다(생략된 부분은 괄호 안에 표시되어 있다).

Nickelsburg, George W. E. *Jewish Literature between the Bible and the Mishnah: A Literary and Historical Introduction*. 2nd ed. Minneapolis: Fortress, 2005. 제2성전기를 연구하는 학자가 쓴 유익한 개론서.

Rasmussen, Carl. *Zondervan Atlas of the Bible*. 2nd ed. Grand Rapids: Zondervan, 2010. 성경은 이 세상에서 실제로 일어난 일들을 서술한다. 따라서 성경에서 언급되는 지역들의 물리적, 역사적 지리를 아는 것은 성경 이해에 도움이 된다. 그러므로 이 지도처럼 최상급의 성경 지도를 활용하는 것이 중요하다. 다른 두 가지로는 Barry J. Beitzel, *The New Moody Atlas of the Bible* (Chicago: Moody, 2009)(「무디 성서 지도」, 아가페출판사)과 John D. Currid and David P. Barrett, *Crossway ESV Bible Atlas* (Wheaton, IL: Crossway, 2010)(「ESV 성경 지도」, 부흥과개혁사)가 있다.

Sakenfeld, Katharine Doob, ed. *The New Interpreter's Dictionary of the Bible*. 5 vols. Nashville: Abingdon, 2006-9. 이 사전에는 다섯 권에 걸쳐 8,400개가 넘는 항목이 수록되어 있다. 그 가운데는 성경의 모든 인물과 장소에 관한 항목들과 함께 역사-문화적 맥락의 여러 측면을 다룬 항목들이 포함된다. 「앵커 성경 사전」(*The Anchor Bible Dictionary*)과 마찬가지로, 이 사전은 주류 학계의 참고서다(즉 그다지 복음주의적인 특징을 보이지 않는다).

Schnabel, Eckhard J. *Early Christian Mission*. 2 vols. Downers Grove, IL: InterVarsity Press, 2004. 약 1,800쪽 분량의 탁월한 학술서. 슈나벨(Schnabel)은 역사-문화적 맥락을 염두에 둔 신약 연구의 사례를 보여 준다. 이 자세한 연구서는 예수와 바울, 초기 교회의 선교 사역에 초점을 맞추고 있다.

Shelton, Jo-Ann. *As the Romans Did: A Sourcebook in Roman Social History*. 2nd ed. Oxford: Oxford University Press, 1998. 로마의 사회사에 관련된 일차 문헌들을 번역하고 주석을 단 책이다(예를 들어 결혼과 가족, 정치, 직업과 종교, 철학 등에 관한 글이 실려 있다).

Strauss, Mark L. *Four Portraits, One Jesus: An Introduction to Jesus and the Gospels*. Grand Rapids: Zondervan, 2007. 「네 편의 초상, 한 분의 예수」, 성서유니온선교회. 학부 수준의 개론서. 많은 사진과 도표가 들어 있다.

Tenney, Merrill C., and Moisés Silva, eds. *The Zondervan Encyclopedia of the Bible*. 2nd ed. 5 vols. Grand Rapids: Zondervan, 2009. 이 책은 1975년에 테니(Tenney)가 편집한 초판(*Zondervan Pictorial Encyclopedia of the Bible*)을 실바가 개정한 것이다. 많은 사진이 수록되어 있으며, 학문적으로도 우수하다. 5,616쪽 분량.

Witherington, Ben, III. *New Testament History: A Narrative Account*. Grand Rapids: Baker Academic, 2001. 이 책은 400쪽 이상에 걸쳐 신약 시대의 이야기를 서술하고 있다.

________. *A Week in the Life of Corinth*. Downers Grove, IL: InterVarsity Press, 2012. 바울과 고대 고린도의 세계에 관한 1세기 당시의 시각을 보여 주는 역사 소설. 교육 자료들이 포함되어 있다.

Yamauchi, Edwin M., and Marvin R. Wilson, eds. *Dictionary of Daily Life in Biblical and Post-Biblical Antiquity*. 4 vols. Peabody, MA: Hendrickson, 2014-16. 이 책은 120개 항목에 걸쳐 성경의 문화적 세계를 설명하며, 각 항목은 5-20쪽 분량이다. 각 항목의 주제 가운데는 낙태와 출산, 어린이, 시민과 외국인, 화장품, 이혼, 교육, 영아 살해와 유기, 마술, 결혼, 음악, 매춘, 동성애, 부와 가난, 무기 등이 포함된다.

7장
문학적 맥락
한 본문이 책 전체에서 수행하는 역할을 이해하기

문학적 맥락의 단계로는 어떤 것들이 있는가

"사랑은 오래 참고 사랑은 온유하며 시기하지 아니하며 사랑은 자랑하지 아니하며 교만하지 아니하며 무례히 행하지 아니하며 자기의 유익을 구하지 아니하며 성내지 아니하며 악한 것을 생각하지 아니하며."

이 구절을 들어본 적이 있는가? 이 구절은 바울이 '사랑 장'으로 불리는 고린도전서 13장에 쓴 유명한 표현이다(고전 13:4-5).

그런데 내 생각에 많은 사람이 이 구절의 문학적 맥락을 헤아려 보지 않는 듯하다. 사실 문학적 맥락에는 여러 단계가 있다. 이제 그 단계들을 하나씩 살펴보자.

1. 먼저 이 구절(passage) 자체를 살펴보자. 내가 인용한 행들의 의미는 충분히 명확하며, 여기서 바울은 아홉 가지 방식으로 사랑을 묘사한다. 그런데 이 단어들만 살핀다면, 우리는 이 본문이 주로 결혼 관계에 적용되는 것이라고 여기게 될지 모른다. 결혼 생활은 원만한 유지를 위해 사랑이 요구되는 친밀한 관계이기 때문이다. 많은 결혼식에서 이 구절을 낭독해 왔으며, 이 때문에 많은 사람이 이 본문을 남편과 아내의 사랑에 관한 것으로 여긴다.

2. 초점을 넓혀서 **직접적 문맥**, 곧 앞 문단과 이 문단의 나머지 부분, 그리고 뒤 문단을 살펴보면 어떻게 될까? 과연 지금도 이 구절이 결혼에 관한 내용으로 보이는가? 13장을 훑어보면서, 우리는 최소한 이 본문이 어떤 면에서 사랑의 탁월성을 강조하고 있음을 식별하게 된다. 한편 당신은 여기서 내가 '문단'(paragraph)을 언급한 점을 알아차렸는가? 이는 직접적인 문맥과 그 너머를 살필 때, 문단을 중심으로 삼는 것이 중요하기 때문이다.
3. 다시 초점을 넓혀서 이 장이 속한 **단락**(section)을 살피면 어떻게 될까? 13장은 12-14장으로 구성된 더 큰 단락의 일부다. 이제 본문의 의미가 좀 더 이해되기 시작한다. 곧 고린도 교인들은 방언의 은사를 오용하면서, 그 은사를 다른 은사들보다 더욱 중요시하는 잘못을 범했던 것이다. 그러므로 12장에서 바울은 그리스도의 몸 안에 있는 여러 지체가 모두 중요하며, 방언 등 일부 은사를 다른 은사들보다 높이는 것은 어리석은 일이라고 논한다. 그리고 14장에서 바울은 방언보다 예언의 은사가 더 귀하다고 언급한다. 예언은 온 교회에 유익을 끼치기 때문이다. 더 귀한 은사들은 온 교회에 유익을 주며, 그런 은사들은 사람들이 이해할 수 있고 질서 정연하다. 그러면 왜 13장 내용이 중간에 삽입된 것일까? 이는 성령께서 어떤 은사를 주시든, 사랑으로 그 은사를 활용하지 않으면 아무 유익이 없음을 일깨우기 위해서다. 성령께서 우리에게 방언의 은사를 주시든, 예언이나 가르침을 비롯한 다른 은사를 주시든 간에 사랑은 꼭 필요한 요소다. 14장이 다음과 같이 시작되는 것은 바로 이 때문이다. "**사랑을 추구하며** 신령한 것들을 사모하되 특별히 예언을 하려고 하라." 우리가 고린도전서를 읽어나갈 때 13장과 14장 사이에서 중단해서는 안 된다. 이 장들은 하나의 문학적 단락을 이루기 때문이다. "그런즉 믿음, 소망, 사랑, 이 세 가지는 항상 있을 것인데 그중의 제일은 **사랑**이라. **사랑을 추구하며** 신령한 것들을 사모하되 특별히 예언을 하려고 하라."
4. 좀 더 초점을 넓혀서 **더 큰 단락**(larger section)을 살펴보면 어떻게 될까? 12-14장은 바울이 언급하는 다른 몇 가지 주제와 병행을 이룬다. 지금 바울은 고린도 교회에 관해 전해들은 소식과 그들이 보내온 편지에 응답하고 있다(6장의 '6. 목적_저자는 왜 이 글을 썼는가?' 항목에 있는 고린도전서 개요를 보라).

5. 다시 좀 더 초점을 넓혀서 이 **책**(the book), 곧 고린도전서 전체를 살펴보면 어떻게 될까? 고린도전서의 신학적 메시지는 하나님의 거룩한 백성이 복음의 요구대로 순결함과 하나 됨 안에서 성숙해 가야 한다는 데 있다. 그리고 영적 은사들을 평가하고 활용하는 방식은 거룩한 하나님의 백성이 성숙해 가야 할 여러 측면 중 하나다.
6. 그리고 좀 더 초점을 넓혀서 **저자의 모든 글**(all of the author's writings), 곧 바울이 쓴 열세 편의 서신을 한데 묶어서 살펴보면 어떻게 될까? 바울은 편지로 교회들과 꾸준히 연락을 주고받았으며, 이는 그 교회들이 겪는 문제를 다루기 위해서일 경우가 많았다. 그는 고린도 교회에 '고린도후서'라고 불리는 또 다른 편지를 썼다. 우리는 이 고린도후서에서 바울과 고린도 교회의 상황에 관해 더 많은 통찰을 얻을 수 있다. 또한 고린도전서의 여러 주제(예를 들면 복음과 성화)는 그의 다른 서신들에서 언급하는 주제들과 중복된다. 그러므로 바울의 한 서신을 다른 열두 서신에 비추어 읽을 때, 우리는 일부 본문을 더 깊이 이해할 수 있다. 분명한 것은 로마서 12장과 에베소서 4-5장 같은 다른 본문에서도 사랑과 영적 은사를 논한다는 점이다.
7. 좀 더 초점을 넓혀서 **신약 성경**(New Testament) 전체를 들여다보면 어떻게 될까? 이 작업은 고린도전서의 구속사적 위치를 파악하는 데 도움이 된다. 이 서신은 예수의 삶과 죽음, 부활이 이미 이루어졌으나 아직 모든 일이 완성되지는 않은 상황에서 기록되었다. 그리고 우리는 사랑과 영적 은사의 주제에 관해서도 더 많은 연결고리를 찾아낼 수 있다.
8. 초점을 더욱 넓혀서 **성경 전체**(the whole Bible)를 들여다보면 어떻게 될까? 그러면 우리는 고린도전서가 구속사의 어디쯤에 놓이는지를 더욱 온전히 파악할 수 있을 것이다.

이렇듯 고린도전서 13장 4-5절로 수행한 이 작업은 문학적 맥락의 여러 단계를 잘 보여 준다. 여기서 나는 작은 것부터 시작해서 계속 초점을 넓혀 나갔다. 모든 맥락이 중요하지만, 특정 본문을 해석할 때 어떤 맥락은 다른 것들보다 더 결정적인 중요성을 지닌다. 그리고 이런 맥락들을 도표로 나타낼 경우, 여러 개의 동심원으로 그려볼

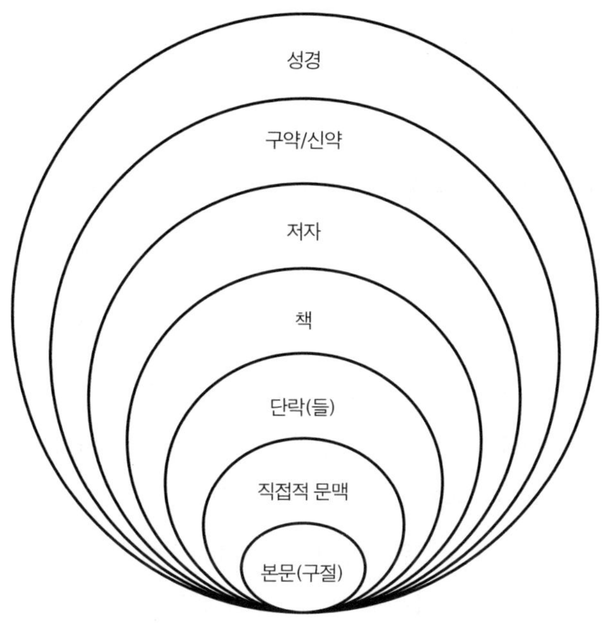

도표7.1. 문학적 맥락의 단계들

수 있다. 가장 작고 직접적인 문맥이 중심에 위치하며, 가장 큰 원은 성경 전체의 맥락을 나타낸다(도표7.1을 보라).

이같이 문학적 맥락의 여러 층을 염두에 두면, 본문을 분별력 있게 해석하는 데 도움이 된다. 그렇지 않을 경우에는 자칫 우스꽝스럽고 자의적인 해석에 빠질 수 있다. 다음은 그런 해석의 두 사례다.

1. 각 날짜마다 화려한 문양의 성구로 장식된 달력을 본 적이 있는가? 나는 그런 달력을 본 적이 있다. 그 달력은 페이지마다 꽃무늬로 장식되어 있으며, 화려한 필기체로 이렇게 적혀 있었다. "만일 내게 엎드려 경배하면 이 모든 것을 네게 주리라"(마 4:9). 정말 감명 깊은 말씀으로 여겨지지 않는가? 하지만 실은 그렇지 않다. 이 구절은 사탄이 예수께 행한 시험을 기록한 본문의 일부로, 그가 예수를 현혹하려고 언급한 말이다.
2. 나는 하나님의 뜻을 아는 일에 지나치게 주관적으로 접근하는 이들을 여러 해 동안 알아 왔다. 이들의 방식에는 자신이 처한 상황에 해답을 줄 말씀을 찾기 위

해 성경을 뒤지는 일도 포함되어 있었다. 나는 어떤 여성과 결혼할지에 관해 주님의 뜻을 구하던 청년의 이야기를 들은 적이 있다. 그는 요한복음 13장 27절에서 그 답을 찾아냈다. "네가 하는 일을 속히 하라." 그런데 여기에는 한 가지 문제가 있었다. 이 구절은 유다가 예수를 배신하던 밤, 사탄이 그에게 들어간 후에 예수께 한 말인 것이다. 과연 이 구절을 결혼을 권장하는 것으로 여길 수 있겠는가?

이렇게 우습고도 슬픈 사례들은 계속 언급할 수 있지만, 어떤 면에서는 누구나 이런 잘못을 범할 수 있다. 어떤 본문을 분별력 없이 해석하고, 그 자체의 풍성한 문학적 맥락에서 떼어 내어 읽는 것은 그리 어려운 일이 아니다.

한 본문을 그 자체의 다층적인 문학적 맥락에서 적절히 이해하기 위해 우리가 알아야 할 맥락 중 하나는 신약의 각 책이 지닌 신학적 메시지다. 이제는 그 내용을 살펴보려 한다.

신약 성경의 각 책이 지닌 신학적 메시지는 무엇인가

각 책이 지닌 신학적 메시지는 "이 책의 전반적인 취지는 무엇인가? 이 책의 핵심 주제와 요점은 무엇인가?"라는 질문에 대한 대답과 같다. 한편 이 신학적 메시지가 그 책의 내용(저자는 무엇에 관해 썼는가?)이나 목적(저자는 왜 이 글을 썼는가?)과 항상 동일한 것은 아니다.

신약은 구약에서 시작된 웅대한 이야기의 절정이다. 구약과 신약의 신학적 메시지는 이렇게 하나로 결합될 수 있다. **하나님은 자신의 영광을 위해, 그리스도 안에서 언약을 통해 우리를 통치하시고 구원하시며 만족하게 하신다.**[1]

이제 신약을 부분별로 한 권씩 살펴보자. 여기서는 신약의 각 책이 지닌 신학적 메시지를 간결하게 요약하려 했다(나는 신약의 각 책을 공부하면서 이 요약 문장들을 계속 수정하

1 이 요약적인 문장은 제이슨 드루치와 내가 함께 작성했다.

고 있다).

신약 성경에는 다섯 부분으로 분류되는 스물일곱 권의 책이 포함된다.

1. 사복음서
2. 사도행전
3. 바울이 쓴 열세 편의 서신
4. 히브리서와 일곱 편의 일반 서신
5. 요한계시록

사복음서

사복음서는 예수의 전기이지만, 우리가 흔히 읽어온 전기들과는 다르다. 복음서들은 예수의 성장과 교육 과정을 서술하지 않으며, 그 속에 담긴 연대적인 묘사가 항상 정확한 것도 아니기 때문이다. 기본적으로 복음서들은 예수의 죽음과 부활에 관한 이야기지만, 그 앞에 확대된 서론이 덧붙여져 있다.

1. 마태복음에서 **메시아-왕이신 예수께서는 구약을 절정으로 이끌며 성취하신다.**
2. 마가복음에서 예수께서는 (아슬란처럼) 움직이신다. **메시아이며 하나님의 아들이신 예수께서는 고난 받는 종이며, 제자들의 본보기가 되신다.**
3. 누가복음에서 **메시아이신 예수께서는 잃어버린 자를 찾아 구원하여 하나님의 계획을 성취하신다.** 그분은 특히 이방인들과 사회에서 버림받은 자들에게 관심을 품으신다.
4. 요한복음은 전도적인 복음서다. **메시아이며 하나님의 아들이신 예수께서는 그분을 믿는 모든 이에게 영원한 생명을 주신다.**

사도행전

사도행전은 역사책이다. 사도행전은 누가복음과 함께 기독교 초기 역사를 서술하며, 그 두 번째 편에 해당한다. 즉 누가복음은 상편, 사도행전은 하편인 것이다. 여기서 '행전'(Acts)이라는 명칭은 어떤 사람이나 도시의 업적을 서술한 고대의 문학 양식을 나타낸다. 사도행전은 교회가 창립될 당시의 사건들을 기록했다. 그리고 이 책의 메시지는 이러하다. **메시아이신 예수께서는 초대 교회가 핍박 속에서도 성령의 능력으로 확장되게끔 인도하셔서 하나님의 계획을 이루어 가신다.**

바울이 쓴 열세 편의 서신

1. 로마서는 이 세상 역사상 가장 위대한 편지다. **구원사의 현 단계에서, 복음은 하나님이 어떻게 의로운 방식으로** (유대인과 이방인이 모두 포함되는) **불의한 사람들을 의롭게 하시는지, 곧 칭의를 이루시는지를 드러낸다.**[2] 이 일은 율법-언약과는 별개로 그리스도에 대한 믿음을 통해 이루어지며, 궁극적으로는 하나님의 영광을 위한 것이다.

   이 복음은 로마서를 비롯한 신약 본문들에서 선포되며, 두 부분으로 구성된다. (1) 예수께서는 죄인들을 위해 살고 죽으셨으며, 다시 살아나셨다. (2) 당신이 죄에서 돌이켜 예수를 믿는다면 하나님이 당신을 구원해 주실 것이다. 신약 성경에 따르면, 교회의 사명은 성령의 능력 안에서 이 복된 소식을 온 세상에 전파하는 것이다.
2. 고린도전서의 메시지는 이러하다. **하나님의 거룩한 백성은 복음의 요구대로 순결함과 하나 됨 안에서 성숙해 가야 한다.**
3. 고린도후서의 메시지는 이러하다. **하나님은 사람의 연약함을 통해 자신의 능력을 드러내신다.**
4. 갈라디아서에서는 복음을 수호한다. **유대인과 헬라인 모두, 율법의 행위가 아니라 그리스도를 믿음으로 의롭다 함을 얻는다**(그리고 그 믿음 안에서 살아가야 한다).
5. 에베소서에 따르면, (유대인과 이방인 모두로 구성되는) **교회는 그리스도가 능력으로 창조하신 하나 됨을 지켜 나가야 한다.**
6. 빌립보서는 하나님의 거룩한 백성에게 이렇게 권고한다. **"복음에 합당한 태도로 처신하라."**

---

2 John R. W. Stott, *The Message of Romans: God's Good News for the World*, The Bible Speaks Today (Downers Grove, IL: InterVarsity Press, 1994)(「로마서 강해」, IVP), 37쪽을 참조하라. "복음 안에서 불의한 자들을 '의롭게 하시는'(righteoussing) 하나님의 의로운 방법이 계시되었습니다"(64, 68, 109, 115쪽 참조).

7. 골로새서는 **그리스도의 지극히 높으심**을 선포한다. 이 진리는 이 서신에 포함된 여러 명령의 토대다.

8-9. 바울은 데살로니가의 새로운 회심자들에게 두 편의 편지를 썼으며, 이는 그들의 신앙을 격려하기 위함이었다. (1) **그리스도의 임박한 재림의 빛 아래 걸어가라**(즉, 살아가라). (2) **주 예수 그리스도께서 다시 오셔서**, 특히 그분의 대적들을 심판하심으로 **모든 일을 바로잡으실 것이므로 인내하라**.

10-12. 바울은 젊은 목회자들과 그들이 섬기는 교회에 세 편의 편지를 썼다. (1) 디모데전서에 따르면, **교회는 신앙을 지키면서 경건한 삶을 추구해야 한다**. (2) 디모데후서는 이렇게 권면한다. "**복음을 위해 인내하라**." (3) 디도서에서는 이렇게 가르친다. **장로들은 건전한 교리를 신실하게 가르치고 변호하며 적용하여, 신자들이 하나님의 은혜로 선한 일을 행하도록 인도해야 한다**.

13. 빌레몬서는 바울이 쓴 것 중에 가장 짧고 개인적인 편지이며, 그 메시지는 이러하다. 우리는 **그리스도인 형제자매들을** (사회적 격차와 상관없이) **자신보다 귀하게 여기면서 사랑해야 한다**.

히브리서와 일곱 편의 일반 서신

1. 히브리서의 메시지는 예수께서 더 우월하신 분이니 인내하라(즉 믿음에서 떠나지 말라)는 것이다. 예수께서는 옛 언약의 선지자들과 천사들, 모세와 여호수아, 그리고 어떤 대제사장보다도 나은 분이다. 멜기세덱의 반차를 따르는 예수의 제사장 직분은 레위 지파의 제사장 직분보다 나으며, 예수께서 드리신 제사는 구약의 어떤 제사보다 나은 것이었다. 그리고 예수께서 세우신 새 언약 역시 다른 어떤 언약보다 뛰어난 것이었다. 그러니 그리스도인들은 계속 그분을 따라가야 한다.
2. 야고보서에 따르면, **신앙은 역사한다**. 참된 구원의 신앙은 우리가 시련을 견디는 자세와 가난한 이들을 대하는 태도, 말하는 방식, 세상과 관계 맺는 방식 등에서 뚜렷이 드러나야 한다.

3-4. 베드로의 두 편지는 핍박과 거짓 교사들의 위험에 직면한 그리스도인들에게 이렇게 권면한다. (1) **하나님의 은혜에 굳게 서라**. (2) **거짓 교사들을 경계하라**.

5-7. 요한은 세 편의 편지를 기록했다. 그중 요한일서는 구원의 확신을 격려하는 편지다. **우리는 서로 연관된 세 가지 방식으로 자신이 영원한 생명을 지님을 알 수 있다. 예수께 대한 믿음과 의로운 삶, 신자들을 향한 사랑이다.** 그리고 두 번째와 세 번째 편지에서는 이렇게 권면한다. **(1) 속이는 자들을 돕지 말고, 진리와 사랑 안에서 행하라. (2) 진리를 전하는 이들을 돕고, 진리를 위해 함께 일하라.**

8. 유다는 하나님이 예수 안에서 지키시는 이들에게 이렇게 권면한다. **은혜를 변질시키는 부도덕에 맞서 믿음을 옹호하라.**

요한계시록

성경의 마지막 책인 요한계시록의 기록 목적은 미래의 일들을 알려 주는 동시에 지금 이 땅에서 겪는 어려움에 관해 천상의 관점을 제시하여 그리스도인들을 위로하고 격려하는 데 있다. 우리는 이 책에 "왕의 귀환"(*The Return of the King*. 톨킨의 소설 「반지의 제왕」 마지막 권의 제목_ 옮긴이)이라는 제목을 붙일 수도 있을 것이다. 이 책의 여러 세부 내용을 어떻게 해석할지는 논쟁할 수도 있지만, 그 메시지 자체는 분명하다. **어린양은 자신의 백성을 구원하고 대적들을 심판하여 하나님의 영광을 위해 자신의 나라를 완성할 것이다.**

성경의 이야기는 크게 창조, 타락, 구속, 완성의 네 부분으로 이루어져 있으며, 그중 요한계시록은 완성에 해당한다. 성경의 처음과 끝 부분을 서로 비교하고 대조해 보자.

- 창세기 첫 부분을 보면 죄와 사망이 세상에 들어오며, 하나님은 인간들을 자신의 면전에서 추방하신다.
- 요한계시록 끝 부분을 보면 하나님이 죄를 추방하시고 사망을 없애시며, 이제 지성소에서 자신의 백성 중에 거하신다.

결론

그러므로 신약(과 성경 전체)의 메시지는 이러하다. **하나님은 자신의 영광을 위해, 그리**

스도 안에서 언약을 통해 우리를 통치하시고 구원하시며 만족하게 하신다.

- 하나님은 주권적인 왕으로서 모든 이를 통치하신다. 또한 그분은 자신의 백성과 특별한 관계를 맺으시며, 그들을 구원하고 만족을 베푸신다.
- 하나님은 새 언약을 통해 이 일을 이루시며, 이는 그리스도께서 중재하시는 더 우월한 언약이다. 하나님은 그리스도 안에서 오래된 약속들을 성취하신다.
- 하나님은 자신의 영광을 위해 이 모든 일을 행하신다. "이는 만물이 주에게서 나오고 주로 말미암고 주에게로 돌아감이라 그에게 영광이 세세에 있을지어다 아멘"(롬 11:36).

신약을 문학적 맥락에서 읽기 위한 네 가지 실천적 제안

1. 오디오 성경을 들으라

영어 신약 성경을 큰 소리로 낭독하는 데에는 18-21시간 정도 걸릴 뿐이다. 그 시간이 길게 느껴지는가? 신약 성경은 사실 그리 두꺼운 책이 아니다. 적어도 내가 가진 오디오 북으로는 「해리 포터」 시리즈의 4, 5, 6, 7권 모두 신약 성경보다 분량이 많다. 「해리 포터」 시리즈 4권은 20.5시간 분량, 5권은 24시간 분량, 6권은 18.5시간 분량, 그리고 7권은 21.5시간 분량이다. 그런데 내게 있는 오디오 ESV 신약 성경은 17시간 45분 분량이다.

오디오 성경을 듣는 동안에 당신은 시간이 얼마나 금방 지나가는지, 또 자신이 얼마나 많은 양의 성경을 '읽게' 되는지를 깨닫고 놀랄 것이다. 최상의 오디오 성경들은 다음 장의 시작을 알리면서 이야기의 흐름을 끊지 않는다. 낭독자들은 그저 성경 본문만 계속 읽어나간다. 이것은 성경에 집중하는 가장 좋은 방법일 수 있다. 곧 장 번호나 절 번호, 관주, 난외주나 연구를 위한 주 없이 하나님 말씀에만 귀를 기울이는 것이다.

성경의 저자들도 원래 자기가 쓴 내용을 독자들이 큰 소리로 낭독하기를 바랐다는 것을 알고 있는가? 바울은 디모데에게 "성경을 사람들 앞에서 낭독하는 것에 전념하라"(딤전 4:13, 옮긴이 번역)고 명한다. 그리고 바울은 "이 편지를 너희에게서 읽은 후에 라오디게아인의 교회에서도 읽게 하고"라는 지시로 골로새서를 끝맺는다(골 4:16a). 바울은 각 교회에서 예배할 때 자신의 편지들을 큰 소리로 낭독하기를 바랐다. 또 요한계시록 1장 3절은 이렇게 말한다. "이 예언의 말씀을 읽는 자(이 단어는 단수형이다)와 듣는 자(이 단어는 복수형이다)[는] …… 복이 있나니." 곧 각 교회에서 예배할 때에는 대체로 한 사람이 일어나 성경을 낭독했으며, 나머지 회중은 그 내용에 귀 기울인 것이다. 1세기 그리스도인들은 대부분 자신만의 성경책을 갖고 있지 않았으며, 교회 예배에서 성경의 메시지를 들었던 것이다.

그러나 현대 기술이 발달한 지금은 교회에서 모일 때만 하나님의 말씀을 들을 수 있다는 제한이 없다. 우리는 "집에 앉았을 때에든지 길을 갈 때에든지 누워 있을 때에든지 일어날 때에든지" 성경 말씀을 들을 수 있다(신 6:7). 나는 때로 운전이나 청소, 조깅을 하는 중에 오디오 성경을 듣기도 한다. 또한 귀로는 오디오 성경을 들으면서 눈으로는 헬라어 성경이나 다른 역본을 읽는 것이 매우 유익함을 발견하였다.

- 오디오 성경을 들으면서 헬라어 성경을 읽는다면, 본문의 온갖 뉘앙스를 놓치지 않을까? 그렇다. 하지만 그 대신 헬라어에 깊이 잠겨 그 언어의 작동 방식을 더 잘 파악하게 될 것이다.
- 어떤 역본을 귀로 들으면서 다른 역본을 읽는 것은 다양한 표현을 꼼꼼히 살피면서 정신을 집중하는 데 도움을 준다. 예를 들어 NIV 오디오 성경을 들으면서 눈으로는 ESV를 읽어 나갈 수 있다. 낭독 속도가 빠르므로 본문의 온갖 뉘앙스를 놓치겠지만, 그 대신 본문에 관해 귀중한 거시적 관점을 얻게 될 것이다.

오디오 성경은 성경의 다양한 문학 양식에 잘 어울리며, 특히 편지보다 이야기에 잘 들어맞는다. 이 점은 극화된 오디오 성경을 들을 때 뚜렷이 드러난다. 그러나 오디오 성경은 편지들에도 잘 어울리는 편이다. 바울이 편지를 보낸 회중은 대부분 그 편지가 낭독되는 것을 들었다는 점을 기억하라.

2. 성경의 책 한 권을 앉은자리에서 다 읽어 보라

읽을 분량을 조금씩 나누어, 날마다 성경에 있는 두서너 책들 가운데서 한 장씩 읽게 하는 성경 읽기표도 가치는 있다. 하지만 그런 식으로만 성경을 읽는다면, 성경의 각 책이 지닌 주된 문학적 특징과 신학적 메시지를 파악하기가 어려워진다.

당신은 마태복음이나 로마서, 요한계시록을 한 번에 다 읽어 본 적이 있는가? 그런 적이 없다면, 당신은 중요한 점을 놓친 것이다. 성경 저자들은 독자가 바로 그런 식으로 자신의 글을 읽기를 바랐기 때문이다.[3]

예를 들어 당신이 가족이나 친구에게 한 통의 편지 또는 조금 긴 이메일을 받았다고 해보자. 이때 당신은 그 내용을 여러 부분으로 나눈 다음, 첫날에는 첫째 부분을, 그다음 날에는 둘째 부분을 읽어 나가지는 않을 것이다. 오히려 그 내용을 한꺼번에 죽 살펴볼 것이다. 그것이 편지 읽기의 방식이기 때문이다. 물론 편지의 특정 내용을 제대로 이해했는지 확인하려고 뒤로 돌아가서 그 부분을 더 주의 깊게 살필 수도 있다. 하지만 처음에는 전체 내용을 파악하기 위해, 그 편지를 죽 훑어볼 것이다. 이처럼 편지를 한 번에 읽어 갈 때, 우리는 그 내용을 여러 부분으로 쪼개어 날마다 조금씩 읽어 갔다면 헤아리지 못했을 각 부분 사이의 연관성을 파악하게 된다. 어떤 편지를 앉은자리에서 죽 읽어 볼 때, 그 내용은 여러 부분으로 나누어 읽었을 때와는 다르게 다가온다. 그리고 저자가 편지를 주의 깊게 작성했을수록, 그 편지를 한 번에 다 읽는 일은 더욱 중요한 것이 된다.[4]

성경을 조금씩 맛만 보지 말고, 풍성히 누리라.[5]

고린도전서를 큰 소리로 읽는 데는 한 시간 정도 걸리며, 로마서도 마찬가지다. 에베소서를 낭독하는 데는 20분이면 된다. 도표7.2는 영어 성경의 각 책을 낭독하는 데

---

3 Glenn R. Paauw, *Saving the Bible from Ourselves: Learning to Read and Live the Bible Well* (Downers Grove, IL: InterVarsity Press, 2016), 51-74쪽을 참조하라.

4 Walter C. Kaiser Jr. and Moisés Silva, *Introduction to Biblical Hermeneutics: The Search for Meaning*, 2판 (Grand Rapids: Zondervan, 2007)(『성경 해석학 개론』, 은성), 175쪽을 참조하라.

한 남자가 월요일에 약혼녀에게 다섯 장짜리 편지를 받았는데 그날은 셋째 장만 읽고, 목요일에 마지막 장을 읽고, 첫 장은 2주 뒤에 읽기로 했다면 당신은 어떤 생각이 드는가? 편지를 그런 식으로 찔끔찔끔 읽으면 혼란에 빠질 뿐임을 우리는 잘 안다. 셋째 장에 있는 한 문단의 의미는 편지 서두에 언급된 어떤 내용에 깊이 의존하는 것일 수도 있다. 그리고 다음 장을 읽기 전까지는 그 문단의 참뜻이 드러나지 않는 경우도 있다. 논리가 선명한 편지일수록, 그 편지를 임의로 나누어 읽는 것은 위험하다. 나아가 어떤 문서가 지니는 의미의 일부는 그 문서가 독자에게 끼치는 전체적인 영향에 있으며, 그 의미는 종종 각 부분의 총합을 넘어선다.

5 Paauw, *Saving the Bible from Ourselves*, 59-60쪽. "성경을 조금씩 맛만 보는 일이 중독성을 띠는 이유는 모든 중독이 지닌 일반적인 이유와 동일하다. 그 일은 쉽고 순간적인 쾌감을 주며, 다른 방식은 어렵고 복잡해 보이기 때문이다."

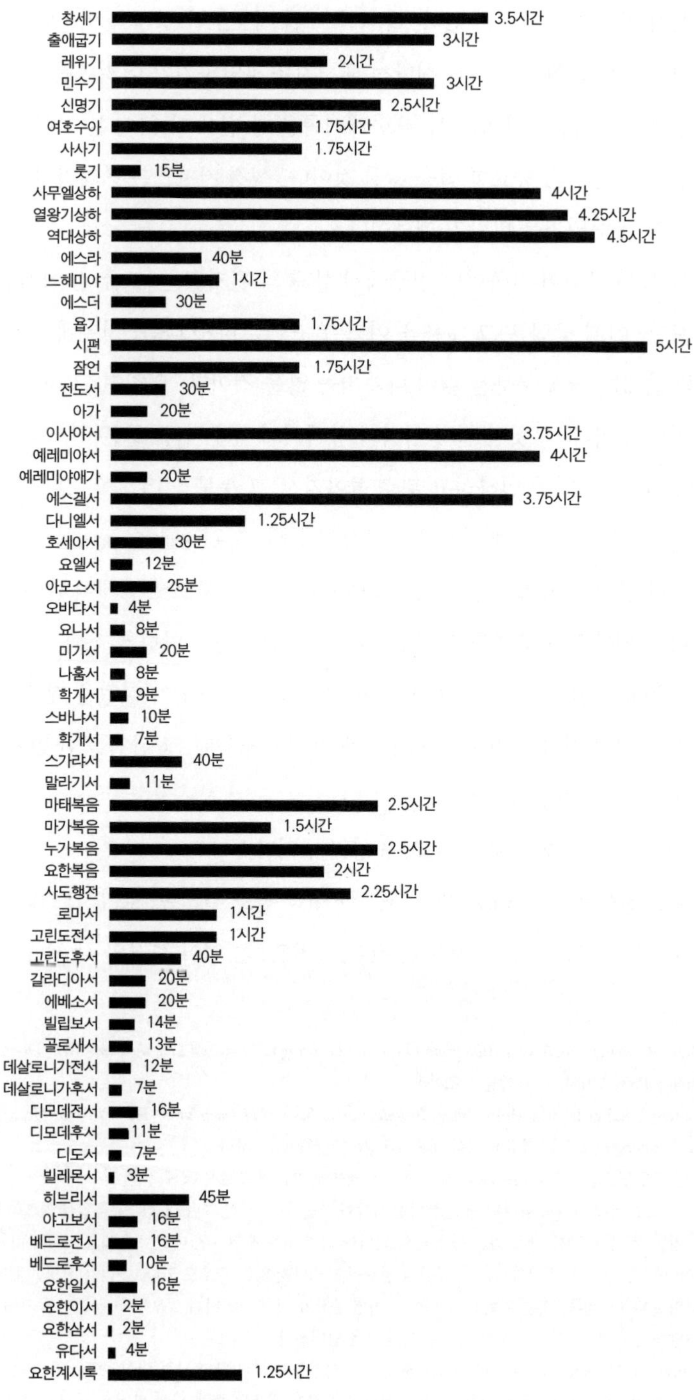

도표7.2. 성경 각 권을 낭독하는 데 드는 시간

드는 시간을 대략 표시한 목록이다(ESV 오디오 성경을 기준으로 삼았다).

당신은 이렇게 생각할지도 모른다. '나는 이 일에 쏟을 시간이 없어.' 하지만 우리는 다른 일들에도 오랜 시간을 들이지 않는가? 몇 시간에 걸쳐 다른 책들을 읽지 않는가? 한 시간 동안 텔레비전을 보거나, 영화를 보는 데 두 시간, 미식축구 경기를 보는 데 세 시간을 쏟지 않는가? 하물며 우리를 생명으로 인도하는 하나님 말씀을 읽는 데 우선순위를 두고, 그 일에 오랜 시간을 쏟지 못할 이유가 어디 있는가?

3. 장이나 절 번호 없이 읽어 보라

성경의 장절 번호는 하나님이 영감하신 것이 아니라는 사실을 알고 있는가? 성경에 '장'이 생긴 것은 1200년대이며, 1550년경 이전까지는 '절'도 존재하지 않았다.[6] 그리고 이런 번호들을 덧붙인 이들의 의도는 사람들이 성경을 이해하는 방식을 바꿔 놓았다. 1200년대에 장 번호를 덧붙인 사람은 "주석상 편의를 위해 간결하고 찾기 쉬운 단락들로 구분 짓기 원했으며", 1550년대에 절 번호를 덧붙인 이는 "새로운 연구 도구인 성경 어휘 색인(Bible concordance)을 활용하려 했다."[7] 그런데 이제는 많은 사람이 성경을 다양한 문학 양식을 지닌 책들의 모음집으로 이해하기보다는 실용 교본이나 기분을 좋게 해주는 책 정도로 여기게 되었다. 그리고 현대에 출판되는 성경책들은 장절 번호와 관주, 두 단으로 구성된 페이지 배열 방식, 단락의 소제목과 주석 등을 통해 성경의 외관을 어수선하게 만들었다.

그러면 성경의 장절 번호는 유용한가? 그렇다. 그런 번호들은 우리가 특정 문장이나 어구를 쉽게 찾아내는 데 도움을 준다(이 점은 특히 주석이나 색인과 같은 참고 서적을 살필 때 유용하다).

그밖에 또 다른 이점이 있을까?

내 생각에는 없는 듯하다.

나는 성경의 장절 번호를 그리 좋아하지 않는다. 그 번호들은 유익할 때보다 해로울 때가 더 많기 때문이다. 장절 번호는 텍스트 내용을 모호하게 만들고, 인위적이며

---

6 Christopher R. Smith, *The Beauty behind the Mask: Rediscovering the Books of the Bible* (Toronto: Clements, 2007), 13-39쪽; Paauw, *Saving the Bible from Ourselves*, 25-50쪽을 보라.

7 Paauw, *Saving the Bible from Ourselves*, 40쪽.

때로는 그 번호 때문에 구분이 부정확해질 수 있다. 그런 번호 때문에 많은 이들은 성경을 원래의 문헌으로 이해하기보다는 짤막한 주요 항목들을 모아 놓은 설명서 같은 것으로 여기게 된다. 그리고 장절 번호가 표시된 성경은 우리에게 잘못된 신호를 줄 수 있다. 곧 각 '장'의 끝부분에서 읽기를 멈추게 하며, 각 '절'을 독립된 단위로 여기도록 이끄는 것이다.[8]

그러면 어떻게 장절 번호 없이 성경을 읽어 갈 수 있을까? 세 가지 방안이 있다.

1. 장절 번호 없이 성경 텍스트만 표시할 수 있는 성경 소프트웨어를 활용하라(내 경우에는 로고스 바이블 소프트웨어에서 '성경 텍스트만 표시하기'[Bible text only] 기능을 선택한다).
2. 장절 번호가 없는 성경을 구입한다. 이 경우 가장 좋은 역본은 NIV와 ESV이다.[9]
3. BibleGateway.com이나 ESVBible.org 같은 일부 웹사이트에는 영어 역본의 절 번호를 감추는 기능이 있다.

덧붙이자면, 나는 성경을 가르칠 때 가급적 '장'이나 '절'이라는 표현을 피한다. 때로는 그보다 효율적인 표현을 찾기 어렵지만, 대신에 '단락'이나 '문단', '연', '행', '문장'이나 '구' 같은 표현을 쓰려고 노력한다.[10]

---

8 Christopher R. Smith, *After Chapters and Verses: Engaging the Bible in the Coming Generations* (Colorado Springs: Biblica, 2010), 17-49쪽을 보라.

9 *The Books of the Bible: NIV* (Colorado Springs: Biblica, 2012); *ESV Reader's Bible*, 6 vols. (Wheaton, IL: Crossway, 2016).

10 나는 고든 피가 자신의 고린도전서 주석 2판을 개정한 방식을 높이 평가한다. "[나는] '장절 번호'를 없앴다. 이것은 어떤 구절에 무엇이 있는지를 찾는 데는 꼭 필요하지만 1세기 저자들에게는 전혀 낯선 체계이기 때문이다. 바울은 단어들을 문장에 담아 표현했으며, 오늘날의 저술 문화에서는 문단 역시 요구된다. 그러나 그는 '절'을 쓰지는 않았다. 이 체계는 원 저자들은 전혀 알지 못했을 성경의 그릇된 활용법을 만들어 냈다(그 일은 자연스럽게 일어났지만, 다만 의도적인 것은 아니었다). 따라서 나는 주석의 본문 자체에서 장절 번호를 언급하지 않고, 그 체계를 괄호 안에 집어넣으려고 노력했다." (Gordon D. Fee, *The First Epistle to the Corinthians*, 2nd ed., NICNT [Grand Rapids: Eerdmans, 2014], xvii).

4. 예수의 말씀을 붉은 글씨로 표시한 성경을 읽지 말라[11]

열대여섯 살 무렵, 다른 주에 사는 친척들을 방문한 적이 있다. 당시 그 친척 중에는 그리스도인이 아무도 없었다. 나는 그 집 식탁에 매기와 함께 앉아 대화한 일을 생생히 기억한다. 당시 매기는 기독교에 관해 이런저런 질문을 던졌는데, 마침 나는 성경책을 가지고 있었다. 그런데 매기에게 어떤 구절을 보여 주려고 성경을 펼쳤을 때, 매기는 이렇게 말하면서 내 행동을 중단시켰다. "검은 글자로 된 내용은 읽고 싶지 않아. 어떤 구절을 보여 주려거든 붉은 글자로 된 것을 보여 줘. 예수님이 직접 말씀하신 내용 말이야."

그전에는 그런 요구를 들어본 적이 없었다. 그리고 그후, 나는 출판사들이 예수의 말씀을 본문 나머지 부분과 다른 색으로 표시한 성경을 만들어 내는 것을 못마땅하게 여기게 되었다.

내 주된 반대 이유는 신학적 문제에 있다. 하나님이 성경 전체를 영감하셨기 때문이다. 모든 성경 구절은 하나님의 영감으로 기록된 것이다. 예수께서 직접 하신 말씀이 다른 구절들보다 더 많이 영감된 것이 아니다. 성경의 구절들은 모두 하나님으로부터 온 말씀이다. 예수의 말씀이 기록된 구절을 붉은 글씨로 표시하면 그 구절들만 눈에 띄게 되며, 이는 그 구절들이 다른 구절보다 더욱 특별하다는 인상을 준다. 곧 '정경 속 정경'으로 간주되는 것이다. 이 경우 정말로 중요한 내용은 붉은 글씨로 표시된 구절뿐이라든지, 검은 글씨로 표시된 구절들은 중요도가 떨어진다는 식의 그릇된 생각을 심어 줄 수 있다.

또한 이 경우에는 붉은 글씨로 표시된 구절들에만 집중하고 각 복음서의 이야기 흐름을 따라가지 않도록 만들어 우리의 시선을 흩뜨릴 수 있다. 마태복음과 마가복음, 누가복음과 요한복음의 이야기는 모두 예수의 십자가와 부활을 향해 나아가며, 그곳에서 절정에 이른다. 그러나 붉은 글씨로 표시된 구절들에만 초점을 둘 경우에는 각 복음서의 신학적 메시지를 놓칠 수 있다.

그러므로 예수의 말씀을 붉은 글씨로 표시하지 않은 성경을 읽는 편이 더 낫다.

---

11 Gordon D. Fee and Mark L. Strauss, *How to Choose a Translation for All Its Worth: A Guide to Understanding and Using Bible Versions* (Grand Rapids: Zondervan, 2007), 130쪽을 참조하라.

지금까지 신약을 문학적 맥락에서 읽기 위한 네 가지 방안을 살펴보았다. 그런데 성경의 각 책을 앉은자리에서 죽 읽어 나가는 것을 대신할 방법은 없다. 읽고 또 거듭해서 읽으라. 그것이 성경을 문학적 맥락에 따라 읽는 최상의 방법이다. 그러니 성경을 집어 들고서 많이 (듣기도 하며) 읽어 보기 바란다.

사례_ "판단을 받지 않으려거든 남을 판단하지 말아라"(마 7:1)

이제까지 사람들은 요한복음 3장 16절을 가장 유명한 성경 구절로 여겼다. 그러나 지금은 아마도 마태복음 7장 1절이 가장 유명할 것이다. "판단을 받지 않으려거든 남을 판단하지 말아라"(Judge not, that you be not judged. 현대인의성경).

비그리스도인들이 이 명령을 인용할 경우, 대체로 그들은 그 말씀을 들어 다른 사람을 판단하는 것이 옳지 않다는 자신들의 관점을 옹호하려 한다. 예를 들어 어떤 그리스도인이 자신은 이른바 동성 결혼을 죄로 여긴다고 언급하면, 비그리스도인들은 이렇게 응수한다. "판단을 받지 않으려거든 남을 판단하지 말아라." 또 어떤 그리스도인이 낙태는 아직 태어나지 않은 아기를 살해하는 일이므로 죄라고 주장하면, 그들은 이렇게 응수한다. "판단을 받지 않으려거든 남을 판단하지 말아라." 그리고 어떤 그리스도인이 다른 그리스도인들의 그릇된 교리를 지적하는 경우에도, 가끔은 동료 그리스도인들이 이렇게 응수하기도 한다. "판단을 받지 않으려거든 남을 판단하지 말아라."

하지만 과연 예수께서 "판단을 받지 않으려거든 남을 판단하지 말라"고 경계하신 말씀의 의미가 그런 것일까? 우리는 이 구절의 문학적 맥락을 살펴보아 이 질문에 답할 수 있다. 먼저 이 구절이 놓인 위치부터 파악해 보자. 마태복음 7장 1절은 예수의 유명한 산상설교 중 일부이며, 이 설교는 5장과 6장, 7장에 걸쳐 기록되어 있다. 그리고 이 문장은 이 설교 내부의 작은 단락, 곧 마태복음 7장 1-6절의 일부다. 이 단락을 한번 읽어보자.

> 너희가 판단을 받지 않으려거든 남을 판단하지 말아라. 너희가 남을 판단하는 것만큼 너희도 판단을 받을 것이며 남을 저울질하는 것만큼 너희도 저울질당할 것이다. 왜 너는 형제의 눈 속에 있는 티는 보면서 네 눈 속에 있는 들보는 보지 못하느냐? 네 눈 속에 들보가 있는데 어떻게 형제에게 '네 눈 속에 있는 티를 빼내 주겠다' 하고 말할 수 있느냐? 위선자야, 먼저 네 눈 속의 들보를 빼내어라. 그러면 네가 밝히 보고 형제의 눈 속에 있는 티도 빼낼 수 있을 것이다. 너희는 거룩한 것을 개에게 주지 말고 진주를 돼지 앞에 던지지 말아라. 그것들이 발로 짓밟고 돌아서서 너희를 물어뜯을지도 모른다(현대인의성경).

이 직접적인 문맥은 위의 첫 문장을 더 깊이 이해하는 데 어떤 도움을 주는가? 과연 그 첫 문장은 '너희는 어떤 경우에도 다른 이들을 판단하지 말라'는 의미로 해석될 수 있을까? 그 답은 이 직접적인 문맥 속에 있다.

다른 이들을 판단하는 일은 꼭 필요하다

우리는 다른 이들을 판단해야만 한다. 때로는 다른 이들을 판단하지 **않는** 것이 바로 죄다. 이 직접적인 문맥은 다른 이들을 판단하는 것이 반드시 죄는 아니라는 점에 관해 적어도 세 가지 이유를 제시한다.

1. "위선자야, 먼저 네 눈 속의 들보를 빼내어라. 그러면 네가 밝히 보고 **형제의 눈 속에 있는 티도 빼낼 수 있을 것이다**"(마 7:5, 현대인의성경). 이것은 곧 판단하는 일이며, 이 일에는 비평적인 분별력이 요구된다. 여기서 예수께서는 "형제의 눈 속에서 티를 빼지 말라"고 하지 않으시고, 오히려 "먼저 네 눈 속의 들보를 빼내어라" 하고 말씀하신다. 곧 예수께서는 티를 빼는 일 자체가 아니라 **위선적인 태도**로 티를 빼려 드는 일을 금하시는 것이다.
2. "거룩한 것을 **개**에게 주지 말고 진주를 **돼지** 앞에 던지지 말아라"(마 7:6a, 현대인의성경). 여기서 이 "개"와 "돼지"가 누구인지 알지 못하면, 어떻게 예수의 명령에 순종할 수 있겠는가? 따라서 우리는 영적인 개와 돼지가 누구인지 **분별해야** 하며, 이는 곧 판단하는 일이다.

3. 곧이어 예수께서는 이렇게 말씀하셨다. "거짓 예언자들을 살펴라. 그들은 양의 탈을 쓰고 너희에게 오지만, 속은 굶주린 이리들이다. 너희는 그 열매를 보고 그들을 알아야 한다. 가시나무에서 어떻게 포도를 따며, 엉겅퀴에서 어떻게 무화과를 딸 수 있겠느냐? 이와 같이, 좋은 나무는 좋은 열매를 맺고, 나쁜 나무는 나쁜 열매를 맺는다. 좋은 나무가 나쁜 열매를 맺을 수 없고, 나쁜 나무가 좋은 열매를 맺을 수 없다. 좋은 열매를 맺지 않는 나무는, 찍어서 불 속에 던진다. 그러므로 너희는 그 열매를 보고 그 사람들을 알아야 한다."(마 7:15-20, 현대인의성경). 여기서 예수께서는 거짓 예언자들을 경계하라고 명하신다. 그런데 이 굶주린 이리들이 누구인지 어떻게 알 수 있을까? "그 열매를 보고 그들을 알아야 한다." 이는 곧 판단하는 일을 뜻한다. 이 설교 전반에 걸쳐, 예수께서는 진정한 영성을 칭찬하는 동시에 바리새인들의 위선과 얄팍한 영성을 드러내신다. 사람들 눈에는 바리새인들이 의롭게 보였지만, 하나님이 보시기에는 그렇지 않았다. 바리새인들은 다른 이들을 위선적으로 판단하기로 유명했지만, 정작 판단을 받아야 할 이들은 바리새인들 자신이었던 것이다.

우리가 여기서 살핀 것은 직접적인 문맥일 뿐이며, 마태복음의 더 큰 맥락은 아직 고려해 보지도 않았다. 이 후자의 맥락을 살펴보면, 예수께서는 동료 제자들이 죄를 범할 때 책망하라고 제자들에게 명령하셨다(마 18:15-20). 신약의 더 큰 맥락은 또 어떠한가? 예수께서는 이렇게 명령하신다. "외모로 판단하지 말고 공의롭게 판단하라"(요 7:24). 그리고 바울은 성적으로 문란한 사람을 회중 가운데서 내쫓으라고 고린도 교회에 명령한다(고전 5:1-13). 또 바울은 빌립보 교인들에게 이렇게 주의를 준다. "개들을 삼가고 행악하는 자들을 삼가고 몸을 상해하는 일을 삼가라"(빌 3:2). 요한은 이렇게 명령한다. "사랑하는 자들아 영을 다 믿지 말고 오직 영들이 하나님께 속하였나 분별하라 많은 거짓 선지자가 세상에 나왔음이라"(요일 4:1). 이런 구절들은 계속 인용할 수 있지만, 여기서는 판단하는 일에 관해 신약이 언급한 것을 알려 주는 본보기로 이 구절들을 간단히 소개했다.

이처럼 마태복음 7장 1절의 직접적인 문맥과 더 넓은 문학적 맥락들은 다른 이들을 판단하는 일이 반드시 죄악 된 것은 아님을 보여 준다. 오히려 어떤 경우에는 다른 이들을 판단하지 않으면 죄를 범하는 것이 된다. 그렇다면 "판단하지 말라"고 하신 예수의 말씀은 무슨 의미일까?

판단하지 말라 = 비판적인 태도를 취하지 말라

여기서 "판단하지 말라"는 말씀은 '비판적인 태도를 취하지 말라'는 것을 의미한다.[12] 판단하는 것과 비판적인 태도를 취하는 것은 많이 다르다. 올바른 판단은 의롭고 건설적이다. 그러나 비판적인 태도는 불의하며 파괴적인 것이다. 올바른 판단은 적절한 비판이 되지만, 비판적인 태도는 지나친 비판, 즉 혹평으로 이어진다. 비판적인 태도를 취하는 이들은 다른 이를 무너뜨리기 위해 비판하기 때문이다. 그러므로 예수께서는 곧장 문제의 핵심으로 들어가서 우리가 남을 판단할 때 보이는 태도를 지적하신 것이다. 우리는 지나치게 비판적인 자세나 남을 정죄하는 태도를 취해서는 안 된다. 다른 이를 판단하는 데에는 의로운 방식도 있고 불의한 방식도 있다. 그리고 "판단하지 말라"고 하신 예수의 말씀은 곧 '불의하게 판단하지 말라. 비판적인 태도를 취하지 말라'는 것을 의미한다.

사례_ "내게 능력 주시는 자 안에서 내가 모든 것을 할 수 있느니라"(빌 4:13)

나는 바울의 편지에 언급된 이 문장을 커피 잔과 컴퓨터 배경 화면, 티셔츠, 자동차 범퍼 스티커, 현수막과 포스터, 문신 등 다양한 장소에서 마주쳐 왔다. 십 대 시절 어느 기

---

12 D. A. Carson, *Jesus' Sermon on the Mount and His Confrontation with the World: An Exposition of Matthew 5-10* (Grand Rapids: Baker Academic, 1987), 105-6쪽을 참조하라.

우리는 먼저 이 텍스트에서 말하지 않는 것이 무엇인지를 살피는 편이 현명할 것이다. 분명히 이 텍스트는 하나님의 자녀인 예수의 제자들에게 어떤 상황에서든 옳고 그름에 관해 아무 견해를 품지 않는, 형태도 없고 분별력도 없는 점액질 같은 존재가 되라고 명령하는 것이 아니다. 과연 우리는 히틀러나 스탈린, 닉슨 대통령 같은 이들의 잘잘못에 관해 입 다물고 있어야 하는가? 간음이나 경제적 착취, 게으름과 사기 같은 문제는 어떤가? …… '판단하다'라는 말은 어떤 것을 분별하는 일이나 판결을 내리는 일, 비판적인 태도를 취하는 일이나 (사법적으로든 아니든) 정죄하는 일을 뜻할 수 있다. 이때 그 정확한 의미는 문맥에 따라 결정되어야 한다. 그리고 이 텍스트의 문맥은 이 절이 '비판적인 태도를 취하지 말라'는 의미임을 보여 준다. 곧 남을 헐뜯거나 정죄하는 자세를 보이지 말라는 것이다.

독교 서점을 돌아다니다가 전시된 포스터들을 구경한 일이 기억난다. 당시 스무 장에서 서른 장 남짓의 포스터들이 페이지를 넘기면서 살펴볼 수 있는 형태로 전시되어 있었다. 호기심에 찬 나는 그 포스터들을 하나씩 넘겨 보았으며, 각 포스터마다 인쇄된 성경 구절들에 매료되었다. 그중 가장 인기 있는 문장은 빌립보서 4장 13절이었다. "내게 능력 주시는 자 안에서 내가 모든 것을 할 수 있느니라." 한 포스터에는 스키를 타고 가파른 언덕을 내려오는 사람의 모습이 그려져 있고, 그 아랫부분에 빌립보서 4장 13절이 인쇄되어 있었다. 그리고 또 다른 포스터에는 이두박근을 내보이면서 오른손으로 역기를 들어 올리는 역도 선수의 모습이 그려져 있었는데, 여기에도 역시 빌립보서 4장 13절이 새겨져 있었다. 이때 나는 의아한 생각이 들었다. '이런 사진과 성경 구절을 서로 짝지어 놓은 사람은 과연 누구일까?' 그러다 나는 곧 주위 사람들이 빌립보서 4장 13절을 특정한 상황에 적용하는 말을 자주 들은 것이 떠올랐다. "베티 자매님, 자매님은 교회 학교 4학년 반을 맡아서 가르칠 능력이 없다고 여길지 모르지만 바울의 이 말을 기억해 보십시오. '내게 능력 주시는 자 안에서 내가 모든 것을 할 수 있느니라.'"

또 팀 티보(Tim Tebow)가 대학 시절 미식축구 선수로 활동할 때, 눈 밑에 붙이는 검정 테이프에다 성경 구절을 써놓은 것을 기억하는가? 때로 그는 이렇게 써 붙였다. "Phil. 4:13"(빌 4:13). 그러면 이 내용은 무엇을 암시할까? '내게 능력 주시는 자 안에서 내가 미식축구를 잘할 수 있느니라'를 뜻하는 것일까?

2015년 1월, 언더 아머 사(社)는 농구 스타 스티븐 커리(Stephen Curry)를 기념하는 브랜드의 첫 농구화를 발매했다. 이 운동화의 끈에는 그가 좋아하는 성경 구절을 가리키는 "4:13"이 표시되어 있었으며, 신발 안쪽에는 "I can do all thing"(내가 모든 것을 할 수 있느니라)이라는 구절이 새겨져 있었다. 하지만 내 생각에는 사람들이 그 운동화를 신으면서 이 구절을 접할 때, 대부분은 그 의미를 제대로 해석하지 못할 듯싶다.

그러면 빌립보서 4장 13절이 의미하는 바는 무엇인가? 이 구절은 정말로 '내게 능력 주시는 자 안에서 내가 모든 것을 할 수 있다'는 뜻인가? 즉 스키를 타고 활강하거나 역기를 들어 올리는 일, 교회 학교에서 가르치거나 미식축구 선수로 뛰는 일처럼 모든 것을 할 수 있다는 말인가? 나는 미식축구와 농구를 좋아하지만, 내가 NBA나 NFL에서 뛰게 될 가능성은 희박하다. 내 키는 180센티미터가 약간 넘을 뿐이며, 특별히 빠르거나 힘이 세지도 않다. 게다가 고등학생 시절 이후로 그런 운동을 그다지 많이 하지도 않았다. 하지만 어쨌든 빌립보서 4장 13절은 이렇게 말씀하는 것이 아닌가? "내게 능력 주시는 자 안에서 내가 모든 것을 할 수 있느니라."

죄 짓는 일의 경우는 어떨까? 과연 이 구절이 말하는 "모든 것"에는 죄 짓는 일도 포함되는가? '내게 능력 주시는 자 안에서 내가 죄 지을 수 있느니라.' 당신이 지금까지 별 문제를 느끼지 못했더라도, 이제는 그렇지 않으리라고 믿는다.

빌립보서 4장 13절의 의미를 분별하는 최선의 방법은 직접적인 문맥 안에서 이 구절을 읽는 것이다. 이 구절은 바울이 감옥에서 쓴 한 편지에 담겨 있으며, 한 문단의 마지막 문장이다. 그 문단의 내용은 이러하다.

> 내가 주 안에서 크게 기뻐함은 너희가 나를 생각하던 것이 이제 다시 싹이 남이니 너희가 또한 이를 위하여 생각은 하였으나 기회가 없었느니라 내가 궁핍하므로 말하는 것이 아니니라 어떠한 형편에든지 나는 자족하기를 배웠노니 나는 비천에 처할 줄도 알고 풍부에 처할 줄도 알아 모든 일 곧 배부름과 배고픔과 풍부와 궁핍에도 처할 줄 아는 일체의 비결을 배웠노라 내게 능력 주시는 자 안에서 내가 모든 것을 할 수 있느니라(빌 4:10-13).

이 문단에서 바울의 주된 요지는 무엇인가? 그 자신이 모든 상황에서 만족하는 법을 배웠다는 것이다. 그것이 바로 이 문단의 요점이다. 물론 바울은 빌립보 교인들이 후원금을 보내 준 것을 감사히 여겼으며, 그 돈을 받고 매우 기뻐했다. 하지만 바울은 그 돈 없이도 만족했던 것이다. 만족을 얻기 위해 그 후원금이 꼭 필요한 것은 아니었다.

이처럼 바울은 자신의 경험을 통해 만족하는 법을 배웠으며, 빈곤한 시기와 풍성한 시기를 다음과 같이 대조하고 있다(도표7.3을 보라).

빈곤한 시기	풍성한 시기
비천에 처함	풍부에 처함
배고픔	배부름
궁핍	풍부

도표7.3. 빈곤함 대 풍성함

당신은 이렇게 생각할 수도 있다. '하나님은 정말 내가 늘 만족하며 살기를 바라실까? 그건 굉장히 힘든 일인데!' 그 생각이 옳다. 다만 그것은 그저 힘든 정도가 아니라 아예 불가능한 일이다. 우리 자신의 힘으로는 모든 상황에서 만족하며 살아갈 수 없으며, 따라서 누군가의 도움이 필요하다. 이 구절 첫 부분이 중요한 이유는 바로 여기에 있다. **"내게 능력 주시는 자 안에서 내가 모든 것을 할 수 있느니라."**

이제 다른 두 역본에서 이 문장을 어떻게 옮겼는지 한번 대조해 보자(이는 저자가 인용한 ESV의 "I can do all things through him who strengthens me"와 대조한다는 뜻이다._ 옮긴이).

- NIV_ I can do all *this* through him who gives me strength.
  내게 힘을 주시는 분을 통해, 내가 **이** 모든 일을 할 수 있습니다(옮긴이 번역).
- CEB_ I can endure all *these things* through the power of the one who gives me strength.
  내게 힘을 주시는 분의 능력을 통해, 나는 **이** 모든 것을 견딜 수 있습니다(옮긴이 번역).
- <u>πάντα</u> ἰσχύω ἐν τῷ ἐνδυναμοῦντί με.

여기서 πάντα(판타)를 '모든 것'(all things)으로 옮긴 역본들은 좀 더 형식에 근거해서 번역한 것이다(ESV와 개역개정판이 이에 속한다._ 옮긴이). 그러나 NIV와 CEB는 독자들이 이 문장을 앞 내용과 연관 짓도록 이끌어 간다. "내가 **이** 모든 일을 할 수 있습니다." 어떤 모든 일을 할 수 있다는 것일까? "나는 **이** 모든 것을 견딜 수 있습니다." 어떤 모든 것을 견딜 수 있다는 것인가? 이 질문들의 답은 곧 '빈곤할 때든 풍성할 때든, 모든 상황에서 만족할 수 있다'는 것이다. 그러므로 이 구절의 의미를 정확히 옮기면 다음과 같다. "내게 힘을 주시는 분을 통해, 나는 모든 상황에서 만족할 수 있습니다."

그러므로 빌립보서 4장 13절을 역도 선수의 포스터에 써 넣는 것보다 더 좋은 생각이 있다. 선교사 아도니람 저드슨(Adoniram Judson)의 아내였던 에밀리(Emily)의 사진 아래에 써 넣는 것이다. 에밀리는 젊고 유능한 작가였으며, 미국에 있을 때 그 앞에는 재정적으로 풍성한 미래가 열려 있었다. 하지만 에밀리는 주님을 섬기기 위해, 고국의 물질적인 즐거움을 버리고 남편과 함께 버마로 떠났다. 여기서 나는 에밀리가 직면한 여러 힘겨운 상황 중 하나를 이야기하려 한다. 그것은 바로 그가 거주한 집에 관한 문제다. 에밀리가 살던 집에 거주한다면, 우리는 아마 만족하지 못하고 불평을 늘어놓을 것이다. 에밀리는 그 집을 "박쥐들의 성"(Bat Castle)이라고 불렀다. 그 집은 어두침침하며, 높은 천장에는 들보가 여러 개 놓여 있었다. 에밀리는 그 집을 이렇게 설명한다.

> [이 들보들 위에는] 셀 수 없이 많은 박쥐가 머물고 있습니다. 낮에는 박쥐들이 그저 귀뚜라미 같은 소리를 내면서 우리를 성가시게 할 뿐이지만, 밤이 되면 얼마나 시끄럽게 울부짖는지 상상하기도 싫을 정도입니다! 우리의 유일한 보호막은 모기장뿐입니다. …… 우리는 사람들을 시켜 박쥐들을 퇴치하려 했고, 거의 일주일에 걸쳐 수백 마리의 박쥐를 제거했습니다. 하지만 그 작은 악마 같은 존재들은 제각기 수행원을 거느리고 되돌아오는 듯합니다. 확신하건대 지금은 이전의 두 배에 달하는 박쥐들이 집 안에 있기 때문입니다. 집 안 모든 물건과 벽, 탁자, 의자 등에 박쥐의 흔적이 얼룩져 있습니다.[13]

그리고 박쥐만으로는 충분하지 않았던지, 에밀리는 이렇게 덧붙인다.

> 넉넉한 수의 바퀴벌레와 딱정벌레, 도마뱀과 쥐, 개미, 모기와 빈대가 우리 곁을 맴돌고 있습니다. 특히 집 안의 나무 창틀과 계단 등에는 빈대들이 넘쳐나며, 개미들은 떼를 지어 집 안 곳곳을 쓸고 다닙니다. …… 이 편지를 쓰기 시작한 뒤로 스무 마리 정도 종이 위를 지나간 듯합니다. 바퀴벌레는 한 마리뿐이었지만, 이 '신사'들의 빈자리를 채워 주기라도 하듯이 새끼손가락 끝마디 크기쯤 되는 이름 모를 벌레들이 지나갔습니다.[14]

그러나 이처럼 어려운 상황에서도, 에밀리는 첫 번째 결혼기념일에 이렇게 기록했

---

13 Courtney Anderson, *To the Golden Shore: The Life of Adoniram Judson* (Valley Forge, PA: Judson, 1987)(『아도니람 저드슨의 생애』, 좋은씨앗), 478쪽.

14 같은 쪽.

다. “올해는 내 인생에서 가장 행복한 해였다.”[15] 그는 힘겨운 상황에서도 그리스도의 능력으로 만족을 누렸던 것이다.

나는 에밀리가 겪은 것과 같은 환경에서 살아가는 사람을 많이 알지는 못한다. 하지만 역사상 비할 데 없이 풍족한 생활을 누리는 이들은 많이 알고 있다. 그들은 온도가 조절되는 널찍한 집에 거주하며, 그 집에는 두세 대의 차를 넣어 둘 수 있는 차고도 딸려 있다. 그들은 세계 곳곳에서 수입한 고기와 과일, 채소와 가공 식품을 일 년 내내 즐기며, 그들의 옷장에는 멋진 옷이 가득 차 있다. 하지만 그럼에도 그들은 내가 아는 이들 중 가장 불만이 많은 부류에 속한다. 그들은 무언가에 관해 끊임없이 불평을 늘어놓는다. 그러니 빌립보서 4장 13절은 그들을 위한 것이기도 하다.

빈곤에 시달릴 때든 풍성한 삶을 누릴 때든, 우리는 모든 상황에서 힘을 주시는 분을 통해 만족할 수 있다. 빌립보서 4장 13절의 요점은 바로 여기에 있으며, 우리는 이 구절의 문맥을 살펴 그것을 헤아릴 수 있다.

핵심 단어와 개념

문학적 맥락

신학적 메시지

주제

더 생각해 보기 위한 질문

1. 당신이 쓰거나 말한 내용을 어떤 이가 문맥과 상관없이 인용한 적이 있는가? 그때 당신은 어떤 생각이 들었는가?
2. 당신의 생각에 사람들이 자주 성경 구절을 문맥과 상관없이 해석하는 이유는 무엇인가?
3. 신약 본문을 읽을 때, 당신은 문학적 맥락의 어떤 단계들을 가장 덜 고려하게 되는

15 같은 책, 481쪽.

가? 그 이유는 무엇인가?

4. 성경의 한 책을 (예를 들면 하루에 한 장씩) 단락별로 나누어 읽기보다는 한 번에 죽 읽거나 들을 때 어떤 유익을 얻을 수 있겠는가?
5. '장절 번호 없이 성경을 읽으라'는 제안을 어떻게 생각하는가? 그렇게 하기가 망설여진다면 그 이유는 무엇인가?
6. 과연 마태복음 18장 15-17절은, 어떤 그리스도인과 개인적으로 대화해 보지 않고 공개적으로 책망하는 것이 죄임을 의미하는가? (D. A. Carson, "On Abusing Matthew 18," *Themelios* 36, 1 [2011]: 1-3, http://themelios.thegospelcoalition.org/article/editorial-on-abusing-matthew-18을 읽어 보라.)

추가 연구 자료

Carson, D. A., ed. *NIV Zondervan Study Bible*. Grand Rapids: Zondervan, 2015. 이 스터디 바이블에서 성경 각 책에 대한 서론은 폭넓은 문학적 맥락을 설명하며, 연구를 위한 주들은 그 넓은 맥락 가운데서 개별 부분들을 다룬다(이 스터디 바이블은 관련된 역사-문화적 맥락을 살피는 데도 유용하며, 성경 신학을 다루는 9장에서도 이 책을 좀 더 논할 것이다). 편집 팀은 이 스터디 바이블을 분명하고 간결하며, 정확하고 유익한 것으로 만들기 위해 노력했다.

Dever, Mark. *The Message of the New Testament: Promises Kept*. Wheaton, IL: Crossway, 2005. 「신약 성경의 핵심 메시지」, 부흥과개혁사. 데버(Dever)는 성경 각 책에 관해 설교했으며, 이 책은 그가 신약에 관해 전한 설교를 모은 것이다. 그는 헬리콥터를 타고 도시 전체를 조망하듯이 전반적인 그림을 파악하는 방식을 취한다.

Dyer, John. *Best Commentaries: Reviews and Ratings of Biblical, Theological, and Practical Christian Works*. www.bestcommentaries.com/. 앞서 서론과 6장 끝부분에서 이 웹사이트를 추천했지만, 여기서 다시 언급하려 한다. 그 이유는 어떤 책이나 본문의 문학적 맥락을 이해하는 데 가장 유익한 자료 중 하나가 주석이기 때문이다. 그러나 주의하라. 많은 주석이 또한 바로 이 지점에서 실패한다. 그런 주석들은 개별 단어와 구, 절의 의미에 집중한 나머지, 큰 그림을 살피는 일을 소홀히 하기 때문이다. 그러나 최상의 주석들은 다음 질문들에 답을 제시한다. "이 문단의 요점은 무엇인가? 이 문단은 앞뒤 문단과 어떻게 연관되는가?"

Fee, Gordon D., and Douglas Stuart. *How to Read the Bible Book by Book: A Guided Tour*.

Grand Rapids: Zondervan, 2002. 「책별로 성경을 어떻게 읽을 것인가」, 성서유니온선교회. 이 책 뒷부분에서, 고든 피는 신약의 각 책을 개관하고 구체적인 독서법을 조언하면서 그 내용을 하나씩 살펴나간다. 이 책은 피와 스튜어트가 쓴 *How to Read the Bible for All Its Worth*, 4th ed.(2014, 「성경을 어떻게 읽을 것인가」, 성서유니온선교회)의 자매편이다.

Grudem, Wayne, ed. *ESV Study Bible*. Wheaton, IL: Crossway, 2008. 「ESV 스터디 바이블」, 부흥과개혁사. 이 스터디 바이블도 「NIV 존더반 스터디 바이블」처럼 성경 각 책에 대한 서론에서는 폭넓은 문학적 맥락을 설명하고, 연구를 위한 주들에서는 그 넓은 맥락 가운데서 개별 부분을 다룬다. 내 생각에는 이 「ESV 스터디 바이블」과 「NIV 존더반 스터디 바이블」이 지금 활용 가능한 스터디 바이블 중에 가장 우수하다.

Kruger, Michael J., ed. *A Biblical-Theological Introduction to the New Testament: The Gospel Realized*. Wheaton, IL: Crossway, 2016. 「성경 신학적 신약 개론」, 부흥과개혁사. 은퇴했거나 현직에 있는 리폼드 신학교의 신약학 교수들이 집필한 655쪽 분량의 핸드북. 신약 각 권의 메시지에 초점을 둔다.

Mackie, Tim, and Jon Collins. *The Bible Project*. https://jointhebibleproject.com/. 이 사이트에는 (성경의 일부 주제들과 함께) 성경 각 권의 메시지를 매우 잘 요약한 짧은 애니메이션 영상들이 올라와 있다. 이 영상들은 이해하기 쉽게 만들어졌으며, 나는 집에서 아이들과 함께 모든 영상을 시청했다. 하지만 동시에 이 영상들은 진지한 생각을 자극하기도 한다. 나는 수업을 듣는 대학원 학생들에게 몇몇 영상을 보여 주었다. 온라인에서 무료로 볼 수 있다.

Marshall, I. Howard. *New Testament Theology: Many Witnesses, One Gospel*. Downers Grove, IL: InterVarsity Press, 2004. 「신약 성서 신학」, 크리스천다이제스트. 이 책에서 마샬(Marshall)은 신약 각 책을 살피면서 그 책들이 지닌 신학적 이야기와 주제들을 논의해 나간다. 이후 그는 이 765쪽 분량의 책을 304쪽으로 요약해서 *A Concise New Testament Theology*(2008)를 출간했다.

Thielman, Frank. *Theology of the New Testament: A Canonical and Synthetic Approach*. Grand Rapids: Zondervan, 2005. 「신약 신학: 정경적, 종합적 접근」, 기독교문서선교회. 이 책에서 틸만(Thielman)은 신약 각 권의 주제와 중심 사상을 능숙하게 다루어 나간다.

How to Understand and Apply the New Testament

8장

단어 연구

핵심 단어와 구문, 개념을 해석하기

단어 연구가 왜 중요한가

D. A. 카슨은 학생들과 자주 게임을 벌였다. 그는 학생들에게 의미가 하나뿐인 영어 단어를 들어 보라고 도전한다. 그러면 학생들은 종종 '롤러코스터'(roller coaster) 같은 단어를 제시한다. 그들은 그 단어가 오직 궤도를 따라 가파른 경사를 오르내리면서 급선회하는 놀이공원의 탈것만 가리킨다고 생각하기 때문이다. 하지만 이 '롤러코스터'라는 단어는 어떤 일이 광범위하며 예측 불가능한 변화에 직면한 상황을 가리킬 수도 있다. 이를테면 "존과 메리의 관계는 롤러코스터다"라고 말할 때가 그런 경우다. 단어들은 다양한 의미를 지니며, 특정 본문에서 각 단어가 지닌 의미를 결정하는 데에는 문맥이 중요한 역할을 한다.

우리는 영어 사전을 통해 이 점을 알 수 있다. 사전에서 어떤 단어를 살필 때는 대체로 그 단어가 나타내는 의미의 목록을 보게 된다. 예를 들어 미국에서 '풋볼'(football)이라는 단어는 적어도 두 가지 의미로 널리 쓰인다. "(1) 두 팀이 달걀 모양의 공을 가지고 줄무늬가 새겨진 경기장에서 벌이는 인기 있는 운동 경기(미식축구_ 옮긴이). (2) 선수들이 그 경기에서 사용하는 달걀 모양의 공." 그런데 영국에서는 이 단어가 적어도 다음 두 가지 의미로 널리 쓰인다. "(1) 미국인들이 '사커'(soccer)라고 부르는 운동

경기(축구_ 옮긴이), (2) 선수들이 그 경기 중에 사용하는 둥근 공."

단어 연구는 신약 주해에서 중요한 측면이다. 그 연구는 신약을 더 깊이 이해하는 데 도움이 되기 때문이다. 여기서 단어 연구는 한 단어를 분석하는 일을 가리키지만, 한 구문이나 개념을 분석할 때에도 기본적으로 같은 방법을 활용할 수 있다.

신약 성경 헬라어는 우리의 모국어가 아니다. 따라서 헬라어 단어들을 연구하는 일은 매우 중요하다. 자신이 특정 본문에 쓰인 어떤 단어의 뉘앙스를 전부 이해하고 있다고 여겨서는 안 된다. 특정 언어에서 각 단어가 어떻게 기능하는지를 배우는 데에는 시간이 필요하며, 언어들은 매우 기묘한 특성을 지닐 수 있다. 하지만 어떤 언어를 줄곧 자연스럽게 사용해 온 경우, 우리는 이 사실을 깨닫지 못할 때가 많다. 당신은 영어가 얼마나 기묘한 언어인지 아는가? 리처드 레더러(Richard Lederer)의 책 「기묘한 영어」(*Crazy English*)에서 발췌한 다음의 유쾌한 내용에 주의를 기울여 보자.

> 사람들이 공원 도로(parkway)에서 차를 몰고(drive), 진입로(driveway)에는 주차해 둔다(park)고 말하는 언어가 또 있을까?
> 사람들이 독주회(recital)에서 연주하고(play), 연극(play)에서 낭송한다(recite)고 말하는 언어가 또 있을까?
> 왜 밤은 깃들지만(fall) 새지는(break) 않고, 반대로 날은 새지만(break) 깃들지는(fall) 않을까?
> 차(car)로 운반하는 짐은 '화물'(shipment)이라고 부르고, 배(ship)로 운반하는 짐은 '적하물'(cargo)이라고 부르는 이유는 무엇일까?
> 우리는 왜 양복(suits)을 양복 커버(garment bag)에 넣고, 옷들(garments)은 여행가방(suitcase)에 넣을까? ……
> 이 기묘한 언어에서 우리의 코가 달릴 수 있고(runny nose, 콧물_ 옮긴이), 발이 냄새 맡을 수 있는(smelly feet, 발 냄새_ 옮긴이) 이유는 무엇인가? ……
> 핫도그(Hot dogs)는 차가울 수 있고, 암실(darkroom)에서는 불을 밝힐 수 있으며, 숙제(homework)는 학교에서도 할 수 있다. 또 악몽(nightmares)은 환한 대낮에도 일어날 수 있으며, 입덧(morning sickness)과 몽상(daydreaming)은 밤에도 찾아올 수 있다. 말괄량이들(tomboys)은 소녀이며, 조산사(midwives)는 남자도 될 수 있다. 또 시

간(hours), 특히 특별 할인 시간대(happy hours)와 혼잡 시간대(rush hours)는 60분보다 더 길게 지속되는 경우가 자주 있다. 유사(quicksand, 바람이나 흐르는 물에 의해 흘러내리는 모래_ 옮긴이)는 매우 느리게 움직이며, 복싱 링(boxing rings)은 사각형으로 되어 있다. 또 식기류(silverware)와 그릇(glasses)은 플라스틱으로도 만들 수 있으며, 식탁보(tablecloths)는 종이로도 만들 수 있다. 대부분의 전화기는 버튼을 두들김(punched)으로써(또는 누름[pushed]으로써?) 다이얼을 돌리게 되며(dialed), 대부분의 화장실(bathroom)에는 욕조(baths)가 없다. 사실 강아지는 나무 아래서도 '용변을 볼 수' 있는데(go to the bathroom), 여기에는 욕조(bath)도, 방(room)도 없지만 그런 표현을 쓴다. 그리고 우리가 '용변을 보기 위해 화장실에 간다'(go to the bathroom in order to go to the bathroom)는 말이 다소 별나게 들리지 않는가?

한 여성이 어떤 부서에 '배치될'(man) 수는 있지만 한 남성이 어떤 부서에 'woman'될 수 없는 이유는 무엇일까? 또 한 남성이 어떤 운동을 '창시할'(father) 수는 있지만 한 여성이 그 운동을 'mother'할 수 없는 이유는 무엇일까? 그리고 한 왕은 '왕국'(kingdom)을 통치하지만 여왕이 '여왕국'(queendom)을 통치하는 것은 아닌 이유가 무엇일까?

만약 어른들(adults)이 '간음'(adultery)을 범한다면, 유아들(infants)은 '보병'(infantry, 이 단어는 군대의 보병을 가리킨다._ 옮긴이)을 범할까? 올리브 열매로 '올리브 오일'(olive oil)을 만든다면, '베이비오일'(baby oil)은 무엇으로 만드는가? '채식주의자'(vegetarian)는 채소(vegetables)를 먹는다면, '인도주의자'(humanitarian)들은 무엇을 먹고 살아갈까? 'pro'와 'con'이 서로 반대말이라면, '국회'(congress)는 '진행'(progress)의 반대말인가?

한 여성을 '예쁜이'(mouse)로 부를 수는 있지만 '쥐'(rat)라고 부르지 못하는 이유는 무엇이며, '말괄량이'(kitten)로 부를 수는 있지만 '고양이'(cat)로 부르지는 못하는 이유는 무엇일까? 또 한 여성이 '미의 화신'(a vision)이 될 수는 있지만, '광경'(a sight)이 될 수 없는 이유는 무엇일까? 다만 우리의 눈이 쓰릴 경우, 그 여성이 '보기만 해도 좋은 사람'(a sight for sore eyes)이 될 수는 있을 것이다.

작가(writer)는 글을 '쓰는'(write) 사람이며, 가시(stinger)는 무언가 따끔하게 '찌르는'(sting) 것을 가리킨다. 하지만 손가락(fingers)이 'fing'하지는 않으며, 식료품상인들(grocers)이 'groce'하거나 망치들(hammers)이 'ham'하지도 않는다. 또 '대단한 물건들'(humdingers)이 'humding'하지도 않고, 안내인들(ushers)은 'ush'하지 않으며, 남성복점 직원들(haberdashers)은 'haberdash'하지 않는다.

'치아'(tooth)의 복수형이 'teeth'라면, '노점'(booth)의 복수형은 'beeth'가 되어야 하지 않을까? '거위 한 마리'(one goose), '거위 두 마리'(two geese)라고 하니, '큰사슴 한 마리'(one moose), '큰사슴 두 마리'(two meese)가 되어야 옳은가? 그리고 '지표 하나'(one index), '지표 둘'(two indices)이니, '화장지 하나'(one Kleenex), '화장지 둘'(two Kleenices)이 되어야 하지 않을까? 만일 오늘은 종을 '울리고'(ring) 어제는 '울렸다'(rang)고 말한다면, 왜 공을 '던졌다'(flang, 원래 과거형은 'flung'이다._ 옮긴이)라고는 하지 않는가? 이전에 편지를 '썼다면'(wrote), 자기 혀를 '깨물었다'(bote, 원래 과거형은 'bit'이다._ 옮긴이)라고도 해야 옳을 것이다. 만약 어떤 교사(teacher)가 '가르쳤다면'(taught), 어떤 설교자(preacher)가 '설교했다'(praught, 원래 과거형은 'preached'이다._ 옮긴이)는 것 역시 맞지 않겠는가? '어제 내가 구두를 닦는(shined) 동안에 해가 비쳤다(shone)'고 말하며, '나는 물속에서 선 채로 헤엄치고(treaded) 나서 해변을 밟았다(trod)'고 말하는 이유는 무엇일까? 또 '월드시리즈 경기를 보러 비행기를 타고 갔는데(flew out) 내가 좋아하는 선수가 뜬공을 쳐서 아웃되었다(flied out)'고 말하는 이유는 무엇일까?(이 여섯 단어는 각기 'shine'과 'tread', 'fly out'의 두 가지 과거형들이다._ 옮긴이) ……

'a slim chance'와 'a fat chance'는 모두 '희박한 가능성'을 뜻하며, 'caregiver'와 'caretaker' 역시 둘 다 '돌보는 이'를 나타낸다. 또 'a bad licking'과 'a good licking'은 둘 다 '호되게 얻어맞는 일'을 뜻하고, 'What's going on?'과 'What's coming off?'는 모두 '무슨 일이야?'를 의미한다. 하지만 '현명한 사람'(a wise man)과 '아는 체하는 놈'(a wise guy)은 서로 반대말이다. ……

해나 달, 별들이 떠 있을(out) 때는 우리 눈에 보이지만, 전등이 나가면(out) 보이지 않는 이유는 무엇일까? 내가 신문지에서 쿠폰을 잘라낼(clip from) 때에는 그것을 떼어 내게 되지만, 쿠폰을 신문에 끼울(clip to) 때에는 고정시키게 되는 이유는 무엇일까?(여기서는 동사 'clip'이 정반대되는 두 가지 뜻으로 쓰였다._ 옮긴이) 그리고 내가 시계태엽을 감을(wind up) 때에는 시계를 다시 움직이게 만들지만, 이 글을 'wind up'할 때에는 내용을 마무리하게 되는 이유는 무엇일까?

영어는 참 기묘한 언어다.[1]

우리에게 익숙한 영어에서도 단어들이 이처럼 다양한 방식으로 쓰인다면, 신약 성경 헬라어는 더 면밀히 조사하여 자신이 그 단어들을 정확히 이해하고 있는지 확인해야겠다고 생각되지 않는가?

하나님의 말씀을 사람들에게 풀어서 설명할 때, 당신은 그 일을 제대로 수행하기 원할 것이다. 아마 영화 〈프린세스 브라이드〉(*The Princess Bride*)에 등장하는 이니고 몬토야(Inigo Montoya)의 대사를 사람들이 인용하는 것을 원치는 않을 것이다. "당신은 계속 그 단어를 쓰는군요. 내 생각에 그 단어는 당신이 생각하는 그런 의미가 아닌 것 같아요." 재미난 대사다. 어떤 이들이 좋은 의도에서 신약 성경의 단어들을 설명하려 애쓰는 말을 들을 때, 나는 가끔 이 대사가 떠오른다.

단어 연구가 적절히 수행될 때, 그 연구는 각 본문의 의미를 밝히는 데 도움을 준다. 이는 특히 그리 하지 않았더라면 오해하기 쉬웠을 본문의 경우에 그러하다. 그리고 그런 연구는 난해한 본문들, 신학적으로 중요한 본문들을 이해하는 데에도 도움이 된다. 이 점에 관해 슈라이너는 이렇게 언급한다. "때로는 한 단어가 지닌 의미가 본문 전체의 의미를 바꾸어 놓을 수도 있다."[2]

단어 연구는 매우 신나는 일이 될 수 있다. 어떤 단어를 만족스럽게 살피고 나면, 당신은 마치 보석이 가득 담긴 자루를 메고 광산 밖으로 걸어 나오는 기분이 들 것이다. 다음 단락에서는 단어 연구의 네 단계를 제시해 보려 한다.

---

1 Richard Lederer, *Crazy English: The Ultimate Joy Ride through Our Language*, 2판 (New York: Pocket Books, 1998), 3-8쪽. 나는 마크 스트라우스를 통해 이 책을 알게 되었다. Gordon D. Fee and Mark L. Strauss, *How to Choose a Translation for All Its Worth: A Guide to Understanding and Using Bible Versions* (Grand Rapids: Zondervan, 2007), 45-46쪽에서 스트라우스는 이 *Crazy English* 초판에서 위의 것과 비슷한 발췌문을 인용하고 있다.

2 Thomas R. Schreiner, *Interpreting the Pauline Epistles*, 2판 (Grand Rapids: Baker Academic, 2011)(『바울 서신 석의 방법론』, 기독교문서선교회), 131쪽.

단어 연구의 네 단계[3]

1. 연구할 헬라어 단어를 선택하기

신약 성경을 연구하면서, 우리는 관심을 끄는 단어들을 계속 접하게 될 것이다. 우리는 어떤 단어의 의미를 확신하지 못할 수도 있고, 그 의미를 어느 정도 알지만 좀 더 깊이 탐구하기를 원할 수도 있다. 그런데 이때 곧바로 다른 이들이 수행한 단어 연구의 결과가 담긴 이차 자료를 살피는 대신, 직접 단어 연구를 수행하는 쪽을 먼저 고려해야 한다. 그런 연구에는 만족스런 유익이 있기 때문이다. 다음은 연구해 볼 만한 헬라어 단어 유형의 몇 가지 예시다.

- 본문을 읽다가 접하는 난해한 단어들을 연구해 보라. 이를테면 고린도전서 14장의 προφητεύω(프로페튜오, '예언하다')가 그런 경우다.
- 신학적으로 중요한 단어들을 연구해 보라. 이를테면 로마서 3장 25절의 ἱλαστήριον(힐라스테리온, '화목 제물')이나 로마서 4장의 λογίζομαι(로기조마이, '전가하다'), 골로새서 1장 14절의 ἀπολύτρωσις(아폴루트로시스, '속량') 등이 그런 경우다.
- 특정 본문에서 의미가 분명히 드러나지 않는 단어들을 연구해 보라. 이를테면 πρωτότοκος(프로토토코스, '맏아들') 같은 단어가 그런 경우다. 그리스도는 "많은 형제 중에서 **맏아들**"(롬 8:29), "모든 피조물보다 **먼저 나신 이**"(골 1:15), 그리고 "죽은 자들 가운데서 **먼저 나신 이**"시다(골 1:18). 이 구절들에서 이 단어는 무엇을 뜻하는가? 역시 중요한 질문으로, 이 단어는 무엇을 뜻하지 **않는가**? πρωτότοκος(프로토토코스)는 어떤 이의 출생 순서를 가리킬 수도 있지만, 그의 지위, 즉 그가 지닌 우월성을 강조하는 것일 수도 있다.
- 본문에서 드물게 언급되는 단어들을 연구해 보라. 일반적으로, 그런 단어들은 자세히 살피기가 더 수월하다. 예를 들면 προορίζω(프로오리조, '예정하다')는 신약 성경에서 단 여섯 번 언급될 뿐이다(행 4:28, 롬 8:29, 30, 고전 2:7, 엡 1:5, 11). 한편

3 이 단락은 Andrew David Naselli, "How to Do Word Studies," *Frontline Magazine* (May-June 2004): 15-17쪽 내용을 수정한 것이다.

본문에서 자주 언급하는 단어들을 살피는 일의 가치나 중요성이 덜한 것은 아니다. 다만 그런 단어들의 연구에는 시간이 더 걸릴 뿐이다.

- 유의어와 반대어가 뚜렷한 단어들을 연구해 보라. 이를테면 ἀγαπάω(아가파오, '사랑') 또는 μισέω(미세오, '미움') 같은 단어가 그런 경우다. 특히 이런 단어들이 함께 언급되는 본문을 살피면 유익하다(예를 들어 마태복음 6장 24절, 로마서 9장 13절).
- 비유적 의미를 지닌 단어들을 연구해 보라. 이를테면 σάρξ(사륵스, '육신') 같은 경우다.
- 어떤 본문에서 자주 언급된 단어나 그 본문의 핵심 주제인 단어들을 연구해 보라. 이를테면 로마서 6장의 ἁμαρτία(하마르티아, '죄')나 로마서 7장의 νόμος(노모스, '율법'), 고린도전서 13장의 ἀγάπη(아가페, '사랑') 같은 경우다.

2. 신약에서 그 단어가 지닌 의미의 범위를 파악하기

모든 문맥에서 언제나 의미가 같은 단어는 거의 없다. 이 점은 영어 사전을 얼른 훑어보기만 해도 알 수 있다. 사전들은 거의 모든 단어 항목에서 여러 개의 정의를 제시하는데, 이는 각 단어가 다른 단어와의 연관성 속에서 다양한 의미를 지니게 되기 때문이다. 이런 특성은 그 단어의 '의미론적 범위'(semantic range)로 불리며, 이는 그 단어가 다양한 문맥에서 나타낼 수 있는 의미들의 목록을 가리킨다.

예를 들어, 다음 예문들에서 'run'이라는 단어가 지니는 의미의 범위를 살펴보자.

- I *run* two miles a day(나는 날마다 2마일씩 **달린다**).
- She has a *run* in her nylons(그녀의 나일론 양말은 **올이 풀려** 있다).
- That grapevine *runs* through the fence(저 포도덩굴은 울타리를 타고 **뻗어** 있다).
- My nose *runs* when I have a cold(나는 감기에 걸리면 콧물이 **난다**).
- I need to *run* to the store(나는 가게에 **다녀와야** 한다).
- My new computer *runs* faster than my previous one(내가 새로 산 컴퓨터는 이전 것보다 더 빨리 **돌아간다**).
- I try not to let the water *run* when I'm not using it because that *runs* up the water bill(나는 물을 안 쓸 때에는 **틀어놓지** 않으려고 한다. 이는 그럴수록 수도

세가 **쌓이기** 때문이다).

- I *ran* out of gas today(오늘 내 차의 기름이 **떨어졌다**).
- Someday I'll *run* for president(나는 언젠가 대통령 선거에 **출마할** 것이다).

이렇듯 이 작은 단어조차 의미가 매우 광범위하다! 옥스퍼드 영어 사전은 동사 'run'에 관해 82개에 이르는 독립적인 정의의 범주를 열거하며, 그중 많은 범주는 다시 여러 개의 정의로 세분화된다. 그런데 'run'에는 이 모든 의미가 동시에 담길 수 없으며, 우리가 원하는 의미를 임의로 그 속에 집어넣을 수도 없다. 곧 이 단어의 의미는 문맥에 따라 해석되어야만 하는 것이다.

성경에 쓰인 단어들을 이해하는 방식도 이와 동일하다. 우리는 성경의 단어들 속에 임의로 자신이 원하는 의미를 집어넣을 수 없다. 곧 사전에서 그 단어 항목을 살피다가 자신이 원하는 정의를 골라잡을 수는 없는 것이다. 각 본문에서 그 단어가 나타내는 의미는 하나뿐이며, 그것은 바로 저자가 뜻한 의미다. 그리고 저자의 의도는 문맥을 통해 드러난다.

한 가지 유익한 연습은 각 영어 역본에서 특정 헬라어 단어를 번역한 방식을 전부 모아서 살펴보는 것이다. 한 예로 ἐκλέγομαι(에크레고마이)를 생각해 보자. 신약에서 이 단어는 스물두 번 언급되며, NASB는 이 단어를 이렇게 옮겼다.

- 'Choose'(선택하다) (4번)
- 'Chose'(선택했다) (7번)
- 'Chosen'(선택된) (8번)
- 'Made a choice'(선택을 내렸다) (1번)
- 'Picking'(고르는 것) (1번)
- 'Select'(뽑다) (1번)

어떤 단어의 의미론적 범위를 파악하는 가장 좋은 방법은 신약에 쓰인 그 단어의 용례를 모두 찾아서 체계적으로 정리하는 것이다. 다만 우리는 이 단계를 건너뛰려는 유혹을 받기 쉽다. 그 단어가 얼마나 많이 언급되느냐에 따라 모든 용례를 살피는 데 많은 시간이 걸릴 수 있기 때문이다. 하지만 어떤 단어가 수백 번 언급되더라도, 어느 정도 시간이 걸리는 이 단계에는 풍성한 유익이 있다. 우리 자신의 힘으로 어떤 단어의 어감들을 찾아 낼 때, 그 기분은 정말 짜릿하다.

이 작업을 수행할 때, 나는 먼저 어떤 단어가 언급된 모든 본문을 하나의 문서 파일에 모은다(성경 소프트웨어를 사용하면 쉽게 본문들의 목록을 만들 수 있다). 그러고는 그 본문들을 하나씩 차례대로 살펴 나간다. 이때 나는 헬라어 본문과 함께 몇 가지 영어 역본을 살펴보는 편을 선호한다. 내가 가장 선호하는 역본은 NASB와 ESV, NET, NIV, NLT이다. 그래서 나는 어떤 헬라어 단어가 등장하는 모든 구절을 헬라어 본문과 함께 이 역본들을 통해서도 읽어 나간다.

서둘러 이 단계를 마치려 하지 말라. 천천히 시간을 들이라. 그 단어에 관해 숙고하고, 저자들이 다양한 문맥에서 그 단어를 어떻게 사용하는지를 헤아려 보기 바란다. 어떤 단어를 이같이 묵상할 때, 우리는 그 단어에 깊이 몰입하게 된다. 우리의 마음과 생각이 그 단어에 붙잡히는 것이다. 당신은 이런 일이 어떻게 이루어지는지 알 것이다. 어떤 문제를 해결하려 할 때, 우리는 머릿속으로 그 문제를 곰곰이 생각하게 된다. 이는 물이 새는 수도꼭지를 고치려 하든, 정원의 잡초를 제거하려 하든, 친구와의 갈등을 해소하려 하든 마찬가지다. 우리의 생각은 늘 그 문제로 되돌아간다. 집에서 샤워할 때도, 도로에서 운전할 때도, 심지어는 잠들 때도 계속 그 문제를 떠올리는 것이다. 그것이 바로 묵상이다. 어떤 헬라어 단어를 연구할 때도, 우리는 이렇게 몰입해야 한다. 여러 날에 걸쳐 이 단계를 진행하면서 각 본문을 주의 깊게 살피는 것도 가능하다.

각 본문을 읽어 나가는 동안, 우리가 연구하는 단어와 함께 쓰인 다른 단어들에 주의하기 바란다. 어떤 단어에 종종 동반되는 단어들을 살필 때, 우리는 그 단어에 관해 많은 것을 배울 수 있다. 한 예로 '지갑'이 무엇인지 파악하려 할 경우를 생각해 보자. 이때 '지갑'이 언급되는 수백 개의 문장을 살펴보면, 우리는 사람들이 이 '지갑'으로 다음과 같이 행동한다는 점을 발견할 것이다. "휴대하다, 꺼내다, 넣다, 잃어버리다, 찾다, 돈과 신용카드를 넣어 두다, 깔고 앉다, 구입하다, 길을 들이다, 던져 버리다."

또한 우리가 연구하는 단어가 행동을 나타내는 것일 경우, 그 행동의 주체와 대상에 관심을 기울여야 한다(이때 이 단어는 동사일 수도 있고, '사랑' 같은 명사일 수도 있다). 누구 또는 무엇이 그 행동을 **수행하고** 있는가? 그리고 누구 또는 무엇이 그 행동을 **받고** 있는가?

그리고 어떤 단어를 연구하든 간에, 각 문맥에서 그 단어에 연관되는 다른 단어들을 유심히 살피기 바란다. 여기에는 특히 유의어와 반대어가 포함된다. 기본적으로, 우리는 그 단어의 의미론적 범위를 파악하는 데 도움을 줄 문맥상의 단서들을 찾아내야 한다.

3. 그 단어가 칠십인 역과 성경 외적인 동시대의 헬라어 문헌에서 어떻게 쓰였는지를 비교해서 살펴보기

칠십인 역(LXX)은 히브리어 구약 성경의 헬라어 역본이며, 헬라어 신약 본문의 많은 단어가 칠십인 역에서도 나타난다. 따라서 단어 연구의 범위를 칠십인 역까지 확대하면, 그 단어가 신약의 일부 본문에서 의미하는 바를 살피는 데 추가로 도움을 얻을 수 있다. 그리고 그 범위를 더욱 넓힐 경우, 우리는 신약 성경과 같은 시기에 기록된, 성경 외적인 헬라 문헌들에서 그 단어가 쓰인 구절들을 조사해 볼 수 있다.

여기서 주의할 점은 각 저자가 같은 단어를 매우 다른 방식으로 사용할 수 있다는 것이다. 예를 들어 칠십인 역에는 코이네 헬라어의 일반적인 특성을 반영하지 않는 히브리어식 표현이 많이 담겨 있으며, 고전 헬라어 시대의 성경 외적인 문헌들은 코이네 헬라어로 된 신약 성경보다 여러 세기 앞서 있다. 언어는 계속 발달하므로, 시대에 따라 표현법도 달라지고 단어의 의미도 바뀌게 된다. 이는 마치 셰익스피어 시대의 글과 오늘날의 영어로 기록된 글 사이의 차이에 견줄 수 있다. 그러나 다른 문헌들을 살피는 것은 신약 성경에서 드물게 언급되는 단어들의 의미를 파악하는 데 특히 도움이 된다.

4. 신약의 핵심 본문들에서 그 단어의 의미일 가능성이 가장 높은 것을 결정하기

이 단계는 우리가 진행해 온 단어 연구에서 가장 큰 수확을 얻게 되는 부분이다. 여기서 우리는 모든 내용을 종합한 뒤, 특정 본문에서 그 단어가 지니는 의미를 결정하게 된다. 여기까지 당신이 신약 성경에서(그리고 칠십인 역과 다른 문헌에서) 그 단어가 지닌 의미의 범위를 찾아내려고 부지런히 노력해 왔다면, 이제는 어떤 본문에서 그 단어의 의미일 가능성이 높은 것을 판단할 준비가 되어 있을 것이다.

당신이 연구하는 단어가 쓰인 본문이 매우 신학적인 성격을 지닌다면, 가끔은 신학 바깥의 문맥에서 그 단어의 용례를 살피는 것이 유익할 수도 있다. 그런 관찰을 통해 그 단어의 신학적 용법을 좀 더 파악할 수도 있기 때문이다.

이렇게 그 단어의 의미론적 범위를 파악하는 고된 작업을 마친 뒤, 우리는 이차 자료를 통해 더욱 풍성한 유익을 얻게 될 것이다. 이 장 끝에 있는 '추가 연구 자료'를 살펴보라. 가장 중요한 이차 자료는 BDAG라고 불리는 헬라어 사전이다. 이때 헬라어 사전과 신학 사전, 성경 주석을 살피면서 당신은 앞서 내린 잠정적인 결론을 수정하게 될지도 모른다. 하지만 그것은 큰 문제가 아니며, 사실 자연스러운 일이다(적어도 내 경우에는 그렇다).

여기까지 단어 연구의 네 단계를 살펴보았다. 그런데 이 연구에는 이제 살필 위험 요소들도 있으므로 주의해야 한다.

단어 연구에서 피해야 할 네 가지 일반적인 위험 요소

아마 단어 연구는 신약의 주해 과정 가운데서 가장 널리 알려진 단계일 것이다. 일부 신약 주석은 기본적으로 개별적인 단어 연구를 모은 것이다. 어떤 설교자들은 그런 주석들의 방식대로 설교하며 자신의 헬라어 지식을 거의 단어 연구에만 활용한다.

그러나 단어 연구에는 위험성이 있다. D. A. 카슨이 쓴 탁월한 책 「성경 해석의 오류」(*Exegetical Fallacies*)에는 단어 연구 시에 흔히 범하는 열여섯 가지 오류를 다룬 장이 포함되어 있다.[4] 다음에 제시된 것은 단어 연구 시에 피해야 할 가장 흔한 네 가지 오류다.

1. 어원에 근거해서 단어의 의미를 결정하는 오류

이 오류는 '어근의 오류'나 '어원상의 오류'로 불린다. 어원은 한 단어가 지닌 의미의

4 D. A. Carson, *Exegetical Fallacies*, 2판 (Grand Rapids: Baker, 1996), 27-64쪽.

역사를 나타내며, 때로 그 가운데는 그 단어의 구성 요소를 정의하는 일도 포함된다. 어원상의 오류는 어떤 단어의 역사나 그 구성 요소들에 근거해서 그 단어를 그릇되게 정의하는 것을 가리킨다. 이 오류를 피하는 방법은 그 단어의 어원이 아니라 문맥상의 용법에 초점을 맞추는 것이다.

어원은 종종 유익하게 활용될 수 있다. 예를 들면 'bookshelf'(책장)는 책을 넣어 두는 장이다. 이런 단어는 많이 찾아볼 수 있다. 'crosswalk'(횡단보도), 'earthquake'(지진), 'backbone'(등뼈), 'homemade'(집에서 만든), 'eyeball'(눈알), 'keyboard'(키보드), 'airplane'(비행기), 'seashore'(해안), 'waterfall'(폭포), 'fishhook'(낚싯바늘) 등이다.

그러나 어원은 어떤 단어의 의미를 정의하는 데 결정적인 요인이 아니다. 앞으로 2,000년 후의 사람들이 주로 어원에 근거해서 지금 우리가 사용하는 일부 단어들을 정의하려 할 경우 어떻게 될지 한번 상상해 보라. 이를테면 'butterfly'(나비), 'honeymoon'(신혼여행), 'pineapple'(파인애플), 'handbook'(안내서), 'jackpot'(거액의 상금), 'gumdrop'(젤리 과자), 'brainstorm'(브레인스토밍), 'jaywalk'(무단 횡단하다), 'ghostwriter'(대필 작가), 'laptop'(노트북 컴퓨터), 'godparents'(대부모), 그리고 '사자 이빨'을 뜻하는 'dandelion'(민들레) 같은 단어들이 있다(여기서 저자가 언급한 단어들은 주로 두 단어가 합쳐진 합성어로, 각 의미를 어원에 따라 이해할 경우 '꿀달', '소나무사과', '손책'과 같이 잘못 이해하게 된다._ 옮긴이). 이처럼 우리는 주로 어원에 근거해서 어떤 단어를 규정하려 해서는 안 된다. 어떤 단어의 의미는 그 단어의 어원이 아니라 문맥상 그 단어의 활용 방식에 따라 결정된다.

이 점은 헬라어에서도 마찬가지다. 영어의 경우처럼 많은 헬라어 단어도 그 구성 요소들이 함축하는 의미를 나타낸다. ἐκβάλλω(에크발로)는 '밖으로'(ἐκ[에크]) '던지다'(βάλλω[발로])를 의미하며, εὐαγγέλιον(유앙겔리온)은 '좋은'(εὖ[유]) '소식'(ἀγγελία[앙겔리아])을 가리킨다. 그러나 성경 해석의 모든 영역이 그렇듯이, 단어 연구에서도 **문맥이 지배한다**. 곧 문맥이 결정적 요인인 것이다.

불행하게도 많은 성경 해석자가 주로 어원에 근거해서 헬라어 단어의 의미를 결정한다. 이런 문제점을 드러내는 가장 흔한 사례로 일부 신학자들이 μετανοέω(메타노에오, '회개하다')와 μετάνοια(메타노이아, '회개')를 정의하는 방식이 있다. 그들은 어원에 근거해서 **회개는 생각의 변화**만을 가리킨다고 주장한다.

- μετά(메타) = '…… 후에'(곧, 변화)
- νοῦς(누스) = 생각, νοέω(노에오) = '생각하다'

따라서 이 신학자들은 예수 그리스도에 관한 우리의 생각을 바꾸는 일이 곧 '구원에 이르게 하는 회개'라고 주장한다. 그들에 따르면 이 회개에는 죄에서 돌이키는 일이 포함되지 **않는다**. 구원에 이르게 하는 회개에 그 일을 포함시킬 경우 복음에 무언가를 덧붙이게 되며, 그러면 복음의 메시지가 '행위를 통한 구원'으로 변질된다는 것이 그들의 주장이다.

그러나 신약의 저자들이 실제로 μετανοέω(메타노에오)와 μετάνοια(메타노이아), 그리고 그 유의어들인 μεταμέλομαι(메타멜로마이)와 ἐπιστρέφω(에피스트레포), 또 ἐπιστροφή(에피스트로페)와 στρέφω(스트레포), ἀποστρέφω(아포스트레포)를 어떻게 사용했는지 주의 깊게 살필 때, 우리는 이 단어들을 그들의 주장과는 다르게 정의할 수밖에 없게 된다. 곧 진정한 회개는 하나님이 가능하게 하신 생각과 감정, 의지의 변화이며, 이는 필연적으로 삶의 변화를 가져온다는 것이다. 그것은 죄에서 돌이켜 하나님께로 나아가는 능동적이고 의지적인 움직임이며, 그 속에는 하나님께 범한 잘못에 대한 후회뿐 아니라 그 죄에서 벗어나려는 순전한 열심도 포함되어 있다(고후 7:9-10).[5]

2. 시대착오적인 어원에 근거해서 단어의 의미를 결정하는 오류

시대착오적인 것은 곧 어떤 이가 묘사하는 것과는 다른 시대에 속한 사물을 가리킨다. 예를 들어 우리가 제2차 세계 대전이 벌어진 1940년대 모습을 재현한 영화를 본다고 하자. 그런데 한 장군이 아이폰을 들고 통화하는 장면이 나온다면 어떤 생각이 들겠는가? 애플사는 2007년에야 첫 아이폰을 출시했으므로, 그 아이폰은 시대착오적인 물건임이 분명하다.

그런데 불행하게도 일부 사람들은 어떤 단어의 의미를 시대착오적으로 설명한다. 이 오류는 어원상의 오류와 비슷하지만 더 심각한 성격을 띤다. 그것은 **시대착오적인** 어원상의 오류이기 때문이다. 시대착오적인 오류는 곧 시대착오적인 어원상의 오류

---

5 Wayne Grudem, *"Free Grace" Theology: 5 Ways It Diminishes the Gospel* (Wheaton, IL: Crossway, 2016), 41-76쪽을 참조하라.

에 근거하여 어떤 단어를 그릇되게 정의하는 일을 가리킨다(곧 자신이 묘사하는 것과는 다른 시대에 속한 어원을 근거로 드는 것이다).

이런 문제의 흔한 예는 로마서 1장 16절에서 찾아볼 수 있다. "내가 복음을 부끄러워하지 아니하노니 이 복음은 모든 믿는 자에게 구원을 주시는 하나님의 능력(δύναμις[뒤나미스])이 됨이라." 여기서 '능력'이라는 단어는 δύναμις(뒤나미스)를 번역한 것이며, 우리는 모두 δύναμις(뒤나미스)라는 단어가 어떻게 들리는지 안다. 바로 '다이너마이트'(dynamite)다. 그러므로 복음은 구원을 주시는 하나님의 '다이너마이트'라는 것이다.

당신은 이런 해석의 문제를 파악할 수 있겠는가? 당신의 생각에는 바울이 과연 이 다이너마이트를 떠올리면서 δύναμις(뒤나미스)라는 단어를 썼으리라고 생각되는가? 물론 그렇지 않다. δύναμις(뒤나미스)라는 단어는 '다이너마이트'에서 온 것이 아니다. 오히려 '다이너마이트'라는 단어가 스웨덴어의 '뒤나미트'(dynamit)를 거쳐 δύναμις(뒤나미스)에서 유래한 것이다. 1867년 알프레드 노벨(Alfred Nobel)이 이 폭약을 발명하고 특허를 얻기 전까지, '다이너마이트'라는 폭약은 세상에 존재하지도 않았다. 그리고 또 한 가지 문제가 있다. '복음은 다이너마이트와 같다'는 말에는 과연 어떤 의미가 있는가? 복음이 사람들을 날려 버린다는 것일까? 사람들을 부숴 버린다는 것일까?

얼마나 많은 설교자와 교사가 로마서 1장 16절을 설명하면서 다이너마이트를 언급하는지 모른다. 대학 시절, 내가 다니던 교회에서는 한 주를 정해 저녁마다 특별 설교 집회를 열었다. 그리고 아래층에서는 아이들을 위한 시간이 따로 마련되었다. 당시 내 친구 저스틴은 집회 내내 빨간색 솜털로 덮인 커다란 다이너마이트 막대처럼 분장하고 다녔는데, 그 가슴팍에는 이렇게 쓰여 있었다. "TNT: 복음은 하나님의 다이너마이트." 그리고 물론, 나는 저스틴이 '주해상의 오류'처럼 차려 입은 것을 놀려댔다.

3. 유의어들이 비슷한 의미로 쓰인 문맥에서 그 단어들의 뜻을 구분 짓는 오류

다음 두 진술을 숙고해 보자.

1. 나는 피곤하다. 나는 기진맥진하다. (I'm tired. I'm weary.)
2. 나는 피곤하지만, 기진맥진하지는 않다. (I'm tired, but I'm not weary.)

나는 이 둘의 차이를 알고 있다. 피곤할 경우에는 충분히 휴식하면 회복되지만, 기진맥진했을 경우에는 단순히 휴식으로는 해결되지 않는 문제가 있기 때문이다.

두 번째 진술은 피곤한 상태와 기진맥진한 상태를 구분하지만, 첫 번째 진술은 그렇지 않은 듯하다(문맥을 좀 더 파악할 수 있다면 도움이 될 것이다). 첫 번째 진술은 바로 이어지는 두 문장에서 유의어를 사용하고 있으며, 여기서 '피곤하다'와 '기진맥진하다' 사이에는 별 차이가 없어 보인다. 곧 저자는 표현상 변화를 주기 위해 이 단어들을 사용했을 뿐, 그 의미는 같다고 여겨지는 것이다. 하지만 두 번째 진술에서는 두 단어를 비슷한 의미로 사용하면서도 미묘한 어감의 차이를 덧붙이고 있다. 그러면 우리는 이런 차이를 어떻게 파악할 수 있을까? 바로 문맥을 통해서다.

유의어들이 비슷한 의미로 쓰인 문맥에서 그 단어들의 뜻을 뚜렷이 구분하는 것은 주해상의 오류다. 이런 오류를 범하는 이들은 어떤 단어가 일부 본문에서 특정한 어감을 지니므로, 다른 본문들에서도 분명히 그런 어감을 지닐 것이라고 여긴다.[6] 그러면 이 개념을 요한복음 21장 15-17절에 적용해 보자.

> 그들이 조반 먹은 후에 예수께서 시몬 베드로에게 이르시되 요한의 아들 시몬아 **네가** 이 사람들보다 나를 더 **사랑하느냐**(ἀγαπᾷς[아가파스]) 하시니 이르되 주님 그러하나이다 **내가** 주님을 **사랑하는**(φιλῶ[필로]) 줄 주님께서 아시나이다 이르시되 내 어린양을 먹이라 하시고 또 두 번째 이르시되 요한의 아들 시몬아 **네가 나를 사랑하느냐**(ἀγαπᾷς[아가파스]) 하시니 이르되 주님 그러하나이다 **내가** 주님을 **사랑하는**(φιλῶ[필로]) 줄 주님께서 아시나이다 이르시되 내 양을 치라 하시고 세 번째 이르시되 요한의 아들 시몬아 **네가 나를 사랑하느냐**(φιλεῖς[필레이스]) 하시니 주께서 세 번째 **네가 나를 사랑하느냐**(φιλεῖς[필레이스]) 하시므로 베드로가 근심하여 이르되 주님 모든 것을 아시오매 **내가** 주님을 **사랑하는**(φιλῶ[필로]) 줄을 주님께서 아시나이다 예수께서 이르시되 내 양을 먹이라.

---

6 이와 유사한 (그러면서도 좀 더 심각한) 오류는 특정 본문에 쓰인 단어의 의미를 결정할 때 그 단어의 의미론적 범위 전체를 가져다 넣는 것이다. 이 오류는 '부당축의'(illegitimate totality transfer)로 불리며, '덤프트럭 주해'(dump-truck exegesis)라고도 한다. 이는 마치 영어 사전에서 어떤 단어의 세 가지 주요 정의를 찾은 다음, 그 정의들을 모두 결합시켜 우리가 살피는 문장에서 그 단어가 지닌 의미를 설명하려 하는 것과 비슷하다. 하지만 언어는 그런 식으로 작동하지 않는다.

세 차례에 걸친 질문과 대답에서 '사랑하다'라는 의미로 쓰인 동사들은 이러하다.

1. 예수 = ἀγαπάω(아가파오) | 베드로 = φιλέω(필레오)
2. 예수 = ἀγαπάω(아가파오) | 베드로 = φιλέω(필레오)
3. 예수 = φιλέω(필레오) | 베드로 = φιλέω(필레오)

당신은 설교자나 교사가 이 두 헬라어 단어의 차이를 과장해서 언급하는 것을 들어본 적이 있는가? 그런 이들은 대체로 ἀγαπάω(아가파오)를 숭고하고 무조건적이며 지극히 이타적인 사랑으로 규정하고, φιλέω(필레오)는 그보다 낮은 단계의 인간적인 우정 같은 사랑으로 규정한다.

하지만 그런 구분은 성립하지 않는다. 이 본문에서는 ἀγαπάω(아가파오)와 φιλέω(필레오)를 서로 같은 뜻을 지닌 유의어로 사용하기 때문이다. 이 문맥에서는 본문의 의미를 밝힐 열쇠가 되는 미묘한 차이 같은 것이 이 단어들 사이에 존재하지 않는다. 이 점에 관해서는 적어도 세 가지 기본적인 이유가 있다.

1. 현존하는 자료들은 ἀγαπάω(아가파오)는 숭고하고 이타적인 사랑인 반면, φιλέω(필레오)는 그보다 덜한 사랑이라는 주장을 지지하지 않는다.[7] 물론 이 두 단어가 항상 동일한 의미로 쓰이는 것은 아니지만, 서로 의미가 상당히 겹치는 부분이 있다.

- 요한복음 3장 35절과 5장 20절은 모두 이렇게 언급한다. "아버지께서 아들을 **사랑하사**." 이때 '사랑하다'의 뜻으로 쓰인 헬라어 단어가 무엇일지 한번 짐작해 보라. 사실 그 단어는 하나가 아니다. 그중 앞 구절에 쓰인 단어는 ἀγαπάω(아가파오)이지만, 뒤 구절에 쓰인 단어는 φιλέω(필레오)다. 이 구절들의 문맥에서 이 두 단어는 동일한 내용을 의미한다.
- 바울은 이렇게 기록했다. "데마는 이 세상을 사랑하여 나를 버리고"(딤후 4:10). 여기서 '사랑하다'의 뜻으로 쓰인 헬라어 단어는 무엇일까? 바로 ἀγαπάω(아가파오)다.

7 Mark L. Ward Jr., "Paul's Positive Religious Affections" (Ph.D. diss., Bob Jones University, 2011), 특히 chap. 10: "Positive Pauline Affections: Love," 234-72쪽을 참조하라.

- 암논이 자신의 이복동생인 다말을 겁탈한 후, 성경의 화자는 이렇게 언급한다. "그리하고 암논이 그를 심히 미워하니 이제 미워하는 미움이 전에 **사랑하던 사랑**보다 더한지라"(삼하 13:15). 그러면 칠십인 역은 여기서 '사랑하다'의 의미로 어떤 헬라어 단어들을 썼을까? 바로 ἀγάπη(아가페)와 ἀγαπάω(아가파오)다.

2. 요한복음 21장 15-17절 본문에는 세 가지 유의어의 조합이 포함되어 있으며, 이들은 모두 의미상 별 차이가 없다. 그중 두 가지 유의어의 조합은 다음 세 진술에도 담겨 있다.

- <u>βόσκε</u> τὰ <u>ἀρνία</u> μου. "내 **어린양**을 **먹이라**."
- <u>ποίμαινε</u> τὰ <u>πρόβατά</u> μου. "내 **양**을 **치라**."
- <u>βόσκε</u> τὰ <u>πρόβατά</u> μου. "내 **양**을 **먹이라**."

여기서 같은 뜻을 지닌 첫 조합은 동사 '먹이다'(두 차례)와 '치다'(한 차례)이며, 두 번째 조합은 명사 '어린양'(한 차례)과 '양'(두 차례)이다. 그리고 세 번째 조합은 다음 네 가지 진술에 담겨 있다(οἶδα[오이다]는 세 차례, γινώσκω[기노스코]는 한 차례 나타난다).

- σὺ <u>οἶδας</u> ὅτι φιλῶ σε. "내가 주님을 사랑하는 줄 주님께서 **아시나이다**."
- σὺ οἶδας ὅτι φιλῶ σε. "내가 주님을 사랑하는 줄 주님께서 **아시나이다**."
- κύριε, πάντα σὺ <u>οἶδας</u>, σὺ <u>γινώσκεις</u> ὅτι φιλῶ σε. "주님 모든 것을 **아시오매** 내가 주님을 사랑하는 줄을 주님께서 **아시나이다**."

이처럼 이 본문의 문맥에는 유의어들의 조합이 여럿 담겨 있다. 그러면 굳이 ἀγαπάω(아가파오)와 φιλέω(필레오)의 경우에만 의미상의 차이가 있다고 볼 이유가 무엇인가?

3. 요한복음 21장 15-19절의 문학적 맥락을 살펴보면, 여기서 예수께서는 베드로를 원래 자리로 돌이키고 계신다. 이 본문은 베드로가 어떻게 회복되었는지를 설명해 준다. 베드로는 예수를 부인한 이였지만, 이후에는 능력과 영향력을 지닌 사도가 되

었다. 예수께서 인자하게 그를 용서해 주지 않았다면, 그 일은 결코 이루어지지 않았을 것이다. 여기서 17절 앞부분을 살펴보자. "**세 번째** 이르시되." 이 '세 번째'라는 표현을 접하면서 무언가 생각나는 것이 있는가? 베드로의 경우에는 분명히 머릿속에 무언가 떠오르는 일이 있었던 듯하다. 요한은 이렇게 서술한다. "주께서 **세 번째** 네가 나를 사랑하느냐 하시므로 베드로가 근심하여 이르되……." 곧 베드로는 이 세 질문을 동일한 것으로 이해한 것이다. 여기서 '세 번째'라는 표현은 그가 최근에 예수를 세 번 부인한 일을 반영한다(요한복음 18장 15-18, 25-27절을 보라). 앞서 베드로는 예수를 세 번 부인했다. 그러나 이제 예수께서는 베드로가 그 부인의 말들을 돌이키고 그분을 향한 사랑을 다시금 확언하도록, 세 차례에 걸쳐 인도해 가신 것이다.

4. 한 단어의 알려지지 않았거나 가능성이 희박한 의미에 호소하는 오류

대체로 이 오류는 어떤 해석자가 자신의 신학 체계를 이미 갖춘 상태에서 한두 본문을 그 틀 속에 억지로 맞추려고 시도할 때 생겨난다. 이런 해석자는 어떤 단어의 가장 가능성 높은 의미를 그대로 받아들이는 대신에, 잘 알려지지 않았거나 가능성이 매우 희박한 의미에 호소한다.

내가 아는 것 가운데 이런 오류의 가장 좋은 사례는 κεφαλή(케팔레)라는 단어의 뜻에 관한 것이며, 이 사례는 특히 다음 두 본문에 연관된다.

- 고린도전서 11장 3절_ "그러나 나는 너희가 알기를 원하노니 각 남자의 **머리**(κεφαλή[케팔레])는 그리스도요 여자의 **머리**(κεφαλή[케팔레])는 남자요 그리스도의 **머리**(κεφαλή[케팔레])는 하나님이시라."
- 에베소서 5장 23절_ "이는 남편이 아내의 **머리**(κεφαλή[케팔레]) 됨이 그리스도께서 교회의 **머리**(κεφαλή[케팔레]) 됨과 같음이니 그가 바로 몸의 구주시니라."

'성경적 평등을 추구하는 그리스도인들'(Christians for Biblical Equality)이라는 단체에 따르면, 평등주의 또는 복음적인 페미니즘에서는 다음과 같이 확언한다. 곧 모든 신자는 자신의 성별과 상관없이 "동등한 권위와 책임을 누리면서 교회와 가정, 세상에서 하나님이 그들에게 주신 은사를 발휘해야 한다. …… 신자들은 서로 복종하도록 부름 받았다. …… 신자들이 자신의 성별 때문에 그 은사를 발휘하지 못하도록 제한하는 것은 …… 하나님의 영이 행하시는 사역에 저항하는 일이며 부당한 것이다."[8] 그런데 이 견해의 옹호자들은 고린도전서 11장 3절과 에베소서 5장 23절에서 κεφαλή(케팔레)의 의미를 설명해야만 한다. 여기서 κεφαλή(케팔레)가 권위를 상징한다는 점을 인정한다면, 이 두 본문은 평등주의를 약화시키는 것이 되기 때문이다. 그렇기 때문에 일부 평등주의자들은 그 단어의 알려지지 않았거나 가능성이 희박한 의미에 호소하는 주해상의 오류를 범해 왔다. 곧 여기서 κεφαλή(케팔레)는 '권위'가 아니라, (강의 근원 또는 발원지와 같은) '원천'을 의미한다고 주장한 것이다. 하지만 크레이그 블롬버그는 다음과 같이 올바른 결론을 제시한다. "신약의 일부 본문에서 κεφαλή(케팔레)가 '원천'으로 해석될 수는 있지만, 그중 어떤 경우도 반드시 그래야만 하는 것은 아니다. 그리고 좀 더 유력한 '권위'라는 의미는 그 본문들의 경우에도 잘 들어맞는다."[9] 또한 웨인 그루뎀은 이 두 본문에서 κεφαλή(케팔레)가 '원천'이 아닌 '권위'를 뜻한다는 것을 누구보다도 철저히 입증했다.[10]

여기까지 단어를 연구할 때 피해야 할 네 가지 위험성을 살펴보았다. 각 단어는 중요한 의미를 지닐 수도 있지만, 우리는 그 단어들을 문맥 속에서 정확히 해석하도록 특히 주의해야 한다.

어설픈 주석들에 관한 사고 실험[11]

이제 한 가지 사고 실험을 진행해 보자. 우리가 쉽게 이해할 수 있는 지금의 문학 작품

8 www.cbeinternational.org/.

9 Craig L. Blomberg with Jennifer Foutz Markley, *A Handbook of New Testament Exegesis* (Grand Rapids: Baker Academic, 2010)(『신약 성경 석의 방법』, 도서출판대서), 139쪽.

10 Wayne Grudem, *Evangelical Feminism and Biblical Truth: An Analysis of More than One Hundred Disputed Questions* (Wheaton, IL: Crossway, 2012), 201-11, 552-99쪽.

11 나는 Moisés Silva, "God, Language, and Scripture: Reading the Bible in the Light of General Linguistics," in *Foundations of Contemporary Interpretation*, Moisés Silva 편집 (Grand Rapids: Zondervan, 1996)(『하나님, 그리고 언어와 성경과의 관계』, 나침반), 199-200쪽에서 이 실험의 아이디어를 얻었다.

에서 한 문단을 택한 다음, 세월이 흘러 2,000년이 지났다고 가정해 보는 것이다. 이제 세계를 지배하는 언어는 중국어이며, 지난 1,000년간 아무도 영어를 사용하지 않았다. 적어도 지금 우리가 말하는 영어와 비슷하게 들리는 식으로는 쓰지 않는 것이다. 그런데 한 디지털 고고학자가 2007년도 것으로 추정되는 다음 글 조각을 발견한다(그리고 이 글에는 절 번호가 덧붙어 있다).

> [1]볼드모트가 지팡이를 들어올렸다. [2]그는 호기심 많은 아이처럼 여전히 머리를 한쪽으로 기울인 채, 자기가 계속 행동을 이어간다면 어떤 일이 벌어질지 궁금해하고 있었다. [3]해리는 그 붉은 눈을 마주하면서 그 일이 지금 어서 벌어지기를 바랐다. 자신에게 아직 서 있을 힘이 있을 때, 통제력을 잃기 전에, 공포심을 드러내게 되기 전에…….
>
> [4]해리는 그의 입이 움직이면서 녹색 빛이 번득이는 것을 보았다. 그러고는 모든 것이 끝났다.[12]

그 디지털 고고학자는 자신이 발견한 글 조각의 내용을 어떻게 이해해야 할지 몰랐다. 그래서 한 세계적인 문헌학자에게 그 의미를 설명해 줄 것을 요청한다. 그리고 그 문헌학자는 이 요청에 응하여 다음 주석을 집필한다.

1절

[1]볼드모트가 지팡이를 들어올렸다. (Voldemort had raised his wand.)

- 볼드모트(Voldemort). 이것은 분명히 남자 이름 가운데서 찾아보기 어려운 이름이다. 과거 미국이나 캐나다, 영국의 서류에서 언급된 어떤 공직자도 이 이름으로 불리지 않았다. 아마 이것은 세 부분으로 구성된 암호명으로 여겨진다. (1) '볼'(Vol)은 여러 권으로 구성된 전집의 일부분을 나타낼 때와 같이 '권'(volume)을 나타내는 약어였다. (2) 프랑스어에서 '드'(de)는 '……에서'를 뜻했다. (3) '모

12 J. K. Rowling, *Harry Potter and the Deathly Hallows*, Harry Potter 7 (New York: Levine, 2007)(『해리 포터와 죽음의 성물』, 문학수첩), 572쪽. 이 내용은 34장 결말 부분이다.

트'(Mort)는 '죽음'을 뜻하는 프랑스어였다. 그러므로 이 이름은 '죽음에 관한 책'을 가리키는 듯하다.

- **지팡이**(wand). 다음 두 가지 용도로 쓰인 가늘고 긴 막대기 또는 작대기. (1) 악단 지휘자들은 이 지팡이로 음악가들의 연주를 이끌었다. (2) 여성들은 '마스카라'라는 화장품을 얼굴에 칠하는 데 이 지팡이를 사용했다. 이 화장품은 여성들의 속눈썹 색깔을 어둡고 짙게 만들어 주었다(그리고 여성들은 이를 통해 자신이 좀 더 매력적으로 보인다고 믿었다). 여기서는 첫 번째 용도가 좀 더 적절해 보인다.
- **들어올렸다**(had raised). 어떤 것을 치켜 올리거나 그것의 분량을 늘리는 일, 심지어는 죽음에서 되살리는 일을 가리키는 표현. 여기서는 볼드모트가 말라 죽은 도구인 "지팡이"를 "들어올렸다"고 묘사하여 맨 마지막 뜻을 나타내는 듯하다. 이때 "들어올렸다"는 과거 완료 시제로 쓰였으며, 이는 이 순간의 행동이 낳은 결과를 강조한다.

2절

[2]그는 호기심 많은 아이처럼 여전히 머리를 한쪽으로 기울인 채, 자기가 계속 행동을 이어간다면 어떤 일이 벌어질지 궁금해하고 있었다. (His head was still tilted to one side, like a curious child, wondering what would happen if he proceeded.)

- **호기심 많은 아이**(curious child). 아마 당시에 인기 있던 어린이 책과 영상물 시리즈인 〈호기심 많은 조지〉(Curious George)를 암시하는 표현으로 보인다. 이 시리즈는 노란 모자를 쓴 남자와 함께 아파트에 살던 고약한 원숭이에 관한 이야기다. 여기서는 볼드모트도 원숭이 조지처럼 성질이 고약함을 시사한다.
- **기울인 채**(tilted). '떨어지다' 또는 '떨어지게 하다'를 뜻하는 중세 영어에서 유래한 단어. 아마도 스칸디나비아 어족에서 기원한 단어로, '불안정하다'라는 뜻인 노르웨이어의 '틸튼'(tylten)과 연관되어 있을 것이다.
- **자기가 계속 행동을 이어간다면**(if he proceeded). 이 조건절은 문법적으로 주절에 종속되지만, 의미적으로는 독립적인 성격을 지닌다. 이 조건적 진술은 본질상 실제 모습을 묘사하고 있다.

3a절

[3a]해리는 그 붉은 눈을 마주하면서 그 일이 지금 어서 벌어지기를 바랐다. (Harry looked back into the red eyes, and wanted it to happen now, quickly,)

- **해리**(Harry). 흔한 남자 이름. 이 단어는 '털이 많은'(hairy)과 동음이의어로, 아마 이 사람의 얼굴과 팔다리에 무성하게 털이 나 있었음을 암시한다. 이 단어는 또한 적을 끈질기게 공격한다는 뜻을 지닌 동사 'harry'와 철자는 같으나 뜻이 다르다. 그러므로 해리는 아마 볼드모트를 끈질기게 공격하고 있었을 것이다.
- **붉은 눈**(red eyes). 고대에는 어설프게 플래시를 터뜨리면서 사진을 촬영할 때, 사람들의 눈동자가 붉은 빛으로 찍혔다. 여기서 해리는 볼드모트의 사진이 아니라 실제 그의 모습을 바라보고 있으므로, 이 표현이 그런 의미일 가능성은 없어 보인다. 오히려 이 표현은 늦은 밤에 출발하여 북미 대륙의 각 지역이나 북미 대륙과 하와이 사이를 오간 비행기 노선의 유형(a red-eye flight)을 암시하는 쪽에 더 가까운 듯하다. 그렇다면 이 표현은 '붉은 눈' 비행기들이 그들의 머리 위로 지나가는 동안이나 한밤중에, 또는 그 둘을 모두 의미하는 시기에 두 사람의 대화가 이루어졌음을 시사한다.
- **지금 어서**(now, quickly). 매우 다른 강조점을 지닌 유의어들. "지금"은 바로 이 순간에 그 행동이 일어나야만 한다는 것을 강조하며, "어서"는 그 행동이 빠른 속도로 이루어져야만 한다는 것을 강조한다. 여기서처럼 두 단어가 한 어구 끝에 함께 쓰일 때에는 강조 의미가 더욱 강화된다.
- **바랐다**(wanted). '바란다'는 것은 곧 무언가가 결핍되어 있음을 뜻했다(예를 들면 '부족한 것이 없다'[want for nothing] 같은 표현). 그러나 여기서는 그런 표현이 이치에 맞지 않으므로, (1) 교육을 제대로 받지 못한 저자가 잘못된 문법을 썼든지, (2) 좋은 뜻을 품었지만 엉뚱하게 판단한 편집자가 이 단어를 삽입한 것으로 보인다(21세기 초에는 편집자가 자신이 작업하던 책에 무심코 오류를 덧붙이는 일이 흔했다).

3b절

[3b]자신에게 아직 서 있을 힘이 있을 때, 통제력을 잃기 전에, 공포심을 드러내게 되

기 전에……. (while he could still stand, before he lost control, before he betrayed fear-)

- **서 있을**(stand). 아마 이 단편적인 글에서 가장 정의하기 어려운 단어일 것이다. 이 단어의 가능성 있는 의미로는 적어도 다섯 가지가 있다. (1) 크리켓 경기의 심판을 보다. (2) 어떤 사안에 대해 특정한 태도를 취하다. (3) 발을 땅에 디디고 똑바로 서거나 일어서다. (4) 어떤 물건을 특정한 위치에 두다. (5) '그는 그 일을 참을 수 없었다'(he could not stand it)라는 표현처럼, 어떤 일을 용납하다. 여기서는 (3)과 (4)가 결합된 절충 의미로 보는 편이 가장 나은 듯하다.
- **힘이 있을**(could). 가능성을 나타낸다.
- **때**(while). 시간을 표시하는 단어.
- **통제력을 잃기**(lost control). 자동차나 비행기를 조종하는 사람들이 충돌하여 죽기 전에 벌어지는 현상을 묘사하는 어구. 해리가 이런 조건을 인식했다면, 이는 그의 죽음이 임박했음을 나타낸다.
- **공포심**(fear). '하나님을 향한 경외심'(the fear of God)이라는 표현처럼, 두려움과 존경심이 뒤섞인 마음.
- **드러내게**(betrayed. 이 단어에는 '배신하다'라는 뜻도 있다._ 옮긴이). 이것은 미국의 애국자들이 조국에 충성하지 않는 이들을 묘사할 때 흔히 사용한 단어다.

4절

4해리는 그의 입이 움직이면서 녹색 빛이 번득이는 것을 보았다. 그러고는 모든 것이 끝났다. (He saw the mouth move and a flash of green light, and everything was gone.)

- **입이 움직이면서**(mouth move). 빠른 속도로 쉬지 않고 말하는 사람을 가리키는 관용구인 '수다쟁이'(motor mouth)를 변형한 표현. 볼드모트가 사교적인 사람이었음을 보여 준다.
- **녹색 빛이 번득이는 것**(flash of green light). 이 표현이 지닐 수 있는 의미는 세 가지다. (1) 고대의 미국과 영국에서는 사람들이 자동차로 여행했는데, 교통 신호로 그들이 멈출 때와 진행할 때를 나타냈다. 곧 녹색 신호는 운전자들이 진행

해야 한다는 것을, 붉은 신호는 멈춰야 한다는 것을 상징한 것이다. 그리고 "녹색 빛이 번득이는" 일은 그 신호가 붉은 색에서 녹색으로 바뀔 때 일어났을 것이다. 그러므로 여기서 볼드모트와 해리는 자동차로 함께 여행 중이며, 이제까지는 붉은 신호 아래 멈춰 있었을 가능성이 있다. (2) 또한 '녹색 신호'(green light)는 어떤 계획을 계속 진행해도 좋다는 승인을 나타냈다. 이렇게 볼 때 볼드모트는 해리의 상급자였으며, 염려와 달리 감사하게도 해리의 계획을 승인해 주었다고 해석할 수 있다. (3) 녹색 빛이 번득이는 것은 '녹색 섬광'(green flash)이라고도 부르며, 바다에서 해가 뜨거나 질 무렵 일시적으로 볼 수 있는 광학 현상이었다. 따라서 이 표현은 볼드모트와 해리가 해 질 무렵 서쪽 수평선을, 또는 해가 뜰 때 동쪽 수평선을 보고 있었음을 의미할 수 있다. 고고학 기록에 따르면 녹색 섬광은 특히 하와이에서 흔히 보이는 현상이었다. 그러므로 볼드모트와 해리는 하와이에 있었을 가능성이 있다(이는 특히 3a절 내용에 비추어 볼 때 그러하다. 그 구절의 "붉은 눈"에 대한 주석을 보라). 그런데 이 셋 중 어느 하나만 택하기는 쉽지 않으며, 실제로 저자가 세 가지 의미 모두를 암시하고 있었을 가능성이 높다. 곧 볼트모트와 해리는 해 질 녘 또는 동틀 녘의 하와이를 자동차로 여행하는 중이며, 붉은 색 신호 아래 멈춰 있었다. 그리고 볼드모트는 해리가 요청한 계획을 승인해 준 것이다.

- 모든 것(everything). 분명히 '예외 없이 모두'(all without exception)를 의미한다. 곧 '하나도 아닌'(not one thing)이라는 표현처럼, 아무것도 남아 있지 않은 것이다. 이 단어가 '구별 없이 모두'(all without distinction)를 의미한다고 주장하는 이들은 자신의 개념을 이 본문에 집어넣어 읽는 것이다.
- **끝났다**(gone). 이것은 이 글 내용이 꿈이며, 화자가 그 꿈을 꾸고 있었음을 함축한다. 이제 꿈은 끝이 나고, 그는 마침내 깨어나게 되었다.

당신에게는 이런 종류의 주석이 익숙하게 다가오는가? 내게는 그러하다. 불행하게도 이 예시는 여러 신약 주석의 경우와 비슷하게 여겨진다. 그런 주석들은 문맥 속에 담긴 논증을 파악하지 못하고 본문의 요지를 완전히 놓치며, 단어들에 관해서만 그릇된 추측을 늘어놓는다.

당신은 그런 주석들을 피하기 바란다. 그리고 그런 식으로 설교하거나 가르치는 것도 피해야 한다.

사례_ συνείδησις('양심')

συνείδησις(쉰에이데시스)는 신약에서 서른 번 언급되는 단어다. 성경 역본들은 대체로 그 단어를 '양심'(conscience)으로 옮긴다. 양심의 개념 자체는 구약에서도 나타나지만, συνείδησις(쉰에이데시스)는 히브리어 구약 본문에서 그에 대응하는 단어나 단어군을 찾아보기 어려운, 신약의 몇 안 되는 신학적으로 중요한 단어에 속한다.

그러면 συνείδησις(쉰에이데시스)를 어떻게 정의하고 설명할 것인가? 먼저 이 단어가 쓰인 서른 개의 신약 본문을 모두 주의 깊게 살펴야 한다. 그런데 여기서 그 작업을 자세히 수행할 수는 없고, 대신 그 내용을 간단히 요약하려 한다.[13]

συνείδησις(쉰에이데시스)는 명사이며, 그 단어가 쓰인 본문들은 우리에게 두 가지 기본 질문에 답할 자료를 제공한다. 이를 통해 우리는 한 가지 정의를 얻어 낼 수 있다.

συνείδησις는 어떤 것이 될 수 있는가

긍정적인 면에서

- συνείδησις(쉰에이데시스)는 '흠 없다, 깨끗하다, 맑다, 순전하다'라는 의미에서 **선해질 수 있다**(행 23:1, 24:16, 딤전 1:5, 19, 3:9, 딤후 1:3, 히 13:18, 벧전 3:16, 21).
- συνείδησις(쉰에이데시스)는 **청결해질 수 있으며**, 이는 곧 '맑고 온전하게 되며, 정결하게 되고, 씻기고 정화되며, 뿌림을 받아 깨끗하게 된다'는 의미에서 그러

---

13 Andrew David Naselli and J. D. Crowley, *Conscience: What It Is, How to Train It, and Loving Those Who Differ* (Wheaton, IL: Crossway, 2016)를 보라. 여기서 나는 2장의 일부를 요약했다(32-44쪽, 허락을 받고 사용함). 이 책의 토대는 συνείδησις(쉰에이데시스)라는 단어의 자세한 연구이며, 이 책은 네 가지 질문에 초점을 맞춘다. (1) 우리의 양심이 우리를 정죄할 때에는 어떻게 해야 할까? (2) 우리는 어떻게 하나님의 뜻에 걸맞게 양심을 가다듬어야 할까? (3) 양심적인 판단이 동료 그리스도인들과 어긋날 때에는 그들을 어떻게 대해야 할까? (4) 양심적인 판단이 타문화권의 사람들과 어긋날 때에는 그들을 어떻게 대해야 할까? συνείδησις(쉰에이데시스)라는 단어를 먼저 주의 깊게 연구하지 않고서는 이런 질문들에 대답하기가 어렵다.

하다(히 9:9, 14, 10:22).

부정적인 면에서

- συνείδησις(쉰에이데시스)는 **약해질** 수 있다(고전 8:7, 10, 12).
- συνείδησις(쉰에이데시스)는 **상처 입을** 수 있다(고전 8:12).
- συνείδησις(쉰에이데시스)는 **더러워질** 수 있다(고전 8:7, 딛 1:15).
- συνείδησις(쉰에이데시스)는 **죄를 짓도록 격려받거나 대담해질** 수 있다(고전 8:10).
- συνείδησις(쉰에이데시스)는 **악해지거나 죄책을 짊어지게** 될 수 있다(히 10:22).
- συνείδησις(쉰에이데시스)는 **화인을 맞게** 될 수 있다(딤전 4:2).

συνείδησις는 무엇을 할 수 있는가

세 가지 행동이 있다.

1. συνείδησις(쉰에이데시스)는 증언하거나 확증할 수 있다(롬 2:15, 9:1, 고후 1:12, 4:2, 5:11).
2. συνείδησις(쉰에이데시스)는 다른 사람의 자유를 판단하거나 결정하려 들 수 있다(고전 10:29).
3. συνείδησις(쉰에이데시스)는 어떤 사람이 특정한 방식으로 행동하도록 이끌 수 있다. 이에 관해 신약은 네 가지 예를 제시한다.

- 우리의 양심이 증언하는 바에 따라, συνείδησις(쉰에이데시스)는 우리로 하여금 스스로를 비난하거나 옹호하도록 이끌 수 있다(롬 2:15).
- συνείδησις(쉰에이데시스)는 우리를 권세자들에게 복종하도록 이끌 수 있다(롬 13:5).
- συνείδησις(쉰에이데시스)는 우리로 하여금 자신이 먹는 고기의 출처를 따지지 않도록 이끌 수 있다. 우상에게 바쳐진 고기를 먹는 일은 양심적으로 정죄될 사안이 아니기 때문이다(고전 10:25, 27).
- συνείδησις(쉰에이데시스)는 우리로 하여금 어떤 이가 우상에게 바쳐진 것이라

고 말해 주는 고기를 먹지 않도록 이끌 수 있다. 이는 곧 우리에게 말해 준 그 사람의 양심을 위함이다(고전 10:28).

συνείδησις를 어떻게 정의할 것인가

συνείδησις(쉰에이데시스)는 이렇게 정의할 수 있다. '우리가 믿기에 옳은 것과 그른 것에 관한 의식'(your consciousness of what you believe is right and wrong).[14] 그리고 이 정의에는 다음 내용이 함축되어 있다. (1) συνείδησις(쉰에이데시스)는 다양한 도덕 기준을 따르는 사람들에게 제각기 다른 결과를 낳는다. (2) 우리의 συνείδησις(쉰에이데시스)는 변화될 수 있다. (3) συνείδησις(쉰에이데시스)는 인도자와 감시자, 증인과 심판자의 역할을 한다.

사례_ σάρξ('육신')와 πνεῦμα('영')[15]

신약 저자들은 자주 σάρξ(사륵스, '육신')와 πνεῦμα(프뉴마, '성령/영')를 대조한다. 그런데 그 대조가 늘 같은 식으로 이루어지는 것은 아니다. σάρξ(사륵스)나 πνεῦμα(프뉴마)를 언급하는 신약의 모든 본문을 체계적으로 살피면서 특히 두 단어가 함께 제시되는 본문들에 주의할 때, 우리는 적어도 열한 가지의 대조 방식을 식별할 수 있다(다만 이 방식 중 일부는 서로 겹칠 수도 있다).

1. 물리적인 측면 대 영적인 측면

바울은 이렇게 권면한다. "**육**(σάρξ[사륵스])과 **영**(πνεῦμα[프뉴마])의 온갖 더러운 것에서 자신을 깨끗하게 하자"(고후 7:1). 여기서 바울의 요점은 죄가 우리의 전 존재를 오염시킨다는 것이며, 그는 우리의 존재가 두 가지 측면, 곧 물리적 측면(외적인 부분)과 영적 측면(내적인 부분)을 지닌다고 본다. 바울은 다른 곳에서도 이 같은 이분법을 활용하고 있다. "이는 내가 **육신**(σάρξ[사륵스])으로는 떠나 있으나 **심령**(πνεῦμα[프뉴마])으로는 너

---

14 BDAG도 비슷하게 정의한다. "옳고 그름을 구별하는 내적 기능"(967).

15 이 부분은 Andrew David Naselli, "Flesh and Spirit," *Tabletalk* 38, 10 (2014): 22-24쪽 내용을 수정한 것이다.

희와 함께 있어"(골 2:5. 고린도전서 5장 3절 참조).

2. 물리적인 연약함 대 고귀한 열망

"마음(πνεῦμα[프뉴마])에는 원이로되 육신(σάρξ[사륵스])이 약하도다"(마 26:41, 막 14:38). 우리는 물리적으로 연약한 나머지, 옳은 일을 하려는 고귀한 열망을 품고도 그 일을 실행하기가 어려울 수 있다.

3. 물리적인 신체 대 비물리적인 인격

예수께서는 제자들에게 이렇게 말씀하셨다. "내 손과 발을 보고 나인 줄 알라 또 나를 만져 보라 영(πνεῦμα[프뉴마])은 살(σάρξ[사륵스])과 뼈가 없으되 너희 보는 바와 같이 나는 있느니라"(눅 24:39). 죽은 자들 가운데서 다시 살아나신 후, 예수께서는 한낱 유령이나 비물리적인 인격체와 달리 자신에게는 물리적인 신체가 있다는 것을 제자들에게 확실히 보여 주셔야만 했다.

바울은 물리적 전쟁과 영적 전쟁을 이렇게 대조한다. "우리의 씨름은 혈과 육(σάρξ[사륵스])을 상대하는 것이 아니요 …… 하늘에 있는 악의 영들(πνευματικός[프뉴마티코스]. πνεῦμα[프뉴마]의 형용사형)을 상대함이라"(엡 6:12).

4. 물리적인 신체 대 성령

그리스도는 이 세상에 오셔서 신체적 죽음을 겪으셨으며, 성령께서 그분을 다시 살리셨다. "그는 육신(σάρξ[사륵스])으로 나타난 바 되시고 성령(πνεῦμα[프뉴마]. 개역개정은 '영'으로 번역하였다._ 옮긴이)으로 의롭다 하심을 받으시고"(딤전 3:16). 곧 그분은 "육체(σάρξ[사륵스])로는 죽임을 당하시고 성령(πνεῦμα[프뉴마]. 개역개정은 '영'으로 번역하였다._ 옮긴이)으로는 살리심을 받으셨[다]"(벧전 3:18. 4장 6절 참조).

5. 소멸하게 될 신체 대 소멸하지 않는 신체

고린도전서 15장 35-57절에서 바울은 소멸하게 될 우리의 (물리적인) 몸을 우리가 장차 얻게 될, 소멸하지 않는 (물리적인) 부활의 몸과 대조한다. "혈과 육(σάρξ[사륵스])은 하나님 나라를 이어받을 수 없고 또한 썩는 것은 썩지 아니하는 것을 유업으로 받지 못하느니라"(50절). "육의 몸(σῶμα[소마]. σάρξ[사륵스]의 유의어)으로 심고 신령한(πνευματικός[프뉴마티코스]) 몸(σῶμα[소마])으로 다시 살아나나니 육의 몸(σῶμα[소마])이 있은즉 또 영의 몸(πνευματικός[프뉴마티코스])도 있느니라"(44절). 그런데 여기서 두 몸은 모두 물리적 성격을 지닌다. 성경은 신체 자체를 악하다고 여기지 않기 때문이다.

6. 물리적인 연합 대 영적인 연합

"창녀와 합하는 자는 그와 한 몸인 줄을 알지 못하느냐 일렀으되 둘이 한 **육체**(σάρξ[사륵스])가 된다 하셨나니 주와 합하는 자는 한 **영**(πνεῦμα[프뉴마])이니라"(고전 6:16-17). 그리스도인이 창녀와 성관계를 가져서는 안 될 이유 중 하나는 그런 물리적 연합이 그리스도와의 영적 연합과 양립할 수 없기 때문이다. 그리스도인의 몸은 그분께 속한 것이다(고린도전서 6장 12-20절을 보라).

7. 영적인 죽음 대 영적인 생명

"육으로 난 것은 **육**(σάρξ[사륵스])이요 영으로 난 것은 **영**(πνεῦμα[프뉴마])이니"(요 3:6). 여기서 언급된 것은 곧 '같은 종류가 같은 종류를 낳는다'(like generates like)는 원리다. 사람들은 영적으로 죽은 사람들을 계속 낳을 뿐이지만, 성령께서는 영적으로 살아 있는 사람들을 창조해 내신다.

8. 인간의 무능력 대 성령의 능력

- "**육**(σάρξ[사륵스])으로 난 것은 육이요 **성령**(πνεῦμα[프뉴마]. 개역개정은 '영'으로 번역하였다._ 옮긴이)으로 난 것은 영이니"(요 3:6).
- "살리는 것은 **성령**(πνεῦμα[프뉴마]. 개역개정은 '영'으로 번역하였다._ 옮긴이)이니 **육**(σάρξ[사륵스])은 무익하니라 내가 너희에게 이른 말은 **영**(πνεῦμα[프뉴마])이요 생명이라"(요 6:63).
- "무릇 표면적 유대인이 유대인이 아니요 표면적 **육신의**(σάρξ[사륵스]) 할례가 할례가 아니니라 오직 이면적 유대인이 유대인이며 할례는 마음에 할지니 **성령**(πνεῦμα[프뉴마]. 개역개정은 '영'으로 번역하였다._ 옮긴이)에 있고 율법 조문에 있지 아니한 것이라"(롬 2:28-29a).

사람의 힘으로는 영원한 생명을 만들어 낼 수 없으며, 오직 하나님의 영만이 그 일을 이루실 수 있다(요 1:13). 이 점은 다음과 같은 바울의 언급에서도 드러난다. "그러나 그 때에 **육체**(σάρξ[사륵스])를 따라 난 자[곧 이스마엘]가 **성령**(πνεῦμα[프뉴마])을 따라 난 자[곧 이삭]를 박해한 것같이 이제도 그러하도다"(갈 4:29).

그리고 이와 동일한 원리가 그리스도인의 삶에도 적용된다. "너희가 이같이 어리석으냐 **성령**(πνεῦμα[프뉴마])으로 시작하였다가 이제는 **육체**(σάρξ[사륵스])로 마치겠느냐"(갈 3:3. 빌립보서 3장 3-4절 참조). 성령은 생명을 창조해 내시며, 사람들은 첫 회심 때 그리스도께 의존할 뿐 아니라 그리스도인으로 살아가는 삶 내내 그분을 신뢰하게 된다.

9. 어떤 이의 죄악 된 기질 대 그런 기질을 떠나서 본 그 사람 자신

"이런 자를 사탄에게 내주었으니 이는 **육신**(σάρξ[사륵스])은 멸하고 **영**(πνεῦμα[프뉴마])은 주 예수의 날에 구원을 받게 하려 함이라"(고전 5:5. 3장 1절 참조). 이상적인 견지에서 볼 때 회개하지 않는 신자를 출교하는 일은 궁극적으로 그를 바로잡기 위함이며, 이 일에는 구체적인 결과와 목적이 포함된다. 앞 구절에서 그 결과는 곧 갈라디아서 5장 24절에서 언급하듯 근친상간을 범한 자의 죄악 된 본성을 꺾어놓아, 그가 자신의 성적 부도덕을 회개하게 되는 것이다. 그리고 그 목적은 이를 통해 하나님이 그를 구원하시려는 데 있다.

10. 옛 자아와 비그리스도인들의 생활 영역 대 성령과 그리스도인들의 생활 영역

여기서는 '육신 안에' 있는 것과 '성령 안에' 있는 것이 대조된다. 이런 의미에서는 비그리스도인들만이 '육신(σάρξ[사륵스]) 안에서' 살아가며(이런 삶은 곧 로마서 6장 6절, 에베소서 4장 22절, 골로새서 3장 9절의 "옛 사람"에 상응한다), 또한 그리스도인들만이 '성령(πνεῦμα[프뉴마]) 안에서' 살아간다.

- "우리가 **육신**(σάρξ[사륵스])에 있을 때에는 율법으로 말미암는 죄의 정욕이 우리 지체 중에 역사하여 우리로 사망을 위하여 열매를 맺게 하였더니 이제는 우리가 얽매였던 것에 대하여 죽었으므로 율법에서 벗어났으니 이러므로 우리가 **성령**(πνεῦμα[프뉴마]. 개역개정은 '영'으로 번역하였다._ 옮긴이)의 새로운 것으로 섬길 것

이요 율법 조문의 묵은 것으로 아니할지니라"(롬 7:5-6).

- "**육신**(σάρξ[사륵스])에 죄를 정하사 **육신**(σάρξ[사륵스])을 따르지 않고 그 **성령**(πνεῦμα[프뉴마])을 따라 행하는 우리에게 율법의 요구가 이루어지게 하려 하심이니라 **육신**(σάρξ[사륵스])을 따르는 자는 **육신**(σάρξ[사륵스])의 일을, **성령**(πνεῦμα[프뉴마])을 따르는 자는 **성령**(πνεῦμα[프뉴마])의 일을 생각하나니 **육신**(σάρξ[사륵스])의 생각은 사망이요 **성령**(πνεῦμα[프뉴마])의 생각은 생명과 평안이니라 **육신**(σάρξ[사륵스])의 생각은 하나님과 원수가 되나니 이는 하나님의 법에 굴복하지 아니할 뿐 아니라 할 수도 없음이라 **육신**(σάρξ[사륵스])에 있는 자들은 하나님을 기쁘시게 할 수 없느니라 만일 너희 속에 하나님의 **성령**(πνεῦμα[프뉴마])이 거하시면 너희가 **육신**(σάρξ[사륵스])에 있지 아니하고 **성령**(πνεῦμα[프뉴마])에 있나니 누구든지 그리스도의 **성령**(πνεῦμα[프뉴마])이 없으면 그리스도의 사람이 아니라 …… 그러므로 형제들아 우리가 빚진 자로되 **육신**(σάρξ[사륵스])에게 져서 **육신**(σάρξ[사륵스])대로 살 것이 아니니라 너희가 **육신**(σάρξ[사륵스])대로 살면 반드시 죽을 것이로되 **성령**(πνεῦμα[프뉴마])으로써 몸의 행실을 죽이면 살리니"(롬 8:3b-9, 12-13. 저자가 인용한 ESV와 달리, 개역개정에는 이 본문의 '성령'이 모두 '영'으로 번역되어 있다._ 옮긴이).

'썩어질 것'과 '영생'이 대조를 이루므로, 뿌린 대로 거둔다는 바울의 원리도 이 범주에 포함된다. "자기의 **육체**(σάρξ[사륵스])를 위하여 심는 자는 **육체**(σάρξ[사륵스])로부터 썩어질 것을 거두고 **성령**(πνεῦμα[프뉴마])을 위하여 심는 자는 **성령**(πνεῦμα[프뉴마])으로부터 영생을 거두리라"(갈 6:8).

11. 그리스도인들 안에 있으면서 그들을 거스르는 죄악 된 기질 대 성령

영화에 이르기 전까지, 그리스도인들은 평생에 걸쳐 '육신'과 맞서 싸우게 된다.

> 형제들아 너희가 자유를 위하여 부르심을 입었으나 그러나 그 자유로 **육체**(σάρξ[사륵스])의 기회를 삼지 말고 오직 사랑으로 서로 종노릇하라 …… 내가 이르노니 너희는 **성령**(πνεῦμα[프뉴마])을 따라 행하라 그리하면 **육체**(σάρξ[사륵스])의 욕심을 이루지 아니하리라 **육체**(σάρξ[사륵스])의 소욕은 **성령**(πνεῦμα[프뉴마])을 거스르고 성령

(πνεῦμα[프뉴마])은 **육체**(σάρξ[사륵스])를 거스르나니 이 둘이 서로 대적함으로 너희가 원하는 것을 하지 못하게 하려 함이니라 너희가 만일 **성령**(πνεῦμα[프뉴마])의 인도하시는 바가 되면 율법 아래에 있지 아니하리라 **육체**(σάρξ[사륵스])의 일은 분명하니 …… 오직 **성령**(πνεῦμα[프뉴마])의 열매는 사랑과 …… 그리스도 예수의 사람들은 **육체**(σάρξ[사륵스])와 함께 그 정욕과 탐심을 십자가에 못 박았느니라 만일 우리가 **성령**(πνεῦμα[프뉴마])으로 살면 또한 **성령**(πνεῦμα[프뉴마])으로 행할지니[라](갈 5:13, 16-25. 로마서 7장 18절, 베드로전서 2장 11절 참조).

육신적인 삶의 방식을 취하는 사람들은 하나님 나라를 상속받지 못한다(갈 5:19-21). 그러므로 신자들은 "정욕을 위하여 육신(σάρξ[사륵스])의 일을 도모하지 말[아야]" 한다(롬 13:14).

사례_μὴ γένοιτο('하나님이 금하신다')

우리는 한 어구나 개념을 연구할 때에도 단어를 살필 때와 기본적으로 같은 방법론을 적용할 수 있다. 여기서는 μὴ γένοιτο(메 게노이토)라는 어구를 한번 살펴보자.

바울은 열세 번에 걸쳐 짤막한 답변으로 μὴ γένοιτο(메 게노이토)를 활용한다(롬 3:4, 6, 31, 6:2, 15, 7:7, 13, 9:14, 11:1, 11, 고전 6:15, 갈 2:17, 3:21. 6장 14절 참조). 영어 역본들은 이 어구를 다양한 방식으로 표현했다.

- "May it never be!"(결코 그런 일이 없기를 빕니다!) (NASB는 이렇게 옮긴다.)
- "By no means!"(결코 그렇지 않습니다!) (대체로 ESV는 이렇게 옮기며, 때로는 NIV도 이렇게 옮긴다.)
- "Certainly not!"(천만의 말씀입니다!) (때로 ESV와 NIV에서 이렇게 옮긴다.)
- "Not at all!"(전혀 그렇지 않습니다!) (때로 NIV에서 이렇게 옮긴다.)
- "Absolutely not!"(절대 아닙니다!) (CSB에서 이렇게 옮기며, NET도 대체로 이렇게 옮기고, 때로는 NIV와 NLT도 이렇게 옮긴다.)

- "Of course not!"(물론 그렇지 않습니다!) (대체로 NLT에서 이렇게 옮긴다.)
- "Never!"(천만에요!) (때로 ESV와 NIV, NET, NLT에서 이렇게 옮긴다.)
- "God forbid."(하나님이 금하시느니라.) (KJV에서 이렇게 옮긴다.)

바울은 이 어구를 이런 식으로 활용한다.

- 먼저 어떤 진리를 역설한다.
- 그 진리의 논리적 함의를 진술하면서 그 진리에 대한 의문이나 반론을 제시한다.
- 그러고는 μὴ γένοιτο(메 게노이토)라고 언급하는데, 이 어구는 본질적으로 이런 의미를 지닌다. '그 전제는 옳지만, 당신이 내린 결론은 터무니없는 것입니다!'

예를 들어, 로마서 9장 6-13절에서 바울은 하나님이 각 사람을 조건 없이 선택하신다고 주장한다.[16] 그런데 이같이 하나님이 각 사람을 아무 조건 없이 선택하실 경우, 그 진리에 대한 가장 흔한 반론 중 하나가 제기될 수 있다. "하지만 그건 공평하지 않은데요!" 곧 하나님이 아무런 전제 조건 없이 구원 얻을 사람들을 선택하시는 일은 공정하지 않다는 것이다. 그러면 바울은 이 반론에 어떻게 응답할까? "μὴ γένοιτο"(롬 9:14). 뒤이어 바울은 오직 하나님만이 자신이 원하는 이들에게 자비와 긍휼을 나타낼 특권을 지니고 계신다고 주장한다. 여기서 내 말뜻은 무조건적 선택을 옹호하려는 것이 아니다. 오히려 내가 말하고 싶은 점은 하나님의 선택에 관한 우리의 관점이 논리상 "하나님께 불의가 있느냐"라는 14절의 반론으로 이어지지 않는다면, 우리가 지닌 선택의 관점은 바울의 것과 다르다는 것이다(바울의 말뜻을 아직 이해하지 못한 것이라는 의미다._ 옮긴이).

이와 마찬가지로, 같은 서신에서 바울은 앞서 이렇게 언급한 바 있다. "너희가 법 아래에 있지 아니하고 은혜 아래에 있음이라"(롬 6:14). 여기서 우리는 이렇게 질문할 수 있다. "바울 선생님, 선생님은 혹시 그 말에 담긴 함의를 깨닫지 못하시는 것 아닌가요?" 하지만 바울은 그 말의 함의를 알고 있으며, 그렇기 때문에 곧이어 이렇게 기

---

16 나는 일부 해석자들이 이와 다르게 주장한다는 것을 알지만, 여기서 그들의 견해를 자세히 살피지는 않을 것이다.

록한다. "그런즉 어찌하리요 우리가 법 아래에 있지 아니하고 은혜 아래에 있으니 죄를 지으리요 그럴 수 없느니라(By no means![NIV])"(롬 6:15). 그러므로 은혜에 대한 우리의 관점이 논리상 "우리가 법 아래에 있지 아니하고 은혜 아래에 있으니 죄를 지으리요?"라는 질문으로 이어질 정도로 급진적인 것이 아니라면, 우리의 관점이 바울의 것과 동일하다고는 볼 수 없다.

그러므로 여기서 원칙은 단순하다. 우리가 μὴ γένοιτο(메 게노이토)라는 어구가 쓰인 바울의 본문을 사람들에게 설명한다고 하자. 이때 그 설명이 본문에서 제시된 논리적 반론으로 자연스레 이어지지 않는다면, 우리는 그의 논증을 제대로 설명하지 못한 것이다. 다시 말해 우리가 설명한 바울의 논증을 들은 사람들이 '아, 이제야 알겠어. 모든 내용이 들어맞는군. 그것 참 말이 되네'라고 생각한다면, 그래서 논리적 반론을 제기할 필요조차 느끼지 않는다면, 곧 우리의 설명이 논리상 바울이 언급한 반론으로 이어지지 않는다면, 우리는 바울이 의미한 바를 제대로 전달한 것이 아니라는 것이다.

핵심 단어와 개념

BDAG 사전

단어 연구

시대착오적 오류

어원상의 오류

의미론적 범위

칠십인 역

더 생각해 보기 위한 질문

1. 당신은 신약 성경의 단어들을 연구해 본 적이 있는가? 그 연구는 신약을 더 깊이 이해하는 데 어떤 도움을 주었는가?
2. 어떤 이가 신약의 한 단어를 잘못 설명하는 것을 들어본 적이 있는가? 당시 그 사람

의 논증에는 어떤 식의 문제가 있었는가?

3. 우리가 모은 자료들로 단어를 연구할 때, 성경 각 책에서 본문들이 지니는 역할(7장)을 어떤 식으로 고려해야 할까?

4. 신약의 단어와 구문, 개념들 가운데 당신이 연구해 보고 싶은 것은 무엇인가?

추가 연구 자료

Barr, James. *The Semantics of Biblical Language*. London: Oxford University Press, 1961. 이 책에서 바(Barr)는 「신약 성경 신학 사전」(*Theological Dictionary of the New Testament*, ed. Gerhard Kittel and Gerhard Friedrich, trans. Geoffrey W. Bromiley, 10 vols. [Grand Rapids: Eerdmans, 1964-76])을 날카롭게 비판하면서, 신뢰성 없는 어원 제시를 비롯하여 "체계가 없고 제멋대로인" 언어학적 논증에 의존하는 문제를 지적한다. 바는 심지어 신학 사전류의 존재 가치를 의문시하기도 한다. 그는 그런 사전들의 위험성을 주장하면서, 그런 사전은 설명 과정에서 '부당축의'(illegitimate totality transfer, 한 단어가 지닐 수 있는 여러 의미를 특정 본문에 전부 반영하는 것_ 옮긴이)와 같은 해석상의 오류를 범하기 쉽다고 강조한다.

Bauer, Walter, Frederick William Danker, William F. Arndt, and F. Wilbur Gingrich, eds. *A Greek-English Lexicon of the New Testament and Other Early Christian Literature*. 3rd ed. Chicago: University of Chicago Press, 2000. 헬라어 신약 성경에 쓰인 단어들의 의미를 진지하게 살피는 데 꼭 필요한 사전. (4장 끝부분의 '추가 연구 자료'를 보라.)

Carson, D. A. "Word-Study Fallacies." In *Exegetical Fallacies*, 27-64. 2nd ed. Grand Rapids: Baker, 1996. 의미론의 영역에서 흔히 일어나는 열여섯 가지 오류를 생생하게 설명하고 있다.

Jobes, Karen H., and Moisés Silva. *Invitation to the Septuagint*. 2nd ed. Grand Rapids: Baker Academic, 2015. 「70인 역 성경으로의 초대」, 기독교문서선교회. 단어 연구에 칠십인 역을 활용하려면, 그 역본에 관해 어느 정도 알아야만 한다. 이 책은 그 역본에 관한 최상의 소개서다.

Lee, John A. L. *A History of New Testament Lexicography*. Studies in Biblical Greek 8. New York: Lang, 2003. 많은 이가 어떤 신학서나 주석, 헬라어 문법서의 적절성을 의문시하면서도, 헬라어 사전에 관해서는 전혀 그런 의문을 품지 않는다. 헬라어 사전을 마치 (인간적인 수준에서) 궁극적인 권위의 원천처럼 간주하는 것이다. 곧 어떤 내용이 사전에 포함되어 있다면, 그 설명은 틀릴 수 없다고들 여긴다. 그런데 과연 그럴까? 존 리(John Lee)의 이 책은 바로 그 문제를 다룬다. 처음에 나는 이 책을 의무적으로 읽어야 할 따분한 책으로 여겼다. 하지만 이 책의 내용은 흥미진진하며, 일단 손에 잡으면 놓기가 어렵기까지 하다. 리는 헬라어 어휘 사전을 만들 때 "지금 활용할 수 있는 자료들을 전부 새롭게 평가해야" 한다는 것을 설득력 있게 논증하며, 현재 여건이 그렇지 못한 것을 안타까워한다. 실상 헬라어 사전들은 "앞선 사전들에 의존해 왔다. 곧 기존 사전이 지닌 내용의 대부분을 이어받은 것이다. 심지어는 전부 이어받은 경우도 있다. 물론 사소한 수정이나 첨가도 많이 이루어졌지만, 대체로 기존 사전들을 토대로 삼았다"(6). 그는 헬라어 사전들이 간단한 뜻풀이만 제시할 것이 아니라 각 단어를 자세히 정의해야 한다고 주장한다(15-29). 예를 들면 τρέχω(트레코)의 간단한 뜻풀이는 '달리다'이지만, 자세히 정의할 경우 '다리를 움직여서 지면 위를 빠르게 이동하다'가 된다. 이처럼 자세히 정의하는 일은 힘들지만 더 정확한 결과물을 낳는다. 그리고 리는 BDAG조차도 자료들을 다시 새롭게 살펴야 함을 보여 준다. 이 책을 읽으면서 내가 깨달은 한 가지는 그동안 좋은 사전들의 존재를 매우 당연시해 왔다는 사실이다. 그런 사전들은 얼마나 귀한지! 나는 이런 사전과 편찬자들을 주신 것을, 그리고 지금 헬라어 신약 성경 관련 자료들이 풍성한 것을 감사한다.

Louw, Johannes P., and Eugene A. Nida, eds. *Greek-English Lexicon of the New Testament: Based on Semantic Domains*. 2nd ed. 2 vols. New York: United Bible Societies, 1989. BDAG와 함께, 로우(Louw)와 니다(Nida)의 사전은 단어를 연구할 때 꼭 필요한 도구다. 이 사전의 주된 특징은 다양한 단어들의 연관 의미에 초점을 맞추고, 이에 따라 93개의 '의미론적 영역'을 구분 지어 서로 연관된 단어들을 함께 배열했다는 것이다. 그런 예로는 친족 관계, 가정 활동, 시간, 상태, 도덕적이며 윤리적인 성질을 나타내는 용어들이 있다.

Mounce, William D. "Word Studies." In *Greek for the Rest of Us: The Essentials of Biblical Greek*, 41-68. 2nd ed. Grand Rapids: Zondervan, 2013. 헬라어를 모르는 이들을 위해 알기 쉬운 지침을 수록한 글.

Oxford English Dictionary. www.oed.com/. 가장 권위 있는 영어 사전. 무료 판본과 유료 판본이 있는데, 후자의 경우에는 당신이 속한 도서관에서 구독 중일 것이다. 유료 판본에는 시대를 넘나드는 각 단어의 역사가 포함되어 있다. 이 판본은 각 단어의 정의들이 어떻게 변천해 왔는지를 언급하면서 각 정의에 관해 구체적인 예시를 제시한다. 단어 연구 시에는 좋은 영어 사전이 꼭 필요하다. 헬라어 단어들뿐 아니라 자신이 몸담고 있는 수용 언어(receptor language, 번역의 대상 언어_ 옮긴이)에 관해서도 공부해야 하기 때문이다. 주어진 문맥에서 영어 단어가 어떤 의미를 나타내거나 함축하는지, 또한 그 의미는 같은 문맥에서 헬라어 단어가 나타내거나 함축하는 의미와 어떻게 비교되는지를 파악해야 한다.

Silva, Moisés. *Biblical Words and Their Meaning: An Introduction to Lexical Semantics*. 2nd ed.

Grand Rapids: Zondervan, 1994. 「성경 어휘와 그 의미: 어휘 의미론 서론」, 성광문화사. 역사 의미론(통시적 관점 - 덜 중요하다)과 서술적 의미론(공시적 관점 - 더 중요하다)을 능숙하게 설명한 책. 실바는 학자들이 신학적 사전학을 여러 면에서 오용할 수 있다고 지적한다.

_________. "God, Language, and Scripture: Reading the Bible in the Light of General Linguistics." In *Foundations of Contemporary Interpretation*, edited by Moisés Silva, 193-280. Grand Rapids: Zondervan, 1996. 「하나님, 그리고 언어와 성경과의 관계」, 나침반. 언어의 작용 방식에 관한 입문서. 그리 어렵지 않다.

_________. ed. *New International Dictionary of New Testament Theology and Exegesis*. 2nd ed. 5 vols. Grand Rapids: Zondervan, 2014. 제임스 바가 「신약 성경 신학 사전」(*TDNT*)을 비판한 지 약 15년이 지났을 때, 콜린 브라운(Colin Brown)이 편집한 표준적인 참고서 「새 국제 신약 신학 사전」(*NIDNTT*)이 존더반 출판사에서 출간되었다(1975년부터 1978년까지 세 권이 출간되었으며, 1986년에 네 번째로 색인이 출간되었다). 이 *NIDNTT*의 세 번째 권이 출간된 지 4년이 지났을 때, 언어학과 칠십인 역 분야의 전문가인 신약학자 모이세스 실바가 이 책의 서평을 썼다(*WTJ* 43, 2 [1981]: 395-99). 이 글에서 그는 "귀한 참고서로 이 사전을 열렬히 추천"하면서도, 이 *NIDNTT*에서 *TDNT*의 문제가 얼마간 바로잡히긴 했지만 여전히 부족한 점이 있다고 결론 내렸다. 사실 누군가가 *NIDNTT*를 언어학적 방식으로 개정할 사람을 추천하라고 하면, 실바만 한 적임자를 떠올리기가 어렵다. 그러므로 나는 그가 그 사전의 개정판인 「새 국제 신약 신학과 주해 사전」(*NIDNTTE, New International Dictionary of New Testament Theology and Exegesis*)의 편집자로 섬겼다는 것을 알게 되어 기뻤다. 이 사전은 *NIDOTTE*(*New International Dictionary of Old Testament Theology and Exegesis*, ed. William VanGemeren, 5 vols. [1997])의 자매편이다. 실바는 여덟 해 동안 이 작업을 수행하면서 *NIDNTT*의 항목들을 광범위하게 고쳐 썼다. 이에 따라 이 사전에는 *NIDNTT*의 원래 항목을 집필한 학자들의 이름이 생략되었다. 각 항목은 세 개의 주요 부분으로 구성된다. (1) '일반 (헬라어) 문헌.' 이 부분에서는 주로 고전기의 문헌을 다루지만, 고전기 이전 문헌과 헬레니즘 시대의 문헌, 로마 시대의 문헌 역시 포함된다. (2) '유대 문헌.' 이 부분에서는 히브리어 구약 성경과 칠십인 역, 위경과 필로, 요세푸스의 글, 쿰란 문서와 랍비 문헌을 다룬다. (3) '신약 성경.' 이 부분에서는 이 사전의 주된 본문인 신약 성경에 초점을 맞춘다. 다섯 권으로 이루어진 이 사전은 3,500쪽에 달하며, 거의 800개 항목에 걸쳐 3,000개 이상의 헬라어 단어를 다룬다. 이 사전의 '서론'(1:5-14) 부분을 꼭 읽어 보기 바란다. 특히 '신학적 사전학'과 '언어 자료' 단락(1:7-12)에 주목할 가치가 있다. 한편 통시적인 정보들의 경우 전문가들에게는 귀중한 자료일 수 있지만, 우리에게는 혼동을 주며 감질나게 하는 것이 될 수 있다. 그런

정보들은 우리가 설교에서 언급하거나 트위터에 올릴 이야깃거리가 될 수는 있지만, 신약 본문에 쓰인 특정 단어의 용법에 적절히 들어맞지는 않기 때문이다.

Thesaurus Linguae Graecae. http://stephanus.tlg.uci.edu/. 헬라어 문헌들을 수록한 전자 도서관 (TLG). 이 도서관은 캘리포니아 대학교 어바인 캠퍼스의 특별 연구 프로그램 중 하나로, 헬라어 문학 작품을 모은 데이터베이스 중 가장 크다. 이 도서관에 수록된 문헌들의 시기는 호메로스 활동기(주전 8세기)부터 주후 1453년까지 망라한다. 이 프로그램의 목표는 아주 먼 고대부터 현재까지 전부 포괄하는 헬라어 문헌의 전자 도서관을 만드는 데 있다. 현재는 4,000명의 저자에 연관된 10,000개 이상의 작품에서 나온, 1억 1,000만 개 단어가 넘는 분량의 자료가 수록되어 있다. 이 도서관의 주된 장점은 성경 외적인 문헌에서 어떤 헬라어 단어가 언급되는 경우를 살필 때 가장 철저하고 포괄적인 자료 창고 역할을 한다는 것이다. 그리고 이에 상응하는 약점은 검색 결과가 지나치게 방대할 때가 종종 있다는 것이다. 신학적으로 중요한 의미를 지닌 헬라어 단어를 신약 본문에서 검색할 때, 우리는 그 단어가 다섯 번이나 스무 번, 마흔 번이나 백 번쯤 언급되는 것을 보게 될 것이다. 하지만 그 단어를 TLG에서 검색할 경우, 우리는 상당히 낯선 문헌들에 속한 수천 개의 본문에서 그 단어가 언급되는 것을 발견할 수도 있다. 따라서 그것은 만만찮은 작업이지만 동시에 놀라울 정도로 유익하다. 인터넷에서 무료 요약판을 사용할 수 있지만, 정식판에 접속하기 위해서는 각자 자신이 속한 도서관에서 구독을 신청해야 한다.

9장

성경 신학

성경 전체가 어떻게 진전하고 통합되어
그리스도 안에서 절정에 이르는지를 연구하기

현재 위치_ 주해-신학적 지도에서 지금 우리가 어디에 있는지를 간단히 살피기

나는 길 잃는 것을 싫어한다. 그래서 낯선 곳에서 '지금 당신의 위치는 여기입니다' 하고 명쾌히 알려 주는 지도를 보면 매우 반갑다. 지도는 우리가 현재 위치를 파악하고 방향을 찾도록 도와준다.

여기서는 우리가 이 책에서 지금 어디쯤에 이르렀는지를 잠시 살피려 한다. 나는 주해와 신학의 과정을 열두 단계로 나눈 바 있다.

1. 장르
2. 본문 비평
3. 번역
4. 헬라어 문법
5. 논증 도해
6. 역사-문화적 맥락
7. 문학적 맥락

8. 단어 연구

9. **성경 신학**(←현재 위치)

10. 역사 신학

11. 조직 신학

12. 실천 신학

이제 우리는 주해에서 신학으로 옮겨 가려 한다. 신약 주해에 관한 일부 책과 강의는 이곳에서 멈춘다. 곧 성경 해석자들이 신학적 작업을 수행하지 않고 신학자들 몫으로 남겨 두는 것이다. 나는 그 점을 이해하며, 그들이 그렇게 행하는 이유를 헤아릴 수 있다.

하지만 주해와 신학은 함께 간다. 성경 해석자의 과업은 1-8단계에서 그치지 않기 때문이다. 물론 그 과업을 수행할 때 여덟 단계를 전부 거쳐야 하는 것은 말할 것도 없다. 그러나 주해에서 신학으로 옮겨 가지 않는다면, 우리의 해석은 불완전한 것이 된다.

성경 신학과 역사 신학, 조직 신학과 실천 신학을 다루는 마지막 네 단계는 저마다 한 권의 책으로 쉽게 확장될 수 있다. 다만 이 책은 신약 주해에 초점을 맞춘 것이므로, 나는 이 네 가지 신학적 측면을 비교적 간단히 설명하면서 이 측면들이 어떻게 전체 해석 과정의 일부가 되는지를 보여 주려 한다.

나는 주해와 신학 작업의 모든 과정을 **사랑한다**. 다만 그 과정 중 일부는 다른 부분들보다 흥미가 덜하다(본문 비평의 경우가 특히 그러하다. 하지만 이 말에 나쁜 뜻은 없다!). 다른 한편으로, 나는 성경 신학이 가장 흥미진진하다.

성경 신학이란 무엇인가

'성경 신학'은 의미가 불분명한 용어이며, 사람들은 다양한 방식으로 그 용어를 정의한다.[1] 나는 그 용어를 이렇게 이해한다.

1 예를 들어 이 장 끝부분의 '추가 연구 자료'에서 클링크(Klink)와 라킷(Lockett)의 책을 참조하라.

- **간단한 정의_** 성경 신학은 성경 전체가 어떻게 진전하고 통합되어 그리스도 안에서 절정에 이르는지를 연구하는 분야다.
- **더 자세한 정의_** 성경 신학은 성경 자체의 방식을 좇아, 유기적이고 구원-역사적인 관점에서 한 본문을 정경 전체와 연관 지으면서 성경을 분석하고 종합하는 분야다. 여기서는 특히 구약과 신약이 어떻게 그리스도 안에서 하나로 통합되어 절정에 이르는지에 관심을 쏟는다.

이제 이 자세한 정의를 다섯 부분으로 나누어 살펴보자.

1. 성경 신학은 유기적이며 구원-역사적인 연관성을 파악한다

'유기적'(organic)이라는 단어를 들을 때, 어떤 사람은 몸에 좋고 값비싼 식재료를 떠올릴지도 모른다. 하지만 내가 이 표현을 쓸 때 의미한 바는 그것이 아니다. '유기적'이라는 표현은 여러 요소가 하나의 전체에 속한 각 부분이 되어 서로 조화를 이루면서 자라가는 것을 가리킨다. 사과나무를 생각해 보자. 처음에 그것은 하나의 씨앗에서 싹이 트면서 자라나기 시작하여 마침내는 열매를 맺는 성숙한 나무가 된다. 그리고 이 나무에는 몇 가지 부분이 있다. 뿌리와 줄기, 가지와 잎, 사과가 그것이다. 하지만 이 부분들은 모두 하나의 나무를 이룬다.

성경의 많은 주제가 그러하다. 그런 주제들은 성경 이야기의 흐름 속에서 일찍이 하나의 씨앗으로 나타난다. 그런 다음에는 그 씨앗에서 싹이 나고, 마침내는 열매를 맺는 성숙한 나무로 조금씩 자라가는 것이다. 성경 신학은 그 성장의 흐름을 연구하고 종합하는 분야다. 성경 신학에서는 유기적인 연관성을 파악하여 그 흐름을 추적한다. 곧 각 부분이 전체 흐름에 어떻게 연관되는지를 보이는 것이다.

그러면 **구원-역사적** 연관성이란 무엇인가? 구원사(salvation history)는 성경에 담긴 구속 이야기의 흐름을 가리킨다. 이는 곧 창조에서 시작하여 타락과 구속을 거쳐 완성으로 이어지는 흐름이다. 하나님은 자신의 백성을 그들의 죄에서 건져 내기 위한 여러 단계의 계획을 품고 계신다. 이것은 구속의 역사이며, 구원의 이야기다. 참된 이야기이며 진정한 역사다. 그리고 성경 신학은 그 이야기 속에서 전개되는 핵심 사건들을 서로 연관 짓는다. 곧 성경 신학은 성경 이야기의 흐름 가운데서 나타나는 중요한 전환점들에 초점을 맞추는 것이다.

유기적이며 구원-역사적인 연관성을 파악하는 데에는 서로 중첩되는 몇 가지 방식이 있다.

1. 구원-역사 속에서 한 주제가 진전되어 가는 흐름을 추적하기. 예를 들어 창세기부터 요한계시록까지 '씨'(seed)의 주제를 추적하는 것이다.
2. 언약들 사이의 연속성과 불연속성을 고려하기. 예를 들어 구약의 이스라엘 백성이 모세의 율법에 연관된 방식과 오늘날의 그리스도인들이 그 율법에 연관되는 방식을 서로 비교하며 대조할 수 있다.
3. 약속과 성취의 흐름을 좇아가기. 예를 들어 마태복음에 나타난 πληρόω(플레로오, '성취하다')라는 표현을 전부 살펴본 다음, 그 내용을 구약과 연관시키는 것이다.
4. 예표(type)와 원형(antitype)의 관계 추적하기. 예표론에서는 구약의 인물과 사건, 제도들(즉 예표들)이 어떻게 신약의 인물과 사건, 제도들(즉 원형들)에 의해 온전히 성취되었는지를 분석한다. 이런 성취는 구원사가 진행되는 가운데서 구약의 여러 상황이 더 깊고 극적인 수준에서 반복되면서 이루어진다. 예를 들어 요한복음 6장 32-33절에서 예수는 구약에서 하나님이 만나를 내려 주신 사건을 온전히 성취하셨는데, 이는 구원의 역사 가운데서 그 사건이 더욱 심오하고 극적인 수준에서 반복되면서 이루어졌다.
5. 신약의 구약 활용 방식을 충분히 숙고해 보기. 신약 저자들이 구약의 특정 본문을 그런 방식으로 인용하거나 암시하는 이유는 무엇인가?

유기적이며 구원-역사적인 연관성을 파악하기 위한 방식들은 이와 같으며, 성경 신학의 목적은 바로 이 연관성을 헤아리는 데 있다.

성경 신학에서 창세기부터 요한계시록에 이르기까지 추적해 나갈 중요한 주제로는 어떤 것들이 있을까? 「NIV 존더반 스터디 바이블」(*NIV Zondervan Study Bible*)을 준비할 당시, 우리 편집자들은 이 질문을 깊이 숙고해야 했다.[2] (이때 이 스터디 바이블의 편집

2 D. A. Carson 편집, *NIV Zondervan Study Bible* (Grand Rapids: Zondervan, 2015).

장은 D. A. 카슨이었으며, 부편집장은 더글러스 J. 무와 T. D. 알렉산더, 리처드 S. 헤스였다. 나는 보조 편집자였다.) 이 스터디 바이블의 주된 특징은 성경 신학에 초점을 맞추는 데 있었으며, 본문의 각주뿐 아니라 성경 맨 뒤에 수록된 글들 역시 이런 특징을 지니도록 계획되어 있었다. 우리는 스물다섯 가지 주제에 관해 짧은 분량의 성경 신학적인 글들을 수록하기로 결정했다.

1. 하나님의 영광
2. 창조
3. 죄
4. 언약
5. 율법
6. 성전
7. 제사장
8. 제사
9. 유배와 출애굽
10. 하나님 나라
11. 아들 됨
12. 하나님의 도성
13. 선지자들과 예언
14. 죽음과 부활
15. 하나님 백성
16. 지혜
17. 거룩함
18. 공의
19. 진노
20. 사랑과 은혜
21. 복음
22. 예배

23. 선교

24. 샬롬

25. 완성

이런 예표론적 궤도들을 정경 전체에 걸쳐 죽 살펴 나가는 것은 비교적 간단한 일이다. 하지만 이런 주제 중 많은 것이 서로 긴밀히 엮일 경우, 그 방식을 분석하고 종합하는 일은 좀 더 복잡해진다. 이 주제들은 마치 성경 전체를 하나로 이어 주는 인대나 힘줄과 같다.

2. 성경 신학은 정경 전체를 분석하고 종합한다

우리는 여러 다양한 방식으로 성경 신학 작업을 수행할 수 있다.

- 우리는 성경 각 권에 초점을 맞출 수 있다. 예를 들어 로마서의 '의'를 탐구하거나, 고린도전서의 '지혜'를 살피는 것이다.
- 또는 하나의 전집(corpus), 곧 어떤 저자의 글들 전체에 초점을 맞출 수 있다. 이를테면 요한의 글들(요한복음과 요한일서, 요한이서, 요한삼서, 요한계시록)에 나타난 '사랑'을 살피거나, 바울의 열세 서신에 나타난 '믿음'을 파악하는 경우다. 성경을 가볍게 살피는 독자라도 요한이 바울이나 베드로와는 다른 방식으로 메시지를 전한다는 것을 알아차릴 수 있다. 각 저자는 강조점이 다르며, 이를 통해 서로를 보완한다.
- 또는 구약과 신약 중 어느 하나에 초점을 맞출 수 있다. 예를 들어 신약의 '나라' 개념을 살피는 경우다. 구약과 신약 둘 중 어느 하나에만 주된 초점을 둘 경우, 그 작업은 **구약 신학** 또는 **신약 신학**으로 불린다. 이 두 작업은 성경 전체를 살피는 성경 신학의 하위 분과다.

이 책에서 '성경 신학'을 언급할 때에는 **성경 전체를 다루는** 성경 신학을 의미한다. 이 성경 신학에는 앞서 설명한 접근법들이 모두 포함되지만, 그저 거기에만 그치지는 않는다. 이 성경 신학에서는 **성경 전체에 비추어** 이런 특정한 방식들을 탐구한다. 성경 신학은 정경 전체를 분석하고 종합하는 분야이기 때문이다(정경은 교회에서 성경에 속한 것으로 인정하는 66권의 책을 가리킨다).

물론 이런 이해는 성경 전체가 하나님의 영감으로 기록되었으며, 따라서 신뢰할 만하고 하나로 통합된 책이라는 것을 전제한다. 그리고 이때 우리는 성경을 점진적인 계시로 대하면서 읽어야 한다. 곧 하나님은 인류 역사 전체에 걸쳐 점진적으로 성경 내용을 계시하셨으며, 이후의 계시는 먼저 주어진 계시들을 기반으로 삼기 때문이다.

2010년에 나는 스티브 뎀스터(Steve Dempster)를 만나서 그의 탁월한 저서 「하나님 나라 관점으로 읽는 구약 신학」(*Dominion and Dynasty: A Biblical Theology of the Hebrew Bible*, 부흥과개혁사 역간)에 관해 인터뷰를 나누었다.[3] 당시 인터뷰에서 나는 뎀스터에게 이렇게 질문했다. "방법론적으로 볼 때, 당신의 구약 신학에서 신약은 어떤 역할을 합니까?" 이때 그는 이렇게 대답했다.

> 좋은 질문입니다. 저는 최대한 신약 내용을 논외로 삼으려 했지만, 그 내용은 제 머릿속에 늘 머무르고 있습니다. 하지만 저는 브레바드 차일즈(Brevard Childs)와 함께 이렇게 주장한 것이 중요하다고 여깁니다. 곧 구약은 그 자신만의 고유한 목소리(witness)를 지녀야만 한다는 것입니다. 예를 들어 저의 구약 신학 작업에서 히브리 성경의 구조(유대교 식 구약 배열 순서_ 옮긴이)를 활용한 이유도 여기에 있습니다. 이는 이 독특한 구조가 저의 신학 작업에서 논증의 중요한 일부이기 때문입니다. …… 달리 답하자면, 이 연구서에서 신약 내용을 최대한 논외로 삼지 않았다면 땅의 중요성이 강조되지 못했을 것이 분명합니다. 신약의 경우, (적어도 표면상으로는) 땅의 개념을 그다지 중요시하지 않는 듯하기 때문입니다.

나는 뎀스터가 이렇게 답한 이유를 이해하고 존중하지만, 그럼에도 우리가 성경 신학을 이런 방식으로 수행하는 데 머물러서는 안 된다고 본다(뎀스터 역시 이런 생각에

---

3 Andrew David Naselli, "Interview with Stephen Dempster on Old Testament Theology," *Between Two Worlds*, August 5, 2010, www.thegospelcoalition.org/; Stephen G. Dempster, *Dominion and Dynasty: A Biblical Theology of the Hebrew Bible*, New Studies in Biblical Theology 15 (Downers Grove, IL: InterVarsity Press, 2003)(「하나님 나라 관점으로 읽는 구약 신학」, 부흥과개혁사).

동의한다[4]). 하나님의 백성이 역사의 특정 단계에 놓였을 때, 그때까지 받은 계시를 가지고 어떤 생각을 품었을지 살피는 것은 값진 일이다. 하지만 현재를 살아가는 우리는 정경 전체를 소유하고 있다. 일종의 사고 실험을 위해 정경 일부를 잠시 '제쳐둘' 수는 있지만, 결국 우리는 그중 어느 부분도 논외로 삼아서는 안 된다. 우리는 정경의 어느 부분이든 그 전체의 빛에서 읽어야만 한다.[5] 곧 성경 한 부분을 대할 때(여기에는 구약도 포함된다), 우리는 기독교적 관점에서 그 내용을 읽어 가야 하는 것이다.[6]

그러므로 한 가지 위험성은 신약을 배제하는 방식으로 구약에 초점을 맞추는 것이다. 하지만 그와 정반대되는 위험도 있다. 이는 곧 실질적으로 구약을 배제하는 방식으로 신약에 초점을 맞출 수 있다는 것이다. 물론 이 책은 신약 성경의 이해와 적용을 다루는 것이지만, 구약을 제쳐 놓고는 신약을 분별력 있게 파악할 수 없다. 이 둘은 서로 뗄 수 없는 관계이기 때문이다. "이를테면 한 저자가 바울에 관해 학문적인 글이나 단행본을 쓰면서 바울이 지닌 성경(구약 성경_ 옮긴이)을 진지하게 살피지 않는 경우, 그런 글에는 무언가 왜곡된 부분이 생기기 쉽다."[7] 신약을 이해하는 데 가장 중요한 문헌

---

4 이 장 초안을 읽은 뒤, 뎀스터는 내게 이런 글을 썼다. "저는 박사님의 평가에 동의합니다. …… 당시 저는 신약의 이해를 논외로 삼으려 한다고 말했지만, 아마 그때 제 말의 의미는 그 상태에만 머무르려 한다는 뜻이 아니었을 것입니다. 저는 먼저 어떤 책을 그 자체로 읽으면서 그 책의 고유한 목소리를 들으려고 합니다. 하지만 그 일을 마친 후에는 그리스도인 학자로서 그 책 내용이 신약과 어떻게 연결되는지 파악하고, 그 결말의 빛에서 구약을 읽어 나갈 책임과 의무를 지니게 되지요"(2015년 11월 25일에 그가 이 책의 저자에게 보낸 이메일, 그의 허락을 받고 수록하였다). 뎀스터가 구약을 이해하기 위한 열쇠로 신약을 어떻게 읽어 나가는지를 파악하기 위해서는 Stephen G. Dempster, "From Slight Peg to Cornerstone to Capstone: The Resurrection of Christ on 'the Third Day' according to the Scriptures," *WTJ* 76, 2 (2014): 371-409쪽을 보라.

5 Brian S. Rosner, "Biblical Theology," in *New Dictionary of Biblical Theology*, T. Desmond Alexander and Brian S. Rosner 편집 (Downers Grove, IL: InterVarsity Press, 2000)(『IVP 성경 신학 사전』, IVP), 3쪽 참조. "성경 신학은 성경 전체의 전반적인 신학적 메시지에 주된 관심을 쏟는다. 이 분야에서는 전체에 비추어 각 부분을 이해하려 한다. 그리고 그 이해를 위해서는 다양한 전집이 지닌 문학적, 역사적, 신학적 측면들의 상호 작용을 숙고하고, 전체적인 정경 안에서 이런 전집들이 지니는 서로간의 연관성을 살펴야만 한다."

6 D. A. Carson, "Current Issues in Biblical Theology: A New Testament Perspective," *BBR* 5 (1995): 40-41쪽 참조. "어떤 면에서 모든 기독교 신학자는 구약 성경을 기독교적 관점에서 읽을 의무가 있다. 이는 구약 또는 그중 일부를 전공하는 이들 역시 마찬가지다. …… 물론 나는 구약 문헌에 관한 일부 역사적 연구에서는 이스라엘 백성과 그들이 남긴 문헌을 역사적, 신학적으로 정확히 분석하기 위해 이후의 일에 관한 지식을 부인해야만 한다는 것을 인정한다. 하지만 동시에, 어떤 기독교적인 '알테스타멘틀러'(*Alttestamentler*, 즉 구약학자)에게도 성경적인 연구의 과제를 신약학의 몫으로 남겨둘 권리가 없다. 복음서 기록에서는 예수님 자신이 구약을 기독론적인 방식으로 읽으셨으며, 그분의 뒤를 이어 가장 초기의 제자들도 그리했다고 언급한다. 당시 예수께서는 자신의 제자들이 이런 요점을 분별하지 못하는 것을 책망하셨다. 이런 주해의 원리는 다면적이고 복잡하다. 하지만 우리가 기독교 신학자라면, 정경 양 끝에서 이 원리를 추구해 나가야만 한다."

7 같은 글, 34쪽.

은 구약 성경이다. 마치 구약이 존재하지 않던 것처럼 신약을 해석해서는 안 된다. 그럴 경우, 우리는 신약의 내용을 크게 오해하게 될 것이다.

3. 성경 신학은 성경 자체의 방식을 좇아 정경 전체를 분석하고 종합한다

성경 신학은 이 점에서 조직 신학과 구별된다. 성경 신학의 경우, 성경 본문에 의해 논제가 설정된다. '성경 자체의 방식을 좇아'라는 표현이 성경 신학의 정의에 포함된 것은 이 때문이다. 그러나 조직 신학의 경우에는 성경 본문도 중요하지만 다른 요소들에 의해 논제가 설정되는 때가 자주 있다. 이를테면 철학적 질문이나 현재 논란이 되는 윤리적 이슈 같은 것이 그런 요소다. 성경 신학은 귀납적이고 역사적이며 유기적인 성격을 띠는 한편, 조직 신학은 상대적으로 연역적이며 몰역사적이고 보편적이다.

4. 성경 신학은 구약과 신약이 어떻게 하나로 통합되는지를 분석하고 종합한다

구약과 신약은 하나의 일관된 책을 이룬다. 이 둘을 하나로 통합하기에는 매우 많이 달라 보일지 모르지만, 이 둘이 하나로 통합되는 것은 분명하다. 사실 이 둘은 놀랄 정도로 멋진 통합을 이룬다.

성경 신학의 가장 중요한 관심사는 신약의 구약 활용 방식에 있다. 신약의 한 저자가 구약 내용을 인용하거나 암시할 경우, 우리는 여섯 단계에 걸쳐 그 본문을 분석할 수 있다.[8]

1. **신약의 맥락을 연구하기.** 이 책에서 지금까지 배워 온 방식대로 신약 본문을 주해하라. 곧 장르와 본문 비평, 번역과 헬라어 문법, 논증 도해, 역사-문화적 맥락과 문학적 맥락, 단어 연구의 측면에서 그 본문을 살피기 바란다.

2. **구약의 맥락을 연구하기.** 구약 본문(들)을 주해하라. 때로 우리는 구약의 구약 활용 방식을 숙고해야 한다(예를 들어 이사야의 신명기 활용 방식 같은 경우).

3. **성경 외적인 유대 문헌에서 구약 본문이 쓰인 관련 용례를 연구하기.** 비교적 동

---

8 G. K. Beale and D. A. Carson, "Introduction," in *Commentary on the New Testament Use of the Old Testament*, G. K. Beale and D. A. Carson 편집 (Grand Rapids: Baker Academic, 2007)("신약의 구약 사용 주석" 시리즈, 기독교문서선교회), xxiv-xxvi. 나는 다음 책에서 이 여섯 단계를 따랐다. Andrew David Naselli, *From Typology to Doxology: Paul's Use of Isaiah and Job in Romans 11:34-35* (Eugene, OR: Pickwick, 2012).

시대의 유대 문헌에서 구약의 특정 본문들을 해석한 방식을 살피는 일이 중요할 수도 있다.

4. **본문 상의 이슈들을 연구하기.** 이 단계에서는 두 가지 수준의 본문 비평을 수행할 수 있다. (1) 마소라 본문과 칠십인 역, 헬라어 신약 본문 내에서 이루어지는 작업과, (2) 마소라 본문과 칠십인 역, 헬라어 신약 본문을 서로 비교하는 작업이다.[9] 때로는 신약 본문에서 구약 내용을 뚜렷이 인용하는지에 관해 논쟁이 벌어지기도 한다. 이 단계 역시 쉽게 진행될 수 있다. 다만 주의할 점은 5-6단계로 나아가기 전에 먼저 이 단계까지의 작업을 모두 수행해야 한다는 것이다. 그리고 이 분석의 '핵심'은 다음에 이어질 5-6단계에서 드러난다.

5. **신약 저자가 구약 내용을 자신의 본문에 활용하는 해석학적 이유를 분별하기.** 신약 저자들은 다양한 방식으로 구약 내용을 활용한다. G. K. 비일은 그중 열두 가지 방식을 강조한다.[10]

(1) 구약 예언이 직접적으로 성취되었음을 나타내기 위해
(2) 구약의 예표론적 예언이 간접적으로 성취되었음을 나타내기 위해
(3) 아직 이루어지지 않은 구약 예언이 미래에 분명히 성취될 것임을 확증하기 위해
(4) 구약 본문의 유비적 또는 예증적 용법을 나타내기 위해
(5) 구약 본문의 상징적 용법을 나타내기 위해
(6) 구약 본문의 영속적 권위가 신약에서도 지속됨을 보여 주기 위해
(7) 구약 본문의 격언적 용법을 나타내기 위해
(8) 구약 본문의 수사적 용법을 나타내기 위해
(9) 구약의 한 단락이 신약 본문을 위한 청사진 또는 원형으로 쓰였음을 나타내기 위해

---

9 W. Edward Glenny, "The Septuagint and Biblical Theology," *Themelios* 41, 2 (2016): 263-78쪽 참조.

10 G. K. Beale, *Handbook on the New Testament Use of the Old Testament: Exegesis and Interpretation* (Grand Rapids: Baker Academic, 2012)(「신약의 구약 사용 핸드북」, 부흥과개혁사), 55-93쪽. Douglas J. Moo and Andrew David Naselli, "The Problem of the New Testament's Use of the Old Testament," in *The Enduring Authority of the Christian Scriptures*, D. A. Carson 편집 (Grand Rapids: Eerdmans, 2016), 702-46쪽도 참조하라.

(10) 구약 본문의 대안적 용법을 나타내기 위해

(11) 구약 본문의 동화적 용법(assimilated use)을 나타내기 위해(이는 신약 저자가 구약 인용을 일부러 의도했다기보다는, 그의 생각이 구약 사상에 동화되어 있어서 자연스럽게 구약의 것과 비슷한 표현을 사용한 경우를 가리킨다._ 옮긴이)

(12) 구약 본문의 반어적 용법 또는 전도된 용법을 나타내기 위해

때로는 신약 저자가 구약 본문을 무분별하게 '증거 본문'으로 인용하는 것처럼 보일지도 모른다. 곧 그가 어떤 구절을 원래 맥락과 상관없이 가져다 쓰는 것처럼 여겨질지도 모른다는 뜻이다. 이런 본문을 대할 때, 우리는 구약과 신약이 어떤 식으로 결합되는지를 주의 깊게 숙고해야만 한다.

6. **신약 저자가 구약 내용을 신학적으로 어떻게 활용하는지 분별하기**. 신약 저자는 구약 본문으로 어떤 일을 수행하는가? 그는 어떤 신학적 요점을 제시하고 있는가? 예를 들어 신약의 한 본문에서 옛 언약에 속한 하나님 백성에 관한 구약 본문을 가져다가 새 언약에 속한 하나님 백성에게 직접 적용하는 것을 볼 때, 당신은 어떤 결론을 내리겠는가?

5. 성경 신학은 구약과 신약이 어떻게 그리스도 안에서 절정에 이르는지를 분석하고 종합한다

구약과 신약의 신학적 메시지는 이렇게 하나로 통합된다. "하나님은 그리스도 안에서 그분의 영광을 위하여 언약을 통해 우리를 통치하시고 구원하시며 만족하게 하신다." 이 문장에서 '그리스도 안에서'(in Christ)라는 전치사구는 불필요하게 추가된 것이 아니다. 오히려 그 무엇보다 중요하다.

성경은 예수에 관한 하나의 거대한 이야기다. 예수께서는 구약을 성취하시는 분이며, 구약 전체는 그리스도를 향한다. 그분은 모든 예표론적 궤도의 절정에 계신다.

예수께서는 종교 지도자들과 토론하면서 이렇게 말씀하셨다. "너희가 성경에서 영생을 얻는 줄 생각하고 성경을 연구하거니와 **이 성경이 곧 내게 대하여 증언하는 것이니라**"(요 5:39). 또 죽음에서 부활하신 뒤, 엠마오로 가는 길에서 예수께서는 두 제자에게 무엇을 보여 주셨는가? "이에 모세와 모든 선지자의 글로 시작하여 모든 성경에 쓴 바 자기에 관한 것을 자세히 설명하시니라"(눅 24:27). 그리고 예수께서는 제자들

에게 이렇게 말씀하셨다. "내가 너희와 함께 있을 때에 너희에게 말한 바 곧 모세의 율법과 선지자의 글과 시편에 나를 가리켜 기록된 모든 것이 이루어져야 하리라 한 말이 이것이라"(눅 24:44). "하나님의 약속은 얼마든지 그리스도 안에서 예가 되니"(고후 1:20). 예수께서는 하나님이 주신 계시의 절정이 되신다(히 1:1-3).

따라서 예수를 드러내지 않는 방식으로 성경을 해석한다면, 우리는 그분이 친히 말씀하신 방식을 따르지 않는 것이 된다. 물론 구약이나 신약의 본문들이 전부 같은 방식으로 예수를 드러내 보인다는 뜻은 아니다. 하지만 성경 본문은 모두 어떤 식으로든 예수를 나타내 보이며, 성경 신학은 그 일이 수행되는 방식을 귀납적으로 탐구한다.

티모시 켈러는 성경의 모든 본문에서 그리스도를 설교하고 가르치기 위한 여섯 가지 기본 방식을 제시한다.[11]

1. 성경의 모든 장르 또는 단락에서 그리스도를 설교하라.
2. 성경의 모든 주제를 통해 그리스도를 설교하라.
3. 성경의 모든 주요 인물을 통해 그리스도를 설교하라.
4. 성경의 모든 주요 이미지를 통해 그리스도를 설교하라.
5. 어떤 이들이 건짐 받은 일에 관한 모든 이야기 속에서 그리스도를 설교하라.
6. 본능적인 감각으로 그리스도를 설교하라.

그리스도 중심의 설교와 가르침은 자의적 해석이 아니다. 그것은 성경 신학적 통찰이 요구되는 주해 작업이다. 여기서 우리는 예수께로 나아가기 위해 없는 내용을 만들어 내는 것이 아니다. 우리는 다만 그 본문 속에 담긴 주제와 궤도들을 좇아갈 뿐이며, 이 일을 수행하기 위해서는 하나님이 주시는 통찰이 필요하다. 그리고 마침내 그 주제와 궤도들을 파악할 때, 우리는 하나님의 지혜를 찬양하며 그분께 경배하게 될 것이다. 하나님은 여러 인간 저자를 통해 성경을 영감하셨는데, 그들은 자신들이 관여한 예표론적 궤도의 세밀한 의미를 항상 다 파악하지는 못했다. 하지만 완성된

11 Timothy Keller, *Preaching: Communicating Faith in an Age of Skepticism* (New York: Viking, 2015)(「팀 켈러의 설교」, 두란노), 70-90, 255-64쪽. 또한 Dennis E. Johnson, *Him We Proclaim: Preaching Christ from All the Scriptures* (Phillipsburg, NJ: P&R Publishing, 2007); Johnson, *Walking with Jesus through His Word: Discovering Christ in All the Scriptures* (Phillipsburg, NJ: P&R Publishing, 2015)를 보라.

성경은 전체적으로 놀라운 일관성을 지니게 되었다.

예시_ 해리 포터 이야기(그리고 일부 다른 이야기들)

해리 포터 이야기는 성경 신학을 설명하는 데 도움이 된다. 이 말은 농담이 아니다.

아내와 나는 짐 데일(Jim Dale, 영국의 배우이자 성우_ 옮긴이)이 J. K. 롤링의 「해리 포터」 시리즈에 속한 일곱 권의 책을 낭독하는 것을 듣길 좋아했다. 그것은 멋진 경험이었다. 처음에 그 책들을 즐겁게 읽은 우리는 2년 뒤에 다시 읽기로 했다. 그리고 이 선택은 매우 적절했다. 그런데 이 무렵 우리가 미처 예기치 못한 일이 벌어졌다(어쩌면 성경 신학 교수인 나는 그 일을 예상했어야 할지도 모르겠다!). 처음 그 책들을 읽을 때, 우리는 그 속에 담긴 이야기의 흐름에 집중했다. '등장인물들은 누구지? 어떤 일이 일어났지? 그 다음에는 무슨 일이 벌어질까?' 그러나 이제 이 시리즈를 두 번째로 대하면서, 우리는 이전과 다른 방식으로 그 책들을 읽어 가게 되었다. 등장인물들이 누구이며 다음에 어떤 일이 벌어질지 미리 알고 있었기 때문이다. 하지만 그렇다고 해서 두 번째 읽기가 지루해진 것은 아니었다. 오히려 그 읽기는 더욱 흥미진진해졌다.

우리는 1권을 읽기 시작하자마자 그 내용에 푹 빠져 버렸다. 두 번째로 그 이야기를 대하면서, 처음 읽을 때 놓친 주제들 사이의 연결 고리를 발견할 수 있었기 때문이다. 우리는 잠깐씩 읽기를 멈추고는 서로 이런 말들을 건넸다. "방금 저 이야기 들었어? 우리가 이 책을 처음 읽을 때는 저 내용을 깜빡 놓쳤었잖아. 그런데 롤링은 저 주제를 3권에서 다시 언급하고는 5권과 7권에서 좀 더 발전시키고 있어." 달리 말해, 우리는 1권부터 7권까지 계속 이어지는 주제들의 궤도를 추적하기 시작한 것이다. 우리는 롤링이 이 일곱 권의 책을 하나의 짜임새 있는 시리즈로 구성했음을 깨닫고 감탄했다. 롤링은 이야기의 흐름 전체에 걸쳐 하나의 중심 주제와 여러 소주제를 능숙한 솜씨로 발전시켜 나간 것이다.

이 사례는 성경을 거듭해서 읽어 나가는 일이 어떤 성격을 지니는지를 알려 주는 맛보기일 뿐이다. 일단 성경을 한 번 읽고 나면, 우리는 전반적인 줄거리를 파악하게 된다. 하지만 그 책을 아무리 여러 번 거듭해서 읽어도 더는 읽을 필요가 없게 되지는 않는다. 우리는 성경 속에서 언제나 이전에 보지 못한 무언가를 보게 되며, 이전에는 찾지 못한 연결 고리를 파악하게 되기 때문이다. 성경 신학의 초점은 바로 여기에 있다. 곧 어떤 본문이 정경 전체 속에서 지니는 유기적이며 구원-역사적인 연관성들을 파악하는 것이다. 성경 신학은 특히 구약과 신약이 어떻게 그리스도 안에서 하나로 통합되며 절정에 이르는지에 관심을 둔다.

이는 곧 성경을 전체적으로 한 번 읽고 나면, 그 다음에는 처음 읽을 때와 같은 방식으로 읽어 갈 수 없게 됨을 의미한다. **이제는 성경의 어느 부분이든 그 전체의 빛에서 읽어 갈 수밖에 없는 것이다.** 그리고 성경 전체는 하나의 일관된 이야기이므로, 우리는 구약을 포함한 성경 전체를 **기독교적** 관점에서 읽어 나가야만 한다.

이는 한 탐정이 복잡한 사건을 해결하는 모습을 다룬 영화처럼, 처음 볼 때에는 수수께끼 같은 일이 가득한 영화들에서도 그러하다. 그리고 〈빌리지〉나 〈트루먼 쇼〉, 〈뷰티풀 마인드〉와 〈인셉션〉, 〈인터스텔라〉 같은 영화들에서도 마찬가지다. 우리는 처음에 그런 영화들을 보면서 기본 줄거리를 익히고, 두 번째로 볼 때에는 먼젓번에 놓친 세부 내용을 파악하게 된다. 그러고는 앞서 깨닫지 못한 주제들 사이의 연결 고리를 발견해 나가게 된다.

성경 전체는 메시아이신 예수에 관한 하나의 거대한 이야기이므로, 우리는 성경의 어느 부분이든 전체의 빛 아래서 읽어 갈 수 있어야 한다. 성경의 한 부분을 전체 이야기 흐름의 빛에서 이해하지 못한다면, 우리는 그 부분을 적절히 파악하지 못한 것이다. 그것은 마치 일곱 권으로 구성된「해리 포터」시리즈 가운데 다른 부분은 전혀 읽지 않고 3권의 한 장만 골라 읽는 것과 같다. 이때 우리는 그 장의 내용을 제대로 이해하거나 음미할 수가 없다. 앞뒤 문맥을 살피지 못한 채로 그 부분을 읽게 되기 때문이다. 그러므로 그 내용이 전체 이야기 속에 어떻게 들어맞는지를 파악하지 못한다.

성경 신학은 느슨해 보이는 성경 이야기의 흐름들이 어떻게 예수 안에서 한데 엮이는지를 보여 준다. 예수는 성경 이야기의 절정이자 완성이 되시는 분이며, 성경 이야기는 모두 그분에 관한 것이다. 본문 주제가 창조나 언약이든, 율법이나 자유든, 죄나 구원이든, 행복이나 거룩이든, 안식이나 의든 간에 모든 주제는 예수 안에서 절정에 이르게 된다.

아내와 나는 지금까지「해리 포터」시리즈를 세 번 읽었다. 우리는 그 이야기를 사랑하며, 아직은 그 이야기에 싫증을 느끼지 않는다. 그리고 마지막으로 읽은 때부터 5년쯤 지난 뒤에 그 이야기를 다시 읽을 것이다. 성경의 귀한 점은 그 책이 결코 식상한 것이 되지 않는다는 데 있다. 우리는 성경을 매일 읽어 가면서도 이전에는 발견하지 못한 연결 고리들을 찾아 낼 수 있다(또는 그동안 잊고 있던 세부 사항과 연결 고리들을 되새기게 될 수도 있다!). 성경은 특별한 책이며, 다른 무엇과도 같지 않은 책이다. 이는 하나님이 친히 쓰신 책이기 때문이다. 그리고 우리는 구원사의 이 시점에서 성경을 읽는 즐거움을 누린다. 곧 메시아이신 예수께서 이미 임하셨으며, 또한 자신의 통치를 온전히 완성하기 위해 다시 오시는 것이다. 그러니 성경의 모든 부분을 그 전체의 빛에서 읽어 가기 바란다.

사례_ 거룩함

앞서 「NIV 존더반 스터디 바이블」 뒷부분에는 성경 신학적인 글들이 수록되어 있다고 언급한 바 있다. 나는 그중 거룩함에 관한 글을 집필했으며, 하나님으로 시작해서 성경 이야기의 흐름을 좇아 그 주제를 설명해 나갔다. 내 서술 방식은 다음과 같다.[12]

거룩함은 성경의 이야기 흐름 전체에 밀접히 연관되어 있다. 거룩하신 하나님이 거룩한 백성을 창조하셨으나 그들은 거룩하지 않은 이들이 되었다. 이후에 하나님은 이스라엘을 자신의 거룩한 백성으로 선택하셨지만, 그들 역시 거룩한 존재가 되는 데 거듭 실패하고 말았다. 그러나 예수는 몸소 거룩함을 드러내셨으며, 자신의 백성을 거룩한 이들로 만드셨다. 따라서 그리스도인들은 이제 거룩한 이들이 되었으며, 자신이 아무리 불완전할지라도 거룩한 삶을 사는 일에 힘써야 한다. 그리고 이 노력은 자신의 백성을 거룩하게 만들려는 하나님의 계획이 온전히 이루어지기까지 계속되어야 한다.

---

12 이어지는 단락은 Andrew David Naselli, "Holiness," in *NIV Zondervan Study Bible*, 2676-78쪽 내용을 그대로 가져온 것이다(허락을 받고 사용함). 이 단락의 모든 성경 구절은 NIV에서 인용했다(한글 성경은 별도의 표기가 없는 한 개역개정에서 인용하였다._ 편집자).

거룩함 그 자체이신 분_ 하나님

많은 사람이 거룩함을 금기와 동일시한다. 하지만 성경은 거룩함을 본질적으로 하나님의 속성과 동일한 것으로 여긴다.

거룩함이란 무엇인가? '거룩함'(holiness)은 일반적으로 분리된 상태 또는 구별된 상태로 정의된다. 하나님은 그분 자신이 아닌 모든 존재와 구별된다는 점에서 거룩하시며, 그분께 속한 백성은 죄에서 구별되어 거룩한 이들이 되어야 한다. 따라서 이 정의에 따르면, 거룩함은 곧 도덕적 순수성을 수반하는 분리됨이다. 하지만 이 정의는 거룩함의 본질을 충분히 드러내지 못하며, 각 사람과 사물이 각기 다른 의미에서 거룩한 성격을 지닐 수 있다는 점도 드러내지 못한다. 어떤 의미에서는 오직 하나님만이 거룩하시며, 또 다른 의미에서는 다른 존재들도 거룩한 것이 될 수 있다.

하나님은 거룩하시다. 가장 핵심적인 용법에서 '거룩하다'는 오직 하나님께만 결부될 수 있는 형용사다. "거룩하다 거룩하다 거룩하다 만군의 여호와여"(사 6:3. 요한계시록 4장 8절 참조). 이 구절을 "분리되었다, 분리되었다, 분리되었다"라거나 "도덕적이다, 도덕적이다, 도덕적이다"라고 표현한다면, 무언가 중요한 의미를 잃게 될 것이다. "하나님은 거룩하시다"라는 표현은 마치 "하나님은 하나뿐인 분이다" 또는 "하나님만이 하나님 되신다"라고 말하는 것과 같다. 이런 맥락에서 '거룩하다'라는 단어는 거의 전적으로 하나님께만 연관되는 형용사가 된다. 하나님이 자신의 거룩함을 두고 맹세하시는 것(시 89:35, 암 4:2)은 그분이 '자신을 두고' 맹세하신다는 말과 같은 뜻이다(암 6:8). 하나님은 지극히 높으시며 오직 하나뿐인 하나님이다. 그분께 맞설 경쟁자는 없다. 하나님은 비할 데 없이 뛰어나신 분이며, 그분은 오직 자신만의 범주에 속하신다. "여호와와 같이 거룩하신 이가 없으시니 이는 주 밖에 다른 이가 없고"(삼상 2:2. 출애굽기 15장 11절, 시편 77편 13절, 이사야 40장 25절 참조). 성경은 50차례 이상 하나님을 '거룩하신 이'로 부르며, 90차례 넘게 그분의 영을 '거룩하신 영'으로 지칭한다.

사람과 사물은 하나님과의 관계 속에서 거룩한 것이 된다. 하나님만이 본성적으로 거룩하신 분이다(계 15:4). 그분의 이름은 거룩이다(사 57:15). 그러나 '거룩하다'라는 단어의 용법은 동심원 모양처럼 점점 확대되면서 사람과 사물들에도 적용된다. 따라서 어떤 사람이나 사물이 거룩하다면, 그 존재는 오직 파생적인 의미에서 거룩성을 지닐 뿐이다. 곧 그것들 자체가 신성하거나 도덕적이어서가 아니라, 하나님이 그분 자신의 특별한 용도를 위해 그 존재들을 구별해 두신 것이다. 넓은 의미에서는 모든 것이 하나님께 속하지만, 더 좁은 의미에서는 어떤 사람과 사물들만이 특별한 방식으로 하나님께 속한다. 예를 들어 하나님이 거하시는 하늘은 거룩하며(신 26:15), 하나님은 천사들을 자신의 "거룩한 자들"(시 89:5-7), "거룩한 천사들"(막 8:38)이라고 언급하신다.

거룩함을 잃어버린 이들_ 인간

아담과 하와는 하나님이 선하게 창조하신 세계의 절정이었다. 그들은 에덴의 성소에서 그분과 함께 거닐었다. 그러나 이 죄 없이 지음 받은 부부는 죄를 범하고 거룩함을 잃었으며, 하나님은 이들을 자신 앞에서 추방하셨다(창 1-3장, 전 7:29). 어떤 면에서 볼 때, 성경 이야기는 이처럼 우리의 첫 부모가 상실한 거룩함을 오히려 더욱 높은 수준으로 회복시키기 위해 하나님이 어떻게 행하시는가에 관한 것이다.

거룩한 존재로 세워지고 그에 맞게 실천해야 했던 이들_ 이스라엘

이후에 하나님은 이스라엘을 선택하여 자신의 거룩한 백성이 되게 하셨으며, 친히 그들 가운데 거하셨다. 구약은 서른 번 넘게 하나님을 '이스라엘의 거룩하신 이'로 부르고 있다.

이스라엘은 거룩한 백성이었다. 출애굽 이후에 이스라엘은 거룩한 나라가 되었다. 이는 하나님이 독특한 방식으로 그들과 함께 계셨기 때문이다. 이스라엘은 그분의 특별한 백성이었다. "너는 여호와 네 하나님의 성민이라 네 하나님 여호와께서 지상 만민 중에서 너를 자기 기업의 백성으로 택하셨나니"(신 7:6. 출애굽기 19장 4-6절, 신명기 14장 2절 참조).

구약에서 거룩함은 대부분 하나님의 특별한 임재에 결부되어 있었다. 그 임재는 신현(theophany)을 통해서나 이스라엘의 성막과 성전에서 이루어졌다. 하나님의 거룩하심은 지성소에서 바깥쪽으로 반사되어 나왔으며, 이를 통해 그곳에 연관된 모든 것이 거룩해졌다. 건물과 그 뜰(레 16:15-16, 시 79:1), 가구와 기구들(출 30:26-29, 민 4:14-15), 제사장들과 그들의 의복(출 29:21, 레 21:6-8), 제사와 제물, 십일조로 드린 곡식(레 27:30, 민 18:17), 기름과 향, 향로(출 30:25, 34-37, 민 16:37)가 말이다.

이스라엘은 거룩해질 책임이 있었다. 하나님은 이스라엘에게 이렇게 명령하셨다.

"너희는 내게 거룩한 사람이 될지니"(출 22:31). "내가 거룩하니 너희도 거룩할지어다"(레 11:44-45. 19장 2절, 20장 7절, 21장 8절 참조). "너희는 나에게 거룩할지어다 이는 나 여호와가 거룩하고 내가 또 너희를 나의 소유로 삼으려고 너희를 만민 중에서 구별하였음이니라"(레 20:26).

이스라엘은 예식과 도덕성에 관한 하나님의 명령에 순종하여(민 15:40, 신 28:9. 민수기 20장 12절 참조) 그분의 거룩하심을 드러내야 할 의무가 있었다(사 8:13). 백성들은 하나님의 안식일을 거룩하게 지켜야 했으며(출 20:8-11), 제사장들은 "거룩하고 속된 것을 분별하며 부정하고 정한 것을 분별[해야]" 했다(레 10:10). 부정함은 온전하지 못함과 죽음에 결부되어 있었으며, 이는 온전함과 생명에 결부된 거룩함과 상반되는 것이었다. 정결과 부정에 관한 하나님의 명령은 삶의 모든 영역에 연관된 것으로, 그 가운데는 식생활과 출산 이후의 정결, 피부병과 감염, 유출에 관한 내용이 포함되어 있었다. 이스라엘 백성은 이러한 규정들을 통해 자신들이 받은 거룩한 부르심을 되새겼다(레 11-15장).

그런데 하나님은 거룩하지 않은 백성을 심판하시는 분임에도(왕하 17:7-23, 대하 36:15-16), 이스라엘은 계속 자신들의 거룩하신 하나님을 모독했다. 그러나 하나님은 자비를 베푸셔서 거룩하신 구주를 보내심으로 죄악 된 인간들을 어려움에서 건지셨다.

거룩함을 몸소 드러내고 성취하신 분_ 예수

예수는 거룩하시다. "이 거룩하신 하나님 여호와 앞에 누가 능히 서리요"(삼상 6:20). 하나님 앞에 스스로의 자격으로 나아가 설 수 있는 이는 예수 한 분뿐이다. 예수는 "거룩하고 진실하[신]" 분이며(계 3:7, 6:10), "아버지께서 그분 자신의 것으로 구별하신" 분이다(요 10:36, 옮긴이 번역. 개역개정은 "아버지께서 거룩하게 하사"로 번역하였다._ 옮긴이). 천사 가브리엘은 마리아에게 이렇게 선포했다. "나실 바 거룩한 이는 하나님의 아들이라 일컬어지리라"(눅 1:35). 그리고 더러운 귀신은 예수께서 "하나님의 거룩한 자"이심을 인정했다(눅 4:34). 예수께서는 자신의 손길로 부정한 자들을 정결하게 만드셨지만, 그분 자신은 결코 부정해지지 않으셨다. 이는 예수께서 본성적으로 거룩하신 분이기 때문이다. 베드로는 예수를 "하나님의 거룩하신 자"(요 6:69), "거룩하고 의로운 이"(행 3:14), 그리고 하나님의 "거룩한 종"(행 4:27, 30)으로 불렀다.

예수는 사람들을 거룩하게 만드신다. 예수는 거룩하신 분이며, 또한 사람들을 "거룩하게 하시는 이"시다(히 2:11). 그분은 "우리에게 …… 의로움과 거룩함과 구원함"이 되시는 분이다(고전 1:30). 그분의 온전한 삶과 희생적인 죽음으로 죄인들에 대한 하나님의 거룩한 진노가 만족되었다. "예수 그리스도의 몸을 단번에 드리심으로 말미암아 우리가 거룩함을 얻었노라"(히 10:10). "예수도 자기 피로써 백성을 거룩하게 하려고 성문 밖에서 고난을 받으셨느니라"(히 13:12).

구약의 제사장들은 하나님 앞에서 섬기도록 성별 예식을 통해 거룩해졌다. 이때 그 예식에는 속죄와 정결, 특수한 식사가 포함되었다. 또한 이런 요소들은 유월절 예식의 기초가 되었으며, 하나님은 이 유월절 예식을 통해 이스라엘을 거룩한 백성으로 성별하셨다. 그리고 이런 형태는 신약에서도 이어진다. 예수께서는 새로운 출애굽을 가져오셨으며, 이를 통해 신자들을 거룩한 이로 성별하셨다. 이제 하나님은 유대인과 이방인 그리스도인들로 이루어진 교회 안에 독특하게 임재하고 계신다. 이는 교회가 "주 안에서 성전"이기 때문이다(엡 2:21. 고린도전서 3장 17절 참조). 하나님은 그리스도인들을 택하여 "거룩한 제사장"으로 삼으셨으며, 그들은 "택하신 족속이요 왕 같은 제사장들이요 거룩한 나라요 그의 소유가 된 백성"이 되었다(벧전 2:5, 9).

거룩함을 적용받고 실천하게 된 이들_ 그리스도인

많은 신학자가 칭의와 성화를 뚜렷이 구분한다('성화'는 거룩하게 만드는 일을 뜻한다). 칭의는 하나님이 그분을 믿는 죄인을 의롭다고 선언하시는 행위로, 즉시 이루어지며 완전한 성격을 지닌다. 그러나 성화는 그리스도인이 조금씩 거룩해져 가는 성숙의 과정으로, 평생에 걸쳐 이루어지며 점진적이고 불완전한 성격을 지닌다. 둘 모두 조직 신학의 범주로 중요하고 타당하지만, 성화는 사람들에게 혼동을 줄 수 있다. 신약의 서신서들이 성화에 세 가지 시제, 곧 과거와 현재, 미래를 제시하고 있기 때문이다. 따라서 그리스도인들은 이렇게 말할 수 있다. "나는 이전에 거룩하게 되었습니다. 지금도 거룩하게 되는 중입니다. 그리고 앞으로도 거룩하게 될 것입니다."

- **과거_** 결정적 성화 또는 신분상의 성화는 사람들이 그리스도인이 되는 순간에 하나님이 그분 자신을 위해 그들을 구별하심으로 이루어진다.

- **현재_** 점진적 성화는 오늘날 많은 그리스도인이 '성화'라고 부르는 것을 가리킨다(앞 내용을 보라).
- **미래_** 최종적 성화는 영화(glorification)에 상응한다. 이 일은 하나님이 자신의 백성을 죄의 존재와 가능성에서 온전히 분리하심으로 이루어진다.

그리스도인은 거룩하다. 성경에서 그리스도인들을 '거룩한' 이들 또는 '거룩하게 함을 입은' 이들로 언급할 때는 대체로 점진적 성화가 아니라 결정적 성화 또는 신분상의 성화를 가리킨다(예를 들어 롬 1:7, 엡 1:1, 5:3, 골 1:2, 12, 3:12, 살후 1:10, 히 2:11, 유 3, 계 13:7). 이런 의미에서 그리스도인은 누구나 성도이며 거룩한 이들, 성화된 이들이다. 한 예로 바울은 고린도 교회의 교인들을 이렇게 지칭한다. "그리스도 예수 안에서 거룩하여지고 성도라 부르심을 받은 자들"(고전 1:2. 고린도전서 6장 11절 참조). 곧 이들은 몇 가지 영역에서 거룩하게 행하는 데 실패했음에도 이미 "거룩하여[진]" 이들이었다.

그리스도인들은 거룩해질 책임이 있다. 하나님은 그리스도인들에게 이렇게 명령하신다. "오직 너희를 부르신 거룩한 이처럼 너희도 모든 행실에 거룩한 자가 되라 기록되었으되 내가 거룩하니 너희도 거룩할지어다 하셨느니라"(벧전 1:15-16. 본문의 인용구는 레위기 11장 44-45절). 그리스도인들은 자신의 "몸을 하나님이 기뻐하시는 거룩한 산 제물"로 드려 하나님을 예배해야 한다(롬 12:1). 그들은 온전히 하나님께 속한 이들이므로, 자신의 "거룩한 행실과 경건함"을 통해 하나님의 도덕적 성품을 드러내야 한다(벧후 3:11. 로마서 6장 19, 22절, 고린도후서 7장 1절 참조). "하나님의 뜻은 이것이니 너희의 거룩함이라 곧 음란을 버리고 각각 거룩함과 존귀함으로 자기의 아내 대할 줄을 알고 …… 하나님이 우리를 부르심은 부정하게 하심이 아니요 거룩하게 하심이니"(살전 4:3-4, 7). "모든 사람과 더불어 화평함과 거룩함을 따르라 이것이 없이는 아무도 주를 보지 못하리라"(히 12:14).

거룩함이 완성될 때_ 영광

바울은 이렇게 기도했다. "너희 마음을 굳건하게 하시고 우리 주 예수께서 그의 모든 성도와 함께 강림하실 때에 하나님 우리 아버지 앞에서 거룩함에 흠이 없게 하시기를 원하노라"(살전 3:13. 데살로니가전서 5장 23절 참조). 그리스도인들은 이미 거룩한 지위를 얻었으며, 언젠가 그들이 온전히 그런 존재가 될 날이 임할 것이다. 구약에서는 모든 하나님의 백성이 "거룩한 백성이라 여호와께서 구속하신 자라" 불리게 될 때를 내다본다(사 62:12). 세상을 창조하시기 전에, 하나님은 "그 앞에 거룩하고 흠이 없게 하시려고" 자신의 백성을 그리스도 안에서 선택하셨다(엡 1:4. 5장 27절 참조). 하나님의 백성은 순전한 마음을 품고 "아름답고 거룩한 것으로 여호와께 경배[하게]" 될 것이다(대상 16:29, 시 29:2, 96:9). 장차 그 백성은 하늘의 천사들과 함께, "거룩하다 거룩하다 거룩하다 주 하나님 곧 전능하신 이여 전에도 계셨고 이제도 계시고 장차 오실 이시라" 하고 쉼 없이 외치면서 이전에는 들어본 적 없는 찬미를 드리게 될 것이다(계 4:8).

사례_ 성전(고전 6:19-20)

당신은 고린도전서 6장 19-20절의 "성전"(temple)을 어떻게 이해하는가?

> 너희 몸은 너희가 하나님께로부터 받은 바 너희 가운데 계신 성령의 전인 줄을 알지 못하느냐 너희는 너희 자신의 것이 아니라 값으로 산 것이 되었으니 그런즉 너희 몸으로 하나님께 영광을 돌리라(저자가 인용한 NIV의 "temple"은 개역개정에 "전"으로 번역되어 있다._ 옮긴이).

물론 우리는 이 본문을 그 자체로도 적절히 파악할 수 있다. 하지만 성경 신학의 빛에서 이 본문을 이해하면 그 의미가 훨씬 풍성해진다. 여기서 바울은 '너희 몸은 전이다'라고 언급한다. 이런 그의 언급은 다음과 같은 접근이 필요하다는 것을 일깨워 준다. 곧 특정 텍스트에서 (성전이라는 주제처럼) 성경 전체에 걸쳐 중요한 의미를 지닌 주제를 접할 경우, 우리는 먼저 초점을 넓혀서 성경 전체의 관점을 파악해야 한다는 것이다. 이를 통해 그 궤도를 처음부터 끝까지 추적해 본 뒤, 다시 현재의 본문으로 돌아와 성경 전체의 궤도 가운데서 그 주제를 숙고해 볼 수 있다.

이제 성전이라는 주제로 이 작업을 수행해 보자. 다만 여기서 제시되는 간결한 개관은 완전한 것이 아니다. 성전의 주제에는 참으로 풍성한 의미가 담겨 있으며, G. K.

비일은 성전의 성경 신학에 관해 458쪽에 달하는 책을 집필했다.[13] 그의 책은 창세기에서 요한계시록에 이르기까지 하나의 중요한 주제를 추적해 나가는 것이 어떤 작업인지 보여 주는 좋은 사례다. 다만 비일은 조금 의아하게도 고린도전서 6장 19절에 관해서는 고작 한 문단 반 정도만 할애하고 있다.[14]

성전은 성경의 이야기 흐름 속에 어떻게 들어맞는가

성경의 이야기 흐름 가운데 성전이 언급되는 궤도 속에는 적어도 열한 개의 중요한 지점이 있다. 그 지점은 이야기의 맨 처음부터 나타난다.

1. **에덴동산_** 창세기 1-3장과 요한계시록 21-22장 사이에는 놀라운 유사성이 있다. 성경의 양 끝부분에는 인상적인 종결부가 있으며, 그중 일부는 성전을 주제로 한다. 창세기 1-2장에서 하나님이 하늘과 땅을 창조하셨을 때, 땅은 그분이 거하시는 처소였다. 아담과 하와의 타락이 있기 전에 하나님은 그들과 정기적으로 교제를 나누셨다. 그러나 이후에 하나님의 처소는 하늘이 되었으며, 이제 그분이 땅에 임하시기 위해서는 아래로 '내려오셔야만' 한다. 당시 에덴동산은 최초의 성전이자 '성전-동산'(the temple-garden)이었으며, '거룩한 성소'였다.[15] 그곳은 인간들이 하나님을 대면하는 장소였다. (1) 에덴동산, 그리고 (2) 성막과 성전 사이에는 다양한 유사성이 있다.

2. **성막_** 성막의 뜰은 직사각형 모양으로, 미식축구 경기장의 절반 정도 크기였다(그림9.1을 보라). 이 뜰에 들어서는 이는 정면에 번제를 위한 놋 제단이 놓인 것을 볼 수 있었다. 그리고 그 뒤에는 놋대야가 놓여 있었는데, 이는 거대한 새 목욕용 물 쟁반과 흡사한 모양이었다. 그리고 그 뒤에는 성막이 자리 잡고 있었다(그림9.2를 보라).

성막은 커다란 직사각형 모양의 천막으로, 길이 13.5미터, 너비는 4.5미터 정도였다. 이 천막에는 두 개의 방이 있었다. 그중 첫 번째 방의 크기는 두 번째 방의 두 배였

---

13 G. K. Beale, *The Temple and the Church's Mission: A Biblical Theology of the Dwelling Place of God*, New Studies in Biblical Theology 17 (Downers Grove, IL: InterVarsity Press, 2004)(『성전 신학』, 새물결플러스). IVP는 최근에 이 책을 좀 더 읽기 쉬운 판본으로 출간했다. G. K. Beale and Mitchell Kim, *God Dwells among Us: Expanding Eden to the Ends of the Earth* (Downers Grove, IL: InterVarsity Press, 2014)(『성전으로 읽는 성경 이야기』, 부흥과개혁사).

14 Beale, *The Temple and the Church's Mission*(『성전 신학』), 252, 258-59쪽.

15 T. Desmond Alexander, *From Eden to the New Jerusalem: An Introduction to Biblical Theology* (Grand Rapids: Kregel, 2008)(『에덴에서 새 예루살렘까지』, 부흥과개혁사), 20-21쪽.

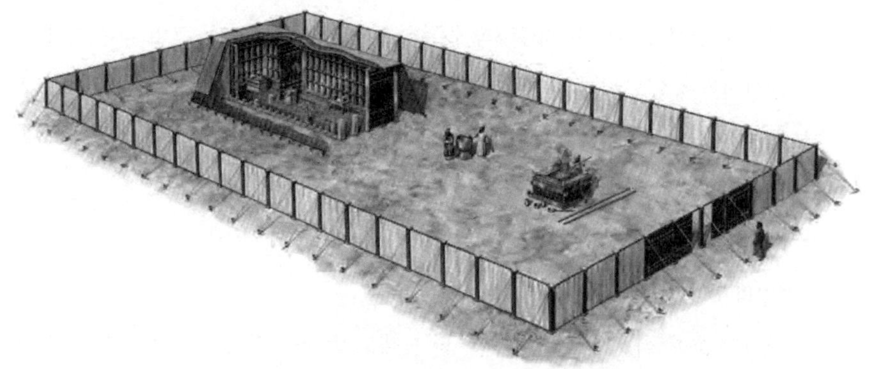

그림9.1. 성막과 그 뜰[16]

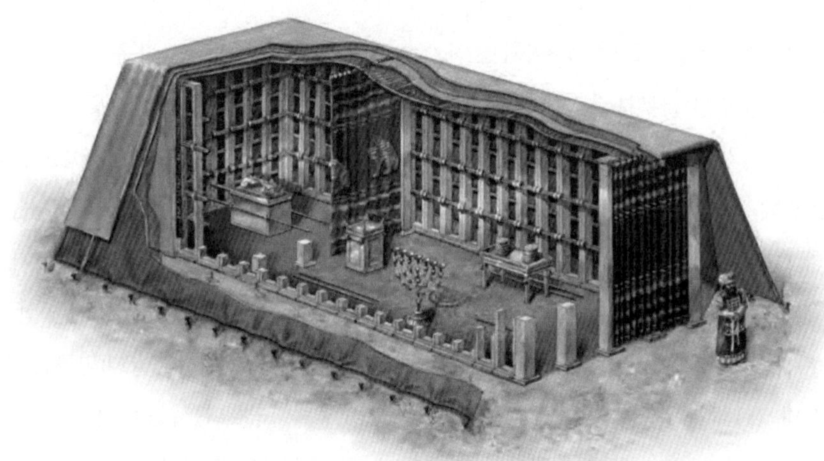

그림9.2. 성막 모습

다. 첫 번째 방의 길이는 9미터, 너비는 4.5미터 정도였으며, 그 너머 두 번째 방은 길이와 너비, 높이가 모두 4.5미터인 완벽한 정육면체 모양의 공간이었다(이 방이 정육면체 모양의 공간이었다는 점을 기억하라. 이 점은 뒤에 중요하게 언급될 것이다). 첫 번째 방은 '성소'로 불렸다. 이 천막 바깥의 커다란 휘장을 젖히고 성소에 들어서면 방의 맞은편 끝에 분향을 위한 제단이 놓인 것을 볼 수 있었다. 그 왼편에는 아름다운 황금 등잔대가, 오른편에는 떡을 놓는 상이 있었다.

그러면 그 너머에 있는 정육면체 모양의 방은 어떠했을까? 그 방은 '지성소'(Most

16 그림9.1-9.8은 크로스웨이 출판사의 허락을 받아 사용하였다.

Holy Place 또는 Holy of Holies)로 불렸다. 이 방에는 금으로 만든 두 개의 정교한 그룹 형상으로 덮인 언약궤가 보관되어 있었다. 지성소는 하나님의 보좌가 있는 곳이었으며, 대제사장만이 일 년에 한 번씩 백성의 죄를 속하기 위해 들어갈 수 있었다.

제사장들이 성소에서 사역할 때, 그들 앞에는 지성소 안을 들여다보지 못하도록 커다란 장벽이 놓여 있었다. 그것은 석고나 시멘트로 만든 벽이 아니라 그 내부를 가리는 휘장이었다. 이 휘장은 이스라엘 백성이 하나님의 눈부신 영광 때문에 소멸하는 것을 막아 주었다. 곧 이 휘장 덕분에, 하나님이 자신의 격렬한 거룩함 가운데서도 거룩하지 않은 백성 중에 거하실 수 있었던 것이다.

하나님은 이스라엘 백성에게 이 휘장에 그룹들을 정교하게 수놓으라고 지시하셨다(출 26:31. 36장 35절 참조). 이것은 지성소가 에덴동산과 유사한 곳임을 보여 주는 중요한 단서 중 하나였다. 당신은 하나님이 아담과 하와를 에덴동산에서 추방하신 뒤에 어떤 일을 행하셨는지 기억하는가? "이같이 하나님이 그 사람을 쫓아내시고 에덴동산 동쪽에 그룹들과 두루 도는 불 칼을 두어 생명나무의 길을 지키게 하시니라"(창 3:24). 그와 유사하게, 성소 안에 있는 휘장에 수놓인 그룹들은 죄악 된 인간들이 이 성전에 들어갈 수 없음을 상징했다.

한편 이 사례는 성경 신학의 많은 주제가 서로 연결되어 있음을 보여 준다. 성전의 주제는 죄와 율법, 제사, 속죄와 제사장, 하나님의 영광, 언약과 왕국, 추방과 출애굽, 하나님의 도성, 하나님의 백성, 거룩함과 공의, 진노와 예배 등의 주제에 연결된다. 곧 이런 주제들은 서로 밀접히 연관되어 있다.

3. **솔로몬이 건축한 성전**_ 이것은 예루살렘에 세워진 첫 성전으로, 웅장한 모습을 지니고 있었다(그림9.3을 보라). 이 성전의 규모는 성막의 두 배에 달했다. 성막의 경우, 성소는 길이 9미터에 너비 4.5미터 정도의 크기였으며, 지성소는 길이와 너비, 높이가 모두 4.5미터인 정육면체 모양의 공간이었다. 그러나 성전의 경우 성소는 길이 18미터에 너비 9미터 정도의 크기였고, 지성소는 길이와 너비, 높이가 모두 9미터인 정육면체 공간이었다.

이스라엘 백성에게 예루살렘을 방문하는 것은 곧 하나님의 처소를 찾아뵙는 일이었다. 따라서 바벨론 제국이 주전 586년에 예루살렘을 멸망시키고 이 성전을 무너뜨렸을 때, 그들은 깊은 충격에 휩싸였다. 이스라엘 백성이 깊이 타락하여 하나님과 그

그림9.3. 솔로몬 성전

분의 언약을 거듭 저버렸을 때, 하나님은 마침내 그 성전을 떠나가신 것이다.

4. **에스겔 40-48장에 언급된 새 성전_** 그리스도인들이 이 본문을 몇몇 다양한 방식으로 해석하는 것은 사실이다. 하지만 이 새 성전이 미래에 하나님이 자신의 백성과 함께 거하실 것을 상징한다는 점에 관해서는 어느 정도 동의할 수 있다.

5. **스룹바벨이 건축한 성전_** 바벨론 유수 이후, 한 무리의 유대인들이 조금씩 성전을 재건하는 데는 20년 정도가 소요되었다. 학개와 스가랴는 유대 백성에게 그 재건 과업을 완수할 것을 열심히 권고했지만, 마침내 재건된 성전은 과거에 솔로몬이 건축한 웅장한 성전에 비하면 초라했다(그림9.3-9.4를 보라). 그리고 이때부터 '제2성전기 유대교'(Second Temple Judaism)로 불리는 시기가 시작되었다. 이는 스룹바벨이 두 번째 성전을 완공한 때(주전 516년경)부터 로마 제국이 헤롯 성전을 무너뜨린 주후 70년까지 기간에 걸친 유대의 역사와 문헌을 가리킨다.

6. **헤롯이 건축한 성전_** 헤롯왕은 수십 년에 걸쳐 규모의 웅장함에서 솔로몬이 지은 것에 필적하는 성전을 재건했다(그림9.5를 보라). 제사장 사가랴가 성소의 금 제단에서 분향한 곳이 바로 이 성전이었다(눅 1:9).

7. **예수와 성전_** 예수의 생애에서 적어도 여섯 가지 중요한 사건이 성전과 연관되어 있다. (1) 하나님인 예수께서 인간들 가운데 거하셨다. "말씀이 육신이 되어 우리 가운데 거하시매(여기 쓰인 단어는 σκηνόω[스케노오]의 과거형으로, '장막을 치셨다'[tabernacled]

그림9.4. 스룹바벨 성전

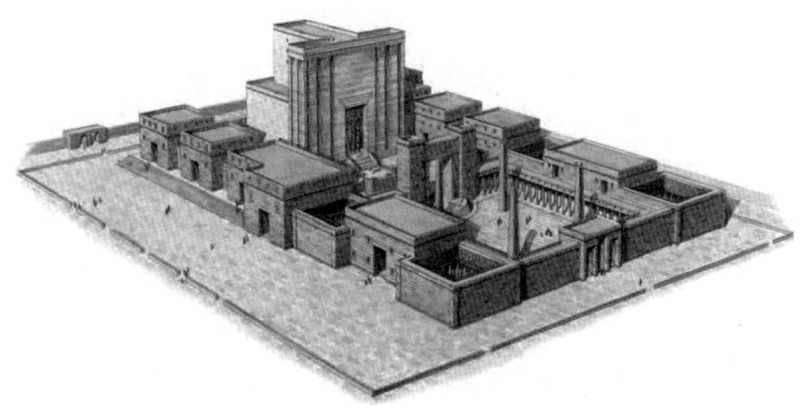

그림9.5. 예수 당시의 헤롯 성전 구역

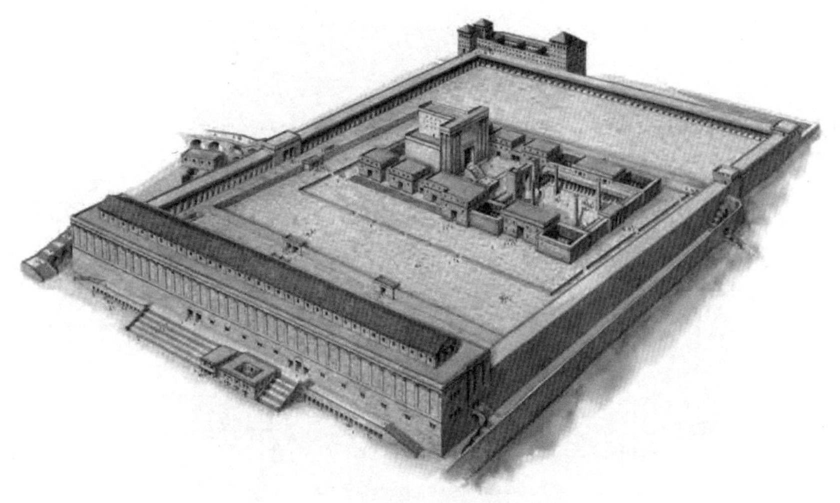

그림9.6. 예수 당시의 성전 산

라는 뜻이다)"(요 1:14a). (2) 어린 시절에 예수께서는 성전 구역을 방문하셨다(그림9.6을 보라). (3) 예수께서는 사역을 시작할 때와 마칠 때에 성전을 심판하셨다. (4) 사탄은 성전 산에서 뛰어내리도록 예수를 유혹했다. (5) 요한복음 2장 18-22절에서 예수께서는 자신의 몸이 성전임을 주장하셨다. (6) 예수께서 십자가에서 돌아가실 때, 성소와 지성소 사이의 휘장이 "위로부터 아래까지 찢어져 둘이 되[었다]"(마 27:51).[17](그림9.7-9.8을 보라.)

이렇게 찢어진 휘장은 예수의 죽음으로 성취된 일이 무엇인지를 생생히 보여 준다. 그 거대한 휘장은 사람이 하나님께 나아가는 것을 막고 있었지만, 예수께서 그 장벽을 제거하신 것이다. 그 휘장은 하나의 예표 또는 전조였으며, 그리스도의 몸은 그것의 원형, 또는 그 전조에 의해 예견된 실체였다. 이전에 사람들이 하나님께 나아갈 수 있는 유일한 길은 그 휘장을 통과하는 것뿐이었다. 그리고 이제는 그 휘장이 찢어졌으므로, 우리는 오직 예수를 통해 하나님께 나아갈 수 있다. 곧 우리는 예수의 죽으심을 통해, 하나님의 임재 앞에 직접 나아갈 수 있게 된 것이다(히브리서 6장 19-20절, 10장 19-22절을 보라). 성전 예식과 모세 율법에 근거한 언약은 쓸모없는 것이 되었다. 이제는

17 Daniel M. Gurtner, *The Torn Veil: Matthew's Exposition of the Death of Jesus*, SNTSMS 139 (Cambridge: Cambridge University Press, 2007)를 보라.

그림9.7. 예수 당시의 헤롯 성전

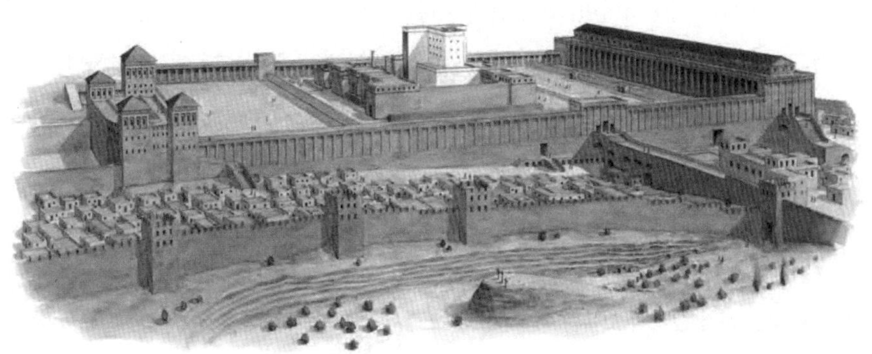

그림9.8. 골고다 언덕과 성전 산

예수께서 우리의 성전이자 제사장이며, 우리의 제물이 되신다.[18]

8. **하나님의 성전인 교회_** 이 점에 관해서는 네 가지 본문이 매우 중요하다. 고린도전서 3장 16-17절, 고린도후서 6장 14절-7장 1절, 에베소서 2장 21-22절, 베드로전서 2장 4-10절이다. 교회는 하나님의 성전이므로 통일성과 순수성을 유지해야만 한다.

18 Timothy Keller, *King's Cross: The Story of the World in the Life of Jesus* (New York: Dutton, 2011)(『왕의 십자가』, 두란노), 48쪽을 보라.

9. **성령의 전인 각각의 그리스도인들**_ 우리는 성전이라는 주제의 성경적 궤도를 추적하는 일을 마친 뒤에 다시 이 지점을 살필 것이다.

10. **하늘의 성전**_ 이 내용은 히브리서 8-10장에서 중요하게 언급되며, 요한계시록 4-20장에서 전개되는 극적인 사건들의 배경이 된다.

11. **새 예루살렘**_ 요한계시록 21장은 이렇게 시작된다. "또 내가 새 하늘과 새 땅을 보니 처음 하늘과 처음 땅이 없어졌고 바다도 다시 있지 않더라 또 내가 보매 거룩한 성 새 예루살렘이 하나님께로부터 하늘에서 내려오니"(계 21:1-2a). 그런데 이 도성의 규모는 어떠한가? "그 성은 네모가 반듯하여 길이와 너비가 같은지라 그 갈대 자로 그 성을 측량하니 만 이천 스다디온이요 길이와 너비와 높이가 같더라"(계 21:16). 곧 이 도성은 완벽한 정육면체를 이루고 있었다. 그리고 성경에 언급된 다른 정육면체는 하나뿐이다. 바로 이스라엘의 성막과 성전에 있었던 지성소다. 그리고 이 정육면체들은 모두 금으로 덮여 있었다(왕상 6:20, 계 21:18). 그러면 우리는 이 모든 상징을 어떻게 이해해야 할까? 이제는 이 땅의 어느 작은 부분에 지성소가 세워지는 것이 아니다. **새롭게 된 땅 전체**가 지성소이며, 도성 전체가 하나님의 성전인 것이다. 성전의 주제는 여기서 그 절정에 이른다. "성 안에서 내가 성전을 보지 못하였으니 이는 주 하나님 곧 전능하신 이와 및 어린양이 그 성전이심이라"(계 21:22).

성전은 바로 이런 식으로 성경의 이야기 흐름 속에 들어맞는다.

성전에 대한 성경 신학적 고찰은 어떻게 고린도전서 6장 19-20절의 성전에 대한 이해를 향상시키는가

> 너희 몸은 너희가 하나님께로부터 받은 바 너희 가운데 계신 성령의 전인 줄을 알지 못하느냐 너희는 너희 자신의 것이 아니라 값으로 산 것이 되었으니 그런즉 너희 몸으로 하나님께 영광을 돌리라(고전 6:19-20).

당신이 그리스도인이라면, 당신의 몸은 성령이 거하시는 성전이다. 우리가 방금 살펴본 성경 신학적 궤도에 비추어 이 점을 생각해 보기 바란다. 옛 언약 아래서는 대제사장만이 지성소에 들어갈 수 있었으며, 그것도 일 년에 한 번만 가능했다. 그러나 새 언약 아래서는 우리 각 사람의 몸이 바로 하나님의 영이 거하시는 성전인 것이다. 이는 참으로 놀라운 일이다.

과연 누가 신학을 실제적인 학문이 아니라고 말할 수 있겠는가? 고린도전서 6장 12-20절에서 바울의 주된 논지는 우리가 자신의 몸으로 하나님을 영화롭게 할 수 있도록 음행을 피해야 한다는 것이다. 그리고 음행을 피해야 할 이유 중 하나는 우리 몸이 성령의 전이라는 데 있다. 지성소에서 음행을 범하는 것은 생각할 수도 없는 일이다. 그런데 이제는 우리 자신의 몸이 지성소인 것이다. 따라서 우리의 몸을 더럽혀서는 안 된다. 우리의 몸을 순결하게 간직해야 하는 이유는 그것이 거룩한 장소이기 때문이다. 나는 다음과 같은 리처드 헤이스(Richard Hays)의 말에 동의한다. "교회 안의 성교육은 우리 몸 안에 하나님이 거하심을 깊이 깨닫도록 인도함으로 시작될 수 있다."[19]

성경에 담긴 성전의 주제에 관해서는 훨씬 많은 내용을 언급할 수 있다. 그러나 이 짧은 연구는 성경 신학적 고찰이 어떤 본문에 대한 우리의 이해를 풍성하게 만들어 줄 수 있다는 점을 입증한다. 당신이 강해 설교자나 교사라면, 특정 텍스트에서 성경 전체에 걸쳐 중요한 의미를 지닌 주제를 접할 때 이런 작업을 수행해 보기 바란다. 곧 초점을 넓혀서 전체 궤도를 살핀 뒤, 다시 원래 본문으로 돌아오는 것이다.

사례_ 비밀(엡 3:1-6)

앞서 이 장에서 유기적이며 구원-역사적인 연관성을 찾아내기 위한 몇 가지 중첩되는 방법을 설명한 바 있다. 이제 그중 두 가지 방법을 에베소서 3장 1-6절에 적용해 보자. (1) 언약들 사이의 연속성과 불연속성을 살피는 일과 (2) 약속과 성취의 흐름을 좇아가는 일이다.

> 이러므로(즉 에베소서 2장 11-22절에 언급된 이유로) 그리스도 예수의 일로 너희 이방인

19 Richard B. Hays, *First Corinthians*, IBC (Louisville: John Knox, 1997)(『고린도전서』, 한국장로교출판사), 108쪽.

을 위하여 갇힌 자 된 나 바울이 말하거니와 너희를 위하여 내게 주신 하나님의 그 은혜의 경륜을 너희가 들었을 터이라 곧 계시로 내게 비밀(μυστήριον[뮈스테리온]) 을 알게 하신 것은 내가 먼저 간단히 기록함과 같으니 그것을 읽으면 내가 그리스도의 비밀(μυστήριον[뮈스테리온])을 깨달은 것을 너희가 알 수 있으리라 이제 그의 거룩한 사도들과 선지자들에게 성령으로 나타내신 것같이 다른 세대에서는 사람의 아들들에게 알리지 아니하셨으니 이는 이방인들이 복음으로 말미암아 그리스도 예수 안에서 함께 상속자가 되고 함께 지체가 되고 함께 약속에 참여하는 자가 됨이라 (엡 3:1-6).

다음 세 가지 질문에 답하면서 이 본문에 접근해 보자.

1. 비밀이란 무엇인가

우리는 이 부분에서 혼란을 겪을 수 있다. 여기서 바울이 언급하는 **비밀**의 의미는 우리가 흔히 생각하는 **비밀**의 의미와 다르기 때문이다.

우리에게 **'비밀'**(mystery)은 예를 들어 셜록 홈즈의 이야기 또는 스쿠비 두(Scooby Doo) 시리즈(어린이 탐정단의 활약을 그린 미국의 애니메이션_ 옮긴이) 같은 탐정 소설이나 범죄 소설을 가리킬 수 있다. 일반적으로 '비밀'은 "무언가 파악해 내기 어려운 것"[20] 또는 "이해와 설명이 어렵거나 불가능한 것"[21]을 가리킨다. 그러므로 이 단어에는 은밀함 또는 모호함의 개념이 수반된다. 이 단어는 그 정체성 또는 본성이 드러나지 않았거나 수수께끼에 싸여 있는 사람이나 사물을 가리키는 데 쓰일 수 있다. 따라서 '추리 소설'(mystery novels)로 불리는 장르가 존재하며, 이 장르에 속한 소설은 살인자의 정체를 파헤치면서 '비밀'을 풀어 나가는 이야기인 경우가 많다. 하지만 이것은 바울이 언급하는 **비밀**의 의미가 아니다.

바울에게 **비밀**은 우리 자신의 힘으로는 알아낼 수 없었지만 하나님이 친히 계시해 주신 일들을 가리킨다. 우리가 그 일들을 파악할 수 있는 길은 오직 하나님이 그 일들

---

20 D. A. Carson and Douglas J. Moo, *An Introduction to the New Testament*, 2판 (Grand Rapids: Zondervan, 2005)(『신약 개론』, 은성), 495쪽.

21 Catherine Soanes and Angus Stevenson 편집, *Concise Oxford English Dictionary*, 11판 (Oxford: Oxford University Press, 2004).

을 드러내 주시는 것뿐이다.[22] 곧 여기서 비밀은 이전에 감추어져 있었지만 이제는 드러난 일들을 가리킨다. 그것은 우리가 해결할 수 있는 일이 아니며, 수수께끼 같은 성격을 지닌 일도 아니다. 이전에 감추어져 있었으나 이제는 우리 앞에 드러나게 된 일들이다. 하지만 우리는 하나님이 그 일들을 계시해 주실 때에야 비로소 그 일들을 파악하게 된다.

2. 이 비밀은 정확히 무엇을 가리키는가

우리는 6절 내용을 2장 12절과 대조해서 에베소서 3장의 '비밀'을 좀 더 명확히 파악할 수 있다. "그때에 너희[이방인들]는 그리스도 밖에 있었고 이스라엘 나라 밖의 사람이라 약속의 언약들에 대하여는 외인이요 세상에서 소망이 없고 하나님도 없는 자이더니"(2:12). 에베소서 3장 6절에서는 세 가지 명칭을 나열하며, 이 명칭들에는 '함께'를 뜻하는 헬라어 접두사가 모두 포함되어 있다.

1. συγκληρονόμα(슁클레로노마), '공동 상속자들'("heirs together with Israel"[NIV], 개역개정은 "함께 상속자가 되고"라고 번역하였다._ 옮긴이)
2. σύσσωμα(쉬쏘마), '같은 몸의 지체들'("members together of one body"[NIV], 개역개정은 "함께 지체가 되고"라고 번역하였다._ 옮긴이). 여기서 바울은 대등한 접두사를 유지하기 위해 새로운 단어를 만들어 낸 듯하다.[23]
3. συμμέτοχα τῆς ἐπαγγελίας(쉬메토카 테스 에팡겔리아스), '약속에 동참하는 이들' ("sharers together in the promise"[NIV], 개역개정은 "함께 약속에 참여하는 자"라고 번역하였다._ 옮긴이)

그러면 그 비밀의 내용은 무엇인가? 바로 교회 안에서 이방인 그리스도인들이 유

---

22 Carson and Moo, *Introduction to the New Testament*(『신약 개론』), 495쪽. "여기서 '비밀'(μυστήριον[뮈스테리온])은 (우리의 용법에서처럼) 무언가 파악해 내기 어려운 것을 뜻하지 않는다. 오히려 그 단어는 하나님이 친히 드러내시기 전까지는 우리 스스로 파악하기가 불가능한 어떤 일을 가리킨다. 곧 우리 자신의 힘으로는 결코 알아낼 수 없던 일들을 이제 하나님이 친히 알려 주신 것이다."

23 F. F. Bruce, *The Epistles to the Colossians, to Philemon, and to the Ephesians*, NICNT (Grand Rapids: Eerdmans, 1984), 316쪽. "이방인들이 유대인들과 동등한 자격으로 하나님의 백성에 포함된다는 것과 같이 혁명적인 개념을 표현하기 위해 새로운 단어를 만들어 내는 것은 적절한 일로 간주될 수 있다."

대인 그리스도인들과 동등한 지위를 지닌다는 것이다.

1. '공동 상속자들.' 이제 이방인들은 아브라함의 후손이 누리는 것과 동일한 유업을 상속한다(에베소서 1장 14절, 로마서 4장 16절 참조). 전에 그들은 "이스라엘 나라 밖의 사람"이었지만(엡 2:12), 이제는 동등한 자격을 지닌다.
2. '같은 몸의 지체들.' 이제 이방인들은 유대인들과 동등한 자격으로 동일한 몸, 곧 교회에 속한 지체다(2장 16, 19-22절 참조).
3. '약속에 동참하는 이들.' 이제 이방인들은 유대인들과 동등한 자격으로 동일한 약속들, 특히 "약속의 성령"에 참여하는 이들이 되었다(1:13). 이전에 그들은 "약속의 언약들에 대하여는 외인"이었다(2:12).

우리가 이런 축복을 경험하게 되는 것은 바로 그리스도와 연합했기 때문이다. 에베소서 3장 6절에서는 "그리스도 예수 안에서" 이런 일들이 이루어졌다고 언급한다. 곧 그리스도와 연합함으로 2장 12절에 묘사된 우리의 곤경이 역전된 것이다. 유대인 그리스도인들과 이방인 그리스도인들이 연합할 수 있게 된 것은 그들 모두가 그리스도와 연합했기 때문이다. 어떤 이들은 이 비밀을 '이중의 연합'으로 묘사한다.

1. 우리가 서로 연합해서 하나의 새로운 공동체를 이루는 것
2. 우리가 그리스도와 연합하는 것[24]

3. 그것이 비밀인 이유는 무엇인가

그러면 구약에서는 이 일이 감추어져 있었던가? 구약은 하나님이 이방 나라들에도 자

---

24 예를 들어 Peter T. O'Brien, *The Letter to the Ephesians*, Pillar New Testament Commentary (Grand Rapids: Eerdmans, 1999), 236쪽에서는 이렇게 언급한다. "그리스도의 신비 또는 공개된 비밀은 유대인과 이방인들이 서로 온전히 연합한다는 데 있다. 이 연합은 각자가 그리스도와 이룬 연합을 통해 이루어진다. 이처럼 그 비밀의 본질은 이 이중의 연합, 즉 그리스도와 연합하며 서로 간에 연합하는 일에 있다." John R. W. Stott, *God's New Society: The Message of Ephesians*, The Bible Speaks Today (Downers Grove, IL: InterVarsity Press, 1979)(『에베소서 강해: 하나님의 새로운 사회』, IVP), 117쪽. "'그리스도의 비밀'은 곧 유대인과 이방인들이 각기 그리스도와의 연합을 통해 서로 간에 온전한 연합을 이룬다는 것이다. 이 이중의 연합, 즉 그리스도와 연합하며 서로 간에 연합하는 일이 바로 그 '비밀'의 본질이었다."

신의 축복을 베풀려 하신다고 선포한다(예를 들어 창 12:3, 22:18). 그리고 이방인들도 이스라엘의 하나님께로 돌아와 구원을 얻게 되리라고 예언했다(예를 들어 사 2:1-4, 렘 3:17. 로마서 15장 9-12절 참조). 그렇다면 이 일이 비밀인 이유는 무엇일까?

- 과연 유대인과 이방인들이 유기적인 통일체를 이룰 것을 예견한 이가 있었는가? 이방인 신자들이 유대인 신자와 동등한 지위를 얻게 될 것을 내다본 이가 있었는가?(에베소서 2장 14-18절 참조)[25]
- 우리가 메시아와의 연합을 통해 ("그리스도 예수 안에서") 이 동등한 자격을 누리게 될 것을 예견한 이가 있었는가?
- 하나님이 모세의 율법을 폐기하셔서 이 일을 이루실 것을 예견한 이가 있었는가?(엡 2:14-15)[26] 신약학자 해럴드 호너(Harold Hoehner)는 이 점을 이렇게 표현한다. "구약에서 이방인들은 하나님께 속한 백성의 일원이 될 수 있었지만, 이를 위해서는 유대인이 되어야만 했다. 그러나 신약에서는 이방인들이 유대인이 되지도, 유대인들이 이방인이 되지도 않는다. 오히려 유대인과 이방인 신자들이 함께 '그리스도인'이라는 하나의 새로운 실체를 이루게 된다(엡 2:15-16). 이 본문에서 언급하는 비밀은 바로 여기에 있다."[27]

여기에는 약간의 긴장이 있으며, 이제 나는 당신이 그 느낌을 파악할 수 있게 돕고자 한다. 몇 해 전, 맏딸인 캐라가 생일을 앞두고 있었다. 캐라는 이야기를 사랑하는 아이이다. 당시 그 아이는 C. S. 루이스의 「나니아 연대기」나 톨킨의 「호빗」, 「반지의 제왕」 줄거리를 나보다 더 잘 알고 있었을 것이다. 그래서 나는 곧 다가올 캐라의 생일에 앤드류 피터슨(Andrew Peterson)의 「날개 깃털의 전설」(*The Wingfeather Saga*)을 선물해서 그 아이를 놀라게 하기로 계획했다. 이 책은 네 권으로 구성된 판타지 모험 소설로,

25 Carson and Moo, *Introduction to the New Testament*(「신약 개론」), 495쪽. "여기서는 이방인들이 유대인들과 더불어 한 몸의 지체가 된 것이 하나의 비밀로 설명된다(3:4-6). 이것은 우리 중 아무도 생각해 낼 수 없었지만 이제는 하나님의 계시로 드러난 깊고 은밀한 진리다[각주49]. 하지만 어떤 의미에서는 이 계시가 성경 자체에 담긴 신선한 통찰에 연관되어 있다고 말할 수 있다(로마서 16장 25-27절에서처럼)."

26 Sigurd Grindheim, "What the OT Prophets Did Not Know: The Mystery of the Church in Eph 3,2-13," *Biblica* 84 (2003): 531-53쪽.

27 Harold W. Hoehner, *Ephesians: An Exegetical Commentary* (Grand Rapids: Baker Academic, 2002), 434쪽.

나는 캐라가 그 선물을 받고 무척 기뻐하리라는 것을 알고 있었다. 당시 나는 그 아이의 생일이 되기 두 달 전에 그 책들을 미리 구입했고, 다음 두 선택지를 놓고서 저울질하고 있었다.

1. 첫째 선택지는 **약속-성취** 전략이다. 나는 캐라의 생일에 줄 선물에 관해 약간의 힌트를 줄 수 있다. 곧 이렇게 말하면서 기대를 북돋는 것이다. "캐라, 멋진 소식이 있어! 네가 무척 좋아할 생일 선물을 하나 준비했단다. 우리는 그 책을 함께 읽게 될 거야. 그 책은 새로운 상상의 세계에서 펼쳐지는 모험 이야기란다." 이 경우 캐라는 그 선물을 간절히 고대하면서 자신이 그 선물을 기쁘게 누릴 것에 관한 기대감을 키워 갈 것이다. 다만 마침내 그 책들을 받아서 신나게 읽게 되기 전까지, 그 아이는 선물 내용을 온전히 이해하지 못할 것이다.
2. 둘째 선택지는 **숨김-드러냄** 전략이다. 나는 그 책들을 집 안에 숨겨 두었다가 캐라의 생일에 불쑥 건네주어서 그 아이를 놀라게 해줄 수 있다. 이 경우 나는 그 책들을 선물할 계획을 계속 품고 있었지만, 캐라는 미처 그 사실을 알지 못할 것이다. 물론 그 책들을 건네받을 때 캐라는 내 계획을 이해하겠지만 그전에는 아니다. 이 경우에 캐라는 장차 일어날 일을 전혀 알 수 없다. (혹시 궁금해할 독자들을 위해 말하자면, 나는 숨김-드러냄 전략을 택했다. 그리고 캐라는 그 책들을 보고 무척 기뻐했다.)

아마 당신은 지금 내가 무슨 말을 하려는지 의아할 것이다. 지금 나는 성경이 어떤 식으로 서로 들어맞아 하나의 전체를 이루는지, 신약이 어떻게 유기적으로 구약에 뿌리를 두고 있는지를 설명하려 한다. 앞서 언급한 것은 바울 서신들에서 나타나는 근본적인 긴장 중 하나다.

1. **약속과 성취_** 구약에서 하나님은 그분의 백성에게 영광스러운 일들을 약속하셨으며, 바울은 그중 많은 일이 이제 성취되었다고 설명한다. "바울은 옛 언약에 속한 성경(구약_ 옮긴이)에서 그리스도를 예견하고 그분에 관해 증언하며, 그리스도의 임하심과 죽으심, 부활뿐 아니라 이를 통해 이루어질 모든 일을 예언한다고 주장한다. 이런 일들 가운데는 유대인과 이방인들로 구성된 하나님의 백성이자 아브라함의 참된 자

녀인 교회가 존재하게 될 것도 포함된다."[28] 달리 말해, 구약은 예수(와 그분을 통해 이루어진 모든 일)에 의해 성취되었다.

2. **숨김과 드러냄**_ 여기서 바울의 말뜻은 이러하다. "복음의 몇몇 요소, 심지어는 복음 그 자체도 과거에는 감추어져 있었으나, 이제는 그리스도의 임하심을 통해 드러나게 되었다."[29] 곧 구약에서는 이 영광스러운 진리들이 숨겨져 있었으나, 이제는 드디어 나타나게 된 것이다. 바울은 이 숨겨진 진리들을 '**비밀**'이라고 부른다.

그런데 여기서 나타나는 긴장은 바로 그 성취된 약속 중 일부가 숨겨졌다가 드러난 일들과 **동일하다**는 데 있다. 곧 이 일들은 두 범주 모두에 속하는 것이다. 이때 **약속과 성취**의 범주는 연속성을, **숨김과 드러냄**의 범주는 불연속성을 강조한다.

1. 약속되었다가 성취된 일은 무엇인가? 구약에서 하나님은 이방 나라들에도 축복을 베푸실 것과, 이방인들이 이스라엘의 하나님께로 돌아와 구원을 얻게 될 것을 약속하셨다. 이것이 곧 약속되었으며 성취된 내용이다.
2. 숨겨졌다가 드러난 일은 무엇인가? 이는 유대인과 이방인들이 유기적인 통일체를 이루리라는 것과, 이방인 신자들이 유대인 신자와 동등한 지위를 누리게 되리라는 것이다. 이 일들이 바로 숨겨졌다가 이제는 드러난 내용이다.

우리는 이미 이 유대인과 이방인의 통합에 익숙하기 때문에, 이런 내용이 그리 놀랍게 여겨지지 않을지 모른다. 지금은 신약 시대 정황에서 2,000년이 흘렀으며, 우리는 대부분 이방인이다. 그리고 우리에게는 성경 전체가 있으므로, 하나님이 오랜 시간에 걸쳐 점진적으로 성경 내용을 계시하셨다는 것을 쉽게 잊는다.

하지만 초대 교회에서 이 문제는 심각한 논쟁거리였다. 많은 유대인 그리스도인은 이방인들이 하나님의 백성에 포함되는 것을 문제 삼지 않았지만, 그들에게 **동등한 자격이 있다고 여기지는** 않았다. 유대인 그리스도인들은 육신적으로 아브라함의 후손

28 D. A. Carson, "Mystery and Fulfillment: Toward a More Comprehensive Paradigm of Paul's Understanding of the Old and New," in *The Paradoxes of Paul*, vol. 2 of *Justification and Variegated Nomism*, D. A. Carson, Peter T. O'Brien, and Mark A. Seifrid 편집, WUNT 181 (Grand Rapids: Baker Academic, 2004), 397쪽.

29 같은 쪽.

인 자신들이 하나님의 축복을 더 크게 누리는 것이 마땅하다고 여겼다. 여기서 바울이 언급한 이 비밀은 하나님이 계시해 주신 것으로, 우리가 다른 방식으로는 결코 알 수 없는 소식이다. 그리고 이 소식은 바로 유대인 그리스도인과 이방인 그리스도인이 같은 몸의 일부일 뿐 아니라 그 몸의 동등한 일부라는 데 있었다.[30]

사례_ 일

일에 관한 대중적 관점 가운데 적어도 다섯 가지는 비성경적이다.

1. 일은 끔찍하다.
2. 일은 무의미하다.
3. 일이 전부다.
4. 일은 돈이다.
5. '세속적인' 직업은 '기독교 전임 사역'보다 열등하다.

이러한 대중적인 관점들이 비성경적인 이유를 파악하려면, 성경의 이야기 흐름에 비추어 일의 의미를 이해하는 것이 중요하다.

일의 성격을 신학적으로 이해할 때, 일에 관한 우리의 관점이 극적으로 변화될 수 있다. 예를 들면 일에 관한 신학적 이해는 사람들이 무가치하고 의미 없다고 여길 법한 일들에 의미를 부여해 준다. 이처럼 일의 성격을 신학적으로 헤아리기 위해서는, 일의 의미가 성경의 이야기 흐름 속에 있는 거대한 네 가지 전환점에 어떻게 들어맞는지를 파악해야 한다. 창조, 타락, 구속, 완성이 바로 그 전환점들이다.

---

30 Hoehner, *Ephesians*, 448쪽. "그 비밀은 이방인들이 구원을 받으리라는 데 있지 않았다. 이는 구약에서도 그들이 구원받게 될 것을 증언하기 때문이다. 오히려 그 비밀은 유대인과 이방인 신자들이 그리스도 안에서 하나가 된다는 데 있었다."

1. 창조 시의 일

과연 일(work)은 본래 나쁜 것이거나, 나쁜 일들에 연관되어 있는가? 그렇지 않다. 일은 본래 선한 것이다. 하나님도 친히 일하시며, 아담과 하와 역시 죄를 범하기 전에 일을 했다. 리랜드 라이큰(Leland Ryken)은 이렇게 언급한다. "성경에서 일은 하나님의 창조 사역과 함께 시작되었다. 하나님의 창조 사역은 분명 고된 노동이 아니었다. 그 사역은 창의적인 예술가의 열정적인 활동 또는 놀이에 더 가까웠다. 그 일은 즐겁고 활력이 넘치는 것이었다."[31]

하나님은 엿새 동안 세상을 창조하시고 일곱째 날에 안식하셨다(창 2:2). 이때 그분이 안식하신 이유는 고된 노동에 지치셨기 때문이 아니라, 여섯째 날에 창조하신 사람들에게 하나의 본을 보여 주기 위함이었다.

창세기 1장 26-28절은 신학자들이 '창조 명령' 또는 '문화 명령'이라 부르는 것을 제시한다.

> 하나님이 이르시되 우리의 형상을 따라 우리의 모양대로 우리가 사람을 만들고 그들로 바다의 물고기와 하늘의 새와 가축과 온 땅과 땅에 기는 모든 것을 다스리게 하자 하시고
>
> 하나님이 자기 형상 곧 하나님의 형상대로
> 　　사람을 창조하시되
> 　　남자와 여자를 창조하시고
>
> 하나님이 그들에게 복을 주시며 하나님이 그들에게 이르시되 생육하고 번성하여 땅에 충만하라 땅을 정복하라 바다의 물고기와 하늘의 새와 땅에 움직이는 모든 생물을 다스리라 하시니라.

하나님이 우리를 그분 자신의 형상으로 지으셨으므로 그분의 세상을 유지하고 경

---

31 Leland Ryken, *Redeeming the Time: A Christian Approach to Work and Leisure* (Grand Rapids: Baker, 1995), 120쪽.

작하는 것은 우리의 책임이다. 그것이 우리의 할 일이며 소명이다. 따라서 우리가 행하는 일들은 하나님 앞에서 중요한 의미를 지닌다.

하나님은 아담에게 구체적인 지시를 내리셨다. "여호와 하나님이 그 사람을 이끌어 에덴동산에 두어 그것을 경작하며 지키게 하시고"(창 2:15). 그러므로 죄가 이 세상에 들어오기 전부터 사람은 일하는 존재였다. 아담은 모든 동물에게 이름을 지어 주고 에덴동산을 경작했다. 일은 아름다운 것이었으며, 아담은 그것을 싫어하지 않았다. 그에게 일은 순전한 기쁨이며 즐거움이었다. 그리고 이때의 일에는 괴로움이나 혹독한 수고가 담겨 있지 않았다.

성경 이야기의 이 단계에서 일은 고된 노동이 아니었다. 일이 고된 노동이 된 것은 바로 인간의 타락 이후다.

2. 저주 아래 놓인 일

아담과 하와의 범죄 이후, 인간에게 일이 갖는 본성이 변화되었다.

> 아담에게 이르시되
>
> 네가 네 아내의 말을 듣고
> 　　내가 네게 먹지 말라 한
> 　　나무의 열매를 먹었은즉
> 땅은 너로 말미암아 저주를 받고
> 　　너는 네 평생에 수고하여야 그 소산을 먹으리라
> 땅이 네게 가시덤불과 엉겅퀴를 낼 것이라
> 　　네가 먹을 것은 밭의 채소인즉
> 네가 흙으로 돌아갈 때까지
> 　　얼굴에 땀을 흘려야
> 먹을 것을 먹으리니
> 　　네가 그것에서 취함을 입었음이라
> 너는 흙이니

흙으로 돌아갈 것이니라 하시니라(창 3:17-19).

그러므로 인간에게 일은 적어도 다섯 가지 이유에서 고된 것이 되었다.

1. **죄**_ 이제 인간은 죄악 된 존재가 되었다. 이는 일에 대한 그들의 관점 전체를 더럽혔다. 이제 그들은 게으름을 피우거나, 과로하거나, 탐욕스럽고 부정직한 태도, 불명예스러운 태도를 취하여 일을 망가뜨릴 수 있게 되었다.[32] 때로 일의 가장 큰 난점은 우리가 **어떤 일**을 하느냐가 아니라 **누구와 함께** 그 일을 하느냐에 달려 있다. 이는 죄인인 동료들이 잔인하고 성가신 존재가 될 수 있기 때문이다.[33]

2. **저주**_ 사람이 타락한 결과, 창조 세계 전체가 저주를 받았다(로마서 8장 19-22절을 보라). 한 예로 땅이 저주를 받아 가시덤불과 엉겅퀴를 내게 되었다. 그리고 마침내는 쓰나미와 지진, 기근 같은 자연재해도 찾아오게 되었다.

3. **고통**_ 이제 일은 고통스러운 것, 더 많은 노력을 요하는 것이 되었다. 이제는 땀을 흘려야만 하는 고된 노동이 된 것이다. 그러나 일은 원래 고된 것이 아니었다.

4. **죽음**_ 타락 이전까지 사람은 죽음을 겪지 않았다. 그러나 이제는 다른 이들도 세상을 떠나고, 결국에는 우리 자신도 죽게 될 것임을 안다. 그리하여 일은 더욱 압박감이 심하고 힘겨운 것이 되었다.

5. **분리**_ 타락 이전과 달리, 이제 사람들은 하나님과 분리되었다. 아담과 하와는 하나님과 친밀한 교제를 누렸으나 타락 이후에는 에덴동산에서 추방되었다. 그 이후에는 인간이 하나님과 맺는 관계가 변화되었다.

일 자체는 악한 것이 아니며, 지금도 여전히 긍정적 측면이 많다. 예를 들어 일에는 어느 정도 즐거움이 따르며, 우리가 수행하는 일을 통해 사람들의 필요와 소원을 충족시킬 수 있다. 하지만 이제 일은 이전과 다른 것이 되었다. 더는 원래 의도된 방식대

---

32 같은 책, 131쪽.

33 Alistair Mackenzie and Wayne Kirkland, *Where's God on Monday? Integrating Faith and Work Every Day of the Week* (Colorado Springs: NavPress, 2003), 24쪽. "우리는 일 자체보다도 함께 일해야만 하는 [죄악 된] 사람들에 관해 불만을 품게 되는 경우가 많다."

로 수행되지 않고 있다. "일은 기껏해야 달콤씁쓸한 성격을 지닐 뿐이다."[34]

3. 그리스도 안에서의 일

그러나 우리가 하나님의 능력으로 중생한 뒤에는 일에 관해 철저히 달라진 관점을 품는 것이 마땅하다. 우리는 여전히 저주 아래 있지만, 그와 동시에 그리스도 안에 거하고 있기 때문이다. 켄트 휴즈(Kent Hughes)는 이렇게 설명한다. "하나님은 저주와, 그에 따른 고통스럽고 힘겨운 노동을 거두어 가지 않으셨다. 하지만 이제 그분은 우리의 일을 의미 있는 것으로 바꾸어 주셨다."[35] 일은 더는 (1) 끔찍하거나 (2) 무의미하거나 (3) 전부인 것이 아니며, (4) 그저 돈을 벌기 위한 수단도 아니다. 이제 일은 고귀한 섬김이자 소명이 되었다.

저주 아래 놓인 일에 가장 큰 존엄성을 부여하는 것은 예수 자신이 일하셨다는 점에 있다. 그분은 대부분의 생애 동안 육체노동자로서 목수와 석공, 대장장이의 일을 감당하셨다. 그러고는 십자가의 길로 이어지는 지상 사역을 수행하신 것이다.

- "예수께서 이르시되 나의 양식은 나를 보내신 이의 뜻을 행하며 그의 일을 온전히 이루는 이것이니라"(요 4:34).
- "예수께서 그들에게 이르시되 내 아버지께서 이제까지 일하시니 나도 일한다 하시매"(요 5:17).
- "때가 아직 낮이매 나를 보내신 이의 일을 우리가 하여야 하리라 밤이 오리니 그때는 아무도 일할 수 없느니라"(요 9:4).

그러면 그리스도의 재림 이후에는 일의 성격이 어떻게 달라질까?

4. 완성 상태에서의 일

과연 우리는 새 하늘과 새 땅에서도 일하게 될까? 아니면 그때에는 일이 과거에 속한

---

34 John C. Laansma, "Rest," in *New Dictionary of Biblical Theology*, T. Desmond Alexander and Brian S. Rosner 편집 (Downers Grove, IL: InterVarsity Press, 2000)(『IVP 성경 신학 사전』, IVP), 728쪽.

35 R. Kent Hughes, *Disciplines of a Godly Man*, 2판 (Wheaton, IL: Crossway, 2001), 150쪽.

것이 될까?

여기서 기억할 점은 하나님이 친히 일하시며, 아담과 하와도 타락 이전에 일을 했다는 것이다. 예수께서도 자신의 일을 행하시며, 천사들도 일하고 있다. 그렇다면 우리가 일하지 않을 이유는 무엇인가? 그러므로 성경은 우리가 영원히 일하게 될 것을 가르친다.

창세기 1-3장과 요한계시록 21-22장 사이에는 놀랄 만한 유사성이 있다. 그런 유사성 중 하나는 바로 사람들이 하나님께서 주신 영역을 다스리는 대리 통치자라는 것이다. "그의 종들이 그를 섬기며(λατρεύω[라트류오])"(계 22:3), 영원히 다스리게 될 것이다(5절). 이는 우리가 그때에도 일하게 될 것임을 함축한다.

나아가 미래에 우리가 다양한 수준에서 하나님을 섬길 것을 보여 주는 본문들 역시 하나님의 백성이 그때에도 일하게 될 것임을 함축한다. 한 예로 열 므나의 비유(눅 19:11-27)에서 주인은 두 충성된 종에게 열 고을과 다섯 고을을 다스리는 권세를 준다. 이 다스림은 곧 일을 뜻한다.

그러므로 우리는 영원히 일하게 될 것이다. 하지만 이 점 때문에 새 하늘과 새 땅에 대한 기대감이 식어서는 안 되겠다. 장차 하나님이 예수 안에서 자신의 구원 계획을 완성하실 때, 타락의 결과들 또한 역전시키실 것임을 기억하라. 그때 하나님은 일을 불쾌한 것으로 만드는 모든 요소를 역전시키실 것이다.

- **죄_** 그때에 우리는 죄악 된 존재가 아니게 되며, 일에 대한 우리의 관점도 변화될 것이다.
- **저주_** 창조 세계 전체가 더는 저주받지 않을 것이다.
- **고통_** 일은 이제 고통스럽지 않게 되고, 수고스럽거나 힘겨운 노동이기를 그칠 것이다.
- **죽음_** 우리는 더는 죽는 일이 없을 것이며, 그 사실을 알기 때문에 일에 대한 압박감 역시 사라질 것이다.
- **분리_** 우리는 이제 하나님과 분리되지 않으며, 아담과 하와가 처음에 누린 것처럼 그분과 친밀히 교제하게 될 것이다.

이같이 성경 신학적 방식으로 일을 숙고하는 것은 지금 우리가 일을 어떻게 이해하고 감당해 나갈지를 바르게 생각하는 데 도움을 준다. (이 책 12장 끝부분에는 성경 적용의 한 사례로 '어떻게 일할 것인가'라는 질문에 답하는 내용이 실려 있다.)

성경 신학 작업을 수행할 동기를 얻기

짐 해밀턴(Jim Hamilton)은 "성경 신학과 설교"라는 글을 집필했다.[36] 다음에 제시된 것은 우리에게 성경 신학적 작업을 수행할 의욕을 북돋아 줄 이 글의 두 대목이다.

나는 성경 신학을 어떻게 수행하는가

> 여기서 옹호하는 유형의 성경 신학은 특정 본문의 주해 결과물을 정경 전체의 빛에서 숙고하는 작업으로 묘사되어 왔다. 달리 말해, 성경 신학은 정경의 맥락에서 특정 본문을 주해하는 작업이다. 이는 성경 신학을 수행하려면 우리가 성경을 알고 그 내용을 묵상해야 한다는 것을 의미한다. …… 우리는 본문들을 잘 알고 그 안에 담긴 단어와 구, 장면들에 친숙해야만 한다. 그리하여 후기의 저자들이 이전 본문들에 쓰인 단어와 구, 장면들을 가져다 쓸 때 그 점을 곧 알아차릴 수 있어야 한다. …… 따라서 성경 신학 작업의 규칙은 매우 단순하다. 성경을 원어로 처음부터 끝까지 잘 파악하라는 것이다. 성경을 많이 읽고, 하나님께 통찰을 주시길 구하라. 성경을 암기하고 주야로 묵상하라. 그리고 성경 전체를 하나로 연결 짓도록 돕는 책들을 읽기 바란다.[37]

즉 해밀턴의 기본 논지는 이러하다. "성경 신학은 매우 단순하다. 성경 전체를 처음부터 끝까지 잘 파악하고, 그 내용을 밤낮으로 묵상하라. 그리고 성경 신학을 다루는 여러 책을 읽어 보라. 이것은 아주 쉬운 일이다." 오, 그것뿐인가? 정말 간단한 작업

---

36 James M. Hamilton Jr., "Biblical Theology and Preaching," in *Text Driven Preaching: God's Word at the Heart of Every Sermon*, Daniel L. Akin, David L. Allen, and Ned L. Mathews 편집 (Nashville: Broadman & Holman, 2010), 193-218쪽.

37 같은 글, 213-14쪽.

처럼 들린다! 하지만 해밀턴이 옳다. 최상의 성경 신학에 요구되는 것은 바로 이런 작업이다.

이제 우리의 의욕을 북돋아 주는 또 다른 대목을 읽어 보자.

하나님의 백성은 이 작업을 다룰 수 있는가

> 과연 새로 구입한 평면 텔레비전에서 새 차에 이르기까지 온갖 제품에 따라 오는 복잡한 리모컨을 조작하는 것이 우리에게 불가능한 일일까? 우리가 컴퓨터를 사용하고, 식료품점을 돌아다니며, 직장 생활을 유지하고, 자신의 집과 자동차, 장난감은 물론이고 차고에 쑤셔 넣는 온갖 물건을 구입하는 일이 불가능할까?(우리는 이런 일들을 모두 수행할 수 있으므로 성경을 이해하는 일도 충분히 가능하다는 의미_ 옮긴이)
>
> 솔직히 말하겠다. 나는 설교자들이 메시지를 단순화해야 한다는 지적을 받아들일 수 없다. 물론 설교자들은 자신의 메시지를 분명히 전달하고 여러 일을 알기 쉽게 설명할 줄 알아야 한다. 하지만 그렇다고 해서 성경을 지나치게 단순화할 필요는 없다. 그렇게 생각한다면, 실상 당신은 성령 하나님이 지금 방식대로 성경을 영감하실 때 자신이 행하는 바를 미처 깨닫지 못했다고 여기는 것이다. 성경 내용이 하나님의 백성이 다룰 수 있는 수준을 넘어선다는 주장은 하나님의 지혜를 모독할 뿐 아니라, 그분의 형상을 지닌 인간을 폄하하는 것이다. 인간은 하나님의 형상으로 지음 받았으며, 우리는 놀라운 능력을 지닌 두뇌와 감수성을 부여받았다.
>
> 당신은 사람들이 무엇이든 흥미롭고 예술적인 것, 탁월한 것은 전부 세상에 속해 있다고 생각하게 되기를 원하는가? 그렇다면 성경을 단순화해서 전달하라.
>
> 아니면 사람들이 하나님의 복잡성과 단순성을 파악하기를 원하는가? 그들이 성령께 영감 받은 성경 저자들의 비범한 재능을 깨닫기를 원하는가? 그들이 온 세상을 아우르면서 전개되는 우주적이고 거대한 이야기 속에 담긴 아름다움을 파악하기를 원하는가? 그렇다면 그들에게 성경 신학을 가르치라.
>
> 하나님의 백성이 지닌 역량을 무시하지 말라. 그들의 마음이 각성되었을지라도 …… 아직 지식이 부족할 수는 있다. 하지만 그들을 그 상태에 내버려 두어서는 안 된다. 그들에게 문학적 기교를 보여 주라. 주의 깊게 구성된 이야기들이 지닌 섬세

> 한 힘을 보여 주라. 그들에게 거침없는 논리로 전개되는 논증 속에 담긴 진리의 능력을 보여 주라. 그들이 참된 신자라면 성경을 이해하기 원할 것이다. 그들에게 책 중의 책인 성경에 담긴 외침과 노래, 격렬한 소리와 명쾌한 메시지들을 보여 주라. 그들의 마음이 시편 기자와 함께 노래하게 하고, 애가서와 함께 울게 하며, 잠언 말씀을 숙고하게 하라. 그들에게 전도서 저자의 탁월한 지성에 담긴 메시아적 지혜를 전해 주라. 말씀을 전파하라!
>
> 말씀의 충만한 메시지를 쏟아 놓으라. 말씀 그대로를 선포하고, 그 내용을 온전히 통합하라. 처음부터 끝까지 성경의 본문들 속에서 이어지는 연결 고리들을 보여 주라. 그들에게 성경 전체의 이야기를 들려주며, 성경 전체의 조망을 보여 주기 바란다. 그저 한 포기의 풀이 아니라 이야기 전체의 풍경을 그려 주어야 한다.[38]

아름다운 글이다. 이 글을 읽고 성경 신학 작업을 제대로 수행해 보려는 의욕이 샘솟지 않는가? 어쩌면 이런 생각이 들지도 모른다. '그러면 그 작업을 어떻게 시작해야 하지?' 한 가지 좋은 시작점은 성경 신학을 다루는 최상의 자료들을 옆에 두고 성경을 주의 깊게 읽어 가는 것이다(다음에 나오는 '추가 연구 자료'를 참조하라).

핵심 단어와 개념

구약 신학

성경 신학

신약 신학

예표론

전집

점진적 계시

정경

주제

---

38 같은 글, 216-17쪽.

더 생각해 보기 위한 질문

1. 당신이 두 번 이상 즐겁게 본 장편 소설이나 영화를 언급해 보라. 그 작품을 거듭 읽거나 보면서 그 안에 담긴 주제들을 서로 어떻게 연결 짓게 되었는가?
2. 성경 신학의 방식 가운데 당신은 어떤 것들을 선호하는가? ('1. 성경 신학은 유기적이며 구원-역사적인 연관성을 파악한다'에 열거된 다섯 가지 방식을 살펴보라.) 그 이유는 무엇인가?
3. 혹시 당신에게는 기독교적 관점을 배제하면서 구약을 읽는 경향이 있는가? 그 이유는 무엇인가? (제안_ 다음에 나오는 '추가 연구 자료' 항목에서 드루치의 두 책을 살펴보라.)
4. 성경 신학을 수행할 때 신약의 구약 사용 방식을 연구하는 일이 중요한 이유는 무엇일까?
5. 당신이 성경 전체에 걸쳐 살피고자 하는 성경 신학적 주제로는 어떤 것이 있는가? ('1. 성경 신학은 유기적이며 구원-역사적인 연관성을 파악한다'에 열거된 스물다섯 가지 주제를 살펴보라.)

추가 연구 자료

Alexander, T. Desmond. *From Eden to the New Jerusalem: An Introduction to Biblical Theology*. Grand Rapids: Kregel, 2008. 「에덴에서 새 예루살렘까지」, 부흥과개혁사. 이 책에서는 먼저 요한계시록을 살핀 다음, 그 속에 나타난 주제들의 궤적을 추적해 나가는 방식으로 성경 신학적 작업을 진행한다.

Alexander, T. Desmond, and Brian S. Rosner, eds. *New Dictionary of Biblical Theology*. Downers Grove, IL: InterVarsity Press, 2000. 「IVP 성경 신학 사전」, IVP. 전반적인 면에서 성경 신학에 관한 최상의 자료. 이 책은 세 부분으로 구성되어 있다. (1) 성경 신학에 관한 열두 편의 글. 그중에는 D. A. 카슨의 "조직 신학과 성경 신학"이라는 탁월한 글이 포함되어 있다. (2) 성경 속 여러 전집과 각 책에 관한 글들. (3) 성경적 주제와 관련하여 140개가 넘는 글들.

Beale, G. K. *Handbook on the New Testament Use of the Old Testament: Exegesis and Interpretation*. Grand Rapids: Baker Academic, 2012. 「신약의 구약 사용 핸드북」, 부흥과개혁사. 신약의 구약 사용 방식을 다루는 수업 교재로 한 권을 고른다면, 나는 이 책을 택할 것이다.

_________. *A New Testament Biblical Theology: The Unfolding of the Old Testament in the New*. Grand Rapids: Baker Academic, 2011. 「신약 성경 신학」, 부흥과개혁사. 이 책에서는

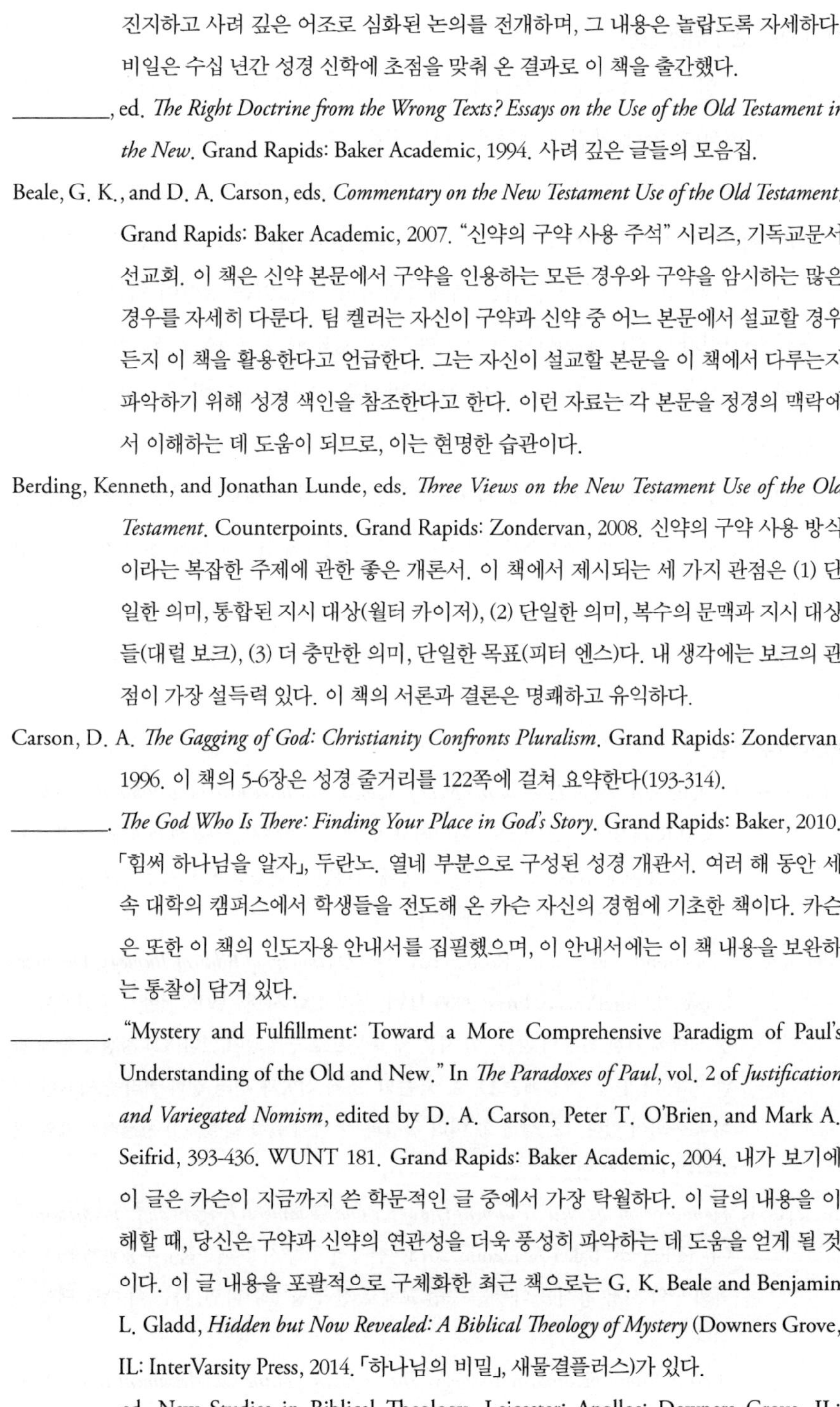

진지하고 사려 깊은 어조로 심화된 논의를 전개하며, 그 내용은 놀랍도록 자세하다. 비일은 수십 년간 성경 신학에 초점을 맞춰 온 결과로 이 책을 출간했다.

________, ed. *The Right Doctrine from the Wrong Texts? Essays on the Use of the Old Testament in the New*. Grand Rapids: Baker Academic, 1994. 사려 깊은 글들의 모음집.

Beale, G. K., and D. A. Carson, eds. *Commentary on the New Testament Use of the Old Testament*. Grand Rapids: Baker Academic, 2007. "신약의 구약 사용 주석" 시리즈, 기독교문서선교회. 이 책은 신약 본문에서 구약을 인용하는 모든 경우와 구약을 암시하는 많은 경우를 자세히 다룬다. 팀 켈러는 자신이 구약과 신약 중 어느 본문에서 설교할 경우든지 이 책을 활용한다고 언급한다. 그는 자신이 설교할 본문을 이 책에서 다루는지 파악하기 위해 성경 색인을 참조한다고 한다. 이런 자료는 각 본문을 정경의 맥락에서 이해하는 데 도움이 되므로, 이는 현명한 습관이다.

Berding, Kenneth, and Jonathan Lunde, eds. *Three Views on the New Testament Use of the Old Testament*. Counterpoints. Grand Rapids: Zondervan, 2008. 신약의 구약 사용 방식이라는 복잡한 주제에 관한 좋은 개론서. 이 책에서 제시되는 세 가지 관점은 (1) 단일한 의미, 통합된 지시 대상(월터 카이저), (2) 단일한 의미, 복수의 문맥과 지시 대상들(대럴 보크), (3) 더 충만한 의미, 단일한 목표(피터 엔스)다. 내 생각에는 보크의 관점이 가장 설득력 있다. 이 책의 서론과 결론은 명쾌하고 유익하다.

Carson, D. A. *The Gagging of God: Christianity Confronts Pluralism*. Grand Rapids: Zondervan, 1996. 이 책의 5-6장은 성경 줄거리를 122쪽에 걸쳐 요약한다(193-314).

________. *The God Who Is There: Finding Your Place in God's Story*. Grand Rapids: Baker, 2010. 「힘써 하나님을 알자」, 두란노. 열네 부분으로 구성된 성경 개관서. 여러 해 동안 세속 대학의 캠퍼스에서 학생들을 전도해 온 카슨 자신의 경험에 기초한 책이다. 카슨은 또한 이 책의 인도자용 안내서를 집필했으며, 이 안내서에는 이 책 내용을 보완하는 통찰이 담겨 있다.

________. "Mystery and Fulfillment: Toward a More Comprehensive Paradigm of Paul's Understanding of the Old and New." In *The Paradoxes of Paul*, vol. 2 of *Justification and Variegated Nomism*, edited by D. A. Carson, Peter T. O'Brien, and Mark A. Seifrid, 393-436. WUNT 181. Grand Rapids: Baker Academic, 2004. 내가 보기에 이 글은 카슨이 지금까지 쓴 학문적인 글 중에서 가장 탁월하다. 이 글의 내용을 이해할 때, 당신은 구약과 신약의 연관성을 더욱 풍성히 파악하는 데 도움을 얻게 될 것이다. 이 글 내용을 포괄적으로 구체화한 최근 책으로는 G. K. Beale and Benjamin L. Gladd, *Hidden but Now Revealed: A Biblical Theology of Mystery* (Downers Grove, IL: InterVarsity Press, 2014. 「하나님의 비밀」, 새물결플러스)가 있다.

________, ed. New Studies in Biblical Theology. Leicester: Apollos; Downers Grove, IL:

InterVarsity Press, 1995-현재. 이는 여러 권으로 구성된 시리즈다. 이 시리즈에 속한 책들에는 성경 신학에 관한 최신의 학문적 논의가 담겨 있다. 이 시리즈의 모든 책에 관한 총괄 성경 색인은 https://www.thegospelcoalition.org/pages/nsbt에서 살펴볼 수 있다.

DeRouchie, Jason S., ed. *What the Old Testament Authors Really Cared About: A Survey of Jesus' Bible*. Grand Rapids: Kregel, 2013. 드루치는 이 책이 히브리 성경 자체의 신학을 다룬 책이 아니라(곧 기독교와 무관한 유대교의 정경으로서 구약을 살핀 책이 아니라는 의미_ 옮긴이) 기독교적 관점에서 살펴본 구약 개관서임을 주저 없이 밝힌다. 이제 우리에게는 이야기 전체가 주어져 있는데, 어떻게 그 전반부를 전체적인 흐름의 빛에서 읽지 않을 수 있겠는가? (내 책의 자매편인 드루치의 책 *How to Understand and Apply the Old Testament: Twelve Steps from Exegesis to Theology* [Phillipsburg, NJ: P&R Publishing, 2017. 「구약, 어떻게 해석할 것인가」, 죠이북스]도 살펴보라.)

DeYoung, Kevin. *The Biggest Story: How the Snake Crusher Brings Us Back to the Garden*. Wheaton, IL: Crossway, 2015. 「세상에서 가장 위대한 이야기」, 성서유니온선교회. 5-12세 어린이를 대상으로 성경의 이야기 흐름을 간결하게 요약한 책. 드영의 문체는 명료하고 창의적이며 건전하다. 2016년에 크로스웨이 출판사는 이 책 내용을 토대로 아름다운 단편 애니메이션을 만들었다. 이 필름에서는 드영이 26분 정도에 걸쳐 책 전체를 낭독한다.

Gentry, Peter J., and Stephen J. Wellum. *Kingdom through Covenant: A Biblical-Theological Understanding of the Covenants*. Wheaton, IL: Crossway, 2012. 「언약과 하나님 나라」, 새물결플러스. 이 책에서는 언약 신학과 세대주의 사이의 중도적인 길을 옹호한다. 저자들은 그 길을 '점진적 언약주의'(progressive covenantalism)로 부른다. 웰럼과 젠트리는 자신들의 관점이 앞의 두 주요 체계와 뚜렷이 구별됨을 반복해서 언급한다. (1) 언약 신학은 가계의 원리(the genealogical principle, '너희와 너희 자녀에게')를 옹호하며, 이는 유아 세례의 근거가 된다. 그러나 점진적 언약주의에서는 이 가계의 원리가 구속사 과정에서 중대한 변화를 겪었다고 주장한다. (2) 세대주의는 아브라함 언약에 근거해서 주어진, 땅에 관한 구약의 약속들이 여전히 유효하다고 이해한다(곧 하나님이 이후의 천년 왕국 시기에 이스라엘 민족에게 그 약속들을 이루어 주실 것이라고 본다). 그러나 점진적 언약주의의 경우, 구약에서 약속된 땅은 궁극적으로 가나안 땅을 가리키는 것이 아니라 새 창조를 나타내는 예표였다고 이해한다. 스티븐 웰럼이 집필한 1부와 3부는 특히 주의 깊게 읽을 가치가 있다. 이후에 웰럼과 젠트리는 이 책을 848쪽에서 304쪽 분량으로 압축하여 *God's Kingdom through God's Covenants: A Concise Biblical Theology* (2015)를 출간했다. 이들의 작업은 웰럼이 2006년에 집필한 다음의 탁월한 글에 기반한 것으로, 그는 이 글에서 세례가 성경 전체를 연결 짓는 방식을 보여 주는 하나의 시험 사례가 될 수 있음을 드러냈다(Stephen J. Wellum, "Baptism and the Relationship between the Covenants," in *Believer's Baptism: Sign of the New Covenant in Christ*, ed. Thomas R. Schreiner and Shawn D. Wright, NAC [Nashville: Broadman & Holman, 2007], 97-161). 또한 그 후속편인 다음 책에 실린 열 편의 글도 살펴보라. Stephen J. Wellum and Brent E. Parker, eds., *Progressive Covenantalism: Charting a Course between Dispensational and Covenant Theologies* (Nashville: Broadman & Holman, 2016).

Goldsworthy, Graeme. *According to Plan: The Unfolding Revelation of God in the Bible*. Downers Grove, IL: InterVarsity Press, 1991. 「복음과 하나님의 계획」, 성서유니온선교회. 신뢰할 만한 성경 신학 개론서.

Hamilton, James M., Jr. *God's Glory in Salvation through Judgment: A Biblical Theology*. Wheaton, IL: Crossway, 2010. 이 책에서는 성경의 전반적인 그림을 살피면서 유익한 연결 고리들을 찾아내는 동시에 자세한 주해적 고찰도 제시한다. 640쪽 분량.

_________. *What Is Biblical Theology? A Guide to the Bible's Story, Symbolism, and Patterns*. Wheaton, IL: Crossway, 2013. 「성경 신학이란 무엇인가」, 부흥과개혁사. 내가 이 책을 접하고 받은 첫 인상은 두 가지다. (1) 이 책에는 각주가 없다. (2) 110쪽 정도의 짧은 분량이다. 하지만 이런 외관에 속아서는 안 된다. 이 책에는 풍성한 내용이 담겨 있기 때문이다. 해밀턴은 성경을 가르칠 때 아무런 기록도 참고하지 않는 것으로 유명하며, 심지어 대학원 수업에서도 그렇게 한다. 어떤 이들은 그를 '성경의 제다이 기사'(Bible-Jedi)라고 부르는데, 이 책에서 그는 바로 그런 존재처럼 보인다. 해밀턴은 성경 신학을 "성경 저자들의 해석적 전망"(the interpretive perspective of the biblical authors)으로 정의한다(15). 그는 이 짧은 책에서 성경 저자들의 해석적 전망을 살피면서, 그들이 지닌 해석의 틀과 전제, 가정들을 풀어내고 있다.

Lloyd-Jones, Sally. *The Jesus Storybook Bible: Every Story Whispers His Name*. Illustrated by Jago. Grand Rapids: Zonderkidz, 2007. 「스토리 바이블」, 두란노키즈. 부모들이 성경 신학을 익히는 한 가지 좋은 방법은 자녀에게 좋은 아동 서적을 여러 번 거듭해서 읽어 주는 것이다. 이것은 아내와 내가 어린 세 딸에게 가장 많이 읽어 준 성경책이다. 이 책은 창조에서 완성에 이르는 성경의 이야기 흐름을 탁월하게 요약하며, 그 해석의 열쇠로 예수 그리스도와 그분의 복음을 강조한다. 이 책의 부제는 책의 성격을 정확히 담아내고 있다. 각 이야기 끝부분에서, 로이드존스는 이후 그 이야기가 어떻게 그리스도 안에서 절정에 이르게 되는지를 보여 준다. 그녀는 자신의 담임 목회자인 팀 켈러에게 배운 내용을 이 책 속에 "자유롭게 가져다 썼음"을 밝힌다(7). 이와 유사한 책으로는 David Helm, *The Big Picture Story Bible* (Wheaton, IL: Crossway, 2004. 「큰 그림 이야기 성경」, 부흥과개혁사)이 있다. 이 책은 내용이 더 단순하고 덜 철저하며,

아주 어린 연령대의 아이들에게 알맞다.

Klink, Edward W., III, and Darian R. Lockett. *Understanding Biblical Theology: A Comparison of Theory and Practice*. Grand Rapids: Zondervan, 2012. 「성경 신학의 5가지 유형」, 부흥과개혁사. 이 책은 성경 신학의 다섯 가지 유형에 관해 실례를 들면서 설명하고 평가한다. (1) 역사적 서술. 이런 유형의 실례로 제임스 바를 든다. (2) 구속사(D. A. 카슨). (3) 세계관-이야기(N. T. 라이트). (4) 정경적 접근법(브레바드 차일즈). (5) 신학적 구성(프란시스 왓슨[Francis Watson]). 내가 이 책에서 옹호하는 성경 신학은 클링크와 라킷이 '두 번째 유형: 구속사로서의 성경 신학'으로 부른 것에 가장 가깝다(다만 D. A. 카슨에 대한 그들의 비판은 타당한 것으로 여겨지지 않는다).

Moo, Douglas J. "The Law of Christ as the Fulfillment of the Law of Moses: A Modified Lutheran View." In *Five Views on Law and Gospel*, edited by Wayne G. Strickland, 319-76. Counterpoints. Grand Rapids: Zondervan, 1996. 다른 기고자들의 글에 대한 무의 응답도 살펴보라(83-90, 165-73, 218-25, 309-15). 이 책 전체가 읽어볼 만하지만, 특히 이 90쪽 분량의 글에 담긴 내용은 탁월하다.

Moo, Douglas J., and Andrew David Naselli. "The Problem of the New Testament's Use of the Old Testament." In *The Enduring Authority of the Christian Scriptures*, edited by D. A. Carson, 702-46. Grand Rapids: Eerdmans, 2016. 이 글에서는 신약의 구약 사용 방식에 관한 여러 접근법을 설명하고 평가한다.

Piper, John. "The Goal of God in Redemptive History." In *Desiring God: Meditations of a Christian Hedonist*, 308-21. 3rd ed. Sisters, OR: Multnomah, 2003. 「하나님을 기뻐하라」, 생명의말씀사. 파이퍼는 이 글에서 창조 시기부터 그리스도의 재림과 완성에 이르기까지 하나님의 영광을 추적해 나간다. 그의 결론에 따르면, "하나님의 주된 목적은 그분 자신을 영화롭게 하며 영원토록 즐거워하는 데 있다. 하나님은 지극히 높으신 분으로 그분 자신이 품은 애정의 중심에 계신다. 그리고 바로 그 이유 때문에, 그분은 자충족적이며 다함이 없는 은혜의 원천이 되신다"(321).

Schreiner, Thomas R. *40 Questions about Christians and Biblical Law*. 40 Questions. Grand Rapids: Kregel, 2010. 이 책에서는 성경 신학의 가장 중대한 이슈 중 하나를 다룬다. 슈라이너는 1983년 풀러 신학대학원에서 할례에 관한 자신의 박사 학위 논문이 통과된 이후로 계속 율법 문제에 학문적인 초점을 맞추어 왔다. 그때부터 그는 바울과 율법 문제에 관해 여러 책과 글을 써 왔으며, 그 가운데는 로마서와 갈라디아서 주석, 바울 신학과 신약 신학을 다룬 책들이 포함된다. 그러므로 이 책은 30여 년에 걸쳐 이 문제를 깊이 성찰한 결과물이며, 당신도 그 점을 알아볼 수 있을 것이다. 슈라이너는 명료하고 간결하며 성숙한 필치로 이 책을 집필했다. 나는 전반적으로 이 책이 그리스도인과 율법의 관계를 다룬 최상의 단행본이라고 생각한다.

________. *The King in His Beauty: A Biblical Theology of the Old and New Testaments*. Grand Rapids: Baker Academic, 2013. 「성경 신학」, 부흥과개혁사. 이 책은 성경 전체를 다룬 대중적 수준의 성경 신학 서적으로, 창세기부터 요한계시록까지 한 권씩 살펴 나간다. 다만 신약의 일부 책들은 한 장으로 묶어서 취급하고 있다. (1) 누가복음과 사도행전, (2) 요한복음과 요한 서신, (3) 바울 서신 전체, (4) 베드로후서와 유다서.

Williams, Michael. *How to Read the Bible through the Jesus Lens: A Guide to Christ-Focused Reading of Scripture*. Grand Rapids: Zondervan, 2012. 「예수 렌즈로 성경을 어떻게 읽을 것인가」, 성서유니온선교회. 이 책에서는 성경의 각 책에 관해 다음 네 가지 항목을 간결하게 열거한다. (1) '전반적인 주제', (2) '그 주제의 궁극적인 초점이 어떻게 예수 그리스도 안에서 발견되는지'와 '그리스도 안에 있는 그 초점이 신약에서 어떻게 자세히 설명되어 가는지'(즉 '예수 렌즈'), (3) '그리스도 안에서 이루어진 그 성취가 신자들에게 필연적으로 함의하는 바'(즉 '오늘날을 위한 의미'), (4) '그런 함의들을 다른 이들에게 효과적으로 전달하는 방법'(즉 '관심을 끄는 질문들')(10).

How to Understand and Apply the New Testament

10장

역사 신학

주요 주해자와 신학자들이 성경과 신학을
어떻게 이해해 왔는지 조사하고 평가하기

역사 신학이란 무엇이며, 주요 주해자와 신학자로는 어떤 이들이 있는가

역사 신학에서는 주요 주해자와 신학자들이 성경과 신학을 어떻게 이해해 왔는지를 조사하고 평가한다. 기독교 교리는 어떻게 발전되어 왔는가? 기독교 교리는 거짓 가르침에 어떻게 대응해 왔는가? 역사 신학을 이해하려면 그 역사적 배경을 파악해야만 한다. 그 역사적 배경이란 곧 **교회사**(church history)이며, 이는 기독교의 발전 과정에 관한 기록이다. 따라서 역사 신학은 주로 교회사의 네 가지 광범위한 시기에 초점을 맞춘다.

1. 초대 교회(1세기-600년)
2. 중세(600-1500년)
3. 종교 개혁과 그 이후(1500-1750년)
4. 근현대(1750년-현재)

우리가 조사하고 평가해야 할 인물은 수없이 많다. 그러면 어디서부터 그 작업을 시작해야 할까? 가장 중요한 주해자와 신학자로는 어떤 이들이 있으며, 우리가 읽어야 할 중요한 작품은 어떤 것들일까? 앞서 언급한 교회사의 네 시기에서 연대순으로 일부 인물들(그리고 작품들)을 거론하며 이 질문에 답해 보자.[1]

초대 교회(1세기-600년)

1. 사도 교부들(1세기 후반부터 2세기 초반과 중엽까지)_ 클레멘스 1-2서, 이그나티우스, 폴리카르포스, 디다케, 바나바, 헤르마스의 목자, 디오그네투스, 파피아스
2. 초기의 변증가와 주해자, 신학자_ 순교자 유스티누스(100년경-165년경), 이레나이우스(130년경-200년경), 테르툴리아누스(160년경-225년경), 오리게네스(185년경-254년경), 아타나시우스(296년경-373년)
3. 아우구스티누스(354-430년)
4. 사도신경(200년경), 니케아 신경(325년), 니케아-콘스탄티노플 신경(381년), 칼케돈 신경(451년)

중세(600-1500년)

5. 안셀무스(1033년경-1109년)
6. 토마스 아퀴나스(1225년경-1274년)

종교 개혁과 그 이후(1500-1750년)

7. 마르틴 루터(1483-1546년)
8. 장 칼뱅(1509-1564년)
9. 존 오웬(1616-1683년)
10. 39개 신조(1563년), 하이델베르크 교리문답(1563년), 웨스트민스터 신앙고백(1646년), 제2차 런던 침례교 신앙고백(1689년)

---

1 덧붙이는 말_ 다음 짧은 목록에는 백인이며 영어를 사용하는 미국의 보수적인 복음주의자인 내 문화적 위치와 신학적 선호도가 많이 반영되어 있다. 아마 이 목록에는 다른 수백 명의 이름이 추가될 수 있을 것이다. 다만 여기서는 내 생각에 주해와 신학 작업에서 가장 중요한 인물로 여겨지는 이들을 포함시켰다.

근현대(1750년-현재)

11. 조나단 에드워즈(1703-1758년)
12. 찰스 스펄전(1834-1892년)
13. B. B. 워필드(1851-1921년)
14. 데이비드 마틴 로이드존스(1899-1981년)
15. 존 파이퍼(1946년-현재)
16. D. A. 카슨(1946년-현재)
17. 팀 켈러(1950년-현재)

이들은 우리가 조사하고 평가해야 할 주요 주해자와 신학자 가운데 일부일 뿐이다.

- 이 인물들 중 대부분은 주해의 본보기로서보다는 역사적인 면과 신학적인 면에서 더 중요하다. 예를 들어 내가 어떤 텍스트를 주해할 때, 현대의 좋은 주석보다 초대 교회 시기의 작품들이 더 큰 도움을 주는 경우는 드물었다. 하지만 그 작품들은 다른 여러 이유에서 여전히 읽을 가치가 있다.
- 안셀무스, 아퀴나스, 에드워즈는 앞서 열거한 인물들 가운데 가장 철학적인 성향을 띤다. 내가 아퀴나스를 포함한 이유는 그의 스콜라주의 신학이 로마 가톨릭 신학과 기독교 신학에 많은 영향을 끼쳤기 때문이다. 하지만 그 역시 주해에 특별히 도움이 되지는 않는다.
- 신학적으로 가장 풍성한 작품들은 신조와 신앙고백, 그리고 아타나시우스와 아우구스티누스, 안셀무스, 루터, 오웬, 에드워즈, 워필드의 글들이다.
- 스펄전은 최상의 성경 주해자가 아니지만, 거의 모든 텍스트에서 그리스도를 높이는 법을 알고 있다.
- 켈러는 사람들의 마음에 와 닿도록 문화를 분석하고 성경을 적용하는 통찰력이 탁월하다(그에 관해서는 12장 끝부분의 '추가 연구 자료'에서 좀 더 언급하려 한다).
- 앞서 열거된 인물 가운데 주해의 측면에서 가장 도움이 되는 이들은 칼뱅과 로이드존스, 카슨, 파이퍼다(파이퍼에 관해서는 12장 끝부분의 '추가 연구 자료'에서 좀 더 언급하려 한다). 근현대 시기 이전의 모든 성경 해석 자료 가운데 칼뱅의 주석은 가

장 일관된 도움을 준다.

- 근현대 시기에는 다른 여러 중요한 인물이 포함될 수 있다. 가장 큰 영향을 끼친 인물 중에는 이마누엘 칸트와 프리드리히 슐라이어마허, 게오르크 헤겔이 있다. 하지만 그들은 우리가 성경 텍스트를 주해하는 데 도움이 되지 않을 뿐 아니라, 심각한 신학적 오류들을 품고 있다. 칼 바르트는 1900년대에 활동한 거장이며, 우리는 그의 창의적이고 방대한 작품들에서 유익을 얻을 수 있다. 하지만 그는 일반적으로 성경 이해에 도움을 주는 면에서는 그리 신뢰할 만한 신학자가 아니다.[2]
- 그리고 앞의 목록에 포함하지는 않았지만 후보군에 넣은 다른 여러 인물이 있다. 크리소스토무스, 윌리엄 에임즈, 존 번연, 존 웨슬리, 찰스 하지, J. 그레셤 메이첸, C. S. 루이스, 칼 F. H. 헨리, 존 스토트, J. I. 패커 등이다. 우리에게 있는 연구 자료는 이처럼 풍성하다.

그러면 역사 신학을 연구하는 일은 어느 정도나 중요한가? 때로 사람들은 이렇게 묻는다. "주해와 역사 신학 중에 어느 것이 더 중요합니까?" 나는 그 질문을 그리 좋아하지 않는데, 이는 주해와 역사 신학 둘 다 중요하기 때문이다. 아마 더 정확한 질문은 "둘 중 어떤 것에 더 큰 **권위**가 있습니까?"일 것이다. 이 경우 신조와 주해자들, 신학자들에게는 궁극적인 권위가 없다. 궁극적인 권위를 지닌 것은 성경뿐이다.

하지만 많은 성경 해석자가 주해를 마친 뒤 곧장 조직 신학의 작업으로 나아가는 것은 안타까운 일이다. 곧 그들은 잠시 시간을 내어, 주요 주해자와 신학자들이 성경과 신학을 이해해 온 방식을 살피려 하지 않는 것이다. 그러므로 다음 단락에서는 역사 신학을 연구해야 할 열 가지 이유를 살피려 한다.

2 David Gibson and Daniel Strange 편집, *Engaging with Barth: Contemporary Evangelical Critiques* (New York: T&T Clark, 2008); R. Michael Allen, *Karl Barth's Church Dogmatics: An Introduction and Reader* (London: T&T Clark, 2012)를 보라.

역사 신학을 연구할 열 가지 이유

1. 역사 신학은 정통과 이단을 구분하는 데 도움을 준다

역사 신학은 정통, 즉 올바른 교리를 판단하는 지침을 제공해 줄 수 있다. 우리는 역사 신학을 공부하여 주해와 신학의 측면에서 정통적인 선택지들이 무엇인지를 알게 된다. 교회의 역사를 살펴보면, 그리스도인들이 이단, 즉 올바른 교리에 어긋나는 가르침에 대처해야 했을 때 정통이 더욱 분명하고 뚜렷하게 드러났다.

한 예로, 초기의 여섯 가지 기독론적 이단들은 다음 세 가지 성경적 명제 가운데 적어도 한 가지를 거부했다. (1) 그리스도는 온전한 하나님이다. (2) 그리스도는 온전한 사람이시다. (3) 그리스도는 한 분의 인격자이시다. 이 이단들이 강조하는 점은 마치 진자의 운동처럼 역사적으로 두 극 사이를 왕복하는 모습을 보였다(도표10.1을 보라).

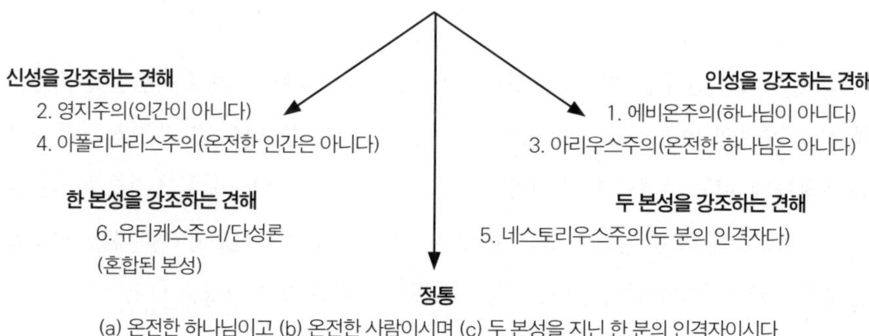

도표10.1. 초기 기독론적 이단들의 진자 운동

오늘날 주해자와 신학자들이 그리스도의 인격을 나타내는 명확한 범주와 용어들을 활용할 수 있는 것은 초대 교회에서 이런 기독론적 논쟁들에 주의 깊게 대응했기 때문이다.

2. 역사 신학은 정통과 이단의 열매들을 보여 준다

지나간 일들을 살펴 얻을 수 있는 많은 교훈이 있다. 그중 하나는 정통과 이단의 열매를 어느 정도 파악할 수 있게 된다는 것이다. 예를 들어 오늘날 어떤 이는 이를테면 T.

D. 제이크스(Jakes)의 양태론적인 삼위일체관 같은 이단적 견해가 그다지 문제되지 않는다고 반박할 수 있다. 하지만 역사를 아는 이는 이런 사안의 경우에 조그마한 오류가 얼마나 불행한 결과를 낳게 되는지에 관해 실례를 들면서 지적할 수 있을 것이다. 그런 견해는 기독교의 근본이 되는 올바른 교리에 어긋나는 것이기 때문이다. 역사 신학을 이해할 때, 우리는 열린 유신론(open theism)과 같이 오늘날 인기를 누리지만 올바른 교리에 어긋나는 가르침을 분석하는 데에도 도움을 얻을 수 있다.[3]

3. 그리스도인들이 비본질적인 사안에 관해 서로 의견을 달리할 때, 역사 신학은 하나님을 영화롭게 하는 연합을 촉진할 수 있다[4]

역사 신학을 이해할 때, 우리는 (1) 자신이 잘못된 것이라고 여기는 교리가 이단적인 것인지 또는 (2) 그저 우리가 지지하지 않는 정통적인 선택지인지를 분별하는 데 도움을 얻을 수 있다. 한 예로, 예수께서 이루신 속죄의 범위 문제는 일부 그리스도인들 사이에서 심각한 논쟁을 낳고 있다. 이 문제에서 어떤 견해들은 정통적인 선택지가 아니며, 그 예로는 보편 구원론(universalism)을 들 수 있다. 이는 예수의 죽으심을 통해 모든 죄가 속해졌으므로 궁극적으로는 온 인류가 구원을 받게 될 것이라는 견해다. 하지만 그 외의 견해들은 정통적인 선택지가 될 수 있다. 도표10.2는 속죄의 범위에 관해 정통적인 주요 관점 세 가지를 설명한다. 일반적으로 아르미니우스주의자들은 보편 속죄설(the general-atonement view)을 옹호해 왔으며, 일부 4대지(four-point) 칼뱅주의자들은 다수 의도설(the multiple-intentions view)을, 5대지(five-point) 칼뱅주의자들은 한정 속죄설(the definite-atonement view)을 옹호해 왔다.

---

3 열린 유신론에 관해 더 살피려면, John Piper, Justin Taylor, and Paul Kjoss Helseth 편집, *Beyond the Bounds: Open Theism and the Undermining of Biblical Christianity* (Wheaton, IL: Crossway, 2003)를 보라. 또한 다음 논쟁서에서는 열린 유신론이 교리적 경계선을 나타내기 위한 하나의 잣대로 활용되고 있다. Andrew David Naselli and Collin Hansen 편집, *Four Views on the Spectrum of Evangelicalism*, Counterpoints (Grand Rapids: Zondervan, 2011).

4 이 부분의 내용은 Andrew David Naselli, "Conclusion," in *Perspectives on the Extent of the Atonement: 3 Views*, Andrew David Naselli and Mark A. Snoeberger 편집 (Nashville: Broadman & Holman, 2015), 213-14, 216쪽을 수정한 것이다(허락을 받고 사용함).

	보편 속죄설	다수 의도설	한정 속죄설
예수께서는 누구를 위해 속죄를 이루셨는가?	예외 없이 모든 이를 위해 _속죄를 통해 모든 이에게 예외 없이 구원이 제공된다.	예외 없이 모든 이를 위해 _속죄를 통해 모든 이에게 예외 없이 구원이 제공된다.	차별 없이 모든 이를 위해, 곧 선택된 이들을 위해 _속죄를 통해 선택된 이들을 위한 구원이 성취되며, 그들에게만 구원이 제공된다.
하나님은 예수께서 이루신 속죄를 어떻게 적용하시는가?	예수의 속죄로, 예외 없이 모든 이의 죄에 대한 대가가 지불되었다. 그러나 하나님은 회개하고 믿는 이들에게만 그 속죄를 적용해 주신다.	예수의 속죄로, 예외 없이 모든 이의 죄에 대한 대가가 지불되었다. 그러나 하나님은 선택된 이들에게만 그 속죄를 적용해 주신다.	예수의 속죄로, 선택된 이들의 죄에 대한 대가만이 지불되었다. 그리고 하나님은 선택된 이들에게만 그 속죄를 적용해 주신다.

도표10.2. 속죄의 범위에 관한 정통적인 세 가지 관점

이 사안이 일으키는 분열을 해소하려는 의도에서, 나는「속죄의 범위에 관한 관점: 세 가지 견해」(*Perspectives on the Extent of the Atonement: 3 Views*)라는 책의 공동 편집을 수행했다. 나는 여러 교회와 선교 단체에서 (흔히 '제한 속죄설'[limited atonement]로 불리는) 한정 속죄설이 논란의 대상이 되는 상황을 겪어 왔다.

1. 어떤 이들은 한정 속죄설을 극단적인 오류로 여기고 거부한다. 나는 설교자가 격한 목소리로 '제한된' 속죄의 위험성을 경고하면서, 그런 견해가 어떻게 우리가 지닌 전도와 선교의 사명에 어긋나는지를 지적하는 설교를 많이 접했다. 심지어 어떤 이들은 그 견해를 이단으로 여기기까지 한다.
2. 또 어떤 이들은 그 견해의 논리적인 엄밀성을 존중하지만, 자신의 견해로 받아들이지는 않는다. 이는 그 견해가 주해적인 측면에서 지지받지 못한다고 여기기 때문이다. 이것은 내가 대학 시절에 품었던 관점이다.
3. 또 다른 이들은 그 견해가 옳음을 받아들이지만, 그 견해에 관해 언급하는 법이 거의 없다. 나는 예전에 이 범주에 속한 건전한 교회의 일원이었다.
4. 그리고 다른 이들은 그 견해가 옳음을 받아들일 뿐 아니라 적극적으로 찬미한다 (드디어 밝히지만, 지금 나는 이 견해에 속한다).

나는 한정 속죄설을 받아들이지 않는 이들 중 일부가 그 교리를 왜 그리 경계하는지를 (적어도 부분적으로는) 이해한다. 불행하게도 속죄 범위에 관해서는 교회와 학계 모두에서 온갖 오해가 넘쳐나고 있으며, 이런 오해들은 건강하지 않은 분열을 낳는다. 내가 속죄 범위를 다룬 앞의 책을 집필하는 데 동참한 이유는 바로 이 때문이다.

이때 내 목적은 그 책의 독자들이 모두 한정 속죄설을 받아들이도록 설득하려는 데 있지 않았다.[5] 오히려 내 목적은 주로 그리스도인들이 이 논쟁적인 사안을 바르게 파악하도록 돕는 데 있었다. 그럼으로써 주 안에서 형제자매인 이들이 하나님을 영화롭게 하는 방식으로 서로 의견을 달리하게끔 인도하려는 것이 내 바람이었다. 이처럼 주해와 역사 신학의 내용에 귀 기울이는 책들은 속죄 범위에 관한 오해를 바로잡고 더 나은 이해를 촉진하는 데 기여할 수 있다. 나는 그리스도께서 재림하시기 전에 모든 그리스도인이 이 사안에 관해 의견이 일치될 것으로 기대하지 않는다. 그러나 더 많은 그리스도인이 이 사안을 좀 더 바르게 이해한다면 바람직한 일이 될 것이다. 그러면 그리스도의 몸이 지닌 통일성이 더 힘을 얻는 동시에 죄악 된 분열이 완화될 것이기 때문이다.

이렇게 우리는 유사점과 차이점을 명확히 밝혀 유익한 방향으로 한 걸음 나아갈 수 있다. 이를 통해 상대방을 희화화하는 일은 줄고 더욱 생산적인 대화와 교류가 가능해진다. 이는 속죄 범위에만 해당하는 이야기가 아니다. 논쟁이 되는 다른 여러 사안의 경우에도 마찬가지인데, 그런 사안으로는 창세기 1-2장에 기록된 날들의 성격이나 하나님의 주권, 자유 의지,[6] 세례와 성찬, 교회 정치, 천년 왕국 등이 있다. 이런 사안들 중 어느 것에 관해서도 정통 범위를 벗어나는 견해가 있는가 하면, 정통 범위 안에서 생각을 달리하는 견해도 있다. 이처럼 이단은 아니지만 서로 생각을 달리하는 견해들을 잘 이해할 때, 우리는 동료 그리스도인들과 비본질적인 사안에 관해 의견을 달리하는 경우에도 하나님을 영화롭게 하는 연합을 이루어갈 수 있다.

---

5 그 목적을 위해 쓰인 책으로는 다른 것이 있다. 한정 속죄설을 다룬 결정적인 책은 David Gibson and Jonathan Gibson 편집, *From Heaven He Came and Sought Her: Definite Atonement in Biblical, Historical, Theological, and Pastoral Perspective* (Wheaton, IL: Crossway, 2013)이다.

6 주요 신학자들이 '자유 의지'에 관해 어떻게 생각했는지를 개관한 좋은 본보기로는 R. C. Sproul, *Willing to Believe: The Controversy over Free Will* (Grand Rapids: Baker, 1997)(『자유 의지 논쟁』, 생명의말씀사)이 있다.

4. 역사 신학은 우리가 전 세계적인 전망을 품고 생각하도록 도와준다

우리는 기독교에 관해 협소한 관점을 품기 쉽다. 우리는 흔히 기독교의 범위를 자신이 출석하는 지역 교회 또는 그런 교회들의 모임으로 여기거나, 자신이 속한 교단 또는 우리와 모든 면에서 신학적 견해가 동일한 그리스도인들로 간주한다. 그리고 그저 현재의 시기만 생각하거나, 종교 개혁 시기와 같은 몇몇 다른 시기만 염두에 둘 수 있다. 하지만 역사 신학을 공부하다 보면, 이전에는 무시했을 교회 역사의 다른 시기들을 상기하게 된다. 역사 신학은 우리가 기독교의 역사적 흐름에서 어디쯤 위치하는지를 보여 주며, 이를 통해 우리 자신이 오랜 세월에 걸쳐 존속해 온 교회에 속해 있음을 깨닫게 된다. 역사 신학은 우리로 하여금 자신이 개인적으로 아는 몇몇 사람이나 일부 선호하는 인물들뿐 아니라, 교회의 오랜 역사 속에서 활동한 모든 그리스도인을 향해 동질감을 품도록 도와준다. 교회의 역사는 곧 우리의 가족사인 것이다.

초대 교회나 중세 시대, 종교 개혁기의 순교자들에 관한 이야기를 읽을 때, 우리는 그들과 연대감을 느끼게 된다. 그들은 그리스도 안에서 우리의 형제자매이기 때문이다. 그들은 우리의 가족이며, 우리는 새 하늘과 새 땅에서 그들과 함께 영원히 살게 될 것이다. 그러므로 우리의 정체성은 본질적으로 침례교인이나 칼뱅주의자, 또는 상보주의자나 무천년설의 옹호자라는 데 있지 않다. 오히려 우리의 정체성은 우리 자신이 그리스도 안에 있다는 데 있다. 곧 우리는 그리스도인인 것이다. 그리고 우리는 전 세계적으로 무수히 많은 형제자매와 이 정체성을 공유하고 있다.

오늘날 대부분의 그리스도인은 자신이 그처럼 지역 중심적인 성향, 심지어 민족 중심적인 성향을 띠는 것에 대해 변명할 거리가 없다. 지금 우리는 다양한 방편을 통해 오늘날과 교회사 전반에 걸친 교회의 모습을 전 세계적으로 살필 수 있기 때문이다. 우리가 속한 지역 교회의 구조와 사역 방식은 오늘날 전 세계에 흩어져 있는 다른 교회들의 모습과는 같지 않을 수도 있다. 그리고 지난 2,000년 동안의 교회들이 보여 온 모습과도 분명히 다를 것이다.

우리는 세계의 다른 지역에 있는 교회들에서 많은 것을 배울 수 있으며, 이는 지금 이 시대뿐 아니라 역사 전체에 걸쳐서도 마찬가지다. 물론 어떤 그리스도인들이 지금 세계의 다른 지역에 거주하거나 다른 시대에 속해 있었다고 해서 그들이 믿은 내용과 삶의 방식이 반드시 옳은 것은 아니다. 하지만 우리는 모두 다른 이들에게서 배울 것이 많다. 역사 신학을 공부하는 것은 교회사 속에서 활동한 다른 그리스도인들과 동질감을 품는 데 도움을 준다. 그 공부는 우리가 전 세계적인 시야를 품고 생각하도록 도와준다.

5. 역사 신학은 우리의 신학적 맹점을 보여 줄 수 있다[7]

이 점은 앞선 이유에 연관된다. 때로 우리의 신학적 맹점은 우리 자신의 근시안적인 관점에 결부되어 있다. 미국의 그리스도인들은 영적 전쟁이나 공동체적인 삶의 방식에 관해서 아프리카의 그리스도인들에게 많은 것을 배울 수 있다. 교회사를 공부할 때, 우리는 주해와 신학에 관해 다른 그리스도인들에게 많은 것을 배우게 된다. 물론 이는 우리가 다른 이들이 지닌 것과 동일한 해석학을 채택하게 되리라는 의미가 아니다. 이를테면 초대 교회에서 어떤 이들이 추구한 것처럼 지나친 알레고리적 해석법을 따를 필요는 없다. 하지만 우리는 자신의 세계관이 지금 자신이 속한 문화적 환경에 얼마나 많은 영향을 받는지, 따라서 자신의 성경 해석과 신학 작업 역시 얼마나 깊이 영향을 받는지를 잊기 쉽다. 그러므로 우리는 교회사의 이전 시기에 기록된 주석과 신학 논문, 설교들을 읽어 자신의 신학적 맹점을 어느 정도 파악할 수 있다.

6. 역사 신학은 외관상 새로워 보이는 견해들의 정체를 파악하는 데 도움을 준다

오늘날 우리가 속한 교회의 상황에서 어떤 '새로운' 교리 또는 실천에 관한 논쟁이 빚어질 때, 많은 이가 그 교리 또는 실천을 정말 새로운 것으로 받아들인다. 그러나 역사 신학을 주의 깊게 살필 경우, 우리는 이런 일들에 관해 올바른 역사적 안목을 품을 수 있다. 대부분의 이단적인 교리와 실천은 그저 과거의 이단들을 가져다가 겉모습만 바꾼 것이기 때문이다.[8] 예를 들어 오늘날 활동하는 여호와의증인은 현대판 아리우스주의의 추종자들이다.

---

7 이 점을 현재 상황에 적용한 최근 책으로는 Collin Hansen, *Blind Spots: Becoming a Courageous, Compassionate, and Commissioned Church, Cultural Renewal* (Wheaton, IL: Crossway, 2015)을 보라.

8 Harold O. J. Brown, *Heresies: The Image of Christ in the Mirror of Heresy and Orthodoxy from the Apostles to the Present* (Garden City, NY: Doubleday, 1984)를 참조하라.

7. 역사 신학은 겸손을 함양한다

역사 신학을 깊이 이해할수록, 우리는 자신이 과거의 여러 주해자와 신학자의 어깨 위에 올라서서 성경을 해석하고 있다는 점을 깨닫게 된다. 그 점을 분별하지 못했다면, 우리는 어쩌면 자신이 그들의 눈으로 성경을 읽고 있음을 깨닫지 못하는 것일 수도 있다. 더욱 심각한 경우, 우리는 자신이 플라톤 같은 철학자의 눈을 통해 성경의 일부 내용을 잘못 파악하고 있음을 미처 알아차리지 못할 수도 있다.

역사 신학에 관한 이해는 우리가 앞서 이루어진 학문적 성과들의 빛에서 자신의 주해와 신학 작업을 제시하는 데 도움을 준다.[9] 우리가 빠질 수 있는 교만한 태도 중 하나는 이러하다. '다른 사람들이 생각한 내용을 공부할 필요는 없어. 성경만 있으면 돼.' 그러나 역사 신학을 배울 때 우리는 겸손해질 수 있다. 역사 신학을 전혀 염두에 두지 않고 자신의 견해만 내세운다면, 우리는 게으르고 거만한 사람이 될지도 모른다. 찰스 스펄전은 자신의 글 "주석에 관한 잡담"(A Chat about Commentaries)을 이렇게 시작한다.

> 성경 강해와 설교 연구에 도움을 얻기 위해, 여러분은 주석가들과 친숙해져야 합니다. 이들은 이를테면 영광스러운 군대와 같으며, 여러분이 그들과 친숙해진다면 즐거움과 유익을 얻게 될 것입니다. 물론 여러분은 성경 강해에 힘쓴 선배 목회자와 학자들의 작업에 의존하지 않고도 성경을 강설할 수 있다고 여길 정도로 젠체하는 이들이 아니겠지요. 하지만 여러분이 그런 생각을 품고 있다면, 그저 그 상태로 남기 바랍니다. 이 경우에 여러분은 설득하려고 애쓸 가치가 있는 이들이 아니기 때문입니다. 여러분은 아마 비슷한 패거리와 마찬가지로 그런 시도를 자신의 무오성에 대한 모욕으로 여기며 분개할 것입니다. 이처럼 어떤 이들이 성령께서 자신에게 알려 주신 일들에 관해 온갖 말을 쏟아 놓으면서도, 막상 그분이 다른 이들에게 알려 주신 일들에 관해서는 매우 하찮게 여기는 것은 참 이상한 일입니다.[10]

9 주해와 신학 분야의 박사 학위 논문들은 대체로 그 주제를 다룬 연구의 역사에 관한 논의로 시작한다. 이는 연구자가 그 주제에 관한 새로운 통찰을 분별력 있게 제시하는 데 도움이 되기 때문이다.

10 C. H. Spurgeon, *Commenting and Commentaries: Lectures Addressed to the Students of the Pastors' College, Metropolitan Tabernacle, with a List of the Best Biblical Commentaries and Expositions, Also a Lecture on Eccentric Preachers, with a Complete List of All of Spurgeon's Sermons, with the Scripture Texts Used*, Lectures to My Students 4 (New York:

교회사에서 중요한 주해자와 신학자들을 연구할 때, 당신은 인류 역사상 가장 탁월한 지성을 지닌 인물 중 일부를 살피는 것이다. 예를 들어 존 파이퍼는 이렇게 언급했다. "조나단 에드워즈는 미국 역사에서 독보적인 존재였다. 어쩌면 기독교 역사를 통틀어서 그럴지 모른다."[11] 역사 신학을 공부할 때, 우리는 자신이 스스로 생각한 것만큼 똑똑하지 않다는 것을 알게 된다. 이는 역사 신학을 공부하는 동안 우리보다 훨씬 총명한 인물들의 생각을 배우게 되기 때문이다. 이를 통해 우리는 겸손을 익히는 것이 마땅하다.

8. 역사 신학은 우리가 연대기적 속물근성에 빠지지 않도록 지켜 준다

'연대기적 속물근성'(Chronological snobbery)은 C. S. 루이스가 자신의 벗 오웬 바필드(Owen Barfield)에게 배운 교훈을 설명하기 위해 만든 용어다. 루이스는 이 용어를 이렇게 정의한다.

> 우리 시대에 만연한 지적인 분위기는 무엇이든 비판 없이 받아들이면서도, 시대에 뒤떨어진 견해는 무엇이든 바로 그 이유 때문에 불신의 대상으로 여기는 태도.[12]

그러면 이런 태도의 문제는 무엇일까? 루이스는 이렇게 설명한다.

> 우리는 그 견해가 시대에 뒤떨어진 것이 된 이유를 알아내야 한다. 그 견해는 논박된 적이 있는가?(만약 그렇다면 어디에서 누구에 의해, 얼마나 결정적으로 논박되었는가?) 아니면 그 견해는 그저 패션의 흐름처럼 시간이 지나면서 서서히 사라졌을 뿐인가? 후자의 경우라면, 우리는 그 견해의 옳고 그름에 관해 아무것도 파악할 수 없다. 이 점을 살필 때 우리는 자신이 속한 세대 역시 하나의 '시기'이며, 이 세대 역시 다른 세대들과 마찬가지로 고유한 착각에 빠져 있다는 것을 깨닫게 된다. 이런

Sheldon & Company, 1876), 11쪽.

11 John Piper, *God's Passion for His Glory: Living the Vision of Jonathan Edwards: With the Complete Text of* The End for Which God Created the World (Wheaton, IL: Crossway, 1998)(『하나님의 열심』, 부흥과개혁사), xi.

12 C. S. Lewis, *Surprised by Joy: The Shape of My Early Life* (New York: Harcourt, Brace, 1956)(『예기치 못한 기쁨』, 홍성사), 207쪽.

착각은 우리 세대에 광범위하게 뿌리내린 가정들 속에 도사리고 있을 가능성이 높다. 이는 아무도 이의를 제기하지 않고 굳이 옹호할 필요를 느끼지도 않는 그런 가정들이다.[13]

J. I. 패커는 이 통찰을 함축적으로 이렇게 표현한다.

이는 새로운 것일수록 더 참되며, 최근에 제시된 견해만이 고상한 것이라는 생각이다. 이들은 모든 견해의 변화를 진보의 추세로 여기고, 최신의 주장은 무엇이든 그 주제의 최종 결론으로 칭송받아 마땅하다고 믿는다. 오늘날의 신학에서는 진화론의 패러다임이 힘을 얻고 있으며, 학계는 진보적인 학자들로 가득하다. 이들은 여러 대중적인 견해의 타당성을 의심하면서도, 오래된 길들 가운데서 더 현명한 방향을 찾아낼 수 있다는 점을 깨닫지 못한다.[14]

역사 신학을 공부할 때, 우리는 연대기적 속물근성에 빠지지 않도록 주의하게 된다.

9. 역사 신학은 우리에게 영감을 준다

교회사를 통해 주해자와 신학자들의 생애를 살피는 일은 지루할 수 있다. 하지만 다른 분야들에서와 마찬가지로, 그 일이 지루한 것인지 흥미로운 것인지는 그저 교사나 지자가 내용을 제시하는 방식에 달린 문제일 수도 있다. 역사 신학을 지루하게 가르치는 것은 가능한 일이지만, 역사 신학 자체는 매우 흥미로운 과목이다. 여러 주요 주해자와 신학자들은 극심한 고난과 박해 가운데서 자신의 글을 남겼다. 어떤 이들은 좀 더 평범한 삶을 누렸지만 시간을 절약해 주는 기술의 혜택은 우리보다 훨씬 덜 누렸다. 그럼에도 그들은 우리 대부분보다 훨씬 깊고 풍성하게 사색했던 것이다. 존 파이퍼는 이렇게 언급한다. "칼뱅과 에드워즈가 이룬 일들을 헤아려 보면, 내게 주어진 사소한 부담 때문에 불평하기는 어려울 것이다. 이 형제들은 나로 하여금 평범한 수

13 같은 책, 207-8쪽.

14 J. I. Packer, "Is Systematic Theology a Mirage? An Introductory Discussion," in *Doing Theology in Today's World: Essays in Honor of Kenneth S. Kantzer*, John D. Woodbridge and Thomas Edward McComiskey 편집 (Grand Rapids: Zondervan, 1991), 21-22쪽.

준의 노력을 넘어서도록 영감을 준다."[15]

그리고 영적인 부흥이나 각성을 체험한 주해자와 신학자들의 글을 읽는 것은 우리에게 얼마나 깊은 영감을 주는가? 그런 글들은 고된 노력을 쏟는데도 열매가 매우 더디게 맺히는 듯이 보일 때 신실한 자세를 유지하도록 우리를 격려한다.[16] 이처럼 역사 신학은 하나님을 신실하게 섬기도록 우리에게 영감을 준다.

10. 역사 신학은 하나님이 그분의 영광과 우리의 유익을 위해 모든 일을 주권적으로 통제하심을 일깨워 준다

내 아내인 제니는 잉글랜드의 역사를 공부하길 좋아한다. 한번은 둘이서 여왕 엘리자베스 1세의 통치기를 다룬 멋진 영화를 보았는데, 제니는 이런저런 사소한 부분이 바뀌었더라면 역사의 흐름이 얼마나 극적으로 달라졌을지를 계속 통찰력 있게 지적했다. 엘리자베스 여왕의 치하에서 개신교 종교 개혁이 번성해 나간 과정은 무척 놀랍다. 역사 신학의 맥락을 자세히 살피기 위해 교회사를 공부하다 보면, 우리는 하나님이 행하신 섭리를 찬양하지 않을 수 없을 것이다. 하나님은 자신의 영광과 우리의 유익을 위해 모든 일을 주권적으로 통제해 나가시며, 그 가운데는 박해와 같은 끔찍한 악행들도 포함된다. 우리는 하나님이 행하시는 일들을 잊고, 그분이 얼마나 신실하게 자신의 뜻을 이루어 오셨는지를 놓치기가 쉽다. 그러나 역사 신학을 공부하는 가운데서, 우리는 예수께서 늘 자신의 약속을 지키고 계심을 되새기게 될 것이다. "내가 …… 내 교회를 세우리니 음부의 권세가 이기지 못하리라"(마 16:18).

사례_ 케직 신학

케직 신학에 관해 내가 쓴 책은 세 가지 기본적인 부분으로 구성되어 있다.[17]

---

15 John Piper, *Brothers, We Are Not Professionals: A Plea to Pastors for Radical Ministry*, 2판 (Nashville: Broadman & Holman, 2013)(『형제들이여, 우리는 전문직업인이 아닙니다』, 좋은씨앗), 108쪽.

16 예를 들어 다음 책이 있다. D. A. Carson, *Memoirs of an Ordinary Pastor: The Life and Reflections of Tom Carson* (Wheaton, IL: Crossway, 2008).

17 이 단락의 내용은 Andrew David Naselli, *Let Go and Let God? A Survey and Analysis of Keswick Theology*

1. 초기 케직 운동의 역사적 개관
2. 케직 신학의 신학적 개관
3. 케직 신학의 신학적 분석

이 순서는 중요하다. 나는 케직 신학을 평가하기 전에, 먼저 역사 신학의 과제를 수행해야 했다. 139쪽에 걸쳐 역사 신학의 작업을 감당한 후에야 비로소 신학적 분석에 착수할 수 있었다. 이 역사 신학적 분석의 내용을 간략히 개관하면 다음과 같다.

케직 신학이란 무엇인가

케직 신학은 두 번째 축복 신학(second-blessing theology)에서 가장 중요한 흐름이다. 이 신학은 그리스도인들이 두 가지 '축복'을 체험한다고 여긴다. 첫 번째 축복은 '구원'에 이르는 것이고, 두 번째 축복은 더 깊은 단계로 들어가는 것이다. 그리고 이 축복을 받을 때에는 극적인 변화가 일어난다(도표10.3을 보라).

범주1	범주2
1. 칭의를 받았으나 성화의 위기는 겪지 않음	칭의를 받았으며 성화의 위기를 거침
2. 칭의가 실제로 이루어짐(사실적), 성화 가능성이 있음	성화를 실제로 체험함(기능적)
3. 죄의 형벌에서 자유로워짐	죄의 권세에서 자유로워짐
4. 첫 번째 축복	두 번째 축복(이후에 더 많은 축복이 따라옴)
5. 첫 번째 단계	두 번째 단계
6. 평균적인 상태	정상적인 상태
7. 지속적인 패배	지속적인 승리
8. 패배를 예상하고 승리를 놀랍게 여김	승리를 기대하고 패배에 놀람
9. 육적인 상태	영적인 상태
10. 육신에 속한 삶	성령께 속한 삶
11. 그리스도 안에 거하지 않음	그리스도 안에 거함
12. 생명이 있음	생명을 더욱 풍성히 누림

(Bellingham, WA: Lexham, 2010)를 수정한 것이다. 이 자세한 학술서의 내용을 축약한 것으로는 Andrew David Naselli, *No Quick Fix: Where Higher Life Theology Came From, What It Is, and Why It Is Harmful* (Bellingham, WA: Lexham, 2017)을 보라.

13. 성령이 내주하심	성령 세례와 충만을 경험함
14. 성령이 내주하심	그리스도께서 내주하심
15. 그리스도께서 구주 되심	그리스도께서 구주와 주 되심
16. 신자	제자
17. 친교/공동체 바깥에 있음	친교/공동체 안에 있음
18. 머리 되심_ 위치상 '그리스도 안에' 있음	친교_ 체험적으로 '그리스도 안에' 있음
19. 자기중심의 삶(롬 7장)	그리스도 중심의 삶(롬 8장)
20. 영적인 속박	영적인 자유
21. 의무에 매인 삶	사랑으로 섬기는 삶
22. 끊임없는 근심	온전한 평화와 안식
23. 체험 면에서 오순절 이전의 삶	체험 면에서 오순절 이후의 삶
24. 섬김의 능력이 없음	섬김의 능력이 있음
25. 거의 열매를 맺지 못함	풍성한 열매를 맺음
26. 정체된 상태	늘 새롭게 변화됨
27. 연약함	굳건함
28. 낮은 수준의 삶	높은 수준의 삶
29. 피상적인 삶	깊이 있는 삶
30. 애씀	신뢰함
31. 노력/분투의 삶	신앙/안식의 삶
32. 하나님께 굴복하지 않는 삶	성별된 삶
33. 축복이 없는 삶	축복을 누리는 삶
34. 애굽에서는 해방되었지만 광야에 머무는 삶	가나안 땅에 거하는 삶
35. 온전한 그리스도인의 삶에 이르지 못함	온전한 그리스도인의 삶을 살아감

도표10.3. 두 범주의 그리스도인_ 서른다섯 가지 대조점

사람들은 굴복과 신앙을 통해 이 두 번째 축복을 체험하게 된다. "자신을 내려놓고 하나님께 맡기라"(Let go and let God).

1. 첫째 단계는 굴복이다_ "자신을 내려놓으라." 이 지점에서 신자들은 주인이신 예수께 자신을 온전히 드리게 된다. 이렇게 '자신을 내려놓는 일'에는 우리 자신뿐 아니라 우리의 모든 습관과 야심, 바람, 우리가 사랑하는 이들을 비롯해서 자

신의 모든 소유를 내어 드리는 일이 포함된다. 어떤 노력이 수반되어 죄에 승리한다면, 그것은 거짓된 승리일 뿐이다.

2. 둘째 단계는 신앙이다_ "하나님께 맡기라." 이 단계 이후에는 하나님이 신자들을 죄의 권세에서 보호할 의무를 지시게 된다.

1단계와 2단계가 결합된 결과는 성별(consecration)이다. 여기서 열쇠는 자기 힘으로 시도하는 대신에 하나님을 신뢰하고, 혼자서 분투하는 대신 그분 안에서 안식하는 것이다.

도표10.4-10.8에서는 각 관점을 지나치게 단순화할 위험을 무릅쓰고 성화에 관한 다섯 가지 관점을 명확히 제시하려 한다. 각 도표에서 십자가는 한 사람의 그리스도인이 중생과 회심을 겪는 시점을 나타낸다. 첫 세 도표에 표시된 화살표 모양의 점선들은 그 사람이 위기를 겪으면서 도달한 상태에서 거듭 떨어졌다가 회복될 수 있음을 나타낸다.

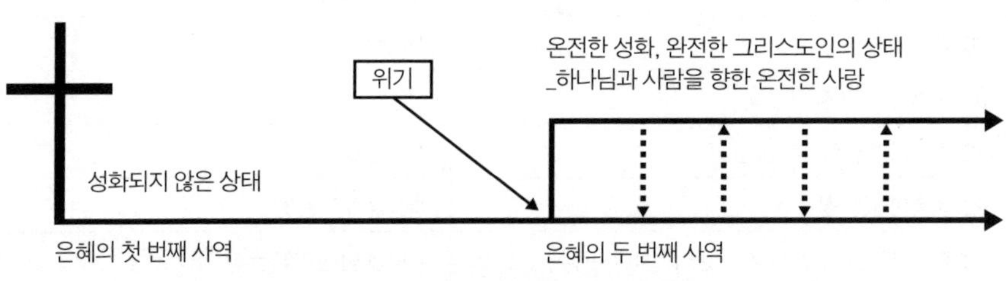

도표10.4. 웨슬리주의의 성화관

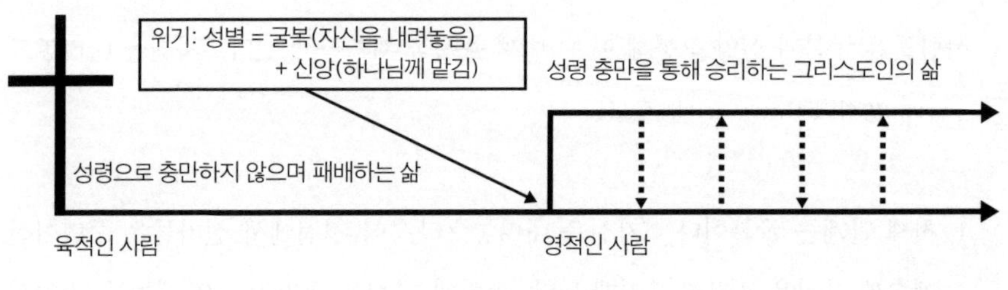

도표10.5. 케직 신학의 성화관

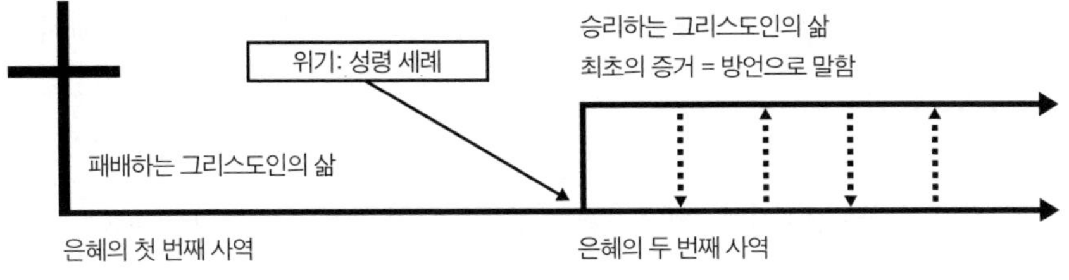

도표10.6. 오순절주의의 성화관

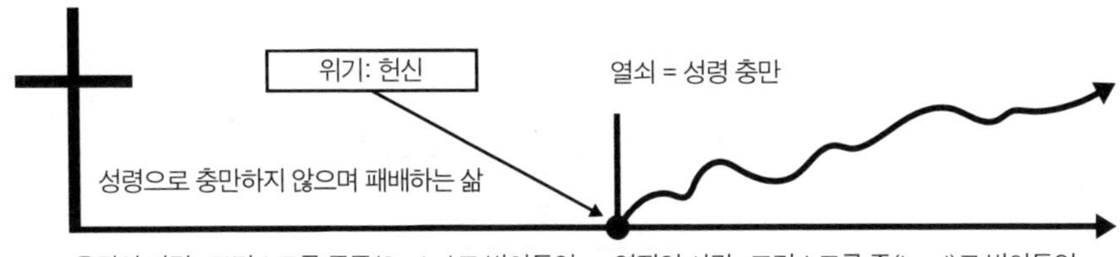

도표10.7. 체퍼의 성화관

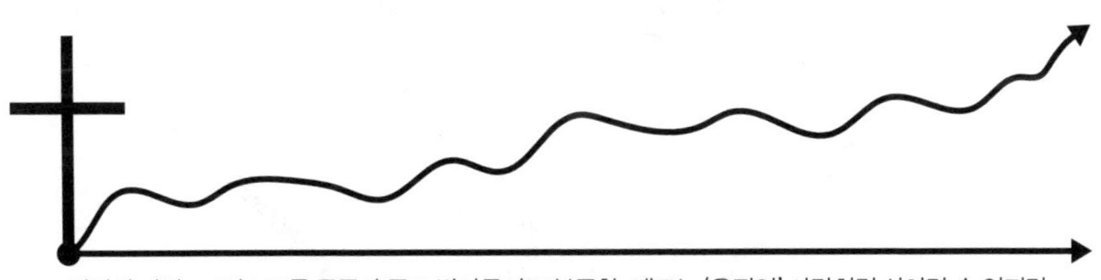

도표10.8. 개혁주의의 성화관

케직 신학은 어디에서 유래했는가

케직 신학은 초기의 케직 운동에서 유래했다. '케직'(Keswick)은 잉글랜드 북서부의 아름다운 호수 지역에 있는 작은 마을이다. 1875년부터 이 마을에서는 해마다 7월이면 일주일에 걸쳐 '케직 사경회'가 열렸다. 이 운동의 첫 세대(1875-1920년경)에서는 오늘날 '케직 신학'으로 불리는 가르침이 전형적으로 드러났다(하지만 현재 케직에서 개최되는 사경회에서는 이제 '케직 신학'을 가르치지 않는다).[18]

18 1920년대부터 케직 사경회의 성화관은 초기 사경회의 지도자들이 주창한 관점에서 벗어나기 시작했다. 그때부터 사경회의 성화관은 개혁파적 관점에 더 가까운 것으로 변화되었으며, 그 변화를 이끈 인물이 윌리엄 그레이엄 스크로기(William Graham Scroggie, 1877-1958)다. 지금 연례 회합을 개최하는 공식 케직 사경회 측에서는 개혁파적인 성화관을 채택하고 있으며, D. A. 카슨이나 싱클레어 퍼거슨 같은 이들을 강연자로 초청하고 있다.

이제 이 신학의 전개 과정을 세 단계에 걸쳐 살펴보자. (1) 선구자들, (2) 전파자들, (3) 계승자들이다.

1. **케직 신학의 선구자들_** 케직 신학에 영향을 끼친 이들로는 존 웨슬리(웨슬리적 완전주의)와 피비 파머(Phoebe Palmer, 감리교 완전주의), 찰스 피니(Charles Finney, 오벌린 완전주의), 한나 휘톨 스미스(Hannah Whitall Smith, '더 높은 수준의 삶' 운동)가 있다(도표10.9를 보라).

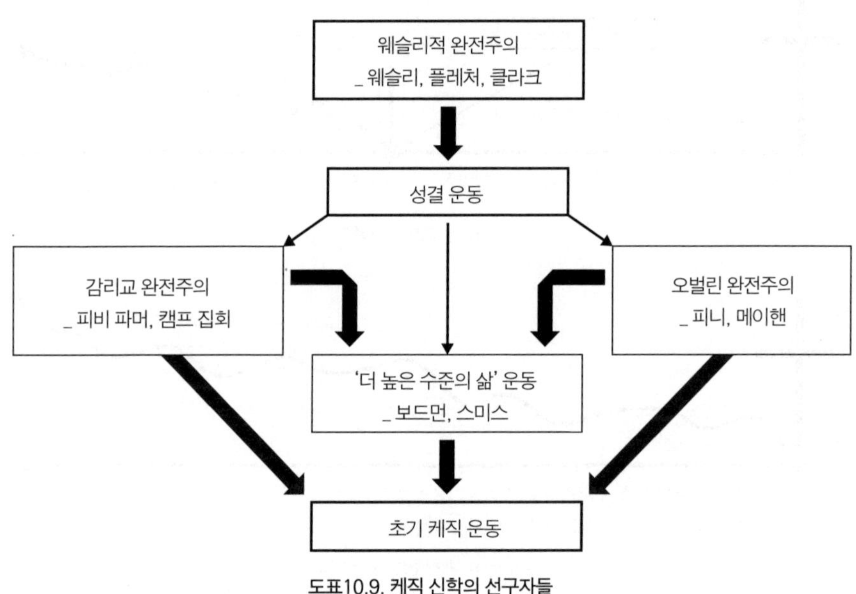

도표10.9. 케직 신학의 선구자들

2. **케직 신학의 전파자들_** 케직 신학의 주요 옹호자로는 에반 H. 홉킨스(Evan. H. Hopkins, 케직 신학의 기초를 놓은 신학자)와 H. C. G. 모울(H. C. G. Moule, 케직 신학을 주도한 인물로 최상의 신학자), F. B. 마이어(F. B. Meyer, 케직 운동의 국제적 대변자), 앤드류 머리(Andrew Murray, 케직 운동의 으뜸가는 경건 서적 저술가), 케직 운동의 으뜸가는 선교사들인 허드슨 테일러(Hudson Taylor)와 에이미 카마이클(Amy Carmichael), 프랜시스 하버갈(Frances Havergal, 케직 운동의 찬송시 작가), A. T. 피어슨(Pierson, 케직 운동의 미국적 대변자)과 미국에서 '승리의 삶' 운동(the victorious life movement)을 이끈 W. H. 그리피스 토마스(Griffith Thomas), 찰스 G. 트럼불(Charles G. Trumbull), 로버트 C. 맥퀼킨(Robert C. McQuilkin)이 있다.

3. **케직 신학의 계승자들**_ 케직 신학의 영향을 받은 이들로는 기독교 선교 연합(the Christian and Missionary Alliance, A. B. 심슨[Simpson])과 무디 성경 학교(Moody Bible Institute, D. L. 무디[Moody], R. A. 토레이[Torrey], 제임스 M. 그레이[James M. Gray]), 오순절 운동과 달라스 신학교(루이스 S. 체퍼[Lewis S. Chafer], 존 F. 월보드[John F. Walvoord], 찰스 C. 라이리[Charles C. Ryrie])의 지도자들이 있다. 이들은 특히 (1) 육적인 그리스도인과 영적인 그리스도인을 구별하는 점, (2) '주 되심이 포함되지 않은 구원'(non-Lordship salvation, 엄밀한 제자도 없이 단순한 믿음의 고백만으로도 구원받을 수 있다는 견해_ 옮긴이)을 옹호하는 점에서 그런 면모를 보인다.

나는 「자신을 내려놓고 하나님께 맡기라?」(*Let Go and Let God?*)라는 책에서 케직 신학의 유해성을 주장한 바 있다. 하지만 이때 나는 오직 역사 신학의 작업을 수행한 후에야 이 주장을 제시할 수 있었다.

핵심 단어와 개념

교회사

역사 신학

연대기적 속물근성

이단

정통

더 생각해 보기 위한 질문

1. 당신은 교회사의 네 가지 시기 가운데 어떤 시기를 공부하길 즐기는가? 그 이유는 무엇인가?
2. '역사 신학을 연구할 열 가지 이유' 가운데 당신의 의욕을 가장 북돋아 주는 것은 무엇인가? 그 이유는 무엇인가?
3. 어떤 교리를 비평하기 전에 먼저 그 교리의 역사를 파악하는 것이 유익한 이유는

무엇인가?

4. 주해와 비교할 때, 역사 신학은 어느 정도의 권위를 지니는가?(이 책 서론에 나온 '신학의 다섯 분과들 사이의 복잡한 상호 관계' 부분을 참조하라.)
5. 당신은 어떤 이의 주해가 그가 속한 교회 전통에 의해 부정적으로 통제되는 것을 본 적이 있는가? 만약 그렇다면, 그 경우에 그 전통은 어떤 식으로 부정적인 영향을 끼쳤는가?
6. 당신은 성경을 주해할 때 자신이 속한 교회 전통에 통제받는가? 만약 그렇다면, 그 전통은 어떤 식으로 당신의 주해를 통제하는가?
7. 당신이 더 깊이 살피고 싶은 역사적 교리는 무엇이며, 더 연구하고 싶은 주요 주해자나 신학자는 누구인가? 그 이유는 무엇인가?

추가 연구 자료

Allison, Gregg R. *Historical Theology: An Introduction to Christian Doctrine; A Companion to Wayne Grudem's* Systematic Theology. Grand Rapids: Zondervan, 2011. 이 책을 만드는 데는 십여 년이 걸렸다고 한다. 이 책은 778쪽 분량이다(축약본 분량이 이 정도다. 앨리슨은 존더반 출판사 측에서 일찍이 받아본 것 중에 가장 방대한 분량의 초고를 넘겼다고 한다). 이 책 각 장은 기본적으로 그루뎀의 「조직 신학」(*Systematic Theology*, 은성 역간)에 있는 장들에 대응한다. 각 장에서 앨리슨은 교회사의 네 가지 시기에서 주요 신학자들이 믿고 따른 내용을 개관하고 있다.

Beale, David. *Historical Theology in-Depth: Themes and Contexts of Doctrinal Development Since the First Century*. 2 vols. Greenville, SC: Bob Jones University Press, 2013. 비일은 역사 신학 분야에서 내가 존경하는 교수 중 한 분이다. 그는 수십 년간 이 분야를 가르친 후에 이 두 권짜리 책을 집필했다.

Bray, Gerald. *God Has Spoken: A History of Christian Theology*. Wheaton, IL: Crossway, 2014. 이 책은 조직 신학의 전통적인 범주들을 활용하지 않고, 삼위일체의 틀에 따라 역사 신학을 독특하게 구성하고 있다.

Cairns, Earle E. *Christianity through the Centuries: A History of the Christian Church*. 3rd ed. Grand Rapids: Zondervan, 1996. 훌륭한 학부 수준의 교과서.

Cross, F. L., and E. A. Livingstone, eds. *The Oxford Dictionary of the Christian Church*. 3rd ed. Oxford: Oxford University Press, 2005. 좋은 참고 문헌이다.

Di Berardino, Angelo, ed. *Encyclopedia of Ancient Christianity*. 3 vols. Downers Grove, IL: InterVarsity Press, 2014. 이 책 역시 좋은 참고 문헌이다.

Elwell, Walter A., ed. *Handbook of Evangelical Theologians*. Grand Rapids: Baker, 1998. 서른세 명의 복음주의 신학자를 살핀 책. 그 가운데는 워필드와 메이첸, 반 틸과 쉐퍼, 스토트와 패커 등이 있다. 이 책에서는 한 사람당 열네 쪽 정도를 할애한다.

Enns, Paul. *The Moody Handbook of Theology*. 3rd ed. Chicago: Moody, 2014. 「신학 핸드북」, 생명의말씀사(초판에서 번역). "3부 역사 신학"(437-501)과 "5부 현재의 신학"(587-736) 부분을 보라.

Ferguson, Everett. *Church History, Volume One: From Christ to Pre-Reformation; The Rise and Growth of the Church in Its Cultural, Intellectual, and Political Context*. 2nd ed. Grand Rapids: Zondervan, 2013. 역시 좋은 개관서.

Fischer, David Hackett. *Historians' Fallacies: Toward a Logic of Historical Thought*. New York: Harper & Row, 1970. 존 우드브리지(John Woodbridge)는 이 책을 추천하면서, D. A. 카슨이 이 책을 통해 「성경 해석의 오류」(*Exegetical Fallacies*)의 집필을 구상하는 데 도움을 얻었다고 언급한다. 카슨은 자신의 책에서 피셔(Fischer)의 글을 십여 차례에 걸쳐 인용하였다. 대부분의 평신도가 자신을 신학자로 지칭하지 않듯이, 나 역시 자신을 역사가로 지칭하지는 않는다. 그러나 거의 모든 이는 한 사람의 신학자이며, 그중 일부는 좋은 신학자다. 그리고 이와 마찬가지로, 거의 모든 이가 한 사람의 역사가다. 출간된 지 45년이 지난 이 책은 당신이 더 나은 역사가가 되는 데 도움을 줄 것이다.

González, Justo L. *The Story of Christianity*. 2nd ed. 2 vols. New York: HarperOne, 2010. Volume 1: *The Early Church to the Dawn of the Reformation*. Volume 2: *The Reformation to the Present Day*. 「초대 교회사」, 「중세 교회사」, 「종교 개혁사」, 「현대 교회사」, 은성. 신학교 시절에 내가 배운 교과서 중 하나인 책. 잘 쓴 책이다. 곤잘레스는 또한 세 권으로 구성된 다음 책도 집필했다. *A History of Christian Thought*, 2nd ed.(Nashville: Abingdon, 1987). 「기독교 사상사」, 대한예수교장로회출판국.

Hannah, John D. *Our Legacy: The History of Christian Doctrine*. Colorado Springs: NavPress, 2001. 학자보다는 목회자와 평신도를 대상으로 삼은 분별력 있는 개관서.

Hart, Trevor A., ed. *The Dictionary of Historical Theology*. Grand Rapids: Eerdmans, 2000. 이 책은 좋은 핸드북이다.

Lane, Tony. *A Concise History of Christian Thought*. 2nd ed. Grand Rapids: Baker Academic, 2006. '간결한' 책이지만 그 분량은 336쪽에 이른다. 이 책에서 레인은 교회사 전반을 살피면서 중요한 부분들을 언급하고 있다.

Larsen, Timothy T., ed. *Biographical Dictionary of Evangelicals*. Downers Grove, IL: InterVarsity

Press, 2003. 「복음주의 인물사」, 기독교문서선교회. 이 책에는 400명의 인물에 관한 요약적인 전기가 담겨 있다. 각 인물의 전기는 평균 두 쪽 분량이다.

McGrath, Alister E., ed. *The Christian Theology Reader*. 4th ed. Malden, MA: Blackwell, 2011. 이 책에는 2,000년에 걸친 247편의 일차 자료에서 발췌한 378개의 본문이 수록되어 있으며, 그 목적은 기독교 신학의 주요 개념과 인물들을 소개하는 데 있다. 이 책은 신학교 시절에 내가 배운 교과서 중 하나다. 이 책은 편리한 도구이며, 우리는 쉽게 활용할 수 있는 이 한 권의 책을 통해 수백 편의 일차 자료를 훑어볼 수 있다.

McKim, Donald K., ed. *Dictionary of Major Biblical Interpreters*. 2nd ed. Downers Grove, IL: InterVarsity Press, 2007. 「성경 해석자 사전」, 기독교문서선교회(초판에서 번역). 이 책은 귀중한 핸드북이다.

Nichols, Stephen J., and Justin Taylor. Theologians on the Christian Life. Wheaton, IL: Crossway, 2012-현재. 이것은 여러 권으로 구성된 시리즈다. 이 시리즈에 속한 책들은 역사적 사실에 근거하면서도 경건의 열심을 함양하는 성격을 지닌다. 이 시리즈에서 지금까지 출간된 책들은 다음과 같다.

- Zaspel, Fred G. *Warfield on the Christian Life: Living in Light of the Gospel*. 2012.
- Edgar, William. *Schaeffer on the Christian Life: Countercultural Spirituality*. 2013. 「쉐퍼가 말하는 그리스도인의 삶」, 아바서원.
- Nichols, Stephen J. *Bonhoeffer on the Christian Life: From the Cross, for the World*. 2013. 「본회퍼가 말하는 그리스도인의 삶」, 아바서원.
- Sanders, Fred. *Wesley on the Christian Life: The Heart Renewed in Love*. 2013. 「웨슬리가 말하는 그리스도인의 삶」, 아바서원.
- Horton, Michael. *Calvin on the Christian Life: Glorifying and Enjoying God Forever*. 2014. 「칼뱅이 말하는 그리스도인의 삶」, 아바서원.
- Ortlund, Dane C. *Edwards on the Christian Life: Alive to the Beauty of God*. 2014.
- Barrett, Matthew, and Michael A. G. Haykin. *Owen on the Christian Life: Living for the Glory of God in Christ*. 2015.
- Bolt, John. *Bavinck on the Christian Life: Following Jesus in Faithful Service*. 2015.
- Bray, Gerald. *Augustine on the Christian Life: Transformed by the Power of God*. 2015.
- Reinke, Tony. *Newton on the Christian Life: To Live Is Christ*. 2015.
- Storms, Sam. *Packer on the Christian Life: Knowing God in Christ, Walking by the Spirit*. 2015.
- Trueman, Carl R. *Luther on the Christian Life: Cross and Freedom*. 2015.
- Rigney, Joe. *Lewis on the Christian Life: Becoming Truly Human in the Presence of God*. 2017.

Piper, John. The Swans Are Not Silent. 7 vols. Wheaton, IL: Crossway, 2000-2016. 이것 역시 여

러 권으로 구성된 시리즈다. 이 책들은 신학적인 내용에 근거한 전기로, 하나님이 행하신 일들에 관심의 초점을 둔다. 유익하고 감동적인 책들이다. 각 책에서는 세 명의 인물을 다룬다.

- *The Legacy of Sovereign Joy: God's Triumphant Grace in the Lives of Augustine, Luther, and Calvin*. 2000. 「은혜의 영웅들: 아우구스티누스, 루터, 칼빈」, 부흥과개혁사. 또한 John Piper and David Mathis, eds., *With Calvin in the Theater of God: The Glory of Christ and Everyday Life* (Wheaton, IL: Crossway, 2010)도 읽어 보라.
- *The Hidden Smile of God: The Fruit of Affliction in the Lives of John Bunyan, William Cowper, and David Brainerd*. 2001. 「고난의 영웅들: 존 번연, 윌리엄 쿠퍼, 데이비드 브레이너드」, 부흥과개혁사.
- *The Roots of Endurance: Invincible Perseverance in the Lives of John Newton, Charles Simeon, and William Wilberforce*. 2002. 「인내의 영웅들: 존 뉴턴, 찰스 시미언, 윌리엄 윌버포스」, 부흥과개혁사. John Piper, *Amazing Grace in the Life of William Wilberforce* (Wheaton, IL: Crossway, 2006)도 읽어 보라.
- *Contending for Our All: Defending Truth and Treasuring Christ in the Lives of Athanasius, John Owen, and J. Gresham Machen*. 2006. 「진리의 영웅들: 아타나시우스, 존 오웬, 그레셤 메이첸」, 부흥과개혁사.
- *Filling Up the Afflictions of Christ: The Cost of Bringing the Gospel to the Nations in the Lives of William Tyndale, Adoniram Judson, and John Paton*. 2009. 「순교의 영웅들: 윌리엄 틴들, 존 페이튼, 아도니람 저드슨」, 부흥과개혁사.
- *Seeing Beauty and Saying Beautifully: The Power of Poetic Effort in the Work of George Herbert, George Whitefield, and C. S. Lewis*. 2014. 「언어의 영웅들: 조지 허버트, 조지 휫필드, C. S. 루이스」, 부흥과개혁사.
- *A Camaraderie of Confidence: The Fruit of Unfailing Faith in the Lives of Charles Spurgeon, George Müller, and Hudson Taylor*. 2016. 「확신의 영웅들: 찰스 스펄전, 조지 뮐러, 허드슨 테일러」, 부흥과개혁사.
- 조나단 에드워즈는 이 시리즈에 포함되지 않았는데, 이는 파이퍼가 다른 책들에서 그에 관해 많이 다루었기 때문이다. 특히 파이퍼의 책 *God's Passion for His Glory: Living the Vision of Jonathan Edwards: With the Complete Text of* The End for Which God Created the World (Wheaton, IL: Crossway, 1998)(「하나님의 열심」, 부흥과개혁사)의 1부에 수록된 에드워즈의 전기를 보라(19-113). 그리고 John Piper and Justin Taylor, eds., *A God-Entranced Vision of All Things: The Legacy of Jonathan Edwards* (Wheaton, IL: Crossway, 2004)(「하나님 중심적 세계관: 조나단 에드워즈의 유산」, 부흥과개혁사)도 읽어 보라.

Reeves, Michael. *Theologians You Should Know: An Introduction; From the Apostolic Fathers to the 21st Century*. Wheaton, IL: Crossway, 2016. 「처음 읽는 신학자」, 복있는사람. 이 책에서는 사도 교부들과 순교자 유스티누스, 이레나이우스와 아타나시우스, 아우구스티누스와 안셀무스, 아퀴나스와 루터, 칼뱅과 오웬, 에드워즈와 슐라이어마허, 바르트와 패커에 관해 소개한다.

Trueman, Carl R. *Histories and Fallacies: Problems Faced in the Writing of History*. Wheaton, IL: Crossway, 2010. 이 책의 장점은 트루먼이 쓴 다른 책들이 지닌 것과 동일하다. 바로 독자에게 즐거움을 주는 재치다. 그의 글은 읽는 이를 지루하게 만드는 법이 없다.

Woodbridge, John D., and Frank A. James III. *Church History, Volume Two: From Pre-Reformation to the Present Day; The Rise and Growth of the Church in Its Cultural, Intellectual, and Political Context*. Grand Rapids: Zondervan, 2013. 이 책은 수십 년에 걸친 강의의 결실이다. 풍성한 내용이 담겨 있다.

Zaspel, Fred G. *The Theology of B. B. Warfield: A Systematic Summary*. Wheaton, IL: Crossway, 2010. 「한 권으로 읽는 워필드 신학」, 부흥과개혁사. 오늘날 프레드 재스펠(Fred Zaspel)만큼 워필드의 신학을 잘 이해하는 사람은 없다. 재스펠은 워필드에 관해 박사 학위 논문을 썼으며, 그 과정에서 워필드의 출간된 모든 글과 미출간된 많은 글을 읽었다. 워필드는 조직 신학 책을 집필하지 않았지만, 만약 그가 자신의 책을 남겼다면 그 책은 기본적으로 이와 유사한 형태를 지녔을 것이다.

그러니 당신은 좋은 이차 문헌들을 꼭 활용하기 바란다. 그런데 여기에 덧붙이고 싶은 말은 **일차 문헌들을 외면하지 말라**는 것이다. (앞서 6장 끝부분에 인용한) C. S. 루이스의 글 "오래된 책 읽기에 관하여"의 첫 문단을 떠올려 보기 바란다. 주요 주해자와 신학자들이 위대한 인물로 간주되는 데에는 충분한 이유가 있다. 대체로 전문가들이 그런 주해자와 신학자들에 관해 언급하는 내용보다도 그들 자신의 글을 직접 읽을 때 그들의 생각을 더욱 쉽게 이해할 수 있다. 더불어 그것은 더 쉽기만 한 것이 아니라 더욱 즐거운 독서가 된다.

How to
Understand and Apply
the New Testament

11장

조직 신학

본문이 성경 전체와 신학적으로 어떻게 조화되는지를 파악하기

조직 신학이란 무엇인가

조직 신학은 한 본문이 성경 전체와 신학적으로 어떻게 조화되는지를 파악하는 분야다. 지금 나는 신약의 주해를 다루는 이 책의 관점에서 그 분야를 서술하고 있다. 이 책은 신약을 어떻게 주해할 것인지에 초점을 두며, 따라서 조직 신학의 빛에서 특정 텍스트를 해석하는 방식을 설명하는 일이 적절할 것이다.

달리 표현하면, 조직 신학의 성격을 이렇게 정의할 수 있다. 곧 조직 신학은 다음 질문에 대답하는 분야라는 것이다. "성경 전체는 _______에 관해 무엇이라고 말하는가?"(빈칸은 다양하게 채워 넣을 수 있다.) 조직 신학은 성경 전체가 하나의 일관된 전체를 이루며 자기모순에 빠지지 않는다고 전제한다. 그리고 조직 신학은 주해의 결과물을 기반으로 논의를 전개하면서도, 주해에서 다루는 내용의 범위를 넘어선다.

조직 신학에서는 성경 전체의 가르침을 서로 연관 지으며, 그 가르침들을 화제 또는 주제별로 조직한다. 전통적으로 조직 신학에서 다루는 내용은 열 가지 정도의 범주로 분류되어 왔다. 이 범주들은 성경과 역사 신학 모두에서 강조하는 교리들이다.

1. 신론(하나님에 관한 교리)
2. 성경론(성경에 관한 교리)
3. 천사론(천사와 마귀에 관한 교리)
4. 인간론(인간에 관한 교리)
5. 죄론(죄에 관한 교리)
6. 기독론(그리스도에 관한 교리)
7. 구원론(구원에 관한 교리)
8. 성령론(성령에 관한 교리)
9. 교회론(교회에 관한 교리)
10. 종말론(마지막 때에 관한 교리)

조직 신학에는 또한 변증학과 철학에 초점을 둔 다른 분과들도 포함되어 있다. 조직 신학은 성경이 앞의 주제들에 관해 언급하는 내용을 해석하고 일관되게 조직하기 위해 논리와 역사, 경험의 도구들을 활용한다. 하지만 조직 신학의 주된 토대가 되는 것은 성경에 담긴 교리들이다. 앞서 제시한 열 가지 범주는 대부분의 조직 신학적 논의가 그 속에 포함되는 큰 항목들이며, 각 범주 아래에는 많은 하위 범주가 존재한다.

신학적 체계들은 이 항목들 중 하나 이상과 연관된다. 예를 들어 칼뱅주의와 아르미니우스주의는 주로 신론과 인간론, 죄론과 구원론에 관련된 체계이며, 언약 신학과 세대주의는 주로 교회론과 종말론에 연관된 체계다. 그리고 침례교와 장로교, 성공회의 정치 체제는 교회론에 관련되어 있다.

그러면 어떤 조직 신학적 논의에서 이런 범주들 중 오직 하나에만 초점을 맞출 경우에는 어떤 모습으로 나타날까? 한 가지 좋은 예가 있다. 그레그 앨리슨(Greg Allison)은 교회론에 관해 「거류민과 이방인들: 교회에 관한 교리」(*Sojourners and Strangers*)라는 제목으로 494쪽 분량의 책을 집필했다.[1] 그는 이 책에서 다음과 같은 구성 방식을 취했다(이어지는 목록은 주된 부분과 각 장 제목만 나열한 것이며, 자세한 세부 항목은 제외되었다).

1 Gregg R. Allison, *Sojourners and Strangers: The Doctrine of the Church*, Foundations of Evangelical Theology (Wheaton, IL: Crossway, 2012).

1부 기본적인 문제들

1장 교회론에 관한 서론

2장 신약의 교회

2부 성경의 비전_ 교회의 특성

3장 교회의 기원과 방향에 관한 특성

4장 교회의 모임과 파송에 관한 특성

3부 실현된 비전_ 교회의 성장

5장 교회의 순수성과 통일성

6장 교회의 권징

4부 교회 정치

7장 교회의 직분들

8장 교회 정치의 유형들

9장 교회 운영의 한 가지 방식

5부 교회의 예식들

10장 세례

11장 성찬

6부 교회의 사역들

12장 교회의 사역들

7부 결론

13장 거류민과 이방인들

앨리슨은 이 책에서 조직 신학 작업을 수행한다. 그는 "성경은 교회에 관해 무엇이라고 말하는가?"라는 질문에 답하고 있다. 그리고 그는 명료하고 체계적이며 포괄적인 방식으로 그 질문에 답하려 한다. 교회가 성경의 이야기 흐름 속에 어떻게 들어맞는지를 파악하는 것으로 자신의 논의를 시작하며, 이를 위해 연속성과 불연속성에 관한 어려운 질문들을 살펴 나간다. 그리고 그 과정에서 앨리슨은 오늘날 우리에게 중요한 의미를 갖는 질문들에 관해 답을 제시한다.

그러므로 성경 본문을 주해하는 일의 관점에서 볼 때, 조직 신학에서는 그 본문이 성경 전체와 신학적으로 어떻게 조화를 이루는지를 파악한다. 이제 다음 단락에서는 서로 상응하는 조직 신학의 열 가지 유익과 위험성을 살펴보려 한다.

서로 상응하는 조직 신학의 열 가지 장점과 위험성

조직 신학은 논리적이며 조직적인 체계성 때문에 놀라우리만큼 유용하다. 그러므로 우리에게는 그 분야가 꼭 **필요하다**. 하지만 우리는 조직 신학의 유용성이 또한 그것의 위험성이기도 하다는 점을 알아야 한다.

- 불은 열과 에너지를 얻는 데 유용하다. 하지만 바로 그 때문에 위험한 것이 되기도 한다. 그 에너지가 통제되지 않을 경우, 불이 내는 열기와 에너지는 우리가 사는 집을 잿더미로 만들 수 있다.
- 자동차의 속도는 시간을 효율적으로 아끼는 데 유용하다. 하지만 바로 그 때문에 위험한 것이 되기도 한다. 자동차의 빠른 속도 때문에 훨씬 참담한 사고가 일어날 수 있다.
- 성(性)은 (여러 유익 중에서도 특히) 즐거움을 얻는 데 유용하다. 하지만 바로 그 때문에 위험한 것이 되기도 한다. 그 즐거움을 죄악 된 마음으로 탐내는 이들은 성적 부도덕에 빠지게 된다.

문제는 불이나 속도, 성 자체에 있지 않다. 바로 그 일들이 통제되지 않을 경우다. 불과 속도, 성은 멋진 것들이지만, 우리가 그것들을 잘못 사용할 때에는 위험한 결과를 낳게 된다. 이는 초콜릿이나 쇼핑, 낮잠과 같이 다른 유용한 물건이나 활동들의 경우에도 마찬가지다.

이 점은 조직 신학의 경우에도 적용된다. 조직 신학은 여러 이유에서 유용한 학문이지만, 그것이 지닌 장점은 또한 그것의 위험성이 되기도 한다. 조직 신학은 적어도 열 가지의 상응하는 장점과 위험성을 지닌다.

1. 조직 신학은 특정 텍스트에 대한 주해를 풍성하게 만들 수 있지만, 동시에 그 주해를 왜곡시킬 수도 있다

주해는 주로 귀납적인 분야이며, 조직 신학은 주로 연역적인 분야다. 주해는 세부 사항들에 초점을 두지만, 조직 신학은 큰 그림에 관심을 쏟는다. 주해는 나무들에 초점을 맞추지만, 조직 신학은 숲에 초점을 둔다.

주해와 조직 신학은 서로 공생 관계에 있으며, 이 둘은 서로에게 영향을 끼친다. 곧 우리의 주해가 좋은 것일수록 우리의 조직 신학도 더 좋은 것이 된다. 그리고 우리의 조직 신학이 좋은 것일수록, 우리의 주해도 더 좋은 것이 된다.

어쩌면 당신은 이 둘의 관계를 일방통행적인 것으로 여길지도 모르겠다. 곧 처음에는 중립적이며 객관적인 관찰자로서 성경 본문을 주해하고, **그런 다음에야** 그 주해를 통해 얻은 데이터를 가지고 자신의 조직 신학을 구축하게 된다고 여기는 것이다. 하지만 그렇지 않다. 우리는 결코 중립적이며 객관적인 관찰자가 될 수 없다. 이는 어떤 텍스트를 주해할 때 우리는 **이미** 자신의 조직 신학을 갖추고 있기 때문이다. 이는 곧 그것을 통해 텍스트를 살피는 신학적 틀이 된다.

우리가 조직 신학을 공부해야 할 이유 중 하나는 여기에 있다. 바로 텍스트를 살피는 우리의 신학적 틀을 좀 더 향상시키는 것이다. 우리의 조직 신학이 건전하다면, 이는 특정 텍스트에 대한 주해를 풍성하게 해줄 것이다.

예를 들어 그리스도의 인격에 관한 교리를 생각해 보자. 이 교리에서는 세 가지 명제가 확증된다. (1) 그리스도는 온전한 하나님이다. (2) 그리스도는 온전한 사람이시다. (3) 그리스도는 한 분의 인격체시다. 이 교리가 당신이 지닌 조직 신학의 일부라면, 즉 이 교리가 당신이 특정 텍스트를 해석하는 신학적 틀이라면, 이를 통해 당신은 마태복음 24장 36절 같은 본문을 이단적으로 잘못 해석하는 위험에서 벗어날 수 있다. "그러나 그날과 그때는 아무도 모르나니 하늘의 천사들도, 아들도 모르고 오직 아버지만 아시느니라." 적절한 신학적 틀을 갖추지 못한 경우, 우리는 이 텍스트가 예수께서 전지하지 않으시며 따라서 하나님도 아니라는 점을 가르친다고 결론짓게 될지 모른다. 그러나 정통적인 신학적 틀을 갖춘 경우에는 이것이 우리 힘으로 다 헤아릴 수 없는 신비임을 인정할 수 있다. 그리고 우리는 예수께서 두 본성, 곧 인성과 신성을 지니신다는 것을 확언하는 칼케돈 신경의 빛에서 이 본문을 적절히 파악할 수 있게 된다. 때로 성경은 예수에 관해 언급하면서 오직 그분의 인성만 논한다(예를 들어 그분은 태어나서 자라났으며, 피로와 배고픔, 갈증을 겪으셨다). 그리고 마태복음 24장 36절은 그런 본문 중 하나로 여겨진다.

그런데 당신은 이 장점의 이면을 들여다볼 수 있는가? 우리의 조직 신학이 주해에 충분히 기반을 둔 것이 아니라면 어떻게 될까? 우리의 조직 신학이 지나치게 사변적인 것이라면? 또는 우리가 지닌 조직 신학 자체는 정확하지만, 어떤 텍스트를 대할 때 먼저 그 내용을 충분히 경청하고 원래의 문학적 맥락에서 주의 깊게 살피는 일 없이 신학적인 틀을 잘못 부과하고 있다면? 여기서 위험성은 곧 조직 신학 때문에 특정 본문에 대한 우리의 주해가 왜곡될 수 있다는 데 있다.

대학에서 2학년과 3학년 수업을 마친 뒤, 나는 디트로이트 침례신학교에서 대학원 과정의 여름 학기 수업을 들었다. 당시 내가 들은 과목들을 지도한 이는 그 신학교에서 가장 직급이 높은 교수인 롤랜드 맥퀸(Rolland McCune) 박사였다. 그 과목명 중 하나는 '세대주의'였으며, 다른 하나는 '하나님 나라'였다. 나는 맥퀸 박사의 두꺼운 강의안을 하나씩 모아 탐독해 나갔다. 그 강의안들은 900쪽 정도 분량으로, 그 가운데는 조직 신학적인 내용과 함께 해석학과 변증학 등을 다룬 내용도 포함되어 있었다. 나는 대학 시절과 신학교 시절 초기에 맥퀸 박사의 조직 신학 강의안을 적어도 세 번 넘게 꼼꼼히 정독하면서 독파했다. 나는 그의 견해를 잘 알았으므로 내 동료 신학생들은 나를 '맥퀸'이라고 불렀으며, 함께 수업을 듣다가 토론 시간이 되면 내게 이렇게 질문하기도 했다. "그러면 맥퀸은 이 문제에 관해 뭐라고 언급하고 있지?"

(구약과 신약 사이의_ 옮긴이) 연속성과 불연속성의 문제에 관해 맥퀸은 전통적인 세대주의자였으며, 나 역시 그런 견해를 취했다. 하지만 내 견해는 2007년에 가서 변화를 맞게 되었다. 당시 나는 D. A. 카슨의 조교로 일하고 있었는데, 하루는 그가 내 책상

에 엄청난 분량의 종이 뭉치를 올려놓았다. 그것은 카슨이 공동 편집을 맡은 방대한 분량의 책 "신약의 구약 사용 주석"(*Commentary on the New Testament Use of the Old Testament*, 기독교문서선교회 역간) 시리즈 초고였다. 그는 내게 그 원고의 교정을 봐 달라고 요청했으며, 내가 그 일을 마치는 데에는 대략 200-300시간이 소요되었다. 이때 나는 처음으로 신약에서 구약을 인용한 모든 경우와, 구약을 암시한 많은 경우를 신중히 살펴보게 되었다. 당신은 어떤 일이 벌어졌을지 짐작할 수 있겠는가? 당시 내가 주해의 결과로 얻은 자료들은 그간 따른 전통적인 세대주의 체계에 들어맞지 않았던 것이다(물론 전통적인 세대주의자들은 이런 내 언급에 동의하지 않을 것이 분명하다!). 그리하여 나는 연속성과 비연속성 문제에 관한 내 견해를 재검토하는 단계에 들어가게 되었다. 이때 나는 원칙에서 출발해서 세부적인 데로 내려가는 방식보다, 세부적인 관찰에서 출발하여 큰 원칙에 이르는 방식을 취하려고 했다. 물론 이는 일방통행적인 방식이 될 수 없었다. 성경을 해석하는 일은 결코 그렇게 단순하지 않다. 하지만 나는 건전한 주해와 성경 신학에 근거해서 나의 조직 신학적 견해를 수정하려고 시도했다. 그리고 이는 그랜트 오즈번이 자신의 책 「성경 해석학 총론」(*The Hermeneutical Spiral*, 부흥과개혁사 역간)에서 추천한 아홉 가지 해석학적 단계와 유사한 과정이었다.[2]

1. 우리의 선이해(preunderstanding)를 의식적으로 재구성하기
2. 그 문제에 연관된 모든 본문을 귀납적으로 수집하기
3. 그 모든 본문을 원래 맥락에서 주해하기
4. 그 본문들을 주해한 내용을 모아 성경 신학을 구성하기
5. 그 교리가 교회사 전체에 걸쳐 상황화되어 간 과정을 추적하기
6. 그 교리의 서로 경합하는 모델들을 연구하기
7. 현재 문화를 위해 전통적인 모델을 다시 진술하거나 상황화하기
8. 각 교리를 다시 진술한 후에는 그 교리들을 모아서 체계적인 모델들을 개정하기. 이 작업의 최종 단계는 체계 자체를 재정립하는 데 있다.
9. 이 작업들이 하나님께 속한 공동체와 신자들의 일상적인 삶에 관해 지니는 함

---

2 Grant R. Osborne, *The Hermeneutical Spiral: A Comprehensive Introduction to Biblical Interpretation*, 2판 (Downers Grove, IL: InterVarsity Press, 2006)(「성경 해석학 총론」, 부흥과개혁사), 406-9쪽.

의를 파악하기

결론적으로 조직 신학은 특정 본문에 관한 우리의 주해를 풍성하게 만들어 줄 수 있는가? 물론 그러하다. 하지만 주의하라. 조직 신학은 우리의 주해를 **왜곡할** 수도 있다.

2. 조직 신학은 우리에게 정확한 신학적 틀을 제공할 수 있지만, 동시에 성경을 대체하게 될 수도 있다

조직 신학은 성경 해석자들에게 정확한 신학적 틀을 제공할 수 있다. 이 얼마나 멋진 선물인가! 그 가치는 매우 귀중하다.

하지만 우리는 그 선물을 잘못 사용할 수 있다. 곧 조직 신학을 자신의 종으로 활용하는 대신, 그것이 우리의 주인 노릇을 하도록 방치할 수 있다는 것이다. 우리는 성경보다 어떤 신학 체계에 몰두하게 될 수 있다. 그러면 머지않아 그 체계를 성경보다 더욱 중시하게 되고, 마침내 그것을 성경의 대체물로 삼게 된다. 복잡한 교리 문제들이 생겨날 때, 우리는 이렇게 생각할지도 모른다. '하지만 내가 따르는 체계는 명확한데!' 그러나 성경에 관해서는 어떤 태도를 취할 것인가? 우리는 정말로 인간이 만든 체계를 온전히 신뢰하길 원하는가? 어떤 장로교인들은 웨스트민스터 신앙고백을 가지고서 이런 태도를 취하는 듯하다. 그들은 마치 그 신앙고백서가 성경과 동일한 권위를 지니는 것처럼 그 내용을 인용하기도 한다. 그리고 어떤 세대주의자들은 앨바 맥클레인(Alva McClain)과 찰스 라이리(Charles Ryrie), 로버트 토마스(Robert Thomas) 같은 신학자들의 글에 관해 이런 태도를 취한다. 그러나 이렇게 특정한 신학 구조를 지나치게 중시할 때, 우리는 지나친 자신감과 확신을 품고 독단에 빠질 수 있다. 필립 샤프(Philip Schaff)는 자신의 책 「신조학」(*Creeds of Christendom*, 기독교문서선교회 역간)에서 루터파를 다루면서 다음 뜻을 지닌 독일 속담을 인용한다. "하나님의 말씀과 루터의 가르침은 지금뿐 아니라 앞으로도 영원히 사라지지 않을 것이다."[3] 맙소사.

---

3 Philip Schaff, *The Creeds of Christendom: With a History and Critical Notes*, 3 vols., Bibliotheca Symbolica Ecclesiæ Universalis (New York: Harper, 1878)(「신조학」, 기독교문서선교회), 1:224.

북미 루터교 총회 콘퍼런스(The Lutheran Synodical Conference of North America)는 언어적 측면에서 거의 전적으로 독일어를 사용하며, 소속 목회자들에게 (일치 신조[Form of Concord]가 포함되는) 일치서(Book of Concord)의 내용 전체를 "신적인 말씀과 의지의 순수하고 변질되지 않은 설명과 해설로" 받아들일 것을 요구한다.

일부 그리스도인들이 조직 신학을 사실상 성경의 대체물로 삼게 되는 이유는 무엇일까? 이에 대한 답은 복잡하지만, 나는 적어도 다음 네 가지 요소가 그 속에 포함된다고 본다.

1. **조직 신학은 덜 벅차다.** 어떤 이들은 자신이 이해하기에 어떤 문제의 수준이 매우 높다고 여기고, 특정한 조직 신학 체계를 그대로 따른다. 이는 그들이 자신의 목회자나 다른 교사들, 또는 둘 모두를 신뢰하기 때문이다.

2. **조직 신학에는 수고가 덜 요구된다.** 하나의 신학 체계는 잘 조직되어 있으므로 그 체계를 이해하는 것은 비교적 단순하고 쉽다. 하지만 성경을 직접 살피면서 모든 내용을 종합하는 것은 힘겹고 복잡한 일이 될 수 있다.

3. **조직 신학은 더 명료하다.** 신학 체계에서는 난점들이 논리적으로 해소되기 때문에 깔끔하고 명료한 특징을 띤다.

4. **조직 신학은 정치적으로 편리하다.** 특히 사람들이 신앙고백적인 정황에 처할 경우, 정치 역시 하나의 요인이 될 수 있다. 이때 그들은 말썽을 빚거나 분란을 일으키길 원치 않는다. 자신의 직장을 잃거나 동료들을 언짢게 하지 않으려 한다. 따라서 그들은 자신의 신학 체계를 고수하면서 다양한 텍스트들을 경시하게 된다.

그리고 이런 특성은 다음의 또 다른 장점과 위험성에 결부된다.

3. 조직 신학은 교리적 긴장을 정확히 식별할 수 있지만, 그 긴장을 그릇된 방식으로 해결하도

[각주2:] 여기서 루터교의 교리 체계는 성경의 가르침과 거의 동일시되며, 이는 다음 속담을 통해서도 알 수 있다. "*Gottes Wort und Luther's Lehr Vergehet nun und nimmermehr*"(즉, 하나님의 말씀과 루터의 가르침은 지금뿐 아니라 앞으로도 영원히 사라지지 않을 것이다).

언어와 국적의 측면에서 거의 비슷하게 양분된 '연합 협의회'(the General Council)는 연합 총회(the General Synod)와 총회 콘퍼런스 사이에서 중도적인 입장을 취한다. 협의회 측은 "원뜻 그대로이며 변질되지 않은 아우크스부르크 신앙고백"을 주된 문서로 채택하고, 루터교의 다른 신조들을 그보다 하위 등급에 속한 것들로 받아들인다. 그들은 이 신조들을 아우크스부르크 신앙고백의 내용을 해설하는 문서로 여기며, 그 신앙고백과 동일하게 순전하고 성경적인 문서들로 간주한다.

[각주3:] "우리는 원뜻 그대로이며 변질되지 않은 아우크스부르크 신앙고백의 교리들을 모든 면에서 순수한 진리와 일치하는 것으로 받아들이고 인정한다. 그리고 이 진리에 관해서는 하나님의 말씀만이 유일한 규범이 된다. 우리는 이 신앙고백에서 진술한 진리들을 성경의 정경에서 가르치는 바에 완전히 부합하는 것으로 받아들인다. ……"(*Principles of Faith and Church Polity of the Gen. Council*, adopted Nov. 1867, Sections VIII. and IX.).

록 이끌 수도 있다[4]

도표11.1은 네 가지 교리에서 나타나는 긴장 관계를 보여 준다. 이는 곧 삼위일체와 그리스도의 인격, 악의 문제와 속죄의 범위에 관한 것이다. 이와 유사한 긴장 관계가 나타나는 교리로는 성경의 영감과 기도, 전도와 점진적 성화 등이 있다. 그런데 우리가 하나님과 그분이 일을 행하시는 방식에 관해 논한다면, 그런 교리들 가운데서 긴

교리	긴장	긴장을 해소하기 위한 설명
하나님의 삼위일체 되심	A. 하나님은 한 분이다.	삼신론자는 A를 부정한다.
	B. 하나님으로 불리는 세 위격이 계신다.	(여호와의증인 같은) 아리우스주의자는 B를 부정한다.
	C. 이 세 위격은 서로 구별되신다.	양태론자와 사벨리우스주의자는 C를 부정한다.
그리스도의 인격	A. 그리스도는 온전한 하나님이다.	에비온주의자와 아리우스주의자는 A를 부정한다.
	B. 그리스도는 온전한 사람이시다.	영지주의자/가현설의 추종자와 아폴리나리스주의자는 B를 부정한다.
	C. 그리스도는 한 분의 인격체시다.	네스토리우스주의자는 C를 부정한다.
악의 문제	A. 하나님은 온전히 선하신 분이다.	(고든 클라크[Gordon Clark] 같은) 일부 칼뱅주의자들은 A에 제한을 둔다.
	B. 하나님은 전능하시며 온전히 지혜로우신 분이다.	(에드거 S. 브라이트먼[Edgar S. Brightman] 같은) 유한론자(Finitist)는 B를 부정한다.
	C. 악이 존재한다.	(베네딕트 스피노자 같은) 범신론자와, 메리 베이커 에디(Mary Baker Eddy)가 주창한 크리스천 사이언스(Christian Science)의 신봉자들은 C를 부정한다.
속죄의 범위	A. 속죄는 보편적인 성격을 띤다.	칼뱅주의자는 A에 제한을 둔다.
	B. 속죄는 효과적인 성격을 띤다.	아르미니우스주의자는 B를 부정하며, 가설적 보편주의자(hypothetical universalist)는 B를 부정하거나 제한을 둔다.
	C. 일부 사람만 구원받을 것이다.	보편 구원론자는 C를 부정한다.

도표11.1. 교리적 긴장 관계

---

4 다음 내용은 Andrew David Naselli, "Conclusion," in *Perspectives on the Extent of the Atonement: 3 Views*, Andrew David Naselli and Mark A. Snoeberger 편집 (Nashville: Broadman & Holman, 2015), 220-22쪽을 수정한 것이다(허락을 받고 사용함).

장이 나타나기를 기대해야 마땅하지 않겠는가? 결국 우리는 유한한 인간이자 타락한 존재이며, 따라서 어떤 일도 완벽하게 설명해 낼 수 없는 것이 당연하기 때문이다.

조직 신학의 장점은 우리로 하여금 교리적 긴장 관계를 정확히 파악하도록 도와준다는 것이다. 하지만 이에 상응하는 약점은 이런 긴장을 그릇된 방식으로 해소하도록 이끌 수 있다는 것이다. 때로 사람들은 이런 긴장 관계를 이단적인 방식으로 해소하려 든다. 이는 앞의 도표에서 맨 오른쪽 칸에 표시된 이들이 (칼뱅주의자와 아르미니우스주의자를 제외하고는) 모두 보여 주는 바와 같다. 그런데 또 다른 이들은 정통적이긴 하지만 옳지 않은 방식으로 긴장을 해소하려 한다. 나는 아르미니우스주의자들이 이런 경우에 해당한다고 본다. 다만 여기서 그 이유를 자세히 언급하지는 않을 것이다(공정을 기하자면, 많은 아르미니우스주의자도 내 견해에 관해 똑같이 주장할 것이다).

한편 속죄의 범위를 다루는 각각의 '체계'나 접근 방식들은 성경에 존재하는 외견상의 긴장 관계를 해소하려 한다. 아르미니우스주의자와 가설적 보편주의자들의 관점에서 보면, 무제한 속죄를 부정하는 이들은 명제 A, 곧 "속죄는 보편적인 성격을 띤다"를 만족스럽게 설명하지 못한다. 그러나 칼뱅주의자들의 관점에서 보면, 한정 속죄를 부정하는 이들은 명제 B, 곧 "속죄는 효과적인 성격을 띤다"를 만족스럽게 설명하지 못하고 있다.

이처럼 조직 신학은 교리적 긴장 관계를 정확히 파악할 수 있지만, 사람들이 그 긴장을 그릇된 방식으로 해결하도록 이끌어갈 수 있다.

4. 조직 신학은 특정 텍스트가 다른 텍스트들과 서로 연관되며 조화를 이루는 방식을 파악하는 데 도움을 줄 수 있지만, 우리 자신만의 '정경 속 정경'을 형성하도록 이끌 수도 있다

조직 신학의 목적은 성경 본문들을 서로 연관 짓고 조화시키는 데 있다. 그런데 서로 대립되는 신학적 견해를 지닌 이들, 이를테면 칼뱅주의자와 아르미니우스주의자나, 언약 신학자와 세대주의자, 또는 침례교인과 장로교인이나, 상보주의자와 평등주의자에 관해서는 어떻게 보아야 할까? 그들이 같은 성경 본문을 살피면서도 서로 반대되는 결론에 도달하는 이유는 무엇인가? 분명히 이들 모두가 다 옳을 수는 없다. 이처럼 조직 신학은 특정 텍스트가 다른 텍스트들과 어떻게 연관되며 서로 조화를 이루는지 파악하는 데 도움을 줄 수 있다. 그러나 이에 상응하는 위험성은 우리가 자신만의 '정경 속 정경'을 발전시키게 될 수 있다는 데 있다. 이 '정경 속 정경'은 곧 우리가 선호하는 본문들의 목록을 말한다. 이 본문들은 우리가 보기에 가장 중요한 것들로, 자신의 해석을 통제하는 틀처럼 작용한다. 그리하여 우리의 조직 신학이 주해를 통제하게 되는 것이다. 그리고 때로 우리가 지닌 조직 신학적 견해는 그저 우리가 속한 교회의 전통에서 온 것일 수도 있다. 그러므로 우리는 성경의 어떤 진리를 지나치게 강조하면서 다른 진리를 희생시키게 될 수 있다.

이 '정경 속의 정경'은 성경이 성경을 해석하게 하는 원리와는 다르다. 성경에는 모순이 없으므로, 건전한 해석의 원리는 의미가 덜 명확한 본문들을 의미가 더 명확한 본문들의 빛에서 해석하는 것이다(1장을 보라). 우리는 그저 한 텍스트에만 초점을 맞추고는 성경의 나머지 부분과 상관없이 그 텍스트를 해석하려 해서는 안 된다. 그것은 바로 이단이 하는 일이다. 오히려 우리는 의미가 더 명확한 본문들의 빛에서 그 의미가 불분명한 본문들을 해석해 나가야 한다.

그런데 당신의 생각에는 어떤 본문들이 더 명확한가? 여러 정통적인 선택지가 존재하는 논쟁에서, 많은 경우에 문제는 바로 여기에 있다. 예를 들어 어떤 아르미니우스주의자는 요한복음 3장 16절의 의미가 명확하다고 여긴다. 그러나 어떤 칼뱅주의자는 요한복음 6장과 같은 본문들이 더욱 명확한 의미를 지닌다고 여기는 것이다.[5]

5. 조직 신학은 주해와 성경 신학이 할 수 없는 방식으로 현재의 문제들을 직접 다룰 수 있지만, 텍스트를 간과하기도 더 쉽다. 이는 조직 신학이 그 텍스트에서 좀 더 떨어져 있기 때문이다

앞서 카슨이 조직 신학과 성경 신학을 대조하면서 언급한 내용을 되새겨 보자. "성경 신학과 비교할 때, 조직 신학은 성경 텍스트와 거리를 두면서 문화적 사안들에 더 관심을 쏟는 경향이 있다."[6]

성경 신학의 경우에는 탐구의 논제가 성경 텍스트에 따라 결정된다. 성경 신학에서는 다음과 같은 질문들을 제기한다.

---

5 "아버지께서 내게 주시는 자는 다 내게로 올 것이요 내게 오는 자는 내가 결코 내쫓지 아니하리라 …… 나를 보내신 아버지께서 이끌지 아니하시면 아무도 내게 올 수 없으니 오는 그를 내가 마지막 날에 다시 살리리라 …… 내 아버지께서 오게 하여 주지 아니하시면 누구든지 내게 올 수 없다 하였노라"(요 6:37, 44, 65).

6 D. A. Carson, "Systematic Theology and Biblical Theology," in *New Dictionary of Biblical Theology*, T. Desmond Alexander and Brian S. Rosner 편집 (Downers Grove, IL: InterVarsity Press, 2000)(『IVP 성경 신학 사전』, IVP), 103쪽.

- 마태복음의 주요 주제는 무엇인가?
- 바울 서신의 주요 주제는 무엇인가?
- 성경은 전체적으로 하나님 나라의 주제를 어떻게 발전시켜 나가는가?

그러나 조직 신학의 경우에는 텍스트도 중요하지만, 다른 요인들에 따라 탐구 논제가 결정될 때가 자주 있다. 조직 신학에서는 다음과 같은 질문들을 제기한다.

- 성경은 전체적으로 창조와 진화에 관해 무엇을 언급하는가? (이런 질문은 우리가 처한 문화 상황에서 자연주의적인 진화론이 참된 것으로 간주되기 때문에 생겨나는 경우가 많다.)
- 성경은 전체적으로 결혼과 동성애에 관해 무엇이라고 말하는가? (이런 질문은 각자가 겪은 개인적 삶의 여정이나 친구와의 대화, 또는 미 연방 대법원이 2015년 6월에 이른바 '동성 결혼'에 대해 내린 판결 등의 사건에 비추어 생겨나는 경우가 많다.)
- 성경은 전체적으로 낙태에 관해 무엇이라고 말하는가? (이런 질문은 각자가 지닌 과거 경험에 비추어 생겨나거나 현재 낙태를 고려 중인 경우, 또는 2015년에 미국 의료 진보 센터[Center for Medical Progress]에서 가족계획 협회[Plant Parenthood, 미국의 낙태 지지 단체_ 옮긴이] 측이 태아의 신체 부위를 매매하는 것을 찍은 비밀 동영상을 공개한 사건 등에 비추어 생겨나는 경우가 많다.)
- 복음을 전혀 들어보지 못하고 세상을 떠난 이들의 영원한 운명은 어떻게 되는가? (이런 질문은 성경을 불신할 근거를 찾는 회의주의자들이나 불공정해 보이는 문제를 이해하려 애쓰는 신실한 그리스도인들에 의해 제기되는 경우가 많다.)
- 하나님은 시간과 어떤 관계에 계시는가? 그분은 무시간적인(timeless) 분인가, 아니면 시간 속에 계시는가? 시간에는 시작점이 있는가? (이런 질문은 철학자들에 의해, 특히 비교적 근래에 생겨난 과정 신학과 열린 유신론[open theism]에 관한 논쟁에 비추어 제기되는 경우가 많다.)

이런 질문들에 답하기 위해서는 조직 신학이 필요하다. 하지만 우리는 그 답을 찾는 가운데서 텍스트들을 주의 깊게 주해하지 않을 위험이 있다. 조직 신학은 주해와 성경 신학이 할 수 없는 방식으로 현재의 문제들을 직접 다룰 수 있지만, 이 분야에서는 텍스트를 간과하기가 쉽다. 이는 조직 신학이 그 텍스트에서 더 멀리 떨어져 있기 때문이다.

6. 조직 신학은 텍스트에서 유익하고 필연적인 논리적 추론을 이끌어 낼 수 있지만, 텍스트에 매이지 않은 방식으로 무분별한 사색에 빠질 수도 있다

조직 신학의 작업은 그저 주해 과정에서 마지막으로 사소한 단계를 덧붙이는 것보다는 좀 더 성격이 복잡하다. 곧 그 작업은 어떤 주제에 연관된 성경의 본문을 모두 찾은 뒤 그 본문들을 주해하고, 그 결과물을 체계적으로 결합하는 것처럼 늘 단순하게 진행되지는 않는다. 물론 조직 신학 작업에는 이 모든 일이 포함된다. 그러나 그 작업은 훨씬 정교한 수준에서 이루어질 수 있다. 좋은 예로 삼위일체 교리가 있다.[7]

조직 신학에서는 필연적인 결론을 이끌어 낼 수 있다. 예를 들면,

1. 삼위일체는 필연적인 논리적 추론이다. 이는 성경에서 다음 세 진술이 참됨을 가르치기 때문이다. (1) 하나님은 한 분뿐이다. (2) 하나님은 세 위격으로 계신다. 그리고 (3) 이 세 위격은 서로 구별되신다(그리고 각 위격 모두 온전한 하나님이다).
2. 그리스도에 관한 칼케돈의 관점은 필연적인 논리적 추론이다. 이는 성경에서 다음 세 진술이 참됨을 가르치기 때문이다. (1) 그리스도는 온전한 하나님이다. (2) 그리스도는 온전한 사람이시다. 그리고 (3) 그리스도는 한 분의 인격체시다.
3. 이 땅에서 사역하시는 동안, 예수께서는 바리새인들이 구약 시대에 살았던 신자들의 부활에 관해 조직 신학적 작업을 수행하기를 기대하셨다. "죽은 자의 부활을 논할진대 하나님이 너희에게 말씀하신 바 나는 아브라함의 하나님이요 이삭의 하나님이요 야곱의 하나님이로라 하신 것을 읽어 보지 못하였느냐 하나님은

---

7 삼위일체 교리를 적절히 소개한 문헌의 예로는 다음의 것들이 있다. D. A. Carson, "Trinity," in *Evangelical Dictionary of World Missions*, A. Scott Moreau 편집, Baker Reference Library (Grand Rapids: Baker, 2000)(『선교학사전』, 기독교문서선교회), 969-71쪽; John M. Frame, *The Doctrine of God*, Theology of Lordship (Phillipsburg, NJ: P&R Publishing, 2002)(『신론』, 개혁주의신학사); Robert Letham, *The Holy Trinity: In Scripture, History, Theology, and Worship* (Phillipsburg, NJ: P&R Publishing, 2004); Fred Sanders, *The Deep Things of God: How the Trinity Changes Everything* (Wheaton, IL: Crossway, 2010)(『삼위일체 하나님이 복음이다』, 부흥과개혁사).

죽은 자의 하나님이 아니요 살아 있는 자의 하나님이시니라 하시니"(마 22:31-32). 곧 예수께서는 바리새인들이 논리적으로 추론하기를 기대하신 것이다. 이는 하나님이 살아 있는 이들(아브라함과 이삭과 야곱)의 하나님이라면, 부활은 참일 수밖에 없기 때문이다.

나아가 조직 신학에서는 유익한 결론을 이끌어 낼 수 있다. 예를 들면,

1. 유아는 죽으면 어디로 가는가? 이 질문에 답하기 위해서는 조직 신학적 작업이 요구된다. 그리고 나는 그 작업을 통해 위안이 되는 답을 얻게 되리라고 믿는다.
2. 칼뱅주의 같은 신학 체계가 주는 유익이 있다. 그 체계는 제각기 흩어진 구원론의 개념들을 논리적으로 연결해 주기 때문이다(다만 칼뱅주의의 어떤 형태들은 텍스트들을 벗어나 지나치게 철학적인 성향을 띨 수 있다).

그러나 조직 신학에서는 이단적이지는 않지만 그다지 중요한 것도 아니라는 점에서 사변적인 결론을 이끌어 낼 수도 있다. 그런 결론들은 그저 쓸모가 없을 뿐이다. 예를 들면,

1. 바늘 끝에는 얼마나 많은 천사가 서 있을 수 있는가? (여기서 내 생각을 말하자면, 오래된 이 질문의 답은 그 천사들에게 날개가 있는지, 그리고 만일 그렇다면 그들이 날개를 활짝 펴고 있는지에 달린 듯하다.)
2. 하나님은 각 사람의 영혼을 직접 창조하시는가?(창조설[creationism]) 아니면 각 부모가 자신의 자녀에게 영혼을 전해 주는 것인가?(유전설[traducianism]) 나는 여러 조직 신학 책에서 할애하는 만큼의 분량을 이 문제에 쏟을 가치가 없다고 본다.
3. 인간은 영혼과 육체라는 두 요소로 구성되는가?(이분설) 아니면 영, 혼, 육체의 세 요소가 있는가?(삼분설) 나는 목사 안수 위원회에서 후보자를 검증하면서 이 질문을 던지는 것을 얼마나 많이 보았는지 모른다. 그런데 정말 이 질문은 어떤 사람이 복음 사역에 적합한지를 결정하는 데 도움이 되는 것일까?

바로 이런 논쟁들 때문에 조직 신학이 좋지 않은 평판을 얻는 것이다!

나아가 조직 신학에서는 사변적일 뿐 아니라 이단적이기까지 한 결론을 이끌어 낼 수 있다. 사이비 종파나, 때로 어떤 면에서는 '정통적인' 사람들이 성경의 다른 가르침들에 어긋나는 이단적인 결론을 이끌어 내기도 한다. 예를 들면 이러하다.

1. 어떤 이들은 성령이 한 분의 인격자가 아니라 일종의 힘 또는 에너지라고 그릇되게 주장한다.
2. 여호와의증인은 예수께서 온전한 하나님이 아니라고 주장한다. 이는 그분이 시간에 속하신 분으로 하나님의 피조물들 가운데서 "먼저 나신 이"이기 때문이라는 것이다(골 1:15). 그러나 πρωτότοκος(프로토토코스, "먼저 나신 이")라는 단어는 어떤 이의 출생 순서를 가리킬 수도 있지만, 그의 지위, 즉 그가 지닌 우월성을 강조하는 것일 수도 있다(8장을 보라). 그리고 골로새서 1장 15-20절의 직접적인 문학적 맥락을 살필 때, 우리는 바울이 예수의 으뜸 되심을 강조하기 위해 그분을 πρωτότοκος(프로토토코스)로 지칭한다는 점을 파악할 수 있다.

그러므로 조직 신학은 텍스트에서 유익하고 필연적인 논리적 추론을 이끌어 낼 수 있지만, 텍스트에 매이지 않은 방식으로 무분별한 사색에 빠질 수도 있다.

7. 조직 신학은 성경 전체의 가르침을 효과적으로 압축할 수 있지만, 성경을 무분별하게 '증거 본문'으로 활용할 수도 있다

성경 신학은 유기적이며 역사적인 성격을 띠는 데 비해, 조직 신학은 상대적으로 보편적이며 몰역사적인 성격을 지닌다. 조직 신학은 성경 전체의 가르침을 효과적으로 압축할 수 있으며, 이것은 엄청난 장점이다.

내 아내 제니는 경건한 기독교 가정에서 세계적인 수준의 강해 설교를 들으면서 자랐다. 하지만 아내의 고백에 따르면, 대학에서 조직 신학을 배우고 난 뒤에야 다양한 개념을 하나로 연결 지을 수 있었다고 한다. 이는 아내의 머릿속에 온갖 주제를 서로 연관 짓는 체계적인('조직적인') 범주들이 추가되면서 가능해진 일이었다. 아내가 그런 범주들을 파악하자마자, 온갖 가르침이 머릿속을 불규칙하게 떠다니는 대신 뚜렷한 질서가 자리 잡게 되었다. 그때까지 아내는 성경을 읽고 암송하며 강해 설교를 들으면서 유익한 교훈을 얻어 왔지만, 조직 신학을 공부하기 전까지는 이 모든 내용이 하나로 들어맞지 않았던 것이다. 조직 신학은 아내가 이전까지 이해하지 못한 내용들을 파악하고 다양한 개념을 하나로 결합하며 자신의 머릿속에서 이해하기 쉬운 방식으로 체계화하는 데 도움을 주었다.

성서학 교수인 내 친구는 신학적 기근을 겪는 지역들을 찾아가 성경을 가르치기 위해 자주 세계 곳곳을 여행한다. 당신은 그가 가장 많은 강의 요청을 받는 과목이 무엇인지 짐작할 수 있겠는가? 바로 조직 신학이다. 그 이유는 무엇일까? 조직 신학이 성경의 핵심 가르침들을 전달하는 데 매우 효과적인 방식이기 때문이다. 조직 신학은 성경 전체의 가르침을 명확하고 간결하며 체계적인 방식으로 요약할 수 있으며, 이는 신조나 신앙고백에서 잘 드러난다. 이를 통해 우리는 성경의 교리들을 더 쉽게 이해하고 기억할 수 있다. 그리하여 조직 신학은 예수께서 제자들에게 내리신 선교 명령을 수행하는 데 전략적으로 중요한 방편이 된다. "모든 민족을 제자로 삼아 …… 내가 너희에게 분부한 모든 것을 가르쳐 지키게 하라"(마 28:19-20).

다른 한편으로, 조직 신학은 성경의 여러 부분에 존재하는 다양한 강조점을 무미건조하게 만들 수 있다. 곧 조직 신학은 문학적 감수성의 결핍에 시달릴 수 있으며, 무분별한 '증거 본문 찾기'(prooftexting, 어떤 진술이나 교리를 옹호하기 위해 성경 본문을 인용하는 것)에 빠질 수 있다. 신학자들은 종종 어떤 내용을 진술하고는 괄호 속에 여러 참고 구절을 늘어놓는다. 그런데 나는 그 구절들을 살피면서 이렇게 생각할 때가 많다. '방금 저자가 주장한 내용을 이 본문이 어떻게 뒷받침한다는 거지?' 때로 조직 신학자들은 자신의 신학 체계가 옳음을 입증하기 위해 성경을 멋대로 가져다 쓰기도 한다. 그러나 이는 방법론적인 면에서 거꾸로 된 방식이다.

물론 증거 본문 찾기 자체가 나쁜 것은 아니다.[8] 다만 그 작업을 분별 있게 수행할 때에는 유익한 일이 되며, 무분별하게 수행할 때에는 해로운 일이 된다. 증거 본문을 무분별하게 찾는 이들은 특정 텍스트를 가져다가 원래 맥락과 무관하게 인용한다. 곧 그 텍스트의 문학적 맥락이나 역사적 맥락에 관심을 두지 않는 것이다. 하지만 적절

---

8 R. Michael Allen and Scott R. Swain, "In Defense of Proof-Texting," *JETS* 54, 3 (2011): 589-606쪽을 참조하라. 다만 이들은 카슨이 성경 신학과 조직 신학을 구분 짓는 방식에 동의하지 않는다.

한 방식으로 증거 본문을 찾는 이들은 본문의 맥락을 헤아리는 과제를 전부 수행한 뒤, 분별 있는 태도로 그 본문을 인용한다.

8. 조직 신학은 오류를 논박하는 데 도움을 줄 수 있지만, 그 자체가 오류에 빠질 수도 있다

조직 신학은 이 점에서 양날의 검과 같다. 조직 신학은 우리가 오류를 신속히 파악하고 논박하는 데 도움을 줄 수 있다. 하지만 이 일의 가능성은 오직 우리 자신의 조직 신학이 얼마나 바람직한 것인지에 달려 있다. 우리의 조직 신학이 그릇된 것이라면, 오히려 우리 자신이 논박 대상이 되어야 한다!

이제 우리가 지닌 조직 신학이 정확하다고 가정해 보자. 그렇다면 조직 신학은 거짓 교사들을 파악하고 회피하는 데 매우 유익한 방편이 된다. 이는 특히 목회자들에게 꼭 필요한 도구다. 감독은 "미쁜 말씀의 가르침을 그대로 지켜야 하리니 이는 능히 바른 교훈으로 권면하고 거슬러 말하는 자들을 책망하게 하려 함이[다]"(딛 1:9). 여기서 제시되는 목적은 두 가지다. (1) '바른 교훈으로 권면하는 것'과 (2) '거슬러 말하는 자들을 책망하는 것'이다. 그러므로 당신이 목회자나 목회자 후보생이라면, 건전한 교리에 관한 **객관식 시험**을 통과하는 것만으로는 부족하다. 당신은 바른 교리에 관한 **논술 시험**을 통과할 자격을 갖추어야 한다. 당신은 건전한 교리를 잘 알아야 한다. 이는 그 교리를 통해 다른 이들을 깊이 격려하고, 그 교리를 거스르는 자들을 논박하기 위함이다. 이 일을 위해서는 건전한 조직 신학이 꼭 필요하다.

9. 조직 신학은 성경 본문들이 특정 주제에 관해 어떻게 하나로 연결되는지 파악하는 데 도움을 줄 수 있지만, 동시에 역사 신학과 신학 서론, 철학에만 치중한 나머지 성경의 가르침을 파악하는 데 실패할 수도 있다

이 점을 생각할 때, 나는 아이의 첫 생일을 축하한 한 가정에 관한 비극적인 도시 전설이 떠오른다. 그 이야기에 따르면, 부모는 아이를 위해 거창한 생일 파티를 열고 지인들을 초대했다. 그 집에 초대받은 지인들은 한 침실에 놓인 침대에 자기들의 외투를 벗어 두었는데, 아기가 바로 그곳에서 잠자고 있다는 사실을 미처 깨닫지 못했다. 그리하여 모든 이가 아기의 첫 생일을 축하하는 동안, 정작 그 아기는 질식해서 숨을 거두는 비극이 벌어졌다.

조직 신학에서 성경 본문들을 서로 연관 짓는 대신 비트겐슈타인의 해석 이론이나 중세의 어느 스콜라주의 신학자가 남긴 글, 어떤 주제에 관한 바르트의 견해나 양상 논리 등에 끝없이 몰두하는 것을 볼 때, 나는 바로 그런 느낌을 받는다. 물론 이는 모두 흥미로운 주제이며, 대수롭지 않은 것들이 아니다. 하지만 이런 주제들을 다루는 것은 조직 신학의 과업이 아니다. 직접 눈사람을 만드는 일은 눈사람에 관한 노래를 부르거나 눈사람 만들기의 물리적 특성을 분석하는 일, 다른 이들이 만든 눈사람 사진을 찍은 뒤 그 눈사람을 비평하는 일과는 전혀 다르다. 조직 신학은 성경 텍스트를 가지고 하나의 구조를 이룩하는 작업이다. 곧 이 분야에서는 특정 주제에 관해 성경 전체가 서로 어떻게 일관되게 연관되는지를 파악한다.

조직 신학의 작업이 분별력 있게 진행될 때에는 역사 신학의 내용이 그 속에 통합된다. 그러나 조직 신학은 거기에 그치지 않고, 역사 신학 내용을 기반으로 삼아 한 걸음 더 나아간다. 조직 신학에서 역사 신학의 범주들을 활용할 수는 있지만, 그 자체가 역사 신학과 동일한 것은 아니다. 우리가 역사 신학을 수행할 때에는 과거에 다른 이들이 믿은 내용을 묘사할 뿐이다. 그러나 조직 신학의 작업을 수행할 때에는 역사 신학에 기반을 두면서 우리 자신의 견해를 펼치게 된다.

여기서 우리 자신을 살피는 데 도움을 줄 한 가지 질문이 있다. "당신은 조직 신학을 연구할 때 어떤 것을 주된 자료로 삼는가?" 이 질문에 "성경"이라고 답하지 않는다면, 당신은 올바른 길에서 벗어나 있는 것이다. 존 프레임(John Frame)은 이렇게 언급한다. "조직 신학자는 성경 **전체**의 가르침을 종합하려는 열망을 품은 사람이다. 따라서 그는 다른 누구보다도 성경을 살피는 데 더 많은 시간을 쏟아야 마땅하다."[9]

10. 조직 신학은 신학적 선별을 수행하는 데 도움을 줄 수 있지만, 올바른 답을 저절로 쏟아 내는 것은 아니다.[10]

'선별'(triage)은 우선순위와 긴급성에 따라 사안을 분류하는 작업을 가리킨다. 의료상 '선별'은 많은 수의 환자의 치료 순서를 결정하기 위해 부상 또는 질병에 긴급성의 등급을

---

9 John M. Frame, *Systematic Theology: An Introduction to Christian Belief* (Phillipsburg, NJ: P&R Publishing, 2013)(『조직 신학』, 부흥과개혁사), 11쪽.

10 다음 내용은 Andrew David Naselli and J. D. Crowley, *Conscience: What It Is, How to Train It, and Loving Those Who Differ* (Wheaton, IL: Crossway, 2016), 85-87쪽을 수정한 것이다(허락을 받고 사용함).

부여하는 작업이다. 그리고 이 점은 성경에서 가르치는 진리들의 경우에도 마찬가지다. 우리는 이 작업을 신학적 '선별'로 부를 수 있을 것이다.[11] 성경의 어떤 가르침은 다른 가르침들보다 더욱 중요하다. 바울은 고린도전서 15장 3절에서 이렇게 언급한다. "나는 내가 받은 **가장 중요한 것**(of first importance)을 여러분에게 전하였습니다"(현대인의 성경). 여기서 "가장 중요한 것"이라는 표현은 성경의 모든 내용이 중요하긴 하지만, 그 내용이 모두 **같은 정도로** 중요한 것은 아니라는 점을 암시한다. 어떤 교리들은 **더욱** 중요하다. 사안을 단순화하기 위해, 우리는 세 등급으로 구성된 신학적 '선별'을 상정해 볼 수 있다. 사람들은 이 세 등급을 다양한 방식으로 지칭한다(도표11.2를 보라).

1	2	3
1단계 사안들	2단계 사안들	3단계 사안들
교의	교리	차이
절대 진리	신념	의견과 질문
본질적인 문제들	중요한 문제들	비본질적인 문제들
근본 교리들	교파별 특이점들	근본적이지 않은 교리들

도표11.2. 신학적 선별

1. **1단계 사안들**은 기독교의 가장 본질적이며 중심이 되는 것들과 관련되어 있다. 이런 가르침들을 **부인하면서도** 자신을 그리스도인으로 여기는 것은 무의미하다. 이런 교리들 가운데는 한 분인 하나님이 세 위격으로 존재하신다는 것과, 예수는 온전한 하나님인 동시에 온전한 사람이시라는 것, 예수께서 죄인들을 위해 자신을 희생하여 죽으셨다는 것, 죽음에서 다시 살아나셨다는 것, 우리는 오직 그리스도 안에서 믿음을 통해 은혜로 의롭게 된다는 것, 그리고 예수께서 다시 오신다는 것 등이 있다.

2. **2단계 사안들**은 그리스도인들 사이, 이를테면 다양한 교파와 지역 교회들 사이에 적절한 경계선을 형성하는 것들이다. 이런 사안들은 우리가 소속될 교회의 유형에 연관된다. 예를 들어 당신은 세례나 교회 체제 문제, 구원에 관한 하나님의 주권 문제나 교회와 가정에서 남자와 여자의 역할 문제에 어떤 견해를 지니고 있는가? 이 점에서 우리가 그리스도인이 되기 위해 어느 특정 견해를 받아들여야 하는 것은 아니다.

11 R. Albert Mohler Jr., "Confessional Evangelicalism," in *Four Views on the Spectrum of Evangelicalism*, Andrew David Naselli and Collin Hansen 편집, Counterpoints (Grand Rapids: Zondervan, 2011), 77-80쪽을 참조하라.

다만 어떤 교회의 지도자들이 이런 사안들에 관해 서로 의견이 다른 경우, 그 교회는 건강한 통합을 유지하기가 쉽지 않다.

3. **3단계 사안**들은 논쟁의 여지가 있는 문제들이다(이런 문제들은 '대수롭지 않은 문제' 또는 '양심에 속한 문제'로도 불린다). 이런 문제들은 성경의 특정 본문을 해석하는 방식에 연관될 수 있다. 예를 들어 창세기 6장에서 언급되는 "하나님의 아들들"은 누구인가? 이에 관해서는 둘 이상의 가능성 있는 견해가 존재한다. 또한 3단계 사안에는 여러 실천적인 질문이 포함된다. 예를 들어 그리스도인들은 '안식일'을 어떻게 대해야 하는가? 주일에 레스토랑에 가도 되는가? 식료품점에서 장을 보는 일은? 미식축구 경기를 보는 일은? 혹은 직접 미식축구 시합을 뛰는 일은 어떤가? 정원 잔디를 깎는 일은? 돈을 받고 노동하는 일은 어떤가? 물론 이렇게 논쟁의 여지가 있는 문제들은 사소한 것이 아니다. 하지만 같은 교회에 속한 지체들은 이런 사안에 관해 의견을 달리 하면서도 서로 밀접한 교제를 유지할 수 있어야 한다. 이 단계의 사안들에 관한 의견 차이 때문에 교회 공동체 내에서 분열이 생겨나서는 안 된다.

이 3단계에 속한 사안이 어떤 이의 양심에 깊이 뿌리내리기란 쉽다. 그리고 둘 이상의 사람들이 관계를 맺고 소통하는 곳이면 어디든, 이런 사안들에 관해 서로 논쟁이 벌어질 것이다. 이는 그들이 서로 형제든, 같은 반 친구든, 직장 동료나 이웃이든, 같은 교회의 교인이든 마찬가지다. (우리는 유한하며 타락한 존재이므로) 우리 중 어떤 사람도 모든 사안에 관해 절대적으로 의견이 일치할 수는 없다. 이는 행복한 결혼생활을 누리는 경건한 남편과 아내일지라도 그러하다. 우리는 각기 다양한 관점과 배경, 인격과 취향, 사고방식을 지니고 있으며, 하나님과 그분의 말씀, 그분의 세상에 관한 진리들을 이해하는 수준도 제각기 다르다.

그러니 당신은 스스로를 그리스도인으로 여기는 이들이 함께 모여 교회를 이룰 때 벌어질 일들을 헤아려볼 수 있겠는가? 그들은 서로 많은 일에 관해 견해가 다를 것이며, 이는 교리적으로 확고하고 복음 중심적인 교회를 이룰 경우에도 마찬가지다. 우리는 이 3단계에 속한 사안들에 관해 동료 그리스도인들과 의견 차가 생길 것을 **예상해야** 하며, 그런 차이를 감수하면서 함께 살아가는 법을 배워야 한다. 그리스도인들이 늘 서로의 차이를 없애려 할 필요는 없다. 다만 서로의 견해차 속에서도 늘 서로 사랑하여 하나님께 영광을 돌리려고 노력해야 한다.

그러면 이 모든 내용이 조직 신학과 어떤 관련이 있을까? 조직 신학은 우리가 신학적 분류 작업을 수행하는 데 도움을 줄 수 있다. 조직 신학은 특정 맥락에서 어떤 사안이 1단계나 2단계, 3단계 중 어디에 속하는지를 분별하는 데 도움이 된다.

하지만 이에 상응하는 약점도 있다. 조직 신학이 올바른 답을 자동으로 쏟아 내는 것은 아니라는 점이다. 신학적 '선별' 작업은 과학에 속한 것이 아니다. 오히려 그것은 우리 자신의 신학적 본능에 의존하는 작업이다. 그리고 이 점은 일부 그리스도인들이 예를 들어 상보주의와 평등주의 문제(이 두 개념은 남녀의 역할에 관한 것으로, 전자는 남녀가 서로 다르지만 보완적인 역할을 지님을, 후자는 서로 대등한 역할을 지님을 주장한다._ 옮긴이) 같은 사안을 신학적으로 선별하는 방식에 관해 의견 차를 보이는 이유를 설명하는 데 도움이 된다.

사례_ 복음이란 무엇인가

이 질문에 답하기 위해서는 조직 신학이 꼭 필요하다. 비그리스도인들에게 복음을 설명할 때, 우리는 창세기부터 요한계시록에 이르기까지 성경을 낱낱이 주해하지 않는다. 그럴 시간이 있는 이는 아무도 없기 때문이다. 대신에 우리는 조직 신학적 접근법을 택한다. 곧 성경의 자료들을 명확하고 간결하며 분별력 있는 방식으로 체계화하는 것이다.

'복음'이라는 단어는 무엇을 뜻하는가

'복음'(gospel)은 '좋은 소식'(good news)을 의미한다. 어떤 소식이 있을 경우 우리는 어떻게 하는가? 그 소식을 알리고 선포하며, 다른 이들과 공유한다.

당신은 자주 언급되는 다음 구호를 어떻게 생각하는가? "복음을 전파하라. 그리고 굳이 필요하다면 말로 표현하라"(복음을 전하는 데에는 말보다 행동이 중요하다는 의미_ 옮긴이). 당신은 이런 문구를 접해 본 적이 있는가? 당신이 보기에 이 문구는 말이 되는가? 과연 이 문구는 앞뒤가 맞는 것인가? 내 생각에는 말이 되지 않는다. 이는 마치 이렇게 말하는 것과 비슷하다. "굶주린 이들을 먹이라. 그리고 굳이 필요하다면 음식을 건네주라." 물론 앞의 구호는 우리가 전하는 복음 메시지가 우리 삶의 방식 때문에 훼손

될 수 있다는 점을 타당하게 지적하고 있다. 하지만 근본적으로, 언어를 사용하지 않고는 복음을 전할 수가 없다. 복음 전파에는 반드시 언어를 사용해야 한다.[12]

이처럼 복음은 우리가 다른 이들에게 알릴 수 있는 소식이다. 그런데 그것은 어떤 종류의 소식일까?

소식은 다양한 정도로 좋은 것이 될 수 있다

좋은 소식은 그에 상응하는 나쁜 소식을 전제한다. 어떤 소식은 그에 상응하는 소식이 나쁜 것인 정도까지만 좋은 것이 되기 때문이다. 우리가 천 달러를 빚진 상태인데, 어떤 이가 우리에게 천 달러를 건네주려 한다는 소식을 들었다고 하자. 이 소식은 이미 통장에 십만 달러가 있는 사람보다 우리에게 더욱 좋은 일로 다가올 것이다.

나쁜 소식은 매우 불행한 소식이다

복음의 경우에 나쁜 소식이 매우 불행한 성격을 띠는 이유는 다음 두 가지 때문이다. 바로 하나님의 본성과 우리 자신의 상태다.

1. **하나님은 거룩한 창조주이시다.** 오늘날 하나님의 존재를 인정하는 이들 가운데 많은 이는 그분을 마치 사람들에게 널리 용서를 베풀면서 아주 고약한 이들에게만 벌을 내리는 다정한 친구처럼 여긴다(이때 징벌 대상은 내가 아닌 다른 이들이라는 점이 중요하다). 그들의 생각에 따르면 하나님의 주된 속성은 사랑이며, 이는 그분이 지나치게 엄격한 태도를 보이지 않으심을 의미한다. 곧 그분의 심판은 히틀러나 스탈린 같은 자들, 그리고 '내가 정말 싫어하는' 다른 이들을 위해 마련되어 있다는 것이다.

하지만 성경은 하나님을 그런 식으로 묘사하지 않는다. 하나님은 우리를 창조하셨으며, 거룩한 분이다. 이 점이 문제가 되는 이유는 다음과 같다. (1) 하나님이 우리를 지으셨으므로 그분은 우리의 주인이시며, 우리는 그분께 응답할 책임이 있다. 창세기 1-2장을 읽어 보라. 이 본문 내용은 성경 줄거리의 근본이 된다. 하나님이 우리를 창

12 Justin Taylor, "A Quick Thought," *Between Two Worlds*, May 8, 2009, www.thegospelcoalition.org/. "'언제든지 복음을 전파하라. 그리고 필요하다면 언어를 사용하라'는 격언은 마치 어떤 방송 기자에게 뉴스를 전하되 언어는 사용하든 안 하든 상관없다고 지시하는 것과 비슷하다."

조하셨다. 따라서 그분은 우리를 **소유하시며**, 우리는 그분께 **빚을 지고** 있다. (2) 하나님은 거룩하시므로 죄를 그저 눈감아 주실 수 없다. 그분은 죄를 범한 자들을 징벌하지 않은 채로 놓아두지 않으신다(출 34:6-7).

2. **우리는 죄인이다**. 이것이 바로 우리의 주된 문제다. 우리가 죄인이므로, 하나님은 우리를 정죄하셔야만 한다. 우리는 그분의 격렬한 진노를 받아 마땅하다. 이것은 오늘날 우리 문화권에 속한 이들이 가장 받아들이기 어려운 진리일 것이다. 사람들은 죄를 별 문제로 여기지 않는다. 물론, 살인과 같은 일부 죄들은 적어도 그릇된 것으로 간주한다. 하지만 많은 이들은 성경에서 죄라고 부르는 많은 일들에 그다지 죄책감을 느끼지 않는다. 따라서 그들은 기본적으로 자신이 선량하다고 여긴다.

성경은 여러 은유를 활용해서 우리의 죄악 된 상태를 묘사한다.

- 우리는 가망이 없을 정도로 병들어 있다. "만물보다 거짓되고 심히 부패한 것은 마음이라 누가 능히 이를 알리요마는"(렘 17:9).
- 우리는 하나님을 가장 친밀한 벗으로 모셔야 하는데도 그분을 거슬러 영적인 간음의 죄를 범했다. 그러므로 우리는 영적인 창녀와 같다.
- 그런데 더욱 심각하게도, 우리는 왕이신 하나님을 거슬러 반역과 배반의 죄를 범했다. 우리는 영적인 반역자다. 하나님은 거룩하시므로 우리를 징벌하셔야만 한다. 그 징벌은 영원할 것이며, 우리는 멸망할 수밖에 없다.

이처럼 나쁜 소식은 매우 불행한 소식이다. 그런데……

좋은 소식은 매우 복된 소식이다

이 좋은 소식이 매우 복된 성격을 띠는 것은 다음 두 가지 때문이다. 바로 예수께서 행하신 일과, 우리가 그분을 신뢰할 때 일어나는 일이다.

예수께서 행하신 일은 다음과 같다.

1. **예수께서는 죄인들을 위해 살고 죽으셨으며 또한 부활하셨다**. 이것이 바로 우리가 처한 곤경(곧 우리는 죄인이며 하나님의 진노를 받아 마땅하다는 것)에 대한 하나님의 해

답이었다. 예수는 죄인들을 **대신해서**, 죄인들의 **자리에서**, 죄인들의 **대리자로서** 살고 또 죽으셨다. 그분은 완전한 삶을 사셨으며, 죄인들이 받아야 할 징벌을 친히 감당하셨다. 이 가르침이 '대리 형벌설'(penal substitution)로 불리는 이유는 여기에 있다.

예수께서는 죄 때문에 죽으셨지만, 그분 자신은 단 하나의 죄도 범하지 않으셨다. 예수께서는 하나님이 **우리의** 죄 때문에 내리시는 징벌을 받으신 것이다. 곧 그분은 **우리의** 자리에 대신 서셨다. "하나님이 죄를 알지도 못하신 이[예수님]를 우리를 대신하여 죄로 삼으신 것은 우리로 하여금 그 안에서 하나님의 의가 되게 하려 하심이라"(고후 5:21).

바로 이 지점에서 일부 사람들은 난색을 표한다. 심지어 고백적인 복음주의자들까지도 예수의 대리 형벌설을 '우주적인 아동 학대'로 부르며 그 가르침을 거부해 왔다. 하지만 예수께서 우리를 대신해서 죽으시고 우리가 받을 징벌을 친히 감당하신 것이 아니라면, 그분의 죽음은 이치에 닿지 않는다. 예를 들어 예수께서 보여 주신 모범과 화목, 승리 같은 다른 이미지들은 모두 그분이 우리의 형벌을 대신 감당하신 일에 의존하고 있다.

이 좋은 소식이 우리에게 매우 복된 것은 예수께서 행하신 일 때문만이 아니다. 그것은 또한 우리가 예수를 신뢰할 때 일어날 일 때문이기도 하다.

2. **하나님은 돌이켜 예수를 신뢰하는 죄인들을 구원하신다.** 돌이킴(즉 회개)과 신뢰(즉 그분을 믿고 신앙으로 행함). 우리의 몫은 여기에 있으며, 이 지점에서 구원은 개인적인 것이 된다. 복음이 **우리를 위한** 좋은 소식인 이유는 여기에 있다. 곧 하나님이 그리스도를 통해 주시는 구원에 우리도 참여할 수 있기 때문이다. 그 구원은 그저 다른 이들만을 위한 것이 아니다. 바로 우리 자신을 위한 것이다.

하나님이 우리에게 요구하시는 반응은 회개와 믿음이다. 우리는 자신의 죄에서 돌이키고 구원자이신 예수만 신뢰해야 한다. 우리는 하나님이 우리의 기록을 예수의 온전한 기록, 곧 그분의 완전한 삶과 희생적인 죽음이 담긴 기록과 맞바꾸시고, 이로써 우리를 의로운 자로 선언해 주실 것(곧 칭의)을 믿어야 한다. "의로우신 하나님은 그분[예수님]을 돌아보고 나를 용서하시기를 만족스럽게 여기셨다네"(God the just is satisfied to look on him [Jesus] and pardon me).[13] 우리가 예수를 신뢰하면 하나님은 우리를 구원해

13 이 구절은 내가 좋아하는 찬송가 〈위에 계신 하나님의 보좌 앞에서〉(Before the Throne of God Above)의 일부다. 이 곡은 1863년에 채리티 리즈 스미스(Charitie Lees Smith)가 작곡했다(이후 그녀의 성은 '밴크로프트'[Bancroft]

주실 것이다.

우리는 좋은 소식과 나쁜 소식을 네 단어로 요약할 수 있다_ 하나님, 인간, 그리스도, 반응

1. **하나님_** 하나님은 거룩한 창조주이시다.
2. **인간_** 우리는 죄인이다.
3. **그리스도_** 예수는 죄인들을 위해 살고 죽으셨으며, 또한 부활하셨다.
4. **반응_** 하나님은 돌이켜 예수를 신뢰하는 죄인들을 구원하신다.

이 네 가지 요점이 복음이나 예수의 십자가 사역을 언급하는 성경의 모든 본문에 나타나는 것은 아니다. 하지만 이런 요점들이 적어도 암시되고 있는 경우가 많다(로마서 1-4장, 고린도전서 15장 1-5절을 보라). 어떤 이들은 이 네 단어로 복음을 요약하기를 선호한다. 하나님, 인간, 그리스도, 반응. 그러나 엄밀히 말하면 좋은 소식에는 '그리스도'와 '반응'에 관한 부분만 포함된다. 그리고 이 좋은 소식은 나쁜 소식을 전제로 삼고 있다.

그렇다면 복음은 정확히 무엇인가

복음의 핵심을 포착하면서 그 내용을 간결하게 정의하는 한 가지 방식은 다음과 같다.[14]

1. 예수께서는 죄인들을 위해 살고 죽으셨으며, 다시 살아나셨다.
2. 당신이 돌이켜 예수를 신뢰한다면, 하나님이 당신을 구원해 주실 것이다.

로 바뀌었다가 다시 '드 슈네즈'[de Chenez]로 바뀌었다)(John Julian 편집, *A Dictionary of Hymnology* [New York: Charles Scribner's Sons, 1892], 109쪽).

14 일부 주해자와 신학자는 넓은 의미의 복음과 좁은 의미의 복음을 서로 구분한다. 드영과 길버트는 이 둘을 각기 광각 렌즈와 줌 렌즈로 언급한다(Kevin DeYoung and Greg Gilbert, *What Is the Mission of the Church? Making Sense of Social Justice, Shalom, and the Great Commission* [Wheaton, IL: Crossway, 2011]『교회의 선교란 무엇인가』, 부흥과 개혁사, 91-113쪽). 여기서 나는 좁은 의미, 곧 줌 렌즈와 같은 의미에서 복음을 정의하고 있다. 그리고 팀 켈러는 다음과 같이 지혜롭게 주의를 준다. "성경에서는 복음에 관해 한 가지만의 표준적인 개요를 제시하지 않는다." Timothy Keller, *Center Church: Doing Balanced, Gospel-Centered Ministry in Your City* (Grand Rapids: Zondervan, 2012)(『센터처치』, 두란노), 37-43쪽.

어떤 이들은 복음에는 이중 첫 번째 진술만이 포함되며, 두 번째 진술은 포함되지 않는다고 주장한다. 그들에 따르면 복음은 신학적인 중요성을 지닌 역사적 **사건**이다. 이는 곧 예수께서 죄인들을 위해 살고 죽으셨으며 다시 살아나신 일을 가리킨다. 그것은 분명히 맞는 말이다. 하지만 복음에는 우리가 돌이켜 예수를 신뢰하면 하나님이 주시는 구원을 얻을 것이라는 약속도 포함되어 있다. 이 소식은 우리에게 무언가를 **요구하며**, 이것이 바로 **우리를 위한** 기쁜 소식이다.[15]

복음과 그것의 전제와 반응, 결과 사이에는 차이가 있다. 그리고 우리는 이를 통해 복음을 더욱 엄밀히 정의하게 된다.

1. **복음의 일부 전제들**_ 내가 앞서 제시한 복음의 간결한 정의는 어떤 다른 일들(things)이 참될 경우에만 의미 있는 것이 된다. 곧 복음은 일부 다른 진리들을 전제로 삼는다는 뜻이다. 이 다른 진리들 자체는 복음이 아니지만, 이 '진리들'이 거짓이라면 복음은 좋은 소식이 될 수 없다.

예를 들어, 성경을 전혀 모르는 이들이 다음 내용을 선포하는 누군가의 말을 듣는다면 어떤 생각을 품게 될까? "좋은 소식이 있습니다! 예수님이 죄인들을 위해 살고 또 죽으셨으며, 다시 살아나셨습니다! 여러분이 돌이켜 그분을 신뢰한다면 하나님이 여러분을 구원해 주실 것입니다."

- 그것이 왜 좋은 소식인가?
- 예수님은 누구신가?
- 죄인들은 누구인가?
- 하나님은 누구신가?
- 나를 어디에서 구원해 준다는 것인가?
- 돌이켜 신뢰한다는 것이 무슨 뜻인가?
- 이 일이 왜 중요한가?

---

15 D. A. Carson, "What Is the Gospel? - Revisited," in *For the Fame of God's Name: Essays in Honor of John Piper*, Sam Storms and Justin Taylor 편집 (Wheaton, IL: Crossway, 2010), 162-63쪽을 보라.

여기서 나쁜 소식 자체는 좋은 소식이 아니다. 그러나 좋은 소식이 이처럼 복된 일이 되는 이유는 바로 그 나쁜 소식이 먼저 있었기 때문이다. 그리고 좋은 소식이 그렇게 복된 성격을 지니는 이유는 예수의 정체성에 근거한다. 창조와 타락, 구속과 완성으로 이어지는 성경의 이야기 흐름을 파악하지 않고는 복음을 제대로 이해할 수 없다. 복음은 이 모든 내용을 전제로 삼는다.

몇 해 전에 나는 텔레비전 프로그램 〈24〉의 한 시즌을 시청했다. 그 드라마를 전혀 모르는 사람에게 내가 이런 소식을 전했다고 가정해 보자. "그거 알아? 좋은 소식이 있어! 잭이 러네이의 결백을 입증했대!" 그러나 이 드라마의 줄거리를 파악하지 못했다면, 이런 내 말은 전혀 의미 있게 다가오지 않을 것이다. 잭은 누구일까? 러네이는? 러네이는 어떤 혐의를 쓰고 있었던 것일까? 누가 그 혐의를 씌웠으며, 무엇 때문이었는가? 잭은 어떻게 러네이의 결백을 입증했는가? 이 일이 중요한 이유는 무엇인가? 그 좋은 소식이 의미 있게 다가오려면 줄거리 속에 담긴 이런 요소들이 꼭 필요하다. 물론 줄거리 자체가 좋은 소식인 것은 아니다. 하지만 여기서 좋은 소식은 그 줄거리를 전제로 삼고 있다. 마찬가지로 성경의 줄거리 자체는 복음이 아니지만, 어떤 이가 복음을 진정한 좋은 소식으로 받아들이기 위해서는 성경의 이야기 흐름을 어느 정도 파악하는 것이 꼭 필요하다.

다양한 문화권에 있는 많은 사람이 복음의 전제들을 이미 알고 있다고 여길 수는 없다. 따라서 우리는 그 내용을 명확히 설명해 주어야만 한다. 성경의 이야기 흐름을 전달하는 것이 중요한 이유는 바로 여기에 있다. 이처럼 복음의 전제들은 중요성을 지니지만, 그 전제들 자체가 복음은 아니다.

2. **복음에 대한 반응**_ 우리가 복음에 반응하는 방식 자체는 복음이 아니다. 곧 회개와 믿음 자체가 좋은 소식인 것은 아니다. 좋은 소식은 바로 **우리가 회개와 믿음으로 반응할 때, 하나님이 우리를 구원해 주신다**는 것이다.

3. **복음의 일부 결과들**_ 우리는 복음의 결과로 점진적 성화를 체험하며, 이웃을 사랑하게 된다. 하지만 이런 복음의 결과들 자체가 복음은 아니다.

한편 많은 그리스도인은 일단 그리스도인이 되고 나면 복음을 완전히 지나간 일로 여긴다. 그래서 복음에 초점을 두기보다, 그것을 **당연한 사실**로 여기면서 부수적인 사안들에 관심을 쏟는다. 하지만 복음은 그리스도인들에게 계속 핵심적인 좋은 소식이다. 이는 그저 하나님이 복음을 통해 우리를 지옥에서 건져 내시고, 그리하여 우리가 하늘의 즐거움을 누리게 되기 때문만은 아니다. 복음이 좋은 소식인 것은 바로 우리가 하나님 자신을 즐거워하며 누릴 수 있게 되기 때문이다. 이는 죄에 속박된 상태에서는 불가능한 일이다.[16] 그리고 우리는 하나님의 호의를 얻으려고 애쓰지 않아도 된다. 우리에게는 그럴 힘이 없기 때문이다. 물론 우리는 복음 **때문에**(딛 3:3-7) 특정한 방식의 삶을 살아가야 한다(1-2절). 하지만 이는 하나님을 어떤 식으로든 달래거나, 그분께 어떤 빚을 지우기 위함이 아니다. 제리 브리지스(Jerry Bridges)는 다음과 같이 통찰력 있게 언급한다. "우리가 겪는 최악의 날들이 아무리 나쁘다 해도, 하나님이 내미시는 은혜의 손길이 닿지 못할 만큼 나쁠 때는 없다. 그리고 우리가 누리는 최상의 날들이 아무리 좋다 해도, 하나님이 베푸시는 은혜가 필요 없을 만큼 좋을 때는 없다."[17]

이렇게 조직 신학을 활용해서 복음을 정의한 뒤, 우리는 다음 두 문장으로 복음의 내용을 요약할 수 있다. "예수께서는 죄인들을 위해 살고 죽으셨으며, 다시 살아나셨다. 우리가 돌이켜 그분을 신뢰한다면 하나님은 우리를 구원해 주실 것이다."

사례_ 논리적인 악의 문제

아마 악은 조직 신학에서 가장 다루기 힘든 문제일 것이다. 다음 내용은 이 문제에 관한 내 접근 방식을 요약한 것이다.

악이란 무엇인가

세상에는 두 종류의 악이 있다. 도덕적인 악과 자연적인 악이다. **도덕적인** 악은 살인이나 강간, 학대나 테러, 집단 학살 같은 죄를 가리킨다. 그리고 **자연적인** 악은 고통과 불쾌감을 일으키는 일들이다. 이 악은 도덕적인 악의 결과로 생겨난다. 예를 들어 모든 사람은 죽고 동물들은 고통을 겪으며, 쓰나미나 지진 같은 자연재해로 큰 피해가 야기된

---

16 John Piper, *God Is the Gospel: Meditations on God's Love as the Gift of Himself* (Wheaton, IL: Crossway, 2005) (『하나님이 복음이다』, IVP), 특히 13, 15, 47쪽을 보라.

17 Jerry Bridges, *The Discipline of Grace: God's Role and Our Role in the Pursuit of Holiness*, 2판 (Colorado Springs: NavPress, 2006)(『날마다 자신에게 복음을 전하라』, 네비게이토[초판에서 번역]), 19쪽.

다. 자동차들은 충돌하고, 질병으로 수백만 명이 목숨을 잃으며, 기이하고 끔찍한 사건들이 발생하기도 한다. 그리고 나 역시 살아오면서 이런 악을 여러 번 경험했다. 그중에는 내가 네 살이 되었을 때 부모님이 이혼하신 일과 그 이후에 막내 동생이 겨우 여섯 살 무렵 신경 모세포종(neuroblastoma, 신경 모세포에서 생기는 악성 종양_ 옮긴이)에 걸려 세상을 떠난 일도 포함된다. 이처럼 도덕적인 악과 자연적인 악 모두 불쾌하고 고통스럽다.

논리적인 악과 정서적인 악의 문제들은 무엇인가

논리적인 악의 문제는 다음 세 진술 속에 존재하는 논리적 긴장을 가리킨다.

1. 하나님은 전능하시며 온전히 지혜로우신 분이다.
2. 하나님은 온전히 선하신 분이다.
3. 악이 존재한다.

이때 어떤 이들은 1과 2의 진술이 참이라면, 3의 진술은 참이 될 수 없다고 주장한다.

정서적인 악의 문제는 우리 자신 또는 우리와 가까운 사람들이 고통당할 때 겪는 정서적이며 종교적인 긴장을 가리킨다. 정서적인 악의 문제와 씨름하는 이들은 절망적인 상태에 빠져 하나님께 이렇게 부르짖을 수 있다. "왜 이런 일을 허락하셨습니까?" 내 경험상, 악의 문제로 씨름하는 이들은 논리적인 문제보다는 정서적인 문제 때문에 고뇌하는 경우가 대부분인 듯하다.

논리적인 악의 문제에 관해 비성경적인/부적절한 해답으로는 어떤 것들이 있는가

존 프레임은 자신의 책 「하나님의 영광을 위한 변증학」(*Apologetics*, 영음사 역간)에서 부적절한 해답 여덟 가지를 제시한 뒤 논박하고 있다. 여기서는 그 논박 내용을 쉽게 풀어서 표현해 보려 한다.[18]

1. **악은 실재가 아니다.** 그러나 악이 허상일 뿐이라고 주장하는 것은 언어유희에

18 John M. Frame, *Apologetics: A Justification of Christian Belief*, Joseph E. Torres 편집, 2판 (Phillipsburg, NJ: P&R Publishing, 2015)(「하나님의 영광을 위한 변증학」, 영음사[초판에서 번역]), 155-72쪽.

지나지 않는다.

2. **하나님은 전능하신 분이 아니다.** 그러나 성경은 이와 반대되는 내용을 가르친다.

3. **이 세상은 가능한 최상의 세계이며, 악은 이 세계의 완성을 위해 꼭 필요하다.** 어떤 면에서 이런 견해를 품는 것이 가능하기는 하지만, 그 견해가 독단적으로 옹호될 만큼 성경에 지지받는 것은 아니다.

4. **악은 인간의 자유 의지가 낳은 결과물이다. 따라서 하나님께는 악의 존재에 대한 책임이 없다.** 사람들은 자신이 모든 일을 자율적으로 결정한다고 생각하는 경향이 있다. 하지만 그들의 의지가 자유로운 것은 오직 자신의 본성대로 행동할 자유가 있다는 점에서 그러할 뿐이다(곧 사람에게 무한한 자유 의지가 있는 것이 아니며, 본성의 제약 아래 놓인다는 뜻_ 옮긴이).[19]

5. **악은 우리의 인격적 성숙에 꼭 필요하다.** 하지만 모든 고난이 우리의 성품을 단련해 주는 것은 아니다.

6. **하나님은 악의 간접적인 원인이다**(곧 그분은 직접적인 원인이 아니다). **따라서 그분께는 악에 대한 책임이 없다.** 하지만 이 경우에 하나님은 마치 살인 청부업자를 고용해서 지저분한 일을 처리하는 우주의 마피아 보스처럼 간주될 것이다.

7. **하나님은 규범을 초월하시며, 따라서 우리 눈에는 악하게 보이는 일도 행하실 수 있다.** 그러나 하나님의 규범에는 그분의 성품이 담겨 있다.

8. **비그리스도인들은 하나님이 전능하시며 온전히 선하신지 여부에 관해 의문을 제기할 자격이 없다.** 그러나 이 해답은 비그리스도인들이 품을 수 있는 정당한 질문에 답을 주는 대신에 오히려 그들을 공격하는 것이 된다. 이는 논리적인 악의 문제에 비추어 볼 때 기독교는 어떻게 논리적 일관성을 지닐 수 있는가 하는 질문이다.

성경은 논리적인 악의 문제를 어떤 방식들로 접근하는가

성경은 논리적인 악의 문제를 남김없이 해결하기보다, 일부 문제들에 관해 대답하지 않은 채로 남겨두는 쪽을 택한다. 그러나 성경은 이 문제에 관해 논리적 일관성을 지닌 판단의 틀을 충분히 제공하고 있다. 성경에서 논리적인 악의 문제를 접근하는 방

---

19 Scott Christensen, *What about Free Will? Reconciling Our Choices with God's Sovereignty* (Phillipsburg, NJ: P&R Publishing, 2016)를 보라.

식에는 적어도 다음 열 가지 진리가 포함된다.

1. **선량한 사람들에게 나쁜 일이 닥치는 것이 아니다. 오히려 악한 사람들에게 선한 일과 나쁜 일이 모두 일어나는 것이다.** 대부분의 사람들은 이런 의문을 제기한다. "선량한 사람들에게 나쁜 일이 벌어지는 이유는 무엇인가?" 하지만 성경의 관점에서 가장 이치에 닿는 질문은 오히려 "악한 사람들에게 선한 일이 찾아오는 이유는 무엇인가?"이다. 이는 우리 모두가 악한 사람이기 때문이다!

2. **악의 문제는 하나님의 존재에 반대하는 것이 아니라 오히려 그분의 존재를 옹호하는 논증이 된다.** 그리스도인은 악의 문제를 해명해야 하지만, 무신론자는 선과 악의 문제를 모두 해명해야 한다. 무신론자는 무엇을 근거 삼아 어떤 일이 본질적으로 선하거나 악하다고 말할 수 있는가? 그들이 어떤 일을 두고 선하거나 악하다고 언급한다면(그리고 사람들이 도덕적인 악과 자연적인 악에 관해 보편적으로 격분한다면), 이때 그들은 기독교의 세계관에 의존하는 것이 된다.

3. **하나님께는 악의 문제를 아무에게도 해명할 의무가 없다.** 한 예로 욥은 하나님께 거듭 이런 질문을 제기했다. "왜 이런 일들을 허락하셨습니까?" 그러자 하나님은 마침내 우레 같은 소리로 응답하셨으며, 두 차례에 걸쳐 욥이 대답할 수 없는 두려운 질문들을 던지셨다. 이때 하나님은 욥의 질문들에 대답하기보다, 오히려 고발 대상을 역전시켜 욥을 피고석에 세우신 것이다. 이처럼 인간에게는 모든 일을 헤아릴 능력도, 그럴 자격도 없다. 우리는 하나님이 아니기 때문이다. 그 정의상, 신앙에는 우리가 모든 질문의 답을 얻지 못할 때에도 하나님을 신뢰하는 것이 요구된다. 다음 글은 존 파이퍼가 트위터에 올린 것으로, 내가 좋아하는 구절이다. "하나님은 한 가지 일만 행하시는 법이 없다. 그분은 자신이 행하시는 모든 일 속에서 수천 가지 일을 행하고 계신다. 그 가운데서 우리는 기껏해야 대여섯 가지 정도를 알게 될 뿐이다."[20]

4. **하나님이 행하시는 일들의 기준은** (우리의 정의감이 아닌) **그분 자신에게 있다.** 하나님은 늘 사람들을 공정하게 대하시며(이것은 공의다), 호의를 베푸신다(이것은 은혜다). 하나님은 어떤 이들에게 호의를 베풀고 다른 이들에게는 그러지 않으실 때조차도 공

---

20 John Piper, https://twitter.com/JohnPiper/status/6803509843, 2009년 12월 18일.

정하시다(마태복음 20장 1-16절 참조). 사람들은 정의가 실현되기를 요구할 때, 그 정의가 즉시 실현되기를, 그리고 특정한 상황 속에서만 실현되기를 원하는 경우가 많다. 더욱이 그들은 자신이 그 정황을 바르게 판단했다고 여긴다. 하지만 그런 이들이 간절히 바라야 할 것은 결코 신속한 정의 실현이 아니다. 우리는 모두 하나님의 진노를 받아 마땅한 이들이기 때문이다! 인간에게는 보편적으로 하나님의 은혜와 자비, 사랑과 용서가 필요하다.[21]

5. **하나님은 악한 일들을 미리 정하시고 그 일들이 일어나게 하신다. 그러나 그 점에 관해 비난받으실 수는 없다.** 성경은 이 두 가지를 모두 가르치므로, 우리는 긴장 관계 가운데서 이 두 진술 모두를 간직해야 한다(이 점은 다음 항목에서 특히 강조될 것이다). 이때 우리는 '정하심'(ordain)과 '일어나게 하심'(cause) 같은 단어들의 의미에 단서를 달아야 한다. 하나님은 도덕적인 악을 범하실 수 없기 때문이다.[22] 이것은 어려운 가르침이지만, 우리 그리스도인들은 이 가르침을 다른 식으로 변형하려 해서는 안 된다. 하나님께 악에 대한 통제권이 없다면, 그것은 매우 두려운 일이 될 것이다. 그 경우에는 악한 세력들이 하나님께 저항하고 그분을 압도할 수 있다는 뜻이 되기 때문이다. 9.11 테러처럼 끔찍한 재난이 일어날 때, 하나님이 그저 그 일을 **허용하셨을** 뿐이라고 말하는 것은 충분하지 않다. 그런 말은 대체로 하나님의 입장을 보호하려는 의도가 담긴 것이지만, 사실상 그분을 무력화시키는 것이 되기 때문이다. "여호와의 **행하심**이 없는데 재앙이 어찌 성읍에 임하겠느냐"(암 3:6). "나는 빛도 짓고 어둠도 창조하며 나는 평안도 짓고 환난도 **창조하나니** 나는 여호와라 이 모든 일들을 **행하는** 자니라 하였노라"(사 45:7. 시편 135편 6절 참조).

6. (섭리에 연관되는) **논리적인 악의 문제에는 신비가 담겨 있다. 따라서 그리스도인들은 성경적인 균형을 좇아 교리적 긴장을 유지해야 한다.** 앞의 도표11.1은 삼위일체나 그리스도의 인격적 본성 같은 성경의 일부 가르침들에 어떤 긴장이 담겨 있는지

---

21 D. A. Carson, *How Long, O Lord? Reflections on Suffering and Evil*, 2판 (Grand Rapids: Baker Academic, 2006) (「위로의 하나님」, 기독교문서선교회), 160쪽을 보라.

22 Andrew David Naselli, Question 6 in "Interview with John Frame on the Problem of Evil," *Between Two Worlds* (blog), August 20, 2008, www.thegospelcoalition.org; John Piper, "Is God Less Glorious Because He Ordained That Evil Be? Jonathan Edwards on the Divine Decrees," in *Desiring God: Meditations of a Christian Hedonist*, 3판 (Sisters, OR: Multnomah, 2003)(「하나님을 기뻐하라」, 생명의말씀사), 335-51쪽을 보라.

를 제시했다. 언뜻 보기에는 세 명제가 모두 참되다는 것이 이해할 수 없는 일로 여겨진다. 따라서 사람들은 그중에서 두 가지 명제를 받아들이고, 나머지 명제는 어떻게든 부정하거나 얼버무리려는 경향을 보인다. 다음의 도표11.3은 그 도표에 섭리 교리를 추가했다.

양립 가능론은 **섭리**를 묘사하는 진술 A와 B가 모두 참되다는 신념을 가리킨다. 이 둘은 서로 모순되지 않으며 양립할 수 있다는 것이다. 요셉의 생애와 예수의 죽음은 이 신비한 긴장을 드러내 준다(창세기 50장 19-20절, 사도행전 2장 23절, 4장 27-28절을 보라). 이 일은 비논리적이지 않지만, 우리 힘으로는 온전히 헤아릴 수 없다.

교리	긴장	긴장을 해소하기 위한 설명
악의 문제	A. 하나님은 온전히 선하신 분이다.	(고든 클라크 같은) 일부 칼뱅주의자들은 A에 제한을 둔다.
	B. 하나님은 전능하시며 온전히 지혜로우신 분이다.	(에드거 S. 브라이트먼 같은) 유한론자는 B를 부정한다.
	C. 악이 존재한다.	(베네딕트 스피노자 같은) 범신론자와, 메리 베이커 에디가 주창한 크리스천 사이언스의 신봉자들은 C를 부정한다.
섭리	A. 하나님은 절대 주권자이시다(그분은 모든 일을 작정하시고 일어나게 하신다).	아르미니우스주의자는 A에 제한을 두면서 하나님을 인간에게 절대적으로 의존하거나 수반되는 존재로 만든다. 또한 그들은 B에 제한을 두면서 인간의 '자유 의지'를 절대적인 것으로 삼는다. (양립 가능론자는 A와 B를 모두 확언하면서 긴장 상태를 그대로 유지한다.)
	B. 인간에게는 도덕적 책임이 있다.	
	C. 하나님은 거룩하시고, 온전히 선하시며, 결코 비난받으실 일이 없다.	어떤 이들은 C가 옳으므로 A가 틀린 것이 된다고 주장한다. (칼뱅주의자는 하나님이 악한 일들을 미리 정하시긴 하지만 죄를 범하시지는 않는다고 제한을 두며, 이는 옳은 지적이다. 하나님이 선한 일과 악한 일의 배후에서 발휘하시는 영향력은 비대칭적으로 나타난다.)

도표11.3. 교리적 긴장_ 악의 문제와 섭리

7. **하나님은 악한 일들을 사용해서 더 큰 선을 이루신다.** 하나님의 궁극적인 계획은 그분 자신을 영화롭게 하려는 것이며, 모든 일이 그 목적을 향해 진행되어 간다. 성경은 하나님이 악한 일을 사용해서 그분의 선한 목적을 이루시는 방식들을 일일이 열

거하지는 않는다. 다만 그런 방식의 일부로는 그분의 은혜와 공의를 나타내시는 일, 악을 심판하시는 일, 죄인들을 구원하시는 일, 죄인들에게 충격을 주어 회개하게 하시는 일, 그리스도인들을 단련하시는 일, 자신의 옳음을 입증하시는 일 등이 있다.[23] 그리스도인들은 하나님이 종종 고난을 놀라운 영적 성장의 촉매제로 사용하시는 것을 체험하게 된다.

8. **타락 이전에는 악의 문제가 없었으며, 새 하늘과 새 땅에서도 그러할 것이다.** 그리스도인들은 하나님이 자신의 옳음을 온전히 드러내시고 그분의 백성에게 영화로운 부활의 몸을 입혀 주실 날을 고대하면서 확신을 품고 기다린다. 기독교의 장례식이 독특한 성격을 띠는 이유는 바로 여기에 있다. 그리스도인은 아무 소망이 없는 이들처럼 비탄에 빠지지 않기 때문이다. 하나님은 모든 고난을 역전시키실 것이며, 그 결과 우리는 더욱 큰 기쁨을 누리게 될 것이다.

9. **하나님은 자연적인 악을 통해 도덕적인 악이 실제로 얼마나 끔찍한지를 나타내시며, 이에 합당한 우리의 반응은 회개다.** 우리는 고난을 겪을 때, 이를테면 자신이 암에 걸렸다는 소식을 접할 경우 정서적으로 어떻게 반응하는가? 과연 우리는 자신이 하나님의 거룩하심을 거슬러 죄를 범했을 때에도 그런 강렬한 반응을 보이는가? 우리는 그런 자연적인 악을 통해, 자신의 도덕적인 악을 회개할 필요성이 얼마나 큰지를 깨달아야만 한다(누가복음 13장 1-5절을 보라).

10. **가장 중대한 악의 문제는 십자가에서 찾아볼 수 있다.** 인류 역사에서 일어난 가장 충격적인 악행은 예수를 살해한 일이다. 다음 세 진술이 어떻게 모두 참된 것이 될 수 있을까? (1) 하나님은 거룩하며 의로우신 분이다. (2) 인간은 하나님의 거룩하심을 손상시킨 죄인이며, 그분의 의로운 진노를 받아 마땅하다. (3) 하나님은 예수를 향한 믿음 안에서 그 죄인들을 의롭다 하시고 용서하신다. 하나님은 그리스도의 십자가에서 자신의 옳음을 입증하셨다(로마서 3장 25-26절을 보라). 그리스도인들은 신비와 긴장, 아이러니와 역설을 감수하면서 살아가는 법을 배워야만 한다. 이는 그런 일들 역시 복음의 일부이기 때문이다(사도행전 2장 23절, 4장 27-28절, 이사야 53장 4, 10절을 보라). 예수는 궁극적인 위로의 유일한 원천이시므로, 복음은 논리적인 악의 문제에도 적용된

---

23 Frame, *Apologetics*(『하나님의 영광을 위한 변증학』), 184-86쪽.

다. 이런 문제들은 자신의 백성을 죄에서 구원하려는 예수의 계획이 완성되기까지 계속 남아 있을 것이다.

논리적인 악의 문제에 바르게 반응하는 길은 하나님이 성경에서 말씀하시는 내용을 받아들이고 그분을 신뢰하는 것이다. 이는 우리가 그 일의 여러 측면을 온전히 설명할 수 없을 경우라도 그러하다. 공간 정위 상실(spatial disorientation, 조종사가 3차원 공간에서 감각의 오류로 비행기 자세를 잘못 판단하게 되는 현상_ 옮긴이)을 겪는 비행기 조종사처럼, 고난에 처한 이들은 '계기판(곧 성경)을 신뢰'하여 난관을 헤쳐 나와야만 한다.

핵심 단어와 개념

교회론

구원론

기독론

성경론

성령론

신론

신학적 선별

인간론

정경 속 정경

조직 신학

종말론

죄론

증거 본문 찾기

천사론

더 생각해 보기 위한 질문

1. 조직 신학의 전통적인 열 가지 범주 가운데 당신이 공부하기를 가장 즐기는 분야는

무엇인가? 그 이유는 무엇인가?

2. 당신이 보기에 조직 신학의 주된 장점은 무엇인가? 또 조직 신학의 주된 위험성은 무엇이라고 생각하는가?
3. 거룩함을 다룰 때 성경 신학과 조직 신학의 차이는 무엇인가?
4. 당신은 성경 신학과 조직 신학 중 어느 쪽에 더 관심이 쏠리는가? 그 이유는 무엇인가? 당신의 그런 성향은 성경 주해 방식에 어떤 영향을 끼칠까?
5. 주해에 비교할 때 조직 신학은 어느 정도의 권위를 지니는가? (서론의 '신학의 다섯 분과들 사이의 복잡한 상호 관계'를 살펴보라.)
6. 당신이 선호하는 신조나 신앙고백, 교리문답은 어느 정도의 권위를 지닐까? 그 이유는 무엇인가?
7. 당신은 어떤 교리를 더 자세히 공부하고 싶은가? 그 이유는 무엇인가?

추가 연구 자료

Bavinck, Herman. *Reformed Dogmatics*. Edited by John Bolt. Translated by John Vriend. 4 vols. Grand Rapids: Baker Academic, 2003-8. 「개혁교의학」, 부흥과개혁사. 바빙크(Bavinck, 1854-1921)는 네덜란드의 개혁 신학자였으며, 네 권으로 구성된 그의 조직 신학서는 1895년부터 1901년까지 네덜란드어판으로 처음 출간되었다. 이 영역본은 이 책의 2판(1906-11)을 번역한 것이다. 이 책의 분량은 방대하며, 총합 3,000쪽 정도에 이른다(또한 베이커 출판사는 2011년에 *Reformed Dogmatics: Abridged in One Volume*[「개혁파 교의학: 단권 축약본」, 새물결플러스]을 출간했다. 이 책은 864쪽 분량이다). 이 책에서 바빙크는 성경의 교리를 논리적으로 종합하면서 관련 본문들을 주해하고, 대부분의 조직 신학자들보다 더 깊이 역사 신학의 내용을 숙고한다. 루이스 벌코프(Louis Berkhof)의 *Systematic Theology*, 4th ed.(Grand Rapids: Eerdmans, 1938)(「벌코프 조직 신학」, 크리스천다이제스트)는 기본적으로 바빙크의 논의를 축약한 것이다.

The Bethlehem Baptist Church Elder Affirmation of Faith. Minneapolis: Bethlehem Baptist Church, 2003. www.bethlehem.church.org/. 존 파이퍼는 베들레헴 침례교회에서 30년 넘게 목회했으며, 그 기간에 일반 교인들이 믿고 따라야 하는 것과는 별개의 교리 진술서로 이 문서를 작성했다. 이 문서는 그 교회의 장로들이 믿고 받아들여야 하는 더 자세한 진술서다. 이 문서에는 하나님과 기독교적인 삶에 관한 아름다운 비전이 담겨

있다.

Bray, Gerald. *God Is Love: A Biblical and Systematic Theology*. Wheaton, IL: Crossway, 2012. 「갓 이즈 러브」, 새물결플러스. 브레이(Bray)는 기이한 천재다. 나는 몇몇 영민한 학자가 브레이는 자신이 아는 이들 중에서 가장 탁월한 인물이라고 말하는 것을 들은 적이 있다. 성공회 소속 신학자인 그는 20여 개의 언어를 알고 있으며, 그의 이 조직 신학서 역시 저자만큼이나 기이한 성격을 띤다. (1) 이 책을 하나로 묶는 주제가 특이하다(하나님의 사랑). (2) 이 책의 구조적인 형태 역시 격식에 매이지 않는 성격을 띤다. 책 본문에서는 개요가 제시되지 않으며, 작은 표제나 번호가 붙은 목록들도 열거되지 않는다. 이 책은 마치 브레이가 신학을 잘 모르고 전문 용어들은 더 이해하지 못하는 평신도들을 상대로 강연한 원고를 세련되게 다듬은 것처럼 여겨진다. 이 책을 오디오북으로 만들 경우, 대부분의 다른 조직 신학서들보다 나은 책이 될 것이다. (3) 브레이가 이 책에서 활용하는 유일한 자료는 성경이다. 그는 현대의 이차 문헌들을 전혀 다루지 않는다. (4) 브레이는 현재의 신학 논쟁들을 설명하는 데 그리 시간을 쏟지 않는다. 이는 그가 보기에 오래 지속될 것 같지 않은 논쟁의 경우에 특히 그러하다. 대신에 그는 장기적인 영향을 끼칠 내용에 관해 글을 쓰려고 노력한다. (5) 브레이는 성공회 소속 신학자로서 좀 더 보편적인 신학적 견해를 취한다. 이는 존 스토트의 「기독교의 기본 진리」(*Basic Christianity*, 생명의말씀사 역간)나 C. S. 루이스의 「순전한 기독교」(*Mere Christianity*, 홍성사 역간)에서 제시하는 것과 비슷하다. (6) 브레이는 마귀론과 다른 종교들을 다루는 데 대부분의 경우보다 더 많은 분량을 할애한다. 이는 전 세계의 사람들이 이 책을 통해 더 많은 유익을 얻게 하려는 것이다.

__________, ed. Contours of Christian Theology. 8 vols. Downers Grove, IL: InterVarsity Press, 1993-2002. 개혁파 복음주의의 성격을 띤 사려 깊은 책들로 구성된 시리즈.

- Bray, Gerald. *The Doctrine of God*. 1993. 「신론」, IVP.
- Letham, Robert. *The Work of Christ*. 1993. 「그리스도의 사역」, IVP.
- Helm, Paul. *The Providence of God*. 1994. 「하나님의 섭리」, IVP.
- Clowney, Edmund P. *The Church*. 1995. 「교회」, IVP.
- Ferguson, Sinclair B. *The Holy Spirit*. 1996. 「성령」, IVP.
- Sherlock, Charles. *The Doctrine of Humanity*. 1996.
- Macleod, Donald. *The Person of Christ*. 1998. 「그리스도의 위격」, IVP.
- Jensen, Peter. *The Revelation of God*. 2002.

Calvin, John. *Institutes of the Christian Religion*. Edited by John T. McNeill. Translated by Ford Lewis Battles. 2 vols. Library of Christian Classics 20. Philadelphia: Westminster, 1960. 「기독교 강요」. 고전에 속하는 책. 아직 이 책을 읽지 않았다면, 아마 이 책을 난해하게 여길지도 모른다. 그러나 막상 읽어 보면 뜻밖의 즐거움을 느낄 것이다. 이는

칼뱅이 명료하면서도 경건한 필치로 글을 썼기 때문이다. 이 책이 고전인 데에는 그럴 만한 이유가 있다.

Carson, D. A. "Logical Fallacies." In *Exegetical Fallacies*, 87-123. 2nd ed. Grand Rapids: Baker, 1996. 이 글에서는 주해자와 신학자가 피해야 할 열여덟 가지의 논리적 오류를 제시하고 있다.

Carson, D. A., and Timothy Keller, eds. *The Gospel as Center: Renewing Our Faith and Reforming Our Ministry Practices*. Wheaton, IL: Crossway, 2012. 「복음이 핵심이다」, 아가페북스. 이 책은 복음 연합(The Gospel Coalition)의 간결하면서도 확고한 신학이 담긴 '신앙 진술서'(confessional statement)의 내용을 해설한 것이다(www.thegospelcoalition.org).

Elwell, Walter A., ed. *Evangelical Dictionary of Theology*. 2nd ed. Grand Rapids: Baker Academic, 2001. 이 책은 탁월한 참고서다. 대니얼 트라이어(Daniel Treier)가 이 책의 3판을 편집하고 있으며, 이 판본은 2017년 중반에서 2018년 초반 사이에 출간될 것이다.

Erickson, Millard J. *Christian Theology*. 3rd ed. Grand Rapids: Baker Academic, 2013. 「복음주의 조직 신학」, 크리스천다이제스트. 표준적인 조직 신학서. 이 책은 전반적으로 좋은 편이다. 아주 탁월하지는 않지만 그렇다고 나쁜 것도 아니다. 이 책에서 에릭슨은 바르트와 브루너, 불트만과 키르케고르 같은 현대 신학자를 논하는 데 대부분의 복음주의 조직 신학서보다 더 많은 분량을 할애하고 있다.

Feinberg, John S., ed. Foundations of Evangelical Theology. Wheaton, IL: Crossway, 1997-현재. 이 시리즈에 속한 책들은 많은 분량에 걸쳐 조직 신학의 전통적인 각 범주를 다룬다. 이 탁월한 시리즈에서 지금까지 출간된 책들의 목록은 다음과 같다(현재 몇 권이 추가로 준비되고 있다).

- Demarest, Bruce. *The Cross and Salvation: The Doctrine of Salvation*. 1997. 「십자가와 구원」, 부흥과개혁사.
- Feinberg, John S. *No One like Him: The Doctrine of God*. 2001.
- Clark, David K. *To Know and Love God: Method for Theology*. 2003.
- Cole, Graham A. *He Who Gives Life: The Doctrine of the Holy Spirit*. 2007.
- Allison, Gregg R. *Sojourners and Strangers: The Doctrine of the Church*. 2012.
- Wellum, Stephen J. *God the Son Incarnate: The Doctrine of Christ*. 2016.
- 이후에 출간될 책들 가운데는 죄론에 관한 토머스 맥콜(Thomas McCall)의 책과 종말론에 관한 윌럼 반게메렌(Willem VanGemeren)의 책이 포함된다.

Frame, John M. *Apologetics: A Justification of Christian Belief*. Edited by Joseph E. Torres. 2nd ed. Phillipsburg, NJ: P&R Publishing, 2015. 「하나님의 영광을 위한 변증학」, 영음사(초판에서 번역). 내가 변증학에 관해 전반적으로 가장 선호하는 책. 이 책에서 프레

임은 명료하고 설득력 있는 논의를 펼친다.

_________. *Systematic Theology: An Introduction to Christian Belief.* Phillipsburg, NJ: P&R Publishing, 2013. 「조직 신학」, 부흥과개혁사. 이 책에는 존 프레임의 전형적인 특징이 담겨 있다. 곧 그는 명료하고 겸허하며 논리적이고 철저한 방식으로 글을 썼다(1,280쪽 분량). 그리고 이 책에는 삼중적인 관점이 가득하다. 프레임은 동료 학자들에게 깊은 인상을 주거나 자신의 학문성을 입증하는 데 관심을 두지 않는다. 물론 그가 원하기만 했다면 그럴 수 있었을 것이다. 그는 철학과 신학에 관해 방대한 지식을 갖고 있기 때문이다(875쪽에 달하는 그의 책 *A History of Western Philosophy and Theology* [Phillipsburg, NJ: P&R Publishing, 2015][「서양 철학과 신학의 역사」, 생명의말씀사]를 보라). 대신에 그는 신학생들에게 평이하고 건전한 신학을 전달하는 데 목표를 둔다. 당신이 프레임의 논의에 친숙하다면, 그가 모든 사안을 '삼중 관점의'(triperspectival) 렌즈로 살핀다는 점을 알고 있을 것이다. 이는 모든 일을 규범적 측면과 상황적 측면, 실존적 측면의 세 가지 관점에서 고찰하는 방식이다. 이것은 유익한 관점이 될 수 있지만, 때로는 인위적인 것처럼 느껴지기도 한다(존 프레임이 농구 선수였다면, 아마 그는 3점 슛만 구사했을 것이다). 프레임은 또한 *Salvation Belongs to the Lord: An Introduction to Systematic Theology* (Phillipsburg, NJ: P&R Publishing, 2006)(「조직 신학 개론」, 개혁주의신학사)라는 제목의 훨씬 짧은 책도 출간했다.

Grudem, Wayne. *Systematic Theology: An Introduction to Biblical Doctrine.* Grand Rapids: Zondervan, 1994. 「조직 신학」, 은성. 이 책은 내가 가장 선호하는 조직 신학서다. 이 책은 잘 정리되어 있으며 이해하기도 쉽고, 대체로 설득력이 있으며 경건하다. 어떤 신학자들은 논의를 지나치게 단순하게 전개한다는 점이나 성경을 그저 인용하거나 열거하여 자신의 주장을 옹호한다는 점, 복음주의권 바깥의 신학자들과 소통하지 않는다는 점을 들어 그루뎀을 조롱한다. 하지만 그런 이유들로 그의 작업을 비판하는 것은 애석한 일이다. 그루뎀은 현재 유행하는 후기 복음주의나 신정통주의, 자유주의 또는 로마 가톨릭 신학자들과 신학적 담론을 주고받는 최신의 현대 신학서를 집필하려 한 것이 아니기 때문이다. 물론 그런 책들도 필요한 것은 사실이다. 하지만 어떤 책을 비판할 때에는 그 고유한 목적을 염두에 두어야 한다. 이 책에서 그루뎀은 주요 교리들에 관한 성경 전체의 가르침을 명료하고 설득력 있게, 일관되게 제시하여 교회를 섬기려 했다. 내가 속한 미니애폴리스의 베들레헴 침례교회에서는 그루뎀의 책을 매우 유익한 것으로 여기고, 미얀마 북부의 카친(Kachin) 족을 위해 그 책을 징포(Jinghpaw) 어로 번역하는 일을 후원했다(이 일은 2015년에 완수되었다). 이 책은 카친 족 언어로 번역된 최초의 신학 서적이다. 그리고 그루뎀은 더 간결한 분량의 조직 신학서 두 권을 추가로 출간했다. 이중에서 중간 수준의 판본은 *Bible*

Doctrine: Essential Teachings of the Christian Faith, ed. Jeff Purswell (1999)(「성경 핵심 교리」, 솔로몬)이다. 그리고 가장 축약된 형태의 판본은 *Christian Beliefs: Twenty Basics Every Christian Should Know*, ed. Elliot Grudem (2005)(「꼭 알아야 할 기독교 핵심 진리 20」, 부흥과개혁사)이다. 현재 그루뎀은 이 조직 신학서의 두 번째 판을 준비하고 있으며, 이를 통해 이 탁월한 서적은 더욱 우수한 책이 될 것이다.

McCune, Rolland. *A Systematic Theology of Biblical Christianity*. 3 vols. Allen Park, MI: Detroit Baptist Theological Seminary, 2009-10. 어떤 종합적인 조직 신학서의 견해들에 전부 동의하는 이들은 그리 많지 않다. 그러나 다양한 조직 신학서를 참조하면서 하나님이 계시하신 진리들을 다른 이들이 어떻게 연관 짓는지 살펴보는 것은 유익하다. 이 (부차적인) 이유 하나만으로도, 노련한 신학 교수인 롤랜드 맥퀸이 집필한 이 세 권짜리 조직 신학서는 충분히 소장할 가치가 있다. 맥퀸은 42년간 신학대학원에서 조직 신학을 가르쳤다(1967-2009). 그는 전통적인 세대주의자이자 은사 중지론자이며, 4대지 칼뱅주의자다. 하지만 주석의 경우와 마찬가지로, 우리가 조직 신학서를 살피는 이유는 주로 저자의 견해를 파악하려는 것이 아니라 그의 논증을 숙고해 보려는 데 있다. 그리고 맥퀸의 논증들은 충분히 살펴볼 가치가 있다.

Nash, Ronald H. *Life's Ultimate Questions: An Introduction to Philosophy*. Grand Rapids: Zondervan, 1999. 이 책은 뛰어난 철학 교과서다. 내쉬(Nash)는 복잡한 개념들을 이해하기 쉽게 설명한다.

Packer, J. I. *Concise Theology: A Guide to Historic Christian Beliefs*. Wheaton, IL: Tyndale House, 1995. 이 책은 깔끔한 기초 개론서다.

Weston, Anthony. *A Rulebook for Arguments*. 4th ed. Indianapolis: Hackett, 2008. 「논증의 기술」, 필맥. 100쪽 분량의 이 책에는 '논리적 사고와 글쓰기에 대한 간결한 안내서'라는 부제를 붙일 수 있다. 논리적으로 사고하지 않을 경우에는 조직 신학의 작업을 제대로 수행하기가 어렵다.

How to Understand and Apply the New Testament

12장
실천 신학
텍스트를 우리 자신과 교회, 세상에 적용하기

실천 신학이란 무엇인가

"요한복음 3장 16절은 무엇을 의미하는가?"라는 질문과 "요한복음 3장 16절은 **나에게**, 또는 **교회나 오늘날의 세상을 향해** 무엇을 의미하는가?"라는 질문은 큰 차이가 있다. 전자의 질문에는 주해가 요구되며, 후자의 질문에는 적용이 요구된다. 그런데 텍스트를 분별력 있게 주해하기 전까지는 그 텍스트를 우리 자신이나 교회, 세상을 향해 분별 있게 적용할 수 없다.

실천 신학에서는 "그러면 우리는 어떻게 살아야 하는가?"라는 질문에 대답하면서 텍스트를 우리 자신과 교회, 세상에 적용하려 한다. 좀 더 직설적으로 표현하자면, 이 질문은 "그래서 어쨌다는 것인가?"(So what?)가 된다. 때로 이것은 가장 답하기 힘든 질문이다.

실천 신학은 신학의 다른 분과들, 곧 주해와 성경 신학, 역사 신학과 조직 신학의 결과물들에서 자연스럽게 흘러나와야 한다. 실천 신학에서는 이런 분과들의 결과물을 현실에 적용하며(즉 문화적 상황에 접목시키며), 이는 사람들이 성경적 세계관을 품고 지혜롭게 살아가는 것으로 하나님을 영화롭게 하도록 돕기 위해서다.

우리 삶의 방식에 성경을 적용해야 하는 이유는 무엇인가

간단히 답하자면, 하나님 말씀에는 권위가 있기 때문이다. 존 프레임은 이렇게 설명한다.

> 하나님이 어떤 정보를 알려 주실 때, 우리는 그것을 믿을 의무가 있다. 그분이 우리에게 무언가를 행하도록 명하실 때, 우리는 그 말씀에 순종할 의무가 있다. 그분이 우리에게 어떤 비유를 들려주실 때, 우리는 그 이야기 속에 자신을 대입하고 그 일이 지닌 함의를 묵상해 볼 의무가 있다. 그분이 우리를 향한 사랑을 드러내실 때, 우리는 그 사랑에 감사로 응답할 의무가 있다. 그분이 우리에게 어떤 것을 약속하실 때, 우리는 그 약속을 신뢰할 의무가 있다. 언어의 **권위**를 '듣는 이에게 어떤 의무를 부과하는 능력'이라고 정의해 보자. 그렇다면 절대 권위를 지닌 분의 말씀은 우리에게 절대적인 의무를 부과한다.[1]

이처럼 우리 삶의 방식에 성경을 적용해야 하는 이유는 하나님의 말씀에 권위가 있어서다.

실천 신학에도 전통적인 범주들이 있는가

앞 장에서 살폈듯이 조직 신학에는 성경의 교리를 다루는 열 가지 정도의 전통적인 주요 범주가 있다. 하지만 실천 신학의 경우에는 전통적인 몇 가지 범주가 존재하지 않는다. 다음 목록은 내 서재의 실천 신학 서적들을 분류할 때 활용한 주된 표제들이다.[2]

1. 그리스도인의 자유와 생활 방식
2. 기독교적인 삶 일반(예를 들면 경건 서적)
3. 상담과 심리학

---

1 John M. Frame, *The Doctrine of the Word of God*, Theology of Lordship (Phillipsburg, NJ: P&R Publishing, 2010)(『성경론』, 개혁주의신학사), 5쪽.

2 '부록A 자신만의 신학 서재를 체계적으로 정리해야 할 이유와 그 방법'을 보라.

4. 문화
5. 교육과 학문
6. 윤리 문제_ 낙태, 매장 대 화장, 사형, 장애, 환경, 민족성, 안락사, 유전 공학, 하나님의 뜻을 아는 것, 거짓말, 돈과 소유, 성(性), 전쟁
7. 복음 전도와 제자도_ 교회 성장 운동, 선교, 소그룹
8. 가정_ 입양, 아동 문학, 데이트와 교제, 남성과 여성(상보주의 대 평등주의), (이혼과 재혼을 포함한) 결혼, 육아, 독신, 청소년 문제
9. 리더십
10. 지성과 감정
11. 목회 신학
12. 정치 문제(교회와 국가)_ 시민 불복종, 두 왕국 신학
13. 기도
14. 설교_ 역사, 설교학(homiletics)
15. 안식일과 주일
16. 죄_ 분노, 불안, 원한(용서), 탐욕/우상 숭배, 조급함, 기쁨이 없음, 비판적인 태도, 게으름(일과 소명, 은퇴), 정욕, 잘못된 수치심, 완벽주의, 교만(겸손), 이기심, 말, 세속성
17. 사회 문제(예를 들면 가난과 자선 행위, 공적 정의)
18. 기술
19. 예배(음악 관련 논쟁과 미학을 포함)

이런 실제적인 문제들을 분별력 있게 다루기 위해서는 건전한 주해와 성경 신학, 역사 신학, 조직 신학의 토대 위에서 논의를 이어 나가야만 한다. 그리고 이 점은 한 가지 중요한 질문을 낳는다.

주해는 언제나 적용보다 앞서는가

전통적인 견해는 주해가 적용보다 앞선다는 것이다. 이는 충분히 이치에 맞는 관점이다. 저자가 어떤 의도에서 텍스트를 기록했는지 알지 못하면, 그 내용을 제대로 적용

할 수 없다. 그러니 우리는 먼저 그 텍스트의 의미를 파악한 다음, 오늘날 그 의미에 어떻게 반응할 것인지를 제시해야 한다. 곧 텍스트의 의미가 먼저이고, 그 다음에 우리에게 주는 의의를 살펴야 하는 것이다.[3] 대니얼 도리아니(Daniel Doriani)는 이런 접근 방식을 잘 설명한다. "주해에서는 본문 내용이 '무엇인지'(what)를 파악한다면, 적용에서는 '그래서 어떻게 할 것인지'(so what)를 탐구한다."[4]

그러나 존 프레임을 비롯한 어떤 이들은 이런 견해에 반론을 제기해 왔다. 프레임은 이렇게 주장한다.

> 성경 본문의 의미를 이해하긴 하지만 그 본문을 어떻게 적용할지 전혀 모르겠다고 말하는 이가 있다고 생각해 보자. 그 주장을 있는 그대로 받아들인다면 그 사람은 그 텍스트에 관한 어떤 질문에도 답할 수 없고, 그 텍스트에 관해 어떤 번역본도 추천할 수 없으며, 그 텍스트에서 어떤 함의도 이끌어 낼 수 없을 뿐 아니라 텍스트의 어떤 표현도 자신의 말로 설명할 수 없다는 뜻이 된다. 과연 그런 주장을 진지하게 받아들일 수 있겠는가? 이처럼 텍스트의 '적용' 방식에 관한 지식이 없는 사람이 그 텍스트의 '의미'를 안다고 주장하는 것은 공허하고 무의미하다. 그러므로 본문의 의미를 안다는 것은 곧 그 본문을 어떻게 적용할지를 안다는 뜻이다. 성경의 의미는 그 적용에 있다.[5]

> 신학은 곧 **사람들이 삶의 모든 영역에 성경을 적용하는** 일을 가리킨다.[6]

즉, 프레임은 주해와 적용을 **동일시한다**. 의미는 곧 적용에 있다는 것이다. 이처럼 신학을 적용으로 정의하는 것에는 혼란의 소지가 있지만, 프레임이 말하고자 하는 바 자체는 이해할 수 있다. 그의 기본 주장은 우리가 본문의 적용 방식을 모른다면,

---

3 E. D. Hirsch Jr., *Validity in Interpretation* (New Haven, CT: Yale University Press, 1967)을 참조하라.

4 Daniel M. Doriani, *Putting the Truth to Work: The Theory and Practice of Biblical Application* (Phillipsburg, NJ: P&R Publishing, 2001)(『적용, 성경과 삶의 통합을 말하다』, 성서유니온선교회), 19쪽.

5 John M. Frame, *The Doctrine of the Knowledge of God*, Theology of Lordship (Phillipsburg, NJ: Presbyterian and Reformed, 1987), 67쪽.

6 John M. Frame, *Systematic Theology: An Introduction to Christian Belief* (Phillipsburg, NJ: P&R Publishing, 2013)(『조직 신학』, 부흥과개혁사), 8쪽(강조는 원래의 것).

그 본문을 제대로 주해했다고 할 수 없다는 것이다. "도둑질하지 말라"는 명령을 생각해 보자(출 20:15, 레 19:11, 신 5:19, 마 19:18, 롬 13:9). 그 명령을 자신의 상황에 바르게 적용하지 못한다면, 우리는 그 금지령을 제대로 이해한 것이 아니다. 곧 그 금지령을 듣고도 고용주의 돈을 횡령해도 된다고 여긴다면, 우리는 그 명령을 잘못 이해하고 있다는 것이다.

여기서 프레임은 좋은 요점을 지적하고 있다. 하지만 나는 그 요점이 모든 텍스트에 해당하는 것은 아니라고 본다. "도둑질하지 말라"와 같은 명령을 언급할 때에는 그런 주장이 언뜻 설득력 있게 들린다. 그러나 "너는 염소 새끼를 그 어미의 젖으로 삶지 말지니라"(출 23:19b) 같은 명령에 관해서는 어떻게 할 것인가? 나는 오늘날 우리가 이 텍스트의 주해와 적용을 서로 구분할 수 있다고 본다.

그러므로 일반적인 측면에서 나는 주해와 적용을 해석 과정에서 서로 다른 단계로 여기는 것이 유익하다고 생각한다. 하지만 때로는 이 둘이 서로 겹치기도 한다.

그리고 우리가 어떤 본문을 주해할 때, 그 주해를 공식적으로 '완수하게' 될 가능성은 거의 없다. 우리는 그 본문에 관해 언제나 더 많은 작업을 수행할 수 있고, 더 깊은 탐구를 이어갈 수 있기 때문이다. 때로는 어떤 본문의 주해를 시도하는 동시에 그 본문의 적용 방식을 생각하게 된다. 그러고는 적용에 관한 생각에 자극받아, 그 본문을 더욱 세심히 주해하게 되는 것이다. 이런 식으로 이해의 나선형이 지속되어 간다.

적용은 복잡한 과업이다

팝콘 만드는 법에 관해 단계별로 지침을 작성하기는 비교적 쉽다. 하지만 성경을 적용하는 법에 관한 단계별 지침은 어떻게 제시할 수 있을까? 그것은 복잡한 과업이다.

우리는 수십 년간 성경을 가르치고 적용하면서도, 본문의 주해에서 적용으로 옮겨가는 방식을 주의 깊게 헤아려 보지 않을 수 있다. 대체로 본문의 적용은 다른 이들이 가르쳐 주어서 알게 되는 것이 아니다. 오히려 그들이 어떻게 하는지를 지켜보면서 그 방법을 '감 잡게' 된다. 대부분의 사람들은 주로 직감과 본능에 근거해서 그 작업을 수행한다. 곧 그 작업의 역학을 생각해 보지 않는 것이다. 이는 우리가 컴퓨터에 어떤 문장을 입력할 때 타이핑의 역학을 생각하거나, 차를 몰고 가면서 운전의 역학을 생각하지 않는 것과 마찬가지다.

게다가 성경의 적용 방법에 관해서는 자료가 드문 편이다. 성경의 해석 방법에 관해서는 자료가 많지만, 그 적용 방법에 관한 자료는 그리 많지 않다. 성경의 적용 방법에 관해 내가 아는 가장 좋은 책은 대니얼 도리아니가 2001년에 집필한 「적용, 성경과 삶의 통합을 말하다」(*Putting the Truth to Work: The Theory and Practice of Biblical Application*, 성서유니온선교회 역간)이다. 성경 주해 핸드북들은 대체로 본문의 적용에 한 장을 할애해서 간단히 다룬다. 예를 들어 이 책도 이 짧은 장에서 실천 신학을 다루고 있다. 하지만 도리아니의 책은 많은 분량에 걸쳐 이 주제를 주의 깊게 다룬 몇 안 되는 자료 중 하나다.

성경을 적용하는 여섯 가지 지침

이처럼 성경 적용 과정은 복잡한 것이므로, 이해를 돕기 위해 여섯 가지 지침을 살펴보기로 하자. 여기서 '단계'(steps) 대신 '지침'(guidelines)이라고 표현한 이유는 우리가 엄격한 순서에 따라 이런 작업을 수행하는 것이 아니어서다. 이 작업들은 서로 연결되어 있다.

1. 본문 적용은 주해와 신학에 통제받는다는 점을 인식하라

이상적으로는 신약의 한 본문을 우리의 상황에 적용하기 전에 먼저 앞선 장들에서 살펴본 주해-신학적 작업들을 수행해야 한다. 이 점이 중요한 이유는 우리가 본문을 적용하기 전에 먼저 그 본문을 최대한 분별력 있게 주해해야 하기 때문이다. 물론 전체적인 주해 과정에서 그 본문을 어떻게 적용할지에 관해 잠정적인 개념을 형성해 나갈 수는 있다.

특히 성경 신학은 성경의 일부 진리를 적용하는 방식에서 결정적으로 중요하다. 예를 들어 십일조 문제를 생각해 보자. 우리가 가진 돈을 어떻게 쓸 것인지는 대단히 실제적인 문제다. 우리가 십일조와 하나님께 드리는 "헌금"에 관해 성경 전체의 가르침을 공부할 때 어떤 일이 생겨날까? 성경 신학적 맥락에서 성경을 읽어 나갈 때, 하나님이 오늘날의 그리스도인들에게 자기 소득의 10퍼센트만 바치도록 요구하신다는 주장은 설득력을 지니기 어렵다는 것이 내 생각이다. 새 언약에서 (1) 헌금의 토대는 하나님과 우리의 관계, 그리고 그분이 우리에게 베푸시는 은혜와 사랑에 있다. 그리고 (2) 우리가 드리는 헌금의 분량은 우리가 버는 수입의 액수와 마음의 결단, 우리를 돌보는 사역자와 동료 그리스도인의 필요, 후한 마음씨 등 몇몇 요소에 근거한다. 그렇다면 굳이 10퍼센트만 드려야 할 이유가 무엇인가?

내가 아는 그리스도인들 중에는 자기 수입의 5퍼센트를 하나님께 드리면서도 신실하게 살아가는 이들도 있지만, 수입의 10퍼센트를 드리면서도 신실하지 못한 이들도 있다. 그리고 선진국에 속한 많은 사람은 하나님께 10퍼센트 미만을 드릴 마땅한 이유가 없다.[7]

그리스도인들의 주일 성수 문제도 비슷하게 논의할 수 있을 것이다.[8] 여기서 내 요점은 본문 적용이 주해와 신학에 통제받는다는 것이며, 우리 그리스도인들이 새 언약에 속해 있다는 점이 본문의 해석과 적용에서 결정적인 요소가 되는 경우가 많다는 것이다.

2. 본문에 담긴 진리를 보편 원리로 진술하라

이것은 종종 성경의 역사적 맥락과 현재 상황을 연관 짓는 최선의 방법이다. 누군가가 이렇게 묻는다면, 당신은 어떻게 대답하겠는가? "성경 어디에서 외설적인 동영상을 보는 것이 죄라고 가르치나요?" "성경 어디에서 코카인을 흡입하는 것이 죄라고 가

---

7 십일조 문제를 좀 더 살피려면, 특히 데이비드 크로토(David Croteau)의 글들을 보라. David A. Croteau, "A Biblical and Theological Analysis of Tithing: Toward a Theology of Giving in the New Covenant Era" (Ph.D. diss., Southeastern Baptist Theological Seminary, 2005); Andreas J. Köstenberger and David A. Croteau, "Reconstructing a Biblical Model for Giving: A Discussion of Relevant Systematic Issues and New Testament Principles," *BBR* 16, 2 (2006): 237-60쪽; Andreas J. Köstenberger and David A. Croteau, "'Will a Man Rob God?' (Malachi 3:8): A Study of Tithing in the Old and New Testaments," *BBR* 16, 1 (2006): 53-77쪽; Croteau, *You Mean I Don't Have to Tithe? A Deconstruction of Tithing and a Reconstruction of Post-Tithe Giving*, McMaster Theological Studies 3 (Eugene, OR: Pickwick, 2010); David A. Croteau 편집, *Perspectives on Tithing: 4 Views* (Nashville: Broadman & Holman, 2011); Croteau, *Tithing after the Cross: A Refutation of the Top Arguments for Tithing and New Paradigm for Giving*, Areopagus Critical Christian Issues 7 (Gonzalez, FL: Energion, 2013).

8 D. A. Carson 편집, *From Sabbath to Lord's Day: A Biblical, Historical, and Theological Investigation* (Grand Rapids: Zondervan, 1982); Tom Wells and Fred G. Zaspel, *New Covenant Theology: Description, Definition, Defense* (Frederick, MD: New Covenant Media, 2002), 211-57쪽; Tom Wells, *The Christian and the Sabbath* (West Chester, OH: Tom Wells, 2010); Christopher John Donato 편집, *Perspectives on the Sabbath: 4 Views* (Nashville: Broadman & Holman, 2011)를 참조하라.

르치고 있나요?" 성경은 이런 구체적인 사안들을 분명히 언급한다. 그리고 그 가르침에 도달하는 길은 이런 문제에 연관된 본문들을 그 자체의 맥락에서 해석한 뒤, 본문에서 파악한 진리를 보편 원리 형태로 진술하는 것이다. 이런 원리들은 근본적인 진리로, 실천 신학의 토대를 이루며, 모든 시대의 모든 문화에 속한 이들에게 구체적으로 적용된다.[9]

경고_ 나는 성경의 모든 내용을 명제로 만들어서 그 메시지를 무미건조하게 만드는 실수를 범하고 싶지 않다. 성경의 다양한 장르들은 저마다 다른 방식으로 메시지를 전달한다. 비유나 이야기, 묵시적인 텍스트를 추상적인 형태의 원리로 전환할 경우, 그 메시지는 원래 힘을 온전히 발휘하지 못하지도 모른다.[10] 그러니 '원리'(principle)라는 표현만 고집하는 대신, 마크 스트라우스의 방식대로 표현하는 것이 더 정확할 수도 있다. "성경의 구체적인 가르침이나 명령들 배후에 있는 신적인 윤리나 윤리적 이상, 또는 그리스도의 마음."[11]

클라인(Klein)과 블롬버그, 허버드(Hubbard)는 이 과정을 세 단계로 구분한다.[12]

1. 본문에서 의도하는 원래 적용점(들)을 파악하라. …… 이 본문에는 독자가 순종해야 할 명령 또는 따르거나 피해야 할 본보기, 붙잡아야 할 약속, 새겨들어야 할 경고, (직접적인 명령으로 표현되지는 않았지만) 따라야 할 가르침이나 믿어야 할 진리가 있는가? …… 과연 이 본문에는 독자로 기도하도록 자극하는 곤경이나, 찬양을 불러일으키는 축복이 담겨 있는가?
2. 이 적용점들이 원래의 역사적 상황과 얼마나 특수하게 연관되는지를 평가하라. 원래의 구체적인 적용점들이 시대와 장소를 초월하여 다른 독자들에게도 적

9 또는 적어도 (1) 아담이 죄를 범한 때부터 예수께서 모든 일을 완성하실 때까지나 (2) 예수께서 새 언약을 개시하신 때부터 모든 일을 완성하실 때까지의 '모든 시대에' 적용된다.

10 Mark L. Strauss, *How to Read the Bible in Changing Times: Understanding and Applying God's Word Today* (Grand Rapids: Baker, 2011), 215-17쪽; Strauss, "A Reflection," in *Four Views on Moving beyond the Bible to Theology*, Gary T. Meadors 편집, Counterpoints (Grand Rapids: Zondervan, 2009)(『성경 어떻게 적용할 것인가』, 부흥과개혁사), 275-77쪽을 참조하라.

11 Strauss, "A Reflection," 293쪽.

12 William W. Klein, Craig L. Blomberg, and Robert L. Hubbard Jr., *Introduction to Biblical Interpretation*, 3판 (Grand Rapids: Zondervan, forthcoming 2017)(『성경 해석학 총론』, 생명의말씀사[초판에서 번역]), 12장.

용될 수 있는 것이라면, 문화적으로 적합한 방식으로 그 원리들을 적용하라.[13]

3. 원래의 적용점들이 그런 식으로 다른 독자들에게 적용될 수 없는 것이라면, 이 텍스트의 구체적인 요소들 속에 담겨 있는 하나 이상의 더 광범위한 초문화적 원리들을 파악하라.

예를 들어 다음 두 명령을 대조해 보자.

1. "서로 친절하게 하며 불쌍히 여기며 서로 용서하기를 하나님이 그리스도 안에서 너희를 용서하심과 같이 하라"(엡 4:32).
2. "거룩하게 입맞춤으로 서로 문안하라"(고전 16:20b).

이중 첫 번째 명령은 오늘날 우리의 문화 상황에 직접 적용할 수 있다. 그러나 두 번째 명령은 그렇지 않다. 그러므로 두 번째 명령을 우리 상황에 적용하기 위해서는 추가 작업이 필요하다.

우리 중 대부분은 서구권의 선교사들이 비서구 문화권에 속한 이들을 상대로 사역할 경우, 그들의 문화를 잘 익혀야 한다는 점에 기꺼이 동의한다. 그런 다음에야 성경 메시지를 그 문화권 상황에서 초문화적으로 슬기롭게 적용할 수 있기 때문이다. 그런데 서구 문화권에서 성경을 적용하는 일에 관해서는 이와 같은 원칙을 거꾸로 채택해야 한다. 곧 성경의 인간 저자들은 서양인이 아니었으며, 따라서 비서구권에서 글을 쓴 것이다. 그러므로 때로는 성경을 서구 문화권에 적용하기 전에 먼저 성경 자체의 비서구적인 문화를 이해해야 한다.

'성경이 나에게 의미하는 바'를 강조할 때, 우리는 텍스트와 자신 사이의 거리를 완전히 무시할 수 있다. 그러나 좀 더 분별력 있는 태도를 취할 경우, 우리는 성경 본문을 그 자체의 방식대로 읽은 다음에 그 본문이 성경 전체에 어떻게 연관되는지를 파악하고, 그러고 나서 그 내용이 우리 자신에게 어떻게 적용될 수 있는지를 질문하게 될 것이다.

---

13 클라인과 블롬버그, 허버드는 어떤 본문이 특정 문화에 매여 있는지를 파악하는 데 도움이 될 열 가지 질문을 제시한다.

3. 우리의 청중과 그들의 문화를 주해하라

주해 대상은 성경 본문만이 아니다. 어떤 설교자들은 대부분의 시간을 본문 주해에 쏟고, 자신의 설교를 듣는 청중이나 그들이 속한 문화를 주해하는 데에는 비교적 적은 시간을 투자한다. 이 일에 관해 '본문을 주해하는 데 50퍼센트, 당신의 청중과 그들의 문화를 주해하는 데 50퍼센트의 시간을 투자하라'와 같은 공식은 없다. 다만 내 생각에는 설교자들이 성경 강해에 진지한 관심을 쏟는 경우, 그 비율은 90퍼센트 대 10퍼센트에 좀 더 가까울 듯싶다. 물론 때로는 그것이 올바른 비율일지도 모른다. 이는 그 설교자가 성경 본문과 자신의 청중을 어느 정도나 알고 있는지에 달려 있다. 다만 내 요점은 우리가 보편적인 원리를 현재 상황에 적용하기 전에 먼저 그 상황을 제대로 이해해야 한다는 것이다.

그러면 우리의 청중을 어떻게 주해할 수 있을까? 그들과 함께 시간을 보내고 그들을 알아 가야 한다. 그들의 말에 귀를 기울여야 한다. 그들이 어떤 것을 생각하며 무엇을 두려워하는지, 어떤 문제와 씨름하고 있는지, 자신의 신념과 행동을 어떻게 옹호하고 있는지를 배워 가야 한다.

또한 우리가 속한 문화는 어떻게 주해할 수 있을까? 자신이 속한 문화를 더 잘 이해할 수 있도록, 우리는 그 문화의 여러 측면에 전략적으로 신중하게 접근해야 한다. 이는 굳이 무가치하고 선정적인 요소들을 체험해 보아야 한다는 뜻이 아니다. 다만 자기 머리를 모래밭에 파묻는 타조처럼 현실을 회피하려 해서는 안 된다는 뜻이다. 그리고 문화를 대면할 때 머리를 텅 비운 채로 있어서도 안 된다. 우리는 자신이 읽는 내용(책과 잡지, 뉴스, 블로그 등)과 보는 내용(영화와 텔레비전 등), 듣는 내용(음악과 라디오 프로그램 등)과 경험하는 내용(예를 들어 여행하는 경우)을 주의 깊게 생각해야 한다.

어떤 이들은 이런 작업을 다른 이들보다 더 잘 수행하며, 나는 이처럼 문화를 통찰력 있게 분석하는 이들을 통해 많은 유익을 얻고 있다. 이를테면 앨버트 몰러(Albert Mohler)와 데니 버크(Denny Burk), 콜린 한센(Collin Hansen), 저스틴 테일러(Justin Taylor), 팀 켈러(Tim Keller) 같은 이들이 그런 사람들이다.

특히 팀 켈러는 이 점에서 탁월하다. 그는 이렇게 설명한다.

> 사람들의 마음을 향한 설교와, 문화를 향한 설교는 서로 연결되어 있다. 이는 문화

의 내러티브들이 각 사람의 정체성과 양심, 실재에 대한 이해에 깊은 영향을 끼치기 때문이다. 설교에서 문화적인 측면들을 다룰 때, 우리의 메시지가 '현대적인' 것으로 여겨지게끔 하는 데 그 목적을 두어서는 안 된다. 오히려 그 목적은 청중이 살아가는 삶의 기초에 놓인 토대들을 드러내는 데 있어야 한다.[14]

켈러가 자신의 책 「팀 켈러의 설교」(*Preaching*, 두란노 역간)에서 논의의 절반가량을 문화를 다루는 방법에 쏟은 이유는 여기에 있다. 그는 먼저 "문화를 향해 설교하고 영향을 끼치기 위한 바람직한 실천 방식" 여섯 가지를 제시한다.[15]

1. 청중이 이해하기 쉬운 어휘를 사용하라.
2. 문화적으로 존경받는 권위자들을 활용하라.
3. 자신이 사람들의 의심과 반론을 이해하고 있음을 보여 주라.
4. 문화의 기초적인 내러티브들에 도전을 제기할 수 있도록 일단 그 내러티브들을 긍정하라.
5. 그 문화의 취약점을 건드리는 방식으로 복음을 제시하라.
6. 복음을 향한 동기를 부여하라.

그런 다음에 켈러는 후기 현대 문화의 내러티브가 지닌 성격을 보여 주는 문화적 사안들을 주해한다.[16]

1. 기술과 역사의 내러티브들(과학을 세속적 희망의 원천으로 여김)
2. 자유의 내러티브(제약이 없는 절대적 자유)
3. 도덕 또는 정의의 내러티브(스스로 권위를 부여하는 도덕성)
4. 정체성의 내러티브(주권적인 자아)

---

14 Timothy Keller, *Preaching: Communicating Faith in an Age of Skepticism* (New York: Viking, 2015)(「팀 켈러의 설교」, 두란노), 21쪽.

15 같은 책, 103-20쪽.

16 같은 책, 129-56쪽.

켈러가 설교하거나 설교에 관해 설명하는 것을 들을 때, 나는 그가 자신의 청중과 그들이 속한 문화를 얼마나 통찰력 있게 주해하는지를 살피면서 경탄한다. 이것은 우연히 되는 일이 아니다. 성경을 잘 주해하는 이들은 성경 연구에 힘을 쏟으며, 청중과 그들이 속한 문화를 잘 주해하는 이들 역시 자신의 일을 위해 열심히 노력한다. 그러므로 다음과 같은 켈러의 조언은 적절하다.

> 다양한 이들을 여러분의 대화 상대로 삼으라. …… 설교의 자연스러운 역학 중 하나는 여러분 자신이 주중에 가장 많이 대화하는 이들을 상대로 설교하려는 경향을 지니게 된다는 것이다. 그 이유는 무엇일까? 여러분이 어떤 이들과 많이 교류할수록 여러분의 마음은 그들이 제기한 질문들로 가득 찬다. 여러분이 성경을 읽을 때, 그런 질문들은 여러분 자신의 해석적 틀에 덧붙여질 것이다. 그리고 여러분은 그런 질문들에 응답하는 성경의 진리를 파악하는 법을 배우게 될 것이다. 그러므로 여러분의 설교는 여러분이 가장 깊이 마음에 두고 있는 사람들을 상대로 하는 성향을 띠게 된다.[17]

따라서 우리의 대화 상대자가 미국의 보수적인 개혁파 복음주의자들뿐이며, 우리가 읽는 글도 그들이 쓴 것뿐이라고 하자. 그러면 우리는 미국의 보수적인 개혁파 복음주의자들이 속한 하위문화를 상대로 성경을 적용하려는 경향을 보이게 될 것이다. 물론 그들에게 성경을 적용하는 것은 유익한 일이다. 하지만 켈러는 우리가 그 이상의 과업을 수행해야 한다고 바르게 지적한다. 그러면 그 일을 어떻게 감당할 것인가? 이에 관해 켈러는 단순한 두 가지 전략을 제안한다. (1) "정치적 성향을 띤 글을 다양하게 읽을 것"과 (2) "다양한 이들과 대화할 것"이다.[18]

4. 특정한 범주의 사람들을 겨냥하라

켈러는 우리가 다양한 이들과 대화를 나누는 데서 한 걸음 더 나아가야 한다고 주장한다. "설교를 준비하면서 다양한 이들을 마음속에 그려 보아야 한다."[19] 곧 구체적인

---

17 같은 책, 180-81쪽.

18 같은 책, 182쪽.

19 같은 쪽.

범주의 사람들에 초점을 맞추어야 한다는 것이다.[20]

본문을 적용할 때에는 항상 우리 자신에게서 시작해야 한다. 요한 알브레히트 벵엘의 충고를 기억하라. "본문에 온전히 몰두하고, 자신에게 본문을 온전히 적용하라." 곧 다른 이들에게 본문의 메시지를 적용하기 전에, 우리 자신이 먼저 그 본문에 사로잡히고 변화되며 고침 받고 교훈을 얻어야 하는 것이다. 그러면 그 내용을 다른 이들에게 적용할 준비가 되었다고 하자. 이때 우리는 어떤 범주들 가운데서 그들을 파악해야 할까? 어쩌면 우리는 청중을 아주 단순하게 두 가지 범주로 분류할 수 있을 것이다. 즉 그리스도인과 비그리스도인이다. 또는 예수의 씨 뿌리는 비유에서 언급된 네 가지 범주에 따라 구분할 수도 있다(마 13:1-23).

켈러는 성경 본문에서 언급할 수 있는 사람들의 열두 가지 범주를 제시한다.[21]

1. 의식적인 불신자_ 자신이 그리스도인이 아님을 아는 이들(예를 들어 부도덕한 이교도나 지적인 이교도, 다른 이를 모방하는 이교도, 진실한 사색가, 종교적인 비그리스도인 등).
2. 교회에 속하지 않은 명목상 그리스도인_ 기독교의 기본 교리들을 믿지만 교회와 아무 관계가 없거나 거리가 먼 이들.
3. 교회에 속한 명목상의 그리스도인_ 교회에 출석하지만 거듭나지는 않은 이들(예를 들어 어느 정도 적극적인 도덕주의자들, 적극적으로 활동하며 자신을 의롭게 여기는 이들).
4. 각성된 이들_ 자신의 죄를 깨닫고 양심이 동요하지만 아직 복음의 평안을 얻지 못한 이들(예를 들어 호기심에 찬 이들이나 거짓 평안을 품은 이들, 위로받지 못한 이들).
5. 배교자들_ 한때는 교회 생활에 적극적으로 참여했지만 이제는 미련 없이 신앙을 저버린 이들.
6. 새신자들_ 최근에 회심한 이들(예를 들어 의심하는 이들과 열심을 품은 이들, 지나친 열심을 내는 이들).
7. 성숙한 이들/성장하는 이들_ 다음에 언급된 기본 상태들을 거의 모두 겪었지만 그런 상태들을 극복하면서 전진하는 이들. 이는 그들이 목회적인 돌봄에 신속히 반응하거나, 스스로 자신의 문제에 대처하는 법을 알고 있기 때문이다.

---

20 Daniel J. Estes, "Audience Analysis and Validity in Application," *BSac* 150 (1993): 219-29쪽을 참조하라.

21 Keller, *Preaching*(『팀 켈러의 설교』), 290-93쪽.

8. 고통 받는 이들_ 영적인 활력을 앗아 가는 문제나 고민거리에 눌리면서 살아가는 이들(예를 들어 신체적인 고통을 겪는 이들, 죽어 가는 이들, 가족과 사별한 이들, 외로운 이들, 핍박/학대를 받는 이들, 가난하거나 경제적인 어려움에 처한 이들, 버림받은 이들).
9. 시험받는 이들_ 자신을 강력히 유혹하는 죄(들)와 씨름하는 이들(예를 들어 유혹의 습격을 받은 이들이나 죄에 사로잡힌 이들).
10. 미성숙한 이들_ 영적 유아 상태에 있는 이들로, 마땅히 자라 가야 함에도 그러지 못하는 이들(예를 들어 훈련받지 못한 이들이나 스스로 만족하는 이들, 균형 감각을 잃은 이들이나 이상한 교리에 집착하는 이들).
11. 침체된 이들_ 부정적인 감정을 겪을 뿐 아니라 그리스도인의 의무를 회피하고 불순종하는 이들(예를 들어 염려하는 이들과 지친 이들, 화가 난 이들과 자기만의 생각에 빠진 이들, 죄책감에 시달리는 이들).
12. 타락한 이들_ 침체 단계를 넘어 하나님과의 교제, 교회와의 교제를 떠난 이들(예를 들어 마음이 연한 이들과 강퍅한 이들).

켈러가 말한 열두 가지 범주의 사람들은 이와 같다. 우리는 성경을 적용할 때 이런 범주에 속한 이들 중 어느 하나(또는 그 범주에 속한 하위 집단)에 초점을 맞출 수 있다.

마크 데버(Mark Dever)는 자신이 설교를 준비할 때 활용하는 '설교 적용 도표'를 만들었다. 이 도표에서 그는 자신의 주된 요점과 세부 요점들을 정렬한 뒤, 각 요점에 관해 아홉 가지 질문을 제기한다(521쪽 도표12.1을 보라).[22]

1. **고유한 구원사**_ 하나님이 그분의 구원 계획을 역사 속에서 펼쳐 나가시는 방식을 살필 때, 이 본문은 어떤 면에서 중요성을 지니는가? 이 본문에 나타난 것 가운데서 우리가 되풀이할 수는 없지만 그로 인해 하나님께 마땅히 경배해야 할 일은 무엇인가? 또는 추가적인 설명이 필요한 일은 무엇인가?

2. **비그리스도인**_ 이 본문은 비그리스도인에게 어떻게 말을 건네는가? 이 본문에서는 어떻게 사람들을 회개와 신앙으로 나아오도록 부르는가? 이 본문은 어떻게 비그

22 http://9marks.org/ (허락을 받고 사용함).

리스도인에게 경고하고 책망하며, 교정하거나 자극하는가? 이 본문은 비그리스도인이 처한 상황의 위험성이나 그리스도의 유일성, 구주를 찾아야 할 죄인의 필요, 죄인을 대신하시는 구주의 충족성에 관해 무엇을 언급하는가?

3. **공적 영역_** 이 본문은 그리스도인과 비그리스도인들의 공적인 삶과 역할에 관해 무엇을 언급하는가?(예를 들면 정부와 지역 공동체 등에서)

4. **그리스도_** 이 본문에서는 예수께서 어떻게 예시되거나 예표되고 있는가? 그 예표는 특히 그리스도의 어떤 완전하신 속성을 묘사하는가? 이 본문은 예수의 성품과 권세, 영광 또는 본질을 어떤 식으로 기억하거나 서술하고 있는가?

5. **다양성 속의 통일성_** 이 본문은 우리가 그리스도 안에서 지닌 통일성을 어떻게 보여 주는가? 이 본문에서는 그리스도의 몸이 지닌 다양성을 어떻게 드러내는가?

6. **일_** 이 본문은 고용주와 고용인의 관계에 관해 무엇을 언급하는가?

7. **성/결혼/가족_** 이 본문은 남자들에게 무엇을 언급하는가? 여자들에게는 무엇을 언급하는가? 이 본문은 남편과 아내에 관해, 또 가족에 관해 어떻게 적용될 수 있는가?

8. **그리스도인 개개인_** 이 본문은 그리스도인 개개인의 삶에 관해 어떤 의미를 갖는가? 이 본문은 어떤 식으로 그들을 더 깊은 회개와 신앙으로 나아오도록 부르는가? 이 본문은 어떤 식으로 각 그리스도인에게 경고하고 책망하며, 교정하고, 동기를 부여하거나 위로와 격려를 베푸는가?

9. **지역 교회_** 이 본문은 우리가 속한 지역 교회의 공동체적 삶에 어떤 의미를 지니는가? 이 본문은 지역 교회를 향해, 어떤 식으로 자신들의 공동체를 돌아보고, 또 어떤 식으로 주변 비그리스도인들에게 진리를 증언하길 요청하는가?

우리가 성경을 적용할 때 주의 깊게 제기해야 할 질문들은 위와 같다. 이처럼 여러 수준에 걸친 적용을 충분히 헤아리지 않는 한, 우리는 늘 같은 한두 가지 방식으로 성경을 적용하려는 성향을 띠기 쉽다.

본문___________________ 설교 제목___________________ 설교 날짜___________________

		고유한 구원사	비그리스도인	공적 영역	그리스도	다양성 속의 통일성	일	성/결혼/가족	그리스도인 개개인	지역 교회
요점 #1										
요점 #2	하위 요점 #2.A									
	하위 요점 #2.B									
	하위 요점 #2.B.1									
	하위 요점 #2.B.2									
	하위 요점 #2.B.3									
	하위 요점 #2.B.4									
결론										

1. 고유한 구원사_ 하나님이 그분의 구원 계획을 역사 속에서 펼쳐 나가시는 방식을 살필 때, 이 본문은 어떤 면에서 중요성을 지니는가? 이 본문에 나타난 것 가운데서 우리가 되풀이할 수는 없지만 그로 인해 하나님께 마땅히 경배해야 할 일은 무엇인가? 또는 추가적인 설명이 필요한 일은 무엇인가?
2. 비그리스도인_ 이 본문은 비그리스도인에게 어떻게 말을 건네는가? 이 본문에서는 어떻게 사람들을 회개와 신앙으로 나아오도록 부르는가? 이 본문은 어떻게 비그리스도인에게 경고하고 책망하며, 교정하거나 자극하는가? 이 본문은 비그리스도인이 처한 상황의 위험성이나 그리스도의 유일성, 구주를 찾아야 할 죄인의 필요, 죄인을 대신하시는 구주의 충족성에 관해 무엇을 언급하는가?
3. 공적 영역_ 이 본문은 그리스도인과 비그리스도인들의 공적인 삶과 역할에 관해 무엇을 언급하는가?(예를 들면 정부와 지역 공동체 등에서)
4. 그리스도_ 이 본문에서는 예수께서 어떻게 예시되거나 예표되고 있는가? 그 예표는 특히 그리스도의 어떤 완전하신 속성을 묘사하는가? 이 본문은 예수의 성품과 권세, 영광 또는 본질을 어떤 식으로 기억하거나 서술하고 있는가?
5. 다양성 속의 통일성_ 이 본문은 우리가 그리스도 안에서 지닌 통일성을 어떻게 보여 주는가? 이 본문에서는 그리스도의 몸이 지닌 다양성을 어떻게 드러내는가?
6. 일_ 이 본문은 고용주와 고용인의 관계에 관해 무엇을 언급하는가?
7. 성/결혼/가족_ 이 본문은 남자들에게 무엇을 언급하는가? 여자들에게는 무엇을 언급하는가? 이 본문은 남편과 아내에 관해, 또 가족에 관해 어떻게 적용될 수 있는가?
8. 그리스도인 개개인_ 이 본문은 그리스도인 개개인의 삶에 관해 어떤 의미를 갖는가? 이 본문은 어떤 식으로 그들을 더 깊은 회개와 신앙으로 나아오도록 부르는가? 이 본문은 어떤 식으로 각 그리스도인에게 경고하고 책망하며, 교정하고, 동기를 부여하거나 위로와 격려를 베푸는가?
9. 지역 교회_ 이 본문은 우리가 속한 지역 교회의 공동체적 삶에 어떤 의미를 지니는가? 이 본문은 지역 교회를 향해, 어떤 식으로 자신들의 공동체를 돌아보고, 또 어떤 식으로 주변 비그리스도인들에게 진리를 증언하길 요청하는가?

도표12.1. 설교 적용 도표

5. 보편적인 원리를 의무나 성품, 목표나 분별력, 또는 이 모두의 문제에 연관된 현재의 구체적인 상황에 적용하라[23]

이 단계에서는 상식과 폭 넓은 지혜가 요구된다. 우리는 성경의 다양한 장르에 맞게 이 단계를 다듬어서 더욱 자세히 논의할 수 있다. 다만 여기서는 의무나 성품이나 목표나 분별력, 또는 이 모두와 관련해서 답할 수 있는 네 가지 질문에 초점을 맞추기로 하자.

1. **의무**_ '나는 무엇을 해야 하는가?' 즉 '내 의무는 무엇인가?' 아마 이 질문은 성경을 적용할 때 대부분의 사람들이 가장 먼저 떠올리는 범주에 속할 것이다.

한편으로 우리는 구체적이며 현실에 부합하는 방식으로 성경을 적용하기 원한다. 그러나 다른 한편으로는 어떤 형태로든 율법주의는 권장하기를 원하지 않는다. 그리고 이 사안을 더욱 복잡하게 만드는 문제들이 있다. 어떤 이들에게 명령을 부과하는 것은 마치 말기 암 환자에게 스스로 건강을 회복하라고 말하거나 배앓이에 시달리는 아기의 어머니에게 아이를 조용히 시키라고 다그치는 것, 익사할 위기에 처한 아이에게 자기 힘으로 헤엄쳐 나오라고 말하는 것과 비슷한 일이 될 수 있다. 어떤 이들은 무언가를 행하기를 깊이 갈망하지만 그 일을 해낼 수 없다. 그들 자신의 힘으로는 그 일을 해낼 수가 없는 것이다. 그들에게는 도움이 필요하다. 그들에게는 예수가 필요하다. 그들은 그럴 힘이 없지만, 예수께서는 그 일을 이루셨다. 켈러는 이 점을 이렇게 표현한다.

> 설교자가 청중에게 어떻게 살아야 하는지만 언급하고 그 잣대를 복음의 맥락 안에서 제시하지 않을 때, 청중은 자신이 열심히 노력하기만 한다면 모든 일을 성공적으로 이루어 낼 만큼 완전한 존재라는 인상을 받게 된다. …… 결국 성경 읽기 방식은 두 가지뿐이다. 이 본문은 기본적으로 **나에 관한 것인가, 아니면 예수에 관한 것인가?** 달리 말해 이 본문은 기본적으로 내가 해야 할 일에 관한 것인가, 아니면 그분이 이루신 일에 관한 것인가?[24]

---

23 이 단락의 논의는 Doriani, *Putting the Truth to Work*(『적용, 성경과 삶의 통합을 말하다』), 98-155쪽 내용에 근거한 것이다.

24 Keller, *Preaching*(『팀 켈러의 설교』), 60쪽(강조는 원래의 것).

바로 이 점에서, 옛 언약이 아닌 새 언약 아래서 살아가는 삶은 참으로 놀라운 것이 된다. 이는 예수께서 행하신 일들에 근거하여, 하나님이 자신의 백성에게 성령의 능력을 입혀 주시기 때문이다. 그리하여 우리는 성령과 동행하면서 육체의 욕망을 다스릴 수 있게 된다(갈 5:16-26). 켈러가 설교를 작성할 때 대체로 네 개의 요지로 이루어진 틀을 사용하는 이유도 여기에 있다. (1) 우리는 어떤 일을 해야만 한다. (2) 그러나 우리 힘으로는 하지 못한다. (3) 하지만 그 일을 이루신 분이 계셨다. (4) 그러므로 이제는 우리가 변화될 수 있다.[25]

2. **성품**_ "나는 어떤 사람이 되어야 하는가? 즉 나는 어떻게 옳은 사람이 되거나, 옳은 일을 지향하는 **성품**을 습득할 수 있는가?" 우리는 하나님의 은혜로만 올바른 성품을 얻을 수 있다. 예수를 바라보자.

3. **목표**_ "우리는 어떤 대의에 자신의 삶을 헌신해야 하는가? 즉 우리가 추구해야 할 **목표**는 무엇인가?" 우리가 사람들로 하여금 장단기적인 목표들을 제대로 설정하도록 도울 때, 그들은 바른 삶의 방향을 찾게 된다. 이를 통해 그들은 일상 속에서 옳은 일을 생각하고 실천하게 된다.

4. **분별력**_ "우리는 어떻게 진리와 오류를 구분해 낼 수 있는가? 즉 어떻게 **분별력**을 얻을 수 있는가?" 때로 수업 시간에 학생들이 까다로운 윤리 문제를 질문할 때, 나는 이렇게 말을 맺는다. "그것은 지혜의 영역에 속한 문제입니다." 달리 말해, 나는 각자가 특정한 상황에서 어떻게 행해야 하는지를 명쾌하게 알려 주는 답을 갖고 있지 않다. 우리는 삶에서 온갖 문제에 부딪힐 때마다 개별적인 결정을 내려야만 한다. 그리고 그 결정을 잘 내리기 위해서는 하나님이 주시는 지혜가 필요하다.

6. 적용에는 다양한 수준의 권위가 부여된다는 것을 인식하라

이 점은 특히 윤리 영역에서 뚜렷이 드러난다. '성경적 윤리'라는 과목을 가르칠 때, 나는 다음 주제들을 다룬다.

- 거짓말

---

25 같은 책, 233쪽.

- 낙태
- 안락사
- 사형
- 성(性)과 피임
- 동성애
- 동성 간 끌림(Same-sex attraction)
- 성매매와 음란물
- 이혼과 재혼
- 유전 공학 문제들. 여기에는 인공 수정과 체외 수정, 대리모, 복제, 유전 상담, 유전자 검사, 성별 선택, DNA 재조합(유전자 접합), 유전자 향상, 유전자 치료, 줄기세포 기술, 간성(intersex, 유전학적으로 남성과 여성의 형질을 혼합하여 갖춘 사람_ 옮긴이) 등이 포함된다.
- 민족 문제
- 전쟁
- 세속 국가
- 환경

이런 주제들에 관해서는 그리스도인들 사이에서도 논쟁이 많다. 이런 사안들에 성경을 구체적으로 적용할 때에는 그런 적용점에 다양한 수준의 권위가 부여될 수 있다는 점을 인식하는 것이 중요하다.

- 나는 낙태가 죄라는 것을 확신 있게 말할 수 있다. 이는 하나님이 우리에게 살인하지 말라고 명하시기 때문이다.
- 하지만 다음과 같은 문구를 자신의 유언장에 포함시키는 것이 도덕적으로 허용되는 일인지는 확신이 덜하다. "내가 12개월 이상 지속되는 식물인간 상태에 들어갈 경우, 자연적인 죽음을 맞이할 수 있도록 모든 필요한 조치를 취해 주시기 바랍니다. 오직 내가 마지막 날 또는 시간들을 편안하고 고통 없이 보내는 데 필요한 약물 치료나 절차만 시행해 주십시오." (나 자신의 유언장에는 이 문구

가 삽입되어 있다.)

- 그리고 '출산 억제제'(the pill, 임신 예방을 위해 복용하는 호르몬 제제_ 옮긴이)를 피임약으로 쓰는 것이 죄인지에 관해서는 더욱 확신이 덜하다. 이는 그 약이 낙태를 유발하는지 여부가 과학적으로 분명히 확인되지 않았기 때문이다. 다만 나는 개인적으로 이 피임법을 추천하지 않는다. 그 약은 유산을 일으킬 수도 있기 때문이다.

또는 "음행을 피하라"(고전 6:18a), "감독은 책망할 것이 없으며"(딤전 3:2a)와 같은 본문을 생각해 보자. 우리는 이 본문들을 어떻게 적용해야 할까? 예전에 내가 존경하며 따른 한 목회자는 이 영역에서 다섯 가지 금기 사항을 지침으로 삼았다.

- 절대로 자신의 도덕적 평판을 위태롭게 만들지 말 것
- 절대로 아내 외의 다른 여성과 단 둘이 있지 말 것
- 절대로 다른 여성과 단 둘이서 만나지 말 것
- 절대로 (짧은 악수 외에는) 여성과 신체적으로 접촉하지 말 것
- 절대로 다른 여성의 외모를 칭찬하지 말 것

나는 그 목회자의 이런 태도를 높이 평가한다. 실제로 그는 흠이 없는 사역자이며, 나는 그가 이런 지침들을 개인적으로 채택하는 데 반대하지 않는다. 그리고 나 자신도 이 지침들을 대부분 따르고 있다. 다만 여기서 미묘한 점은 다른 이들이 그의 이런 지침을 성경과 동등한 것처럼 받아들일 수 있다는 데 있다. 곧 "음행을 피하라"는 성경의 명령과 동등한 권위를 지닌 것처럼 여길 수 있다는 것이다. 지침마다 '절대로'(never)라는 단어가 포함되어 있으며, 이는 이 지침들이 불변의 규칙임을 함축하는 것으로 보인다. 하지만 나는 이 다섯 가지 지침 모두에 관해 타당한 예외를 생각해 낼 수 있다. 그것은 상황과 문화에 따라 달라진다. 예를 들어 내가 속한 교회에서는 때로 그리스도 안에서 한 형제자매인 이들이 서로 정답게 포옹하면서 적절히 인사를 주고받기도 한다.

여기서 내 말뜻은 그가 작성한 구체적인 적용 목록을 트집 잡으려는 것이 아니다.

오히려 내가 지적하고 싶은 요점은 적용에는 다양한 수준의 권위가 부여된다는 데 있다. 보편적인 원리를 구체적인 상황에 초문화적으로 적용할 때, 우리가 다른 성숙한 그리스도인들과 상이한 결론을 내리며 서로 다른 신념을 품게 되는 것은 불가피한 일이다. 그리고 그 일은 별 문제 없는 것일 경우가 많다. 로마서 14장을 읽어 보고, 신학적 선별에 관한 11장의 논의를 다시 살펴보기 바란다. 그리스도인들이 자신의 적용에 다양한 수준의 권위가 부여된다는 점을 인식하는 것은 성숙성의 표지 중 하나다.

사례_ 바울이 이사야서와 욥기를 사용하는 방식 (롬 11:34-35)[26]

바울이 로마서 11장 34-35절에서 이사야서와 욥기를 사용한 방식을 우리 삶에 적용하는 것은 그 방식을 머리로 이해하는 것과는 다른 일이다. 여기서는 먼저 5장에서 작업한 논증 도해를 활용해서 로마서 11장 33-36절을 읽어 보자(도표12.2).

34-35절에는 단순하면서도 심오한 신학적 함의들이 담겨 있다. 이제 이 세 가지 수사적인 질문에 담긴 신학적 함의들을 하나씩 살펴보자.

1. 하나님은 우리가 다 헤아릴 수 없는 분이다_ 그분께는 깊은 지식이 있다(롬 11:34a)

"누가 주의 마음을 알았느냐"(롬 11:34a). 하나님이 구원사 속에서 일하시는 방식들은 그분이 불가해한 분임을 드러낸다. 그분을 온전히 이해할 수 있는 이는 아무도 없기 때문이다. 그 이유는 하나님의 지식이 심오하다는 데 있다(33a). 여기서는 적어도 네 가지 신학적 함의를 찾아볼 수 있다.

1. **우리가 모든 것을 이해할 수는 없다.** 하나님의 지식은 무한하지만, 인간의 지식은 유한하다. 따라서 하나님이 행하시는 일들을 우리가 전부 이해할 수는 없다. 그러니 하나님이 계획하신 일련의 사건이 구원사 속에서 이루어질 것에 관한 로마서 9-11장 내

---

26 이 단락의 내용은 Andrew David Naselli, *From Typology to Doxology: Paul's Use of Isaiah and Job in Romans 11:34-35* (Eugene, OR: Pickwick, 2012), 146-58쪽 논의를 요약한 것이다.

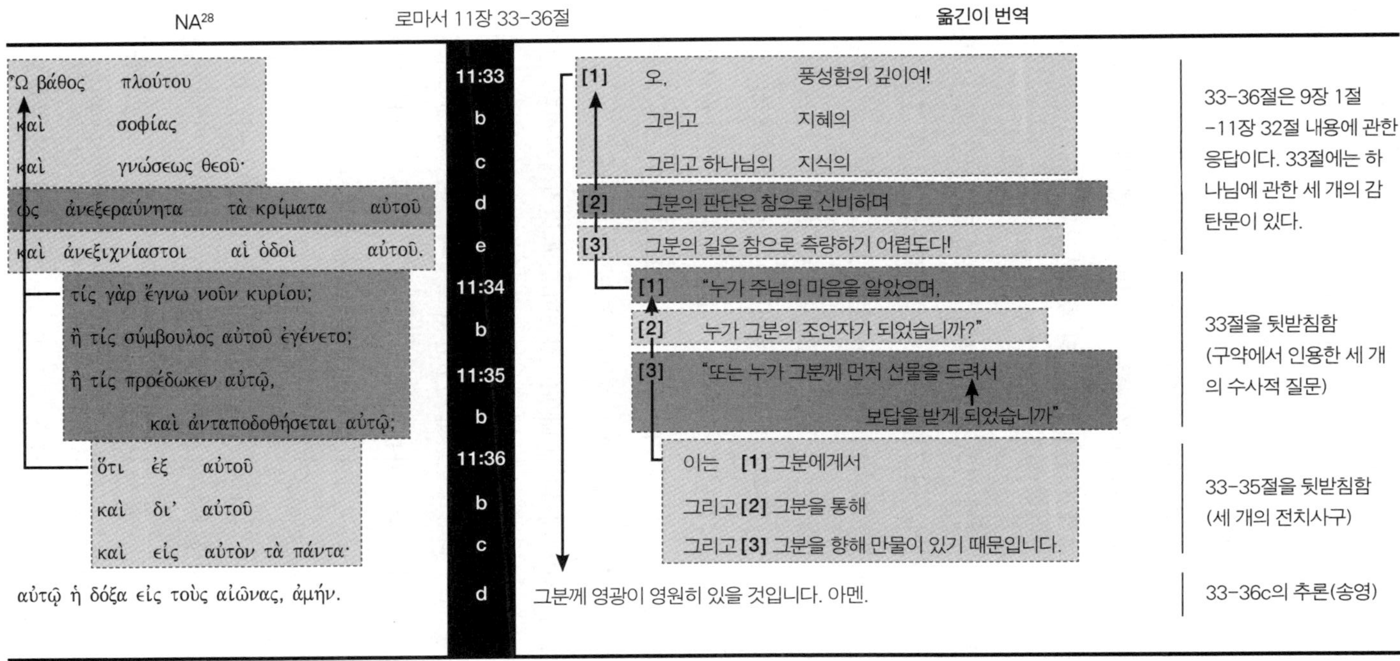

도표12.2. 구문 분석_로마서 11장 33-36절

용을 온전히 이해할 수 없다 해도 놀랄 일은 아니다. 구원사에서 하나님이 일하시는 방식들을 추적할 때, 우리는 해변에 난 어떤 사람의 발자국을 따라 그의 진행 경로를 추적하다가 마침내 그 발자국이 얕은 바닷물 속으로 사라져 버렸을 때와 같은 느낌을 받게 된다(시편 77편 19절 참조). 로마서 9-11장에 언급된 하나님의 일들을 파악한 뒤 그분이 일하시는 방식들을 자신이 전부 이해했다고 결론짓는 이들은 북미 대륙의 해안선 일부를 발견한 뒤에 자신들이 그 대륙을 온전히 파악했다고 믿는 바이킹만큼이나 어리석은 이들이다. "보라 이런 것들은 그의 행사의 단편('outer fringe'[주변부][NIV])일 뿐이요"(욥 26:14).

2. **하나님께는 우리에게 어떤 일을 설명할 의무가 없으시다.** 하나님은 우주를 이끌어 가시는 자신의 방식을 아무에게도 설명할 의무가 없으시다. 우리가 욥처럼 하나님께 대답을 촉구할 경우, 그분이 대답이 아닌 책망으로 응답하시는 것은 지극히 정당하다. 더욱이 하나님께 그분의 방식을 설명해 주시기를 요구할 때, 우리는 그런 설명만 있다면 자신이 그 일들을 다 이해할 수 있다고 여기는 것이 된다. 하나님이 욥을 책망하신 것은 바로 이 주제넘은 생각 때문이다. 무한하신 하나님이 사람들의 삶에서 행하시는 복잡한 일들을 이해하기는커녕, 욥은 눈으로 살핀 비교적 단순한 자연 현상도 제대로 헤아릴 수 없었다. 이 점은 우리를 겸손하게 만든다.

3. **우리는 하나님이 계시하신 내용을 겸손히 믿고 간직해야 한다.** 신학적 겸손을 유지하는 일은 쉽지 않다. 그 일은 마치 양옆이 가파른 낭떠러지인 좁은 길을 걷는 것과 같다. 한편으로 우리는 오만하고 편협한 태도에 빠져 자신의 견해가 옳음을 지나치게 확신할 수 있다. 그러나 다른 한편으로는 어정쩡한 태도로 타협적인 자세를 보일 수도 있다. 곧 자신의 견해에 관해 분명한 확신을 품지 못한 채, 인식론적인 거짓 겸손을 드러낼 수 있는 것이다.

4. **우리는 하나님이 설명해 주시는 일들과 그렇지 않은 일들에 관해 그분을 찬양해야 한다.** 우리는 하나님이 하나님이며 우리는 그렇지 않다는 점에 관해 그분을 찬양해야 한다. 하나님이 그분의 일들을 계시해 주실 때, 비록 그 일들을 온전히 이해할 수는 없을지라도 우리는 그 일들을 바라보면서 그분을 더욱 깊이 찬양해야 한다. 하나님이 이스라엘 백성과 이방인들을 다스리시는 그분의 방식에 관해 로마서 9-11장에 계시하신 내용을 온전히 예견한 이는 아무도 없었다. 하나님이 구원사에서 행하

시는 일들은 경이롭고 당혹스러우며 완전하다. 그리고 이 때문에 우리는 그분을 더욱 찬양하게 된다.

2. 하나님은 조언자를 두지 않으신다_ 그분께는 깊은 지혜가 있다(롬 11:34b)

"누가 그의 모사가 되었느냐"(롬 11:34b). 구원사 가운데서 하나님이 행하시는 일들은 그분이 조언자를 두지 않으심을 보여 준다. 하나님은 언제나 자신의 거룩한 뜻을 성취하기 위해 최상의 방편을 선택하시는데, 이는 그분에게 심오한 지혜가 있기 때문이다(33a). 우리는 여기서 적어도 두 가지 신학적 함의를 찾아볼 수 있다.

1. **우리가 하나님께 조언을 드리려 해서는 안 된다.** 때로는 자신이 어떤 일을 하나님보다 더 잘 알며, 하나님이 우리의 지혜를 통해 유익을 얻으실 수 있다고 생각할지 모른다. 하지만 우리가 감히 하나님께 조언을 드리려 해서는 안 되며, 여기에는 적어도 다음 세 가지 이유가 있다.

- 하나님이 우리보다 모든 것을 더 잘 아시므로 우리는 그분께 조언을 드릴 수 없다.
- 하나님은 조언이 필요 없으시다. 하나님께는 충고가 필요한 법이 없다. 그분은 늘 모든 일을 이해하시며, 언제나 모든 일을 온전히 통제하고 계신다.
- 하나님께 조언을 드리는 것은 우상 숭배다. 이렇게 행할 때, 우리는 자신에게 하나님을 판단하기에 충분한 역량이 있다고 여기게 되기 때문이다. 곧 그분의 계획이 그다지 적절하지 않으며, 우리 자신의 생각이 더 나음을 분별할 수 있다고 믿게 되는 것이다.

2. **우리는 하나님이 조언을 필요로 하지 않으신다는 점에 관해 그분을 찬양해야 한다.** 조언을 구하는 신은 하나님이 될 수 없다. 어떤 면에서든 하나님의 지혜에 결함이 있다면, 그분은 하나님이 되실 수 없을 것이다. 하나님은 그 정의상 온전히 지혜로우신 분, 완전한 지혜를 소유하신 분이기 때문이다. 하나님은 특히 구원사의 경로를 완전하게 계획해 놓으셨다. 우리는 그 역사가 전개되는 것을 보면서 그분의 웅대하고 포괄적인 계획을 찬양해야 할 것이다.

3. 하나님은 아무에게도 빚을 지지 않으신다_ 그분께는 깊은 풍성함이 있다(롬 11:35)

"누가 주께 먼저 드려서 갚으심을 받겠느냐"(롬 11:35). 구원사에서 하나님이 행하신 일들은 그분이 아무에게도 빚을 지지 않으심을 보여 준다. 그분께는 깊은 풍성함이 있기 때문이다(33a). 로마서 11장의 맥락에서 하나님의 풍성함은 우리에게 계시된 구원사의 계획 가운데서 그분이 이스라엘 백성과 이방인 모두에게 베푸신 풍부한 자비를 가리킨다. 여기서 우리는 적어도 두 가지 신학적 함의를 찾아볼 수 있다.

1. **하나님을 우리에게 빚진 분으로 만들려고 해서는 안 된다**. 로마서 11장 35절 내용은 11장 34b절에 결부되어 있다. 우리가 하나님께 조언을 드리고 그분이 그 조언대로 행하신다면, 하나님은 우리에게 빚을 지는 셈이 된다. 그러나 하나님은 아무에게도 빚을 지지 않으신다. 욥기에서 나타났듯이, 그분께는 자신의 일을 설명해 주어야 할 의무조차 없다. 이처럼 하나님께는 무한한 풍성함이 있으며, 우리는 그 위에 무언가를 덧붙일 수 없다.

2. **우리는 하나님이 아무에게도 빚을 지지 않으시는 것에 관해 그분을 찬양해야 한다**. 하나님은 아무에게도 빚을 지지 않으신다. 하나님이 누군가에게 빚을 지신다면, 그분은 덜 영광스럽고 찬양받기에도 합당하지 않은 분이 되셨을 것이다. 그리고 최악의 경우에는 하나님이 되지 못했을 것이다. 하나님은 그 정의상 아무것도 필요로 하지 않는 분이기 때문이다. 하나님의 자존성은 그분이 스스로 존재하시며 온전히 독립적이고 절대적인 분임을 의미한다. 우리가 행하는 어떤 일도 그분의 풍부한 자비를 얻어 낼 만한 가치는 없다. 하나님은 누구든지 자신이 원하는 이를 구원하시며, 이는 구원사의 계획 가운데서 그분이 정해 두신 시간과 방식대로 이루어진다.

4. 결론

그러므로 한 걸음 물러서서 로마서 11장의 이 본문을 들여다 볼 때, 우리는 이런 생각을 품는 것이 마땅하다. '와! 하나님의 속성들은 우리를 겸비하게 하는구나. 하나님은 영광스럽고 찬양받으실 만한 분이구나!' 그리고 이런 생각은 본문의 절정을 이루는 36절 내용에 완벽히 들어맞는다. 34-35절에 언급된 하나님의 속성들은 그분의 주권에 근거를 두며(36a), 이런 속성들의 서술은 마침내 송영으로 그 절정에 이른다(36b). "이는 만물이 주에게서 나오고 주로 말미암고 주에게로 돌아감이라 그에게 영광이 세세에 있을지어다 아멘."

사례_ 어떻게 일할 것인가

성경을 적용할 때, 우리는 때로 한 특정 본문을 살피다가 곧장 적용으로 나아간다. 하지만 때로는 어떤 주제에 관한 성경 전체의 가르침을 체계적으로 적용하기도 한다. 여기서는 성경 전체에서 **우리의 일하는 태도**에 관해 가르치는 바를 체계적으로 적용할 때 어떻게 될지를 살펴보려 한다.

하나님은 우리가 일하는 **태도**에 관심을 두신다. 다음에 제시된 것은 우리가 일에 관해 취해야 할 다섯 가지 태도다.

1. 다른 이들이 아닌 주님을 위해서 하듯이 마음을 쏟아 성실하게 일하라

그리스도인 노예와 주인들을 향한 바울의 명령은 그리스도인인 고용인과 고용주들에게도 적용된다.

> 종들아 두려워하고 떨며 성실한 마음으로 육체의 상전에게 순종하기를 그리스도께 하듯 하라 눈가림만 하여 사람을 기쁘게 하는 자처럼 하지 말고 그리스도의 종들처럼 마음으로 하나님의 뜻을 행하고 기쁜 마음으로 섬기기를 주께 하듯 하고 사람들에게 하듯 하지 말라 이는 각 사람이 무슨 선을 행하든지 종이나 자유인이나 주께로부터 그대로 받을 줄을 앎이라(엡 6:5-8).

> 또 무엇을 하든지 말에나 일에나 다 주 예수의 이름으로 하고 그를 힘입어 하나님 아버지께 감사하라 …… 종들아 모든 일에 육신의 상전들에게 순종하되 사람을 기쁘게 하는 자와 같이 눈가림만 하지 말고 오직 주를 두려워하여 성실한 마음으로 하라 무슨 일을 하든지 마음을 다하여 주께 하듯 하고 사람에게 하듯 하지 말라 이는 기업의 상을 주께 받을 줄 아나니 너희는 주 그리스도를 섬기느니라(골 3:17, 22-24).

이 본문들의 핵심 어구는 "주께 하듯"이다. 근본적으로 우리는 주님을 위해 일하는 이들이다. 이런 의미에서 우리는 자기 자신이나 가정, 회사 또는 상사나 동료들을 위해 일하는 것이 아니다. 우리는 하나님을 위해 일한다. 기독교적 직업관의 독특성은 바로 여기에 있다.

그리고 주님을 위해 일할 때, 우리는 마음을 쏟아 성실하게 그 일을 감당하게 된다. 그 일은 생기 있고 활력 넘치는 것이 되며, 우리는 그 일에 더욱 열심을 내게 된다. 우리가 전심으로 그 일을 감당하는 것은 우리를 주로 지켜보시는 분이 다른 이들이 아닌 하나님이기 때문이다. 하나님은 우리가 일하는 동기에 관심을 두신다. 우리의 일을 다른 이들이 지켜보지 않더라도 우리는 그 일을 잘 수행할 가치가 있다. 이는 우리가 궁극적으로 하나님을 위해 그 일을 감당하고 있기 때문이다.

2. 게으름을 피우지 말고 열심히 일하라

우리는 게으름을 부리면서 열심히 일하지 않으려는 유혹을 받는다. 권태를 느끼고, 일을 대충 끝마치려는 유혹을 받는 것이다. 나태와 태만이 우리를 유혹한다.

하나님은 열심히 일하는 이들과 게으른 이들을 어떻게 생각하실까? 우리는 잠언에서 이 점에 관해 좋은 답을 얻을 수 있다. 여기서 잠언은 짧고 함축적이면서 일반적으로 참된 격언들을 모아놓은 책임을 기억해야 한다. 다만 규칙에는 예외가 있기 마련이다.[27]

따라서 우리는 게으름을 부리지 말고 열심히 일해야 한다. 하지만 동시에 또 다른 극단 역시 경계해야만 한다.

3. 열심히 일하되 과로하지는 말라

> 일 중독자들은 일을 향한 극단적이고 강박적인 갈망에 사로잡힌 이들이다. 일 중독자는 남녀를 막론하고 모든 직업군에서 찾아볼 수 있다. 일 중독자들은 근무 중이 아닐 때에도 일에 관해 생각한다. 그들은 열정적이고 활동적이며, 경쟁적이고 의욕

---

27 적어도 잠언의 열네 개 본문에서 게으름을 피우지 말고 열심히 일할 것을 구체적으로 언급한다. 잠 6:6-11, 10:4-5, 12:11, 14, 24, 13:4, 14:23, 19:15, 20:4, 13, 21:25, 22:29, 26:13-16, 28:19.

이 넘친다. 여가보다 일을 선호하며, 실패와 권태, 나태에 빠진 상태를 두려워한다. 그들은 자신의 일에 한계를 두거나 "아니오"라고 말할 수 없는 이들이다. 이들은 다른 이들에게 권한을 잘 위임하지 못하며, 그들 자신과 다른 이들 모두에게 많은 것을 요구한다. 끝으로 일 중독증은 하나의 질병처럼 논의될 때가 많지만, 대다수의 일 중독자들은 자신의 삶에 만족하면서 흡족해 한다. 다만 그들과 함께 살아가야 하는 이들에게는 그런 그들의 생활방식이 문제를 가져오게 된다.[28]

옥스퍼드 영어 사전은 일 중독자를 "지나치게 오랜 시간 동안 과도한 열심을 내어 강박적으로 일하는 사람"으로 정의한다. 이는 곧 매주 70시간 넘게 일하는 사람을 가리킬 수 있다. 하지만 일주일에 70시간 미만으로 일한다고 해서 일 중독자가 아닌 것은 아니다. 일주일에 50시간 일하는 이들 역시 일 중독적인 성향을 지닐 수 있다.

또한 일주일 내내 일하는 사람 역시 일 중독자에 속한다. 그런 삶의 유형은 하나님이 정하신 노동 방식과 그분의 백성에게 명령하신 생활방식을 거스르는 것이기 때문이다. 내 생각에는 우리가 이같이 행할 경우, 하나님과 우리 자신을 거슬러 죄를 짓게 된다. 과로로 자신의 삶이 망가질 때, 우리는 하나님이 정하신 방식 속에 담긴 지혜를 깨닫게 될 것이다.

노동과 여가 활동을 어떻게 분류할 수 있을까? 이 둘을 분류하는 것은 생각만큼 쉽지 않다. 어떤 이에게는 노동에 속하는 활동이 다른 이에게는 여가에 속할 수도 있다. 예를 들어 나에게 집 마당에서 일하는 것은 노동에 속한다. 그러나 내 장인어른에게는 그 일이 여가 활동 또는 여가에 준하는 것일 때가 많다. 그분에게는 그 일이 더 즐겁고 편안한 것이기 때문이다.

성경에 기록된 것은 아니지만 풍부한 지혜가 담긴 격언이 하나 있다. "열심히 일하고 열심히 놀라. 그리고 이 둘을 결코 혼동하지 말라." 우리는 놀 때 일해서도 안 되고, 일할 때 놀아서도 안 된다. 일할 때도 최선을 다하고, 놀고 휴식할 때도 최선을 다해야 한다. 이 둘 모두 건강한 습관이다. 그러나 이 둘을 뒤섞는 것은 건강하지 않다. 우리는 부지런히 달려가기 위해 또한 잘 쉬어야 한다.

---

28 Leland Ryken, *Redeeming the Time: A Christian Approach to Work and Leisure* (Grand Rapids: Baker, 1995), 45쪽.

근무 중에는 페이스북이나 트위터, ESPN 사이트 또는 개인적인 이메일을 계속 들여다보거나, 업무 능력을 떨어뜨리는 전자 기기들로 시간을 보내지 말라.

그리고 가족과 함께 저녁식사를 즐길 때에는 업무용 이메일이나 스마트폰에 뜬 정보들을 들여다보지 말라. 이때 우리는 잠시 업무에서 벗어나 여가가 주는 즐거움과 유익을 온전히 누려야 한다.

4. 영리하게 일하되 부정직하게 일하지는 말라

영리한 청지기의 비유(눅 16:1-13)에서 예수께서 칭찬하신 것은 그 관리자의 부정직한 자세가 아니라 영리함과 독창성, 창의적인 태도다. 하나님은 창의적이고 근면하신 분이며, 우리도 그분을 본받아야 한다.

그러나 영리하게 일하려는 가운데서 부정직한 태도를 취해서는 안 된다. 바울은 에베소서 6장 5-9절과 골로새서 3장 22절-4장 1절에서 이 점을 분명히 언급하고 있다. 그리고 이 두 본문에서 바울은 "상전"들을 향해 직접 권면한다. 그러므로 고용주와 관리자들 역시 자신의 피고용인이나 부하 직원들을 공정하고 의롭게 대하는 것이 마땅하다. 이는 자신이 그들을 어떻게 대했는지를 장차 하늘에 계신 주인에게 보고하게 될 것이기 때문이다.

5. 야심차게 일하되 탐욕을 품지는 말라

옥스퍼드 영어 사전에 따르면 '야심'(ambition)은 "무언가를 해내거나 성취하려는 강한 갈망"을 가리키며, 특히 "성공과 부, 명예를 향한 갈망"을 나타낸다. 그리고 '탐욕'(greed)은 "부나 권력, 음식을 향한 강렬하고 이기적인 갈망"을 나타낸다. 팀 켈러의 표현에 따르면, "탐욕은 돈을 사랑할 뿐 아니라 지나치게 갈망하는 마음이다."[29] 야심은 쉽게 탐욕으로 바뀔 수 있지만, 야심 자체가 그릇된 것은 아니다. 그러나 탐욕은 그릇된 것이다.

여기까지 우리는 일에 관해 취할 다섯 가지 태도를 살펴보았다.

---

29 Timothy Keller, *Counterfeit Gods: The Empty Promises of Money, Sex, and Power, and the Only Hope That Matters* (New York: Dutton, 2009)(『내가 만든 신』, 두란노), 56쪽.

핵심 단어와 개념

보편 원리

실천 신학

더 생각해 보기 위한 질문

1. 실천 신학은 신학의 다른 네 가지 분과(주해, 성경 신학, 역사 신학, 조직 신학)와 어떻게 다른가? (서론의 '신학의 다섯 분과들 사이의 복잡한 상호 관계' 부분을 참조하라.)
2. 당신은 성경 본문을 제대로 주해하지 않고 그 내용을 잘못 적용한 적이 있는가? 만약 그렇다면, 자신의 실수를 어떻게 깨달았는가?
3. 주해와 신학 작업을 수행할 때, 당신은 혹시 지나치게 성급하거나 더디게 적용으로 나아가는 성향이 있는가? 그 이유는 무엇인가?
4. 자신의 청중과 그들이 속한 문화를 잘 주해하기 위해 취할 수 있는 방편으로는 어떤 것들이 있을까?
5. 당신의 개인적인 적용 방침 가운데서 다양한 수준의 권위를 지닌 것들로는 어떤 것이 있는가?
6. 성경은 외설적인 인터넷 사진과 영상들에 몰두하는 문제를 명시적으로 언급하지 않는다. 그러면 우리는 이 문제에 성경을 어떻게 적용해야 할까? (내가 이 문제를 다룬 글인 Andrew David Naselli, "Seven Reasons You Should Not Indulge in Pornography," *Themelios* 41, 3 [2016]: 473-83쪽을 보라.)

추가 연구 자료

Doriani, Daniel M. *Putting the Truth to Work: The Theory and Practice of Biblical Application*. Phillipsburg, NJ: P&R Publishing, 2001. 「적용, 성경과 삶의 통합을 말하다」, 성서유니온선교회. 성경의 적용 방법에 관해 가장 유익한 자료. 이 책의 논의는 포괄적이며 통찰이 담겨 있다.

Keller, Timothy. 나는 팀 켈러의 설교와 책들을 적극 추천한다. 그는 원숙한 솜씨로 성경을 적용하기 때문이다. 우리는 의식적인 배움만큼이나 무의식적인 습득을 통해 성경을 적용하는 능력을 얻는다. 그러므로 켈러처럼 탁월한 설교자들의 말과 글을 접하는 일은 당신에게 굉장히 유익할 것이다. 켈러의 강점은 자세한 주해보다 우리의 마음을 향해 설교하는 능력에 있다. 곧 우리로 하여금 자기 마음의 우상들을 대면하게 만드는 것이다. 켈러는 마치 외과 의사처럼 정밀하게 성경을 적용한다. 그는 우리가 속한 문화를 날카롭게 분석하고, 반대자들의 견해를 자세히 설명하면서 그들의 견해를 무력하게 만든다. 다음 열한 권은 내게 큰 도움을 준 켈러의 책들이다.

- *The Reason for God: Belief in an Age of Skepticism*. New York: Dutton, 2008. 「팀 켈러, 하나님을 말하다」, 두란노. 〈뉴욕 타임스〉(New York Times)지의 베스트셀러였던 책. C. S. 루이스의 저서 「순전한 기독교」의 현대판 같은 책이다. 이 책에서 켈러는 불신자들을 상대로 기독교에 관해 토론하는 방법의 본보기를 보여 준다.
- *The Prodigal God: Recovering the Heart of the Christian Faith*. New York: Dutton, 2008. 「탕부 하나님」, 두란노. 대부분의 사람들은 그 이야기를 '탕자의 비유'로 부르지만, 켈러는 '잃어버린 두 아들의 비유'가 더 정확한 제목이라고 주장한다. 이 책의 도발적인 제목은 무모한 낭비에 가까운 하나님의 사랑을 강조한다. 대부분의 사람들은 이 이야기에서 멋대로 행동하면서 아버지에게 불순종한 동생에게 초점을 두지만, 켈러는 예수께서 아버지에게 순종하면서도 독선적인 태도를 보인 형의 모습을 강조하셨다고 본다. 그에 따르면, 이 두 형제는 "사람들이 행복과 성취를 얻기 위해 노력하는 두 가지 기본 방식을 나타낸다." 곧 동생은 "자아 발견"을, 형은 "도덕적 순응"을 대변하는 것이다(29). 이 둘 모두 아버지에게 반항했지만, "하나는 매우 나쁜 사람이 됨으로써, 다른 하나는 지극히 좋은 사람이 됨으로써 그렇게 행했다"(36). 이중 형과 같은 유형의 사람들은 종교적인 이들로, 도덕적 규율을 엄격히 준수하려 한다. 하지만 이들의 동기는 죄악 된 것이다. 이는 "그들의 목표는 하나님께 대한 영향력을 확보하고 그분을 통제하며, 그분으로 하여금 자신들에게 빚진 처지에 처하게 하려는 데 있기 때문이다"(38). 그들은 "무언가를 얻기 위해 하나님께 순종한다. 그들이 그분께 순종하는 것은 하나님 자신을 얻기 위함이 아니다"(42-43). 이 책은 우리의 허물을 깊이 깨닫게 한다.
- *Counterfeit Gods: The Empty Promises of Money, Sex, and Power, and the Only Hope That Matters*. New York: Dutton, 2009. 「내가 만든 신」, 두란노. 이 책에서는 우리가 품은 우상들을 다룬다. 곧 우상의 정체성과 우상들을 분별하는 방법, 우상들을 제거하고 대체하는 방법을 논하고 있다.
- *Generous Justice: How God's Grace Makes Us Just*. New York: Dutton, 2010. 「팀 켈러의 정의란 무엇인가」, 두란노. 이 책의 논지는 부제에 담겨 있다. 하나님의 은혜는 우리를 정의로운 이들로 만든다.
- *The Meaning of Marriage: Facing the Complexities of Commitment with the Wisdom of God*.

New York: Dutton, 2011. 「팀 켈러, 결혼을 말하다」, 두란노. 전반적인 면에서 결혼에 관한 최상의 책.

- *Center Church: Doing Balanced, Gospel-Centered Ministry in Your City*. Grand Rapids: Zondervan, 2012. 「센터처치」, 두란노. 교회의 신학적 비전을 발전시키는 일에 관한 전략적 지침서. 켈러는 오랫동안 신학적 비전에 관해 깊이 숙고해 왔으며, 이 책은 이 문제를 다룬 필생의 역작이다. 이 책의 2016년판은 세 권으로 나뉘었으며(*Shaped by the Gospel*[「복음으로 세우는 센터처치」, 두란노], *Loving the City*[「도시를 품는 센터처치」, 두란노]와 *Serving a Movement*[「운동에 참여하는 센터처치」, 두란노]), 그 속에는 새로운 내용이 일부 포함되어 있다. (켈러의 글에 관해 여덟 사람이 성찰하고, 각 내용에 관해 켈러가 응답했다.)
- *Every Good Endeavor: Connecting Your Work to God's Work*. New York: Dutton, 2012. 「일과 영성」, 두란노. 전반적인 면에서 일과 직업을 다룬 최상의 책 중 하나. 매우 실제적이다.
- *Walking with God through Pain and Suffering*. New York: Dutton, 2013. 「팀 켈러, 고통에 답하다」, 두란노. 전반적인 면에서 고통을 다룬 최상의 책. 이 책에서는 문화적 측면과 성경 신학적 측면, 실천적 측면의 세 가지 관점에서 이 문제를 통찰력 있게 논의하고 있다. 켈러의 다른 책들과 마찬가지로, 이 책에는 수십 년에 걸친 그의 목회 사역에서 나온 지혜가 가득 담겨 있다.
- *Prayer: Experiencing Awe and Intimacy with God*. New York: Dutton, 2014. 「팀 켈러의 기도」, 두란노. 아마 이 책은 전반적인 면에서 기도를 다룬 최상의 책일 것이다. 이 책은 (1) 신학적 측면, (2) 경험적 또는 경건의 측면, (3) 방법론적 또는 실천적 측면의 세 가지 관점에서 이 문제를 통찰력 있게 논의하고 있다. (당신은 여기서 한 가지 경향을 감지하는가? 켈러가 쓰는 책마다 전반적인 면에서 그 주제를 다룬 최상의 책이 되는 것처럼 보인다.)
- *Preaching: Communicating Faith in an Age of Skepticism*. New York: Viking, 2015. 「팀 켈러의 설교」, 두란노. 숙련된 전문가들은 자신이 그 일을 수행하는 방법을 설명하는 데 익숙하지 않은 경우가 많다. 하지만 켈러는 그렇지 않다. 이 책에서 그는 청중의 마음을 향해 설교하는 방법을 뚜렷이 펼쳐 보인다. 그는 우리가 성경 전체에서 그리스도를 설교해야 할 이유와 그 방법을 제시하며, 오늘날의 문화에 속한 이들에게 그리스도를 설교하는 방법을 설명하는 데 이 책 대부분의 내용을 할애하고 있다.
- *The Timothy Keller Sermon Archive*. New York: Redeemer Presbyterian Church, 2013. 그의 설교 원고들은 로고스 바이블 소프트웨어를 통해 살펴볼 수 있다.

Klein, William W., Craig L. Blomberg, and Robert L. Hubbard Jr. "Application." Chapter 12 in *Introduction to Biblical Interpretation*. 3rd ed. Grand Rapids: Zondervan, forthcoming

2017. 「성경 해석학 총론」, 생명의말씀사(초판에서 번역). 이 글에는 통찰이 담겨 있다.

Meadors, Gary T., ed. *Four Views on Moving beyond the Bible to Theology*. Counterpoints. Grand Rapids: Zondervan, 2009. 이 책에서는 네 명의 신학자가 오늘날 성경을 제대로 적용하는 방법을 토론한다. (1) 월터 카이저, '원리화 모델', (2) 대니얼 도리아니, '구속 역사 모델', (3) 케빈 밴후저, '구속 드라마 모델', (4) 윌리엄 웹(William Webb), '구속 운동 모델'. 이중 처음 세 견해는 성경 본문에서 보편적인 원리들을 파악하고 적용해야 한다는 데 기본적으로 동의한다. 이 책을 전체적으로 개관하는 좋은 방법은 마크 스트라우스의 논평문을 읽는 것이다(271-98).

Muck, Terry C., ed. NIV Application Commentary. 42 vols. Grand Rapids, Zondervan, 1994-2012. 이 "NIV 적용 주석"(NIVAC) 시리즈의 경우, 주해에는 비교적 적은 분량을, 본문에서 그에 관한 적용으로 나아가는 데에는 많은 분량을 할애한다. 따라서 이 주석들은 설교 준비의 마무리 단계에 있는 설교자들에게 대단히 유용한 자료가 될 수 있다. 이 시리즈에 속한 신약 주석 가운데 좋은 것들로는 Michael J. Wilkins, *Matthew*(「마태복음」, 솔로몬), Darrell L. Bock, *Luke*(「누가복음」, 솔로몬), Ajith Fernando, *Acts*(「사도행전」, 솔로몬), Douglas J. Moo, *Romans*(「로마서」, 솔로몬)와 *2 Peter and Jude*, Craig L. Blomberg, *1 Corinthians*(「고린도전서」, 솔로몬), Frank Thielman, *Philippians*(「빌립보서」, 솔로몬), George H. Guthrie, *Hebrews*(「히브리서」, 솔로몬) 등이 있다.

Ortlund, Dane C., Erika Allen, and Bill Deckard, eds. *ESV Women's Devotional Bible*. Wheaton, IL: Crossway, 2014. (다음 항목을 보라.)

Storms, Sam, and Dane C. Ortlund, eds. *ESV Men's Devotional Bible*. Wheaton, IL: Crossway, 2015. 이 두 성경에는 각기 365편의 복음적인 묵상이 수록되어 있다. 이 글들은 성경의 다양한 본문에 기초한 것들이다.

Piper, John. 나는 존 파이퍼의 설교와 책들을 적극 추천한다. 그는 대가의 솜씨로 성경을 적용하기 때문이다. (그런데 한두 사람만 좇아다니는 것보다는 여러 사람의 설교를 들어보는 편이 현명하다. 이를 통해 각자의 장점을 배울 수 있고, 어느 한 설교자를 똑같이 흉내 내는 일도 피하게 된다. 당신 자신의 목소리를 발전시키기 바란다.) 존 파이퍼의 자료들은 www.desiringgod.org에서 찾아볼 수 있다. 이 사이트에는 그의 모든 설교와 글이 수록되어 있으며, 그가 쓴 대부분의 책들도 무료 PDF 파일로 올라와 있다. 여기서는 파이퍼의 책들을 전부 열거하고 논평하기보다, 그중 열한 권에 초점을 두고 언급하려 한다.

- *Desiring God: Meditations of a Christian Hedonist*. 4th ed. Colorado Springs: Multnomah, 2011. 「하나님을 기뻐하라」, 생명의말씀사. 파이퍼의 대표작. 하나님에게서 가장 깊은 만족을 누릴 때, 우리는 그분께 가장 큰 영광을 돌리게 된다.

- *The Pleasures of God: Meditations on God's Delight in Being God*. 2nd ed. Sisters, OR: Multnomah, 2000. 「하나님의 기쁨」, 두란노. 하나님이 그분 자신을 통해 가장 깊은 만족을 누리시는 이유를 알 때, 우리는 그분에게서 가장 큰 만족을 누리게 될 것이다. 이 책을 읽고 난 뒤, 나는 〈플래닛 어스〉(Planet Earth)처럼 우수한 자연 다큐멘터리들을 '예배용 DVD'로 부르게 되었다.
- *Future Grace: The Purifying Power of the Promises of God*. 2nd ed. Colorado Springs: Multnomah, 2012. 「장래의 은혜」, 좋은씨앗. 우리가 죄를 짓는 것은 어떤 의무 때문이 아니다. 우리가 죄를 짓는 것은 바로 우리가 그 일을 **원했기** 때문이다. 죄는 행복을 약속하며, 우리는 그 거짓 약속을 받아들인다. 그러나 우리가 예수의 약속을 믿고 따를 때, 예수께서는 우리 죄의 대가를 치를 뿐 아니라 죄의 권세도 깨뜨려 주신다. 파이퍼는 불안과 교만, 그릇된 수치심, 조급함과 탐욕, 원한과 낙담, 정욕 같은 죄들에 맞서 싸울 전략을 제시한다.
- *Don't Waste Your Life*. Wheaton, IL: Crossway, 2003. 「삶을 허비하지 말라」, 생명의말씀사. 우리는 가치 있는 삶을 살아야 한다. 영원한 중요성을 지닌 일, 자신의 목숨도 바칠 수 있는 일을 위해 살아가야 한다. 복음을 위해서라면 기꺼이 위험을 감수해야 한다. 이 책에서 가장 기억에 남는 이야기는 일찍 은퇴한 뒤 플로리다 주의 푼타 고르다(Punta Gorda)에서 바닷조개를 수집하는 부부에 관한 것이다. "바로 이것이 비극이다."
- *Seeing and Savoring Jesus Christ*. Wheaton, IL: Crossway, 2004. 「예수님이 복음입니다」, 부흥과개혁사. 복음은 전부 예수에 관한 것이다. 우리는 예수를 알고 그분을 찬미하며, 그분을 본받아야 한다.
- Piper, John, and Wayne Grudem, eds. *Recovering Biblical Manhood and Womanhood: A Response to Evangelical Feminism*. Wheaton, IL: Crossway, 1991. 이 책에서는 남성과 여성이 동등한 본성과 품위를 지니지만, 그들이 가정과 교회에서 감당하는 역할은 서로 구별된다고 주장한다.
- *Brothers, We Are Not Professionals: A Plea to Pastors for Radical Ministry*. 2nd ed. Nashville: Broadman & Holman, 2013. 「형제들이여, 우리는 전문직업인이 아닙니다」, 좋은씨앗. 파이퍼는 이 책에서 목회 사역을 '전문화하라는' 압력에 굴복하지 말라고 권면한다. 이 책은 예언적인 동시에 실제적이다.
- *The Supremacy of God in Preaching*. 3rd ed. Grand Rapids: Baker Academic, 2015. 「하나님을 설교하라」, 복있는사람. 이 책에서는 우리의 설교에서 하나님이 지극히 높임을 받으셔야 하는 이유를 설명하고, 조나단 에드워즈가 어떻게 그 원칙의 본을 보여 주었는지를 서술한다.
- *Let the Nations Be Glad! The Supremacy of God in Missions*. 3rd ed. Grand Rapids: Baker,

2010.「열방을 향해 가라」, 좋은씨앗. 이 책에서 파이퍼는 그리스도인들에게 복음을 들고 전략적으로 온 세상을 향해 나아갈 것을 권고한다.

- *Bloodlines: Race, Cross, and the Christian*. Wheaton, IL: Crossway, 2011.「차별 없는 복음」, 두란노. 이 책에는 일부 자서전적인 내용이 담겨 있다. 이 책에서 파이퍼는 성경에 근거하여 그리스도인들이 인종 간의 조화를 추구해야 하는 이유를 설득력 있게 주장한다.
- *Ask Pastor John*, www.desiringgod.org/apj. 매일 올라오는 이 팟캐스트에서 파이퍼는 까다로운 신학적, 목회적 질문들에 관해 사려 깊은 대답을 제시한다. 나는 이 프로그램을 날마다 청취하는데, 이는 이 프로그램이 실천 신학의 진가를 시험하는 장이 되기 때문이다. 이 프로그램은 내가 성경을 적용하는 데 도움을 준다.

Strauss, Mark L. *How to Read the Bible in Changing Times: Understanding and Applying God's Word Today*. Grand Rapids: Baker, 2011. 스트라우스에 따르면 "성경 읽기의 목표는 하나님의 마음과 그리스도의 뜻을 분별하는 데 있다. 이런 분별을 통해 우리는 하나님의 생각을 좇아 생각하게 되며, 우리 주변의 변화하는 세상 가운데서 그분의 진리와 목적을 파악하게 된다"(12).

The Gospel Coalition. www.thegospelcoalition.org. 복음 연합(TGC)은 넓은 의미에서 개혁파적인 교회들의 연계망이다. 이 조직체에서는 복음 중심의 원리와 실천을 옹호하면서 기독교 지도자들을 격려하고 교육한다. D. A. 카슨과 팀 켈러는 공동 설립자로서 이 단체를 지도하고 있다. TGC의 웹사이트에는 보수적이며 고백적인 복음주의자들이 만든 수천 가지의 좋은 자료가 수록되어 있다.

Whitney, Donald S. *Spiritual Disciplines for the Christian Life*. 2nd ed. Colorado Springs: NavPress, 2014.「영적 훈련」, 네비게이토. 그리스도인이 취할 수 있는 은혜의 방편에 관해 내가 전반적으로 가장 선호하는 책. 휘트니(Whitney)의 *Praying the Bible* (Wheaton, IL: Crossway, 2015)(「오늘부터, 다시, 기도」, 복있는사람)도 살펴보라.

결론

성경을 보라!

우리는 여기까지 신약을 이해하고 적용하기 위한 열두 단계를 살펴보았다.

1. 장르
2. 본문 비평
3. 번역
4. 헬라어 문법
5. 논증 도해
6. 역사-문화적 맥락
7. 문학적 맥락
8. 단어 연구
9. 성경 신학
10. 역사 신학
11. 조직 신학
12. 실천 신학

다시 말하지만 이 작업의 진행 과정을 이렇게 구분하는 것은 어느 정도 인위적인 일이다. 어떤 신약 본문을 주해할 때, 신약학자들은 이 범주들을 하나씩 거치면서 한 단계를 마칠 때마다 체크하는 식으로 작업을 진행하지 않는다. 이 책에서 내가 주해 과정을 이렇게 구분한 것은 전체 과정의 개별 요소들을 하나씩 분석하기 위해서였다. 그러므로 이 '단계'들은 그저 이론상으로만 그러할 뿐이다. 우리가 주해 작업을 진행해 나갈수록, 이 단계들은 점점 직관적이고 통합적인 과정이 될 것이다.

그러니 실천하고 실천하며 또 실천하라. 텍스트를 주의 깊게 읽되, 거듭, 또 거듭해서 살피기 바란다. 성경을 보라!

물고기를 보라!

그렇다. 나는 "물고기를 보라"(Look at the fish)라고 썼다. 나는 지금 1879년에 쓰인 다섯 쪽 분량의 글 "학생과 물고기, 애거시 박사"(The Student, the Fish, and Agassiz)를 언급하는 것이다.[1] 이 글에서는 자연사를 연구하는 한 학생이 자신의 지도 교수에게 주의 깊게 살피는 법을 배운 일을 회상한다. 당시 교수는 그 학생에게 유별난 과제를 주었다. 교수는 노란색 알코올 용액에 여러 표본이 담겨 있는 병에서 물고기 한 마리를 꺼낸 다음, 학생에게 그 물고기를 눈으로 들여다보라고 지시한 것이다.

10분쯤 지났을 때, 학생은 자신이 물고기를 충분히 살폈다고 생각했다. 하지만 교수는 그에게 그 물고기를 계속 들여다보도록 지시했으며, 그 일은 여러 시간 동안 계속되었다. 그 교수는 학생의 상황을 계속 점검했다. "지금도 그 물고기를 살피고 있는가?" 그러고는 이렇게 권고했다. "보고, 또 보고, 계속 보도록 하게." 그리고 이 일은 그저 몇 시간만이 아니라 사흘 내내 지속되었다. 그동안에 학생은 가능한 모든 측면에서 물고기를 살폈으며, 그 물고기의 안팎을 전부 헤아리게 되었다. 그는 연필로 물고기를 종이에 그리기도 했는데, 이는 그 물고기를 더욱 자세히 살피는 데 도움이 되었다. 그는 그 물고기에 이처럼 살필 점이 많다는 것을 미처 깨닫지 못했었다. 처음에 그 물고기를 10분 동안 들여다볼 때에는 미처 파악하지 못한 점이 참으로 많았

---

1 John Piper, "Appendix 2: The Student, the Fish, and Agassiz," in *Think: The Life of the Mind and the Love of God* (Wheaton, IL: Crossway, 2010)(『존 파이퍼의 생각하라』, IVP), 201-6쪽을 보라.

던 것이다.

"성경을 보라!"는 내 말뜻도 바로 여기에 있다. 보고, 또 보라! 계속 들여다보라! 직접 성경을 들여다보는 것을 대신할 수 있는 일은 아무것도 없다. 나는 당신이 성경을 주의 깊고 분별력 있게 살피는 데 이 책이 도움이 되기를 소망한다.[2]

성경을 보아야 할 이유는 무엇인가

존 파이퍼의 「열방을 향해 가라」(*Let the Nations Be Glad*, 좋은씨앗 역간)의 내용 중에서 다음 한 문장만 알고 있는 사람이 많다. 그것은 멋진 문장이다. "선교가 존재하는 이유는 예배가 존재하지 않기 때문이다."[3] 그리고 이 말은 주해의 경우에도 해당한다. 주해가 존재하는 이유는 예배가 존재하지 않기 때문이다. 곧 신약의 주해가 존재하는 이유는 예배가 존재하지 않기 때문이라는 것이다.

주해의 요점을 놓치지 말라. 그 요점은 하나님을 알고 그분을 예배하는 것이다. D. A. 카슨이 자주 언급하듯, "결국 사려 깊은 그리스도인들의 목표는 성경의 지배자가 되는 것이 아니라 오히려 성경에 지배받는 것이다. 이는 하나님의 영광과 그분께 속한 백성의 유익을 위함이다."[4]

그러므로 나는 당신이 이 책에서 도움을 얻어, 모든 일에서 하나님의 으뜸 되심을 향한 열심을 전파하는 방식으로 텍스트를 주해하게 되기를 기도한다. 이는 예수 그리스도를 통해 모든 민족이 기쁨을 얻게 되기 위함이다.[5] 주해와 신학이 흥미로운 작

---

2 내가 여기서 "성경을 보라"(Look at the Book)라는 어구를 쓸 생각을 하게 된 것은 2014년에 존 파이퍼가 "그 책을 들여다보기"(Look at the Book)라는 이름의 방법론을 가지고 온라인으로 성경을 가르치기 시작했기 때문이다. 이 표현은 위의 '물고기를 보는' 일에 관한 이야기에 나온 어구를 의도적으로 본뜬 것이다. www.desiringgod.org/labs를 보라.

3 John Piper, *Let the Nations Be Glad! The Supremacy of God in Missions*, 3판 (Grand Rapids: Baker, 2010)(「열방을 향해 가라」, 좋은씨앗), 35쪽.

4 D. A. Carson, "Approaching the Bible," in *New Bible Commentary: 21st Century Edition*, D. A. Carson 외 편집, 4판 (Downers Grove, IL: InterVarsity Press, 1994)(「IVP 성경 주석」, IVP), 12쪽.

5 내가 속한 교회의 사명 선언문은 이러하다. "우리는 모든 일에서 하나님의 으뜸 되심을 향한 열심을 전파하기 위해 존재한다. 우리는 예수 그리스도를 통해 모든 민족이 기쁨을 얻도록 이 열심을 전파할 것이다"(www.bethlehem.church.org).

업인 이유는 우리가 하나님을 알고 그분께 예배하는 데 도움을 주기 때문이다. 우리를 만족하게 하시는 분은 하나님뿐이다. 그리고 하나님에게서 가장 깊은 만족을 얻을 때, 우리는 그분께 가장 큰 영광을 돌리게 된다. 그분은 성(性)이나 쇼핑, 새로 나온 아이폰이나 갓 구운 피자, 초콜릿이나 돈, 권력을 비롯해서 우리가 갈망할 수 있는 다른 어떤 것보다도 더 나은 분이다.

하나님은 자신의 영광을 위해, 그리스도 안에서 언약을 통해 우리를 통치하시고 구원하시며 만족하게 하신다. 성경을 살필 때, 당신은 이 점을 다양한 각도에서 파악하게 될 것이다. 그리고 주해와 신학을 깊이 이해하게 되면서, 더욱 풍성한 찬양을 드리게 될 것이다.

그러니 성경을 살피지 않을 이유가 무엇인가?

부록A

자신만의 신학 서재를 체계적으로 정리해야 할 이유와 그 방법[1]

어떤 작업들에는 많은 도구가 요구된다. 집을 짓거나 청소하는 일 같은 것이 그런 경우이며, 신약의 주해도 거기에 해당한다. 당신이 본문을 잘 주해하기 원한다면, 도구들을 꼭 활용해야 한다. 그리고 당신이 지닌 도구를 모아놓은 것이 바로 당신의 신학 서재다.

목회자와 신학생, 교사와 학자들에게는 적어도 한 가지 공통점이 있다. 자신만의 신학 서재가 있다는 것이다. 그 서재가 빈약하든, 적당하든, 꽤 훌륭하든, 매우 근사하든 간에 말이다. 하지만 안타깝게도 많은 이에게는 또 다른 공통점이 있다. 바로 그들의 서재가 체계적으로 정리되어 있지 않다는 것이다.

자신만의 신학 서재를 체계적으로 정리해야 할 이유

나는 서재를 체계적으로 정리해야 할 이유를 '더그'라는 이름의 도급업자에게서 배웠다. 대학 시절에 나는 주택 개조 작업을 수행하는 건축 노동자로 일했다. 학기 중에는

1 이 부분의 내용은 Andrew David Naselli, "Why You Should Organize Your Personal Theological Library and a Way How," *Reformation21*, 2010년 10월, www.reformation21.org/을 요약하고 수정한 것이다(허락을 받고 사용함).

시간제로 근무했고, 여름에는 풀타임으로 일하기도 했다. 더그는 인내심 많고 친절한 상사였다. 그는 지하실 공사를 마감하는 법과 발코니 짓는 법, 방을 개조하고 페인트를 칠하며 정원을 손질하는 법을 가르쳐 주었다. 그는 온갖 기술을 지녔으며, 그에 걸맞게 방대한 양의 도구를 보유하고 있었다.

그런데 더그는 자신의 도구를 잘 정돈해 두지 않을 때가 많았다. 우리는 종종 그날 작업에 필요한 도구를 찾기 위해, 더그의 차고나 헛간, 그가 소유한 두 대의 트럭에서 수백 개가 넘는 도구를 뒤지는 것으로 하루 일과를 시작했다. 그리고 때로는 더그 자신에게 그 도구들이 있다는 것을 알면서도 끝내 찾아내지 못하는 경우도 있었다. 그래서 우리는 그 도구들을 찾느라 시간을 허비한 뒤에도 (1) 더 많은 시간과 돈을 들여 그 도구들을 대체할 물건을 사거나 임대하든지, 아니면 (2) 질이 떨어지는 도구들로 그 작업을 수행하는 데 만족해야 했다.

이처럼 더그의 도구들을 찾아내기가 어려웠던 것은 그가 주의 깊고 일관되게 그 도구들을 정돈해 두지 않았기 때문이다. 건축 노동자가 다양한 작업을 수행하기 위해서는 자신의 도구를 정돈해야 한다. 이와 마찬가지로, 목회자와 신학생, 교사와 학자들 역시 자신의 작업을 제대로 수행하기 위해서는 개인적인 신학 서재를 갖추어야 한다.

당신이 '하늘'(heaven)에 관한 일련의 설교나 학과목 과제물, 강의나 소논문, 또는 책을 준비한다고 생각해 보자. 이상적인 경우, 연구 초기 단계에서 당신은 현재 자신의 서재에 '하늘'을 다룬 어떤 자료들이 있는지를 살필 것이다. 하지만 당신의 서재가 체계적으로 정리되어 있지 않다면, 그 작업을 어떻게 효과적으로 수행할 수 있겠는가? 아마 당신이 지닌 '하늘'에 관한 자료들은 다양한 장소에 흩어져 있을 것이다. 이를테면 '하늘'을 전체적인 주제로 다룬 책들이 있는가 하면, 그 주제를 부분적으로 다룬 책들도 있다(조직 신학서나 헌정 논문집, 또는 여러 주제를 다룬 기타 서적의 일부 장들 같은 경우). 그리고 '하늘'을 다룬 소논문이나 MP3 파일, 인터넷의 블로그에 올라온 글 등도 있다.

평소에 자신의 서재를 잘 정돈해 두지 않는 사람이 많다. 그리고 어떤 주제를 살필 때, 그들은 자신이 지닌 자료들 가운데서 그 주제에 연관된 모든 것을 찾아낼 시간이 없다. 당신이 그런 경우라면, 도급업자 더그와 비슷한 처지에 있는 셈이다. 곧 당신은 때로 필요한 도구들을 찾아내지 못하며, 그것들을 찾느라 시간을 허비하게 된다. 그러고는 더 많은 시간과 돈을 들여 그 도구들을 대체할 물건을 사거나 빌리든지, 질이 떨어지는 도구들로 작업을 수행하는 편을 택하게 되는 것이다.

자신의 신학 서재를 체계적으로 정리할 때, 우리는 더욱 생산적이며 효율적으로 작업하게 된다.

자신만의 신학 서재를 체계적으로 정리하는 방법

서재를 잘 정돈하는 편이 현명하다는 데 이의를 제기할 사람은 별로 없을 것이다. 문제는 그 방법이다. 오늘날의 서재는 수십 년 전보다 더욱 복잡할 수 있다. 우리에게는 종이책과 논문뿐 아니라 (로고스 바이블 소프트웨어나 PDF 파일, 워드 문서나 킨들, 아이북스 등의 플랫폼이나 포맷으로 이루어진) 전자책과 오디오북, MP3 파일과 동영상, 인터넷 블로그에 올라온 글 등이 있기 때문이다. 이런 자료들을 잘 정리해서 효율적으로 활용하려면 어떻게 해야 할까?

아마 당신은 다양한 방식으로 자신의 서재를 정돈할 수 있을 것이다. 여기서는 내가 쓰는 방식을 간단히 나누고자 한다. 물론 이것이 유일한 정리 방식은 아니다. 다만 나는 2009년부터 이 체계를 써 오면서 많은 유익을 얻었다.

내가 서재를 체계적으로 정리할 때 사용하는 중심 도구는 '조테로'(Zotero)다. 조테로는 우리가 지닌 연구 자료를 한데 모아 체계적으로 정리하며 인용하고 공유하는 일을 돕는 소프트웨어 도구로, 무료인 데다 사용하기도 쉽다(zotero.org에 접속해 보라). 당신이 주로 쓰는 프로그램이 조테로든 아니든, 자신이 지닌 인쇄 자료와 전자 자료를 검색하기 쉬운 데이터베이스에 모아둔다면 당신의 신학 서재를 가장 효과적으로 활용할 수 있을 것이다.

내 서재에 있는 자료는 대부분 로고스 바이블 소프트웨어나 PDF 파일로 되어 있다. 나는 조테로 프로그램 안의 폴더들에 아이튠즈 재생 목록과 비슷한 형태로 자료를 정리해 두었다. 따라서 일부 자료는 여러 폴더에 담겨 있다(자료 범주를 체계적으로 정리하는 법을 파악하려면 www.thegospelcoalition.org와 www.desiringgod.org의 주제 색인을 살피는 것이 유용하다).

나는 내 서재를 다섯 가지의 넓은 범주로 체계화했다(그리고 무수한 세부 범주가 있다).

1. 주해와 성경 신학(이 범주에 속한 세부 범주에는 신약 성경의 각 장에 관한 폴더들이 포함된다.)
2. 역사 신학
3. 다른 자료들(대부분 비신학적인 자료)
4. 실천 신학
5. 조직 신학

참고 문헌 목록처럼 나는 종이책들을 저자 이름순으로 서가에 배열해 둔다. 어떤 이들은 미 의회 도서관의 분류표나 듀이의 십진분류법에 따르는 편을 선호하지만, 내 생각에는 그럴 경우, 불필요한 노력이 많이 요구되는 듯하다. 다른 이들은 주제별로 종이책을 정리하는 편을 선호하는데, 나 역시 조테로를 쓰기 전까지는 그 방식을 따랐다. 이 방식을 택할 경우, 예를 들어 로마서의 한 본문을 공부할 때 로마서에 관한 책들을 한 번에 집어 들고 살피기가 편리하다. 하지만 이 방법을 택할 경우에는 그 본문에 관련된 다른 책들을 무심코 놓치게 되기도 쉽다. 그리고 분명 자신에게 어떤 책이 있음을 알면서도 그 책을 찾아내기가 어려운 경우도 생긴다. 그러니 내게는 종이책들을 저자 이름순으로 정리하는 것이 가장 적절해 보인다. 이 방법은 명확하고 포괄적이며 단순하다. 서재의 책들을 찾기가 무척 쉽고, 어떤 책을 무심코 놓치고 지나가는 일도 드물다. 이는 자신의 기억력 대신 조테로에 의존하기 때문이다.

여기서 내 요점은 연구를 효과적으로 수행할 수 있도록 자신의 서재를 체계적으로 정리해 두는 편이 현명하다는 데 있다. 이때 활용하는 정리 방식은 그저 하나의 도구일 뿐이다. 즉 우리의 목적을 이루기 위한 방편일 뿐이다. 그리고 그 목적은 하나님이 주신 다양한 은혜를 맡아 섬기는 선한 청지기로서 그분을 영화롭게 하는 데 있다.

부록B

신약의 한 책 전체를 암기해야 할 이유와 그 방법

당신은 성경이 자신의 피 속에 흐르게 되기를 원하지 않는가? 성경을 암기하는 것은 그렇게 되는 데 당신의 시간을 투자하는 가장 좋은 방법 중 하나다. 여기서는 내가 성경을 암기하면서 신약의 한 책 전체를 암기해야 할 이유와 그 방법을 배우게 된 몇 가지 교훈을 나누려고 한다.

신약의 한 책 전체를 암기해야 할 이유

이에 관해서는 열네 가지 이유를 들 수 있다.

1. **이 일을 통해 우리 마음이 새로워지며 하나님의 관점을 품게 된다.** 많은 양의 성경을 암기하는 것은 로마서 12장 2절의 가르침에 순종하기 위한 하나의 전략적인 방편이 된다. "너희는 이 세대를 본받지 말고 오직 마음을 새롭게 함으로 변화를 받아 하나님의 선하시고 기뻐하시고 온전하신 뜻이 무엇인지 분별하도록 하라." 이 일은 우리가 시편 1편에 언급된 사람을 닮아가는 데 도움을 준다. "[복 있는 사람은] 오직 여호와의 율법을 즐거워하여 그의 율법을 주야로 묵상하는도다 그는 시냇가에 심은 나무

가 철을 따라 열매를 맺으며 그 잎사귀가 마르지 아니함 같으니 그가 하는 모든 일이 다 형통하리로다"(시 1:2-3).

2. **우리는 이 일을 통해 텍스트를 한 구절씩 묵상해 가도록 자극받으며, 이는 깨달음을 얻는 비결이 된다.** 존 파이퍼는 이렇게 증언한다. "성경을 암기하면, 성경을 읽지 못할 때에도 그 내용을 묵상할 수 있게 된다. 그리고 묵상은 더 깊은 이해로 이어진다."[1] 어떤 글의 의미를 전혀 모를 경우에는 그 글을 암기하기가 어렵다. 그러므로 우리는 성경을 암기할 때 다음과 같은 질문들을 던지도록 자극을 받게 된다. "이 단어는 무엇을 뜻하는가?" "저 어구는 무슨 의미인가?" "이 종속절은 주절에 어떻게 연관되는가?" "이 문장이 '왜냐하면'으로 시작되는 이유는 무엇인가?" "이 문단의 주된 논지는 무엇인가?" "저 단락의 주된 논지는 무엇인가?" 지금처럼 사람들이 인터넷 검색으로 온갖 글을 대충 훑어보는 데 익숙해진 시기에는, 이런 질문들에 답하는 일이 그 어느 때보다 중요하다. 이처럼 신약의 한 책 전체를 암기하는 일은 우리 자신이 접하는 내용을 이해하면서 읽어 가는 데 도움을 준다.

3. **이 일은 우리가 텍스트의 어조를 살피는 데 도움을 준다.** 당신은 오직 한 가지 음량과 어조로만 말하는 설교자의 음성을 들어본 적이 있는가? 그 소리는 마치 라디오의 잡음처럼 들린다. 이는 그 목소리가 크고 흥분에 차 있든, 부드럽고 단조롭든 마찬가지다. 자신의 목소리를 전부 같은 방식으로 낼 경우, 그 음성은 마치 의미 없이 떠드는 소리처럼 들리는 것이다. 그러므로 신약의 한 책 전체를 암기하는 것은 그 텍스트의 어조를 살필 기회가 된다. 이 본문은 큰 소리로 암송해야 옳을까? 빠른 소리로 암송해야 하나? 아니면 엄격한 어조로 암송해야 할까? 예를 들어 고린도전서에서 바울은 때로 신자들을 격려하기 위해 따뜻한 어조를 쓰기도 하고, 때로는 비꼬기 위해 통렬한 어조로 말하며, 책망과 경고를 위해 냉정한 어조를 쓰기도 하고, 하나님과 복음을 드높이기 위해 승리에 찬 어조로 말하기도 한다.

4. **이 일은 우리가 성경의 한 책 전체에 담긴 논증을 추적하는 데 도움을 준다.** 성경을 암기하는 일은 우리가 성경의 어떤 책을 그 문학적 맥락에서 이해하는 데 도움을 준다. 이를 통해 우리는 그 책 내용에 친숙해지고, 그 책의 강조점을 파악하게 된

1 John Piper, "If My Words Abide in You," *Desiring God*, 2009년 1월 4일, www.desiringgod.org/

다. 그리하여 그 책의 주된 논지와 보조적인 논지들을 설명할 수 있게 된다.

5. **이 일은 우리가 성경의 한 책 안에 있는 어휘적이며 주제적인 연결 고리들을 파악하는 데 도움을 준다.** 예를 들어 고린도전서에서 바울은 고린도 교인들이 참된 지혜의 본질을 완전히 오해하면서도 스스로 지혜롭게 여기는 것을 책망한다. 이 책 첫 단락에서 지혜는 중요한 주제다. 그런데 잠시 뒤, 바울은 그 교회 안에서 벌어진 소송의 문제를 다루면서 이렇게 질문한다. "너희 가운데 그 형제간의 일을 판단할 만한 **지혜** 있는 자가 이같이 하나도 없느냐 형제가 형제와 더불어 고발할 뿐더러 믿지 아니하는 자들 앞에서 하느냐"(고전 6:5-6). 어이쿠! 이 서신을 충분히 음미하지 못했다면, 우리는 바울의 이 말에 담긴 비꼬는 듯한 재치를 놓쳐 버렸을 것이다.

6. **이 일은 우리가 성경의 다른 책들 속에 있는 어휘적이며 주제적인 연결 고리들을 파악하는 데에도 도움을 준다.** 일단 우리가 암기하는 책의 텍스트를 충분히 파악하고 나면, 성경의 다른 텍스트들을 읽을 때에도 무언가 특별한 일이 벌어진다. 곧 그 텍스트들에 담긴 단어와 구, 주제들을 접할 때, 우리 자신이 암기한 책의 내용과 유사한 부분을 상기하게 되는 것이다.

7. **이 일은 우리가 죄를 이기는 데 도움을 준다.** 예를 들어 성적인 유혹을 받을 경우, 우리는 즉시 고린도전서 6장 12-20절을 암송할 수 있다. 이 얼마나 효과적인 방법인가! 파이퍼는 이렇게 설명한다. "성경을 암기할 때, 하나님 말씀으로 죄의 유혹을 극복하는 일이 더욱 쉬워진다. 우리가 죄의 거짓 약속을 극복하는 방편은 바로 하나님의 경고와 약속들에 있기 때문이다."[2]

8. **이 일은 우리가 상담과 가르침, 설교를 바르게 수행하는 데 도움을 준다.** 신약의 한 책 전체를 암기할 때, 우리는 자신의 말이 잘못되지 않았는지를 스스로 점검하게 된다. 그리고 우리가 암기한 책의 내용에 어긋나는 말을 할 가능성은 더 줄어든다.

9. **이 일은 우리가 상담과 가르침, 설교를 힘 있게 수행하는 데 도움을 준다.** 다음과 같은 일들이 자주 일어난다. 곧 성령께서 우리로 하여금 이전에 암송한 구절들을 떠올리게 하시며, 이 구절들은 바로 그 순간에 우리 곁에 있는 누군가가 꼭 들어야 했던 말이 되는 것이다. "경우에 합당한 말은 아로새긴 은 쟁반에 금 사과니라"(잠 25:11).

---

2 같은 글.

그러니 우리는 자신의 마음속에 하나님의 말씀을 담아 둘 수 있도록 힘써 노력한 뒤, 성령께서 알맞은 때에 그 말씀을 일깨워 주실 것을 기대해야 한다. 다음과 같은 파이퍼의 말이 옳다. "성경을 암기할 때, 우리는 어려움에 처한 이들을 위로하며 섬기는 데 가장 효과적인 방편을 얻게 된다."[3]

10. **이 일을 통해 우리는 사람들의 눈을 보면서 성경을 암송할 수 있게 된다.** 사람들의 눈을 보면서 성경을 암송하는 일에는 놀라운 힘이 있다. 최근에 나는 존 파이퍼가 바울의 빌립보서를 암송하는 것을 들었는데, 감동적인 경험이었다. 그는 우리 청중의 머리 위를 보지도, 이마를 쳐다보지도 않았다. 그는 그 서신을 암송하는 동안 우리 눈을 똑바로 바라보았으며, 이는 우리 마음에 깊은 감동을 주었다. 또한 나는 데이비드 플랫(David Platt)이 로마서 1-8장을 암송하는 것을 처음 본 때를 기억한다. 나는 그 모습을 영상으로 보았으며 직접 듣지는 못했지만, 그의 모습은 놀라운 감동을 주었다. 그리고 나 역시 이들처럼 암송해 본 경험이 있다. 이전에 몇몇 교회에서 주일 아침 예배를 드릴 때, 앞에 나가 신약의 한 책을 암송한 적이 있기 때문이다. 아마 당신은 사람들이 그 시간을 지루하게 여기고 꾸벅꾸벅 졸 것이라고 생각할지도 모르겠다. 하지만 당시에 나는 오히려 사람들이 그 내용에 집중하고 몰입하는 것을 경험할 수 있었다. 사람들 눈을 보면서 성경을 암송하는 일은 지극히 어렵다. 이때에는 우리의 정신이 수많은 방식으로 흐트러질 수 있기 때문이다. 그러나 우리가 주의를 집중하고 최선을 다해 텍스트를 잘 익힌다면, 그리고 하나님께 의존한다면 그 일은 가능하다. 그리고 그 일에는 강력한 힘이 있다.[4]

11. **이 일은 우리가 오류를 논박하는 데 도움을 준다.** 하나님 말씀을 깊이 알수록 우리는 다음 구절에 묘사된 장로의 모습을 더욱 닮아 갈 수 있다. "[그는] 미쁜 말씀의 가르침을 그대로 지켜야 하리니 이는 능히 바른 교훈으로 권면하고 거슬러 말하는 자들을 책망하게 하려 함이라"(딛 1:9). 나는 이 점에 관해 존 블룸(Jon Bloom)의 표현을 좋아한다. 그에 따르면, 많은 양의 성경을 암기할 때 우리는 "헛소리 측정기를 제대로 조정하게 된다"(그릇된 말들을 정확히 파악할 수 있게 된다는 뜻_ 옮긴이).[5]

---

3 같은 글.

4 이에 연관된 내용으로, 성경의 공적인 낭독에 관해서는 Jeffrey D. Arthurs, *Devote Yourself to the Public Reading of Scripture: The Transforming Power of the Well-Spoken Word* (Grand Rapids: Kregel, 2012)를 보라.

5 Jon Bloom, "Ten Reasons to Memorize Big Chunks of the Bible," *Desiring God*, 2014년 5월 16일, www.desiringgod.

12. **이 일은 우리가 성경 본문을 길게 암송하면서 기도하는 데 도움을 준다**. 이 점은 특히 우리가 성경을 읽지 못하는 상황에 있을 때 유익하다. 이를테면 차를 운전하거나 집안일을 하면서 기도할 때, 또는 혼자서 산책하거나 조깅하면서 기도할 때가 그런 경우다. 그리고 공중 기도를 할 때에도 유익하다.[6]

13. **이 일은 우리의 정신을 단련시킨다**. 우리의 뇌는 근육과 같다. 운동이 우리 몸을 단련시키듯, 암기는 우리의 뇌를 단련시킨다. 우리의 뇌는 성경 암기를 통해 더욱 튼튼하고 건강해지며, 민첩하고 활력이 넘치게 된다.[7]

14. **이 일을 통해 우리는 하나님 말씀을 더욱 소중히 여기게 된다**. 신약의 한 부분을 외우는 데 수백 시간을 쏟고 나면, 그 내용은 우리에게 더욱 달콤하고 향기로운 것이 된다. 성경 암기는 우리가 그 내용을 소중히 간직하는 데 도움을 준다.

신약의 한 책 전체를 암기하는 방법

이 점에 관해 우리가 살펴야 할 책은 앤디 데이비스(Andy Davis)의 「성경의 긴 본문을 암기하는 법」(*An Approach to Extended Memorization of Scripture*)이다.[8] 실질적으로 나는 그의 접근법을 약간 수정해서 활용하고 있다. 이 일에서 내가 실천하는 열한 가지 기본 지침은 다음과 같다.

1. **암기를 일과의 한 부분으로 삼기**. 날마다 끈기 있게 노력하지 않고는 신약의 한

---

org/.

6 Andrew David Naselli, "12 Reasons You Should Pray Scripture," *Themelios* 38, 3 (2013): 417-25쪽을 보라.

7 존 블룸은 거의 쉰 살이 되었을 무렵, 다음 글을 썼다. "자신의 기억력이 나쁘기 때문에 암기할 수 없다고 말하지 마십시오. 바로 그 이유 때문에 여러분은 암기해야 합니다. 나 역시 기억력이 나쁩니다. 진지하게 말하지만, 아마 내 기억력은 평균 수준보다 낮을 것입니다. 나는 자주 만나는 이들의 이름까지 잊기도 합니다! 그래서 나는 가장 중요한 일들을 장기적인 기억 속에 저장할 수 있도록, 자신의 비효율적이고 흠이 많은 뇌를 열심히 밀어붙여야만 합니다. 그리고 이 일은 오직 일정한 시기 동안 날마다 반복해서 암기하는 과정을 통해 이루어집니다. 우리가 간단한 체계를 좇아 조금만 노력한다면 얼마나 많은 것을 기억할 수 있는지를 깨달을 때, 여러분은 놀라게 될 것입니다. 나는 신약의 책 중 다섯 권을 암기했으며, 지금은 여섯 번째 책을 외우고 있습니다. 그리고 이 일이 가능한 것은 내 기억력이 나쁘기 때문입니다." (Bloom, "Ten Reasons to Memorize Big Chunks of the Bible.")

8 Andrew M. Davis, *An Approach to Extended Memorization of Scripture* (Greenville, SC: Ambassador International, 2014).

책 전체를 암기할 수 없다. 그러니 인내심을 갖고 노력해야 한다. 아마 주일에는 쉴 수도 있을 것이다. 나는 주일에도 쉬지 않지만, 다만 주일에는 더 많은 문장을 외우기보다 지금까지 외운 문장들을 복습한다.

2. **모든 장절 번호를 제외하기.** 나는 성경의 긴 본문에 대한 앤디 데이비스의 암기법을 좋아하지만, 이 점에서는 그와 의견을 달리한다. 그는 장절 번호를 암기하는 것을 '꼭 필요한' 일로 여긴다. 하지만 나는 모든 장절 번호를 제외하는 편이 훨씬 낫다고 본다.[9]

3. (가능하다면) **본문에 관해 헬라어로 구문 분석을 수행한 뒤, 그 형태를 되도록 영어로 재현해 보기.**[10] 그러고는 그 본문을 암기하면서 그 형태의 이미지를 우리 머릿속에 새겨 넣는 것이다.

4. **텍스트에 표시하기.** 암송할 때 강조하고 싶은 단어에 밑줄을 긋고, 어휘적이며 주제적인 연결 고리들을 여러 색깔로 표시하라.

5. **걷는 동안에 암기하기.** 실내에 있을 때, 나는 러닝머신 위에서 뛰거나 방 안을 서성이면서 성경을 암기한다. 하지만 날씨가 괜찮을 때는 건물 바깥을 산책하면서 암기하는 쪽을 선호한다(나는 미네소타 주에 거주한다. 이곳의 경우, 1년 중 상당 기간에는 건물 밖에 10분 이상 있으면 추위로 사망할 수 있다). 내 경우, 의자에 앉아 있거나 침대에 누워 있을 때에는 성경을 암기하지 않는다. 다만 여기에는 두 가지 예외가 있다. (1) 혼자서 차를 운전하거나 (2) 밤에 잠자리에 든 시간에는 그간 암기한 내용을 암송해 보기도 한다.

6. **그날 암기할 본문을 선택하기.** 내 생각에는 한두 문장 정도가 적당해 보인다. 때로는 더 많은 양을 하루에 암기하기도 하지만, 그후 며칠간은 다른 문장들을 추가하지 않고 그때 암기한 내용을 복습한다.

7. **새로운 본문을 열 번에 걸쳐 정확히 암송해 보기.** 실수 없이 정확히 옮겨 쓰거나 타이핑할 수 있을 정도로 본문을 충분히 익히라. 그런 다음에는 자신이 소리 내어 그 본문을 열 번에 걸쳐 암송하는 것을 녹음하라. 이때 녹음을 진행하면서 자신의 목소리에 귀를 기울이고, 실수한 부분은 바로잡아야 한다. 녹음하면서 실수한 것은 암송 횟수에서 제외하라.

---

9 7장에서 그 이유를 설명했다. 그 장의 '장이나 절 번호 없이 읽어 보라' 단락을 살펴보라.

10 구문 분석에 관해서는 5장을 보라.

- 노트북 컴퓨터를 곁에 두고 러닝머신 위를 걸을 때, 나는 그 컴퓨터의 미디어 플레이어로 목소리를 녹음한다. 그리고 계산기를 써서 내가 그 본문을 몇 번이나 정확히 암송했는지를 기록한다.
- 휴대전화를 들고 실내를 서성이거나 건물 밖을 산책할 때, 나는 그 전화로 목소리를 녹음한다. 그리고 기록 측정 애플리케이션을 써서 내가 그 본문을 몇 번이나 정확히 암송했는지를 기록한다. 우리는 지금 암기하는 본문의 구문 분석 도표를 사진으로 찍어 휴대전화에서 살펴볼 수 있고, 종이로 출력할 수도 있다. 나는 처음에 짧은 본문을 익힐 때에는 휴대전화에서 사진으로 살피는 편을 선호하며, 긴 분량의 본문을 파악해 나갈 때에는 인쇄물 형태로 살피는 편을 선호한다.

8. **규칙적으로 복습하기**. 많은 양의 본문을 암송하면서 녹음해 보라. 그러고는 녹음된 내용을 들으면서 실수한 부분을 파악하라. 나는 녹음한 내용을 1.5배속이나 2배속으로 듣는다.

9. **성경의 한 책 전체를 큰 단락별로 읽으면서 녹음하고, 그 내용을 반복해서 들어 보기**. 이렇게 내용을 들어 보는 시간은 언제나 유익하다. (1) 이 단락들의 암기를 시작하기 **전에**, (2) 그 단락들을 암기하는 **동안에**, 그리고 (3) 그 단락들을 암기하고 난 **후에** 이 일을 실행해 보기 바란다.

10. **자신이 암기 중인 책을 연구하기**. 자신이 암기하는 내용을 깊이 이해할수록 그 내용이 우리 마음속에 더 깊이 자리 잡게 된다. 이 책에서 제시한 열두 단계를 좇아 당신이 암기하는 신약의 책을 연구해 보라. 그 책에 관한 최상의 주석을 몇 권 읽어 보기 바란다. 당신이 예를 들어 소그룹이나 교회 학교에서 그 책을 가르칠 수 있다면 더 큰 도움이 될 것이다. 우리는 가르침을 통해 많은 것을 배울 수 있기 때문이다.

11. **자신이 암기한 내용을 다른 이들 앞에서 암송할 기회를 찾기**. 그 대상은 당신의 친구나 소그룹, 성경 공부반이나 교회의 회중이 될 수 있다. 이를 통해 당신은 그 본문을 제대로 암기하도록 동기를 부여받게 되며, 이는 또한 다른 이들에게도 유익을 준다.

용어 해설

BDAG_ **단어 연구**에서 가장 중요하게 쓰이는 헬라어 사전의 약칭. Walter Bauer, Frederick William Danker, William F. Arndt, and F. Wilbur Gingrich, eds., *A Greek-English Lexicon of the New Testament and Other Early Christian Literature*, 3rd ed. (Chicago: University of Chicago Press, 2000). (8장)

KJV 유일주의(KJV-only)_ 킹 제임스 역본(KJV)이나 **공인 본문**, **다수 본문**만 선호하거나 받아들이는 일 또는 그에 관련된 태도. (2장)

LXX_ **칠십인 역** 항목을 보라.

간접 목적어(indirect object)_ **타동사**의 동작에 간접적으로 영향을 받는 **실명사**(대부분의 경우에는 여격). 곧 이 실명사는 타동사가 행하는 동작의 **간접적인** 대상이 된다(예를 들어 '나는 너에게 공을 던졌다'). **직접 목적어** 항목을 참조하라. (4장)

강해 설교(expository preaching)_ 건전한 **주해**에 기초해서 성경 내용을 설명하고 적용하는 설교. (서론)

거울 읽기(mirror-reading)_ 신약 본문의 해석 방식 중 하나. 저자가 쓴 내용에는 원래 독자들이 처한 문제나 상황이 반영되어 있다고 가정한다. (6장)

격(case)_ **헬라어 문법**에서 **명사, 대명사, 형용사**나 **분사**의 구문론적 기능을 나타내는 어형 변화의 형태. 주격과 속격, 여격, 대격, 호격이 있다. (4장)

고대 역본(ancient translations)_ 신약의 헬라어 본문을 라틴어와 콥트어, 시리아어를 비롯한 다른 언어로 번역한 사본들. 판본(version)으로도 불린다. (2장)

공인 본문(*Textus Receptus*, *TR*)_ 킹 제임스 역본(KJV)의 바탕이 된 헬라어 본문. **다수 본문** 계열에 속한다. (2장)

과거적 해석법(preterist)_ 요한계시록의 해석 방식 중 하나. 이 해석법에 따르면, 요한이 본 환상들은 요한 자신의 시대에 있었던 일들을 묘사한 것이다. 따라서 그 환상들은 이제 과거의 것이 되었다. 요한이 본 환상들 속의 상징은 모두 요한 자신의 시대에 있던 사람과 사건을 가리킨다. 그리고 요한은 하나님이 그들을 구해 주실 때까지 참고 견디도록 그리스도인들을 권고하기 위해 이 글을 썼다. **미래적 해석법**과 **역사적 해석법**, **이상적 해석법**과 **절충적 해석법** 항목을 보라. (1장)

과장법(hyperbole)_ (문자적인 의미를 전달하거나 속이려는 의도 없이) 어떤 사실을 강조하기 위해 과장하는 비유법. (1장)

관사(article)_ **헬라어 문법**에서 영어의 정관사(the)에 상응하는 단어. 이 단어의 주된 목적은 거의 모든 품사나 **구**를 개념으로 전환하는 데 있다. (4장)

관용구(idiom)_ 원래 단어들에서는 추론해 낼 수 없는 관습적인 의미를 전달하는 한 무리의 단어들(예를

들면 '다리를 부러뜨리다'[break a leg]). (3장)

괄호 묶기(bracketing)_ 선을 활용하는 **논증 도해**의 한 방법. (5장)

교회론(ecclesiology)_ **조직 신학**의 한 범주. 교회에 관한 교리를 가리킨다. (11장)

교회사(church history)_ 기독교의 발전 과정에 관한 기록. **역사 신학**의 배경을 이룬다. (10장)

구(phrase)_ 한 문장이나 절 안에 있는 단어들의 묶음. 이 구에는 대부분 문장과 절에서 주로 나타나는 **주어**-술어나 주어-**동사**-목적어의 구조가 빠져 있다. (5장)

구문 분석(phrasing)_ 수식을 받는 부분의 위나 아래에 있는 절과 **구**들을 들여 쓴 다음, **명제**와 구들의 논리적인 관계를 나타내는 명칭을 덧붙이는 **논증 도해**의 방법. (5장)

구약 신학(Old Testament theology)_ 구약의 내용을 분석하고 종합하는 **성경 신학**의 한 분과. (9장)

구약의 외경(Old Testament Apocrypha)_ 주전 3세기부터 주후 1세기 사이에 기록된 약 열다섯 권의 문헌 모음집. 로마 가톨릭교회와 동방 정교회는 이 책들을 정경으로 간주하지만, 유대교와 개신교에서는 인정하지 않는다. (6장)

구약의 위경(Old Testament Pseudepigrapha)_ 고대의 유대교와 헬레니즘 문헌 모음집. 그 내용이 광범위하고 다양하며, 연대는 주로 신구약 중간기에 속한다. 이중 많은 책이 가명으로 기록되었다. (6장)

구원론(soteriology)_ **조직 신학**의 한 범주. 구원에 관한 교리를 가리킨다. (11장)

기능적 일치(functional equivalence)_ 의미에 더 기반을 둔 **번역 철학**. 헬라어의 의미를 자연스러운 영어로 재현하는 데 우선순위를 둔다. (3장)

기독론(Christology)_ **조직 신학**의 한 범주. 그리스도에 관한 교리를 가리킨다. (11장)

남성 복귀 대명사(masculine resumptive pronoun)_ 문법적으로 남성형인 **대명사**가 부정 **명사**나 대명사 뒤에 따라오면서 그 단어를 다시 지칭할 때, 이를 '남성 복귀 대명사'로 부른다(예를 들면 '수업시간에는 모두 **그의** 핸드폰을 꺼 놓아야 합니다'[Everyone must turn off *his* phone during class] 같은 경우). (3장)

내적 증거(internal evidence)_ **본문 비평**에서 저자들의 습관, 저술 방식과 함께 필사자들의 습관과 실수를 고려하기 위한 자료를 나타내는 용어. **외적 증거**와 **합리적 절충주의** 항목을 보라. (2장)

논증 도해(argument diagram)_ 텍스트에 담긴 사유의 논리적 흐름을 시각적으로 파악하고 제시하는 도표. 이는 그 텍스트를 여러 **명제**와 **구**로 분할하고, 그 명제/구들 사이의 논리적 관계를 밝혀서 이루어진다. 논증 도해 방법으로는 **호 그리기**와 **괄호 묶기**, **구문 분석** 등이 있다. **문장 도해** 항목을 참조하라. (서론, 5장)

다수 본문(Majority Text)_ **헬라어 신약 사본**의 다수가 포함되어 있는 본문 계열. 이 가운데는 **공인 본문**도 포함된다. (2장)

단어 연구(word studies)_ 핵심 단어와 **구**, 개념들을 분석하는 일. (서론, 8장)

대명사(pronoun)_ **명사**의 위치를 대신하는 단어. **헬라어 문법**에서, 대명사는 **문법적인 성**과 수의 면에서 (그리고 관련 있는 경우에는 인칭의 면에서도) 그 **선행사**와 일치한다. 하지만 대명사의 **격**은 그 단어가 문

장에서 수행하는 기능에 따라 결정된다. **남성 복귀 대명사** 항목을 보라. (4장)

동사(verb)_ 어떤 행동이나 존재의 상태를 서술하는 단어. (4장)

랍비 문헌(rabbinic literature)_ 유대의 랍비나 현자들이 가르친 내용을 수집한 문헌. 그 연대를 추정하기는 어렵다. 미쉬나는 구전 율법을 모은 것이며, 팔레스타인과 바빌로니아 탈무드는 이 미쉬나를 주석한 문헌이다. 그리고 미드라쉬에는 구약 주석이 많이 담겨 있다. (6장)

명사(noun)_ 사람이나 장소, 사물 또는 개념을 나타내는 단어. (4장)

명제(proposition)_ 무언가를 주장하거나 진술하는 문장. 하나의 명제에는 (명시적으로든 암묵적으로든) 적어도 하나의 **주어**와 술어가 포함되어 있다. 하나의 명제는 독립절일 수도 있고(예를 들면 "미네소타의 겨울은 춥다"), 의존절일 수도 있다(예를 들면 "썰매 타기는 재미있지만"). (5장)

묵시 문학(apocalypse)_ 성경에 관련된 글의 한 **장르**. 대체로 핍박에 대응하여 기록된 글이다. 묵시 문학은 그 속에 어떤 영적 존재가 알려 준 하늘의 비밀이 담겨 있다고 주장한다. 묵시 문학은 가명으로 기록된 글로, 하나님 나라가 머지않아 이 세상 속에 뚫고 들어오게 될 모습을 묘사하면서 그 절정에 이른다. 묵시 문학은 역사를 개관하면서 광범위한 상징을 활용하며, 현재의 죄 많은 세상을 장차 임할 세상과 날카롭게 대조한다. (1장)

문법적인 성(grammatical gender)_ **헬라어 문법**에서 **명사**, **형용사**, **관사**, **대명사**, **분사**가 지니는 세 가지 공통 요소 중 하나. 남성, 여성 또는 중성이 있다. 이 문법적인 성과 생물학적인 성 사이에는 느슨한 연관성이 있을 뿐이다. (4장)

문장 도해(sentence diagram)_ 텍스트의 각 단어가 문법적으로 어떤 기능을 하는지 식별하고 표시하는 구문론적 도표. **논증 도해** 항목을 참조하라. (5장)

문학적 맥락(본문의)(literary context [of a passage])_ 한 본문이 그 책 전체에서 수행하는 역할. (서론, 7장)

미드라쉬(Midrash)_ **랍비 문헌** 항목을 보라.

미래적 해석법(futurist)_ 요한계시록의 해석 방식 중 하나. 이 해석법에 따르면, 하나님은 인류 역사의 마지막 때에 요한계시록 4-22장에 기록된 일들을 모두 성취하실 것이다. 좀 더 온건한 미래적 해석법에서는 4-22장에 기록된 일들 중 일부가 이미 일어났거나, 그 마지막 때가 임하기 전에 먼저 일어나게 될 것이라고 주장한다. 요한은 자신이 처한 **역사-문화적 맥락**의 관점에서 그 일들을 묘사하고 있다. **과거적 해석법**과 **역사적 해석법**, **이상적 해석법**과 **절충적 해석법** 항목을 보라. (1장)

미쉬나(Mishnah)_ **랍비 문헌** 항목을 보라.

번역(translation)_ (1) 헬라어 신약 성경을 다른 언어들로 옮기는 과정. (2) 그 과정의 결과물로 나온 성경 역본. (서론, 3장)

번역 철학(translation philosophy)_ 성경 번역의 접근 방식. (3장)

보편 원리(universal principle)_ **실천 신학**의 토대를 이루는 근본 진리. 모든 시대의 모든 문화에 속한 이들에게 구체적으로 적용된다. (12장)

본문 비평(textual criticism)_ 원래 어구를 확정하기 위해 사본 상의 증거를 연구하는 분야. 이 분야에서는 자료들을 수집하고 체계화하며, 이문의 독법들을 비교하며 평가하고, 사본 전승의 역사를 재구성한다. **내적 증거**와 **외적 증거**, **합리적 절충주의** 항목을 보라. (서론, 2장)

본문 유형(text-type)_ 공통적인 특징과 기원을 지닌 신약 사본들의 주요 계열. **비잔틴 본문**과 **서방 본문**, **알렉산드리아 본문** 항목을 보라. (2장)

부사(adverb)_ 일반적으로 **동사**를 수식하는 단어. (4장)

부정사(infinitive)_ **헬라어 문법**에서 동사적인 **명사**를 가리키는 품사. (4장)

분사(participle)_ **헬라어 문법**에서 동사적인 **형용사**를 가리키는 품사. (4장)

비유(parable)_ 이야기가 담긴 확대된 **은유** 또는 **직유**. (1장)

비잔틴 본문(Byzantine)_ **본문 유형** 중 하나. 그 늦은 연대와 더불어 난해한 독법들을 다듬기 위해 (**서방 본문**보다도 많이) 단어를 덧붙인 일, 그리고 그 많은 숫자로 알려져 있다(현존하는 사본의 80퍼센트). (2장)

사해 문서(Dead Sea Scrolls)_ 약 850개 정도의 유대교 사본 모음집(그중 대부분은 문서의 조각들이다). 1947년에 양치기들이 사해 부근에 있는 쿰란 지역의 동굴들에서 발견했다. 이 문서들 가운데는 (에스더서를 제외한) 구약 성경 각 권의 일부 본문뿐 아니라, 구약의 여러 책에 관한 주석을 비롯한 다른 문헌들도 있다. (6장)

서방 본문(Western)_ **본문 유형** 중 하나. 그 이른 연대와 더불어, 본문들을 서로 조화시키고 설명하기 위해 단어들을 덧붙인 것으로 알려져 있다. (2장)

서술 주격(predicate nominative)_ **헬라어 문법**에서 연결 **동사**를 완전하게 만드는 **실명사**나 **형용사**로서, 그 동사의 **주어**가 지닌 성격을 밝히거나 묘사하는 단어. (4장)

서신서(Epistles)_ 신약 성경에 포함된 스물한 편의 편지. (1장)

선행사(antecedent)_ **대명사**가 지시하는 단어. **헬라어 문법**에서, 일반적으로 대명사는 **문법적인 성**과 수의 면에서 선행사와 일치한다. (4장)

설교학(homiletics)_ 설교 원리들을 다루는 학문(곧 설교를 준비하고 조직하며 전달하는 방법을 다루는 분야). (서론)

성경론(bibliology)_ **조직 신학**의 한 범주. 성경에 관한 교리를 가리킨다. (11장)

성경 신학(biblical theology)_ 성경 자체의 방식을 좇아, 유기적이고 구원-역사적인 관점에서 한 본문을 정경 전체와 연관 지으면서 성경을 분석하고 종합하는 분야. 특히 구약과 신약이 어떻게 그리스도 안에서 하나로 통합되어 절정에 이르는지에 관심을 쏟는다. 이 분야는 건전한 **주해**에 기반을 둔다. **구약 신학** 항목과 **신약 신학** 항목을 보고, **실천 신학**과 **역사 신학**, **조직 신학** 항목도 참조하라. (서론, 9장)

성경의 명료성(clarity of Scripture)_ 믿음으로 성경을 대하는 이는 누구든지 성경의 중심 가르침을 쉽게

이해할 수 있다는 개념. (6장)

성령론(pneumatology)_ **조직 신학**의 한 분과. 성령에 관한 교리를 가리킨다. (11장)

성 포괄적 어법(gender-inclusive language)_ 남성과 여성을 지칭할 때, 남성과 여성 모두가 뚜렷이 포함되는 **명사**와 **대명사**를 사용하는 일(예를 들면 '남자들'[men] 대신에 '사람들'[people]로 언급하거나, '형제들'[brothers] 대신에 '형제자매들'[brothers and sisters]로 표현하는 것). (3장)

시대착오적인 오류(anachronistic fallacy)_ 시대착오적인 **어원상의 오류**에 근거하여 어떤 단어를 그릇되게 정의하는 일(곧 자신이 묘사하는 것과는 다른 시대에 속한 어원을 근거로 드는 것). (8장)

신론(theology proper)_ **조직 신학**의 한 범주. 하나님에 관한 교리를 가리킨다. (11장)

신약 신학(New Testament theology)_ 신약의 내용을 분석하고 종합하는 **성경 신학**의 한 분과. (9장)

신학적 메시지(theological message)_ 성경의 각 책이 지닌 전반적인 취지. (7장)

신학적 선별(theological triage)_ 성경의 가르침들을 그 우선순위에 따라 분류하는 일. (11장)

실명사(substantive)_ **명사**처럼 기능하는 단어. (4장)

실천 신학(practical theology)_ 성경을 우리 자신과 교회, 세상에 적용하는 분야. 이 분야에서는 "그러면 우리는 어떻게 살아야 하는가?"라는 질문에 응답한다. 이 분야의 작업은 건전한 **주해**와 **성경 신학**, **역사 신학**과 **조직 신학**의 작업에 기반을 둔다. **보편 원리** 항목을 보라. (서론, 12장)

알렉산드리아 본문(Alexandrian)_ 본문 유형 중 하나. 그 초기 연대와 정확성으로 잘 알려져 있다. (2장)

양단법(merism)_ 서로 대조되는 두 부분을 써서 전체를 나타내는 비유법. (1장)

어근의 오류(root fallacy)_ **어원상의 오류** 항목을 보라.

어원상의 오류(etymological fallacy)_ 어떤 단어의 역사나 구성 요소들에 근거해서 그 단어를 그릇되게 정의하는 일. '어근의 오류'라고도 불린다. **시대착오적인 오류** 항목을 보라. (8장)

역사-문화적 맥락(historical-cultural context)_ 저자가 문헌을 작성한 상황과 함께 그 본문에서 언급하거나 전제로 삼은 역사-문화적 세부사항들을 가리키는 용어. (서론, 6장)

역사 신학(historical theology)_ 주요 주해자와 신학자들이 성경과 신학을 어떻게 이해해 왔는지를 조사하고 평가하는 분야. 대체로 교회사의 네 가지 광범위한 시기에 초점을 둔다. 초대 교회(1세기-600년), 중세(600-1500년), 종교개혁과 그 이후(1500-1750년), 그리고 근현대(1750년-현재)다. **교회사** 항목을 보고, **성경 신학**과 **실천 신학**, **조직 신학** 항목을 참조하라. (서론, 10장)

역사적 해석법(historical)_ 요한계시록의 해석 방식 중 하나. 이 해석법에 따르면, 요한계시록은 지금 우리 시대에 이르기까지의 **교회사** 전체를 개략적으로 묘사하고 있다. **과거적 해석법**과 **미래적 해석법**, **이상적 해석법**과 **절충적 해석법** 항목을 보라. (1장)

연대기적 속물근성(chronological snobbery)_ 우리 시대의 지적이며 도덕적인 분위기를 맹목적으로 받아들이고, 무엇이든 지난 시대의 것보다는 우리 시대의 것이 더 발전했다고 믿는 태도. (10장)

영감(inspiration)_ 하나님이 성경의 히브리어와 아람어, 헬라어 단어들에 영감을 불어넣으셔서, 인간 저자들로 하여금 그 단어들을 통해 의미를 전달하게 하신 방식. (3장)

예언서(prophecy)_ 성경에 관련된 글의 한 **장르**. 예언서에서는 주님이 주신 메시지를 선지자들이 직접 선포한다. 그리고 예언서에서 하나님은 묵시적인 새 세상을 도입해서가 아니라 지금 이 세상에서 진행되는 움직임을 통해 자신의 백성을 구원하신다. (1장)

예표론(typology)_ 구약의 인물과 사건, 제도들(즉 예표들)이 어떻게 신약의 인물과 사건, 제도들(즉 원형들)에 의해 온전히 성취되었는지를 분석하는 것. 이런 성취는 구원사에서 구약의 상황들이 더 깊고 극적인 수준에서 반복되면서 이루어진다. (9장)

완곡어법(euphemism)_ 사람들이 무언가 불쾌하거나 곤란한 일을 언급할 때, 지나치게 거칠거나 직설적으로 들리는 표현 대신 쓰는 부드럽거나 간접적인 단어 또는 표현(예를 들면 '대변을 본다'라는 표현 대신 '화장실에 간다'라고 표현하는 것). (3장)

외적 증거(external evidence)_ **본문 비평**에서, 텍스트의 어떤 사본들이 그 독법을 지지하는지를 고려하기 위한 자료를 나타내는 용어. **내적 증거**와 **합리적 절충주의** 항목을 보라. (2장)

요세푸스(Josephus)_ 주후 37년부터 110년경까지 생존한 유대 역사가. 성경을 제외하면, 요세푸스가 쓴 네 권의 책은 1세기 당시의 유대 세계를 이해하는 데 가장 중요한 자료다. (6장)

은유법(metaphor)_ '……같이', '……처럼' 등의 표현을 쓰지 않고 두 대상을 암시적으로 비교하는 비유법. **비유** 항목을 보고, **직유** 항목도 참조하라. (1장)

의미론적 범위(semantic range)_ 한 단어가 다양한 문맥에서 나타낼 수 있는 의미들의 목록. (8장)

의인법(personification)_ 어떤 사물이나 특질, 개념을 하나의 인격으로 표현하는 비유법. (1장)

이단(heresy)_ **정통**에 어긋나는 가르침. (10장)

이상적 해석법(idealist)_ 요한계시록의 해석 방식 중 하나. 이 해석법에 따르면, 요한계시록은 미래에 일어날 사건들의 자세한 일정표를 제시하지 않는다. 다만 하나님이 어떤 분이며 전반적으로 그분이 이 세상과 어떻게 소통하시는지를 이해하는 데 도움을 준다. **과거적 해석법**과 **미래적 해석법**, **역사적 해석법**과 **절충적 해석법** 항목을 보라. (1장)

인간론(anthropology)_ **조직 신학**의 한 범주. 인간에 관한 교리를 가리킨다. (11장)

일반 해석학(general hermeneutics)_ 신약의 모든 **장르**를 해석하는 데 적용되는 일반 원리들. **특수 해석학** 항목을 참조하라. (1장)

자의적 해석(eisegesis)_ 어떤 텍스트를 해석할 때, 특정한 의미를 그 속에 집어넣어 읽는 일. **주해** 항목을 참조하라. (서론)

장르(genre)_ 문학적 양식을 뜻하는 용어. **묵시 문학**과 **예언서** 항목을 보라. (서론, 1장)

적용(application)_ **실천 신학** 항목을 보라.

전집(corpus)_ 어떤 저자의 글들을 한데 모은 것(예를 들면 신약에 포함된 바울의 열세 서신). (9장)

전치사(preposition)_ 전치사**구**를 지배하는 품사로, 하나의 **실명사**가 다른 단어와 어떤 연관을 맺는지를 나타낸다. **헬라어 문법**에서 이 다른 단어의 위치에는 **동사**나 **형용사** 또는 다른 실명사가 올 수 있다. (4장)

절충적 해석법(eclectic)_ 요한계시록의 해석 방식 중 하나. 다른 네 가지 해석법이 지닌 통찰을 모두 결합시킨 혼합적인 해석법이다. **과거적 해석법**과 **미래적 해석법**, **역사적 해석법**과 **이상적 해석법** 항목을 보라. (1장)

점진적 계시(progressive revelation)_ 하나님은 인류의 역사 전체에 걸쳐 점진적으로 성경 내용을 계시하셨으며, 따라서 이후의 계시는 먼저 주어진 계시들을 기반으로 삼는다는 원리. (9장)

정경(canon)_ 교회에서 성경에 속한 것으로 인정하는 예순여섯 권의 책들. (9장)

정경 속 정경(canon within the canon)_ 어떤 이가 생각하기에 가장 중요한 것들로, 해석을 통제하는 틀처럼 작용하는 성경 본문들. (서론, 11장)

정통(orthodoxy)_ 올바른 교리. **이단** 항목을 참조하라. (10장)

제유법(synecdoche)_ 어떤 것의 일부를 가지고 그 전체를, 또는 전체를 가지고 일부를 나타내는 비유법. (1장)

제2성전기 유대교(Second Temple Judaism)_ 스룹바벨이 제2성전을 완공한 시기(주전 516년경)부터 로마인들이 헤롯 성전을 무너뜨린 주후 70년까지의 유대 역사와 문헌. (6장)

조직 신학(systematic theology)_ 성경 전체의 가르침을 서로 연관 짓고, 그 내용을 화제 또는 주제별로 체계화하는 분야. 이 분야에서는 '성경 전체는 ______에 관해 무엇이라고 말하는가?'(빈 칸은 다양하게 채워 넣을 수 있다)라는 질문에 응답한다. 이 분야의 작업은 건전한 **주해**와 **성경 신학**, **역사 신학**의 작업에 기반을 둔다. **교회론**과 **구원론**, **기독론**과 **성경론**, **성령론**과 **신론**, **인간론**과 **종말론**, **죄론**과 **천사론** 항목을 보라. (서론, 11장)

종말론(eschatology)_ **조직 신학**의 한 범주. 마지막 때에 관한 교리를 가리킨다. (11장)

죄론(hamartiology)_ **조직 신학**의 한 범주. 죄에 관한 교리를 가리킨다. (11장)

주어(subject)_ **헬라어 문법**에서, 주어는 (1) 동사가 능동태일 경우 그 동작을 행하고, (2) 동사가 수동태일 경우에는 그 동작을 받으며, (3) 동사가 등위 동사일 경우에는 어떤 존재의 상태에 있게 되는 **실명사**를 가리킨다. (4장)

주제(theme)_ 한 저자가 자신의 책 전체를 통해 의도적으로 엮어 나가는 중요한 요소 또는 개념. (7, 9장)

주해(exegesis)_ (1) 텍스트 속에 담긴 의미를 이끌어 내어 그 텍스트를 해석하는 일. 이때에는 저자가 전달하려 한 내용을 분석하게 된다. (2) 주의 깊은 읽기. 이 책 1-8장 내용은 주해의 각 측면을 다루었다. **자의적 해석** 항목을 참조하라. (서론)

중언법(hendiadys)_ 한 단어가 다른 단어를 수식하는 형태의 어구 대신, 두 개의 동등한 단어를 써서 하나의 개념을 나타내는 비유법. (1장)

증거 본문 찾기(prooftexting)_ 어떤 진술이나 교리를 옹호하기 위해 성경 본문을 인용하는 일. (11장)

직유법(simile)_ '……같이', '……처럼' 등의 표현을 써서 두 대상을 직접 비교하는 비유법. **비유** 항목을 보고, **은유** 항목도 참조하라. (1장)

직접 목적어(direct object)_ **타동사**의 동작에 직접 영향을 받는 **실명사**(대부분의 경우에는 대격). 곧 이 실명사는 타동사가 행하는 동작의 대상이 된다(예를 들어 '나는 공을 던졌다'). **간접 목적어** 항목을 참조하라. (4장)

천사론(angelology)_ **조직 신학**의 한 범주. 천사와 마귀들에 관한 교리를 가리킨다. (11장)

칠십인 역(Septuagint[LXX])_ 히브리어 구약 성경의 헬라어 역본. (8장)

탈굼(Targums)_ 구약 성경을 아람어로 번역하고 해석한 유대 문헌. 주후 3세기경부터 기록되기 시작했다. (6장)

탈무드(Talmuds)_ **랍비 문헌** 항목을 보라.

특수 해석학(special hermeneutics)_ 신약의 특정한 **장르**를 해석하기 위한 일반 원리들. **일반 해석학** 항목을 참조하라. (1장)

판본(versions)_ **고대 역본** 항목을 보라.

필로(Philo)_ 헬레니즘적인 유대교 철학자이자 구약 해석자. 알렉산드리아 출신으로 주전 20년경부터 주후 50년경까지 생존한 인물이다. (6장)

합리적 절충주의(reasoned eclecticism)_ **본문 비평**의 접근법 중 하나로, **내적 증거**와 **외적 증거**에 거의 같은 비중을 두는 방식. (2장)

해석학(hermeneutics)_ 해석의 원리들을 다루는 학문. 곧 해석 과정이 어떻게 이루어지는지를 살피는 작업이다. (서론)

헬라어 문법(Greek grammar)_ 신약 성경이 기록된 언어인 헬라어에서 의사소통을 위해 쓰이는 전체적인 체계와 구조. (서론, 4장)

헬라어 신약 사본(Greek New Testament manuscripts)_ 대략 2세기부터 16세기까지 기록된 것으로 추정되는 헬라어 신약 성경의 필사본들. (2장)

형식적 일치(formal equivalence)_ 형식에 더 기반을 둔 **번역 철학**. 헬라어의 형식을 영어로 재현하는 데 우선순위를 둔다. (3장)

형용사(adjective)_ **실명사**를 수식하거나 그 특성을 묘사하는 단어. (4장)

호 그리기(arcing)_ 호를 활용하는 **논증 도해** 방법. (5장)

환유법(metonymy)_ 한 단어나 사물을 다른 단어나 사물로 대신해서 나타내는 비유법(보통 둘 사이에 밀접한 내적 연관성이 있을 때 쓰인다). (1장)

참고 문헌

Adler, Mortimer J., and Charles Van Doren. *How to Read a Book*. 2nd ed. New York:Simon and Schuster, 1972.

Alexander, T. Desmond. *From Eden to the New Jerusalem: An Introduction to Biblical Theology*. Grand Rapids: Kregel, 2008. 「에덴에서 새 예루살렘까지」, 부흥과개혁사.

Alexander, T. Desmond, and Brian S. Rosner, eds. *New Dictionary of Biblical Theology*. Downers Grove, IL: InterVarsity Press, 2000. 「IVP 성경 신학 사전」, IVP.

Allison, Gregg R. *Historical Theology: An Introduction to Christian Doctrine; A Companion to Wayne Grudem's* Systematic Theology. Grand Rapids: Zondervan, 2011.

_________. *Sojourners and Strangers: The Doctrine of the Church*. Foundations of Evangelical Theology. Wheaton, IL: Crossway, 2012.

Arnold, Clinton E., ed. *Zondervan Illustrated Bible Backgrounds Commentary: New Testament*. 4 vols. Grand Rapids: Zondervan, 2002.

Aune, David Edward. *The New Testament in Its Literary Environment*. LEC 8. Philadelphia: Westminster, 1987.

Barnett, Paul. *Jesus and the Rise of Early Christianity: A History of New Testament Times*. Downers Grove, IL: InterVarsity Press, 1999.

Barr, James. *The Semantics of Biblical Language*. London: Oxford University Press, 1961.

Barrett, C. K., ed. *The New Testament Background: Writings from Ancient Greece and the Roman Empire That Illuminate Christian Origins*. San Francisco: HarperSanFrancisco, 1987.

Barrett, Matthew, and Michael A. G. Haykin. *Owen on the Christian Life: Living for the Glory of God in Christ*. Theologians on the Christian Life. Wheaton, IL: Crossway, 2015.

Bauer, Walter, Frederick William Danker, William F. Arndt, and F. Wilbur Gingrich, eds. *A Greek-English Lexicon of the New Testament and Other Early Christian Literature*. 3rd ed. Chicago: University of Chicago Press, 2000.

Bavinck, Herman. *Reformed Dogmatics*. Edited by John Bolt. Translated by John Vriend.4 vols. Grand Rapids: Baker Academic, 2003-8. 「개혁교의학」, 부흥과개혁사.

Beale, David. *Historical Theology in-Depth: Themes and Contexts of Doctrinal Development Since the First Century*. 2 vols. Greenville, SC: Bob Jones University Press, 2013.

Beale, G. K. *Handbook on the New Testament Use of the Old Testament: Exegesis and Interpretation*. Grand Rapids: Baker Academic, 2012. 「신약의 구약 사용 핸드북」, 부흥과개혁사.

_________. *A New Testament Biblical Theology: The Unfolding of the Old Testament in the New*. Grand Rapids: Baker Academic, 2011. 「신약 성경 신학」, 부흥과개혁사.

_________. ed. *The Right Doctrine from the Wrong Texts? Essays on the Use of the Old Testament in the New*. Grand Rapids: Baker Academic, 1994.

Beale, G. K., Daniel J. Brendsel, and William A. Ross. *An Interpretive Lexicon of New Testament Greek: Analysis of Prepositions, Adverbs, Particles, Relative Pronouns, and Conjunctions*. Grand Rapids: Zondervan, 2014.

Beale, G. K., and D. A. Carson, eds. *Commentary on the New Testament Use of the Old Testament*. Grand Rapids: Baker Academic, 2007. "신약의 구약 사용 주석" 시리즈, 기독교문서선교회.

Beale, G. K., and Benjamin L. Gladd. *Hidden but Now Revealed: A Biblical Theology of Mystery*. Downers Grove, IL: InterVarsity Press, 2014. 「하나님의 비밀」, 새물결플러스.

Beekman, John, and John Callow. *Translating the Word of God*. Dallas: Summer Institute of Linguistics, 1974.

Beitzel, Barry J. *The New Moody Atlas of the Bible*. Chicago: Moody, 2009. 「무디 성서 지도」, 아가페출판사.

Berding, Kenneth, and Jonathan Lunde, eds. *Three Views on the New Testament Use of the Old Testament*. Counterpoints. Grand Rapids: Zondervan, 2008.

The Bethlehem Baptist Church Elder Affirmation of Faith. Minneapolis: Bethlehem Baptist Church, 2003. www.bethlehem.church.org/.

Black, David Alan. *It's Still Greek to Me: An Easy-to-Understand Guide to Intermediate Greek*. Grand Rapids: Baker, 1998.

_________. *New Testament Textual Criticism: A Concise Guide*. Grand Rapids: Baker, 1994.

_________. *Using New Testament Greek in Ministry: A Practical Guide for Students and Pastors*. Grand Rapids: Baker, 1993.

Black, David Alan, and David S. Dockery, eds. *Interpreting the New Testament: Essays on Methods and Issues*. Nashville: Broadman & Holman, 2001.

Blomberg, Craig L. *From Pentecost to Patmos: An Introduction to Acts through Revelation*. Nashville: Broadman & Holman, 2006. 「오순절 성령 강림에서 밧모 섬까지: '사도행전-요한계시록' 개론」, 기독교문서선교회.

_________. *Jesus and the Gospels: An Introduction and Survey*. 2nd ed. Nashville: Broadman & Holman, 2009. 「예수와 복음서」, 기독교문서선교회.

Blomberg, Craig L., with Jennifer Foutz Markley. *A Handbook of New Testament Exegesis*. Grand Rapids: Baker Academic, 2010. 「신약 성경 석의 방법」, 도서출판대서.

Bock, Darrell L., and Buist M. Fanning, eds. *Interpreting the New Testament Text: Introduction to the*

Art and Science of Exegesis. Wheaton, IL: Crossway, 2006. 「신약 성서 해석학」, 성서침례대학원대학교출판부.

Bolt, John. *Bavinck on the Christian Life: Following Jesus in Faithful Service*. Theologians on the Christian Life. Wheaton, IL: Crossway, 2015.

Bray, Gerald. *Augustine on the Christian Life: Transformed by the Power of God*. Theologians on the Christian Life. Wheaton, IL: Crossway, 2015.

________. *The Doctrine of God*. Contours of Christian Theology. Downers Grove, IL: InterVarsity Press, 1993. 「신론」, IVP.

________. *God Has Spoken: A History of Christian Theology*. Wheaton, IL: Crossway, 2014.

________. *God Is Love: A Biblical and Systematic Theology*. Wheaton, IL: Crossway, 2012. 「갓 이즈 러브」, 새물결플러스.

Brunn, Dave. *One Bible, Many Versions: Are All Translations Created Equal?* Downers Grove, IL: InterVarsity Press, 2013.

Burge, Gary M. *A Week in the Life of a Roman Centurion*. Downers Grove, IL: InterVarsityPress, 2015.

Burge, Gary M., Lynn H. Cohick, and Gene L. Green. *The New Testament in Antiquity: A Survey of the New Testament within Its Cultural Contexts*. Grand Rapids: Zondervan, 2009.

Cairns, Earle E. *Christianity through the Centuries: A History of the Christian Church*. 3rd ed. Grand Rapids: Zondervan, 1996.

Calvin, John. *Institutes of the Christian Religion*. Edited by John T. McNeill. Translated by Ford Lewis Battles. 2 vols. Library of Christian Classics 20. Philadelphia: Westminster, 1960.

Cameron, Andrew J. B., and Brian S. Rosner, eds. *The Trials of Theology: Becoming a "Proven Worker" in a Dangerous Business*. Fearn, Scotland: Christian Focus, 2010.

Campbell, Constantine R. *Advances in the Study of Greek: New Insights for Reading the New Testament*. Grand Rapids: Zondervan, 2015.

________. *Keep Your Greek: Strategies for Busy People*. Grand Rapids: Zondervan, 2010.

Carson, D. A. "Approaching the Bible." In *New Bible Commentary: 21st Century Edition*, edited by D. A. Carson et al., 1-19. 4th ed. Downers Grove, IL: InterVarsity Press, 1994. 「IVP 성경 주석」, IVP.

________. *Exegetical Fallacies*. 2nd ed. Grand Rapids: Baker, 1996.

________. *The Gagging of God: Christianity Confronts Pluralism*. Grand Rapids: Zondervan, 1996.

________. *The God Who Is There: Finding Your Place in God's Story*. Grand Rapids: Baker, 2010. 「힘써 하나님을 알자」, 두란노.

________. *The Inclusive-Language Debate: A Plea for Realism*. Grand Rapids: Baker, 1998.

________. *The King James Version Debate: A Plea for Realism*. Grand Rapids: Baker, 1978. 「킹 제임

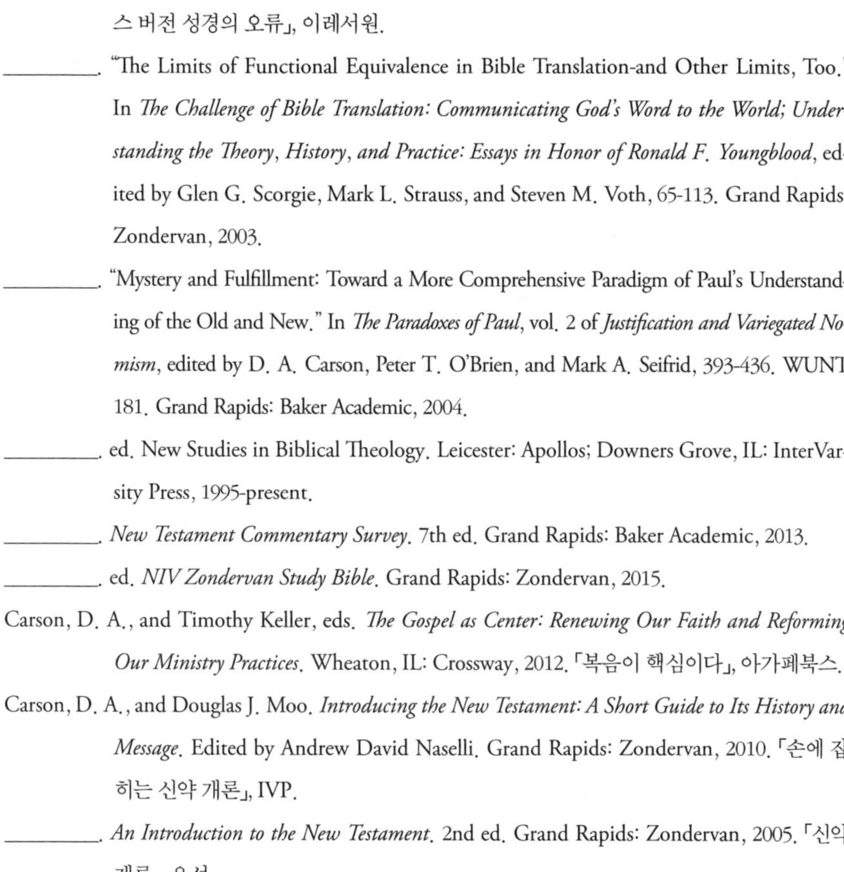

스 버전 성경의 오류」, 이레서원.

_________. "The Limits of Functional Equivalence in Bible Translation-and Other Limits, Too." In *The Challenge of Bible Translation: Communicating God's Word to the World; Understanding the Theory, History, and Practice: Essays in Honor of Ronald F. Youngblood*, edited by Glen G. Scorgie, Mark L. Strauss, and Steven M. Voth, 65-113. Grand Rapids: Zondervan, 2003.

_________. "Mystery and Fulfillment: Toward a More Comprehensive Paradigm of Paul's Understanding of the Old and New." In *The Paradoxes of Paul*, vol. 2 of *Justification and Variegated Nomism*, edited by D. A. Carson, Peter T. O'Brien, and Mark A. Seifrid, 393-436. WUNT 181. Grand Rapids: Baker Academic, 2004.

_________. ed. New Studies in Biblical Theology. Leicester: Apollos; Downers Grove, IL: InterVarsity Press, 1995-present.

_________. *New Testament Commentary Survey*. 7th ed. Grand Rapids: Baker Academic, 2013.

_________. ed. *NIV Zondervan Study Bible*. Grand Rapids: Zondervan, 2015.

Carson, D. A., and Timothy Keller, eds. *The Gospel as Center: Renewing Our Faith and Reforming Our Ministry Practices*. Wheaton, IL: Crossway, 2012. 「복음이 핵심이다」, 아가페북스.

Carson, D. A., and Douglas J. Moo. *Introducing the New Testament: A Short Guide to Its History and Message*. Edited by Andrew David Naselli. Grand Rapids: Zondervan, 2010. 「손에 잡히는 신약 개론」, IVP.

_________. *An Introduction to the New Testament*. 2nd ed. Grand Rapids: Zondervan, 2005. 「신약 개론」, 은성.

Ciampa, Roy E. "Resources for Textual Criticism." *Resources for New Testament Exegesis*. www.viceregency.com/TextCrit.htm.

Clark, David K. *To Know and Love God: Method for Theology*. Foundations of Evangelical Theology. Wheaton, IL: Crossway, 2003.

Clowney, Edmund P. *The Church*. Contours of Christian Theology. Downers Grove, IL: InterVarsity Press, 1995. 「교회」, IVP.

Cole, Graham A. *He Who Gives Life: The Doctrine of the Holy Spirit*. Foundations of Evangelical Theology. Wheaton, IL: Crossway, 2007.

Collins, John J., and Daniel C. Harlow, eds. *The Eerdmans Dictionary of Early Judaism*. Grand Rapids: Eerdmans, 2010.

Combs, William W. "The History of the NIV Translation Controversy." *Detroit Baptist Seminary Journal* 17 (2012): 3-34.

Comfort, Philip W. *Commentary on the Manuscripts and Text of the New Testament*. Grand Rapids:

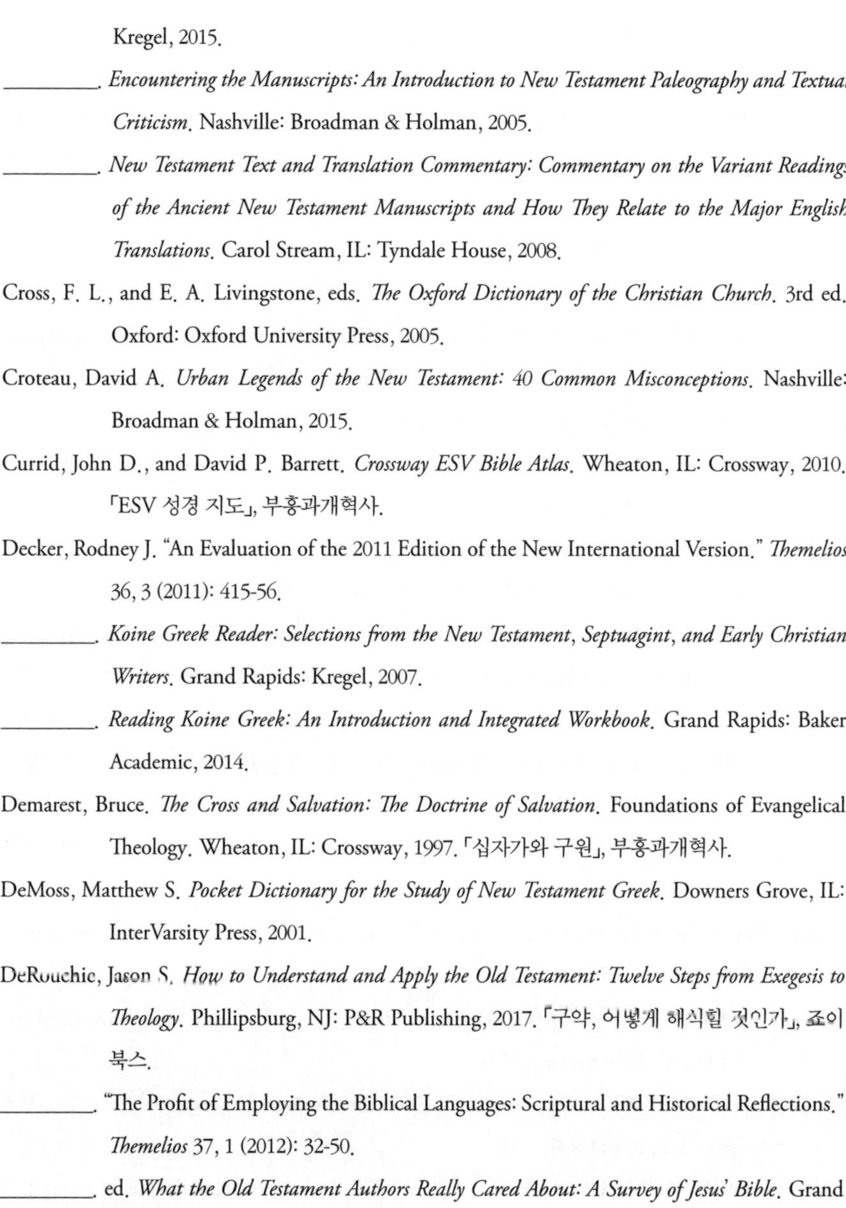

Kregel, 2015.

_________. *Encountering the Manuscripts: An Introduction to New Testament Paleography and Textual Criticism*. Nashville: Broadman & Holman, 2005.

_________. *New Testament Text and Translation Commentary: Commentary on the Variant Readings of the Ancient New Testament Manuscripts and How They Relate to the Major English Translations*. Carol Stream, IL: Tyndale House, 2008.

Cross, F. L., and E. A. Livingstone, eds. *The Oxford Dictionary of the Christian Church*. 3rd ed. Oxford: Oxford University Press, 2005.

Croteau, David A. *Urban Legends of the New Testament: 40 Common Misconceptions*. Nashville: Broadman & Holman, 2015.

Currid, John D., and David P. Barrett. *Crossway ESV Bible Atlas*. Wheaton, IL: Crossway, 2010. 「ESV 성경 지도」, 부흥과개혁사.

Decker, Rodney J. "An Evaluation of the 2011 Edition of the New International Version." *Themelios* 36, 3 (2011): 415-56.

_________. *Koine Greek Reader: Selections from the New Testament, Septuagint, and Early Christian Writers*. Grand Rapids: Kregel, 2007.

_________. *Reading Koine Greek: An Introduction and Integrated Workbook*. Grand Rapids: Baker Academic, 2014.

Demarest, Bruce. *The Cross and Salvation: The Doctrine of Salvation*. Foundations of Evangelical Theology. Wheaton, IL: Crossway, 1997. 「십자가와 구원」, 부흥과개혁사.

DeMoss, Matthew S. *Pocket Dictionary for the Study of New Testament Greek*. Downers Grove, IL: InterVarsity Press, 2001.

DeRouchie, Jason S. *How to Understand and Apply the Old Testament: Twelve Steps from Exegesis to Theology*. Phillipsburg, NJ: P&R Publishing, 2017. 「구약, 어떻게 해석할 것인가」, 죠이북스.

_________. "The Profit of Employing the Biblical Languages: Scriptural and Historical Reflections." *Themelios* 37, 1 (2012): 32-50.

_________. ed. *What the Old Testament Authors Really Cared About: A Survey of Jesus' Bible*. Grand Rapids: Kregel, 2013.

Dever, Mark. *The Message of the New Testament: Promises Kept*. Wheaton, IL: Crossway, 2005. 「신약 성경의 핵심 메시지」, 부흥과개혁사.

DeYoung, Kevin. *The Biggest Story: How the Snake Crusher Brings Us Back to the Garden*. Wheaton, IL: Crossway, 2015. 「세상에서 가장 위대한 이야기」, 성서유니온선교회.

Di Berardino, Angelo, ed. *Encyclopedia of Ancient Christianity*. 3 vols. Downers Grove, IL: InterVarsity Press, 2014.

Doriani, Daniel M. *Putting the Truth to Work: The Theory and Practice of Biblical Application*. Phillipsburg, NJ: P&R Publishing, 2001. 「적용, 성경과 삶의 통합을 말하다」, 성서유니온선교회.

Duvall, J. Scott, and J. Daniel Hays. *Grasping God's Word: A Hands-On Approach to Reading, Interpreting, and Applying the Bible*. 3rd ed. Grand Rapids: Zondervan, 2012. 「성경 해석」, 성서유니온선교회.

Duvall, J. Scott, and Verlyn D. Verbrugge, eds. *Devotions on the Greek New Testament: 52 Reflections to Inspire and Instruct*. Grand Rapids: Zondervan, 2012.

Dyer, John. *Best Commentaries: Reviews and Ratings of Biblical, Theological, and Practical Christian Works*. www.bestcommentaries.com.

Edgar, William. *Schaeffer on the Christian Life: Countercultural Spirituality*. Theologians on the Christian Life. Wheaton, IL: Crossway, 2013. 「쉐퍼가 말하는 그리스도인의 삶」, 아바서원.

Elwell, Walter A., ed. *Evangelical Dictionary of Theology*. 2nd ed. Grand Rapids: Baker Academic, 2001.

________. ed. *Handbook of Evangelical Theologians*. Grand Rapids: Baker, 1998.

Elwell, Walter A., and Robert W. Yarbrough. *Encountering the New Testament: A Historical and Theological Survey*. 3rd ed. Grand Rapids: Baker Academic, 2013. 「신약의 역사적 신학적 개론」, 크리스찬출판사.

________. eds. *Readings from the First-Century World: Primary Sources for New Testament Study*. Encountering Biblical Studies. Grand Rapids: Baker, 1998.

Enns, Paul. *The Moody Handbook of Theology*. 3rd ed. Chicago: Moody, 2014. 「신학 핸드북」, 생명의말씀사.

Erickson, Millard J. *Christian Theology*. 3rd ed. Grand Rapids: Baker Academic, 2013. 「복음주의 조직 신학」, 크리스천다이제스트.

Evangelical Textual Criticism (blog). www.EvangelicalTextualCriticism.blogspot.com.

Evans, Craig A. *Ancient Texts for New Testament Studies: A Guide to the Background Literature*. 2nd ed. Peabody, MA: Hendrickson, 2005. 「신약 성경 연구를 위한 고대 문헌 개론」, 솔로몬.

Evans, Craig A., and Stanley E. Porter, eds. *Dictionary of New Testament Background*. Downers Grove, IL: InterVarsity Press, 2000.

Fantin, Joseph D. "Background Studies: Grounding the Text in Reality." In *Interpreting the New Testament Text: Introduction to the Art and Science of Exegesis*, edited by Darrell L. Bock and Buist M. Fanning, 167-96. Wheaton, IL: Crossway, 2006. 「신약 성서 해석학」, 성서침례대학원대학교출판부.

Fee, Gordon D. *New Testament Exegesis: A Handbook for Students and Pastors*. 3rd ed. Louisville: Westminster John Knox, 2002. 「신약 성경 해석 방법론」, 크리스찬출판사.

Fee, Gordon D., and Mark L. Strauss. *How to Choose a Translation for All Its Worth: A Guide to Understanding and Using Bible Versions*. Grand Rapids: Zondervan, 2007.

Fee, Gordon D., and Douglas Stuart. *How to Read the Bible Book by Book: A Guided Tour*. Grand Rapids: Zondervan, 2002. 「책별로 성경을 어떻게 읽을 것인가」, 성서유니온선교회.

_________. *How to Read the Bible for All Its Worth*. 4th ed. Grand Rapids: Zondervan, 2014. 「성경을 어떻게 읽을 것인가」, 성서유니온선교회.

Feinberg, John S. *No One like Him: The Doctrine of God*. Foundations of Evangelical Theology. Wheaton, IL: Crossway, 2001.

Ferguson, Everett. *Backgrounds of Early Christianity*. 3rd ed. Grand Rapids: Eerdmans, 2003. 「초대 교회 배경사」, 은성.

_________. *Church History, Volume One: From Christ to Pre-Reformation; The Rise and Growth of the Church in Its Cultural, Intellectual, and Political Context*. 2nd ed. Grand Rapids: Zondervan, 2013.

Ferguson, Sinclair B. *The Holy Spirit*. Contours of Christian Theology. Downers Grove, IL: InterVarsity Press, 1996. 「성령」, IVP.

Fischer, David Hackett. *Historians' Fallacies: Toward a Logic of Historical Thought*. New York: Harper & Row, 1970.

Frame, John M. *Apologetics: A Justification of Christian Belief*. Edited by Joseph E. Torres. 2nd ed. Phillipsburg, NJ: P&R Publishing, 2015. 「하나님의 영광을 위한 변증학」, 영음사.

_________. *A History of Western Philosophy and Theology*. Phillipsburg, NJ: P&R Publishing, 2015. 「서양 철학과 신학의 역사」, 생명의말씀사.

_________. *Salvation Belongs to the Lord: An Introduction to Systematic Theology*. Phillipsburg, NJ: P&R Publishing, 2006. 「조직 신학 개론」, 개혁주의신학사.

_________. *Systematic Theology: An Introduction to Christian Belief*. Phillipsburg, NJ: P&R Publishing, 2013. 「조직 신학」, 부흥과개혁사.

Freedman, David Noel, ed. *The Anchor Bible Dictionary*. 6 vols. New York: Doubleday, 1992.

Gentry, Peter J., and Stephen J. Wellum. *God's Kingdom through God's Covenants: A Concise Biblical Theology*. Wheaton, IL: Crossway, 2015.

_________. *Kingdom through Covenant: A Biblical-Theological Understanding of the Covenants*. Wheaton, IL: Crossway, 2012. 「언약과 하나님 나라」, 새물결플러스.

Goldsworthy, Graeme. *According to Plan: The Unfolding Revelation of God in the Bible*. Downers Grove, IL: InterVarsity Press, 1991. 「복음과 하나님의 계획」, 성서유니온선교회.

González, Justo L. *A History of Christian Thought*. 2nd ed. 3 vols. Nashville: Abingdon, 1987. 「기독교 사상사」, 대한예수교장로회출판국.

_________. *The Story of Christianity*. 2nd ed. 2 vols. New York: HarperOne, 2010. 「초대 교회사」, 「중세 교회사」, 「종교 개혁사」, 「현대 교회사」, 은성.

Green, Joel B., Jeannine K. Brown, and Nicholas Perrin, eds. *Dictionary of Jesus and the Gospels*. 2nd ed. Downers Grove, IL: InterVarsity Press, 2013. 「예수 복음서 사전」, 요단출판사.

Green, Joel B., and Lee Martin McDonald, eds. *The World of the New Testament: Cultural, Social, and Historical Contexts*. Grand Rapids: Baker Academic, 2013.

Grudem, Wayne. *Bible Doctrine: Essential Teachings of the Christian Faith*. Edited by Jeff Purswell. Grand Rapids: Zondervan, 1999. 「성경 핵심 교리」, 솔로몬.

_________. *Christian Beliefs: Twenty Basics Every Christian Should Know*. Edited by Elliot Grudem. Grand Rapids: Zondervan, 2005. 「꼭 알아야 할 기독교 핵심 진리 20」, 부흥과개혁사.

_________. ed. *ESV Study Bible*. Wheaton, IL: Crossway, 2008. 「ESV 스터디 바이블」, 부흥과개혁사.

_________. *Systematic Theology: An Introduction to Biblical Doctrine*. Grand Rapids: Zondervan, 1994. 「조직 신학」, 은성.

Guthrie, George H., and J. Scott Duvall. *Biblical Greek Exegesis: A Graded Approach to Learning Intermediate and Advanced Greek*. Grand Rapids: Zondervan, 1998.

Hamilton, James M., Jr. *God's Glory in Salvation through Judgment: A Biblical Theology*. Wheaton, IL: Crossway, 2010.

_________. *What Is Biblical Theology? A Guide to the Bible's Story, Symbolism, and Patterns*. Wheaton, IL: Crossway, 2013. 「성경 신학이란 무엇인가」, 부흥과개혁사.

Hannah, John D. *Our Legacy: The History of Christian Doctrine*. Colorado Springs: NavPress, 2001.

Hanson, K. C., and Douglas E. Oakman. *Palestine in the Time of Jesus: Social Structures and Social Conflicts*. Minneapolis: Fortress, 1998.

Harris, Murray J. *Prepositions and Theology in the Greek New Testament: An Essential Reference Resource for Exegesis*. Grand Rapids: Zondervan, 2012.

Harris, W. Hall, III, and Michael H. Burer, eds. *The NET Bible*. Dallas: Biblical Studies Press, 2005.

Hart, Trevor A., ed. *The Dictionary of Historical Theology*. Grand Rapids: Eerdmans, 2000.

Hawthorne, Gerald F., and Ralph P. Martin, eds. *Dictionary of Paul and His Letters*. Downers Grove, IL: InterVarsity Press, 1993.

Helm, David. *The Big Picture Story Bible*. Wheaton, IL: Crossway, 2004. 「큰 그림 이야기 성경」, 부흥과개혁사.

Helm, Paul. *The Providence of God*. Contours of Christian Theology. Downers Grove, IL: InterVarsity Press, 1994. 「하나님의 섭리」, IVP.

Helyer, Larry R. *Exploring Jewish Literature of the Second Temple Period: A Guide for New Testament Students*. Downers Grove, IL: InterVarsity Press, 2002.

Hoehner, Harold W. *Ephesians: An Exegetical Commentary*. Grand Rapids: Baker Academic, 2002.

Horton, Michael. *Calvin on the Christian Life: Glorifying and Enjoying God Forever*. Theologians on the Christian Life. Wheaton, IL: Crossway, 2014. 「칼뱅이 말하는 그리스도인의 삶」, 아바서원.

Huffman, Douglas S. *The Handy Guide to New Testament Greek: Grammar, Syntax, and Diagramming*. Grand Rapids: Kregel, 2012.

Jensen, Peter. *The Revelation of God*. Contours of Christian Theology. Downers Grove, IL: InterVarsity Press, 2002.

Jobes, Karen H., and Moisés Silva. *Invitation to the Septuagint*. 2nd ed. Grand Rapids: Baker Academic, 2015. 「70인 역 성경으로의 초대」, 기독교문서선교회.

Kaiser, Walter C., Jr., and Moisés Silva. *Introduction to Biblical Hermeneutics: The Search for Meaning*. 2nd ed. Grand Rapids: Zondervan, 2007. 「성경 해석학 개론」, 은성.

Keener, Craig S. *The IVP Bible Background Commentary: New Testament*. 2nd ed. Downers Grove, IL: InterVarsity Press, 2014. 「성경 배경 주석: 신약」, IVP.

Keller, Timothy. *Center Church: Doing Balanced, Gospel-Centered Ministry in Your City*. Grand Rapids: Zondervan, 2012. 「센터 처치」, 두란노.

________. *Counterfeit Gods: The Empty Promises of Money, Sex, and Power, and the Only Hope That Matters*. New York: Dutton, 2009. 「내가 만든 신」, 두란노.

________. *Every Good Endeavor: Connecting Your Work to God's Work*. New York: Dutton, 2012. 「일과 영성」, 두란노.

________. *Generous Justice: How God's Grace Makes Us Just*. New York: Dutton, 2010. 「팀 켈러의 정의란 무엇인가」, 두란노.

________. *The Meaning of Marriage: Facing the Complexities of Commitment with the Wisdom of God*. New York: Dutton, 2011. 「팀 켈러, 결혼을 말하다」, 두란노.

________. *Prayer: Experiencing Awe and Intimacy with God*. New York: Dutton, 2014. 「팀 켈러의 기도」, 두란노.

________. *Preaching: Communicating Faith in an Age of Skepticism*. New York: Viking, 2015. 「팀 켈러의 설교」, 두란노.

________. *The Prodigal God: Recovering the Heart of the Christian Faith*. New York: Dutton, 2008. 「탕부 하나님」, 두란노.

________. *The Reason for God: Belief in an Age of Skepticism*. New York: Dutton, 2008. 「팀 켈러, 하나님을 말하다」, 두란노.

_________. *The Timothy Keller Sermon Archive*. New York: Redeemer Presbyterian Church, 2013.

_________. *Walking with God through Pain and Suffering*. New York: Dutton, 2013. 「팀 켈러, 고통에 답하다」, 두란노.

Klein, William W., Craig L. Blomberg, and Robert L. Hubbard Jr. *Introduction to Biblical Interpretation*. 3rd ed. Grand Rapids: Zondervan, forthcoming 2017. 「성경 해석학 총론」, 생명의말씀사.

Klink, Edward W., III, and Darian R. Lockett. *Understanding Biblical Theology: A Comparison of Theory and Practice*. Grand Rapids: Zondervan, 2012. 「성경 신학의 5가지 유형」, 부흥과 개혁사.

Komoszewski, J. Ed, M. James Sawyer, and Daniel B. Wallace. *Reinventing Jesus: How Contemporary Skeptics Miss the Real Jesus and Mislead Popular Culture*. Grand Rapids: Kregel, 2006.

Köstenberger, Andreas J., and David A. Croteau, eds. *Which Bible Translation ShouldI Use? A Comparison of 4 Major Recent Versions*. Nashville: Broadman & Holman, 2012.

Köstenberger, Andreas J., L. Scott Kellum, and Charles L. Quarles. *The Cradle, the Cross, and the Crown: An Introduction to the New Testament*. Nashville: Broadman & Holman, 2009. 「신약 개론: 요람 · 십자가 · 왕관」, 기독교문서선교회.

Köstenberger, Andreas J., Benjamin L. Merkle, and Robert L. Plummer. *Going Deeper with New Testament Greek: An Intermediate Study of the Grammar and Syntax of the New Testament*. Nashville: Broadman & Holman, 2016.

Köstenberger, Andreas J., and Richard D. Patterson. *For the Love of God's Word: An Introduction to Biblical Interpretation*. Grand Rapids: Kregel, 2015.

_________. *Invitation to Biblical Interpretation: Exploring the Hermeneutical Triad of History, Literature, and Theology*. Invitation to Theological Studies. Grand Rapids: Kregel, 2011. 「성경 해석학 개론」, 부흥과개혁사.

Kruger, Michael J., ed. *A Biblical-Theological Introduction to the New Testament: The Gospel Realized*. Wheaton, IL: Crossway, 2016. 「성경 신학적 신약 개론」, 부흥과개혁사.

Lamerson, Samuel. *English Grammar to Ace New Testament Greek*. Grand Rapids: Zondervan, 2004.

Lane, Tony. *A Concise History of Christian Thought*. 2nd ed. Grand Rapids: Baker Academic, 2006.

Larsen, Timothy T., ed. *Biographical Dictionary of Evangelicals*. Downers Grove, IL: InterVarsity Press, 2003.

Lee, John A. L. *A History of New Testament Lexicography*. Studies in Biblical Greek 8. New York: Lang, 2003.

Letham, Robert. *The Work of Christ*. Contours of Christian Theology. Downers Grove, IL: InterVarsity Press, 1993. 「그리스도의 사역」, IVP.

Lewis, C. S. "Modern Translations of the Bible." In *God in the Dock: Essays on Theology and Ethics*, edited by Walter Hooper, 250-54. Grand Rapids: Eerdmans, 1970. 「피고석의 하나님」, 홍성사.

Lloyd-Jones, Sally. *The Jesus Storybook Bible: Every Story Whispers His Name*. Illustrated by Jago. Grand Rapids: Zonderkidz, 2007. 「스토리 바이블」, 두란노키즈.

Louw, Johannes P., and Eugene A. Nida, eds. *Greek-English Lexicon of the New Testament: Based on Semantic Domains*. 2nd ed. 2 vols. New York: United Bible Societies, 1989.

Mackie, Tim, and Jon Collins. *The Bible Project*. https://jointhebibleproject.com/.

Macleod, Donald. *The Person of Christ*. Contours of Christian Theology. Downers Grove, IL: InterVarsity Press, 1998. 「그리스도의 위격」, IVP.

Maier, Paul L. *The Flames of Rome: A Novel*. 3rd ed. Grand Rapids: Kregel, 2014. 「화염」, 달란트.

__________. *In the Fullness of Time: A Historian Looks at Christmas, Easter, and the Early Church*. Grand Rapids: Kregel, 1991.

__________. ed. and trans. *Josephus: The Essential Works; A Condensation of Jewish Antiquities and the Jewish War*. 2nd ed. Grand Rapids: Kregel, 1994.

__________. *Pontius Pilate: A Novel*. 3rd ed. Grand Rapids: Kregel, 2014. 「빌라도」, 아가페문화사.

Marshall, I. Howard. *New Testament Theology: Many Witnesses, One Gospel*. Downers Grove, IL: InterVarsity Press, 2004. 「신약 성서 신학」, 크리스천다이제스트.

Martin, Ralph P., and Peter H. Davids, eds. *Dictionary of the Later New Testament and Its Developments*. Downers Grove, IL: InterVarsity Press, 1997.

McCune, Rolland. *A Systematic Theology of Biblical Christianity*. 3 vols. Allen Park, MI: Detroit Baptist Theological Seminary, 2009-10.

McGrath, Alister E., ed. *The Christian Theology Reader*. 4th ed. Malden, MA: Blackwell, 2011.

McKim, Donald K., ed. *Dictionary of Major Biblical Interpreters*. 2nd ed. Downers Grove, IL: InterVarsity Press, 2007. 「성경 해석과 사전」, 기독교문서선교회.

Meadors, Gary T., ed. *Four Views on Moving beyond the Bible to Theology*. Counterpoints. Grand Rapids: Zondervan, 2009.

Metzger, Bruce M. *The Bible in Translation: Ancient and English Versions*. Grand Rapids: Baker Academic, 2001.

__________. *A Textual Commentary on the Greek New Testament*. 2nd ed. Stuttgart: Deutsche Bibelgesellschaft; United Bible Societies, 1994. 「신약 헬라어 본문 주석」, 대한성서공회.

Metzger, Bruce M., and Bart D. Ehrman. *The Text of the New Testament: Its Transmission, Corruption, and Restoration*. 4th ed. New York: Oxford University Press, 2005. 「사본학」, 기독교문서선교회.

Moo, Douglas J. "The Law of Christ as the Fulfillment of the Law of Moses: A Modified Lutheran View." In *Five Views on Law and Gospel*, edited by Wayne G. Strickland, 319-76. Responses to other contributors on pp. 83-90, 165-73, 218-25, 309-15. Counterpoints. Grand Rapids: Zondervan, 1996.

_________. ed. "Updating the New International Version of the Bible: Notes from the Committee on Bible Translation." August 2010.

_________. *We Still Don't Get It: Evangelicals and Bible Translation Fifty Years after James Barr*. Grand Rapids: Zondervan, 2014.

Moo, Douglas J., and Andrew David Naselli. "The Problem of the New Testament's Use of the Old Testament." In *The Enduring Authority of the Christian Scriptures*, edited by D. A. Carson, 702-46. Grand Rapids: Eerdmans, 2016.

Mounce, William D. *Basics of Biblical Greek Grammar*. 3rd ed. Grand Rapids: Zondervan, 2009. 「마운스 헬라어 문법」, 복있는사람.

_________. *A Graded Reader of Biblical Greek*. Grand Rapids: Zondervan, 1996.

_________. *Greek for the Rest of Us: The Essentials of Biblical Greek*. 2nd ed. Grand Rapids: Zondervan, 2013.

Muck, Terry C., ed. NIV Application Commentary. 42 vols. Grand Rapids, Zondervan, 1994-2012.

Naselli, Andrew David. "A Brief Introduction to Verbal Aspect Theory in New Testament Greek." *Detroit Baptist Seminary Journal* 12 (2007): 17-28.

_________. "D. A. Carson's Theological Method." *Scottish Bulletin of Evangelical Theology* 29, 2 (2011): 245-74.

_________. "ESV Bible Translators Debate the Word 'Slave' at Tyndale House, Cambridge." http://andynaselli.com/is-slave-a-good-english-translation.

_________. *From Typology to Doxology: Paul's Use of Isaiah and Job in Romans 11:34-35*. Eugene, OR: Pickwick, 2012.

_________. *Let Go and Let God? A Survey and Analysis of Keswick Theology*. Bellingham, WA: Lexham, 2010.

_________. "Scripture: How the Bible Is a Book like No Other." In *Don't Call It a Comeback: The Same Faith for a New Day*, edited by Kevin DeYoung, 59-69. Wheaton, IL: Crossway, 2011.

_________. "Seven Reasons You Should Not Indulge in Pornography." *Themelios* 41, 3 (2016): 473-83.

_________. "Three Reflections on Evangelical Academic Publishing." *Themelios* 39, 3 (2014): 428-54.

_________. "12 Reasons You Should Pray Scripture." *Themelios* 38, 3 (2013): 417-25.

Naselli, Andrew David, and J. D. Crowley. *Conscience: What It Is, How to Train It, and Loving Those Who Differ*. Wheaton, IL: Crossway, 2016.

Naselli, Andrew David, and Philip R. Gons. "Prooftexting the Personality of the Holy Spirit: An Analysis of the Masculine Demonstrative Pronouns in John 14:26, 15:26, and 16:13-

14." *Detroit Baptist Seminary Journal* 16 (2011): 65-89.

Naselli, Andrew David, and Collin Hansen, eds. *Four Views on the Spectrum of Evangelicalism*. Counterpoints. Grand Rapids: Zondervan, 2011.

Naselli, Andrew David, and Mark A. Snoeberger, eds. *Perspectives on the Extent of the Atonement: 3 Views*. Nashville: Broadman & Holman, 2015.

Nash, Ronald H. *Life's Ultimate Questions: An Introduction to Philosophy*. Grand Rapids: Zondervan, 1999.

Nichols, Stephen J. *Bonhoeffer on the Christian Life: From the Cross, for the World*. Theologians on the Christian Life. Wheaton, IL: Crossway, 2013. 「본회퍼가 말하는 그리스도인의 삶」, 아바서원.

Nickelsburg, George W. E. *Jewish Literature between the Bible and the Mishnah: A Literary and Historical Introduction*. 2nd ed. Minneapolis: Fortress, 2005.

Omanson, Roger L. *A Textual Guide to the Greek New Testament: An Adaptation of Bruce M. Metzger's Textual Commentary for the Needs of Translators*. Stuttgart: Deutsche Bibelgesellschaft, 2006.

Ortlund, Dane C. *Edwards on the Christian Life: Alive to the Beauty of God*. Theologians on the Christian Life. Wheaton, IL: Crossway, 2014.

Ortlund, Dane C., Erika Allen, and Bill Deckard, eds. *ESV Women's Devotional Bible*. Wheaton, IL: Crossway, 2014.

Osborne, Grant R. *The Hermeneutical Spiral: A Comprehensive Introduction to Biblical Interpretation*. 2nd ed. Downers Grove, IL: InterVarsity Press, 2006. 「성경 해석학 총론」, 부흥과개혁사.

Oxford English Dictionary. www.oed.com.

Packer, J. I. *Concise Theology: A Guide to Historic Christian Beliefs*. Wheaton, IL: Tyndale House, 1995.

Parker, D. C. *An Introduction to the New Testament Manuscripts and Their Texts*. Cambridge: Cambridge University Press, 2008.

Piper, John. *Amazing Grace in the Life of William Wilberforce*. Wheaton, IL: Crossway, 2006.

_________. *Ask Pastor John*. www.desiringgod.org/apj.

_________. *Bloodlines: Race, Cross, and the Christian*. Wheaton, IL: Crossway, 2011. 「차별 없는 복음」, 두란노.

_________. *Brothers, We Are Not Professionals: A Plea to Pastors for Radical Ministry*. 2nd ed. Nashville: Broadman & Holman, 2013. 「형제들이여, 우리는 전문직업인이 아닙니다」, 좋은씨앗.

_________. *A Camaraderie of Confidence: The Fruit of Unfailing Faith in the Lives of Charles Spurgeon, George Müller, and Hudson Taylor*. The Swans Are Not Silent. Wheaton, IL: Crossway, 2016. 「확신의 영웅들: 찰스 스펄전, 조지 뮐러, 허드슨 테일러」, 부흥과개혁사.

_________. *Contending for Our All: Defending Truth and Treasuring Christ in the Lives of Athanasius,*

John Owen, and J. Gresham Machen. The Swans Are Not Silent. Wheaton, IL: Crossway, 2006.「진리의 영웅들: 아타나시우스, 존 오웬, 그레셤 메이첸」, 부흥과개혁사.

__________. *Desiring God: Meditations of a Christian Hedonist*. 4th ed. Colorado Springs: Multnomah, 2011.「하나님을 기뻐하라」, 생명의말씀사.

__________. *Don't Waste Your Life*. Wheaton, IL: Crossway, 2003.「삶을 허비하지 말라」, 생명의말씀사.

__________. *Filling Up the Afflictions of Christ: The Cost of Bringing the Gospel to the Nations in the Lives of William Tyndale, Adoniram Judson, and John Paton*. The Swans Are Not Silent. Wheaton, IL: Crossway, 2009.「순교의 영웅들: 윌리엄 틴들, 존 페이튼, 아도니람 저드슨」, 부흥과개혁사.

__________. *Future Grace: The Purifying Power of the Promises of God*. 2nd ed. Colorado Springs: Multnomah, 2012.「장래의 은혜」, 좋은씨앗.

__________. "The Goal of God in Redemptive History." In *Desiring God: Meditations of a Christian Hedonist*, 308-21. 3rd ed. Sisters, OR: Multnomah, 2003.「하나님을 기뻐하라」, 생명의말씀사.

__________. *God's Passion for His Glory: Living the Vision of Jonathan Edwards: With the Complete Text of* The End for Which God Created the World. Wheaton, IL: Crossway, 1998.「하나님의 열심」, 부흥과개혁사.

__________. *The Hidden Smile of God: The Fruit of Affliction in the Lives of John Bunyan, William Cowper, and David Brainerd*. The Swans Are Not Silent. Wheaton, IL: Crossway, 2001.「고난의 영웅들: 존 번연, 윌리엄 쿠퍼, 데이비드 브레이너드」, 부흥과개혁사.

__________. *The Legacy of Sovereign Joy: God's Triumphant Grace in the Lives of Augustine, Luther, and Calvin*. The Swans Are Not Silent. Wheaton, IL: Crossway, 2000.「은혜의 영웅들: 아우구스티누스, 루터, 칼빈」, 부흥과개혁사.

__________. *Let the Nations Be Glad! The Supremacy of God in Missions*. 3rd ed. Grand Rapids: Baker, 2010.「열방을 향해 가라」, 좋은씨앗.

__________. *The Pleasures of God: Meditations on God's Delight in Being God*. 2nd ed. Sisters, OR: Multnomah, 2000.「하나님의 기쁨」, 두란노.

__________. *Reading the Bible Supernaturally: Seeing and Savoring the Glory of God in Scripture*. Wheaton, IL: Crossway, 2017.「존 파이퍼의 초자연적 성경 읽기」, 두란노

__________. *The Roots of Endurance: Invincible Perseverance in the Lives of John Newton, Charles Simeon, and William Wilberforce*. The Swans Are Not Silent. Wheaton, IL: Crossway, 2002.「인내의 영웅들: 존 뉴턴, 찰스 시미언, 윌리엄 윌버포스」, 부흥과개혁사.

__________. *Seeing and Savoring Jesus Christ*. Wheaton, IL: Crossway, 2004.「예수님이 복음입니다」,

부흥과개혁사.

_________. *Seeing Beauty and Saying Beautifully: The Power of Poetic Effort in the Work of George Herbert, George Whitefield, and C. S. Lewis*. The Swans Are Not Silent. Wheaton, IL: Crossway, 2014. 「언어의 영웅들: 조지 허버트, 조지 휫필드, C. S. 루이스」, 부흥과개혁사.

_________. *The Supremacy of God in Preaching*. 3rd ed. Grand Rapids: Baker Academic, 2015. 「하나님을 설교하라」, 복있는사람.

Piper, John, and Wayne Grudem, eds. *Recovering Biblical Manhood and Womanhood: A Response to Evangelical Feminism*. Wheaton, IL: Crossway, 1991.

Piper, John, and David Mathis, eds. *With Calvin in the Theater of God: The Glory of Christ and Everyday Life*. Wheaton, IL: Crossway, 2010.

Piper, John, and Justin Taylor, eds. *A God-Entranced Vision of All Things: The Legacy of Jonathan Edwards*. Wheaton, IL: Crossway, 2004. 「하나님 중심적 세계관: 조나단 에드워즈의 유산」, 부흥과개혁사.

Plummer, Robert L. "Daily Dose of Greek." dailydoseofgreek.com.

_________. *40 Questions about Interpreting the Bible*. 40 Questions. Grand Rapids: Kregel, 2010. 「성경을 여는 40가지 질문」, 기독교문서선교회.

Plummer, Robert L., and Benjamin L. Merkle. *Greek for Life: Strategies for Learning, Retaining, and Using New Testament Greek in Ministry*. Grand Rapids: Baker Academic, 2017.

Porter, Stanley E. *Idioms of the Greek New Testament*. 2nd ed. Biblical Languages: Greek 2. Sheffield, UK: JSOT Press, 1994.

Porter, Stanley E., and Andrew W. Pitts. *Fundamentals of New Testament Textual Criticism*. Grand Rapids: Eerdmans, 2015.

Porter, Stanley E., Jeffrey T. Reed, and Matthew Brook O'Donnell. *Fundamentals of New Testament Greek*. Grand Rapids: Eerdmans, 2010.

Poythress, Vern S., and Wayne A. Grudem. *The TNIV and the Gender-Neutral Bible Controversy*. Nashville: Broadman & Holman, 2004.

Rasmussen, Carl. *Zondervan Atlas of the Bible*. 2nd ed. Grand Rapids: Zondervan, 2010.

Reeves, Michael. *Theologians You Should Know: An Introduction; From the Apostolic Fathers to the 21st Century*. Wheaton, IL: Crossway, 2016. 「처음 읽는 신학자」, 복있는사람.

Reinke, Tony. *Newton on the Christian Life: To Live Is Christ*. Theologians on the Christian Life. Wheaton, IL: Crossway, 2015.

Rigney, Joe. *Lewis on the Christian Life: Becoming Truly Human in the Presence of God*. Theologians on the Christian Life. Wheaton, IL: Crossway, 2017.

Runge, Steven E. *Discourse Grammar of the Greek New Testament: A Practical Introduction for Teach-*

ing and Exegesis. Peabody, MA: Hendrickson, 2010.

Sakenfeld, Katharine Doob, ed. *The New Interpreter's Dictionary of the Bible*. 5 vols. Nashville: Abingdon, 2006-9.

Sanders, Fred. *Wesley on the Christian Life: The Heart Renewed in Love*. Theologians on the Christian Life. Wheaton, IL: Crossway, 2013. 「웨슬리가 말하는 그리스도인의 삶」, 아바서원.

Schnabel, Eckhard J. *Early Christian Mission*. 2 vols. Downers Grove, IL: InterVarsityPress, 2004.

Schreiner, Thomas R. *40 Questions about Christians and Biblical Law*. 40 Questions. Grand Rapids: Kregel, 2010.

_________. *Interpreting the Pauline Epistles*. 2nd ed. Grand Rapids: Baker Academic, 2011. 「바울 서신 석의 방법론」, 기독교문서선교회.

_________. *The King in His Beauty: A Biblical Theology of the Old and New Testaments*. Grand Rapids: Baker Academic, 2013. 「성경 신학」, 부흥과개혁사.

Shelton, Jo-Ann. *As the Romans Did: A Sourcebook in Roman Social History*. 2nd ed. Oxford: Oxford University Press, 1998.

Sherlock, Charles. *The Doctrine of Humanity*. Contours of Christian Theology. Downers Grove, IL: InterVarsity Press, 1996.

Silva, Moisés. *Biblical Words and Their Meaning: An Introduction to Lexical Semantics*. 2nd ed. Grand Rapids: Zondervan, 1994. 「성경 어휘와 그 의미: 어휘 의미론 서론」, 성광문화사.

_________. "God, Language, and Scripture: Reading the Bible in the Light of General Linguistics." In *Foundations of Contemporary Interpretation*, edited by Moisés Silva, 193-280. Grand Rapids: Zondervan, 1996. 「하나님, 그리고 언어와 성경과의 관계」, 나침반.

_________. ed. *New International Dictionary of New Testament Theology and Exegesis*. 2nd ed. 5 vols. Grand Rapids: Zondervan, 2014.

Smith, Jay E. "Sentence Diagramming, Clausal Layouts, and Exegetical Outlining." In *Interpreting the New Testament Text: Introduction to the Art and Science of Exegesis*, edited by Darrell L. Bock and Buist M. Fanning, 73-134. Wheaton, IL: Crossway, 2006.

Stein, Robert H. *A Basic Guide to Interpreting the Bible: Playing by the Rules*. 2nd ed. Grand Rapids: Baker Academic, 2011. 「성경 해석학」, 기독교문서선교회.

Storms, Sam. *Packer on the Christian Life: Knowing God in Christ, Walking by the Spirit*. Theologians on the Christian Life. Wheaton, IL: Crossway, 2015.

Storms, Sam, and Dane C. Ortlund, eds. *ESV Men's Devotional Bible*. Wheaton, IL: Crossway, 2015.

Strauss, Mark L. "Finding the Heart of God in the Diverse Genres of the New Testament." In *How to Read the Bible in Changing Times: Understanding and Applying God's Word Today*, 157-205. Grand Rapids: Baker, 2011.

_________. *Four Portraits, One Jesus: An Introduction to Jesus and the Gospels*. Grand Rapids: Zondervan, 2007. 「네 편의 초상, 한 분의 예수」, 성서유니온선교회.

_________. *How to Read the Bible in Changing Times: Understanding and Applying God's Word Today*. Grand Rapids: Baker, 2011.

_________. "Why the English Standard Version (ESV) Should Not Become the Standard English Version: How to Make a Good Translation Much Better." Paper presented at the National Meeting of the Evangelical Theological Society, Providence, RI, November 21, 2008.

Tenney, Merrill C., and Moisés Silva, eds. *The Zondervan Encyclopedia of the Bible*. 2nd ed. 5 vols. Grand Rapids: Zondervan, 2009.

Thesaurus Linguae Graecae. http://stephanus.tlg.uci.edu/.

Thielman, Frank. *Theology of the New Testament: A Canonical and Synthetic Approach*. Grand Rapids: Zondervan, 2005. 「신약 신학: 정경적 · 종합적 접근」, 기독교문서선교회.

Trueman, Carl R. *Histories and Fallacies: Problems Faced in the Writing of History*. Wheaton, IL: Crossway, 2010.

_________. *Luther on the Christian Life: Cross and Freedom*. Theologians on the Christian Life. Wheaton, IL: Crossway, 2015.

Wallace, Daniel B. *The Basics of New Testament Syntax: An Intermediate Greek Grammar; The Abridgment of* Greek Grammar beyond the Basics. Grand Rapids: Zondervan, 2000. 「월리스 중급 헬라어 문법」, IVP.

_________. *Greek Grammar beyond the Basics: An Exegetical Syntax of the New Testament*. Grand Rapids: Zondervan, 1996.

_________. "Laying a Foundation: New Testament Textual Criticism." In *Interpreting the New Testament Text: Introduction to the Art and Science of Exegesis*, edited by Darrell L. Bock and Buist M. Fanning, 33-56. Wheaton, IL: Crossway, 2006. 「신약 성서 해석학」, 성서침례대학원대학교출판부.

_________. ed. *Revisiting the Corruption of the New Testament: Manuscript, Patristic, and Apocryphal Evidence*. Grand Rapids: Kregel, 2011.

_________. *Textual Criticism Chart Timesaver*. http://nttextualcriticism.com.

Wallace, Daniel B., et al. *Center for the Study of New Testament Manuscripts*. www.csntm.org.

Ward, Mark L., Jr. *Authorized: The Use and Misuse of the King James Bible*. Bellingham, WA: Lexham, 2017.

Wegner, Paul D. *A Student's Guide to Textual Criticism of the Bible: Its History, Methods and Results*. Downers Grove, IL: InterVarsity Press, 2006.

Weima, Jeffrey A. D. *Paul the Ancient Letter Writer: An Introduction to Epistolary Analysis*. Grand

Rapids: Baker Academic, 2016. 「고대의 편지 저술가, 바울」, 그리심.

Wellum, Stephen J., and Brent E. Parker, eds. *Progressive Covenantalism: Charting a Course between Dispensational and Covenant Theologies*. Nashville: Broadman & Holman, 2016.

Weston, Anthony. *A Rulebook for Arguments*. 4th ed. Indianapolis: Hackett, 2008. 「논증의 기술」, 필맥.

Whitacre, Rodney A. *Using and Enjoying Biblical Greek: Reading the New Testament with Fluency and Devotion*. Grand Rapids: Baker Academic, 2015.

White, James R. *The King James Only Controversy: Can You Trust Modern Translations?* 2nd ed. Minneapolis: Bethany House, 2009.

Whitney, Donald S. *Spiritual Disciplines for the Christian Life*. 2nd ed. Colorado Springs: NavPress, 2014. 「영적 훈련」, 네비게이토.

Williams, Michael. *How to Read the Bible through the Jesus Lens: A Guide to Christ-Focused Reading of Scripture*. Grand Rapids: Zondervan, 2012. 「예수 렌즈로 성경을 어떻게 읽을 것인가」, 성서유니온선교회.

Witherington, Ben, III. *New Testament History: A Narrative Account*. Grand Rapids: Baker Academic, 2001.

_________. *A Week in the Life of Corinth*. Downers Grove, IL: InterVarsity Press, 2012.

Woodbridge, John D., and Frank A. James III. *Church History, Volume Two: From Pre-Reformation to the Present Day; The Rise and Growth of the Church in Its Cultural, Intellectual, and Political Context*. Grand Rapids: Zondervan, 2013.

Yamauchi, Edwin M., and Marvin R. Wilson, eds. *Dictionary of Daily Life in Biblical and Post-Biblical Antiquity*. 4 vols. Peabody, MA: Hendrickson, 2014-16.

Yarbrough, Robert W. *1-3 John*. BECNT. Grand Rapids: Baker Academic, 2008.

Young, Richard A. *Intermediate New Testament Greek: A Linguistic and Exegetical Approach*. Nashville: Broadman & Holman, 1994.

Zaspel, Fred G. *The Theology of B. B. Warfield: A Systematic Summary*. Wheaton, IL: Crossway, 2010. 「한 권으로 읽는 워필드 신학」, 부흥과개혁사.

_________. *Warfield on the Christian Life: Living in Light of the Gospel*. Theologians on the Christian Life. Wheaton, IL: Crossway, 2012.

성구 색인

사도행전

로마서

고린도전서

고린도후서

갈라디아서

에베소서

주제 및 인명 색인

ㅂ

ㅅ

ㅇ

ㅈ

How to Understand and Apply the New Testament

신약, 어떻게 해석할 것인가

주해에서 신학에 이르는 12단계

초판 발행 2019년 10월 30일
초판 2쇄 2021년 11월 5일

지은이 앤드류 나셀리
옮긴이 송동민

발행인 손창남
발행처 죠이선교회(등록 1980. 3. 8. 제5-75호)
주소 02576 서울시 동대문구 왕산로19바길 33
전화 (출판부) 925-0451
(죠이선교회 본부, 학원사역부, 해외사역부) 929-3652
(전문사역부) 921-0691
팩스 (02) 923-3016
인쇄소 송현문화

ISBN 978-89-421-0430-7 04230
978-89-421-0412-3 (세트)

책값은 뒤표지에 있습니다.
잘못된 도서는 교환하여 드립니다.

이 도서의 국립중앙도서관 출판예정도서목록(CIP)은 서지정보유통지원시스템 홈페이지(http://seoji.nl.go.kr)와 국가자료종합목록시스템(http://www.nl.go.kr/kolisnet)에서 이용하실 수 있습니다. (CIP제어번호 : CIP2019039290)